Kölner Schriften zum Medizinrecht
Band 25

Reihenherausgeber
Christian Katzenmeier

Weitere Bände in der Reihe
http://www.springer.com/series/8204

Christoph Jansen

Der Medizinische Standard

Begriff und Bestimmung ärztlicher
Behandlungsstandards an der Schnittstelle
von Medizin, Haftungsrecht und Sozialrecht

Christoph Jansen
Institut für Medizinrecht
Universität zu Köln
Köln, Deutschland

ISSN 1866-9662   ISSN 1866-9670 (electronic)
Kölner Schriften zum Medizinrecht
ISBN 978-3-662-59996-9   ISBN 978-3-662-59997-6 (eBook)
https://doi.org/10.1007/978-3-662-59997-6

Die Deutsche Nationalbibliothek verzeichnet diese Publikation in der Deutschen Nationalbibliografie; detaillierte bibliografische Daten sind im Internet über http://dnb.d-nb.de abrufbar.

© Springer-Verlag GmbH Deutschland, ein Teil von Springer Nature 2019
Das Werk einschließlich aller seiner Teile ist urheberrechtlich geschützt. Jede Verwertung, die nicht ausdrücklich vom Urheberrechtsgesetz zugelassen ist, bedarf der vorherigen Zustimmung des Verlags. Das gilt insbesondere für Vervielfältigungen, Bearbeitungen, Übersetzungen, Mikroverfilmungen und die Einspeicherung und Verarbeitung in elektronischen Systemen.
Die Wiedergabe von allgemein beschreibenden Bezeichnungen, Marken, Unternehmensnamen etc. in diesem Werk bedeutet nicht, dass diese frei durch jedermann benutzt werden dürfen. Die Berechtigung zur Benutzung unterliegt, auch ohne gesonderten Hinweis hierzu, den Regeln des Markenrechts. Die Rechte des jeweiligen Zeicheninhabers sind zu beachten.
Der Verlag, die Autoren und die Herausgeber gehen davon aus, dass die Angaben und Informationen in diesem Werk zum Zeitpunkt der Veröffentlichung vollständig und korrekt sind. Weder der Verlag, noch die Autoren oder die Herausgeber übernehmen, ausdrücklich oder implizit, Gewähr für den Inhalt des Werkes, etwaige Fehler oder Äußerungen. Der Verlag bleibt im Hinblick auf geografische Zuordnungen und Gebietsbezeichnungen in veröffentlichten Karten und Institutionsadressen neutral.

Springer ist ein Imprint der eingetragenen Gesellschaft Springer-Verlag GmbH, DE und ist ein Teil von Springer Nature.
Die Anschrift der Gesellschaft ist: Heidelberger Platz 3, 14197 Berlin, Germany

Vorwort

Die vorliegende Arbeit wurde im Sommersemester 2019 von der Rechtswissenschaftlichen Fakultät der Universität zu Köln als Dissertation angenommen und für die Veröffentlichung auf den Stand von Anfang Juli 2019 gebracht. Sie ist im Zuge meiner Tätigkeit als Projektkoordinator der interdisziplinären Expertengruppe „Medizin und Standard" entstanden. Die Forschergruppe wurde durch das Institut für Medizinrecht der Universität zu Köln in Kooperation mit dem Cologne Center for Ethics, Rights, Economics, and Social Sciences of Health (ceres) initiiert. Ihren Mitgliedern gebührt Dank für die anregenden Zusammenkünfte und Diskussionen, durch welche diese Arbeit wichtige Impulse erfahren hat.

Das Forschungsprojekt wurde durch die Unterstützung seitens der Fritz Thyssen Stiftung ermöglicht. In der Endphase meiner Promotion wurde mir zudem ein Stipendium der Deutschen Gesellschaft für Kassenarztrecht e. V. gewährt. Den großzügigen Förderern sei dafür jeweils sehr herzlich gedankt.

Besonderer Dank gilt meinem geschätzten Doktorvater Prof. Dr. Christian Katzenmeier, der frühzeitig mein Interesse am Medizinrecht geweckt, mich während meiner gesamten Zeit als Mitarbeiter an dem von ihm geleiteten Institut auf vielfältige Weise gefördert, das Thema der vorliegenden Arbeit angeregt und dieses Werk in die Kölner Schriften zum Medizinrecht aufgenommen hat. Herrn Prof. Dr. Christian Rolfs danke ich für die zügige Erstattung des Zweitgutachtens.

Ferner möchte ich meinen lieben Kollegen am Institut für Medizinrecht der Universität zu Köln Anna Maria Ernst, Marie Kurz, Dr. Katrin Schumacher, Dr. Niclas Lauf, Lukas Reitebuch, Dr. Björn Schmitz-Luhn und Dr. Tobias Voigt für die wertvolle Hilfeleistung bei den Korrekturarbeiten danken. Meinem Schulfreund Max Bredenkamp danke ich für Anregungen aus der ärztlichen Praxis.

Gar nicht genug danken kann ich schließlich meiner Familie – meinen Eltern Dr. Hans und Ursula Jansen, meiner Schwester Ina und meiner Verlobten Jessica – für so vieles.

Köln, im Juli 2019 Christoph Jansen

Inhaltsverzeichnis

Abkürzungsverzeichnis XV

1. Teil: Medizin und Standard 1

Kapitel 1: Einleitung und Problemstellung 3
    A. Terminologische Grundlagen 3
    B. Thematische Eingrenzungen 6
    C. Gang der Untersuchungen 8

Kapitel 2: Medizinischer Standardbegriff, medizinische Standardbildung 9
    A. Standard(s) in der Medizin 9
    B. Definitionen in der medizinischen Literatur 12
        I. Carstensen (1989) 13
        II. Buchborn (1993) 15
    C. Evidence based Medicine (EbM) 17
        I. Einführung 17
        II. Evidenz und Erfahrung 21
    D. Medizinische Leitlinien 25
    E. Patientenwohl, -wünsche und -werte 28
        I. Medizinethische Grundsätze 29
        II. Patientenpräferenzen in der EbM 31
        III. Erweiternder Ausblick: Aktuelle Entwicklungen 33
            1. Value based Medicine (VbM) 33
            2. Shared Decision Making (SDM) 33
    F. Zusammenfassung 34

**2. Teil: Der Medizinische Standard im Recht –
Grundlagen, Bedeutungen und Funktionen** 35

Kapitel 3: Zivilrechtlicher Standardbegriff 37
    A. Der Standard in der deliktischen Fahrlässigkeitshaftung
        des Arztes für Behandlungsfehler 40
        I. Einführung und Überblick 41
            1. Ausgangspunkt: Objektivität, Normativität 43
            2. Konkretisierungen 45
                a) Fachliche Differenzierung 46
                b) Zeitliche Differenzierung 48
                c) Situative Differenzierung (Relativität des Standards) 49

II. Die Ausfüllung unbestimmter Rechtsbegriffe durch den
　　　　Standard 51
　　　　1. Der Standard als Maßstab der ärztlichen Verkehrs-
　　　　　　pflichtverletzung, des Behandlungsfehlers 51
　　　　2. Der Standard als Maßstab der im Verkehr erforderlichen
　　　　　　Sorgfalt bei objektiviertem Fahrlässigkeitsbegriff 55
　　III. Pflichtwidrigkeit und Verschulden: Dogmatische Grundlagen
　　　　und Konsequenzen ihrer Anwendung im standardbezogenen
　　　　Arzthaftungsrecht 58
　　　　1. Die Pflichtwidrigkeit als ungeschriebenes Haftungsmerkmal ... 60
　　　　　　a) Die Verhaltensunrechtskonzeption
　　　　　　　　des modernen Deliktsrechts 60
　　　　　　b) Arzthaftung und Verhaltensunrecht 66
　　　　2. Die verbleibende Bedeutung des Verschuldensprinzips 70
　　　　　　a) Ausgangspunkt: Faktischer Gleichlauf von
　　　　　　　　Pflichtwidrigkeit und Verschulden durch
　　　　　　　　die Bezugnahme auf den Standard 70
　　　　　　b) Problematische Folge: Infragestellung des
　　　　　　　　Verschuldensprinzips 72
　　　　　　c) Ansätze zur Erhaltung eines reinen
　　　　　　　　Verschuldenserfordernisses 74
　　　　　　　　aa) Erste Möglichkeit: Verschärfung des Pflicht-
　　　　　　　　　　widrigkeitsmaßstabs – Trennung von
　　　　　　　　　　äußerer und innerer Sorgfalt 74
　　　　　　　　bb) Zweite Möglichkeit: Abschwächung des
　　　　　　　　　　Verschuldensmaßstabs – Subjektivierung
　　　　　　　　　　der Fahrlässigkeit 76
　　　　　　d) Stellungnahme zum Arzthaftungsrecht 77
　　　　　　　　aa) Ablehnung der Unterscheidung von
　　　　　　　　　　äußerer und innerer Sorgfalt 77
　　　　　　　　bb) Ablehnung eines subjektiven Fahrlässigkeitsbegriffs... 80
　　　　　　　　cc) Kernfrage: Abstrakter oder konkreter Standard? 81
　　　　　　　　dd) Der Standard als Ausdruck des
　　　　　　　　　　Verschuldensprinzips 84
　　　　3. Weitere Konsequenz: Abkehr von der
　　　　　　Körperverletzungsdoktrin 91
　　　　4. Zwischenergebnis 93
　B. Besonderheiten des Behandlungsvertragsrechts 94
　　I. Identität von Pflichtverletzung und Vertretenmüssen
　　　　auch im vertraglichen Arzthaftungsrecht 96
　　　　1. Verhaltensbezogenheit der ärztlichen Behandlungspflicht 96
　　　　2. Beweisrechtliche Implikationen: Einordnung von
　　　　　　§ 280 Abs. 1 S. 2 BGB 102
　　II. Auswirkungen von § 630a Abs. 2 Hs. 1 BGB
　　　　auf den zivilrechtlichen Standardbegriff 106
　C. Ergebnis und Ausblick 111

Kapitel 4: Sozialrechtlicher Standardbegriff **115**
  A. Exkurs zum Recht der Privaten Krankenversicherung 116
  B. Verortung des sozialrechtlichen Standards
      im Normbestand des SGB V 117
      I.   Allgemeine Vorschriften (1. Kap., §§ 1 ff. SGB V) 117
      II. Leistungsrecht (3. Kap., §§ 11 ff. SGB V) 119
      III. Leistungserbringungsrecht (4. Kap., §§ 69 ff. SGB V) 123
      IV. Zwischenergebnis 124
  C. Inhaltliche Ausgestaltung des sozialrechtlichen Standards 125
      I.   Das Qualitätsgebot (§ 2 Abs. 1 S. 3 SGB V) 125
          1. Begriffliche Abgrenzung der Bezugspunkte:
             Qualität, Wirksamkeit 125
          2. Der allgemein anerkannte Stand der
             medizinischen Erkenntnisse 129
      II. Das Wirtschaftlichkeitsgebot (§ 12 Abs. 1 S. 1 SGB V) –
          Wirtschaftlichkeit im weiteren Sinne 133
          1. Zweckmäßigkeit 133
          2. Ausreichende Leistung 134
          3. Medizinische Notwendigkeit 135
          4. Wirtschaftlichkeit im engeren Sinne 137
  D. Ergebnis und Ausblick 141

**3. Teil: Standardbestimmung im Zusammenspiel
von Medizin und Recht** **143**

Kapitel 5: Sozialrechtliche Standardsetzung **145**
  A. Grundlagen 145
      I.   Der GKV-Standard zwischen abstrakt-generellem Leistungs-
          katalog und konkret-individuellem Einzelfall 145
      II. Das Rechtskonkretisierungskonzept – zum Verhältnis von
          allgemeinen Vorschriften, Leistungs- und
          Leistungserbringungsrecht 146
  B. Akteure und Instrumente, Kriterien und Verfahren 152
      I.   Der Einheitliche Bewertungsmaßstab (EBM) 152
      II. Die Richtlinien des Gemeinsamen Bundesausschusses 156
      III. Bewertung von Untersuchungs- und Behandlungsmethoden 161
          1. Verbot mit Erlaubnisvorbehalt in der
             vertragsärztlichen Versorgung 162
          2. Exkurs zur Krankenhausbehandlung:
             Erlaubnis mit Verbotsvorbehalt 165
          3. Bewertungsgrundsätze: Bezugnahme auf die EbM 169
  C. Sonderkonstellationen 174
      I.   Besondere Therapierichtungen 175
      II. Systemversagen 177
      III. Seltene Krankheiten 179
      IV. Lebensbedrohliche Krankheiten 181

Kapitel 6: Zivilrechtliche Standardermittlung 183
  A. Kompetenzverteilung zwischen Medizin und Recht 183
     I. Grundsatz: Abhängigkeit von der Medizin 183
     II. Keine „Verrechtlichung" des medizinischen Standards 185
     III. Notwendigkeit rechtlicher „Spielregeln" 186
     IV. Praktische Auswirkungen auf die Standardermittlung im
         Arzthaftungsprozess – Rollenverteilung zwischen
         Zivilrichter und Sachverständigem 191
     V. Exkurs: Der grobe Behandlungsfehler 195
  B. Nähere Ausgestaltung der kontrollierten Rezeption 197
     I. Grundwerte des zivilrechtlichen Standardbegriffs 197
     II. Übernahme und Präzisierung der Definition Carstensens 198
        1. Die „Drei-Elemente-Lehre" nach Hart 199
        2. Verwissenschaftlichung des Standards 200
           a) Kernelemente: Erkenntnis und Erfahrung –
              Eingrenzung und Verhältnis 200
           b) EbM im Haftungsrecht 202
        3. Verschriftlichung des Standards 205
           a) Zusatzelement: Professionelle Akzeptanz –
              Einordnung und Herleitung 205
           b) Haftungsrechtlich relevante Standardquellen 207
              aa) Allgemeines zu Hierarchie und Verbindlichkeit 208
              bb) Medizinische Leitlinien im Zivilrecht 210
              cc) Sozialrechtliche Richtlinien im Zivilrecht 218
  C. Ausblick: Alternative Konzepte zur haftungsrechtlichen
     Kompensation unbestimmter Behandlungsstandards 220
     I. Verstärkte Organisationshaftung – Verlagerung der Standard-
        bestimmung in rechtlich bestimmbare Kategorien? 221
     II. Erweiterte Aufklärungspflichten – Entwertung der Standard-
         bestimmung zu Gunsten einer selbstbestimmten
         Patientenentscheidung? 222
  D. Standardentwicklung und Standardabweichung im Spiegel von
     Therapiefreiheit und Selbstbestimmungsrecht 225
     I. Ausgangspunkt: Standard und Einzelfall 225
        1. Keine „Standardisierung" 226
        2. Aktuelle Entwicklungen 227
           a) Einerseits: Normungsbestrebungen 227
           b) Andererseits: Individualisierungstendenzen 228
     II. Der Standard zwischen Behandlungs- und
         Aufklärungsfehlerhaftung 230
        1. Einführung zum Behandlungsfehlerbegriff – Standard-
           unterschreitung, -abweichung, -verfehlung? 230
        2. Exkurs: Indikation und Standard 232

3. Anforderungen an die Methodenwahl.................................... 235
   a) Zur Auslegung des Behandlungsfehlerbegriffs im Lichte der ärztlichen Wahlfreiheit: Medizinische „Vertretbarkeit" der Behandlungsentscheidung................ 235
      aa) Stets „vertretbar": Die Standardbehandlung............. 236
      bb) Vertretbare und unvertretbare Standardabweichungen – medizinische Fallgruppen, zivilrechtliche Rahmenbedingungen....................... 238
      cc) Einordnung von Schul- und Alternativmedizin......... 241
   b) Kompensation durch Aufklärung – Standard und Patientenautonomie.. 243
   c) Auswirkungen von § 630a Abs. 2 Hs. 2 BGB auf die Therapiefreiheit.. 247
4. Anforderungen an die Behandlungsdurchführung................ 250
5. Behelfsmaßstab bei fehlendem Standard: Der „vorsichtige Arzt".. 251
III. Einzelaspekte im Kontext von Standard und medizinischem Fortschritt.. 252
1. Keine Unterscheidung von Basisstandard und dynamischem Standard.. 252
2. Korrektur zeitlicher Standarddifferenzierungen auf Zurechnungsebene: Nachträgliche Einbeziehung des Fortschritts zu Gunsten des Arztes............................ 253
3. Gegen eine Berücksichtigung besonders fortschrittlicher Kenntnisse, Fähigkeiten und Mittel zu Lasten des Arztes („situative Aufstufungen").................................... 254
   a) Traditionelle Auffassung.. 254
   b) Kritische Stellungnahme.. 255
   c) Weitere Konstellationen.. 257
4. Keine situativen Abstufungen vom fortschrittlichen „Optimal-" bis zum „Mindeststandard" konkret erreichbarer medizinischer Möglichkeiten........................ 258
   a) Traditionelle Auffassung.. 258
   b) Kritische Stellungnahme.. 261
   c) Praktische Auswirkungen.. 263
   d) Fazit und Ausblick... 265

4. Teil: Verwerfungen und Perspektiven 267

Kapitel 7: Gegenüberstellung von zivil- und sozialrechtlichem Standard ... 269
A. „Kostendruck und Standard" – Die Standardbegriffe zwischen Qualität und Wirtschaftlichkeit.. 269
   I. „Ökonomisierung" der Medizin.. 271
      1. Verdeckte Standardsenkung aufgrund von Kostenaspekten 271
      2. Künstliche Standarderhöhung durch entsprechende Kostenanreize – „wirtschaftliche Indikation"........................ 274

II. Wirtschaftlichkeit und Recht 276
　　　　　1. Finanzielle Grenzen des sozialrechtlichen Standards –
　　　　　　　zum Verhältnis zwischen Qualitäts- und
　　　　　　　Wirtschaftlichkeitsgebot 276
　　　　　2. Berücksichtigung ökonomischer Erwägungen
　　　　　　　im Haftungsrecht.. 283
　　　III. Zwischenergebnis: Konvergenz der Standardbegriffe
　　　　　angesichts der Anknüpfung des Rechts an die Medizin –
　　　　　zusammenfassende Definition 285
　　　IV. Ausblick: Potentielle Spannungen zwischen Haftungs- und
　　　　　Sozialrecht – auf dem Weg in ein ärztliches
　　　　　„Haftungs- oder Vergütungsdilemma"? 287
　　　V. Exkurs: Erste Divergenzen aufgrund einzelner Bereichs-
　　　　　ausnahmen im GKV-Leistungskatalog 294
　B. Sonderfall: Grundrechtsorientierte Auslegung des GKV-Standards 297
　C. Divergenzen in der Standardbestimmung.. 299
　　　I. Harmonisierungsbedarf 299
　　　II. Harmonisierungsmöglichkeiten 303

**Kapitel 8: Harmonisierung der Standards des Zivil- und Sozialrechts
im Falle ökonomisch bedingter Divergenzen.. 307**
　A. Lösung nach geltendem Recht: Informationsbezogene
　　　Harmonisierung 308
　B. Weiterführender Ansatz: Standardbezogene Harmonisierung............... 315
　　　I. Exkurs: Haftungsgrundbezogene Harmonisierung
　　　　　ohne Standardbezug.. 316
　　　II. Ökonomisch motivierte Abkopplung des zivilrechtlichen
　　　　　Standards vom medizinischen Standard 317
　　　III. Offen kostenbewusste medizinische Standardbildung................... 323
　　　　　1. Grundlagen 324
　　　　　　　a) Gesundheitsökonomische Überlegungen 324
　　　　　　　b) Medizinethische Wertvorstellungen................................ 325
　　　　　2. Wissenschaftsmethodische Gesamtkonzepte 327
　　　　　　　a) Evidence (und Value) based Health Care
　　　　　　　　　(EbHC, VbHC).. 327
　　　　　　　b) Health Technology Assessment (HTA) 328
　　　　　3. Anwendungsbeispiele 329
　　　　　　　a) choosing wisely... 329
　　　　　　　b) Kostensensible Leitlinien (KSLL) 330
　　　　　4. Zwischenergebnis 332
　　　IV. Kompensation durch Aufklärung.. 335
　C. Ausblick: Harmonisierung außerhalb von Information und Standard ... 336
　　　I. Vergütungsbezogene Harmonisierung:
　　　　　Gedanke der Mischkalkulation 336
　　　II. Haftungsfolgenbezogene Harmonisierung:
　　　　　GKV-Entschädigungsfonds 338
　D. Fazit... 340

5. Teil: Schlussbetrachtung 343

Kapitel 9: Zusammenfassung der Ergebnisse 345
    A. Terminologische Grundlagen 345
    B. Begriff und Bildung von Standards in der Medizin 345
    C. Sozialrechtlicher Standardbegriff 346
    D. Sozialrechtliche Standardsetzung 347
    E. Zivilrechtlicher Standardbegriff 348
    F. Zivilrechtliche Standardermittlung 350
    G. Gegenüberstellung 352
    H. Verwerfungen 353
    I. Perspektiven 354
    J. Ende 355

Literaturverzeichnis 357

Abkürzungsverzeichnis

a. A.	andere(r) Ansicht
abl.	ablehnend
Abs.	Absatz
abw.	abweichend
AcP	Archiv für die civilistische Praxis (Zeitschrift)
ACP J Club	American College of Physicians Journal Club (Zeitschrift)
a. E.	am Ende
ÄZQ	Ärztliches Zentrum für Qualität in der Medizin
a. F.	alte(r) Fassung
AG RAe im MedR	Arbeitsgemeinschaft Rechtsanwälte im Medizinrecht
allg.	allgemein
Anm.	Anmerkung
Art.	Artikel
AT	Allgemeiner Teil
ausdr.	ausdrücklich
ausf.	ausführlich
AWMF	Arbeitsgemeinschaft der Wissenschaftlichen Medizinischen Fachgesellschaften
BÄK	Bundesärztekammer
BB	Betriebs-Berater (Zeitschrift)
Bd.	Band
BeckOK-BGB	Beck'scher Online-Kommentar zum BGB
Begr.	Begründer
Beschl.	Beschluss
Bespr.	Besprechung
BGB	Bürgerliches Gesetzbuch
BGBl.	Bundesgesetzblatt

BGH	Bundesgerichtshof
BGHZ	Entscheidungen des Bundesgerichtshofs in Zivilsachen
BIP	Bruttoinlandsprodukt
BMBF	Bundesministerium für Bildung und Forschung
BMG	Bundesministerium für Gesundheit
BMJ	British Medical Journal (Zeitschrift)
BMV-Ä	Bundesmantelvertrag Ärzte
BSG	Bundessozialgericht
BSGE	Entscheidungen des Bundessozialgerichts
BT	Besonderer Teil
BT-Drs.	Bundestagsdrucksache
Bundesgesundheitsbl.	Bundesgesundheitsblatt – Gesundheitsforschung – Gesundheitsschutz (Zeitschrift)
BVerfG	Bundesverfassungsgericht
BVerfGE	Entscheidungen des Bundesverfassungsgerichts
bzgl.	bezüglich
bzw.	beziehungsweise
CEN	Europäisches Komitee für Normung
DÄBl.	Deutsches Ärzteblatt (Zeitschrift)
DÄBl. Int.	Deutsches Ärzteblatt International (Zeitschrift)
DÄT	Deutscher Ärztetag
DAHTA	Deutsche Agentur für Health Technology Assessment
DELBI	Deutsches Leitlinienbewertungsinstrument
ders.	derselbe
DGIM	Deutsche Gesellschaft für Innere Medizin
DGMR	Deutsche Gesellschaft für Medizinrecht
d. h.	das heißt
dies.	dieselbe(n)
DIMDI	Deutsches Institut für Medizinische Dokumentation und Information
DIN	Deutsches Institut für Normung

DMP	Disease-Management-Programm
DNEbM	Deutsches Netzwerk Evidenzbasierte Medizin
DRG	Diagnosis Related Groups
DS	Denkschrift
DVBl.	Deutsches Verwaltungsblatt (Zeitschrift)
ebd.	ebenda
EbHC	Evidence based Health Care
EbM	Evidence based Medicine
EBM	Einheitlicher Bewertungsmaßstab
Einl.	Einleitung
engl.	englisch
entspr.	entsprechend
et al.	et alii/aliae/alia
etc.	et cetera
Ethik Med	Ethik in der Medizin (Zeitschrift)
e. V.	eingetragener Verein
f.	folgende
ff.	fortfolgende
Fn.	Fußnote
frz.	französisch
FS	Festschrift
G-BA	Gemeinsamer Bundesausschuss
gem.	gemäß
GesR	Gesundheitsrecht (Zeitschrift)
GG	Grundgesetz
ggf.	gegebenenfalls
ggü.	gegenüber
GK	Grundkurs
GKV	Gesetzliche Krankenversicherung
GKV-VSG	GKV-Versorgungsstärkungsgesetz
GOÄ	Gebührenordnung für Ärzte

grds.	grundsätzlich
Grds.	Grundsatz
GS	Gedenkschrift
HK-AKM	Heidelberger Kommentar Arztrecht Krankenhausrecht Medizinrecht
h. M.	herrschende(r) Meinung
Hrsg.	Herausgeber
hrsg.	herausgegeben
Hs.	Halbsatz
HTA	Health Technology Assessment
i. d. R.	in der Regel
i. E.	im Ergebnis
i. e./w. S.	im engeren/weiteren Sinne
IGeL	Individuelle Gesundheitsleistung(en)
insb.	insbesondere
insg.	insgesamt
IQWiG	Institut für Qualität und Wirtschaftlichkeit im Gesundheitswesen
i. R. d./e./v.	im Rahmen der/des/einer/eines/von
i. S. d./e./v.	im Sinne der/des/einer/eines/von
i. Ü.	im Übrigen
i. V. m.	in Verbindung mit
JAMA	Journal of the American Medical Association (Zeitschrift)
JR	Juristische Rundschau (Zeitschrift)
JURA	Juristische Ausbildung (Zeitschrift)
JuS	Juristische Schulung (Zeitschrift)
JZ	Juristenzeitung (Zeitschrift)
Kap.	Kapitel
KassKomm	Kasseler Kommentar Sozialversicherungsrecht
KBV	Kassenärztliche Bundesvereinigung

KEE	Klug-entscheiden-Empfehlung(en)
KF	Karlsruher Forum
KHEntgG	Krankenhausentgeltgesetz
KHG	Krankenhausfinanzierungsgesetz
krit.	kritisch
KritV	Kritische Vierteljahresschrift für Gesetzgebung und Rechtswissenschaft (Zeitschrift)
KSLL	Kostensensible Leitlinie(n)
Langenbecks Arch Chir	Langenbecks Archiv für Chirurgie (Zeitschrift)
lat.	lateinisch
Lit.	Literatur
LMK	Lindenmaier-Möhring – Kommentierte BGH-Rechtsprechung (Zeitschrift)
m.	mit
m. w. N.	mit weiteren Nachweisen
MB/KK	Musterbedingungen für die Krankheitskosten- und Krankenhaustagegeldversicherung
MBO	Musterberufsordnung
MBO-Ä	Musterberufsordnung für die in Deutschland tätigen Ärztinnen und Ärzte
MDK	Medizinischer Dienst der Krankenversicherung
MDR	Monatsschrift für Deutsches Recht (Zeitschrift)
MedR	Medizinrecht (Zeitschrift)
Mio.	Millionen
MMW	Münchener Medizinische Wochenschrift (Zeitschrift)
Mrd.	Milliarden
MüKo-BGB	Münchener Kommentar zum Bürgerlichen Gesetzbuch
MWBO	(Muster-)Weiterbildungsordnung
n. F.	neue(r) Fassung
NJW	Neue Juristische Wochenschrift (Zeitschrift)
NK-BGB	NomosKommentar zum Bürgerlichen Gesetzbuch

Nr.	Nummer
NUB	Neue Untersuchungs- und Behandlungsmethode
NVersZ	Neue Zeitschrift für Versicherung und Recht
NVL	Nationale VersorgungsLeitlinien
NZS	Neue Zeitschrift für Sozialrecht
o. g.	oben genannte(r/n)
PatRG	Patientenrechtegesetz
PEF	Partizipative Entscheidungsfindung
PharmR	Pharma-Recht (Zeitschrift)
PKV	Private Krankenversicherung
RCT	Randomized Controlled Trial
Rez.	Rezension
RG	Reichsgericht
RGZ	Entscheidungen des Reichsgerichts in Zivilsachen
Rn.	Randnummer
Rspr.	Rechtsprechung
RW	Zeitschrift für rechtswissenschaftliche Forschung
S.	Satz, Seite
s.	siehe
SDM	Shared Decision Making
SGb	Die Sozialgerichtsbarkeit (Zeitschrift)
SGB	Sozialgesetzbuch
s. o.	siehe oben
sog.	sogenannt(e/er/es)
st.	ständige(r)
str.	streitig
StGB	Strafgesetzbuch
StudZR	Studentische Zeitschrift für Rechtswissenschaft
s. u.	siehe unten
u.	und
u. a.	unter anderem

Übers.	Übersetzer
u. U.	unter Umständen
Urt.	Urteil
v.	von
VbHC	Value based Health Care
VbM	Value based Medicine
VerfO G-BA	Verfahrensordnung des Gemeinsamen Bundesausschusses
VersR	Versicherungsrecht (Zeitschrift)
vgl.	vergleiche
VSSR/VSSAR	Vierteljahresschrift für Sozialrecht/Sozial- und Arbeitsrecht (Zeitschrift)
VVDStRL	Veröffentlichungen der Vereinigung der Deutschen Staatsrechtslehrer
VVG	Versicherungsvertragsgesetz
XX	Zeitschrift für Frauen in der Medizin
z. B.	zum Beispiel
ZaeFQ/ZEFQ	Zeitschrift für ärztliche Fortbildung und Qualität im Gesundheitswesen/Zeitschrift für Evidenz, Fortbildung und Qualität im Gesundheitswesen
ZEKO-BÄK	Zentrale Ethikkommission bei der Bundesärztekammer
ZfRSoz	Zeitschrift für Rechtssoziologie
ZMGR	Zeitschrift für das gesamte Medizin- und Gesundheitsrecht
ZPO	Zivilprozessordnung
ZRP	Zeitschrift für Rechtspolitik
zust.	zustimmend
ZVersWiss	Zeitschrift für die gesamte Versicherungswissenschaft

1. Teil: Medizin und Standard

Kapitel 1: Einleitung und Problemstellung

A. Terminologische Grundlagen

Der Medizinische Standard ist maßgebend für die Bestimmung der Anforderungen an das medizinische Behandlungsgeschehen. Ursprünglich leitet sich der Begriff „Standard" („*standard*" im Englischen; altfranzösisch auch „*estandart*") von der Flagge einer offiziellen Institution,[1] genauer einem Truppenzeichen (zugleich „Standarte" genannt), das den Sammelpunkt für eine Armee angibt, als deutlich sichtbares Symbol unbezweifelbarer Autorität ab.[2] Im allgemeinen Sprachgebrauch bezeichnet dementsprechend der Begriff „Standard" heute etwas, das als mustergültig und modellhaft angesehen wird und wonach sich anderes richtet; er definiert die im allgemein üblichen Qualitäts- und Leistungsniveau erreichte Höhe, ist somit Richtschnur, Maßstab und Norm.[3]

All dies soll auch der Standard in der Medizin sein. Er „ist ein Richtmaß für die durchschnittliche Beschaffenheit von guter ärztlicher Übung, er soll den richtigen und sichersten Weg weisen."[4] Seine Einhaltung bietet die beste Gewähr und größte Sicherheit für eine erfolgreiche Behandlung. Der Standard enthält normative Aussagen über gute Behandlungen im Allgemeinen[5] und ist zugleich Bezugsgröße, an der sich der Einzelfall messen lassen muss.[6] Damit hat der Medizinische Standard begriffsnotwendig eine Schlüsselrolle inne. Erst durch diesen Orientierungspunkt für Arzt und Patient können ganz grundsätzliche Fragen der Gesundheitsversorgung beantwortet werden. Er macht deutlich, was die Medizin leisten kann und muss, was der Patient also vom Arzt erwarten darf – und was nicht.[7] Dabei ist der Begriff „Standard" allerdings außerordentlich facettenreich, ihm werden unterschiedliche Bedeutungsgehalte zugewiesen. So kann er unter anderem das in der Medizin Übliche, Wünschenswerte oder Gebotene bezeichnen.[8]

In seinem begrifflichen Ausgangspunkt ist der Medizinische Standard zunächst von zentraler Bedeutung für die medizinische Wissenschaft und Praxis. Ärztliches Handeln findet jedoch interprofessionell und damit interdisziplinär in einem gesellschaftlichen und auch rechtlichen Rahmengefüge statt.[9] Die Medizin ist eingebettet in ein System anderer Einzelwissenschaften und deren Zweige (Medizin-

---

[1] Duden, Deutsches Universalwörterbuch, [8]2015, unter „Standard".
[2] *Deutsch*, JZ 1997, 1030, 1031; s. auch *Buchborn*, MedR 1993, 328.
[3] Duden, Deutsches Universalwörterbuch, [8]2015, unter „Standard"; s. auch *Taupitz*, in: *Möllers*, Geltung und Faktizität von Standards, 2009, S. 63, 64; *Wienke*, MedR 1998, 172.
[4] *Carstensen*, DÄBl. 1989, A-2431, A-2433.
[5] Vgl. *Hart*, MedR 1998, 8, 9.
[6] *Katzenmeier*, in: *Laufs/Katzenmeier/Lipp*, Arztrecht, [7]2015, Kap. X Rn. 5.
[7] Vgl. *Schreiber*, Langenbecks Arch Chir 364 (1984), 295 f.; ders., in: *Nagel/Fuchs*, Leitlinien und Standards im Gesundheitswesen, 1997, S. 167 f.
[8] *Hart*, MedR 1998, 8, 9.
[9] Vgl. *Hart*, MedR 1998, 8.

© Springer-Verlag GmbH Deutschland, ein Teil von Springer Nature 2019
C. Jansen, *Der Medizinische Standard*, Kölner Schriften zum
Medizinrecht 25, https://doi.org/10.1007/978-3-662-59997-6_1

und Gesundheitsrecht,[10] Gesundheitsökonomie, Medizinethik etc.), die sich ebenfalls mit Anforderungen an die Heilbehandlung am Menschen befassen und wechselseitig beeinflussen, aber nicht immer darüber einig sind, welche Bedeutung dem Standard zukommt und wie er zu bestimmen ist. Der Begriff wird nicht durchweg deckungsgleich verwendet, denn jede der einschlägigen Disziplinen hat unterschiedliche Ausgangslagen, setzt verschiedene Schwerpunkte und verfolgt andere Ziele.[11] Abhängig von Grundlagen und Funktionen des Medizinischen Standards in dem jeweiligen Fachbereich existieren mithin mehrere Ausprägungen dieses Standards, welche sich auch als „Standardbegriffe" bezeichnen lassen.[12] Dass ein solcher Standardbegriff besteht – im Sinne einer (womöglich weitgehend abstrakten) Vorstellung davon, was mit „guter" ärztlicher Behandlung aus der jeweiligen Sicht gemeint ist (normatives Konzept) –, hängt dabei nicht davon ab, ob dieser auch ausdrücklich unter dem Begriff „(Medizinischer) Standard" firmiert.

Zur Ausfüllung der Standardbegriffe muss sodann zwar im Grundsatz (wiederum begriffsnotwendig) auf medizinische Inhalte zurückgegriffen werden, diese werden aber (ebenso zwangsläufig) im Rahmen einer disziplinspezifischen Rezeption oder Transformation – offen oder versteckt, mehr oder weniger stark – selektiert oder modifiziert. Die entscheidende Frage ist dabei letztlich, nach welchen materiellen Kriterien und formellen Verfahren die einzelnen Fachdisziplinen eine medizinische Behandlung für sich als Standard anerkennen. Der interdisziplinäre Vorgang, der den Standardbegriff nach den jeweils einschlägigen Zwecken mit Leben füllt (praktische Komponente), kann seinerseits als „Standardbestimmung" bezeichnet werden.

Die Unterscheidung zwischen Standardbegriff und Standardbestimmung (in jedem der betroffenen Fachgebiete) spielt für das Verständnis des Grundkonzepts sowie der Wirkzusammenhänge eines Medizinischen Standards eine wichtige Rolle und wird deshalb auch Leitfaden für Aufbau und Struktur dieser Arbeit sein. Standardbegriff und Standardbestimmung sind freilich in vielen Punkten untrennbar miteinander verwoben, erfolgt die Standardbestimmung schließlich anhand des jeweiligen Standardbegriffs. Dieser gibt die materiellen Kriterien für den formellen Bestimmungsprozess begrifflich vor. Die Standardbestimmung baut jeweils auf einem Standardbegriff auf und dient – gleichsam als Anwendungs- und Subsumtionsschritt – dessen Umsetzung von der (mehr oder weniger) abstrakten

---

[10] Zur begrifflichen Unterscheidung von Medizin- und Gesundheitsrecht *Kingreen*, in: FS *Deutsch*, 2009, S. 283; s. auch *Deutsch/Spickhoff*, Medizinrecht, ⁷2014, Rn. 1 ff.; daneben *Laufs*, in: *Laufs/Katzenmeier/Lipp*, Arztrecht, ⁷2015, Kap. I Rn. 20; *ders.*, in: *Laufs/Kern*, Handbuch des Arztrechts, ⁴2010, § 5 Rn. 2; *Taupitz*, in: HK-AKM, 2001, Nr. 570 (Arztrecht) u. 3650 (Medizinrecht).
[11] Aus dieser Perspektive im Übrigen auch *Frahm/Jansen/Katzenmeier/Kienzle/Kingreen/Lungstras/Saeger/Schmitz-Luhn/Woopen*, MedR 2018, 447 (insb. 452; Ergebnisse einer interdisziplinären Expertengruppe).
[12] Vgl. etwa bereits *Kullmann*, VersR 1997, 529, zu „Übereinstimmungen und Unterschiede[n] im medizinischen, haftungsrechtlichen und sozialversicherungsrechtlichen Begriff des medizinischen Standards"; zum rechtlichen und medizinischen Standardbegriff *Hart*, MedR 1998, 8.

Definition des Standards in ein konkretes Ergebnis („Behandlung XYZ ist Standard"). Es bestehen erhebliche Überschneidungen, die auch in der weiteren Aufbereitung zum Ausdruck kommen werden.

Dies gilt insbesondere für den Bereich der Medizin.[13] Der Standard erwächst medizinisch unmittelbar aus dem Standardbegriff (daher hier – gleichsam als erste inhaltliche Umschreibung – im Folgenden auch „Standardbildung"). Intradisziplinär kann bereits nicht von einem echten Rezeptionsvorgang die Rede sein. Standardbegriff und Standardbestimmung fallen in der Medizin weitgehend zusammen und können daher – anders als im rechtlichen Bereich – schon im Ausgangspunkt nicht konsequent auseinandergehalten werden. Den Standard(s) in der Medizin ist daher in dieser Arbeit nur ein einheitliches Kapitel gewidmet. Wie in den jeweiligen gesonderten Kapiteln noch im Einzelnen aufzuzeigen ist, wird der (medizinisch gebildete) Standard demgegenüber im Zivilrecht im Kontext einer konkreten Behandlung ermittelt („Standardermittlung") und im Sozialrecht regelmäßig im Vorfeld abstrakt festgesetzt („Standardsetzung").

Aber auch beim Umgang mit dem Terminus „Medizinischer Standard" an sich ist vor diesem Hintergrund stets Vorsicht geboten. Je nach eingenommener Perspektive kann ihm eine abweichende Bedeutung zukommen. Zur Terminologie sei daher abschließend noch Folgendes angemerkt: Das Adjektiv „Medizinisch" besagt nach dem hier zu Grunde gelegten Verständnis nur, dass der Standard sich auf das medizinische Behandlungsgeschehen bezieht und es im Wesentlichen um medizinische Fragen geht, die freilich auch aus der Sicht einer anderen Disziplin betrachtet werden können. Missverständnisse ergeben sich insbesondere dann, wenn nicht klar zwischen dem (rein) *medizinischen* Standard als Rezeptionsbasis sowie dem *Medizinischen* Standard als (disziplinspezifisches) Rezeptionsergebnis unterschieden wird.

Zur Klarstellung kann vor diesem Hintergrund auch eine die jeweilige Fachrichtung berücksichtigende Bezeichnung gewählt werden, etwa „haftungsrechtlicher Standard" oder „sozialrechtlicher Standard". Der allgemeine Oberbegriff „Medizinischer Standard", der insofern nicht notwendigerweise ein medizinischer im engeren Sinne ist, wird deshalb im Rahmen dieser Arbeit als Eigenname verstanden und verwendet – es sei denn, es geht speziell um den Standard aus der fachlichen Sicht der Medizin („medizinischer Standard"). Das Adjektiv „Medizinisch" wird daher bewusst großgeschrieben.

---

[13] Vgl. 2. Kap. Aber auch im eng an die Medizin angelehnten Haftungsrecht (3. u. 6. Kap.) lässt sich die Trennung nicht strikt durchhalten. Besonders deutlich wird sie hingegen im in hohem Maße prozeduralisierten Sozialrecht (4. u. 5. Kap.). Damit wird bereits eine erste wichtige Bruchstelle zwischen den Teilrechtsgebieten angedeutet (näher 7. Kap.).

B. Thematische Eingrenzungen

Standards im eingangs dargelegten Sinne können im Grunde für jedes Handeln oder Unterlassen bestehen, also auch für alle Bereiche medizinisch relevanten Verhaltens. Die folgende Ausarbeitung beschränkt sich diesbezüglich jedoch auf die Tätigkeit der Ärzte als zentrale Akteure der Gesundheitsversorgung. Der Medizinische Standard bezieht sich primär auf die Art und Weise der Erbringung der Behandlung durch einen Arzt.[14] Der für Angehörige des Arztberufs geltende Standard wird daher im Übrigen nicht selten als „ärztlicher Standard" bezeichnet.[15] Ist in der Folge vom Medizinischen Standard die Rede, so ist deshalb grundsätzlich nur der zum Kernbereich ärztlicher Tätigkeit gehörige Standard medizinischer Behandlung gemeint, auf welchen sich die vorliegende Untersuchung konzentrieren wird.

Freilich gilt dabei ein weiter Behandlungsbegriff. Die Behandlung im weiteren Sinne umfasst Diagnose (Anamnese/Untersuchung), Indikationsstellung sowie insbesondere die Therapie (Behandlung im engeren Sinne), aber auch deren Vor- und Nachsorge.[16] Der Medizinische Standard kann sich zudem auf die Art der jeweiligen Behandlungsmaßnahme, auf den Zeitpunkt und die Dauer ihres Einsatzes, auf die Abfolge mehrerer Maßnahmen, auf die erforderliche Qualifikation des Arztes und den Ort der Leistungserbringung beziehen.

Inhaltlich weitgehend ausgeklammert werden dadurch im Folgenden unter anderem die Spezifika der Behandlung mit Arznei-, Heil- und Hilfsmitteln sowie Medizinprodukten, soweit diese nicht ohnehin Teil einer klassischen Heilbehandlung im oben genannten Sinne sind und von deren Standard mit erfasst werden. Auch orientieren sich die folgenden Ausführungen allgemein an der ärztlichen, nicht speziell der zahnärztlichen Tätigkeit und deren rechtlichen Sonderrahmen.

Die Bezugnahme auf die Medizin ist dem *Medizinischen* Standard begrifflich inhärent. Die medizinisch-fachlichen Grundlagen des Standards müssen daher Gegenstand dieser Untersuchung sein. Freilich hat sich eine rechtswissenschaftliche Arbeit in diesem Punkt auf eine Auswertung der wesentlichen Erkenntnisse und Erfahrungen aus der medizinischen Wissenschaft und ärztlichen Praxis zu beschränken, die mit der rechtlichen Problematik in Zusammenhang stehen und

---

[14] Vgl. auch die Begründung zum Patientenrechtegesetz (PatRG), BT-Drs. 17/10488, S. 19.
[15] Vgl. dazu nur *Taupitz*, in: *Möllers*, Geltung und Faktizität von Standards, 2009, S. 63, 64; abw. Begriffsverwendung bei *Buchborn*, MedR 1993, 328 u. *ders.*, DÄBl. 1993, A-1992, der den ärztlichen (Handlungs-)Standard – entspricht nach hiesiger Terminologie dem medizinischen/haftungsrechtlichen Standard – sowie einen medizinischen (Versorgungs-) Standard – i. S. e. divergierenden gesundheitsökonomischen (bis -politischen) oder sozialrechtlichen Standards – unterscheidet, zwischen denen allerdings diverse Wechselwirkungen und Überschneidungen bestünden. Der ärztliche Standard habe dabei grds. Vorrang für das Behandlungsergebnis, seine volle Wirksamkeit sei jedoch von einem entspr. medizinischen Standard abhängig; dazu auch *Hart*, MedR 1998, 8, 9, Fn. 12.
[16] Vgl. entspr. zum Behandlungsfehlerbegriff *Brüggemeier*, Deliktsrecht, 1986, Rn. 644; *ders.*, Haftungsrecht, 2006, § 6 D II 2, S. 474; s. auch *Katzenmeier*, in: *Laufs/Katzenmeier/Lipp*, Arztrecht, ⁷2015, Kap. X Rn. 4; *Francke/Hart*, Charta der Patientenrechte, 1999, S. 34 ff.

für diese relevant sind. Hingegen sind diejenigen Rechtsfragen, welche Begriff und Bestimmung des ärztlichen Behandlungsstandards im Medizin- und Gesundheitsrecht aufwerfen, im Anschluss umfassend zu analysieren und reflektieren. Schließlich steht der Medizinische Standard im Zentrum aller medizin- und gesundheitsrechtlichen Überlegungen.[17]

Diese Arbeit will dabei keine gesonderten vertieften Einblicke in die verfassungsrechtliche Dimension des Medizinischen Standards gewähren. Im Verfassungsrecht wird der Begriff im Sinne eines menschenwürdigen Existenzminimums verstanden, in Frage stehen vor allem die grundgesetzlichen Schranken von Leistungsbegrenzungen.[18] Zivil- und Sozialrecht[19] sind demgegenüber deutlich anspruchsvoller. Im Rahmen der Ausführungen zum Sozialrecht als Teil des öffentlichen Rechts, das in seiner Ausgestaltung und Anwendung unmittelbaren (Grundrechts-)Bindungen unterliegt, werden verfassungsrechtliche Erwägungen aber noch eine gewisse Rolle spielen.

Auch das Völker- und Europarecht ist nicht Gegenstand dieser Untersuchung. Ebenso wie das nationale Verfassungsrecht setzt sich das internationale Recht in erster Linie mit der Frage nach einem (vergleichsweise niedrigen, da universell gültigen) Mindestniveau medizinischer Behandlung, einer allgemeinen Untergrenze, auseinander. Die einfachgesetzlichen Anforderungen des deutschen Fachrechts gehen in der Regel deutlich über diesen aus Menschenrechten abgeleiteten Minimalstandard hinaus. Denn erstere beinhalten die hohen hierzulande geltenden, gegebenenfalls internationalen Einflüssen unterliegenden, aber dennoch im Wesentlichen nationalen Standards.[20]

---

[17] *Hart*, KritV 2005, 154.
[18] S. z. B. *Michalski*, VersR 1996, 265; *Ebsen*, in: AG RAe im MedR e. V., Die Budgetierung des Gesundheitswesens, 1997, S. 109, 113 ff.; *Deutsch*, VersR 1998, 261, 264; *Francke*, GesR 2003, 97, 100 f.; *Neumann*, NZS 2005, 617, 618 f.; *ders.*, NZS 2006, 393; *Welti*, GesR 2006, 1, 2; *Wenner*, GesR 2009, 169, 172, 176 ff.; *Hahn*, GesR 2010, 286, 295; *Kingreen*, VVDStRL 70 (2011), 152, 164 ff.; *Hauck*, SGb 2014, 8, 13; vor allem aber auch *Huster*, in: *Rauprich/Marckmann/Vollmann*, Gleichheit und Gerechtigkeit in der modernen Medizin, 2005, S. 187, 198 ff.; *ders.*, DVBl. 2010, 1069; *ders.*, in: DS 60 Jahre BSG, 2015, Bd. 2, S. 223, 224; aus der Rspr. insb. BVerfGE 125, 175 = NJW 2010, 505; zudem BVerfGE 115, 25 = NJW 2006, 891 = MedR 2006, 164; dazu unter dem Gesichtspunkt eines Existenzminimums etwa *Katzenmeier/Schmitz-Luhn*, in: *Wohlgemuth/Freitag*, Priorisierung in der Medizin, 2009, S. 167, 169 ff.; ausf. zum Ganzen *Arnade*, Kostendruck und Standard, 2010, S. 55 ff., 67 ff.; *Schmitz-Luhn*, Priorisierung in der Medizin, 2015, S. 120 ff.; *Bernzen*, in: FS Dahm, 2017, S. 49 ff.
[19] Vgl. *Scholz*, in: *Becker/Kingreen*, SGB V, ⁶2018, § 12 Rn. 2.
[20] Vgl. *Taupitz*, in: AG RAe im MedR e. V., Globalisierung der Medizin, 2005, S. 67 ff.; s. auch *Ratajczak*, ebd., S. 55 ff.; *Tag*, in: *Lilie/Bernat/Rosenau*, Standardisierung in der Medizin als Rechtsproblem, 2009, S. 163 ff.

C. Gang der Untersuchungen

Eine Untersuchung der Rechtsfragen des Medizinischen Standards steht und fällt wie dargelegt mit dem medizinischen Kern und Ursprung der Fragestellung. Auch die vorliegende Darstellung beginnt folglich im Anschluss an diese Einführung zunächst mit der Bestimmung des Standardbegriffs der medizinischen Wissenschaft (2. Kap.).

Im Rahmen einer rechtswissenschaftlichen Analyse geht es sodann in der folgenden Ausarbeitung aber schwerpunktmäßig um die Rolle des Medizinischen Standards im Recht, also um die einschlägigen Standardbegriffe (2. Teil) und Wege zur Standardbestimmung (3. Teil), jeweils im Zivil- und Sozialrecht. Der Medizinische Standard erfüllt hier unterschiedliche, an den verschiedenen Schutzrichtungen der Teilrechtsgebiete orientierte Zwecke und ist dementsprechend ausgestaltet.[21]

Abschließend sollen zivil- und sozialrechtlicher Standard vergleichend gegenübergestellt, dabei Verwerfungen und Perspektiven aufgezeigt werden (4. Teil). Unterschiede in der Standardbestimmung sowie nicht zuletzt eine abweichende Gewichtung von Qualitäts- und Wirtschaftlichkeitsaspekten in den Standardbegriffen können zu Divergenzen zwischen den Teilrechtsgebieten führen. Die daraus resultierenden Spannungen sollen – soweit nötig und möglich – harmonisierend aufgelöst werden.

Ziel der Arbeit ist eine ebenso grundlegende wie umfassende Auseinandersetzung mit den verschiedenen Standards unter systematischer Einordnung und Verknüpfung aller Teilfragen sowie unter Berücksichtigung einschlägiger aktueller Entwicklungen.

---

[21] Vgl. insofern *Hart*, MedR 2000, 1, 2; *ders.*, VSSR 2002, 265, 272, 277: bereichsspezifische Rezeption/Transformation; s. auch *Taupitz*, GesR 2015, 65, 68; *ders.*, AcP 211 (2011), 352, 356; *ders.*, in: *Möllers*, Geltung und Faktizität von Standards, 2009, S. 63, 68 f., nach dem der von Rechts wegen übernommene Standard in den jeweiligen Teilrechtsgebieten abhängig von deren Schutzrichtungen durchaus unterschiedliche Gestalt haben kann.

Kapitel 2: Medizinischer Standardbegriff, medizinische Standardbildung

A. Standard(s) in der Medizin

Ausgangspunkt für die Bestimmung eines Medizinischen Standards können nur die Maßgaben der Medizin sein. Die Standardbildung erfolgt stets aus der Medizin heraus. Den medizinischen Standardbegriff vor den rechtlichen Standardbegriffen darzustellen, ist insofern unausweichlich, als das Recht an die Lebenswirklichkeit der Medizin anknüpft und aus dieser seine Standards formt. Freilich darf dies nicht darüber hinwegtäuschen, dass der Medizin selbst der Begriff „Standard" tendenziell fremd ist. Er ist jedenfalls nicht eindeutig definiert.[1] Bisweilen wird sogar offen konstatiert: „Eine medizinische Definition des Standards gibt es nicht."[2] Dabei ist es der Medizin keineswegs verwehrt, dem Standard einen eigenen Bedeutungsgehalt zuzuweisen. Doch ist er dem Grunde nach keine medizinische, sondern eine juristische Kategorie.[3] Festzustellen ist eine Präponderanz der juristischen gegenüber der medizinischen Begriffswelt.[4]

Das Recht legt sich damit zugleich auf die Annahme fest, dass ein solcher Standard existiert und bei Bedarf bestimmt werden kann, was in der modernen Medizin aber nicht durchweg gewährleistet ist.[5] Angesichts der Komplexität und Dynamik medizinischen Wissens, welches nur schwer in einem einheitlichen Begriff zu fassen ist, wird daher verschiedentlich angenommen, dass es sich beim Standard letztlich um ein juristisches Konstrukt oder Artefakt handelt.[6] Der Standard sei vor allem dadurch gekennzeichnet, dass er kontrovers ist, weshalb er selbst im Ergebnis zu einer überwertigen Idee, zu einem Mythos, und seine Bestimmung zur Quadratur des Kreises werde.[7]

Das „Denken in Standards"[8] ist jedenfalls rechtlichen Ursprungs und wurde dadurch, dass die Medizin rechtlichen Regeln unterliegt, welche einen Medizi-

---

[1] S. dazu auch *Frahm/Jansen/Katzenmeier/Kienzle/Kingreen/Lungstras/Saeger/Schmitz-Luhn/Woopen*, MedR 2018, 447.
[2] So *R. Schneider*, in: AG RAe im MedR e. V., Standard-Chaos?, 2015, S. 11 (f.; dort auch krit.: „Fast jeder Arzt wird auf die Frage ‚Was definiert den medizinischen Standard?' mit der Vokabel ‚Leitlinien' antworten und dann zum ‚Facharztstandard' überleiten, ohne genau zu wissen, was das ist. Er weiß aber, dass der Begriff in einem rechtlichen Kontext erscheint.").
[3] *Hase*, GesR 2012, 601, 602; *ders.*, in: DS 60 Jahre BSG, 2014, Bd. 1, S. 423, 430; *ders.*, in: *Buchner/Ladeur*, Wissensgenerierung und -verarbeitung, 2016, S. 125, 131.
[4] *Buchborn*, MedR 1984, 126, 128.
[5] *Hase*, in: *Buchner/Ladeur*, Wissensgenerierung und -verarbeitung, 2016, S. 125, 130 ff.; *ders.*, in: DS 60 Jahre BSG, 2014, Bd. 1, S. 423, 430, 425 ff.
[6] *Hase*, GesR 2012, 601, 603; vgl. insofern auch *Kingreen*, MedR 2007, 457.
[7] Vgl. (noch zum „Stand der medizinischen Wissenschaft") *Kriele*, NJW 1976, 355, 356 f.; s. auch *Buchborn*, MedR 1984, 126, 128; *ders.*, MedR 1987, 221, 222.
[8] Zum „Denken in Standards" im Recht bereits ausf. *Strache*, Das Denken in Standards, 1968.

nischen Standard voraussetzen, in diese hineingetragen.[9] Davon ausgehend hat sich die Medizin den Begriff „Standard" gewiss mittlerweile zu eigen gemacht und ihren Standardbegriff unter allgemeinsprachlichem Einfluss[10] verselbständigt. Auch die Medizin beschäftigt sich also unter diesem Stichwort mit der – ihr inhaltlich ohnehin ureigenen (und deshalb einer medizinischen Begriffsbestimmung zugänglichen, eine solche geradezu voraussetzenden) – Frage nach den Anforderungen an gute ärztliche Behandlung.

Häufig ist in diesem Zusammenhang auch vom „Goldstandard" die Rede – vorrangig im englischsprachigen Raum („*gold standard*"),[11] wo dieser Begriff aber mitunter (aufgrund der damit verbundenen begrifflichen Überhöhung) auch kritisch gesehen wird.[12] Mit Goldstandard wird in der Medizin die jeweils „beste" Methode bezeichnet, also das Verfahren, das bislang unübertroffen ist, meist bereits seit längerer Zeit an vielen Orten erfolgreich angewandt wird und deshalb als allgemeine Zielvorgabe gelten kann.[13] Er dient nicht zuletzt als (von neuen Verfahren zu übertreffende) Vergleichsgröße. Der Begriff „Goldstandard" wird dabei entweder synonym zu „Standard" verstanden oder als Bezeichnung der höchsten Stufe innerhalb dieses Standards (sodass es neben dem Goldstandard noch weitere „einfache" Standards geben kann). Oftmals wird der Begriff in der Medizin aber auch in einem wissenschaftsmethodischen Sinne verwendet und die Evidenzbasierte Medizin und insbesondere deren höchste Evidenzstufe, also randomisierte kontrollierte Studien,[14] Goldstandard genannt.[15]

Die Ärzteschaft ist durchaus daran interessiert, Behandlungsvorgänge in gewissem Maße zu standardisieren, also mit dem Ziel der Qualitätssicherung und -verbesserung durch norm(ier)ende Festlegungen zu vereinheitlichen.[16] Eine Standardisierung anhand von Vergleichsgrößen ermöglicht die gleichmäßige Verbreitung medizinischer Erkenntnisse und Erfahrungen und dadurch eine flächendeckend hochwertige Gesundheitsversorgung. Standards vermitteln Sicherheit,

---

[9] S. auch 3. Kap. vor A.
[10] Vgl. 1. Kap. A.
[11] S. etwa monographisch *Timmermans/Berg*, The Gold Standard, 2003 (ausf. englischsprachige Untersuchung zu Standardisierung, Evidenzbasierter Medizin und Leitlinien).
[12] Krit. etwa *Love*, BMJ 327 (2003), 1315; bereits *Duggan*, BMJ 304 (1992), 1568 f.; dagegen *Versi*, BMJ 305 (1992), 187; vermittelnd *Claassen*, BMJ 330 (2005), 1121.
[13] Vgl. *Eckart*, Geschichte der Medizin, [6]2009, S. 323 f. Der Begriff hat seinen Ursprung in der Geldwirtschaft und steht für eine Währungsordnung, die an den Goldwert gekoppelt ist.
[14] S. u. C. I.
[15] S. etwa *Hart*, in: HK-AKM, [75]2018, Nr. 1530 (Doppelblindversuch) Rn. 1; *Lange et al.*, DÄBl. 2018, A-70, A-72; *dies.*, DÄBl. Int. 2017, 635; *Grouven et al.*, DÄBl. 2015, A-326; *Raspe*, GesR 2013, 206, 207 f.; *ders.*, GesR 2012, 584, 590; *ders.*, GesR 2011, 449, 451; *Kabisch et al.*, DÄBl. Int. 2011, 663; *Windeler et al.*, DÄBl. 2008, A-565, A-570; *Wegscheider*, in: Kunz et al., Lehrbuch EbM, [2]2007, S. 75, 77; *ders.*, Bundesgesundheitsbl. 2005, 515, 517; *Willich*, DÄBl. 2006, A-2524, A-2528; *v. Wichert*, DÄBl. 2005, A-1569; *Niroomand*, DÄBl. 2004, A-1870, A-1872; *Kienle et al.*, DÄBl. 2003, A-2142; *Sackett et al.*, BMJ 312 (1996), 71, 72; *Buchborn*, MedR 1993, 328; *ders.*, DÄBl. 1993, A-1992.
[16] So *Buchborn*, MedR 1993, 328 f.; vgl. auch *Nagel/Freitag*, in: Möllers, Vielfalt und Einheit, 2008, S. 209 ff., zu Möglichkeiten und Grenzen einer Standardisierung in der Medizin, u. a. durch Leitlinien (s. u. D.).

insbesondere sofern der Arzt sich auf ungewohntem Terrain bewegt. Diese Sicherheit mag jedoch täuschen.[17]

Der Begriff „Standard" wird dabei – anders als etwa der Begriff „Qualität" – wegen seines (vermeintlichen) Allgemeingültigkeitsanspruchs von Medizinern bisweilen wenig geschätzt. Es besteht eine negative Begriffskonnotation. Ärzte fühlen sich nicht zuletzt aufgrund des rechtlichen Drucks durch Standards im Sinne von Dogmen gebunden.[18] Der gedankliche Schritt vom Standard zur verbindlichen Norm erscheint vielen zu klein. Zumindest müsse von „Standards" im Plural die Rede sein, um so die Vielfalt der Handlungsoptionen klarzustellen.[19]

Die ärztliche Behandlung ist stets am individuellen Patienten ausgerichtet und überdies offen für neue Entwicklungen, was allgemeingültige Standards weitgehend ausschließt. Die praktische ärztliche Urteilskraft, welche in der konkreten Behandlungssituation zur Anwendung kommt, ist dem nur begrenzt zugänglich.[20] Ärzte fürchten insofern, speziell im Kernbereich ärztlicher Behandlung, durch verbindliche Standards in ihren Freiheiten eingeschränkt, im Ergebnis fremdbestimmt zu werden, gerade wenn diese juristisch bindend werden. „Standard" sowie „Standardisierung" ärztlichen Handelns werden (gleichgesetzt und) als Reizwort empfunden.[21] An dieser Stelle ist gewiss noch nichts darüber gesagt, ob das Recht damit tatsächlich derart strenge Vorgaben verbindet.[22]

Vor diesem Hintergrund ist etwa im Leitlinien-Glossar der Arbeitsgemeinschaft der Wissenschaftlichen Medizinischen Fachgesellschaften (AWMF) und des Ärztlichen Zentrums für Qualität in der Medizin (ÄZQ) unter dem Stichwort „Standard" zu lesen: „Vielfältig verwandter Begriff mit unterschiedlichen Inhalten. Der Begriff Standard impliziert in vielen Ländern die strikte Anwendung und nahezu ausnahmslose Befolgung in einer genau festgelegten medizinischen Situation. Weitere, anstelle von ‚Standard' gebrauchte Begriffe sind ‚Vorschriften', ‚strikte' Indikationen oder Kontraindikationen [sic], ‚strikte Kriterien', ‚Protokolle' sowie ‚angemessene oder unangemessene Vorgehensweisen'."[23] Als Quelle wird auf eine Empfehlung des Europarats verwiesen.[24]

In dieser heißt es allerdings weiter: „In der Medizin wird der Begriff ‚Standard' jedoch unterschiedlich benutzt. Gelegentlich braucht man ihn im Sinne von

---

[17] Vgl. *R. Schneider*, in: AG RAe im MedR e. V., Standard-Chaos?, 2015, S. 11.
[18] Vgl. *R. Schneider*, in: AG RAe im MedR e. V., Standard-Chaos?, 2015, S. 11.
[19] S. dazu auch *Frahm/Jansen/Katzenmeier/Kienzle/Kingreen/Lungstras/Saeger/Schmitz-Luhn/Woopen*, MedR 2018, 447, 448.
[20] Vgl. *Woopen*, in: Katzenmeier/Bergdolt, Das Bild des Arztes im 21. Jahrhundert, 2009, S. 181, 185 f.
[21] *Buchborn*, MedR 1993, 328, 332; s. auch *Kolkmann*, in: Dietrich/Imhoff/Kliemt, Standardisierung in der Medizin, 2004, S. 25, 27 ff.; krit. Auseinandersetzung mit Standardisierung in der Praxis in den Beiträgen von *Gerlach, Ahlert, Imhoff, Spitzley, Stange* sowie *Porzsolt/ Ohletz*, ebd., S. 89 ff.
[22] Dazu insb. haftungsrechtlich 6. Kap. D. I. 1.
[23] AWMF/ÄZQ, Leitlinien-Glossar, 2007, S. 131 f.; s. auch DNEbM, EbM-Glossar, 2011.
[24] Europarat, Entwicklung einer Methodik für die Ausarbeitung von Leitlinien für optimale medizinische Praxis, Empfehlung Rec(2001)13 des Europarates und Erläuterndes Memorandum, Deutschsprachige Ausgabe, 2002, S. 50 (Ergebnisse einer von der Europäischen Gesundheitskommission eingesetzten internationalen Expertenkommission).

‚Norm'. Alternativ wird der Begriff aber auch zur Definition (Quantifizierung) von Zielen verwendet (durchschnittliche Qualität, Modell, Lebensstandard). In diesem Sinne definieren Standards die exakte Quantität bzw. das Maß der Erfüllung eines Kriteriums für adäquates, akzeptables bzw. optimales Qualitätsniveau. Der Standard gibt an, welches der wünschenswerten Ziele als erreichbar gilt und erreicht werden soll, bzw. benennt das Ziel, das man sich setzen sollte." Letzterer Bedeutungsgehalt wird dem medizinischen Standard in der Tat eher gerecht.

B. Definitionen in der medizinischen Literatur

Auch in der Medizin besteht eine gewisse Vorstellung davon, was den Medizinischen Standard inhaltlich kennzeichnet, also ein eigener Standardbegriff. Die Vornahme einer präzisen Begriffsbestimmung ist allerdings in erster Linie ein rechtliches Bedürfnis, weshalb der medizinische Standardbegriff im Ergebnis wenig greifbar bleibt, lediglich einzelne Teilaspekte eines solchen abstrakt festzumachen sind.[25] Der medizinische Standard kommt insbesondere in der praktischen ärztlichen Tätigkeit in der konkreten Behandlungssituation zum Ausdruck und wird oftmals erst unter rechtlichem Einfluss in theoretischer Hinsicht näher bestimmt.

Aussagen zum Konzept eines Standards in der Medizin stammen vornehmlich von Juristen, die ausgehend von medizinischen Kriterien die haftungsrechtliche oder auch sozialrechtliche Standardbestimmung kommentieren, oder zwar von Medizinern, aber in einem rechtswissenschaftlichen bis gesundheitspolitischen Kontext.[26] Anzuführen sind in diesem Zusammenhang namentlich die bekannteste und verbreitetste, nicht zuletzt weil in einem einzigen Satz komprimierte[27] Definition des medizinischen Standards nach *Carstensen* sowie der seltener aufgegriffene, da komplexer formulierte, deswegen jedoch nicht weniger aufschlussreiche Standardbegriff *Buchborns*.

---

[25] Vgl. dazu *Frahm/Jansen/Katzenmeier/Kienzle/Kingreen/Lungstras/Saeger/Schmitz-Luhn/ Woopen*, MedR 2018, 447, 448: „Die vielfältigen Variablen im System können dabei jedenfalls nicht ohne Weiteres in einer universellen Formel zusammengefasst werden."
[26] S. neben den Folgenden etwa auch *Scheler*, in: FS *Deutsch*, 1999, S. 739, 743 f.
[27] *Frahm/Jansen/Katzenmeier/Kienzle/Kingreen/Lungstras/Saeger/Schmitz-Luhn/Woopen*, MedR 2018, 447, 448: bewusst allg. gehalten und nicht zuletzt deshalb weit verbreitet.

I. Carstensen (1989)

Carstensen stellte seine Definition des medizinischen Standards vor dem Hintergrund rechtlicher (Haftungs-)Fragen auf.[28] In den 80er-Jahren des 20. Jahrhunderts prägte er den folgenden (durchaus prägnanten und eingängigen) medizinischen Standardbegriff, der seither praktisch unwidersprochen aufgegriffen wird:

„Standard in der Medizin repräsentiert den jeweiligen Stand naturwissenschaftlicher Erkenntnis und ärztlicher Erfahrung, der zur Erreichung des ärztlichen Behandlungsziels erforderlich ist und sich in der Erprobung bewährt hat."[29]

Dem Standard liegt wie eingangs angedeutet ein umfassendes methodisches Denkkonzept zu Grunde, welches der Begriff „Standard" mit einem einzigen Schlagwort zusammenfasst. In der Formulierung „Standard in der Medizin repräsentiert [...]" kommt insofern bereits die Funktion des Standards als typisierender Vermittlungsbegriff rechtlichen Ursprungs, den es medizinisch-fachlich mit Leben zu füllen gilt, zum Ausdruck. *Carstensen* selbst spricht diesbezüglich von der Rolle des Standards „bei der Norm- und Systembildung durch stetige Zuführung neuen Materials für den ständigen Stoffwechsel des Rechtslebens."[30]

Carstensen definiert den Standard im Kern durch den „Stand naturwissenschaftlicher Erkenntnis und ärztlicher Erfahrung". Dessen begriffliche Unbeweglichkeit soll dabei durch die Ergänzung eines zeitlich flexiblen Adjektivs ausgeglichen werden („jeweiligen Stand"). *Carstensen* geht in diesem Zusammenhang davon aus, dass der Standard aus zwei Teilen besteht, einem abgeschlossenen Basis-Standard gesicherter Erkenntnisse und Erfahrungen sowie einem dynamischen Teil, welcher den zukünftigen Entwicklungen der Medizin folgt („,das Bessere [überholt] das Gute").[31] Ein einmal herausgebildeter medizinischer Standard habe dabei durchaus einen „normativen Charakter mit steuernden Eigenschaften". Durch die frühzeitige Festlegung eines Standards bis hin zu seiner Dogmatisierung bestehe daher die Gefahr, dass das statische, rückwärtsgewandte Elements des Standards[32] den Fortschritt hemmt, wobei es freilich zu den Berufs-

---

[28] *Carstensen* engagierte sich neben seiner ärztlichen Behandlungstätigkeit auf dem Gebiet des Medizinrechts, insb. im Bereich der Vermittlung zwischen Medizin und Recht. Er war Mitbegründer und langjähriges Mitglied des Arbeitskreises Ärzte und Juristen der AWMF sowie der Gutachterkommission für ärztliche Behandlungsfehler bei der Ärztekammer Nordrhein. Seine Fachveröffentlichungen haben dementspr. einen ausgeprägten medizinrechtlichen Einschlag; s. etwa *Carstensen*, DÄBl. 1989, A-2431; *ders.*, Langenbecks Arch Chir 364 (1984), 299; *ders.*, in: AG RAe im MedR e. V., Die Budgetierung des Gesundheitswesens, 1997, S. 11, zur Bildung von Standards in der Medizin.
[29] *Carstensen*, DÄBl. 1989, A-2431, A-2432; s. insg. bereits *ders.*, Langenbecks Arch Chir 364 (1984), 299, 300, speziell zum Standard in der Chirurgie; zu letzterem i. Ü. anhand vielfältiger Beispiele auch die Beiträge in *Waclawiczek/Boeckl*, Standards in der Chirurgie, 2000.
[30] *Carstensen*, DÄBl. 1989, A-2431, A-2433.
[31] *Carstensen*, DÄBl. 1989, A-2431, A-2433; im Anschluss daran *Kullmann*, VersR 1997, 529; haftungsrechtliche Bewertung im 6. Kap. unter D. III. 1.
[32] Bezugnehmend auf *Schreiber*, Langenbecks Arch Chir 364 (1984), 295 ff.

pflichten sowie Merkmalen eines guten Arztes gehöre, den Standard ständig zu prüfen und weiterzuentwickeln, ihn „nicht für der Weisheit letzten Schluss, sondern für stets verbesserungsfähig zu halten."[33]

„Sinn des Fortschritts ist es, den Rang des Standards zu erreichen."[34] Der Zeitfaktor sei dabei für die Bewertung des Fortschritts von entscheidender Bedeutung. Bevor ein nach dem Stand wissenschaftlicher Erkenntnis und ärztlicher Erfahrung geeignet erscheinendes Behandlungsverfahren medizinischer Standard werde, müsse es sich „in der Erprobung bewährt", also zunächst über einen gewissen Zeitraum (dem Stadium des Heilversuchs, das jede Heilbehandlung durchschreitet)[35] unter Realbedingungen als erfolgstauglich erwiesen haben. Damit wird die praktische ärztliche Erfahrung zu einer Art Kontrollinstanz für den Standard. Sie muss die medizinische These, die aufgrund wissenschaftlicher Erkenntnis oder ärztlicher Erfahrung aufgestellt wurde, bestätigen. „Zunehmende Erfahrung wandelt den Versuch in die Behandlung."[36]

Gewiss müsse eine neue Methode auch vor den Kriterien der Wissenschaft Bestand haben.[37] *Carstensen* konstatiert diesbezüglich jedoch eine Neigung zur Überschätzung (vermeintlicher) wissenschaftlicher Ergebnisse, weshalb ein unvoreingenommener Austausch von Erfahrungen zur Erkennung von Fehlern und Misserfolgen erforderlich sei.[38] Über allem steht auch für *Carstensen* das Behandlungsziel im Sinne der Erhaltung, Wiederherstellung oder Verbesserung der Gesundheit des Patienten angesichts seiner Krankheit.[39] Eine Maßnahme könne nur Standard sein, soweit sie (nach wissenschaftlicher Erkenntnis und ärztlicher Erfahrung) „zur Erreichung des ärztlichen Behandlungsziels erforderlich" ist. Im Ergebnis könne es auf dieser Grundlage letztlich keine, eine oder mehrere Standardmethoden geben (Methodenvielfalt).[40]

Die medizinisch-fachlichen Inhalte des Standards entspringen im Einzelnen den beiden zentralen Definitionsmerkmalen, „naturwissenschaftlicher Erkenntnis" und „ärztlicher Erfahrung", aus denen sich der am Behandlungsziel ausgerichtete, aus der Erprobung hervorgegangene jeweilige Stand nach *Carstensen* zusammensetzt. Die Bezugnahme auf die Medizin als Naturwissenschaft greift aus heutiger Sicht gewiss zu kurz.[41] Gerade diese Kernelemente des medizinischen Standardbegriffs bleiben zudem in hohem Maße konkretisierungsbedürftig, ihre genaue Bedeutung und Gewichtung im Rahmen der Standardbestimmung ist nach wie vor weitgehend ungeklärt.

---

[33] *Carstensen*, DÄBl. 1989, A-2431, A-2433.
[34] *Carstensen*, DÄBl. 1989, A-2431, A-2432.
[35] *Carstensen*, DÄBl. 1989, A-2431 („Vom Heilversuch zum medizinischen Standard").
[36] *Carstensen*, DÄBl. 1989, A-2431.
[37] *Carstensen*, DÄBl. 1989, A-2431, A-2432.
[38] *Carstensen*, DÄBl. 1989, A-2431, A-2433.
[39] Vgl. *Carstensen*, DÄBl. 1989, A-2431.
[40] *Carstensen*, DÄBl. 1989, A-2431, A-2433.
[41] Vgl. dazu *Frahm/Jansen/Katzenmeier/Kienzle/Kingreen/Lungstras/Saeger/Schmitz-Luhn/ Woopen*, MedR 2018, 447, 448.

Ist die ärztliche Empirie der Grundlagenforschung in der Medizin dabei früher noch oft vorausgeeilt,[42] hält sie in den letzten Jahrzehnten mit den wissenschaftlichen Erkenntnissen kaum noch Schritt. Die ärztliche Erfahrung verliert angesichts zunehmender Spezialisierung der Medizin, ihrer Komplexität und Dynamik, welche die Praxis oftmals von der Theorie abkoppeln und daher vor allem ein neuartiges Wissensmanagement erfordern, weiter an Bedeutung.[43] Im Rahmen einer generellen Verwissenschaftlichung der Medizin ist insofern eine allgemeine Entwicklung hin zur Vorherrschaft der fachlichen Kriterien der Evidenzbasierten Medizin feststellbar, welche vor allem ein klares Hierarchiekonzept im Verhältnis von Erkenntnis und Erfahrung verspricht.[44]

II. Buchborn (1993)

Buchborn definierte (ärztliche)[45] Standards im Jahr 1993 in der Zeitschrift „Medizinrecht" unter anderem als „Festlegungen, aus denen sich allgemein anerkannte und praktisch bewährte Richtlinien für ärztliche Entscheidungen und ärztliches Handeln in normierten oder normierbaren Situationen der Diagnostik und Therapie ergeben, an denen sich der Arzt der Qualität seiner persönlichen Erfahrung und Kompetenz vergewissern kann, [...] systematisch entwickelt auf dem Boden des gesicherten Kerns wissenschaftlicher Erkenntnisse und ärztlicher Erfahrungen, z. B. in Form eines Consensus unter den fachlich zuständigen Experten [...]."[46] Dieser sei heute die wichtigste wissenschaftliche Methode der Standardbildung in der Medizin, wobei die Entscheidungsprozesse von der individuellen, mitunter fehleranfälligen auf die kollektive, der mutmaßlichen „Wahrheit" *idealiter* nahekommenden Ebene verlagert werden.[47]

Verglichen mit *Carstensen* liefert *Buchborn* damit eine wertvolle Ergänzung der zentralen Definitionselemente „wissenschaftliche Erkenntnisse und ärztliche Erfahrungen", die beide Autoren unabhängig voneinander übereinstimmend zur Bestimmung des medizinischen (oder ärztlichen) Standards heranziehen. Denn *Buchborn* verweist in seiner Definition zusätzlich[48] auf ein Element der „allgemeinen Anerkennung". Dieses formelle Kriterium dient letztlich der medizinisch-fachlichen Bewertung derjenigen (komplexen und nicht immer eindeutigen)

---

[42] So *Carstensen*, DÄBl. 1989, A-2431, A-2432.
[43] So aus juristischer Sicht etwa *Hase*, GesR 2012, 601, 603 f.; *ders.*, in: DS 60 Jahre BSG, 2014, Bd. 1, S. 423, 431 f.; s. auch *I. Augsberg*, in: *Buchner/Ladeur*, Wissensgenerierung und -verarbeitung, 2016, S. 73, 75 ff.; allg. zur Entwicklung von Erfahrungswissen zu EbM überdies *Ladeur*, GesR 2011, 455, 456 ff.; *ders.*, in: *Buchner/Ladeur*, Wissensgenerierung und -verarbeitung, 2016, S. 89 (zugleich zum Aufstieg von *Big Data*).
[44] S. u. C. II.; medizinwissenschaftlich zum Wandel der Wissensgrundlagen in der Medizin von der Erfahrung zur Evidenz auch *Raspe*, GesR 2012, 584.
[45] Vgl. bereits 1. Kap. B., insb. Fn. 15.
[46] *Buchborn*, MedR 1993, 328; s. insg. auch *ders.*, DÄBl. 1993, A-1992 – basierend auf einem Vortrag bei einer Veranstaltung der Deutschen Gesellschaft für Medizinrecht (DGMR).
[47] *Buchborn*, MedR 1993, 328, 330 f., auch zu einzelnen Methoden der Konsensfindung.
[48] Nach *Raspe*, GesR 2011, 449, 453, entspricht Anerkennung hingegen der Bewährung.

wissenschaftlichen Erkenntnisse und ärztlichen Erfahrungen, aus denen sich der Standard materiell zusammensetzt, und wird – wie *Buchborn* es formuliert – auf deren Boden systematisch entwickelt, und zwar indem sich Fachleute in bestimmten Verfahren mit ihnen auseinandersetzen und gemeinsam eine Zusammenfassung des aktuellen Erkenntnis- und Erfahrungsstands erstellen. Wissenschaftliche Erkenntnis und ärztliche Erfahrung werden dadurch erst für die Standardbestimmung einheitlich handhabbar gemacht.

Mit der Verwissenschaftlichung der Medizin geht insofern auch ihre Verschriftlichung einher. Als schriftliche Quellen des medizinischen Standards gewinnen vor allem die auf entsprechendem Wege (sowie auf Grundlage Evidenzbasierter Medizin) erstellten Leitlinien medizinisch-wissenschaftlicher Fachgesellschaften[49] zunehmend an Bedeutung.[50] Für die Praxis ist dabei die Anknüpfung an die allgemeine Anerkennung letztlich unumgänglich. Freilich besteht die Gefahr, dass sich die Standardbestimmung damit von einer qualitativen, auf den medizinischen Inhalten selbst basierenden, zu einer quantitativen Frage entwickelt, bei der Anzahl und Autorität der Anhänger (Individuen oder Institutionen) der jeweiligen Behandlung den Ausschlag geben.[51] Es droht eine „Eminenzbasierte Medizin".

Anforderungen an Erprobung und Bewährung einer Behandlung wie bei *Carstensen* finden sich im Standardbegriff *Buchborns* ebenso wieder wie die notwendige Ausrichtung des Standards am Behandlungsziel.[52] Zusätzlich setzt sich *Buchborn* allerdings schwerpunktmäßig mit der bereits aufgeworfenen Frage nach der Verbindlichkeit von Standards, die die Medizin wie dargelegt in besonderem Maße bewegt, auseinander. Insgesamt weist sein Verständnis von Standard dabei verstärkt in Richtung äußerer Reglementierung sowie ausdrücklicher Normierung.[53] Allerdings stellt auch er klar, dass Standards aus medizinischer Sicht lediglich die „Verbindlichkeit einer Handlungsempfehlung, nicht jedoch einer rigiden Vorschrift oder Rechtsnorm" haben können. Zum einen sei eine ständige Anpassung an den medizinischen Fortschritt erforderlich, um Innovationen nicht zu verhindern. Zum anderen seien Ausnahmen und Alternativen zum typisierten Standard wegen der Besonderheiten des konkret-individuellen Einzelfalls im Rahmen der Therapiefreiheit des Arztes und des Selbstbestimmungsrechts des Patienten keineswegs ausgeschlossen.

Die Gefahr von Standardisierung bleibe freilich, dass vermeintlich eindeutige Standards komplexeren Entscheidungssituationen in Wahrheit nicht mehr gerecht werden.[54] Ein wissenschaftlicher Konsens vermöge die Position des Arztes zwar

---

[49] S. u. D.
[50] Vgl. rechtlich *Hase*, GesR 2012, 601.
[51] Unverkennbar bestehen gewisse Parallelen zwischen allg. Anerkennung in der Medizin und „herrschender Meinung" (h. M.) in Rspr. und Rechtswissenschaft bzgl. str. juristischer Fragestellungen, vgl. *Buchborn*, MedR 1993, 328; s. auch *Kingreen*, MedR 2007, 457.
[52] Zu Letzterem *Buchborn*, MedR 1993, 328, 330.
[53] Je nach Herkunft der Festlegung eines Standards werden implizite (ungeschriebene, intuitive) und explizite, angesichts der Komplexität der modernen Medizin ausdr. als normierende Handlungsempfehlung aufgestellte Standards unterschieden, s. *Buchborn*, MedR 1993, 328, 329.
[54] S. insg. *Buchborn*, MedR 1993, 328, 330, 332; ähnlich *Raspe*, GesR 2011, 449, 454.

sachlich zu stärken, entlaste diesen jedoch weder von eigenem Urteil (der „individuellen Interpretation des Arztes gemeinsam mit seinem Patienten anhand der konkreten Situation") noch von eigener Verantwortlichkeit.[55] „Die Funktion ärztlicher Standards liegt darin, dem Arzt im Einzelfall als Startpunkt dafür zu dienen, unter der Vielzahl möglicher diagnostischer und therapeutischer Maßnahmen und Regime diejenigen zu wählen, die die Erreichung des medizinischen Behandlungszieles und damit die Effizienz der Behandlung optimieren."[56] „Standards an sich sind somit keine normative medizinische Entscheidungsinstanz, sondern immer nur ein Durchgangsstadium bei Handlungen im Namen und Auftrag des Kranken."[57]

C. Evidence based Medicine (EbM)

I. Einführung

Ob eine Behandlung Standard im medizinischen Sinne ist, bestimmt sich heutzutage in erster Linie[58] nach den Kriterien der Evidenzbasierten Medizin (*Evidence based Medicine*,[59] EbM).[60] Prägend für das moderne Verständnis von EbM waren dabei vor allem die Arbeiten des kanadischen Mediziners *Sackett* (sowie seiner nordamerikanischen Kollegen).[61] Dieser beschrieb die EbM im Jahr 1996 während

---

[55] *Buchborn*, MedR 1993, 328, 331 f.
[56] *Buchborn*, MedR 1993, 328, 330.
[57] *Buchborn*, MedR 1993, 328, 330.
[58] Zu Besonderheiten der traditionell stärker von klinischer Expertise als von externer Evidenz geprägten Chirurgie *Seiler et al.*, DÄBl. 2004, A-338 (für mehr EbM in der Chirurgie).
[59] Der Begriff findet sich etwa bereits bei *Guyatt*, ACP J Club 114 (1991), A-16. Hingewiesen sei an dieser Stelle auf die Missverständlichkeit der wörtlichen Übernahme aus dem Englischen ins Deutsche: *„evidence"* lässt sich mit „Beweis" oder „Beleg" übersetzen, welcher dabei allerdings keineswegs unumstößlich ist, sondern lediglich ein (mehr oder weniger) empirisch fundiertes Argument darstellt, das durchaus (durch „bessere" *evidence*) widerlegt werden kann. „Evidenz" (lat. *evidentia*) hingegen bedeutet „Offensichtlichkeit" (die demnach keines Beweises bedarf) bis hin zu „Unwiderlegbarkeit". Zutreffender wäre es daher, von nachweisgestützter Medizin zu sprechen, vgl. *v. Wichert*, DÄBl. 2005, A-1569; s. insg. *Antes*, Der Internist 1998, 899, 890; *Kühlein/Forster*, in: *Kunz et al.*, Lehrbuch EbM, ²2007, S. 39; *Raspe*, GesR 2011, 449, 451; *ders.*, GesR 2012, 584, 588 f.
[60] S. auch *Frahm/Jansen/Katzenmeier/Kienzle/Kingreen/Lungstras/Saeger/Schmitz-Luhn/ Woopen*, MedR 2018, 447.
[61] Vereinigt in der *Evidence-Based Medicine Working Group*, s. etwa bereits *dies.*, JAMA 268 (1992), 2420 ff.; monographisch insb. *Sackett et al.*, EbM, 1999. Als Wiege der modernen EbM gilt die McMaster Universität in Hamilton, Ontario, Kanada. Einen historischen Überblick über die (internationale wie nationale) Entwicklung hin zu einer EbM gewährt *Raspe*, in: *Kunz et al.*, Lehrbuch EbM, ²2007, S. 15, 20 ff.; aktuelle deutschsprachige Informationen zu EbM bietet die Website des Deutschen Netzwerks Evidenzbasierte Medizin (DNEbM), www.ebm-netzwerk.de; s. auch die Einführung in EbM von *Schrappe/Lauterbach*, in: *Lauterbach/Lüngen/Schrappe*, Gesundheitsökonomie, Manage-

seiner Tätigkeit als Professor in Oxford wie folgt: „EbM ist der gewissenhafte, ausdrückliche und vernünftige Gebrauch der gegenwärtig besten externen, wissenschaftlichen Evidenz für Entscheidungen in der medizinischen Versorgung individueller Patienten. Die Praxis der EbM bedeutet die Integration individueller klinischer Expertise mit der bestmöglichen externen Evidenz aus systematischer Forschung."[62] Damit verweist *Sackett* letztlich auf nichts anderes als auf die für den medizinischen Standardbegriff zentralen Elemente der wissenschaftlichen Erkenntnis und ärztlichen Erfahrung und ordnet diese in ein transparentes wissenschaftsmethodisches Gesamtkonzept ein, welches es in der konkreten Behandlungsentscheidung umzusetzen gilt.

Mit individueller Expertise ist ausdrücklich „das Können und die Urteilskraft, die Ärzte durch ihre Erfahrung und klinische Praxis erwerben", gemeint.[63] Die Rede ist auch kontrastierend von interner Evidenz.[64] Das Adjektiv „klinisch" beschreibt im Übrigen allgemein die „medizinische [...] Praxis in direktem Kontakt mit und direkter Verantwortung für individuelle Patienten – gleichgültig ob in einem Krankenhaus oder einer Praxis."[65] Die externe (mithin von außen zur klinischen Situation hinzutretende und in diese zu importierende, weil nicht aus dieser selbst heraus generierbare)[66] Evidenz bezieht sich demgegenüber auf „klinisch relevante Forschung, oft medizinische Grundlagenforschung, aber insbesondere patientenorientierte Forschung zur Genauigkeit diagnostischer Verfahren [...], zur Aussagekraft prognostischer Faktoren und zur Wirksamkeit und Sicherheit therapeutischer, rehabilitativer und präventiver Maßnahmen."[67] Sie ist der einschlägigen wissenschaftlichen Fachliteratur zu entnehmen.[68]

Nur zusammen führen interne und externe Evidenz zu einer guten Behandlung. „Die Basis der gemeinsamen externen Evidenz kann Beliebigkeit verhindern, interne Evidenz dagegen ermöglicht Individualität in der Medizin."[69] Interne und externe Evidenz können sich dabei durchaus überschneiden und ineinander übergehen, sie sind nicht immer strikt zu trennen. Externe Evidenz wird sich in der Praxis zunehmend internalisieren; Fallberichte und Meinungen anderer Experten (als Ausflüsse fremder interner Evidenz) bilden zudem ihrerseits den niedrigsten

---

ment und EbM, ³2010, S. 427 ff.; i. Ü. bereits die interdisziplinären Beiträge in *Michaelis/Raspe*, Die Evidenz-basierte Medizin im Licht der Fakultäten, 2001; aus dem jüngeren internationalen Schrifttum zudem *Evans et al.*, Wo ist der Beweis?, 2013.

[62] *Sackett et al.*, BMJ 312 (1996), 71; aus dem Englischen ins Deutsche übersetzt von *Perleth*, MMW 139 (1997), 644.

[63] *Sackett et al.*, BMJ 312 (1996), 71; aus dem Englischen ins Deutsche übersetzt von *Perleth*, MMW 139 (1997), 644.

[64] S. etwa *Kühlein/Forster*, in: *Kunz et al.*, Lehrbuch EbM, ²2007, S. 39; *v. Wichert*, DÄBl. 2005, A-1569, A-1570.

[65] *Raspe*, in: *Kunz et al.*, Lehrbuch EbM, ²2007, S. 15.

[66] *Raspe*, in: *Kunz et al.*, Lehrbuch EbM, ²2007, S. 15 f.

[67] *Sackett et al.*, BMJ 312 (1996), 71 f.; aus dem Englischen ins Deutsche übersetzt von *Perleth*, MMW 139 (1997), 644.

[68] *Kühlein/Forster*, in: *Kunz et al.*, Lehrbuch EbM, ²2007, S. 39.

[69] *Kühlein/Forster*, in: *Kunz et al.*, Lehrbuch EbM, ²2007, S. 39, 40.

C. Evidence based Medicine (EbM) 19

Grad externer Evidenz – insofern als ihre Übertragbarkeit auf andere Fälle ungewiss ist.[70]

Zur Bestimmung der besten externen Evidenz, auf deren Grundlage dann im Einzelfall (im Zusammenspiel mit der individuellen Expertise) die konkrete Behandlungsentscheidung getroffen wird, werden die unterschiedlichen Evidenzarten, namentlich die verschiedenen Typen medizinisch-wissenschaftlicher Studien,[71] an welche jeweils bestimmte methodische Anforderungen gestellt werden, in einem formalisierten Verfahren[72] ihrer Aussagekraft nach in Evidenzstufen klassifiziert und hierarchisiert.[73] EbM ist „empirische Medizin mit rationaler Methodik"[74] und dient der rationalen Begründung ärztlichen Handelns.[75] Dabei „führt [sie] nicht zu Wahrheiten, sondern zur Annäherung an Wahrheiten aufgrund von Wahrscheinlichkeiten."[76] Ein höherer Evidenzgrad ist nicht wahrer als ein niedriger, allenfalls wahrscheinlicher.[77]

Den höchsten Evidenzgrad bilden wegen ihrer prinzipiellen Verlässlichkeit randomisierte kontrollierte (Doppelblind-)Studien (*randomized controlled trials*, RCTs)[78] – idealerweise mehrere RCTs zusammengefasst[79] in Metaanalysen oder

---

[70] Vgl. *Kühlein/Forster*, in: *Kunz et al.*, Lehrbuch EbM, ²2007, S. 39 f.
[71] Zu den einzelnen Studientypen, ihrer Aussagekraft und ihren jeweiligen Vor- und Nachteilen *R. Schneider*, in: AG RAe im MedR e. V., Standard-Chaos?, 2015, S. 11, 12 f.; *Wegscheider*, in: *Kunz et al.*, Lehrbuch EbM, ²2007, S. 75, 77 ff.; s. auch *ders.*, Bundesgesundheitsbl. 2005, 515 ff. (zu Geschichte, Methodik und Grenzen klinischer Prüfungen); ausf. zu Studientypen (und Studiendesign) in der medizinischen Forschung zudem *Röhrig et al.*, DÄBl. Int. 2009, 262 ff. (u. 184 ff.); überdies *Hilgers/Heussen*, in: *Lauterbach/Lüngen/Schrappe*, Gesundheitsökonomie, Management und EbM, ³2010, S. 440 ff.; *Schrappe/Lehmacher*, ebd., S. 452 ff.; *Heussen/Hilgers*, ebd., S. 460 ff.
[72] Vgl. *Kienle et al.*, DÄBl. 2003, A-2142.
[73] Vgl. etwa *Antes*, Der Internist 1998, 899, 902 f.; *v. Wichert*, DÄBl. 2005, A-1569; *Kienle*, DÄBl. 2008, A-1381; *Baethge*, DÄBl. 2014, A-1636.
[74] *Kühlein/Forster*, in: *Kunz et al.*, Lehrbuch EbM, ²2007, S. 39, 45; zur Wissenschaftsmethodik der EbM auch *Wegscheider*, ebd., S. 75 ff.
[75] *Antes*, Der Internist 1998, 899 f.
[76] *Kühlein/Forster*, in: *Kunz et al.*, Lehrbuch EbM, ²2007, S. 39.
[77] v. *Wichert*, DÄBl. 2005, A-1569, A-1570; krit. *Dumbs/Dumbs*, ZVersWiss 2017, 227, 229 ff.
[78] Dazu *Kabisch et al.*, DÄBl. Int. 2011, 663 ff. Zwei (oder mehr) Gruppen von Patienten werden zeitgleich im Hinblick auf die Ergebnisse zweier (oder mehrerer) Behandlungen verglichen, wobei die Patienten diesen Behandlungen zufällig zugewiesen werden; dieser Vergleich erlaubt eine Aussage zur Kausalität, also ob die Wahrscheinlichkeit eines bestimmten Ergebnisses durch die Behandlung verändert wird; vgl. *Windeler et al.*, DÄBl. 2008, A-565; zu Vielfalt und wissenschaftlichem Wert von RCTs *Lange et al.*, DÄBl. Int. 2017, 635 ff.; gegen ethische Vorbehalte *dies.*, DÄBl. 2018, A-70 ff.; juristische Einordnung bei *Hart*, in: HK-AKM, ⁷⁵2018, Nr. 1530 (Doppelblindversuch).
[79] Dazu *Bollschweiler*, in: *Lauterbach/Lüngen/Schrappe*, Gesundheitsökonomie, Management und EbM, ³2010, S. 474 ff.; *Sauerland*, ebd., S. 480 ff.; *Ressing et al.*, DÄBl. Int. 2009, 456 ff.; *Antes*, Der Internist 1998, 899, 903 ff. Der wichtigste Hrsg. systematischer Übersichtsarbeiten in der Medizin ist die *Cochrane Collaboration* (hierzu *Sauerland*, in: *Lauterbach/Lüngen/Schrappe*, Gesundheitsökonomie, Management und EbM, ³2010, S. 486 ff.; *Timmer/Antes*, in: *Kunz et al.*, Lehrbuch EbM, ²2007, S. 443; *Antes*, Der Internist

systematischen (also zusätzlich bewertenden) Übersichtsarbeiten.[80] Dabei ergeben Daten an sich noch keine Evidenz, sie bedürfen der kritischen Würdigung.[81] Wenn auch RCTs grundsätzlich mit höherer Wahrscheinlichkeit den rechten Weg weisen, so mag es zudem für bestimmte Fragestellungen dennoch geeignetere Nachweisverfahren geben; ein Nachweis durch RCTs ist im Einzelfall unter Umständen nicht durchführbar[82] oder auch gar nicht notwendig oder es liegen schlicht (noch) keine RCTs zu einer speziellen Problematik vor.[83] Die EbM ist insofern nicht auf RCTs beschränkt, vielmehr ist stets nach der jeweils besten verfügbaren wissenschaftlichen Evidenz zur Beantwortung der konkreten klinischen Fragestellung zu suchen.[84]

Kritisch zu beurteilen sind sowohl die Qualität und Güte der jeweiligen Evidenz an sich (interne Validität) als auch ihre Relevanz und ihr Wert für den konkreten Einzelfall (externe Validität).[85] Systematische Überblicksartikel oder auch Leitlinien[86] erleichtern die Beurteilung, erübrigen sie jedoch nicht und sind ihrerseits einer eigenen kritischen Bewertung zu unterziehen.[87] In der Praxis treffen nun einmal verschiedene (Fach-)Ärzte auf verschiedene Patienten mit verschiedenen Krankheitsbildern, erfüllen dabei verschiedene Aufgaben und benötigen daher auch verschiedene Evidenz.[88] Diese ist notwendigerweise limitiert, einseitig und fehleranfällig und muss daher kritisch bewertet, eingeordnet und ergänzt werden.[89] Schlussendlich trifft der behandelnde Arzt deshalb weiterhin eine individuelle Entscheidung, auf der Basis von Evidenz, für und mit seinem

---

1998, 899, 905); nähere Informationen (auch zu EbM) unter www.cochrane.de, www.cochrane.org sowie www.cochranelibrary.com.
[80] Vgl. zum Ganzen *Kühlein/Forster*, in: Kunz et al., Lehrbuch EbM, ²2007, S. 39, 40, 45; s. auch *Wegscheider*, ebd., S. 75, 77 ff.; *Baethge*, DÄBl. 2014, A-1636 f.; *Kienle*, DÄBl. 2008, A-1381; *Kienle et al.*, DÄBl. 2003, A-2142, A-2143 f.
[81] *Raspe*, GesR 2011, 449, 453; *ders.*, GesR 2012, 584, 588 f.
[82] S. etwa zur Durchführbarkeit von RCTs bei seltenen Erkrankungen *Grouven et al.*, DÄBl. 2015, A-326 (i. E. bejahend).
[83] Vgl. bereits *Sackett et al.*, BMJ 312 (1996), 71, 72; krit. ggü. RCTs etwa *Willich*, DÄBl. 2006, A-2524; *Kienle*, DÄBl. 2008, A-1381 f.; *Eichler et al.*, DÄBl. 2015, A-2190, A-2192; mit den Vor- und Nachteilen von RCTs setzen sich *Windeler et al.*, DÄBl. 2008, A-565 ff., auseinander (die zentrale Bedeutung von RCTs für die krit. Evaluation ärztlichen Handelns betonend); zu den Vorzügen von RCTs (ggü. nicht randomisierten Studien – weniger Aufwand bei höherer Effizienz, Anpassungsfähigkeit, Alltagstauglichkeit etc.) auch *Lange et al.*, DÄBl. Int. 2017, 635, 638 f.; differenziert *Raspe*, GesR 2012, 584, 587 f.
[84] *Sackett et al.*, BMJ 312 (1996), 71, 72.
[85] Vgl. *Kühlein/Forster*, in: Kunz et al., Lehrbuch EbM, ²2007, S. 39, 40 f.; s. auch *Wegscheider*, ebd., S. 75, 84 f., zur Therapieevaluation in einer pluralen Wissenschaftswelt; ausf. zur krit. Bewertung der einzelnen Studientypen die Beiträge auf S. 93 ff.; zudem die praktischen Anwendungsbeispiele ab S. 267 ff.; speziell zum krit. Lesen wissenschaftlicher Artikel *du Prel et al.*, DÄBl. Int. 2009, 100 ff.; allg. zur Auseinandersetzung mit Evidenz *Raspe*, GesR 2012, 584, 589 ff.; *ders.*, GesR 2013, 206, 207.
[86] Vgl. insofern auch *Sackett et al.*, BMJ 312 (1996), 71, 72.
[87] *Kühlein/Forster*, in: Kunz et al., Lehrbuch EbM, ²2007, S. 39, 41 f.; dazu *Bucher*, ebd., S. 149.
[88] Näher *Kühlein/Forster*, in: Kunz et al., Lehrbuch EbM, ²2007, S. 39, 42 ff.
[89] *Kienle*, DÄBl. 2008, A-1381, A-1384.

Patienten.[90] Trotz des mit ihr verbundenen Aufwands für den ohnehin schon vielbeschäftigten Arzt, etwa im Hinblick auf die notwendige Fortbildung, sei dabei im Übrigen grundsätzlich die Praktikabilität der EbM gewährleistet.[91]

II. Evidenz und Erfahrung

Angesichts der ihr zu Grunde liegenden Rangfestlegung enthält die EbM im Ergebnis eine gewisse Präferenz für eines der Teilelemente des medizinischen Standards: die wissenschaftliche Erkenntnis als stärkste Form externer Evidenz. Damit beeinflusst die EbM den medizinischen Standardbegriff erheblich. Aus diesem Vorrang resultiert zugleich der erste zentrale Kritikpunkt an der EbM.[92] Es wird befürchtet, dass durch die Verwissenschaftlichung die klinische Handlungsfreiheit des Arztes beschränkt oder unterdrückt wird.[93] Die EbM gehe nun einmal nicht von der individuellen Erfahrung des Arztes aus, schon dem Namen nach stehe der Bereich der (externen) Evidenz im Vordergrund.[94] Selbst die kritische Bewertung dieser Evidenz weiche zunehmend externer Regelbefolgung; letzten Endes gehe es nicht um eine reflektierte wissenschaftliche Begründung, sondern den bloßen empirischen Nachweis.[95] Die Ausrichtung der EbM an hochrangiger wissenschaftlicher Evidenz führe so im Ergebnis zu einer Fremdbestimmung ärztlichen Handelns, grenze die medizinischen Möglichkeiten unnötig ein und wirke zugleich als Fortschrittsbremse; zudem drohe eine Kommerzialisierung der Medizin (mit entsprechender Prioritätensetzung).[96]

Es stellt sich die Frage nach dem Stellenwert der auf ärztlicher Erfahrung beruhenden individuellen Urteilskraft in der Medizin.[97] Erkenntnistheoretisch vermag auch diese ohne Weiteres zu verlässlichen Aussagen zu führen[98] und ist dabei wissenschaftlicher Erkenntnis in einigen Punkten gegebenenfalls sogar überlegen.[99] Vor diesem Hintergrund wird daher zunehmend die Bedeutung ärztlicher Erfahrung, die in der EbM bisweilen vernachlässigt werde, für die Entscheidung über die Behandlung des individuellen Patienten in der konkreten Situation

---

[90] Vgl. *Kühlein/Forster*, in: *Kunz et al.*, Lehrbuch EbM, ²2007, S. 39, 47, 48.
[91] Vgl. *Sackett et al.*, BMJ 312 (1996), 71, 72.
[92] Ausf. (konstruktive) Kritik an der EbM durch *Leiß*, DÄBl. 2015, A-130 f., unter Bezugnahme auf *Greenhalgh/Howick/Maskrey*, BMJ 348 (2014), g3725.
[93] So etwa *Eichler et al.*, DÄBl. 2015, A-2190 (dagegen *Mühlhauser/Meyer*, DÄBl. 2016, A-486); diesen Kritikpunkt nennen (und entkräften) bereits *Sackett et al.*, BMJ 312 (1996), 71; s. auch *Haynes/Devereaux/Guyatt*, BMJ 324 (2002), 1350; *Raspe*, in: *Kunz et al.*, Lehrbuch EbM, ²2007, S. 15, 22.
[94] *Eichler et al.*, DÄBl. 2015, A-2190, A-2192.
[95] *Eichler et al.*, DÄBl. 2015, A-2190, A-2191.
[96] Vgl. *Kienle et al.*, DÄBl. 2003, A-2142 ff., A-2146.
[97] *Kienle et al.*, DÄBl. 2003, A-2142; s. auch allg. *Maio*, Lehrbuch der Ethik in der Medizin, ²2017, S. 148 ff.
[98] Näher *Kienle et al.*, DÄBl. 2003, A-2142, A-2144 ff.
[99] Näher *Kienle*, DÄBl. 2008, A-1381, A-1382 f.

betont.[100] „Die Kriterien des individuellen ärztlichen Urteils […] sollten weiter geklärt, als ärztliche Erfahrungslehre professionalisiert und als valide Erkenntnismethode implementiert werden".[101] Jedenfalls dürfe kritisches Nachdenken über ärztliches Handeln auch unter einer EbM nicht gänzlich auf der Strecke bleiben.[102] Das allgemeine Wissen ist auf den einzelnen Patienten anzuwenden.[103] Es existieren im Übrigen sogar abweichende Konzepte, nach denen es (statistisch nachweisbar) wissenschaftsmethodisch erfolgversprechender sei, die Behandlung auf ärztliche Intuition[104] oder gar sogenannte „Bauchentscheidungen" zu stützen.[105]

Diese Kritik beruht allerdings weitgehend auf einem fehlerhaften einseitigen Verständnis[106] und einer daraus resultierenden Ideologisierung[107] der EbM, die diesbezüglich gewisse Missbrauchspotentiale bietet.[108] Die Abwehrhaltung gegenüber der Absolutheit externer Evidenz anstelle der Individualität klinischer Expertise[109] ist dem Grunde nach durchaus berechtigt,[110] wird dem ursprünglichen Konzept der EbM aber nicht gerecht. Zwar ist es zutreffend, dass innerhalb der Rangfolge externer Evidenzen Ergebnisse wissenschaftlicher Studien grundsätzlich über der ärztlichen Erfahrung Dritter stehen. Interne Evidenz – also in erster Linie die eigene ärztliche Erfahrung des Behandelnden selbst – ist externer Evidenz aus wissenschaftlicher Forschung jedoch mehr als ebenbürtig. So stellte bereits *Sackett* klar: „EbM ist keine Kochbuchmedizin. Weil es eines ‚Bottom-up'-Ansatzes bedarf, der die beste verfügbare externe Evidenz mit individueller klinischer Expertise […] verbindet, ist das Konzept nicht mit dem sklavischen Befolgen eines ‚Kochrezeptes' zur Patientenbehandlung vereinbar. Externe klinische Evidenz kann individuelle klinische Erfahrung zwar ergänzen, aber niemals ersetzen. Es ist gerade diese individuelle Expertise, die entscheidet, ob die externe Evidenz überhaupt auf den einzelnen Patienten anwendbar ist und, wenn das zutrifft, wie sie in die Entscheidung integriert werden kann."[111]

---

[100] Vgl. *Leiß*, DÄBl. 2015, A-130, A-131 f., unter Bezugnahme auf *Greenhalgh/Howick/Maskrey*, BMJ 348 (2014), g3725.
[101] Vgl. etwa *Kienle et al.*, DÄBl. 2003, A-2142, A-2146.
[102] *Niroomand*, DÄBl. 2004, A-1870, A-1873; s. auch *v. Wichert*, DÄBl. 2005, A-1569, A-1570.
[103] *Eichler et al.*, DÄBl. 2015, A-2190, A-2192.
[104] Dazu etwa auch aus juristischer Sicht *Dumbs*, GesR 2014, 513, 518 f.
[105] So etwa *Gigerenzer*, Bauchentscheidungen, 2007, Kap. 9; zudem *Albrecht*, Evidenzbasierte Medizin: Lob der Erfahrung, DIE ZEIT Nr. 19/2012 vom 03.05.2012 (auch zur Gegenposition).
[106] Vgl. *Mühlhauser/Meyer*, DÄBl. 2016, A-486.
[107] So *v. Wichert*, DÄBl. 2005, A-1569; s. auch *Eichler et al.*, DÄBl. 2015, A-2190, A-2192.
[108] Vgl. *Raspe*, in: Kunz et al., Lehrbuch EbM, ²2007, S. 15, 25 ff.
[109] Vgl. insofern auch *Niroomand*, DÄBl. 2004, A-1870.
[110] Vgl. *Kühlein/Forster*, in: Kunz et al., Lehrbuch EbM, ²2007, S. 39, 48.
[111] *Sackett et al.*, BMJ 312 (1996), 71, 72; aus dem Englischen ins Deutsche übersetzt von *Perleth*, MMW 139 (1997), 644, 645; s. auch *Kienle*, DÄBl. 2008, A-1381; *Kienle et al.*, DÄBl. 2003, A-2142, A-2146; *Antes*, Der Internist 1998, 899, 906.

Es geht also gerade nicht um dirigierende „*Top-down*-EbM", die die ärztliche Therapiefreiheit einschränkt.[112] Die Medizin ist und bleibt eine Praxis-, (Be-)Handlungs- und damit Erfahrungswissenschaft.[113] EbM beinhaltet keine strenge Regelbefolgung.[114] Die klinische Expertise ist auch für die EbM von zentraler Bedeutung, nimmt alle anderen maßgeblichen Aspekte in sich auf und filtert diese für die konkrete Entscheidungsfindung. Sie bestimmt, welche wissenschaftliche Evidenz aufgrund der besonderen Umstände des jeweiligen Behandlungsfalls, des klinischen Zustands und der individuelle Lage des Patienten,[115] neben den eigenen Erfahrungen des Arztes in die Entscheidung einfließt.[116] (Externe) Evidenz allein trifft diesbezüglich keine Entscheidungen. EbM (und ihre Bezeichnung als solche) möchte erreichen, dass die gegenwärtig beste verfügbare Evidenz bei der klinischen Entscheidungsfindung angemessen berücksichtigt wird – nicht mehr und nicht weniger.[117] Hochwertige wissenschaftliche Erkenntnisse sollen zu Gunsten der Patienten zeitnah Eingang in die medizinische Versorgung finden,[118] wodurch die klinische Expertise des Arztes unterstützt und gestärkt,[119] aber keineswegs zu Lasten der Patienten aus der Praxis verdrängt werden soll.

Es gilt hier vor allem die positiven Wechselwirkungen der beiden Elemente zu nutzen. Ärztliche Erfahrungen sind soweit möglich durch wissenschaftliche Erkenntnisse zu fundieren; umgekehrt müssen sich aber auch wissenschaftliche Erkenntnisse durch ärztliche Erfahrungen in der Praxis bestätigen. Externe Evidenz aus Wissenschaft und Forschung ist lediglich „ein Mosaikstein, der wie jeder andere [...] ins klinische Bild eines speziellen Patienten eingepasst werden muss".[120] Der Arzt hat also jeweils die richtige Kombination aus persönlicher Erfahrung und wissenschaftlichen Ergebnissen zu finden.[121] „Ärztliche Kunst bedeutet, über eine Wissensbasis zu verfügen, die es erlaubt, das theoretische Sachwissen so mit einem verstehend-praktischen Handlungswissen zu verbinden, dass am Ende eine ärztliche Therapieempfehlung steht, die dann wissenschaftlich solide ist, wenn sie erfahrungsgesättigt bleibt und dadurch der konkreten Situation des individuellen Patienten gerecht wird."[122] Die EbM ist dabei gewiss kein bruchloses und widerspruchsfreies (ideologisches) System.[123]

---

[112] *Kienle*, DÄBl. 2008, A-1381.
[113] *Raspe*, GesR 2011, 449 f.; s. auch *ders.*, GesR 2012, 584 f.; *ders.*, GesR 2013, 206 f.
[114] *Leiß*, DÄBl. 2015, A-130, A-131 f.
[115] Vgl. auch *Sackett et al.*, BMJ 312 (1996), 71, 72.
[116] Vgl. das neue EbM-Modell nach *Haynes/Devereaux/Guyatt*, BMJ 324 (2002), 1350; ausf. *dies.*, ACP J Club 136 (2002), A-11; auch *Raspe*, in: *Kunz et al.*, Lehrbuch EbM, ²2007, S. 15 f.
[117] *Haynes/Devereaux/Guyatt*, BMJ 324 (2002), 1350.
[118] Vgl. *Niroomand*, DÄBl. 2004, A-1870.
[119] Vgl. *Kienle*, DÄBl. 2008, A-1381.
[120] *v. Wichert*, DÄBl. 2005, A-1569, A-1570; s. auch *Kienle*, DÄBl. 2008, A-1381, A-1384.
[121] *Baethge*, DÄBl. 2014, A-1636, A-1640; zum Verhältnis von Erkenntnis und Erfahrung auch *Raspe*, in: *Hart*, Klinische Leitlinien und Recht, 2005, S. 63 ff.
[122] *Maio*, Lehrbuch der Ethik in der Medizin, ²2017, S. 153.
[123] *Baethge*, DÄBl. 2014, A-1636, A-1640.

Bereits *Sackett* kam dementsprechend zu dem Schluss: „Gute Ärzte nutzen sowohl klinische Expertise als auch die beste verfügbare externe Evidenz, da keiner der beiden Faktoren allein ausreicht: Ohne klinische Erfahrung riskiert die ärztliche Praxis durch den bloßen Rückgriff auf die Evidenz ‚tyrannisiert' zu werden, da selbst exzellente Forschungsergebnisse für den individuellen Patienten nicht anwendbar oder unpassend sein können. Andererseits kann ohne das Einbeziehen aktueller externer Evidenz die ärztliche Praxis zum Nachteil des Patienten leicht veraltetem Wissen folgen."[124] EbM wirkt folglich als ergänzender Kontrollmechanismus, der die Schwächen der ärztlichen Erfahrung durch Objektivität und Skepsis ausgleichen soll.[125]

In einer wissenschaftlich fundierten Medizin bedarf daher jede individuelle klinische Behandlungsentscheidung einer wissenschaftlichen und damit nachprüfbaren Begründung, wobei der bloße Verweis auf hochrangige externe Evidenz freilich gerade nicht ausreicht, um eine bestimmtes medizinisches Vorgehen zu rechtfertigen, weil auch diese nicht *per se* richtig, sondern im konkreten Einzelfall stets kritisch zu hinterfragen ist. Die biologische Variabilität des Menschen begrenzt die Reichweite statistischer Aussagen aus medizinischen Studien oder deren systematischer Zusammenfassung – seien diese methodisch noch so exzellent – weitgehend auf das Studienkollektiv.[126] Externe Evidenz weist insofern ihrerseits lediglich eine „Pseudoqualität" auf, zumal sie im Übrigen auch schnell veraltet; der Begriff „Evidenz" spiegelt folglich eine abschließende Sicherheit vor, die es in der Biologie und damit der Medizin so nicht gibt und nicht geben kann.[127] Kernelement der EbM ist es daher, die eigenen Methoden kontinuierlich zu überprüfen und zu verbessern.[128]

So betrachtet handelt es sich bei EbM um ein geradezu selbstverständliches Konzept der Berücksichtigung wissenschaftlicher Erkenntnisse in der Medizin,[129] dessen Grundgedanken auch in der deutschen Gesundheitsversorgung keineswegs fremd, geschweige denn sonderlich neu sind.[130] Die Diskussion unter dem Stichwort EbM hat hierzulande nichtsdestotrotz relativ spät eingesetzt.[131] Die Besonderheit der EbM liegt vor allem darin, ein solches Vorgehen explizit zu fordern und transparent umzusetzen.[132] Speziell in Deutschland wird der EbM insofern ein „Geburtsfehler" attestiert, als sie der Medizin in einer „Revolution von oben" insbesondere durch das Sozialrecht[133] aufgegeben wurde und sich (anders als etwa

---

[124] *Sackett et al.*, BMJ 312 (1996), 71, 72; aus dem Englischen ins Deutsche übersetzt von *Perleth*, MMW 139 (1997), 644.
[125] Vgl. *Baethge*, DÄBl. 2014, A-1636; s. auch *Donner-Banzhoff*, DÄBl. 2012, A-2078, A-2080 f.
[126] S. insg. *v. Wichert*, DÄBl. 2005, A-1569 f.
[127] *v. Wichert*, DÄBl. 2005, A-1569, A-1570.
[128] *Mühlhauser/Meyer*, DÄBl. 2016, A-486.
[129] Vgl. auch *Kienle et al.*, DÄBl. 2003, A-2142.
[130] *v. Wichert*, DÄBl. 2005, A-1569, A-1570; s. auch *Baethge*, DÄBl. 2014, A-1636.
[131] *Antes*, Der Internist 1998, 899, 906.
[132] Vgl. *Lelgemann et al.*, Bundesgesundheitsbl. 2005, 215.
[133] Vgl. 5. Kap. B. III. 3.

im englischsprachigen Raum)[134] nicht zunächst von selbst „aus der klinischen Praxis und für die klinische Praxis" entwickeln konnte, was hierzulande bei den Ärzten in besonderem Maße zu Missverständnissen und vermehrter Skepsis im klinischen Alltag geführt habe.[135]

D. Medizinische Leitlinien

Was als medizinischer Standard im konkreten Fall gilt, ist für den Arzt oft nicht leicht zu erkennen. Um die Lücke zu überbrücken und auch um die wissenschaftliche Evidenz, die vom einzelnen Arzt kaum selbstständig anhand der Vielzahl an Studien ermittelt und aktualisiert werden kann, in die Praxis einfließen zu lassen, dienen dem Arzt medizinische Leitlinien der Entscheidungs- und Handlungsorientierung.[136] Die Leitlinien sind externe Entscheidungshilfen mit klaren Handlungsempfehlungen für eine individuelle Entscheidungssituation zwischen Arzt und Patient.[137] Sie sollen als Wissensgrundlage die individuelle Entscheidungsfindung unterstützen. Sie werden in der Regel ihrerseits auf der Basis der EbM erstellt und übersetzen Evidenz in Empfehlungen.[138]

Bestenfalls bilden Leitlinien den zum Zeitpunkt ihrer Erstellung allgemein anerkannten Stand der wissenschaftlichen Erkenntnis und ärztlichen Erfahrung (im Sinne der EbM) ab.[139] Über die reine systematische Zusammenfassung hinaus enthalten sie aber auch eine wertende und erläuternde Komponente. In einem möglichst formalisierten und transparenten (Konsens-)Verfahren werden aus den entsprechenden Informationen bestimmte Handlungsempfehlungen abgeleitet und so die Brücke von der Evidenz zur klinischen Behandlungssituation geschlagen.[140] Leitlinien sind dadurch – ihre sinnvolle und korrekte Implementierung, Umsetzung sowie Anwendung in der klinischen Praxis vorausgesetzt[141] – ein wichtiges Instrument der Qualitätssicherung und -entwicklung in der Medizin.[142]

---

[134] Zu den entspr. Unterschieden der engl. und deutschen Medizinkultur *Baethge*, DÄBl. 2014, A-1636, A-1637 f.
[135] *Raspe*, in: *Kunz et al.*, Lehrbuch EbM, ²2007, S. 15, 22, 28.
[136] S. auch *Frahm/Jansen/Katzenmeier/Kienzle/Kingreen/Lungstras/Saeger/Schmitz-Luhn/ Woopen*, MedR 2018, 447, 448.
[137] *Muche-Borowski/Nothacker/Kopp*, Bundesgesundheitsbl. 2015, 32.
[138] Vgl. *Kunz et al.*, in: *Kunz et al.*, Lehrbuch EbM, ²2007, S. 231; s. auch *Ollenschläger*, in: AG RAe im MedR e. V., Standard-Chaos?, 2015, S. 17, 18 f.; ausf. zu EbM und Leitlinien *Kopp/Lelgemann/Ollenschläger*, in: *Kunz et al.*, Lehrbuch EbM, ²2007, S. 361; zudem *Eichler et al.*, DÄBl. 2015, A-2190, A-2192; *Mühlhauser/Meyer*, DÄBl. 2016, A-486, A-487 f.
[139] Vgl. *Ollenschläger*, in: AG RAe im MedR e. V., Standard-Chaos?, 2015, S. 17, 24; s. auch *Kopp*, GesR 2011, 385; *Raspe*, GesR 2013, 206, 208.
[140] *Lelgemann et al.*, Bundesgesundheitsbl. 2005, 215, 216.
[141] Näher *Muche-Borowski/Nothacker/Kopp*, Bundesgesundheitsbl. 2015, 32, 33 ff.
[142] *Kopp*, Bundesgesundheitsbl. 2011, 160 ff.; *Kopp/Encke/Lorenz*, Bundesgesundheitsbl. 2002, 223 ff.; s. auch *Ollenschläger*, in: AG RAe im MedR e. V., Standard-Chaos?, 2015, S. 17, 19; *ders.*, in: AG RAe im MedR e. V., Leitlinien, Richtlinien und Gesetz, 2003, S. 47 ff., 57 ff.

Sie dienen somit der Verbesserung der medizinischen Versorgung durch Vermittlung von Wissen, Filterung der immer zahlreicheren Informationen und Transfer von Evidenz in den Versorgungsalltag.[143]

In Deutschland[144] stammen die wichtigsten medizinischen Leitlinien (und einschlägigen methodischen Informationen) von AWMF[145] und ÄZQ.[146] Diese definieren dabei den Begriff „Leitlinien" wie folgt: „Leitlinien sind systematisch entwickelte, wissenschaftlich begründete und praxisorientierte Entscheidungshilfen für die angemessene ärztliche Vorgehensweise bei speziellen gesundheitlichen Problemen. Leitlinien stellen den nach einem definierten, transparent gemachten Vorgehen erzielten Konsens mehrerer Experten aus unterschiedlichen Fachbereichen und Arbeitsgruppen (möglichst unter Einbeziehung von Patienten) zu bestimmten ärztlichen Vorgehensweisen dar. Leitlinien sollen regelmäßig auf ihre Aktualität hin überprüft und ggf. fortgeschrieben werden. Leitlinien sind Orientierungshilfen im Sinne von ‚Handlungs- und Entscheidungskorridoren', von denen in begründeten Fällen abgewichen werden kann oder sogar muss."[147] Nach der prägnanteren aktuellen Definition der AWMF sind Leitlinien „systematisch entwickelte Hilfen für Ärzte zur Entscheidungsfindung in spezifischen Situationen. Sie beruhen auf aktuellen wissenschaftlichen Erkenntnissen und in der Praxis bewährten Verfahren und sorgen für mehr Sicherheit in der Medizin".[148]

Das Regelwerk der AWMF[149] klassifiziert Leitlinien sodann in vier Entwicklungsstufen (S1, S2k, S2e, S3), wobei S3-Leitlinien als evidenz- und konsens-

---

[143] Vgl. *Muche-Borowski/Nothacker/Kopp*, Bundesgesundheitsbl. 2015, 32; s. auch *Kopp*, GesR 2011, 385.
[144] Zu einer internationalen Leitlinien-„Methodik" s. Europarat, Entwicklung einer Methodik für die Ausarbeitung von Leitlinien für optimale medizinische Praxis, Empfehlung Rec(2001)13 des Europarates und Erläuterndes Memorandum, Deutschsprachige Ausgabe, 2002.
[145] Die AWMF ist ein Dachverband zahlreicher einzelner medizinisch-wissenschaftlicher Fachgesellschaften; ausf. Informationen (nicht nur zu Leitlinien) unter www.awmf.org.
[146] Das ÄZQ befindet sich in gemeinsamer Trägerschaft von Bundesärztekammer (BÄK) und Kassenärztlicher Bundesvereinigung (KBV), es veröffentlicht (in Kooperation von BÄK, KBV und AWMF) insb. die sog. Nationalen VersorgungsLeitlinien (NVL) für die strukturierte medizinische Versorgung (allesamt hochwertige S3-Leitlinien); nähere Informationen (zugleich zu Leitlinien allg.) unter www.leitlinien.de; zu NVL *Ollenschläger et al.*, Bundesgesundheitsbl. 2007, 368; *Weinbrenner/Ollenschläger*, Bundesgesundheitsbl. 2008, 558; *Stock*, in: *Lauterbach/Lüngen/Schrappe*, Gesundheitsökonomie, Management und EbM, ^{3}2010, S. 498 ff.; vgl. zum ÄZQ allg. *Ollenschläger et al.*, in: *Kunz et al.*, Lehrbuch EbM, ^{2}2007, S. 457 ff.; im Überblick zu Leitlinien in Deutschland *Ollenschläger*, in: *Dietrich/Imhoff/Kliemt*, Standardisierung in der Medizin, 2004, S. 38 ff.; *Reinauer*, ebd., S. 52 ff.; *Kopp/Lorenz*, ebd., S. 63 ff.
[147] AWMF/ÄZQ, Leitlinien-Glossar, 2007, S. 75; s. auch BÄK/KBV, DÄBl. 1997, A-2154. Die Ursprünge dieser Definition liegen in den USA, vgl. *Kopp*, Bundesgesundheitsbl. 2011, 160; *Kopp/Encke/Lorenz*, Bundesgesundheitsbl. 2002, 223 f. – jeweils m. w. N.
[148] S. www.awmf.org/leitlinien.
[149] Abrufbar unter www.awmf.org; zum methodischen Konzept der Leitlinienentwicklung durch die AWMF überdies *Kopp/Encke/Lorenz*, Bundesgesundheitsbl. 2002, 223, 225 ff.; *Kopp et al.*, in: *Hart*, Klinische Leitlinien und Recht, 2005, S. 41 ff.; s. auch *Ollenschläger*, in: AG RAe im MedR e. V., Standard-Chaos?, 2015, S. 17, 20 f.; *Kopp*, GesR 2011, 385,

basierte Leitlinien die höchste Qualität aufweisen. Sie vereinen alle Eigenschaften von S2k-Leitlinien (konsensbasierte Leitlinien, erstellt durch ein repräsentatives Gremium im Rahmen einer strukturierten Konsensfindung – mit entsprechender Akzeptanz im Hinblick auf die praktische Umsetzung der Leitlinie) und S2e-Leitlinien (evidenzbasierte Leitlinien aus systematischer Recherche, Auswahl und Bewertung der Literatur – mit entsprechender wissenschaftlicher Legitimation) und sind auch S1-Leitlinien – als bloße Handlungsempfehlungen von Experten (-gruppen) und Ergebnis einer Konsensfindung in einem informellen Verfahren – überlegen. Aus diesem Grund können sie den medizinischen Standard am ehesten abbilden.[150]

Nach der Qualität der vorhandenen Evidenz richtet sich nicht zuletzt der Grad der ausgesprochenen Empfehlung. Zur Bewertung der Qualität von Leitlinien haben AWMF und ÄZQ das Deutsche Leitlinienbewertungsinstrument (DELBI) entwickelt.[151] Letztlich wird durch derartige Qualitätsvorgaben die professionelle Akzeptanz der Leitlinien sichergestellt.[152] Ein vieldiskutiertes Qualitätsproblem ist in diesem Kontext (neben der Verfügbarkeit hochwertigen medizinischen Wissens an sich und der Gewährleistung der nötigen Aktualität)[153] im Übrigen auch der Einfluss von Interessenkonflikten auf die Leitlinienerstellung, vor allem ein transparenter Umgang damit.[154]

Auch im Zusammenhang mit Leitlinien gilt freilich: Selbst hochwertige Leitlinien können die klinische Expertise des Arztes nicht ersetzen und die Anwendbarkeit der in ihnen enthaltenen Empfehlungen ist im Einzelfall stets sorgfältig zu

---

386; *dies.*, in: *Lauterbach/Lüngen/Schrappe*, Gesundheitsökonomie, Management und EbM, ³2010, S. 504 ff.; allg. zudem *Bollschweiler*, ebd., S. 492 ff.; *Schrappe*, ebd., S. 512 ff.
[150] *Kopp*, GesR 2011, 385, 386.
[151] Abrufbar unter www.leitlinien.de; vgl. i. Ü. das (ältere) Leitlinien-Manual von AWMF und ÄZQ, ZaeFQ 95 (2001), Suppl. I, 1 sowie die „Leitlinie für Leitlinien" der AWMF (Erarbeitung von Leitlinien für Diagnostik und Therapie, Methodische Empfehlungen, 2004); des Weiteren die Bekanntmachungen von BÄK und KBV in DÄBl. 1997, A-2154 u. 2000, A-1170; aus der Lit. zur krit. Bewertung von Leitlinien etwa *Thole et al.*, in: *Kunz et al.*, Lehrbuch EbM, ²2007, S. 177; aktuelle Studie zur Methodik der Leitlinienbewertung und den entspr. Bewertungsinstrumenten bei *Semlitsch et al.*, DÄBl. Int. 2015, 471.
[152] Vgl. *Kopp*, GesR 2011, 385 f.; s. auch *Ollenschläger*, in: AG RAe im MedR e. V., Leitlinien, Richtlinien und Gesetz, 2003, S. 47, 53 ff.; *Ollenschläger et al.*, in: *Hart*, Klinische Leitlinien und Recht, 2005, S. 17 ff.
[153] Dazu etwa *Lelgemann et al.*, Bundesgesundheitsbl. 2005, 215, 216 ff.
[154] Vgl. insg. *Kopp*, GesR 2011, 385 f. Speziell zum Umgang mit möglichen Interessenkonflikten *Lempert/v. Brevern*, DÄBl. 2015, A-84; *Schott/Lempert*, DÄBl. 2018, A-230; s. auch die Studien von *Schott et al.*, DÄBl. Int. 2015, 445; *Schott et al.*, DÄBl. Int. 2013, 575 (dazu *Kopp*, DÄBl. Int. 2013, 573); *Langer et al.*, DÄBl. Int. 2012, 836; allg. zu Interessenkonflikten in der Medizin *Lieb et al.*, DÄBl. 2011, A-256; *Klemperer*, DÄBl. 2008, A-2098; zudem die Beiträge in *Lieb/Klemperer/Ludwig*, Interessenkonflikte in der Medizin, 2011; aus der Praxis die Empfehlungen der AWMF zum Umgang mit Interessenkonflikten bei Aktivitäten wissenschaftlicher medizinischer Fachgesellschaften vom 10.11.2017, abrufbar unter www.awmf.org; aus rechtswissenschaftlicher Perspektive *Hart*, MedR 2014, 207; ethisch *Strech*, in: *Marckmann*, Praxisbuch Ethik in der Medizin, 2015, S. 215 ff.

überprüfen.[155] Leitlinien sind für den einzelnen Arzt[156] in der konkreten Situation bei der Behandlung eines individuellen Patienten keineswegs (medizinisch-fachlich)[157] bindend. Sie entsprechen nicht *per se* dem einzuhaltenden medizinischen Standard.[158] Dessen Bestimmung erfolgt nicht durch, sondern unter Berücksichtigung von Leitlinien.[159] Leitlinien verfolgen in erster Linie das Ziel, ärztliche Entscheidungen auf eine rationale, wissenschaftlich fundierte Grundlage zu stellen.[160] Abstrakt-generelle Inhalte von Leitlinien können und wollen nicht für jeden einzelnen Behandlungsfall maßgeblich sein.

Die strikte Befolgung von Leitlinien kann im Ergebnis sogar zu ethisch problematischen und emotional belastenden Konfliktsituationen führen, in denen der Arzt den Eindruck hat, den Patienten unter-, über- oder fehlzuversorgen. Die Individualität des Patienten und seiner Krankheit bleibt der Leitlinienmedizin verschlossen; die Verantwortung des Arztes für seinen Patienten braucht die entsprechende Freiheit.[161] Diese darf und soll dem Arzt durch notwendigerweise nur begrenzt individualisierbare Leitlinien insofern gerade nicht genommen werden.

E. Patientenwohl, -wünsche und -werte

Ein weiterer bedeutsamer Aspekt der Standardbestimmung, welcher zunehmend im Zentrum medizinischer Grundsatzdebatten steht, wurde damit noch gar nicht angesprochen: die Ausrichtung des Standards an Patientenwohl, -wünschen und -werten. Anders als *Carstensen*, der den medizinischen Standard aus der wissenschaftlichen Perspektive von Forschung und Standardentwicklung analysiert hat und in seiner knapp gehaltenen Definition sowie den zugehörigen erläuternden Ausführungen auf Patienteninteressen zumindest nicht ausdrücklich eingeht,[162] berücksichtigt insofern *Buchborn* in seinem Standardbegriff bereits verschiedentlich das individuelle Wertesystem des Patienten, an welches die ärztlichen Standards anzupassen seien (ebenso wie an gesamtgesellschaftliche Positionen), um das Vertrauen in die Versorgung zu erhalten.[163]

---

[155] *Mühlhauser/Meyer*, DÄBl. 2016, A-486, A-487; s. auch *Ollenschläger*, in: AG RAe im MedR e. V., Standard-Chaos?, 2015, S. 17, 19; *Muche-Borowski/Nothacker/Kopp*, Bundesgesundheitsbl. 2015, 32, 33; *Kopp*, Bundesgesundheitsbl. 2011, 160, 164; *dies.*, GesR 2011, 385 f.

[156] Zur subjektiven Wahrnehmung der Verbindlichkeit von Leitlinienempfehlungen die Studie von *Nast et al.*, DÄBl. Int. 2013, 663; dazu auch *Betsch*, DÄBl. Int. 2013, 661; zu ärztlichem Leitlinienwissen und Leitlinienumsetzung in der Praxis die Untersuchung von *Karbach et al.*, DÄBl. Int. 2011, 61.

[157] Zur (zivil-)rechtlichen Verbindlichkeit von Leilinien 6. Kap. B. II. 3. b. bb.

[158] Vgl. *Kopp*, GesR 2011, 385, 386.

[159] *Ollenschläger*, in: AG RAe im MedR e. V., Standard-Chaos?, 2015, S. 17, 24.

[160] *Kopp*, GesR 2011, 385, 386.

[161] *Heinrich*, DÄBl. 2007, A-3312, A-3313.

[162] Daher auch der entspr. Modifikationsvorschlag von *Frahm/Jansen/Katzenmeier/Kienzle/Kingreen/Lungstras/Saeger/Schmitz-Luhn/Woopen*, MedR 2018, 447, 448.

[163] Vgl. *Buchborn*, MedR 1993, 328.

„Die Anwendung wissenschaftlich begründeter ärztlicher Standards bedarf der Berücksichtigung werthaltiger persönlicher Standards der Patienten hinsichtlich Zielsetzung und Durchführung ihrer Behandlung."[164] Die subjektive Entscheidung über Nützlichkeit und Relevanz einer medizinischen Behandlung bleibe grundsätzlich dem Patienten vorbehalten.[165] Der Arzt habe gegebenenfalls gewisse Vorurteile für „seine" Behandlung, der Patient hingegen womöglich ganz andere Präferenzen; Werte unterschieden sich nun einmal und seien dabei keineswegs zufällig verteilt.[166] „Die Standards des Patienten hinsichtlich seiner persönlichen Rangordnung für die Ziele seiner Behandlung und für die Bewertung ihrer Risiken, Vor- und Nachteile sowie der zu erwartenden Lebensqualität müssen daher mit in die Entscheidung über die Anwendung von Standards durch den Arzt einbezogen werden. Diese persönliche Rangordnung auch des aufgeklärten Patienten kann nämlich von derjenigen des Arztes und seines Standards durchaus abweichen, da die Patienten z. B. die Nebenwirkungen oft stärker und die Ärzte die zu erwartenden Vorteile oft höher bewerten."[167]

I. Medizinethische Grundsätze

Über die medizinischen Behandlungsinhalte fließen auch medizinethische Grundwerte in den Standard ein. Ethisch-moralische Grundsätze sittlich guten ärztlichen Handelns können in diesem Kontext keinesfalls außen vor gelassen werden.[168] Sie sind allgegenwärtige Handlungsmaximen des Arztes. Die ethische Grundreflexion ist integraler Bestandteil dessen, was Medizin als solche ausmacht.[169] Ethik in der Medizin ist angewandte Ethik.[170] Ihren Werten muss die Standardbestimmung insgesamt gerecht werden – auch wenn das „Denken in Standards" in der Medizinethik noch weniger geläufig scheint als in der Medizin selbst.[171] Für die Ethik steht die Bestimmung eines der Orientierung dienenden, gebotenen oder wünschenswerten Behandlungsniveaus im Mittelpunkt,[172] womit aber im Ergebnis

---

[164] *Buchborn*, MedR 1993, 328, 333.
[165] *Buchborn*, MedR 1993, 328, 330.
[166] *Buchborn*, MedR 1993, 328, 331.
[167] *Buchborn*, MedR 1993, 328, 330. Eine geringere Risikobereitschaft der Patienten könnte i. Ü. auch kostendämpfend wirken, soweit weniger invasive Behandlungsmaßnahmen von ihnen bevorzugt werden; dazu ausf. *Frosch et al.*, DÄBl. 2010, A-2100; s. auch *Dieterich*, DÄBl. 2007, A-2489, A-2490; *Klemperer*, DÄBl. 2003, A-753, A-755.
[168] Allg. zur Bedeutung einer Medizinethik im Zusammenspiel mit dem Recht *Katzenmeier*, Arzthaftung, 2002, S. 67 ff.; *Laufs*, in: *Laufs/Katzenmeier/Lipp*, Arztrecht, ^{7}2015, Kap. I Rn. 2 ff.; bereits *ders.*, in: FS *Weitnauer*, 1980, S. 363, 373 ff.; *ders.*, MedR 1986, 163, 164; *ders.*, Der ärztliche Heilauftrag aus juristischer Sicht, 1989, S. 25 f.; *ders.*, in: FS *Geiger*, 1989, S. 228 ff. Zur Entwicklung der ärztlichen Ethik *Bergdolt*, DÄBl. 2018, A-924.
[169] *Maio*, Lehrbuch der Ethik in der Medizin, ^{2}2017, S. 3.
[170] *Marckmann*, in: *Marckmann*, Praxisbuch Ethik in der Medizin, 2015, S. 3, 9 f.
[171] S. o. A.
[172] *Woopen*, MedR 2011, 232, 234; diese schlägt daher zur Vermeidung einer Defensivmedizin ein Stufenmodell vor, in dem zwischen medizinischem (und haftungsrechtlichem) Standard und darüber hinausgehendem ethisch Wünschenswertem unterschieden wird.

nichts anderes als ein „medizinethischer Standard" begründet wird. „Individualethisch ist mit Blick auf den konkret zu behandelnden Patienten [...] stets die für ihn jeweils beste Behandlung wünschenswert."[173]

Das ärztliche Ethos verpflichtet den Arzt zur Ausrichtung seines Handelns am Wohl des Patienten.[174] Das Patientenwohl ist normativer Leitbegriff der Gesundheitsversorgung[175] und damit gleichsam integraler Bestandteil eines „medizinethischen Standardbegriffs".[176] Der Begriff des Patientenwohls ist dabei nicht eindeutig definiert, er umfasst objektive, subjektive wie intersubjektive Elemente, die zueinander in einem gewissen Spannungsverhältnis stehen. Entscheidendes Kriterium,[177] mit dem die Patientenwohlorientierung operationalisiert wird, ist neben der Gewährleistung guter Behandlungsqualität[178] die selbstbestimmungsermöglichende Sorge.[179] Mit der Selbstbestimmung enthält der Standard damit freilich ethisch bereits eine zu den anderen Standardbegriffen in gewissem Widerspruch stehende subjektive Komponente.[180]

Der Respekt vor der Patientenautonomie und darauf aufbauend die Patientenbeteiligung an der Behandlungsentscheidung zählen zu den zentralen ethischen Prinzipien ärztlichen Handelns.[181] Betont wird der Wert der persönlichen Beziehung zwischen dem Patienten und einem Arzt, der sich nicht nur durch fachliches Wissen und Können auszeichnet, sondern sich zugleich einfühlsam in die konkrete Situation des Betroffenen hineinversetzt.[182] „Eine den Bedürfnissen des Patienten entsprechende Beteiligung an medizinischen Entscheidungen – auf Grundlage valider Informationen und einer gelungenen Arzt-Patient-Beziehung – kann die

---

[173] *Woopen*, MedR 2011, 232, 235.
[174] Auch standesrechtlich gehört es gem. § 2 Abs. 2 S. 2 MBO-Ä zu den allg. Berufspflichten des Arztes, sein Handeln am Wohl des Patienten auszurichten.
[175] Ausf. zum Folgenden Deutscher Ethikrat, Patientenwohl als ethischer Maßstab für das Krankenhaus, 2016, S. 37 ff.; ergänzend *Wils*, DÄBl. 2017, A-359 f. in Anknüpfung an *Albrecht*, Ärzte: Zeit für einen neuen Eid, DIE ZEIT Nr. 46/2015 vom 18.11.2015; s. auch *Biller-Adorno/Lenk*, in: *Kunz et al.*, Lehrbuch EbM, ²2007, S. 387.
[176] Zum Ganzen *Frahm/Jansen/Katzenmeier/Kienzle/Kingreen/Lungstras/Saeger/Schmitz-Luhn/Woopen*, MedR 2018, 447, 448.
[177] Neben der Beachtung von Zugangs- und Verteilungsgerechtigkeit, näher 8. Kap. B. III. 1. b.; vgl. auch die klassischen Prinzipien der biomedizinischen Ethik nach *Beauchamp/Childress* (Principles of Biomedical Ethics, inzwischen ⁷2013): Respekt vor der Autonomie des Patienten, Schadensvermeidung und Fürsorge sowie Gerechtigkeit; dazu *Maio*, Lehrbuch der Ethik in der Medizin, ²2017, S. 157 ff.; *Marckmann*, in: *Marckmann*, Praxisbuch Ethik in der Medizin, 2015, S. 3, 10 ff. u. 15 ff.
[178] Dazu Deutscher Ethikrat, Patientenwohl als ethischer Maßstab für das Krankenhaus, 2016, S. 48 ff.
[179] Näher Deutscher Ethikrat, Patientenwohl als ethischer Maßstab für das Krankenhaus, 2016, S. 38 ff.
[180] In diese Richtung *Frahm/Jansen/Katzenmeier/Kienzle/Kingreen/Lungstras/Saeger/Schmitz-Luhn/Woopen*, MedR 2018, 447, 449; dort (S. 456) auch: Selbstbestimmung und Behandlungsqualität greifen hier direkt ineinander.
[181] Vgl. *Klemperer*, DÄBl. Int. 2015, 663; s. auch *Simon*, in: *Marckmann*, Praxisbuch Ethik in der Medizin, 2015, S. 35 ff.; *Maio*, Lehrbuch der Ethik in der Medizin, ²2017, S. 201 ff.
[182] S. etwa *v. Salis-Soglio*, DÄBl. 2016, A-816, A-820: Menschlichkeit und „Liebestätigkeit" als Teil des medizinischen Berufsethos.

Indikationsstellung für oder gegen eine Therapie, die Therapietreue, die Behandlungsergebnisse und die berufliche Zufriedenheit der Ärzte verbessern."[183] Den Patienten angemessen an der Standardbestimmung zu beteiligen, sollte deshalb ärztliche Grundhaltung einer „patientenzentrierten Medizin" sein.[184] „Medizin ist keine angewandte Naturwissenschaft, sondern sie ist eine praktische Wissenschaft im Dienste des Menschen."[185] Dieser Idealvorstellung nach steht mit Grund der Patient im Mittelpunkt der Medizin – wovon in der Praxis jedoch mitunter abgewichen wird, soweit umgekehrt seine kommunikativen und emotionalen Bedürfnisse gerade nicht ausreichend berücksichtigt werden.[186]

II. Patientenpräferenzen in der EbM

Dem Vorwurf einer unzureichenden Berücksichtigung von Patientenpräferenzen, wodurch persönliche Entscheidungsmöglichkeiten genommen werden, sieht sich insbesondere die EbM ausgesetzt.[187] Es handelt sich um den zweiten zentralen Kritikpunkt an dem Konzept neben der (vermeintlichen) Vernachlässigung ärztlicher Erfahrung.[188] Die EbM sei nicht hinreichend „patientenbasiert".[189] Es bestehe vielmehr „die Gefahr, dass man vor lauter ‚Evidenz' die Wünsche des Patienten nicht nur übersieht, sondern gar nicht erst aufkommen lässt."[190] Gefordert wird deshalb, dass Patientenbedürfnisse, Werte und Wünsche (jedenfalls in der klinischen Praxis) eine stärkere Bedeutung erhalten.[191]

Auch in diesem Punkt erweist sich die Kritik an der EbM jedoch letztlich weitgehend als Missverständnis. Patientenpräferenzen fließen (ebenso wie die Situation des Patienten und die Umstände des Falls sowie die für diesen relevanten wissenschaftlichen Erkenntnisse) in der EbM über die ärztliche Erfahrung in die Behandlungsentscheidung ein[192] – und zwar vorrangig vor den Präferenzen des Arztes.[193] Die EbM berücksichtigt die interne Evidenz sowohl des Arztes als auch des Patienten; auch der Patient besitzt interne Evidenz, ist aufgefordert, diese einzubringen – der Arzt umgekehrt, sie zu ergründen und zu berücksichtigen –

---

[183] *Klemperer*, DÄBl. 2003, A-753 (ff.).
[184] Vgl. *Leiß*, DÄBl. 2015, A-130, A-131.
[185] *Maio*, Lehrbuch der Ethik in der Medizin, ²2017, S. 3 (s. auch den Titelzusatz: „Mittelpunkt Mensch").
[186] *Klemperer*, DÄBl. 2003, A-753.
[187] Diesen Kritikpunkt nennen und entkräften allerdings bereits *Haynes/Devereaux/Guyatt*, BMJ 324 (2002), 1350.
[188] S. o. C. II.
[189] *Eichler et al.*, DÄBl. 2015, A-2190, A-2192.
[190] *Niroomand*, DÄBl. 2004, A-1870, A-1872.
[191] Vgl. etwa *Leiß*, DÄBl. 2015, A-130, A-131 f., unter Bezugnahme auf *Greenhalgh/Howick/Maskrey*, BMJ 348 (2014), g3725; s. auch *Mühlhauser/Meyer*, DÄBl. 2016, A-486, A-488.
[192] Vgl. das neue EbM-Modell nach *Haynes/Devereaux/Guyatt*, BMJ 324 (2002), 1350; ausf. *dies.*, ACP J Club 136 (2002), A-11; auch *Raspe*, in: *Kunz et al.*, Lehrbuch EbM, ²2007, S. 15 f.
[193] *Haynes/Devereaux/Guyatt*, ACP J Club 136 (2002), A-11.

und entscheidet mit über die relevante Evidenz.[194] „Die interne Evidenz ist die Summe der Befunde, Erfahrungen (Expertise), Meinungen und Vorstellungen, die Arzt und Patient von jeweils eigener Seite in eine Begegnung mit einbringen."[195]

Schon für *Sackett* war das Eingehen auf Werte und Wünsche des Patienten Teil der klinischen Expertise des Arztes, welche sich „in der mitdenkenden und -fühlenden Identifikation und Berücksichtigung der besonderen Situation, der Rechte und Präferenzen von Patienten bei der klinischen Entscheidungsfindung im Zuge ihrer Behandlung" widerspiegelt.[196] Das Konzept *Sacketts* lässt sich daher auch als klassisches Drei-Säulen-Modell bezeichnen. EbM verbindet die beste verfügbare externe Evidenz mit individueller klinischer Expertise und Patientenpräferenzen.[197] EbM wird heute definiert als „der gewissenhafte, ausdrückliche und vernünftige Gebrauch der gegenwärtig besten externen, wissenschaftlichen Evidenz für Entscheidungen in der medizinischen Versorgung individueller Patienten. Die Praxis der EbM bedeutet die Integration individueller klinischer Expertise mit der bestverfügbaren externen Evidenz aus systematischer Forschung. EbM stützt sich auf drei Säulen: die individuelle klinische Erfahrung, die Werte und Wünsche des Patienten und den aktuellen Stand der klinischen Forschung."[198] Sie ist damit letztlich Ausdruck patientenzentrierter Wissenschaftlichkeit.[199]

In einer modernen (Evidenzbasierten) Medizin berücksichtigt mithin erstens der Arzt die Werte des Patienten und treffen zweitens beide gemeinsam die entsprechenden Behandlungsentscheidungen. EbM soll nicht „*l'art pour l'art*" sein, hat also nicht allein der Wissenschaftlichkeit in der Medizin, sondern gerade dem Patienten zu dienen. „Eine wirkliche EbM erfordert klinisches Urteilsvermögen, muss Besonderheiten der Patientensituation gerecht werden und Werte und Präferenzen des Patienten in einer gemeinsamen Entscheidungsfindung berücksichtigen."[200] Nichtsdestotrotz bleibt es „wichtig, zwischen dem idealtypisch definierten Begriff der EbM und dem, was die EbM in der Praxis mit ihren vielen Widrigkeiten und Hindernissen darstellt, zu unterscheiden."[201] Erforderlich ist insofern stets ein kritischer Umgang mit EbM und ihrer praktischen Umsetzung, was überdies ein hohes Maß an Transparenz voraussetzt.[202]

---

[194] *Kühlein/Forster*, in: *Kunz et al.*, Lehrbuch EbM, ²2007, S. 39 u. 40, 47.
[195] *Kühlein/Forster*, in: *Kunz et al.*, Lehrbuch EbM, ²2007, S. 39.
[196] *Sackett et al.*, BMJ 312 (1996), 71; aus dem Englischen ins Deutsche übersetzt von *Perleth*, MMW 139 (1997), 644.
[197] *Sackett et al.*, BMJ 312 (1996), 71, 72; s. auch v. *Wichert*, DÄBl. 2005, A-1569; *Kienle*, DÄBl. 2008, A-1381; *Kienle et al.*, DÄBl. 2003, A-2142, A-2146; *Leiß*, DÄBl. 2015, A-130, A-131; (i. E. abw.) *Eichler et al.*, DÄBl. 2015, A-2190, A-2192.
[198] S. www.cochrane.de/de/ebm.
[199] *Baethge*, DÄBl. 2014, A-1636; s. auch *Mühlhauser/Meyer*, DÄBl. 2016, A-486, A-487; ausf. zur EbM aus Patientenperspektive *Sänger/Quadder/Brunsmann*, in: *Kunz et al.*, Lehrbuch EbM, ²2007, S. 51 ff.
[200] *Leiß*, DÄBl. 2015, A-130, A-132, unter Bezugnahme auf *Greenhalgh/Howick/Maskrey*, BMJ 348 (2014), g3725.
[201] *Strech*, in: *Marckmann*, Praxisbuch Ethik in der Medizin, 2015, S. 79, 81.
[202] Vgl. *Strech*, in: *Marckmann*, Praxisbuch Ethik in der Medizin, 2015, S. 79, 85 f.

III. Erweiternder Ausblick: Aktuelle Entwicklungen

1. Value based Medicine (VbM)

Die Berücksichtigung der Werte des Patienten hat sich in den letzten Jahren – aus der EbM heraus[203] sowie auf der Basis der Medizinethik[204] – gerade im englischsprachigen Raum zu einem neuartigen eigenständigen Konzept „Wertbasierter Medizin" (*Value based Medicine*, VbM) entwickelt, welches neben der Empirie explizit die individuellen Belange und Vorstellungen sowie die psychischen und sozialen Bedürfnisse des einzelnen Patienten in seine Überlegungen einbezieht.[205]

2. Shared Decision Making (SDM)

Der Gedanke, dass Arzt und Patient – im Rahmen einer EbM[206] – gemeinsam und partnerschaftlich über die Behandlung entscheiden, wird seinerseits unter der wissenschaftlichen Bezeichnung „Partizipative Entscheidungsfindung" (PEF; im Englischen *Shared Decision Making*, SDM)[207] vorangetrieben. Die Einbeziehung des Patienten setzt dabei voraus, dass dieser zuvor so aufgeklärt und informiert wird, dass er sich tatsächlich an der Entscheidung beteiligen kann. Dafür werden unter anderem – ihrerseits evidenzbasierte, patientenorientierte – Entscheidungshilfen[208] („Patientenleitlinien")[209] benötigt, also aktuelle und hochwertige Informationsmaterialien (sowie Vorgaben für deren Erstellung und Bewertung), welche die verfügbare Evidenz verständlich darstellen und erklären.[210]

Auch eine zeitgemäße Leitlinienerstellung bindet im Übrigen Patientenvertreter mit ein und berücksichtigt auf diese Weise die Interessen und Bedürfnisse

---

[203] Vgl. *Kelly et al.*, BMC Medical Ethics 2015, 69 (*values in* EbM).
[204] S. o. E. I.
[205] S. *Albrecht*, Gesundheit: Was braucht der Patient?, DIE ZEIT Nr. 30/2016 vom 14.07.2016, unter Bezugnahme auf die Arbeiten des britischen Mediziners *Gray* (etwa BMC Medicine 2016, 176); *Brown/Brown/Sharma*, Evidence-Based to Value-Based Medicine, 2005; dort S. 5: „Value-based medicine integrates the best EbM data with the *patient-perceived quality-of-life* improvement conferred by a healthcare intervention." (Hervorhebungen im Original).
[206] S. etwa *Mühlhauser/Meyer*, DÄBl. 2016, A-486, A-488; *Leiß*, DÄBl. 2015, A-130, A-132, unter Bezugnahme auf *Greenhalgh/Howick/Maskrey*, BMJ 348 (2014), g3725.
[207] Dazu die ausf. Übersichtsartikel von *Loh et al.*, DÄBl. 2007, A-1483 u. *Hauser et al.*, DÄBl. Int. 2015, 665; s. auch *Simon/Härter*, Bundesgesundheitsbl. 2009, 86; *Härter et al.*, DÄBl. Int. 2015, 672 (Studie zu den Effekten von SDM in der Onkologie); *Klemperer*, DÄBl. Int. 2015, 663; bereits *ders.*, DÄBl. 2003, A-753, A-754; aus ethischer Sicht *Krones*, in: *Marckmann*, Praxisbuch Ethik in der Medizin, 2015, S. 43 ff.
[208] Dazu *Lenz et al.*, DÄBl. Int. 2012, 401 (ausf. Übersichtsarbeit); s. auch *Lang/Sänger*, Bundesgesundheitsbl. 2005, 679; *Lelgemann et al.*, Bundesgesundheitsbl. 2005, 215, 218 f.
[209] Näheres zu solchen Patienteninformationen unter www.leitlinien.de; s. auch DNEbM, Gute Praxis Gesundheitsinformation, Version 2.0, 2016 sowie die Leitlinie evidenzbasierte Gesundheitsinformation, 2017; zur krit. Bewertung von Gesundheitsinformationen für medizinische Laien *Sänger/Dierks*, in: *Kunz et al.*, Lehrbuch EbM, ²2007, S. 217.
[210] *Mühlhauser/Meyer*, DÄBl. 2016, A-486, A-488; *Mühlhauser/Steckelberg*, DÄBl. 2009, A-2554; s. auch *Leiß*, DÄBl. 2015, A-130, A-132.

der Patienten bereits auf abstrakt-genereller Ebene;[211] dies ersetzt freilich nicht die gemeinsame Entscheidungsfindung von Arzt und Patient im konkret-individuellen Behandlungsfall.[212] Im Ergebnis werden mit diesen Entwicklungen zugleich besondere Anforderungen an das Verhältnis zwischen Arzt und Patient gestellt.[213] Der partnerschaftlichen Entscheidungsfindung liegt sowohl ein modernes Arzt-[214] als auch Patientenbild[215] zu Grunde, mithin ein neues Konzept der Arzt-Patient-Beziehung insgesamt.[216]

F. Zusammenfassung

Schon nach *Carstensen* setzt sich der medizinische Standard im Wesentlichen aus den beiden Teilelementen wissenschaftlicher Erkenntnis und ärztlicher Erfahrung zusammen. Deren Verhältnis zueinander bestimmt sich heute grundsätzlich nach den Kriterien der EbM. *Buchborns* Beschreibung des ärztlichen Standards enthält zusätzlich das Element allgemeiner Anerkennung, das den materiellen Gehalt des Standardbegriffs um einen formellen Weg zur Standardbestimmung ergänzt. Daran knüpft die moderne Medizin mit entsprechend erstellten Leitlinien an.

Weitere bedeutsame Aspekte des medizinischen Standards sind dessen Ausrichtung am Behandlungsziel sowie das Erfordernis seiner Erprobung und Bewährung in der ärztlichen Praxis. Der Standard wandelt sich mit dem medizinischen Fortschritt und ist abhängig von den Besonderheiten des konkret-individuellen Einzelfalls.

Das ärztliche Eingehen auf den Patienten selbst, seine Wünsche und Werte, wurde von *Buchborn* und vor allem *Carstensen* in ihren „Standard-Definitionen" um 1990 noch nicht als erwähnenswert, letzten Endes wohl vorschnell als selbstverständlich angesehen. Dieser Punkt nimmt seither in Standardbegriff und -bestimmung jedoch eine immer zentralere Rolle ein. Ausgehend von grundlegenden medizinethischen Erwägungen haben auch die EbM sowie darauf aufbauende neuere Entwicklungen die Wichtigkeit der expliziten Einbeziehung von Patientenwohl und -präferenzen in das Konzept des medizinischen Behandlungsstandards erkannt.

---

[211] Vgl. auch *Lelgemann et al.*, Bundesgesundheitsbl. 2005, 215, 218 f.; ausf. Informationen zur Patientenbeteiligung unter www.leitlinien.de.
[212] S. insg. *Mühlhauser/Meyer*, DÄBl. 2016, A-486, A-487 f.
[213] Vgl. *Leiß*, DÄBl. 2015, A-130, A-132.
[214] S. etwa *Donner-Banzhoff*, DÄBl. 2012, A-2078, A-2080, zum Arzt als Partner.
[215] S. etwa *Dieterich*, DÄBl. 2007, A-2489, zum „mündigen Patienten".
[216] Ausf. *Krones/Richter*, Bundesgesundheitsbl. 2008, 818; *Faller*, Bundesgesundheitsbl. 2012, 1106; s. auch *Klemperer*, DÄBl. 2003, A-753 f.; *Heinrich*, DÄBl. 2007, A-3312 f. Zur Entwicklung des Arzt-Patient-Verhältnisses von Paternalismus zu Partnerschaftlichkeit näher *Katzenmeier*, Arzthaftung, 2002, S. 57 ff.; zudem *ders.*, in: *Laufs/Katzenmeier/Lipp*, Arztrecht, [7]2015, Kap. V Rn. 103 ff.; *Brüggemeier*, Haftungsrecht, 2006, § 6 D I 2, S. 463 ff.; *ders.*, Deliktsrecht, 1986, Rn. 618 ff.; *Miranowicz*, MedR 2018, 131 f.

2. Teil: Der Medizinische Standard im Recht – Grundlagen, Bedeutungen und Funktionen

Kapitel 3: Zivilrechtlicher Standardbegriff

Die Bewertung behandlungsbezogenen ärztlichen (Fehl-)Verhaltens im Hinblick auf eine mögliche Schadensersatzpflicht erfolgt im Arzthaftungsrecht anhand des Maßstabs des Medizinischen Standards. Dieser ist hierfür als übergeordnete Größe unentbehrlich.[1] Unter der Bezeichnung wird das deliktsrechtlich erwartete und – soweit eine entsprechende Vereinbarung vorliegt – vertragsrechtlich geschuldete Verhalten zusammengefasst, dessen Nichteinhaltung eine zivilrechtliche Schadensersatzpflicht gemäß § 823 Abs. 1 BGB und/oder § 280 Abs. 1 BGB auslöst. Eine Verfehlung des „Standards guter ärztlicher Behandlung" soll über das Haftungsrecht finanziell ausgeglichen[2] und so die Schadenslast aus Qualitätsmängeln gerecht verteilt werden.[3]

Der Begriff „Medizinischer Standard" findet insbesondere im Zusammenhang mit dem Kernbereich der medizinischen Behandlung des Patienten durch den Arzt Verwendung.[4] Dementsprechend spielt der Medizinische Behandlungsstandard zivilrechtlich vor allem in der ärztlichen Behandlungsfehlerhaftung eine wesentliche Rolle, wo er zum entscheidenden Anknüpfungspunkt der Einstandspflicht des Berufstätigen wegen Enttäuschung einer bestimmten rollenbezogenen Verhaltenserwartung geworden ist.[5] Der Standard soll dem einzelnen Berufsangehörigen eine Orientierungshilfe geben und bei Nichteinhaltung Verantwortlichkeit begründen.[6] Standards können neben Ärzten aber auch andere Heilberufe betreffen.[7] Standards bestehen zudem ebenso für weitere medizinische Bereiche[8] wie Aufklärung,[9]

---

[1] Vgl. dazu auch *Frahm/Jansen/Katzenmeier/Kienzle/Kingreen/Lungstras/Saeger/Schmitz-Luhn/Woopen*, MedR 2018, 447, 449.

[2] *Steffen*, Langenbecks Arch Chir 364 (1984), 287, 289; *ders.*, MedR 1993, 338; *ders.*, in: FS *Deutsch*, 1999, S. 799, 802 f.; s. auch *Pauge/Offenloch*, Arzthaftungsrecht, [14]2018, Rn. 169; *Uhlenbruck/Laufs*, in: *Laufs/Uhlenbruck*, Handbuch des Arztrechts, [3]2002, § 39 Rn. 4; *Stöhr*, MedR 2010, 214; *ders.*, in: FS *Hirsch*, 2008, S. 431; *Rumler-Detzel*, VersR 1989, 1008.

[3] *Pauge/Offenloch*, Arzthaftungsrecht, [14]2018, Rn. 164 ff.; s. auch *Geiß/Greiner*, Arzthaftpflichtrecht, [7]2014, Rn. B 2.

[4] Daher auch hier oft „ärztlicher Standard" (vgl. 1. Kap. B.); statt vieler *Groß*, Ärztlicher Standard, 1997; *Geiß/Greiner*, Arzthaftpflichtrecht, [7]2014, Rn. B 2; *Frahm/Walter*, Arzthaftungsrecht, [6]2018, Rn. 78; *G. Müller*, in: FS *E. Lorenz*, 2014, S. 667, 673; *Kern*, MedR 2004, 300, 301.

[5] *Katzenmeier*, in: BeckOK-BGB, [50]2019, § 630a Rn. 146; *ders.*, in: *Laufs/Katzenmeier/Lipp*, Arztrecht, [7]2015, Kap. X Rn. 6; s. auch *Kifmann/Rosenau*, in: *Möllers*, Standardisierung durch Markt und Recht, 2008, S. 49, 64.

[6] *Schreiber*, in: *Nagel/Fuchs*, Leitlinien und Standards im Gesundheitswesen, 1997, S. 167, 168; ebenso *Katzenmeier*, in: *Laufs/Katzenmeier/Lipp*, Arztrecht, [7]2015, Kap. X Rn. 7; *ders.*, in: BeckOK-BGB, [50]2019, § 630a Rn. 148.

[7] Vgl. *Katzenmeier*, in: BeckOK-BGB, [50]2019, § 630a Rn. 179 ff.

[8] Vgl. *Katzenmeier*, in: BeckOK-BGB, [50]2019, § 630a Rn. 103.

[9] Vgl. *Laufs*, Berufsfreiheit und Persönlichkeitsschutz im Arztrecht, 1982, S. 10, 18.

© Springer-Verlag GmbH Deutschland, ein Teil von Springer Nature 2019
C. Jansen, *Der Medizinische Standard*, Kölner Schriften zum Medizinrecht 25, https://doi.org/10.1007/978-3-662-59997-6_3

3. Kap.: Zivilrechtlicher Standardbegriff

Beratung,[10] Dokumentation,[11] Organisation,[12] Pflege,[13] Forschung und Heilversuche,[14] die im Folgenden weitgehend ausgeblendet werden sollen, soweit sie nicht mit dem Kern-Behandlungsstandard in Zusammenhang stehen. Dies gilt namentlich für den Bereich der Aufklärung als zweite große Schiene der Arzthaftung sowie die (Behandlungsfehler-)Haftung für Organisationsmängel.[15]

Die Anknüpfung an Standards ist überdies kein Spezifikum des Medizinrechts. Auch in anderen, insbesondere technisch-naturwissenschaftlich geprägten Bereichen sind (Technik-)Standards gängige haftungsrechtliche Bezugsgröße.[16] Der Begriff „Standard" ist im Zivilrecht demnach nicht nur geläufig, sondern weit verbreitet und von zentraler Bedeutung. Ursprünglich in der anglo-amerikanischen Rechtsdoktrin als „rechtlicher Normalmaßstab sozialen Verhaltens" entwickelt, hat sich der Ausdruck in der zweiten Hälfte des 20. Jahrhunderts auch im deutschen Recht durchgesetzt.[17] Der Ausrichtung des Rechts an menschlichem

---

[10] Zur Standardbildung bzgl. Beratungshandeln ausf. *Damm*, MedR 2006, 1; s. auch *ders.*, in: *Hart*, Ärztliche Leitlinien im Medizin- und Gesundheitsrecht, 2005, S. 355 ff. (u. 78 ff.).

[11] Vgl. *Katzenmeier*, in: *Laufs/Katzenmeier/Lipp*, Arztrecht, ^{7}2015, Kap. IX Rn. 50; *Francke/Hart*, Charta der Patientenrechte, 1999, S. 32 f.

[12] Zum Organisationsstandard insb. *Hart*, in: HK-AKM, ^{42}2012, Nr. 3948 (Organisationsfehler) Rn. 3 ff.; *ders.*, MedR 2012, 1, 6 ff.; *ders.*, MedR 2013, 159, 160 f.; *ders.*, MedR 2016, 669, 671; *ders.*, MedR 2019, 509, 514 ff.; s. auch *Heyers*, MedR 2016, 23, 27 ff.; *Bergmann*, VersR 1996, 810, 812 f.

[13] Zum für das medizinische Hilfspersonal geltenden medizinisch-pflegerischen Standard *Gaßner/Strömer*, MedR 2012, 487; *dies.*, MedR 2012, 159, 168 f.; *Theuerkauf*, MedR 2011, 72; s. auch *Damm*, MedR 2010, 451, 454 ff.

[14] Vgl. *Hart*, MedR 1998, 8, 9, 14; *ders.*, MedR 2016, 669, 673 f.; ausf. *ders.*, MedR 2015, 766, 767 ff.; bereits *ders.*, MedR 1994, 94.

[15] Dazu jeweils etwa noch 6. Kap. C.

[16] Ausf. zu technischen Standards als Verhaltensregeln i. R. d. Haftung nach § 823 Abs. 1 BGB *Wagner*, in: MüKo-BGB, ^{7}2017, § 823 Rn. 443 ff.; *Marburger*, Die Regeln der Technik im Recht, 1979, S. 429 ff.; *ders.*, VersR 1983, 597, 600 ff. Technikstandards ergeben sich regelmäßig aus technischen Regelwerken wie z. B. DIN-Normen, für die es im medizinischen Bereich bislang kein gleichwertiges Pendant gibt (zur zivilrechtlichen Bedeutung medizinischer Leitlinien vgl. 6. Kap. B. II. 3. b. bb.; zu entspr. Normungsbestrebungen ebd. D. I. 2. a.). Zum Begriff der technischen Regeln *Marburger*, Die Regeln der Technik im Recht, 1979, S. 7 ff.; zu ihrer Rechtsnatur und allg. rechtlichen Bedeutung S. 281 ff., 327 ff.; jeweils auch *ders.*, VersR 1983, 597, 598 ff. Dabei ist gerade in Bezug auf Technikstandards eine enorme Vielfalt unbestimmter Rechts- oder zum Teil auch Gesetzesbegriffe anzutreffen, daher eine genaue Differenzierung zwischen den unterschiedlichen Formulierungen von höchster Bedeutung (vgl. etwa BVerfGE 49, 89, 135 f. = NJW 1979, 359, 362, mit der Unterscheidung zwischen „allgemein anerkannten Regeln der Technik", „Stand der Technik" sowie „Stand von Wissenschaft und Technik"; dazu *Marburger*, Die Regeln der Technik im Recht, 1979, S. 145 ff.; *Müller-Foell*, Bedeutung technischer Normen, 1987, S. 32 ff.; *Nicklisch*, BB 1983, 261; *Seibel*, NJW 2013, 3000). Dies lässt deutlich werden, wie wichtig eine sorgsame Auseinandersetzung mit den genauen Begrifflichkeiten auch im medizinischen Kontext ist.

[17] *Katzenmeier*, in: *Laufs/Katzenmeier/Lipp*, Arztrecht, ^{7}2015, Kap. X Rn. 6; s. auch *Deutsch*, JZ 1997, 1030, 1031; rechtstheoretisch/-vergleichend zu Standards bereits *Esser*, Grundsatz und Norm, 1956, S. 96 ff. (s. auch S. 150 ff., 224, 335); zum *standard of care* im engl. Medizinrecht etwa *Laing/McHale*, Principles of Medical Law, ^{4}2017, Rn. 4.11 ff.

Verhalten entsprechend wird rechtlich auch von „Verhaltensstandards" gesprochen.[18] Der Verweis auf Standards hat die Funktion, Recht und Gesetz von (praktisch gar nicht umsetzbaren) Detailregelungen zu entlasten und fortwährend an Veränderungen der tatsächlichen Verhältnisse anzupassen.[19] Das „Denken in Standards"[20] ist mittlerweile eine etablierte juristische Methode zur Konkretisierung des Rechts[21] unter Einbeziehung außerrechtlichen Fachwissens.[22] Der Standard dient der Ausfüllung unbestimmter Rechtsbegriffe,[23] bleibt dabei aber seinerseits eine mit fachlichen Inhalten zu füllende Generalklausel.[24] Hierüber darf der rechtliche Verweis auf den Standard nicht hinwegtäuschen. Insofern manifestiert sich in dem Begriff „Medizinischer Standard" bereits die Frage nach der Kompetenzverteilung zwischen Medizin und Haftungsrecht bei der zivilrechtlichen Standardbestimmung, die sich im Arzthaftungsprozess sodann in der Rollenverteilung zwischen Zivilrichter und medizinischem Sachverständigen widerspiegelt.[25]

Der Schwerpunkt der Arzthaftung liegt traditionell im richterrechtlich geprägten[26] Recht der unerlaubten Handlungen,[27] das dementsprechend auch im Zentrum der folgenden Ausführungen stehen soll. Es gilt den Medizinischen Standard als

---

[18] Vgl. *Taupitz*, in: *Möllers*, Geltung und Faktizität von Standards, 2009, S. 63, 64; s. auch *Deutsch*, JZ 1997, 1030, 1032: „Standard als Verhalten".

[19] *Taupitz*, in: *Möllers*, Geltung und Faktizität von Standards, 2009, S. 63, 71 f.

[20] So bereits *Strache*, Das Denken in Standards, 1968, insb. S. 9 ff., 67 ff.; zudem auch *Marburger*, Die Regeln der Technik im Recht, 1979, S. 168 ff.

[21] Monographisch für das Zivilrecht *Röthel*, Normkonkretisierung im Privatrecht, 2004.

[22] Dazu *Taupitz*, in: *Dietrich/Imhoff/Kliemt*, Standardisierung in der Medizin, 2004, S. 263, 267 ff.

[23] Vgl. auch *Taupitz*, AcP 211 (2011), 352, 355; *ders.*, in: *Möllers*, Geltung und Faktizität von Standards, 2009, S. 63, 65.

[24] Vgl. *Hase*, GesR 2012, 601, 602.

[25] Näher zum Ganzen 6. Kap. A.

[26] Zur Fortbildung des Arzthaftungsrechts durch die Gerichte *Katzenmeier*, Arzthaftung, 2002, S. 77 ff.; *Laufs*, in: *Laufs/Kern*, Handbuch des Arztrechts, ⁴2010, § 5 Rn. 8 ff.

[27] *Katzenmeier*, Arzthaftung, 2002, S. 83 f.; *ders.*, in: BeckOK-BGB, ⁵⁰2019, § 630a Rn. 11 ff.; *ders.*, in: *Laufs/Katzenmeier/Lipp*, Arztrecht, ⁷2015, Kap. X Rn. 2; *ders.*, NJW 2013, 817, 823: daran werde auch die Kodifikation des Behandlungsvertragsrechts im BGB nichts ändern, vielmehr könne das Deliktsrecht sogar verstärkt zum „Neuerungsrecht" werden (ebenso *Hart*, MedR 2013, 159, 165). S. auch *G. Müller*, in: FS *E. Lorenz*, 2014, S. 667, 668: vom Lebenssachverhalt her (veritabler Eingriff in Körper- und Gesundheit) sei die deliktische Prägung der Arzthaftung konsequent; ebenso *dies.*, MedR 2009, 309; *dies.*, in: FS *E. Lorenz*, 2004, S. 475 f.; vgl. bereits *Laufs*, in: *Laufs et al.*, Die Entwicklung der Arzthaftung, 1997, S. 1, 3 f. Den Schwerpunkt der Arzthaftung (jedenfalls zukünftig) im Vertragsrecht erblickend hingegen *Spickhoff*, in: *Spickhoff*, Medizinrecht, ³2018, § 280 BGB Rn. 1; *Deutsch/Spickhoff*, Medizinrecht, ⁷2014, Rn. 303; auch den Ausführungen in *Spickhoff*, VersR 2013, 267, 281, zu Grunde liegend. Ebenso deutet die Gesetzesbegründung des PatRG an, das Deliktsrecht werde neben der vertraglichen Haftung an eigenständiger Bedeutung einbüßen (BT-Drs. 17/10488, S. 17 f.). Vgl. insg. *Frahm/Walter*, Arzthaftungsrecht, ⁶2018, Rn. 1 (i. E. offen). Den Vorrang der Vertragshaftung betonend ebenfalls *Wagner*, in: MüKo-BGB, ⁷2016, Vor § 630a Rn. 2 u. ⁷2017, § 823 Rn. 909; *Geiß/Greiner*, Arzthaftpflichtrecht, ⁷2014, Rn. A 1; *Hart*, in: *Hart*, Ärztliche Leitlinien im Medizin- und Gesundheitsrecht, 2005, S. 23, 60.

Haftungsmaßstab in der Konzeption des modernen Deliktsrechts zu verorten (A.). Nicht zuletzt seit der Kodifikation des Behandlungsvertragsrechts im BGB ist allerdings daneben die vertragliche Haftung des Arztes von wachsender Bedeutung. Fraglich ist, inwiefern sich dabei im Hinblick auf den Standard Besonderheiten ergeben (B.).[28] Am zivilrechtlichen Standardbegriff orientieren sich im Übrigen auch andere Teilrechtsgebiete mit ähnlicher Ausgangslage wie etwa das ärztliche Berufsrecht[29] und das Arztstrafrecht,[30] weshalb an dieser Stelle von einer gesonderten, vertieften Darstellung abgesehen wird.

A. Der Standard in der deliktischen Fahrlässigkeitshaftung des Arztes für Behandlungsfehler

Einführend soll zunächst ein erster Überblick über die von der Rechtsprechung und Literatur entwickelten, weitgehend allgemein anerkannten Grundsätze zur Ausfüllung des Standardbegriffs im die Arzthaftung prägenden Deliktsrecht gewährt werden (I.). Sodann erfolgt eine detaillierte dogmatische Einordnung dieser Grundsätze in die Systematik des heutigen Deliktsrechts. Verläuft eine ärztliche Behandlung fehlerhaft und kommt es beim Patienten zu einer (Gesundheits-

---

[28] Auf gesonderte Ausführungen zur Haftung i. R. d. Sonderkonstellation einer ärztlichen Geschäftsführung ohne Auftrag, die i. E. nach entspr. Maßstäben zu beurteilen ist, wird an dieser Stelle verzichtet; dazu *Brennecke*, Ärztliche Geschäftsführung ohne Auftrag, 2010.

[29] § 2 Abs. 3 MBO-Ä bestimmt, dass eine gewissenhafte Ausübung des Berufs, zu der Ärzte gem. § 2 Abs. 2 S. 1 MBO-Ä verpflichtet sind, insb. die notwendige fachliche Qualifikation und die Beachtung des anerkannten Standes der medizinischen Erkenntnisse erfordert. Zur Auslegung kann dabei grds. auf den zivilrechtlichen Standardbegriff (Facharztstandard, s. u. A. I.) zurückgegriffen werden, der durch Übernahme in die MBO zugleich zur öffentlich-rechtlichen Pflicht des Arztes wird; dazu *Scholz*, in: *Spickhoff*, Medizinrecht, ³2018, § 2 MBO Rn. 12 f.

[30] Bei Vorliegen eines Behandlungsfehlers kommt neben einer zivilrechtlichen Haftung stets auch eine strafrechtliche Verfolgung des Behandelnden in Betracht. I. d. R. steht eine Strafbarkeit des Arztes wegen fahrlässiger Tötung (§ 222 StGB) oder fahrlässiger Körperverletzung (§ 229 StGB) im Raum. Maßstab der objektiven Fahrlässigkeit i. S. d. Strafrechts ist wiederum der Medizinische Standard. Unterschiede zum Zivilrecht bestehen auch hier grds. nicht, vgl. nur *Ulsenheimer*, in: *Ulsenheimer*, Arztstrafrecht in der Praxis, ⁵2015, § 1 Rn. 55 ff.; *Knauer/Brose*, in: *Spickhoff*, Medizinrecht, ³2018, § 222 StGB Rn. 17 ff. Bleibt der Arzt im konkreten Fall hinter dem objektiven Maßstab des Medizinischen Standards zurück, so folgt daraus strafrechtlich – im Gegensatz zum Zivilrecht – allerdings nicht zwangsläufig ein die Strafbarkeit begründender Schuldvorwurf, vgl. *Ulsenheimer*, in: *Ulsenheimer*, Arztstrafrecht in der Praxis, ⁵2015, § 1 Rn. 110; *Deutsch/Spickhoff*, Medizinrecht, ⁷2014, Rn. 705 f. Denn hierfür ist im (repressiv ausgerichteten, eine schuldangemessene Bestrafung bezweckenden) Strafrecht zusätzlich eine subjektive Fahrlässigkeit, also die Vorwerfbarkeit nach persönlichen Fähigkeiten und individuellen Kenntnissen erforderlich, vgl. *Ulsenheimer*, in: *Ulsenheimer*, Arztstrafrecht in der Praxis, ⁵2015, § 1 Rn. 562 ff.; *Deutsch/Spickhoff*, in: *Spickhoff*, Medizinrecht, ³2018, Einl. Rn. 114; *Knauer/Brose*, ebd., § 222 StGB Rn. 69 ff. (die praktische Relevanz relativierend). Insofern können Haftung und Strafbarkeit durchaus divergieren. Am Standardbegriff selbst ändert dies jedoch nichts.

und/oder) Körperverletzung,[31] steht in erster Linie ein Schadensersatzanspruch aus § 823 Abs. 1 BGB im Raum.[32] Die in Arzthaftungsfällen relevante Verschuldensform ist praktisch immer die Fahrlässigkeit.[33] Die unbestimmten Voraussetzungen des § 823 Abs. 1 BGB werden im Rahmen der Fahrlässigkeitshaftung des Arztes für Behandlungsfehler durch den Standard präzisiert und so überhaupt erst subsumtionsfähig gemacht (II.). Gerade im Arzthaftungsrecht führt die Anknüpfung an den Standard dabei allerdings zu erheblichen dogmatischen Unsicherheiten, welche das herkömmliche Verständnis von Grundlagen, Struktur und Aufbau der Verschuldenshaftung des § 823 Abs. 1 BGB nachhaltig in Frage stellen (III.).

I. Einführung und Überblick

Der für Arzthaftungssachen zuständige VI. Zivilsenat des BGH beschreibt den Medizinischen Standard in ständiger Rechtsprechung sowie weitgehend im Einklang mit den Instanzgerichten und dem einschlägigen Schrifttum wie folgt:

„Der Standard gibt Auskunft darüber, welches Verhalten von einem gewissenhaften und aufmerksamen Arzt in der konkreten Behandlungssituation aus der berufsfachlichen Sicht seines Fachbereichs im Zeitpunkt der Behandlung erwartet werden kann."[34]

---

[31] Die Abgrenzung zwischen den Rechtsgütern Körper (i. S. e. äußeren Eingriffs in die körperliche Integrität) und Gesundheit (i. S. e. Störung der inneren Körperfunktionen; zum Gesundheitsbegriff *Heidelk*, Gesundheitsverletzung und Gesundheitsschaden, 2005, S. 31 ff., 62 ff.; *dies.*, KritV 2005, 137) ist zweifelhaft, haftpflichtrechtlich aber ohne Bedeutung, s. *Katzenmeier*, Arzthaftung, 2002, S. 111; *Laufs/Kern*, in: *Laufs/Kern*, Handbuch des Arztrechts, [4]2010, § 103 Rn. 2. In der Folge ist zur Vereinfachung regelmäßig nur von Körperverletzung die Rede.

[32] Auf Ausführungen zu § 823 Abs. 2 BGB wird verzichtet, da i. R. d. einschlägigen Schutzgesetze (insb. § 229 StGB) dieselben Haftungsmaßstäbe gelten; zu § 630a Abs. 2 BGB als Schutzgesetz *Deutsch*, NJW 2012, 2009, 2012; *Mansel*, in: *Jauernig*, BGB, [17]2018, Vor § 630a Rn. 2 (offen); abl. ggü. vertraglichen Pflichten als Schutzgesetz *Spickhoff*, VersR 2013, 267, 281.

[33] Vgl. *Spickhoff*, in: *Spickhoff*, Medizinrecht, [3]2018, § 276 BGB Rn. 12; *Deutsch/Spickhoff*, Medizinrecht, [7]2014, Rn. 321; *Deutsch*, MedR 2013, 708, 711; *ders.*, JZ 2002, 588; *ders.*, in: FS *Weißauer*, 1986, S. 12, 13 f.; zudem *Geiß/Greiner*, Arzthaftpflichtrecht, [7]2014, Rn. B 213; *Walter*, GesR 2003, 165; s. aber A. III. 3.

[34] St. Rspr., zuletzt BGH NJW 2016, 713, 714 = MedR 2016, 794, 795 m. Anm. *Prütting*; NJW 2015, 1601 = MedR 2015, 724, 725 = JZ 2015, 573, 574 m. Anm. *Spickhoff*; VersR 2014, 879, 881; s. auch BGHZ 188, 29, 34 f. = NJW 2011, 1672 = JZ 2011, 795, 796 m. Anm. *Katzenmeier* = MedR 2011, 645, 647 m. Anm. *Schmidt-Recla* u. *Voigt*; BGHZ 144, 296, 305 f. = NJW 2000, 2737, 2740 = MedR 2001, 197, 199; NJW 1999, 1778, 1779; 1995, 776, 777 = MedR 1995, 276, 277; entspr. aus der Lit. *Pauge/Offenloch*, Arzthaftungsrecht, [14]2018, Rn. 114, 169; *Frahm/Walter*, Arzthaftungsrecht, [6]2018, Rn. 77; *Geiß/Greiner*, Arzthaftpflichtrecht, [7]2014, Rn. A 2 f. u. B 2, 213; *Laufs/Kern*, in: *Laufs/Kern*, Handbuch des Arztrechts, [4]2010, § 97 Rn. 4, 6, 13 f., 17; *Laufs*, ebd., § 6 Rn. 32; *ders.*, in: *Nagel/Fuchs*, Soziale Gerechtigkeit im Gesundheitswesen, 1993, S. 290, 293; *ders.*, MedR 1986, 163, 169; *v. Pentz*, MedR 2016, 16; *dies.*, MedR 2011, 222; *Gaßner/*

Damit ist über den Inhalt des haftungsrechtlichen Standards freilich noch nicht viel gesagt. Insbesondere hat der Leitsatz nicht den Charakter einer juristischen Definition. In erster Linie wird die bereits angeklungene allgemeine Funktion des Standards umschrieben: er „gibt Auskunft darüber, welches Verhalten von einem [...] Arzt [...] erwartet werden kann." Die genauen Kriterien, nach denen sich der Medizinische Standard aus zivilrechtlicher Sicht bestimmt, liegen im Dunkeln. Inhaltlich bleibt der Standardbegriff (in Medizin und Recht) daher verhältnismäßig unbestimmt.[35] Die Rechtsprechung verzichtet bis heute auf eine subsumtionsfähige Definition.[36]

Zur Präzisierung des zivilrechtlichen Standardbegriffs wird zumeist auf die Definition des Mediziners *Carstensen* zurückgegriffen.[37] Die dort enthaltenen – wie dargelegt ihrerseits konkretisierungsbedürftigen – Kriterien stellen aber nur einen ersten Ansatz für die Rezeption medizinischen Wissens ins Recht dar und lassen zahlreiche Folgefragen offen. Immerhin wird hinreichend deutlich, wann ein ärztliches Verhalten nicht mehr standardgemäß ist.[38] Auf Details der Standardbestimmung im Zusammenspiel von Medizin und Recht wird noch ausführlich einzugehen sein.[39] Dennoch lassen sich dem eingangs wiedergegebenen Leitsatz des BGH bereits einige wichtige Begriffselemente entnehmen, die es nunmehr zu ordnen und zu präzisieren gilt, wird das vom Arzt erwartete Verhalten darin doch in mehrfacher Hinsicht näher charakterisiert.

Strömer, MedR 2012, 159; *Stöhr*, MedR 2010, 214; *ders.*, in: FS *Hirsch*, 2008, S. 431 f.; *Kohte*, in: *Lilie/Bernat/Rosenau*, Standardisierung in der Medizin als Rechtsproblem, 2009, S. 79, 80; *G. Müller*, MedR 2009, 309; *dies.*, in: FS *Hirsch*, 2008, S. 413 f.; *dies.*, in: FS *E. Lorenz*, 2004, S. 475, 477; *Frahm*, GesR 2005, 529, 530; s. auch *Groß*, Ärztlicher Standard, 1997, S. 1 f.; *Kullmann*, VersR 1997, 529 f.; *Ulsenheimer*, MedR 1995, 438 u. 1992, 127, 128; *Deutsch*, VersR 1982, 305. Ähnlich (bereits in Annäherung an *Carstensen*) *Katzenmeier*, in: *Laufs/Katzenmeier/Lipp*, Arztrecht, [7]2015, Kap. X Rn. 8: „Gemeint ist diejenige Behandlung, die ein durchschnittlich qualifizierter Arzt des jeweiligen Fachgebiets nach dem jeweiligen Stand von medizinischer Wissenschaft und Praxis an Kenntnissen, Wissen, Können und Aufmerksamkeit zu erbringen in der Lage ist."; ebenso schon *Schreiber*, Langenbecks Arch Chir 364 (1984), 295 f.; *ders.*, in: *Nagel/Fuchs*, Leitlinien und Standards im Gesundheitswesen, 1997, S. 167, 168; zudem *Ulsenheimer/Berg*, in: *Berg/Ulsenheimer*, Patientensicherheit, Arzthaftung, Praxis- und Krankenhausorganisation, 2006, S. 259; *Kifmann/Rosenau*, in: *Möllers*, Standardisierung durch Markt und Recht, 2008, S. 49, 64.

[35] *Hart*, MedR 1998, 8; *ders.*, in: *Hart*, Ärztliche Leitlinien, 2000, S. 137, 140; s. auch *Katzenmeier*, in: *Laufs/Katzenmeier/Lipp*, Arztrecht, [7]2015, Kap. X Rn. 7.

[36] *Thurn*, in: AG RAe im MedR e. V., Standard-Chaos?, 2015, S. 51, 52. Aus juristischer Sicht sei das Fehlen einer klaren Definition dabei eine strukturell durchaus beträchtliche Schwäche – die allerdings in der Prozesswirklichkeit keine große Rolle spiele (S. 53).

[37] Dazu 2. Kap. B. I.

[38] Vgl. *Francke/Hart*, Charta der Patientenrechte, 1999, S. 23.

[39] Ausf. 6. Kap. A. u. B.

1. Ausgangspunkt: Objektivität, Normativität – „Verhalten, das von einem gewissenhaften und aufmerksamen Arzt erwartet werden kann"

Der Standard ist ein objektiver und normativer Begriff, bezieht er sich schließlich im Ausgangspunkt auf das Verhalten, das von einem gewissenhaften und aufmerksamen Arzt erwartet werden kann. Insofern lässt sich von „Soll-Standard" sprechen.[40] Maßgeblich ist der Erwartungshorizont eines durchschnittlichen Patienten, der auf die Einhaltung ebendieses Standards vertrauen darf.[41] „Der zivilrechtliche Standard muss das Vertrauen rechtfertigen, das die Medizin als Institution in Anspruch nimmt."[42] Vom Arzt wird dabei ausdrücklich nur ein Verhalten und kein Erfolg (und auch nicht das Ausbleiben von Komplikationen) erwartet; der Standard setzt aber ein gewisses Maß an Kenntnissen und Fähigkeiten voraus – und damit letztlich eine gewisse Wahrscheinlichkeit des Erfolgseintritts.[43]

Die ärztliche Behandlung ist stets am Verhalten einer bestimmten objektivierten Vergleichsperson zu messen.[44] Auf individuelle oder örtliche Defizite[45] der Behandlungsseite in personeller oder sachlicher Hinsicht kann vor diesem Hintergrund keine Rücksicht genommen werden.[46] Vielmehr muss grundsätzlich jeder Arzt den Standard kennen und beachten. Er ist „[f]ür ein dem Standard zuwiderlaufendes Vorgehen […] haftungsrechtlich auch dann verantwortlich, wenn dieses aus seiner persönlichen Lage heraus subjektiv als entschuldbar erscheinen mag."[47]

---

[40] So etwa *Greiner*, in: *Spickhoff*, Medizinrecht, ³2018, §§ 823 ff. BGB Rn. 6 ff.; *Geiß/Greiner*, Arzthaftpflichtrecht, ⁷2014, Rn. B 2; *Kullmann*, VersR 1997, 529, 530.
[41] *Frahm/Walter*, Arzthaftungsrecht, ⁶2018, Rn. 77 f., 85.
[42] *Pauge/Offenloch*, Arzthaftungsrecht, ¹⁴2018, Rn. 169; so bereits *Steffen*, Langenbecks Arch Chir 364 (1984), 287, 289; s. auch *G. Müller*, in: FS *Hirsch*, 2008, S. 413, 416.
[43] *Thurn*, in: AG RAe im MedR e. V., Standard-Chaos?, 2015, S. 51, 53. Der Erfolg einer Behandlung (oder seine Wahrscheinlichkeit) ist damit umgekehrt ein Indiz für die Standardbestimmung, wird allerdings nicht einheitlich definiert; sein Eintreten oder Ausbleiben mag nicht zuletzt angesichts der Unwägbarkeiten des menschlichen Organismus (vgl. unter III. 1. b.) auch auf anderen Ursachen beruhen, s. *Dumbs*, GesR 2014, 513, 515.
[44] *Deutsch*, JZ 1997, 1030, 1031, beschreibt den Standard als komparativ, d. h. dieser ergibt sich erst aus dem Vergleich mit dem Verhalten einer Normalperson im besonderen Verkehrskreis.
[45] Umgekehrt zur Berücksichtigung von Spezialkenntnissen und -fähigkeiten 6. Kap. D. III. 3.
[46] Vgl. BGHZ 144, 296, 305 f. = NJW 2000, 2737, 2740 = MedR 2001, 197, 199; dazu *Katzenmeier*, in: *Laufs/Katzenmeier/Lipp*, Arztrecht, ⁷2015, Kap. X Rn. 20; *Laufs/Kern*, in: *Laufs/Kern*, Handbuch des Arztrechts, ⁴2010, § 97 Rn. 17; *Frahm/Walter*, Arzthaftungsrecht, ⁶2018, Rn. 77; *Pauge/Offenloch*, Arzthaftungsrecht, ¹⁴2018, Rn. 169; *Geiß/Greiner*, Arzthaftpflichtrecht, ⁷2014, Rn. B 2, 213; *Ulsenheimer/Berg*, in: *Berg/Ulsenheimer*, Patientensicherheit, Arzthaftung, Praxis- und Krankenhausorganisation, 2006, S. 259; *Taupitz*, in: *Dietrich/Imhoff/Kliemt*, Standardisierung in der Medizin, 2004, S. 263, 286.
[47] St. Rspr., BGH NJW 2015, 1601, 1603 = MedR 2015, 724, 727 = JZ 2015, 573, 575 m. Anm. *Spickhoff*; NJW 2003, 2311, 2313 = VersR 2003, 1128, 1130 m. Anm. *Walter*; NJW 2001, 1786 = MDR 2001, 565 m. Anm. *Gehrlein*; NJW 1999, 1778, 1779; aus der Lit. v. *Pentz*, MedR 2016, 16, 19; *G. Müller*, MedR 2009, 309, 310; *dies.*, in: FS *Hirsch*, 2008, S. 413, 415; *dies.*, in: FS *E. Lorenz*, 2004, S. 475, 479; *Kullmann*, VersR 1997,

Kann ein Arzt den Standard von vornherein nicht gewährleisten, so liegt im Übrigen bereits aus diesem Grund (also unabhängig von einem Fehler bei der Ausführung der Behandlung) ein haftungsrelevantes Übernahmeverschulden vor.[48]

Der objektive Standard ist dabei nicht auf ein gänzlich abstrakt vorgegebenes Ziel ausgerichtet, sondern auf ein in der Praxis bereits vorgefundenes Verhaltensmuster.[49] Damit enthält er ein faktisches, zugleich aber auch statisches, rückwärtsgewandtes Element.[50] Der Standard darf sich jedoch nicht allein daran orientieren, was üblicherweise oder durchschnittlich in der Medizin – eventuell durchweg mangelhaft – tatsächlich praktiziert wird,[51] er umfasst vielmehr normativ wertende Elemente im Sinne von anerkannt Richtigem, Erforderlichem und Gebotenem, also eine gewisse Erwartungshaltung an (gewissenhaftes und aufmerksames) ärztliches Normalverhalten.[52] Daher ist auch vom „Standard guter ärztlicher Behand-

---

529 f.; *Kleinewefers*, VersR 1992, 1425, 1426, 1429; *Rumler-Detzel*, VersR 1989, 1008, 1010; *Damm*, NJW 1989, 737, 739; *Steffen*, Langenbecks Arch Chir 364 (1984), 287, 289.

[48] Vgl. nur BGH NJW 1989, 2321 = MedR 1989, 322; aus der Lit. *Laufs/Kern*, in: *Laufs/Kern*, Handbuch des Arztrechts, ^{4}2010, § 97 Rn. 21 ff.; *Uhlenbruck/Laufs*, in: *Laufs/Uhlenbruck*, Handbuch des Arztrechts, ^{3}2002, § 43 Rn. 1 ff.; *Frahm/Walter*, Arzthaftungsrecht, ^{6}2018, Rn. 86, 88; *Geiß/Greiner*, Arzthaftpflichtrecht, ^{7}2014, Rn. B 11; *Greiner*, in: *Spickhoff*, Medizinrecht, ^{3}2018, §§ 823 ff. BGB Rn. 23 ff.; *Arnade*, Kostendruck und Standard, 2010, S. 187 f.; *Ulsenheimer*, MedR 1992, 127, 129; *Kleinewefers*, VersR 1992, 1425, 1429 f. War ein Arzt für die von ihm vorgenommene Behandlung nicht befähigt, verfügte er also nicht über die zur Gewährleistung des Standards notwendige fachliche Qualifikation, wird i. Ü. sogar vermutet, dass die mangelnde Befähigung für den Verletzungserfolg ursächlich war (so bereits BGHZ 88, 248 = NJW 1984, 655 m. Bespr. *Deutsch*, NJW 1984, 650 = JZ 1984, 327 m. Anm. *Giesen* = MedR 1984, 63 m. Bespr. *Franzki*, MedR 1984, 186; nunmehr § 630h Abs. 4 BGB). Zur Aufklärung über die mangelhafte persönliche Qualifikation (abl.) *Hart*, in: *Hart*, Ärztliche Leitlinien, 2000, S. 137, 151 f.; (offener) *Brüggemeier*, Deliktsrecht, 1986, Rn. 706 f.

[49] *Taupitz*, AcP 211 (2011), 352, 358; *ders.*, in: *Möllers*, Geltung und Faktizität von Standards, 2009, S. 63, 70; s. auch die Begründung zum PatRG, BT-Drs. 17/10488, S. 19.

[50] *Schreiber*, Langenbecks Arch Chir 364 (1984), 295, 296, 297.

[51] So bereits BGHZ 8, 138 = NJW 1953, 257; 1983, 2080, 2081 = JZ 1983, 963, 964 m. Anm. *Stürner*; s. auch *Groß*, Ärztlicher Standard, 1997, S. 3; *Kullmann*, VersR 1997, 529 f.; *Steffen*, MedR 1993, 338; *Kleinewefers*, VersR 1992, 1425, 1428; *Francke/Hart*, Ärztliche Verantwortung und Patienteninformation, 1987, S. 38; *Hart*, VSSR 2002, 265, 272 f.; aus der Medizin *Raspe*, GesR 2011, 449, 453 f. Die ärztliche Übung bleibt aber wichtiger Orientierungspunkt, vgl. auch BGHZ 161, 255, 266 = NJW 2005, 888, 891 = MedR 2005, 412, 415; NJW 1975, 2245, 2246; VersR 1975, 43, 44.

[52] *Katzenmeier*, in: *Laufs/Katzenmeier/Lipp*, Arztrecht, ^{7}2015, Kap. X Rn. 8; *Laufs/Kern*, in: *Laufs/Kern*, Handbuch des Arztrechts, ^{4}2010, § 97 Rn. 13; *Frahm/Walter*, Arzthaftungsrecht, ^{6}2018, Rn. 77 f.; *Geiß/Greiner*, Arzthaftpflichtrecht, ^{7}2014, Rn. B 2; *Gaßner/Strömer*, MedR 2012, 159; *Hase*, GesR 2012, 601, 602; *Taupitz*, AcP 211 (2011), 352, 358; *ders.*, in: *Möllers*, Geltung und Faktizität von Standards, 2009, S. 63, 70 f.; insb. *Schreiber*, in: *Nagel/Fuchs*, Leitlinien und Standards im Gesundheitswesen, 1997, S. 167, 168 („Im Standard verbinden sich Normatives und Faktisches, tatsächlich Geübtes und Erforderliches."); *ders.*, Langenbecks Arch Chir 364 (1984), 295, 296 („Im Standard verschlingen sich normative und tatsächliche Elemente.") u. 297 („Standardbildung geschieht durch eine an der Vergangenheit bisheriger Praxis orientierte Erwartung.").

lung" die Rede.⁵³ Das medizinisch Übliche kann nur dann ein akzeptabler Maßstab ärztlichen Handelns sein, wenn es mit dem Erforderlichen zusammenfällt.⁵⁴

Die Verkehrserwartung wird sodann im Wesentlichen vom angestrebten Behandlungsziel geprägt, es geht stets um die Erreichung positiver und die Vermeidung negativer Ergebnisse.⁵⁵ Funktion des Zivilrechts ist es insofern, den im (Rechts-)Verkehr Agierenden in seinem berechtigten Vertrauen zu schützen. Als allgemeine Ziele liegen dem Haftungsrecht zudem der gerechte Schadensausgleich sowie in präventiver Hinsicht die Schadensvermeidung durch Verhaltenssteuerung zu Grunde.⁵⁶ Gerade im Rahmen der Arzthaftung besteht stets die Hoffnung, durch Aufdecken medizinischer Qualitätsmängel eine Sicherung oder Verbesserung der Behandlungsqualität zu erreichen.⁵⁷ Es steht der Schutz der Rechtsgüter des Geschädigten im Vordergrund, der freilich seinerseits in einem Spannungsverhältnis zum Schutz der allgemeinen Handlungsfreiheit des Schädigers steht.⁵⁸ Diese normativen Grundwerte spiegeln sich im haftungsrechtlichen Standardbegriff wider.

2. Konkretisierungen

Der objektive und normative Medizinische Standard des Haftungsrechts ist keine universell in Stein gemeißelte Größe, sondern von zusätzlichen einzelfallorientierten Faktoren abhängig und damit in mehrfacher Hinsicht variabel. Ausgehend von den Prinzipien des Vertrauensschutzes und der Verkehrserwartung existieren gewisse fachliche, zeitliche und situative Differenzierungen oder Abstufungen⁵⁹ des haftungsrechtlichen Standards, die das von einem gewissenhaften und aufmerksamen Arzt erwartete Verhalten unter verschiedenen Gesichtspunkten präzi-

---

⁵³ Vgl. *Kullmann*, VersR 1997, 529, 530; s. auch BGH NJW 1993, 2989, 2990; zudem *Katzenmeier*, in: *Laufs/Katzenmeier/Lipp*, Arztrecht, ⁷2015, Kap. X Rn. 6; *Uhlenbruck/ Laufs*, in: *Laufs/Uhlenbruck*, Handbuch des Arztrechts, ³2002, § 44 Rn. 3; *Steffen*, Langenbecks Arch Chir 364 (1984), 287, 290; *Schreiber*, in: *Nagel/Fuchs*, Leitlinien und Standards im Gesundheitswesen, 1997, S. 167, 168; *Groß*, Ärztlicher Standard, 1997, S. 2; *Francke/Hart*, Charta der Patientenrechte, 1999, S. 38; wiederholt *Hart*, MedR 1998, 8 f.; *ders.*, MedR 2000, 1, 2; *ders.*, JURA 2000, 64; *ders.*, VSSR 2002, 265, 277; *ders.*, in: *Hart*, Klinische Leitlinien und Recht, 2005, S. 81, 92; *ders.*, in: *Hart*, Ärztliche Leitlinien im Medizin- und Gesundheitsrecht, 2005, S. 85, 93 u. 23, 58; *ders.*, MedR 2016, 669, 671.
⁵⁴ Vgl. *Hart*, MedR 1998, 8, 9 (u. 10).
⁵⁵ *Deutsch*, JZ 1997, 1030, 1031, spricht von teleologischer Ausrichtung des Standards.
⁵⁶ Dazu *Katzenmeier*, in: NK-BGB, ³2016, Vor §§ 823 ff. Rn. 54 ff.; *Wagner*, in: MüKo-BGB, ⁷2017, Vor § 823 Rn. 43 ff.; *Kötz/Wagner*, Deliktsrecht, ¹³2016, Rn. 56 ff.; *Brüggemeier*, Haftungsrecht, 2006, § 1 1, S. 9 ff.; *Schmidt/Brüggemeier*, GK Zivilrecht, ⁷2006, Rn. 743 f.; s. im Kontext von Medizin und Standard auch *Schreiber*, in: *Nagel/Fuchs*, Leitlinien und Standards im Gesundheitswesen, 1997, S. 167; *Laufs*, Medizin und Recht im Zeichen des technischen Fortschritts, 1971, S. 35.
⁵⁷ *Steffen*, in: FS *Deutsch*, 1999, S. 799, 803.
⁵⁸ *Larenz/Canaris*, Schuldrecht II/2 BT, ¹³1994, § 75 I 1, 2 a, S. 350.
⁵⁹ Häufig ist in diesem Zusammenhang wenig aussagekräftig von „horizontalen" und „vertikalen" Abstufungen des Standards die Rede, vgl. etwa *Frahm/Walter*, Arzthaftungsrecht, ⁶2018, Rn. 78, 85 ff.; *Katzenmeier*, in: *Laufs/Katzenmeier/Lipp*, Arztrecht, ⁷2015, Kap. X Rn. 18.

sieren. „Den Anforderungen liegt das am Behandlungsauftrag zu messende Urteil [...] zugrunde über das, was Standard ist für Behandlungsfeld, Behandlungszeit und Behandlungsort."[60]

a) Fachliche Differenzierung – „aus der berufsfachlichen Sicht seines Fachbereichs"

So ist zunächst die Vergleichsperson, an der der Standard in diesem Kontext ausgerichtet ist, zwar objektiviert (oder generalisiert), es wird jedoch nicht allgemein auf „den Arzt" schlechthin abgestellt, sondern eine Unterscheidung nach Fachrichtungen vorgenommen. Der Standardbegriff des Zivilrechts grenzt die relevanten medizinisch-fachlichen Erkenntnisse und Erfahrungen ausdrücklich auf diejenigen des betroffenen medizinischen Fachbereichs ein. Dessen Bestimmung erfolgt grundsätzlich anhand der klassischen Facharztgebiete.[61] Aus diesem Grund ist haftungsrechtlich synonym zu „Medizinischer Standard" auch vom „Facharztstandard" die Rede.[62] Die zunehmende Spezialisierung in der Medizin führt dabei zu immer feineren Untergliederungen.[63]

Der Begriff „Facharztstandard" ist indes in zweierlei Hinsicht missverständlich. Erstens darf der Begriff nicht dahingehend interpretiert werden, dass der Behandelnde haftungsrechtlich zur Standardwahrung stets den formellen Facharztstatus vorweisen muss. Es wird von ihm vielmehr bei der Behandlung die materielle Facharztqualität gefordert.[64] Ausgehend vom Erwartungshorizont des Patienten besteht ein Anspruch auf den Behandlungsstandard eines erfahrenen

---

[60] *Pauge/Offenloch*, Arzthaftungsrecht, [14]2018, Rn. 169.
[61] *Frahm/Walter*, Arzthaftungsrecht, [6]2018, Rn. 85. Diese sind im Ausgangspunkt der (Muster-)Weiterbildungsordnung (MWBO) 2018 der BÄK zu entnehmen, dort insb. Abschnitt B; haftungsrechtlich sind aber durchaus auch weitere Differenzierungen, etwa anhand der Zusatz-Weiterbildungen nach Abschnitt C, denkbar.
[62] *Gaßner/Strömer*, MedR 2012, 159; *Frahm/Jansen/Katzenmeier/Kienzle/Kingreen/Lungstras/Saeger/Schmitz-Luhn/Woopen*, MedR 2018, 447, 450; s. etwa *Frahm/Walter*, Arzthaftungsrecht, [6]2018, Rn. 91; *Pauge/Offenloch*, Arzthaftungsrecht, [14]2018, Rn. 173; *Geiß/Greiner*, Arzthaftpflichtrecht, [7]2014, Rn. B 2; *Stöhr*, MedR 2010, 214; *ders.*, in: FS *Hirsch*, 2008, S. 431; *G. Müller*, ebd., S. 413, 415; *Frahm*, GesR 2005, 529, 530; auch die Begründung zum PatRG, BT-Drs. 17/10488, S. 19; vgl. bereits BGH NJW 2003, 2311, 2313 = VersR 2003, 1128, 1130 m. Anm. *Walter*. Gegen die Verwendung der Bezeichnung ist grds. nichts einzuwenden, sie erscheint allerdings schon angesichts der vielfältigen Eigenschaften des haftungsrechtlichen Standards, die sich nicht auf den Fachbezug beschränken, einseitig, unvollständig und deshalb missverständlich.
[63] Aus dieser Perspektive umfassend die Darstellung des haftungsrechtlichen Behandlungsstandards bei *Walter*, Spezialisierung und Sorgfaltsstandard, 2004, S. 151 ff.; s. auch *Frahm/Walter*, Arzthaftungsrecht, [6]2018, Rn. 85, sowie *Carstensen*, Langenbecks Arch Chir 364 (1984), 299, 301, zu den Auswirkungen in der Medizin. Nicht zu verwechseln mit der ärztlichen Pflicht zum Einsatz individueller Spezialfähigkeiten und -kenntnisse (dazu 6. Kap. D. III. 3.), welche auf den ersten Blick im Widerspruch zur Objektivierung steht.
[64] *Frahm/Walter*, Arzthaftungsrecht, [6]2018, Rn. 91; *Pauge/Offenloch*, Arzthaftungsrecht, [14]2018, Rn. 173; *Teichner/Schröder*, GesR 2013, 577; *Boemke*, NJW 2010, 1562, 1563; *Groß*, Ärztlicher Standard, 1997, S. 10; *Ulsenheimer*, MedR 1995, 438; *Steffen*, MedR 1995, 360.

Arztes der jeweiligen Fachrichtung. Der Arzt muss nicht Facharzt sein, er muss sich aber wie einer verhalten.[65]

Maßgebliches Fachgebiet ist zudem zweitens stets dasjenige, in dem der Arzt die in Frage stehende Behandlung übernimmt. Regelmäßig wird dies sein eigenes Fachgebiet sein. Soweit der Behandelnde eine Behandlung im Rahmen seines Fachgebiets übernimmt, was im Übrigen nach medizinischen Maßstäben zu beurteilen ist,[66] kommt es dementsprechend auf die berufsfachliche Sicht seines Fachgebiets, nicht diejenige anderer Fachgebiete an, in deren Bereich die Behandlung ebenfalls fällt.[67] Die Fachbereiche können sich insofern durchaus überschneiden und ihre Standards unterscheiden. Führt der Arzt hingegen eine Behandlung aus, die ausschließlich oder in wesentlichen Punkten in ein fremdes Fachgebiet fällt, hat er auch dessen Standard zu garantieren.[68] Medizinisches Allgemeinwissen wird ohnehin vorausgesetzt.[69] Es steht somit insgesamt – anders als es die Bezeichnung „Facharztstandard" auf den ersten Blick nahelegt – weniger die

---

[65] Im Einzelnen *Frahm/Walter*, Arzthaftungsrecht, ^{6}2018, Rn. 91 ff. Der jeweilige Facharztstandard ist insofern grds. etwa auch in Notfällen (dazu *Katzenmeier/Schrag-Slavu*, Rechtsfragen des Einsatzes der Telemedizin im Rettungsdienst, 2010, S. 29 ff.; *Diederichsen*, GesR 2011, 257), im fachübergreifenden Bereitschaftsdienst (*Boemke*, NJW 2010, 1562; *Feifel*, GesR 2003, 259; zur außerklinischen Notfallbehandlung durch Bereitschaftsärzte zudem *Teichner/Schröder*, GesR 2013, 577), bei Tätigwerden ärztlicher Anfänger (näher BGHZ 88, 248 = NJW 1984, 655 m. Bespr. *Deutsch*, NJW 1984, 650 = JZ 1984, 327 m. Anm. *Giesen* = MedR 1984, 63 m. Bespr. *Franzki*, MedR 1984, 186; BGH NJW 1987, 1479 m. Anm. *Deutsch* = MedR 1987, 231 = JZ 1987, 877 m. Anm. *Giesen*; s. auch *Katzenmeier*, in: *Laufs/Katzenmeier/Lipp*, Arztrecht, ^{7}2015, Kap. X Rn. 56; *Laufs/Kern*, in: *Laufs/Kern*, Handbuch des Arztrechts, ^{4}2010, § 100 Rn. 22 ff.; *Pauge/Offenloch*, Arzthaftungsrecht, ^{14}2018, Rn. 296 ff.; *Geiß/Greiner*, Arzthaftpflichtrecht, ^{7}2014, Rn. B 3 ff.; *Francke/Hart*, Charta der Patientenrechte, 1999, S. 40 ff.; *Groß*, Ärztlicher Standard, 1997, S. 8 ff.; *Steffen*, MedR 1995, 360 f.; entspr. zum fachgebietsübergreifenden Operieren *Dumbs*, GesR 2013, 70) sowie bei der Delegation ärztlicher Tätigkeiten auf nichtärztliche Berufsgruppen (*Achterfeld*, Aufgabenverteilung im Gesundheitswesen, 2014, S. 172 ff.) einzuhalten. Speziell im Krankenhaus ist er durch eine entspr. Organisation sicherzustellen (vgl. etwa *Groß*, Ärztlicher Standard, 1997, S. 8; *Bergmann*, VersR 1996, 810, 812).
[66] Vgl. insofern BGHZ 188, 29, 35 f. = NJW 2011, 1672, 1673 = JZ 2011, 795, 796 m. Anm. *Katzenmeier* = MedR 2011, 645, 647 m. Anm. *Schmidt-Recla* u. *Voigt*.
[67] BGH VersR 2014, 879, 882; s. auch *v. Pentz*, MedR 2016, 16, 17. Soweit etwa eine Notfallbehandlung zugleich in das Facharztgebiet des Behandelnden fällt, hat dieser den entspr. Facharztstandard zu wahren. Sieht sich der Notarzt hingegen mit einer Behandlungsaufgabe konfrontiert, die nicht in sein Facharztgebiet fällt, hat er jedenfalls den notfallmedizinischen Standard zu gewährleisten. Zwar gibt es nach der MWBO (noch) keinen Facharzt für Notfallmedizin, aber es ist zumindest eine Zusatz-Weiterbildung vorgesehen; vgl. insg. *Katzenmeier/Schrag-Slavu*, Rechtsfragen des Einsatzes der Telemedizin im Rettungsdienst, 2010, S. 30; *Teichner/Schröder*, GesR 2013, 577 f.; zu entspr. situativen Differenzierungen s. Fn. 87.
[68] BGH NJW 1981, 628, 629; 1982, 697, 698; *Frahm/Walter*, Arzthaftungsrecht, ^{6}2018, Rn. 86; *Geiß/Greiner*, Arzthaftpflichtrecht, ^{7}2014, Rn. B 13; *G. Müller*, in: FS *E. Lorenz*, 2004, S. 475, 482 f.; *Steffen*, Langenbecks Arch Chir 364 (1984), 287, 290.
[69] BGH VersR 2009, 1405, 1406; dazu *Geiß/Greiner*, Arzthaftpflichtrecht, ^{7}2014, Rn. B 2.

agierende Person (der Arzt) als vielmehr die übernommene Aufgabe (die ärztliche Tätigkeit) im Mittelpunkt.[70]

b) Zeitliche Differenzierung – „im Zeitpunkt der Behandlung"

Der Standard ist in zeitlicher Hinsicht dynamisch, zwar historisch bedingt, aber dauernden Veränderungen unterworfen.[71] Er folgt den immer schnelleren Fortschritten der Medizin und unterliegt einem stetigen Wandel.[72] Dies bedeutet indes nicht, dass ein Arzt jeweils das neueste Therapiekonzept verfolgen muss.[73] Viel-

---

[70] Ganz i. S. d. unter II. dargelegten allg.-zivilrechtlichen (Verkehrspflicht-/Fahrlässigkeits-)Dogmatik, welche ebenfalls im Wesentlichen an die ausgeübte Tätigkeit anknüpft.

[71] *Katzenmeier*, in: *Laufs/Katzenmeier/Lipp*, Arztrecht, [7]2015, Kap. X Rn. 13; *Laufs*, ebd., Kap. I Rn. 44; *Laufs/Kern*, in: *Laufs/Kern*, Handbuch des Arztrechts, [4]2010, § 97 Rn. 3 („normativ auferlegtes fortwährendes Sichanpassen an Umstände und Gefahren"); s. auch *Deutsch/Spickhoff*, in: *Spickhoff*, Medizinrecht, [3]2018, Einl. Rn. 12 f.; *Taupitz*, AcP 211 (2011), 352, 358; *ders.*, in: *Möllers*, Geltung und Faktizität von Standards, 2009, S. 63, 65, 72; *ders.*, in: AG RAe im MedR e. V., Dokumentation und Leitlinienkonkurrenz, 2007, S. 101, 107; *Hart*, VSSR 2002, 265, 273; *Laufs*, in: *Laufs et al.*, Die Entwicklung der Arzthaftung, 1997, S. 1, 8; *Franzki*, MedR 1994, 171, 174.

[72] *Ulsenheimer*, MedR 1992, 127, 128 u. 1995, 438; *Groß*, Ärztlicher Standard, 1997, S. 1; *Dressler*, in: FS *Geiß*, 2000, S. 379, 381; *Kern*, GesR 2002, 5, 6; *Kifmann/Rosenau*, in: *Möllers*, Standardisierung durch Markt und Recht, 2008, S. 49, 64 f.; *Laufs/Kern*, in: *Laufs/Kern*, Handbuch des Arztrechts, [4]2010, § 97 Rn. 15; *Pauge/Offenloch*, Arzthaftungsrecht, [14]2018, Rn. 189. Mit der Fortentwicklung des Standards korrespondiert i. Ü. eine Fortbildungspflicht des Arztes „bis an die Grenze des Zumutbaren" (ohne lange Karenzzeit); vgl. etwa BGH NJW 1977, 1102, 1103; 1968, 1181, 1182 m. w. N.; dazu *Frahm/Walter*, Arzthaftungsrecht, [6]2018, Rn. 82; *Geiß/Greiner*, Arzthaftpflichtrecht, [7]2014, Rn. B 11 f.; *Pauge/Offenloch*, Arzthaftungsrecht, [14]2018, Rn. 210 ff.; *Laufs/Kern*, in: *Laufs/Kern*, Handbuch des Arztrechts, [4]2010, § 97 Rn. 15 f.; *Francke/Hart*, Charta der Patientenrechte, 1999, S. 31 f.; *Taupitz*, AcP 211 (2011), 352, 360 f.; *G. Müller*, in: FS *E. Lorenz*, 2004, S. 475, 483; *Groß*, Ärztlicher Standard, 1997, S. 4; *Kleinewefers*, VersR 1992, 1425, 1426; *Steffen*, Langenbecks Arch Chir 364 (1984), 287, 290; *Schreiber*, Langenbecks Arch Chir 364 (1984), 295, 297; *ders.*, in: *Nagel/Fuchs*, Leitlinien und Standards im Gesundheitswesen, 1997, S. 167, 169; s. auch *Carstensen*, DÄBl. 1989, A-2431, A-2433; zur Berücksichtigung des medizinischen Fortschritts i. R. v. Standard, Standardentwicklung und -abweichung im Einzelfall ausf. 6. Kap. D.

[73] „Der Zeitpunkt, von dem an eine bestimmte Behandlungsmaßnahme veraltet und überholt ist, so daß ihre Anwendung nicht mehr dem einzuhaltenden Qualitätsstandard genügt und damit zu einem Behandlungsfehler wird, ist jedenfalls dann gekommen, wenn neue Methoden risikoärmer sind und/oder bessere Heilungschancen versprechen, in der medizinischen Wissenschaft im [W]esentlich[en] unumstritten sind und deshalb nur ihre Anwendung von einem sorgfältigen und auf Weiterbildung bedachten Arzt verantwortet werden kann"; s. BGHZ 102, 17, 24 = NJW 1988, 763, 764 f. = JZ 1988, 411, 413 m. Anm. *Giesen* = MedR 1988, 91, 93, unter Bezugnahme auf *Deutsch*; dazu auch *Voigt*, IGeL, 2013, S. 83 f.; *v. Pentz*, MedR 2011, 222; *Frahm*, GesR 2005, 529, 531: „Die Therapiefreiheit findet grundsätzlich ihre Grenze dort, wo die vom Arzt vorgeschlagene Methode veraltet ist, weil eine neuere, risikoärmere oder weniger belastende Behandlung zum Standard gehört." Ggf. ist daher i. Ü. eine Übergangszeit zu gewähren, bis ein neues Verfahren zum (alleinigen) Standard wird; dazu überdies *Frahm/Walter*, Arzthaftungsrecht, [6]2018, Rn. 81, 83; *Pauge/Offenloch*, Arzthaftungsrecht, [14]2018, Rn. 184 ff., 216 f.; *Geiß/Greiner*, Arzt-

mehr dauert es stets eine gewisse Zeit bis sich eine neue Methode so durchgesetzt hat, dass sie als Standard gilt – und ebenso bis eine hergebrachte Methode derart überholt wird, dass sie kein Standard mehr ist.[74] War dabei früher im Recht noch häufig vom (begrifflich auf einen bestimmten Zeitpunkt bezogenen) „Stand"[75] die Rede, wird inzwischen der insgesamt beweglichere, entwicklungsoffenere Begriff „Standard" vorgezogen.[76]

Maßgeblich für die (regelmäßig *ex post* erfolgende) rechtliche Beurteilung einer Behandlung kann allerdings nur der Standard zum Zeitpunkt ihrer Durchführung sein, es kommt allein auf die Sicht *ex ante* an.[77] Mehr darf im Nachhinein vom Arzt, in dessen Situation es sich zurückzuversetzen gilt, nicht verlangt werden. Der Patient kann vom Behandelnden nicht mehr erwarten, als ein (vergleichbarer Fach-)Arzt zum damaligen Zeitpunkt überhaupt wissen konnte. Insbesondere muss dieser die zukünftige Entwicklung des medizinischen Standards nicht voraussehen. Der Standard als generalisierte Verhaltensnorm unterliegt mithin grundsätzlich einer Art „Rückwirkungsverbot".[78]

c) Situative Differenzierung (Relativität des Standards) – „in der konkreten Behandlungssituation"

Objektivität und Normativität des Standards schließen situationsbezogene Abstufungen nicht gänzlich aus, gebieten diese vielmehr in gewissen engen Grenzen sogar.[79] Das objektiv erforderliche Behandlungsverhalten lässt sich nun einmal nicht vollkommen abstrakt bestimmen, es knüpft stets an bestimmte Umstände, einen Lebenssachverhalt an. Trotz (oder gerade wegen) seines regelhaften Charakters ist der Standard auch an der konkreten Behandlungssituation ausgerichtet; er

---

haftpflichtrecht, [7]2014, Rn. B 6, 9; *Laufs/Kern*, in: *Laufs/Kern*, Handbuch des Arztrechts, [4]2010, § 97 Rn. 6, 39; *Taupitz*, AcP 211 (2011), 352, 358 f.; *Katzenmeier*, in: FS *G. Müller*, 2009, S. 237, 243; *G. Müller*, MedR 2009, 309, 310; *dies.*, in: FS *Hirsch*, 2008, S. 413, 417; *dies.*, in: FS *E. Lorenz*, 2004, S. 475, 480 f.; *Hart*, JURA 2000, 64, 65; *Francke/Hart*, Charta der Patientenrechte, 1999, S. 32, 44; *dies.*, Ärztliche Verantwortung und Patienteninformation, 1987, S. 39; *Damm*, JZ 1998, 926, 929; *ders.*, NJW 1989, 737, 739 ff.; *Groß*, Ärztlicher Standard, 1997, S. 6 f.; *Kullmann*, VersR 1997, 529, 530.
[74] *Thurn*, in: AG RAe im MedR e. V., Standard-Chaos?, 2015, S. 51, 53.
[75] Zum „Stand der medizinischen Wissenschaft" etwa bereits *Kriele*, NJW 1976, 355.
[76] *Katzenmeier*, in: *Laufs/Katzenmeier/Lipp*, Arztrecht, [7]2015, Kap. X Rn. 6, 13; *Laufs/Kern*, in: *Laufs/Kern*, Handbuch des Arztrechts, [4]2010, § 97 Rn. 3; *Deutsch*, JZ 1997, 1030, 1031, 1032; s. auch *Carstensen*, DÄBl. 1989, A-2431, A-2433.
[77] Vgl. auch BGH NJW 1985, 1392 = MedR 1985, 227; dazu *Frahm/Walter*, Arzthaftungsrecht, [6]2018, Rn. 79; *Geiß/Greiner*, Arzthaftpflichtrecht, [7]2014, Rn. B 9; *Laufs/Kern*, in: *Laufs/Kern*, Handbuch des Arztrechts, [4]2010, § 97 Rn. 10; *v. Pentz*, MedR 2016, 16, 17; *G. Müller*, in: FS *Hirsch*, 2008, S. 413, 416; *Francke/Hart*, Charta der Patientenrechte, 1999, S. 31; *Groß*, Ärztlicher Standard, 1997, S. 3 f.; *Steffen*, MedR 1993, 338; *ders.*, Langenbecks Arch Chir 364 (1984), 287, 290; *Ulsenheimer*, MedR 1992, 127, 128.
[78] Vgl. allg. unter II. 2.; zur Ausnahme (*ex post* zu Gunsten des Arztes) 6. Kap. D. III. 2.
[79] *Deutsch*, JZ 1997, 1030, 1031, 1032, versteht i. Ü. unter der Normativität und Beweglichkeit des Standards gerade seine Anpassung an die gegebenen Möglichkeiten i. R. e. umfassenden Abwägung und Wertung aller Umstände.

ist Vermittlungsbegriff zwischen abstrakter Norm und konkretem Geschehen.[80] Mit anderen Worten ist der Standard insofern relativ.[81] Auch die fachlichen und zeitlichen Differenzierungen hängen letztlich eng mit dieser grundlegenden Eigenschaft (der Relativität des Standards) zusammen.

Ganz grundsätzlich gilt es zu beachten, dass der Arzt bei der Behandlung stets auf einen bestimmten Patienten mit individuellen gesundheitlichen Voraussetzungen und Problemen trifft.[82] Die Situations- und Umstandsabhängigkeit des Standards gebietet es, diese Besonderheiten auf Seiten des Patienten zu berücksichtigen. Der Arzt ist im Einzelfall mit einer konkreten Behandlungsaufgabe konfrontiert, von der der Standard auszugehen hat.[83] Einen allgemeingültigen Standard kann es nicht geben, nur einen Standard für die Behandlung des jeweiligen Patienten.[84] Die Situation des Patienten hängt dabei insbesondere von der Schwere seiner Erkrankung und der Dringlichkeit ihrer Behandlung ab.[85] Auch das Vorliegen eines Notfalls (zunächst nur als Umstand aus der Sphäre des Patienten)[86] verändert daher in Grenzen den Standard.[87] Ob der Standard darüber hinaus

---

[80] Vgl. *Katzenmeier*, in: *Laufs/Katzenmeier/Lipp*, Arztrecht, [7]2015, Kap. X Rn. 8; *Frahm/ Walter*, Arzthaftungsrecht, [6]2018, Rn. 77; *Kifmann/Rosenau*, in: *Möllers*, Standardisierung durch Markt und Recht, 2008, S. 49, 64; *Kullmann*, VersR 1997, 529 f.; bereits *Schreiber*, in: *Nagel/Fuchs*, Leitlinien und Standards im Gesundheitswesen, 1997, S. 167, 168; *ders.*, Langenbecks Arch Chir 364 (1984), 295, 296; s. auch *Marburger*, Die Regeln der Technik im Recht, 1979, S. 313 f.: konkret-optimaler Standard.
[81] *Brüggemeier*, Haftungsrecht, 2006, § 6 D II 1, S. 472 f.; *Schwalm*, in: FS *Bockelmann*, 1979, S. 539, 544.
[82] S. auch *Steffen*, MedR 1993, 338.
[83] Dazu *Pauge/Offenloch*, Arzthaftungsrecht, [14]2018, Rn. 214; *Frahm/Walter*, Arzthaftungsrecht, [6]2018, Rn. 123.
[84] Ausf. zu Standard und Einzelfall 6. Kap. D. I.
[85] Vgl. *Schwalm*, in: FS *Bockelmann*, 1979, S. 539, 544; s. auch *Frahm/Walter*, Arzthaftungsrecht, [6]2018, Rn. 77; *Pauge/Offenloch*, Arzthaftungsrecht, [14]2018, Rn. 214; bereits *Steffen*, Langenbecks Arch Chir 364 (1984), 287, 290: konkrete Risikobedingungen und zeitliche Entscheidungsgrenzen zu beachten.
[86] Anderes gilt, soweit die Notsituation durch Umstände auf Behandlungsseite überhaupt erst hervorgerufen oder weiter verstärkt wird (dazu sogleich). Zum Sonderfall akuter Ressourcenknappheit *Scherer*, Stationäre Krankenhausbehandlung im Spannungsverhältnis zwischen Ökonomisierung und Haftungsrecht, 2007, S. 261 ff.
[87] Zur entspr. fachlichen Differenzierung s. Fn. 67. In Notfällen kommt es dann entscheidend auf eine den Standard gewährleistende vorbereitende Organisation an (bis hin zur rechtzeitigen Verlegung des Patienten, vgl. etwa *Katzenmeier*, in: *Laufs/Katzenmeier/Lipp*, Arztrecht, [7]2015, Kap. X Rn. 19; *Greiner*, in: *Spickhoff*, Medizinrecht, [3]2018, §§ 823 ff. BGB Rn. 27 f.). Nur dort, wo eine neutralisierende Vorsorge nicht möglich ist, kann situationsabhängig ein modifizierter Standard geduldet werden, vgl. *Pauge/Offenloch*, Arzthaftungsrecht, [14]2018, Rn. 169, 214; *Geiß/Greiner*, Arzthaftpflichtrecht, [7]2014, Rn. B 27; *Frahm/Walter*, Arzthaftungsrecht, [6]2018, Rn. 124 f.: Der Standard ist an das in der Eilsituation notwendige und machbare anzupassen, es stellt sich aber stets die Frage nach einem zeitlich vorgelagerten Behandlungs- oder Organisationsfehler. Auch müssen ggf. Maßnahmen nachgeholt werden. S. insg. auch *Deutsch/Spickhoff*, Medizinrecht, [7]2014, Rn. 957 ff., 964; *Diederichsen*, GesR 2011, 257, 258; *G. Müller*, in: FS *Hirsch*, 2008, S. 413, 416; *Francke/Hart*, Charta der Patientenrechte, 1999, S. 31 f.; *Laufs*, in: *Laufs/Kern*, Handbuch

je nach Einbindung des Patienten in das Gesundheitssystem, namentlich abhängig vom Umfang seines Krankenversicherungsschutzes, variieren kann, ist eine folgenreiche Frage, der später noch nachgegangen werden soll.[88]

Neben den Besonderheiten aus der Sphäre des Patienten prägen faktisch auch die (der Sphäre des Behandelnden zuzuordnenden) Rahmenbedingungen des Behandelns die konkrete Behandlungssituation. Die Objektivität des Standards steht der Berücksichtigung derartiger subjektiver Aspekte allerdings wie dargelegt prinzipiell entgegen.[89] Gegenüber individuellen Defiziten muss das Recht situationsfest sein, will es das Vertrauen in die Medizin und ihre Leistungsfähigkeit rechtfertigen. Örtliche Qualitätsgrenzen finden daher keine Berücksichtigung bei der Festlegung des Standards. Nach verbreiteter Auffassung könne anderes jedoch hinsichtlich der (sich jeweils in der konkreten Behandlungssituation manifestierenden) allgemeinen Grenzen des Systems gesundheitlicher Versorgung gelten.[90] Dies soll an anderer Stelle umfassend dargelegt und kritisch hinterfragt werden.[91]

II. Die Ausfüllung unbestimmter Rechtsbegriffe durch den Standard

1. Der Standard als Maßstab der ärztlichen Verkehrspflichtverletzung, des Behandlungsfehlers

Im Rahmen des Anspruchs des Patienten gegen den Arzt aus § 823 Abs. 1 BGB dient der zuvor näher beschriebene (normativ-objektivierte, verschiedentlich differenzierte Facharzt-)Standard erstens als Maßstab für die zentrale Haftungsvoraussetzung, den Behandlungsfehler.[92] Dieser kann als Standardunterschreitung[93] –

---

des Arztrechts, [4]2010, § 17 Rn. 20; *Laufs/Kern*, ebd., § 97 Rn. 33: Dringlichkeit und Zeitmoment sind i. R. d. Umstandsabhängigkeit zu berücksichtigen. Aus der Rspr. etwa BGH NJW 1985, 1392 = MedR 1985, 227.
[88] 4. Teil.
[89] S. o. 1.
[90] *Pauge/Offenloch*, Arzthaftungsrecht, [14]2018, Rn. 170 f.; *Katzenmeier*, in: *Laufs/Katzenmeier/Lipp*, Arztrecht, [7]2015, Kap. X Rn. 20; *Deutsch/Spickhoff*, Medizinrecht, [7]2014, Rn. 376; *Arnade*, Kostendruck und Standard, 2010, S. 185 ff.; *Scherer*, Stationäre Krankenhausbehandlung im Spannungsverhältnis zwischen Ökonomisierung und Haftungsrecht, 2007, S. 247 ff.; *Stöhr*, MedR 2010, 214, 215 f.; *ders.*, in: FS *Hirsch*, 2008, S. 431, 432; *Kifmann/Rosenau*, in: *Möllers*, Standardisierung durch Markt und Recht, 2008, S. 49, 69 f.; *Ulsenheimer/Berg*, in: *Berg/Ulsenheimer*, Patientensicherheit, Arzthaftung, Praxis- und Krankenhausorganisation, 2006, S. 259, 260; bereits *Steffen*, MedR 1993, 338 u. 1995, 190; *ders.*, in: FS *Geiß*, 2000, S. 487, 492 f.
[91] 6. Kap. D. III. 4.
[92] Aus der Rspr. etwa BGH NJW 2015, 1601, 1602 = MedR 2015, 724, 725 = JZ 2015, 573, 574 m. Anm. *Spickhoff*; VersR 2014, 879, 881; bereits NJW 2003, 2311, 2313 = VersR 2003, 1128, 1130 m. Anm. *Walter*: „Das Absehen von einer medizinisch gebotenen Vorgehensweise bedeutet eine Abweichung von dem haftungsrechtlich maßgeblichen Standard eines Facharztes [...] und begründet einen ärztlichen Behandlungsfehler."; s. auch *Katzenmeier*, in: *Laufs/Katzenmeier/Lipp*, Arztrecht, [7]2015, Kap. X Rn. 5 f.; *Frahm/Walter*, Arzthaftungsrecht, [6]2018, Rn. 78; *Francke/Hart*, Charta der Patientenrechte, 1999, S. 34,

52   3. Kap.: Zivilrechtlicher Standardbegriff

genauer: Standardverfehlung (oder -abweichung)[94] – definiert werden. Zur Feststellung, ob im konkreten Fall ein Behandlungsfehler vorliegt, erfolgt eine vergleichende Ist-Soll-Betrachtung. Die tatsächlich durchgeführte ärztliche Behandlung wird den nach medizinischen Regeln in diesem Zeitpunkt angezeigten Maßnahmen gegenübergestellt.[95]

Dogmatisch stellt der Behandlungsfehler letztlich nichts anderes als eine Verkehrspflichtverletzung des Arztes dar. Verkehrspflichten[96] sind allgemeine, von der Rechtsprechung im Rahmen der Haftung nach § 823 Abs. 1 BGB anerkannte Verhaltenspflichten,[97] nach denen derjenige, der eine Gefahrenquelle schafft oder unterhält, alle notwendigen und zumutbaren Vorkehrungen zu treffen hat, um

---

38; *Arnade*, Kostendruck und Standard, 2010, S. 165; *Hart*, MedR 2016, 669, 671; *ders.*, VSSR 2002, 265, 291; *ders.*, JURA 2000, 64; *v. Pentz*, MedR 2016, 16; *dies.*, MedR 2011, 222; *Thurn*, in: AG RAe im MedR e. V., Standard-Chaos?, 2015, S. 51; *G. Müller*, MedR 2009, 309; *dies.*, in: FS *Hirsch*, 2008, S. 413; *dies.*, in: FS *E. Lorenz*, 2004, S. 475, 477; *Kern*, MedR 2004, 300, 301; *Dressler*, in: FS *Geiß*, 2000, S. 379, 380. Vormals auch Kunstfehler – zum Begriff *Kröning*, Kunstfehler, 1974, S. 5 ff.; *Bodenburg*, Kunstfehler, 1983, S. 5 ff.; *Schwalm*, in: FS *Bockelmann*, 1979, S. 539, 541 ff.; *Deutsch*, NJW 1976, 2289, 2291 f.; zum Abschied von dem Begriff *Katzenmeier*, Arzthaftung, 2002, S. 273 ff.; *ders.*, in: *Laufs/Katzenmeier/Lipp*, Arztrecht, [7]2015, Kap. X Rn. 3.
[93] Vgl. *Laufs/Kern*, in: *Laufs/Kern*, Handbuch des Arztrechts, [4]2010, § 97 Rn. 5; *Katzenmeier*, in: *Laufs/Katzenmeier/Lipp*, Arztrecht, [7]2015, Kap. X Rn. 6; *ders.*, MedR 2018, 367, 368; s. auch *Pauge/Offenloch*, Arzthaftungsrecht, [14]2018, Rn. 166, 169; *Brüggemeier*, Haftungsrecht, 2006, § 6 D II 1 u. 2 c, S. 471 f., 478 („Sub-Standard-Verhalten").
[94] Zur Terminologie näher 6. Kap. D. II. 1.
[95] *Katzenmeier*, in: *Laufs/Katzenmeier/Lipp*, Arztrecht, [7]2015, Kap. X Rn. 5.
[96] Gebräuchlich ist auch der ältere Begriff „Verkehrssicherungspflicht". Nach mittlerweile vorherrschendem Verständnis bezieht sich dieser jedoch lediglich auf die besondere Pflicht zur Sicherung eines räumlich-gegenständlichen Gefahrenbereichs. Der Oberbegriff „Verkehrspflichten" geht darüber hinaus und betrifft heute allg. Tätigkeitspflichten im Hinblick auf Gefahrenquellen aller Art, vgl. *Katzenmeier*, in: NK-BGB, [3]2016, § 823 Rn. 124; *Wagner*, in: MüKo-BGB, [7]2017, § 823 Rn. 380; *Kötz/Wagner*, Deliktsrecht, [13]2016, Rn. 125, 171; *Looschelders*, Schuldrecht BT, [14]2019, § 59 Rn. 7; *Larenz/Canaris*, Schuldrecht II/2 BT, [13]1994, § 76 III 1 b, S. 401; *Brüggemeier*, Deliktsrecht, 1986, Rn. 102 ff.; *v. Bar*, Verkehrspflichten, 1980, S. 43 ff.; *ders.*, JuS 1988, 169 f. Ausf. Überlegungen zu einer allg. Dogmatik der Verkehrspflichtverletzung etwa bereits bei *Mertens*, VersR 1980, 397; im Anschluss daran (zugleich krit. bzgl. der in der gerichtlichen Praxis erforderlichen Abwägung zwischen Bestandsschutz und Handlungsfreiheit) *Steffen*, VersR 1980, 409.
[97] Insb. handelt es sich auch nicht um Schutzgesetze i. S. v. § 823 Abs. 2 BGB; vgl. *Wagner*, in: MüKo-BGB, [7]2017, § 823 Rn. 388 f.; *Katzenmeier*, in: NK-BGB, [3]2016, Vor §§ 823 ff. Rn. 14 u. § 823 Rn. 126; *ders.*, AcP 203 (2003), 79, 117; *Larenz/Canaris*, Schuldrecht II/2 BT, [13]1994, § 76 III 2 b, S. 405; *Canaris*, in: FS *Larenz*, 1983, S. 27, 77 ff.; *Brüggemeier*, Deliktsrecht, 1986, Rn. 111; *Schramm*, Der Schutzbereich der Norm im Arzthaftungsrecht, 1992, S. 76 f.; *Weber-Steinhaus*, Ärztliche Berufshaftung als Sonderdeliktsrecht, 1990, S. 12 f.; aus jüngerer Zeit *Spickhoff*, JuS 2016, 865, 870; a. A. etwa *v. Bar*, Verkehrspflichten, 1980, S. 157 ff.; *ders.*, JuS 1988, 169, 171 ff.; s. auch *Deutsch*, Allgemeines Haftungsrecht, [2]1996, Rn. 106; *Bodenburg*, Kunstfehler, 1983, S. 153 ff.; *Larenz*, in: FS *Dölle*, 1963, Bd. 2, S. 169, 189, 193 ff.

A. Der Standard in der deliktischen Arzthaftung   53

Schädigungen anderer zu verhindern.[98] Andere dürfen dementsprechend auf ein pflichtgemäßes Verhalten des Verpflichteten vertrauen. Ihre Begründung finden die Verkehrspflichten im Gedanken der Gefahrschaffung oder -unterhaltung, der Gefahrbeherrschung, aber auch des Vertrauensschutzes; der beruflich Verpflichtete zieht in der Regel Vorteile aus der Gefahr und soll daher auch mit ihren Risiken belastet werden.[99] Ging es ursprünglich noch darum, Handlungsgebote bei Unterlassen herzuleiten, haben sich die Verkehrspflichten immer mehr zu Handlungsverboten oder Handlungsgrenzen auch bei aktivem Tun entwickelt.[100]

Inhalt, Umfang und Intensität der Verkehrspflicht lassen sich dabei nur im Rahmen einer Abwägung zwischen der Handlungsfreiheit des Schädigers und den Schutzinteressen des Geschädigten unter Berücksichtigung der Verkehrserwartungen in der konkreten Gefahrenlage ermitteln; der Grad der Gefahr und die Wahrscheinlichkeit des Schadenseintritts, der drohende Schaden und der zur Vermeidung seines Eintritts erforderliche Aufwand sind in Relation zu setzen.[101] Abzustellen ist auf das objektiv notwendige oder erforderliche Verhalten, begrenzt durch das (gegebenenfalls auch wirtschaftlich)[102] Mögliche und Zumutbare. Es sind die Vorkehrungen zu treffen, die ein verständiger, umsichtiger, in vernünftigen Grenzen vorsichtiger Angehöriger des betroffenen Verkehrskreises für ausreichend halten darf, um andere Personen vor Schäden zu bewahren, und die ihm den Umständen nach zuzumuten sind.[103]

Eine klassische Fallgruppe, in der sich Verkehrspflichten ergeben können, ist die Übernahme einer bestimmten gefahrträchtigen Aufgabe,[104] insbesondere bei Ausübung einer Tätigkeit oder eines Berufs (Berufspflichten mit entsprechender Berufshaftung).[105] Bereits 1921 entschied das RG: „Es gibt keine allgemeine

---

[98] Vgl. z. B. BGHZ 5, 378, 380 f. = NJW 1952, 1050, 1051; BGHZ 14, 83, 85; 65, 221, 224 = NJW 1976, 291, 292; 1975, 108; 1985, 1773, 1774; 1990, 1236; 1996, 3208, 3209; 2004, 1449, 1450; 2006, 610, 611; 2006, 2326; 2007, 762, 763.
[99] Vgl. insg. *Larenz/Canaris*, Schuldrecht II/2 BT, [13]1994, § 76 III 3 b, S. 410; *Looschelders*, Schuldrecht BT, [14]2019, § 59 Rn. 6; *Raab*, JuS 2002, 1041, 1044 f.; hierzu und zum Folgenden auch *v. Bar*, Verkehrspflichten, 1980, S. 112 ff.; *ders.*, JuS 1988, 169, 170 f.
[100] Vgl. *v. Bar*, Verkehrspflichten, 1980, S. 61 ff.
[101] *Katzenmeier*, in: NK-BGB, [3]2016, § 823 Rn. 135; *Looschelders*, Schuldrecht BT, [14]2019, § 59 Rn. 10; *Larenz/Canaris*, Schuldrecht II/2 BT, [13]1994, § 76 III 4 b, S. 414; *Mertens*, VersR 1980, 397, 401 ff.; *Edenfeld*, VersR 2002, 272, 273 ff.; *Raab*, JuS 2002, 1041, 1043 f.; *Spickhoff*, JuS 2016, 865, 870.
[102] Vgl. nur *Wagner*, in: MüKo-BGB, [7]2017, § 823 Rn. 399; *Katzenmeier*, in: NK-BGB, [3]2016, § 823 Rn. 137; näher 7. Kap. A. II. 2.
[103] Vgl. z. B. BGH NJW 1990, 1236, 1237; 2004, 1449, 1450; 2006, 610, 611; 2006, 2326; 2007, 762, 763; ausf. *Wagner*, in: MüKo-BGB, [7]2017, § 823 Rn. 421 ff.; *Kötz/Wagner*, Deliktsrecht, [13]2016, Rn. 183 ff.
[104] *Larenz/Canaris*, Schuldrecht II/2 BT, [13]1994, § 76 III 1 b, S. 401 u. 3 b, S. 408 f.: Übernahmehaftung; abl. ggü. einem eigenständigen pflichtenbegründenden Haftungstatbestand der Berufshaftung; Professionalität wirke lediglich pflichtenverstärkend; ebenso *Canaris*, in: FS *Larenz*, 1983, S. 27, 83; noch weiter (und damit letztlich zu allg.) *Kötz/Wagner*, Deliktsrecht, [13]2016, Rn. 179: Verhaltensgefahren.
[105] Vgl. *Katzenmeier*, in: NK-BGB, [3]2016, § 823 Rn. 132; *ders.*, Arzthaftung, 2002, S. 165 f.; *Looschelders*, Schuldrecht BT, [14]2019, § 59 Rn. 8; *v. Bar*, Verkehrspflichten,

Rechtspflicht für jedermann dahin, gegen die Gefährdung fremder Gesundheit tätig zu sein. [...] Anders derjenige, der, indem er eine damit in gewissem Zusammenhang stehende Berufstätigkeit ausübt, und sich dafür dem Publikum anbietet, eine Verantwortung dafür übernimmt, daß da, wo von seinen Diensten Gebrauch gemacht wird, ein geordneter Verlauf der Dinge gewährleistet ist. Durch eine Berufsbetätigung oder einen Gewerbebetrieb dieser Art werden solche besonders gearteten allgemeinen Rechtspflichten erzeugt, die man in einem umfassenden Sinne Verkehrspflichten nennen kann."[106] Wer in eine derartige Gefährderrolle schlüpft, muss deshalb deren Programm, deren Standard einhalten; „Deliktshaftung, gerade wo sie Berufshaftung ist, hat Qualitätsdefizite im Standard auszugleichen".[107]

Verkehrspflicht des Arztberufs ist es vor diesem Hintergrund, keine Behandlungsfehler zu begehen und sich dem Medizinischen Standard gemäß zu verhalten.[108] Hierauf darf der Patient vertrauen, denn der Arzt bietet seine Kenntnisse und Fertigkeiten freiwillig der Öffentlichkeit an. Die tatsächliche Übernahme der Behandlung durch den Arzt führt zu einer Garantenstellung gegenüber dem Patienten, die entsprechende Verhaltenspflichten mit sich bringt.[109] Aus der Verletzung dieser spezifischen Berufspflichten ergibt sich der Behandlungsfehler.[110] Der Arzt muss folglich alle ihm möglichen und zumutbaren Vorkehrungen treffen, um

---

1980, S. 49 ff. *Brüggemeier*, Deliktsrecht, 1986, Rn. 105 (zur Arzthaftung zusätzlich Rn. 634 ff.), unterscheidet schutzobjekt- und subjektbezogene Verkehrspflichten. Erstere betreffen den Schutz bestimmter privater Interessen vor unbestimmten Gefahren, letztere die Schutzpflichten bestimmter Professionen ggü. den unbestimmten durch sie sozialtypisch Gefährdeten. Die Pflicht des Arztes zur fehlerfreien Behandlung des Patienten ist demnach eine subjektbezogene Verkehrspflicht der Angehörigen des (freien) Arztberufs im Rahmen ihrer Berufshaftung.

[106] RGZ 102, 372, 374 f.; s. auch 102, 38, 41 ff.

[107] *Steffen*, ZVersWiss 1993, 13, 21.

[108] Ausf. zur ärztlichen Kunstregel als Verkehrspflichttatbestand bereits *Bodenburg*, Kunstfehler, 1983, S. 123 ff.; s. auch *Hart*, in: *Hart*, Ärztliche Leitlinien im Medizin- und Gesundheitsrecht, 2005, S. 85, 99 u. 23, 62; *ders.*, in: *Hart*, Klinische Leitlinien und Recht, 2005, S. 81, 96; *ders.*, in: *Hart*, Ärztliche Leitlinien, 2000, S. 137, 143; *ders.*, in: FS *Heinrichs*, 1998, S. 291, 308; überdies *Edenfeld*, VersR 2002, 272, 273; *Deutsch*, NJW 1993, 1506, 1508; *v. Bar*, Verkehrspflichten, 1980, S. 50; zudem auf S. 282: „Überwiegende Gründe sprechen dafür, den Verstoß eines Arztes gegen die lex artis, verstanden als anerkannte Standardmaßnahme, als Verkehrspflichttatbestand zu fassen." Zur Herausbildung von Standards ärztlicher Berufsausübung über die Statuierung von Verkehrspflichten *Katzenmeier*, Arzthaftung, 2002, S. 166 f.; s. auch *ders.*, in: NK-BGB, [3]2016, § 823 Rn. 142; *ders.*, in: BeckOK-BGB, [50]2019, § 630a Rn. 103; zu standardgem. Verhalten als Verkehrspflicht im Kontext technischer Standards *Marburger*, Die Regeln der Technik im Recht, 1979, S. 442 ff.; *Müller-Foell*, Bedeutung technischer Normen, 1987, S. 27 ff.; allg. zu beruflichen Standards und Verkehrspflichten *Schiemann*, in: FS *Gernhuber*, 1993, S. 387, 389 ff., 393.

[109] Vgl. BGH NJW 1979, 1248, 1249; 1989, 767, 768 m. Anm. *Deutsch*; s. auch *Brüggemeier*, Deliktsrecht, 1986, Rn. 634, 662; *ders.*, Haftungsrecht, 2006, § 6 D II 2 e, S. 480; *Frahm/Walter*, Arzthaftungsrecht, [6]2018, Rn. 76; *Pauge/Offenloch*, Arzthaftungsrecht, [14]2018, Rn. 114.

[110] *Frahm/Walter*, Arzthaftungsrecht, [6]2018, Rn. 75, 77 (vermischt mit dem Verschulden).

die Heilung des Patienten zu fördern und ihn nicht weiter zu schädigen. Er muss die Rechtsgüter des Patienten vor erkennbaren und vermeidbaren Gefahren schützen.[111] Diese Pflicht erfüllt er grundsätzlich dann, wenn er den Standard wahrt.

Die Verbindung zu den Verkehrspflichten erklärt dabei auch die besonderen Charakteristika und Differenzierungen des Standards. Die Differenzierung nach Facharztgebieten präzisiert den einschlägigen Verkehrskreis. Objektivität und Normativität sind im Verkehrskreisbezug, im Vertrauensgrundsatz und in der Frage nach dem zum Schutze anderer notwendigen Verhalten bereits angelegt. Losgelöst von der konkreten Situation lässt sich das objektiv erforderliche Verhalten freilich nicht ermitteln. Die situativen Differenzierungen ergeben sich insbesondere aus den Kriterien der Möglichkeit und Zumutbarkeit für den Verpflichteten. Im Ergebnis sind die von Rechtsprechung und Literatur im Arzthaftungsrecht entwickelten Grundsätze zur Ausfüllung des Standardbegriffs damit ein besonderer Fall der allgemein-deliktsrechtlichen Verkehrspflichtdogmatik, auf diese rückführbar und mit ihr kompatibel.

2. Der Standard als Maßstab der im Verkehr erforderlichen Sorgfalt bei objektiviertem Fahrlässigkeitsbegriff

Zweitens dient der Standard im Rahmen der Verschuldenshaftung des § 823 Abs. 1 BGB aber auch als Sorgfaltsmaßstab.[112] Standard und (verkehrserforderliche) Sorgfalt korrespondieren und fallen begrifflich zusammen.[113] Insofern ist auch von „Sorgfaltsstandard" die Rede.[114] In der Arzthaftung wird die Verschuldensform der Fahrlässigkeit durch den Vermittlungsbegriff des Standards konkretisiert.[115]

---

[111] Vgl. *Hart*, JURA 2000, 64, 65; s. auch *Kleinewefers*, VersR 1992, 1425, 1426.
[112] So ausdr. BGH NJW 1999, 1778, 1779: „Nach § 276 BGB schuldet der Arzt dem Patienten vertraglich wie deliktisch die im Verkehr erforderliche Sorgfalt. Diese bestimmt sich nach dem medizinischen Standard des jeweiligen Fachgebiets."; ebenso BGH NJW 1995, 776, 777 = MedR 1995, 276, 277; dazu *Frahm/Walter*, Arzthaftungsrecht, ⁶2018, Rn. 78; *Arnade*, Kostendruck und Standard, 2010, S. 168; *Stöhr*, MedR 2010, 214; *ders.*, in: FS *Hirsch*, 2008, S. 431; *Walter*, GesR 2003, 165 f.; *Hart*, VSSR 2002, 265, 291; *Francke/Hart*, Charta der Patientenrechte, 1999, S. 21; *Groß*, Ärztlicher Standard, 1997, S. 1 f., 5; *Kullmann*, VersR 1997, 529, 530; *Deutsch*, VersR 1982, 305; s. auch *Laufs*, Berufsfreiheit und Persönlichkeitsschutz im Arztrecht, 1982, S. 8; *ders.*, Medizin und Recht im Zeichen des technischen Fortschritts, 1971, S. 27; *ders.*, in: *Nagel/Fuchs*, Soziale Gerechtigkeit im Gesundheitswesen, 1993, S. 290, 293; *ders.*, in: FS *Jayme*, 2004, S. 1501, 1510; *ders.*, in: *Laufs/Kern*, Handbuch des Arztrechts, ⁴2010, § 3 Rn. 17; *Laufs/Kern*, ebd., § 97 Rn. 3 f.
[113] *Deutsch*, JZ 1997, 1030, 1032.
[114] Vgl. allg. *Deutsch*, Allgemeines Haftungsrecht, ²1996, Rn. 381; *ders.*, Fahrlässigkeit und erforderliche Sorgfalt, ²1995, S. 128 ff.; *Brüggemeier*, Haftungsrecht, 2006, § 2 B II 1 b, S. 57 ff.; *Frahm/Walter*, Arzthaftungsrecht, ⁶2018, Rn. 77; monographisch *Walter*, Spezialisierung und Sorgfaltsstandard, 2004; ähnlich *Steffen*, ZVersWiss 1993, 13, 18 ff.; zudem *Carstensen*, DÄBl. 1989, A-2431, A-2433.
[115] *Katzenmeier*, in: *Laufs/Katzenmeier/Lipp*, Arztrecht, ⁷2015, Kap. X Rn. 8; *Schreiber*, in: *Nagel/Fuchs*, Leitlinien und Standards im Gesundheitswesen, 1997, S. 167; *ders.*, Langenbecks Arch Chir 364 (1984), 295; entspr. bzgl. technischer Standards *Marburger*, Die

Gemäß § 276 Abs. 2 BGB handelt fahrlässig, wer die im Verkehr erforderliche Sorgfalt außer Acht lässt.[116] Anders als im Strafrecht[117] wird dadurch kein subjektiv-individueller, sondern ein objektiv-typisierter oder objektivierter, rollen- oder gruppenbezogener Sorgfaltsmaßstab angelegt. Zu gewährleisten ist, was von einem durchschnittlichen Anforderungen entsprechenden Angehörigen des jeweiligen Verkehrskreises in der jeweiligen Situation *ex ante* erwartet werden kann.[118] Die Verschuldensprüfung wird von der Einzelpersönlichkeit abstrahiert, gleichsam vom Indikativ in den Konjunktiv übersetzt.[119] Abzustellen ist auf den Standard des einschlägigen (allgemeinen/besonderen) Verkehrskreises.[120] Ist der Verkehrskreis eine besondere fachlich qualifizierte (Berufs-)Gruppe, wie zum Beispiel die der Ärzte, lässt sich auch insoweit von Berufshaftung sprechen.[121] Wiederum spielen Verkehrserwartungen und damit der Vertrauensgrundsatz eine entscheidende Rolle.[122] Die Objektivierung erfolgt aus der Perspektive des Geschädigten.[123]

Durch das Merkmal der Erforderlichkeit wird die Sorgfalt normativ ausgerichtet;[124] der Verweis auf den Verkehr gewährleistet den Sozialbezug.[125] Beide Merkmale sind dabei zugleich aufeinander bezogen. Durch die Kombination von Erforderlichkeit und Verkehrs(kreis)bezug werden überzogene Anforderungen vermieden, aber auch die Berücksichtigung eines „eingerissenen Schlendrians" ausgeschlossen und der Möglichkeit Rechnung getragen, dass es noch gar keine Verkehrsübung gibt.[126]

Regeln der Technik im Recht, 1979, S. 441 f.; *Müller-Foell*, Bedeutung technischer Normen, 1987, S. 26 f.
[116] Allg. zur Sorgfalt als Rechtsbegriff *Deutsch*, in: FS *E. Lorenz*, 2014, S. 575; *ders.*, in: FS *Henckel*, 2015, S. 41, 46 f.
[117] S. o. Fn. 30.
[118] Vgl. statt vieler BGH NJW 1988, 909; im Detail *Grundmann*, in: MüKo-BGB, ⁷2016, § 276 Rn. 54 ff. m. w. N. (zur Arzthaftung sodann Rn. 110 ff.); s. auch *Dauner-Lieb*, in: NK-BGB, ³2016, § 276 Rn. 13 f.; *Looschelders*, Schuldrecht AT, ¹⁶2018, § 23 Rn. 9 ff.; *Deutsch*, Allgemeines Haftungsrecht, ²1996, Rn. 399 f., 403 ff.; *Spickhoff*, JuS 2016, 865, 871; *Kifmann/Rosenau*, in: *Möllers*, Standardisierung durch Markt und Recht, 2008, S. 49, 63 ff.; *Schreiber*, in: *Nagel/Fuchs*, Leitlinien und Standards im Gesundheitswesen, 1997, S. 167.
[119] *Katzenmeier*, Arzthaftung, 2002, S. 160 f.
[120] Ausf. zur Verkehrskreisbildung *Deutsch*, Fahrlässigkeit und erforderliche Sorgfalt, ²1995, S. 128 ff.; krit. Auseinandersetzung im Kontext der Spezialisierung bei *Walter*, Spezialisierung und Sorgfaltsstandard, 2004, S. 65 ff., 251 ff.
[121] Vgl. etwa *Spickhoff*, in: *Spickhoff*, Medizinrecht, ³2018, § 276 BGB Rn. 12; *Frahm/Walter*, Arzthaftungsrecht, ⁶2018, Rn. 77.
[122] *Katzenmeier*, Arzthaftung, 2002, S. 161.
[123] *Laufs*, in: FS *Gernhuber*, 1993, S. 245, 252; *ders.*, in: *Laufs et al.*, Die Entwicklung der Arzthaftung, 1997, S. 1, 8 f.
[124] S. auch *Deutsch*, JZ 1997, 1030, 1032: Sie ist Ergebnis einer wertenden Abwägung von Handlungsfreiheit und Gefahr für Dritte.
[125] *Spickhoff*, in: *Spickhoff*, Medizinrecht, ³2018, § 276 BGB Rn. 11, 14 f.; *Deutsch*, in: FS *E. Lorenz*, 2014, S. 575, 581; *ders.*, VersR 2012, 1193, 1196; *ders.*, NJW 1993, 1506, 1508; *ders.*, in: FS *Keller*, 1989, S. 105, 112; *ders.*, NJW 1976, 2289.
[126] *Deutsch*, Allgemeines Haftungsrecht, ²1996, Rn. 377; *ders.*, Fahrlässigkeit und erforderliche Sorgfalt, ²1995, S. 117.

Sorgfaltsstandards können dabei im Übrigen unterschiedliche Generalisierungsstufen aufweisen – je nachdem, ob die konkrete Situation typischerweise häufiger auftritt, wie es etwa bei regelmäßig ausgeübten Tätigkeiten im Rahmen von Berufen der Fall ist, die entsprechend reglementiert sind. Bei generalisierten Sorgfaltsstandards stellen sich dann insofern rechtssatzähnliche Probleme, als bei nachträglicher Veränderung der dynamischen Sorgfaltsanforderungen ein Rückwirkungsverbot zu beachten und für die Haftung auf den Zeitpunkt des haftungsbegründenden Verhaltens abzustellen ist.[127]

Trotz ihrer Typisierung bleibt die Sorgfalt dem Grunde nach personal ausgerichtet.[128] Erst die Festlegung des Sorgfaltsstandards ermöglicht die Beurteilung eines Verletzungsverhaltens als fahrlässig. Letztere erfolgt aber nicht völlig abstrakt, sondern für eine konkret zu rekonstruierende Fallsituation. Die Idealperson des Haftungsrechts kann nur der Ausgangspunkt sein, ihr Verhalten muss in die konkrete Situation übertragen werden. Zu ermitteln ist im Rahmen einer normativwertenden Betrachtung das von Rechts wegen unter den gegebenen Umständen erforderliche Verhalten, für das das übliche und gebräuchliche allenfalls ein Anhaltspunkt sein kann.

Subjektive Eigenschaften des individuellen Akteurs sind grundsätzlich außer Acht zu lassen. Wer aus persönlichen Gründen hinter dem Verkehrserforderlichen zurückbleibt, wird nicht entlastet, sondern hat zusätzliche Vorkehrungen zu treffen, dass es nicht zu Schadensfällen kommt. Gewährleistet er dies nicht, übernimmt aber dennoch seine Rolle, haftet er bereits wegen Übernahmeverschuldens.[129] Der Verschuldensvorwurf lässt sich insoweit auf unterschiedliche Zeitpunkte beziehen.[130] Das Übernahmeverschulden erspart dadurch gegebenenfalls den Nachweis eines bestimmten (daraus resultierenden) Verschuldens bei der Ausführung der Tätigkeit. Letztlich baut der objektiv-typisierte (Gruppen-) Fahrlässigkeitsbegriff allgemein auf dem Gedanken des Übernahmeverschuldens auf.[131] Angeknüpft wird stets an das mit der objektiven Übernahme einer Aufgabe verbundene Auftreten im Verkehrskreis und an die sich daraus ergebenden Verkehrserwartungen.[132]

Der vom Arzt einzuhaltende Sorgfaltsstandard entspricht damit im Ergebnis dem des allgemeinen Deliktsrechts.[133] Auch im Arzthaftungsrecht ist der objektivierte Fahrlässigkeitsbegriff maßgeblich.[134] Der allgemein-deliktsrechtliche Fahr-

---

[127] *Brüggemeier*, Haftungsrecht, 2006, § 2 B II 2 b, S. 73.
[128] *Deutsch*, Allgemeines Haftungsrecht, ²1996, Rn. 396 ff.
[129] S. insg. *Brüggemeier*, Haftungsrecht, 2006, § 2 B II 1 b, S. 57 ff.
[130] *Deutsch*, Fahrlässigkeit und erforderliche Sorgfalt, ²1995, S. 110 ff.; ders., Allgemeines Haftungsrecht, ²1996, Rn. 393 f.
[131] *Deutsch*, in: FS *Henckel*, 2015, S. 41, 48 ff.; ders., in: FS *E. Lorenz*, 2014, S. 575, 585; ders., VersR 2012, 1193, 1195; ders., NJW 1993, 1506, 1508; ders., VersR 1977, 101, 104.
[132] *Deutsch*, Fahrlässigkeit und erforderliche Sorgfalt, ²1995, S. 131 ff., 137 ff.; s. insg. *Deutsch/Spickhoff*, in: *Spickhoff*, Medizinrecht, ³2018, Einl. Rn. 33 ff.; *Spickhoff*, ebd., § 276 BGB Rn. 15.
[133] *Wagner*, in: MüKo-BGB, ⁶2013, § 823 Rn. 776 (ff. im Detail).
[134] BGHZ 198, 237, 240 f. m. Anm. *Katzenmeier*, LMK 2014, 355655 = NJW 2013, 3654, 3656 = MedR 2014, 302, 303 m. Anm. *Walter*; BGH NJW 2003, 2311, 2313 = VersR

lässigkeitsbegriff stimmt mit der eingangs erläuterten Konzeption des Medizinischen Standards im Arzthaftungsrecht weitgehend überein. Der zivilrechtliche Standardbegriff wird geprägt durch den Sorgfaltsmaßstab des § 276 Abs. 2 BGB.[135] Der Standard präzisiert und definiert umgekehrt die im Verkehr erforderliche Sorgfalt und damit bei ihrer Außerachtlassung die Fahrlässigkeit.

III. Pflichtwidrigkeit und Verschulden: Dogmatische Grundlagen und Konsequenzen ihrer Anwendung im standardbezogenen Arzthaftungsrecht

§ 823 Abs. 1 BGB wird – nicht zuletzt angesichts der Unbestimmtheit der Begriffe der „fahrlässigen, widerrechtlichen Verletzung" – auch als eine „kleine Generalklausel" bezeichnet.[136] Der Medizinische Standard konkretisiert diese Generalklausel im Bereich der Arzthaftung in zweierlei Hinsicht: Einerseits setzt eine widerrechtliche Verletzung von Körper- oder Gesundheit einen Behandlungsfehler als Verkehrspflichtverletzung und damit eine Standardverfehlung voraus, andererseits handelt fahrlässig, wer den Standard als im Verkehr erforderliche Sorgfalt außer Acht lässt. Dieses zuvor herausgearbeitete Verständnis ist heute in der Literatur weitgehend anerkannt und wird auch von der Rechtsprechung in ihren Entscheidungen zu Grunde gelegt, wenn auch die Haftungsebenen regelmäßig nicht konsequent unterschieden, Behandlungsfehler und Fahrlässigkeit nicht auseinandergehalten werden.[137] Oftmals wird die Haftung des Arztes pauschal mit der Verletzung des Medizinischen Standards begründet, ohne diesen in den traditionellen deliktsrechtlichen Haftungsvoraussetzungen genau zu verorten. Nicht nur, aber gerade im Arzthaftungsrecht ist eine Indifferenz gegenüber der Unterscheidung von Verschulden und Pflichtwidrigkeit (also der Verletzung von Verhaltenspflichten, heute regelmäßig in Form von Verkehrspflichten) weit verbreitet,[138] die in häufig anzutreffenden Mischbegriffen wie „Sorgfaltspflichten" gipfelt.[139]

2003, 1128, 1130 m. Anm. *Walter*; NJW 2001, 1786 = MDR 2001, 565 m. Anm. *Gehrlein*; BGHZ 144, 296, 305 f. = NJW 2000, 2737, 2740 = MedR 2001, 197, 199; *Bodenburg*, Kunstfehler, 1983, S. 115 ff.; *G. Müller*, in: FS *E. Lorenz*, 2004, S. 475, 479; *dies.*, in: FS *Hirsch*, 2008, S. 413, 415; *dies.*, MedR 2009, 309, 310; *Frahm*, GesR 2005, 529, 530; *v. Pentz*, MedR 2016, 16, 19.

[135] Vgl. *Kullmann*, VersR 1997, 529; s. auch *Walter*, GesR 2003, 165 f.
[136] So *Larenz/Canaris*, Schuldrecht II/2 BT, [13]1994, § 75 I 3 a, S. 355 u. § 76 III, S. 399 f.; *Canaris*, in: FS *Larenz*, 1983, S. 27, 35; *ders.*, VersR 2005, 577, 581.
[137] Vgl. insofern auch *Deutsch*, in: FS *v. Caemmerer*, 1978, S. 329, 331: „Mögen wir auch sonst beim Haftungsgrund aus wissenschaftlichen und didaktischen Gründen in Tatbestand, Rechtswidrigkeit und Verschulden untergliedern […], so genügt es [im Arzthaftungsrecht] […], von fahrlässiger Fehlbehandlung zu sprechen. Die rechtswidrige Verletzung […] wird dabei stillschweigend bereits vorausgesetzt."
[138] Vgl. etwa BGH NJW 1989, 771 = MedR 1988, 308; aus der Lit. z. B. *Uhlenbruck/Laufs*, in: *Laufs/Uhlenbruck*, Handbuch des Arztrechts, [3]2002, § 44 Rn. 6; *Laufs/Kern*, in: *Laufs/Kern*, Handbuch des Arztrechts, [4]2010, § 97 Rn. 5, 7: Behandlungsfehler als „schuldhafte Standardunterschreitung"; ähnlich *Frahm/Walter*, Arzthaftungsrecht, [6]2018, Rn. 75, 77 f.; s. auch *Geiß/Greiner*, Arzthaftpflichtrecht, [7]2014, Rn. B 213, zum „Behandlungsverschul-

A. Der Standard in der deliktischen Arzthaftung 59

Diese Konfusion entsteht gewiss im Ergebnis aus verständlichen Gründen. Denn ein (vermeintlich) doppelter Standardbezug ist mit der hergebrachten Struktur des § 823 Abs. 1 BGB nicht vereinbar, vielmehr Ausdruck tiefgreifender Strukturveränderungen. Zur Darstellung der Bedeutung und Funktion des Medizinischen Standards ist es daher unumgänglich, sich mit einigen dogmatischen Grundsatzfragen des allgemeinen Deliktsrechts auseinanderzusetzen, um dadurch zu einer eindeutigen und einheitlichen Rolle des Standards im Arzthaftungsrecht zu gelangen. Hierfür müssen die Begriffe der Pflichtwidrigkeit, Rechtswidrigkeit und Fahrlässigkeit kompatibilisiert werden.[140] Es stellt sich die Frage, welche Konsequenzen der doppelte Standardbezug für das Grundverständnis der Voraussetzungen des § 823 Abs. 1 BGB im Arzthaftungsrecht hat – oder umgekehrt, welches Verständnis von Pflichtwidrigkeit und Verschulden einem doppelten Standardbezug zu Grunde liegt.

Zur Beantwortung dieser Frage muss zunächst die Rolle der (objektiven) ärztlichen Pflichtwidrigkeit[141] in ihrer konkreten Gestalt als Behandlungsfehler im Rahmen des § 823 Abs. 1 BGB für das Arzthaftungsrecht näher bestimmt werden (1.). Zuvor lässt sich ihr Verhältnis zum Verschulden nicht darstellen. Wird der Behandlungsfehler richtigerweise auf der Basis einer Verhaltensunrechtskonzeption als zentrales Unrechtsmerkmal eingeordnet, ist sodann fraglich, ob daneben durch den erneuten Standardbezug der Fahrlässigkeit noch von einer echten Verschuldensprüfung im Arzthaftungsrecht die Rede sein kann. Zu klären ist, ob letztlich überhaupt ein Unterschied zwischen Behandlungsfehler und Fahrlässigkeit, zwischen Verkehrspflicht und im Verkehr erforderlicher Sorgfalt besteht, welche eigenständige Bedeutung also dem Verschuldenserfordernis neben der Voraussetzung der Pflichtwidrigkeit noch verbleibt (2.).[142]

Im Ausgangspunkt ist dabei festzuhalten, dass das geltende Arzthaftungsrecht durch seinen doppelten Standardbezug *de facto* bereits nicht mehr zwischen Pflicht- und Sorgfaltswidrigkeit differenziert (2. a.). Beachtliche Stimmen in der Literatur sehen darin jedoch eine unangemessene Einschränkung des Verschuldensprinzips, auf dem die Haftung nach § 823 Abs. 1 BGB basiert (2. b.). Es gilt zu klären, ob diese Stimmen mit ihrer Einschätzung richtig liegen und welche Konsequenzen daraus zu ziehen sind (2. c./d.). Das hier erzielte Ergebnis ist dabei schlussendlich mit einer Abkehr von der herkömmlichen Körperverletzungsdoktrin verbunden (3.). Diese Arbeit kann und will sich im Übrigen über die fest-

---

den" sowie *Giesen*, Arzthaftungsrecht, ⁴1995, Rn. 4, 68 ff., 99 ff., der von Sorgfaltspflichten spricht und den Behandlungsfehler über die Außerachtlassung der erforderlichen Sorgfalt definiert; zudem *Hart*, MedR 1998, 8, 13: „Die Abweichung vom medizinischen Standard ist grundsätzlich ein Behandlungsfehler, weil dieser die erforderliche Sorgfalt festlegt."; *Steffen*, ZVersWiss 1993, 13, 18: „Sorgfaltsstandards der Verkehrspflichten".
[139] Krit. ggü. diesem Begriff etwa *v. Bar*, Verkehrspflichten, 1980, S. 173 f., Fn. 196 m. w. N.; *Deutsch*, JZ 2002, 588, 591; *Walter*, Spezialisierung und Sorgfaltsstandard, 2004, S. 101 ff.
[140] Vgl. *Brüggemeier*, Haftungsrecht, 2006, § 2 B I, S. 42.
[141] Vgl. zur Terminologie *Bodenburg*, Kunstfehler, 1983, S. 9 f.
[142] Vgl. insofern auch *Arnade*, Kostendruck und Standard, 2010, S. 169 ff.; bereits *Kröning*, Kunstfehler, 1974, S. 66 ff.; *Bodenburg*, Kunstfehler, 1983, S. 113 ff.

gestellten Ergebnisse (4.) hinaus nicht an einer umfassenden Lösung der verschiedenen, hier nur einleitend vereinfacht angedeuteten, seit Mitte des 20. Jahrhunderts vielfach ausführlich diskutierten, weiterhin zutiefst umstrittenen Grundsatzfragen für das gesamte Deliktsrecht versuchen, sondern setzt sich mit der allgemein-deliktsrechtlichen Dogmatik ausschließlich im Kontext der besonderen Fragen des Arzthaftungsrechts – namentlich der Einordnung des Medizinischen Standards in die Struktur der ärztlichen Behandlungsfehlerhaftung – auseinander.

1. Die Pflichtwidrigkeit als ungeschriebenes Haftungsmerkmal

Nach klassischer, vorherrschender, im Wortlaut angelegter Konzeption setzt § 823 Abs. 1 BGB im Haftungsgrund einen dreistufigen Deliktsaufbau aus Tatbestand, Rechtswidrigkeit und Verschulden voraus.[143] Diese Voraussetzungen sind also grundsätzlich zu trennen, dabei freilich aufeinander bezogen.[144] Das Merkmal der Pflichtwidrigkeit ist hingegen dem Wortlaut der Norm nicht ohne Weiteres zu entnehmen. Grundlegend ist daher zunächst zu klären, ob, wann und warum die Pflichtwidrigkeit, die Verkehrspflichtverletzung, der Behandlungsfehler und damit der Medizinische Standard überhaupt Voraussetzung des (nach traditioneller Vorstellung vom Verschulden zu trennenden, aus Tatbestand und Rechtswidrigkeit bestehenden) Unrechtstatbestands, also des tatbestandsmäßig-rechtswidrigen Verletzungsverhaltens ist.

a) Die Verhaltensunrechtskonzeption des modernen Deliktsrechts

Zwar wird dem Arzthaftungsrecht häufig ein Status als „Sonderdeliktsrecht"[145] zugeschrieben, tatsächlich wirken aber auch hier die allgemein-deliktsrechtlichen Grundstrukturen umfassend fort.[146] So baut die Frage nach der Rolle des Behandlungsfehlers auf dem klassischen Streit zwischen Verhaltens- und Erfolgsunrechtslehre[147] über die Unrechtskonzeption des § 823 Abs. 1 BGB[148] auf. Verhaltens-

---

[143] *Katzenmeier*, in: NK-BGB, ³2016, § 823 Rn. 5 ff.; *Wagner*, in: MüKo-BGB, ⁷2017, § 823 Rn. 1 ff.; *Looschelders*, Schuldrecht BT, ¹⁴2019, § 59 Rn. 1; *Schmidt/Brüggemeier*, GK Zivilrecht, ⁷2006, Rn. 778, 784 ff.; *Larenz/Canaris*, Schuldrecht II/2 BT, ¹³1994, § 75 II 2, S. 362 ff. u. § 75 II 4, S. 370 f.; *Deutsch*, Fahrlässigkeit und erforderliche Sorgfalt, ²1995, S. 59 ff., 181 f., 438 ff.; *ders.*, in: FS *Weber*, 1975, S. 125, 128 ff.; *Spickhoff*, JuS 2016, 865 f.; zur Frage der Verortung des Medizinischen Standards in § 823 Abs. 1 BGB in diesem Zusammenhang bereits *Marburger*, Die Regeln der Technik im Recht, 1979, S. 310 f., der die unterschiedlichen Perspektiven zusammenfassend darstellt, sodann zutreffend anmerkt, dass die „Regeln der ärztlichen Kunst" auf allen drei Stufen des klassischen deliktischen Tatbestands eine Rolle spielen, sich freilich keine eigene Stellungnahme erlaubt oder gar den Deliktsaufbau in Frage stellt.
[144] *Deutsch*, Fahrlässigkeit und erforderliche Sorgfalt, ²1995, S. 430 ff.; *ders.*, Allgemeines Haftungsrecht, ²1996, Rn. 27 ff.
[145] Vgl. den Titel der Arbeit von *Weber-Steinhaus*, Ärztliche Berufshaftung als Sonderdeliktsrecht, 1990, dort insb. S. 13 ff.; krit. demggü. *Schramm*, Der Schutzbereich der Norm im Arzthaftungsrecht, 1992, S. 77 f.
[146] So auch *Schiemann*, in: FS *Gernhuber*, 1993, S. 387, 399 f.
[147] In der Lit. häufig „Handlungsunrecht" statt „Verhaltensunrecht", s. nur die Streitdarstellungen bei *Wagner*, in: MüKo-BGB, ⁷2017, § 823 Rn. 4 ff. u. *J. Mohr*, JURA 2013,

A. Der Standard in der deliktischen Arzthaftung 61

unrecht ergibt sich aus der Pflichtwidrigkeit eines Verhaltens, also der Verletzung bestimmter Verhaltensge- oder -verbote, welche heute üblicherweise im Deliktsrecht aus Verkehrspflichten hergeleitet werden.[149] Nach der Verhaltensunrechts-

---

567, 570 ff. Wiederum abw. Terminologie bei *Deutsch*, Fahrlässigkeit und erforderliche Sorgfalt, ²1995, S. 213 ff., 444 ff., 457; *ders.*, Allgemeines Haftungsrecht, ²1996, Rn. 235 ff. (ebenso *Spickhoff*, JuS 2016, 865, 867 ff.). *Deutsch* unterscheidet verbots-/handlungs-/verhaltensbezogene sowie gefährdungs-/rechtsguts-/erfolgsbezogene Rechtswidrigkeit. Er geht grds. von einem Nebeneinander der verschiedenen Rechtswidrigkeitsarten aus; ausf. zu ihrem Verhältnis *ders.*, Fahrlässigkeit und erforderliche Sorgfalt, ²1995, S. 273 ff., 284 ff. Auf diesem Verständnis baut sodann die Unterscheidung von Verhaltens- und Verletzungsfahrlässigkeit auf (relative, auf Tatbestand und Rechtswidrigkeit bezogene Fahrlässigkeit, s. u. Fn. 221), vgl. *ders.*, NJW 1993, 1506, 1507 ff.; *ders.*, NJW 1976, 2289, 2290 f. Dieses Konzept soll in dieser Arbeit nicht im Detail erörtert werden; näher dazu im arzthaftungsrechtlichen Kontext etwa die Streitdarstellungen bei *Kröning*, Kunstfehler, 1974, S. 42 ff. u. *Bodenburg*, Kunstfehler, 1983, S. 91 ff.

[148] Vgl. auch die ausf. Streitdarstellung bei *Spickhoff*, JuS 2016, 865, 866 ff.

[149] Überwiegend wird im allg. Deliktsrecht das jedenfalls für das Rechtswidrigkeitsurteil erforderliche Verhaltensunrecht aus der (Verkehrs-)Pflichtwidrigkeit des Verletzungsverhaltens hergeleitet, vgl. etwa *Wagner*, in: MüKo-BGB, ⁷2017, § 823 Rn. 6; *Looschelders*, Schuldrecht BT, ¹⁴2019, § 59 Rn. 3; *Spickhoff*, JuS 2016, 865, 870; *J. Mohr*, JURA 2013, 567, 570, 572. Tatbestand und Rechtswidrigkeit verschmelzen dabei zu einem einheitlichen Unrechtstatbestand. Wo genau die Pflichtwidrigkeit verortet wird (im Tatbestand mit Indizwirkung für die Rechtswidrigkeit oder erst in der Rechtswidrigkeit), ist letztlich ohne Bedeutung. *Brüggemeier* (s. zum Folgenden insb. *ders.*, Haftungsrecht, 2006, § 2 B I 2 a u. b, S. 52 ff.) trennt in jüngeren Untersuchungen grds. zwischen Pflicht- und Rechtswidrigkeit. Verhaltensunrecht als Voraussetzung der Rechtswidrigkeit sei ausdr. nicht „Verkehrspflichtwidrigkeit", sondern „Verkehrswidrigkeit" des Verletzungsverhaltens und damit Sorgfaltswidrigkeit. Identisch seien also vielmehr nur Rechtswidrigkeit und Fahrlässigkeit i. S. v. § 276 Abs. 2 BGB (so i. E. auch *Schmidt*, Fahrlässigkeit und Rechtfertigung im Bürgerlichen Recht, 1966, S. 75), davon zu unterscheiden aber die in bestimmten Fällen im Tatbestand zu prüfenden Verhaltenspflichten. „Für die Fahrlässigkeit als Fehlverhalten oder *Verschuldensform* ist eine Verhaltenspflicht ohne Bedeutung [...]. Für die *Fahrlässigkeitshaftung* als *Deliktstyp* kommen Verhaltenspflichten dagegen an drei Stellen ins Spiel" (Hervorhebungen im Original): positive Verhaltenspflichten bei Unterlassen und bestimmten reglementierten Aktivitäten, bei indirekten Verletzungen die sog. „Verkehrspflichten" (zuletzt freilich unter Ablehnung des Begriffes und Rückbesinnung auf die allg. Terminologie eines normativen Haftungs-/Zurechnungs-/Schutzzweckzusammenhangs, s. *ders.*, Haftungsrecht, 2006, § 2 B II 3 b, S. 91 ff.). Auf dieser Basis differenziert *Brüggemeier* sodann zwischen drei Typen von Fahrlässigkeitsdelikten (direkte und indirekte Verletzungen sowie Verletzungen positiver Verhaltenspflichten). Dies alles beruht letztlich auf der abw. Vorstellung, dass Verhaltenspflichten anders als die rein verhaltensbezogene Verkehrswidrigkeit regelmäßig doch erfolgsbezogen sind. Bereits in der Herbeiführung der durch die Verhaltens-/Verkehrspflicht zu verhindernden Interessenverletzung liege die tatbestandliche Pflichtwidrigkeit. Erst auf Ebene der Fahrlässigkeit/Rechtswidrigkeit erfolgt dann die Bewertung, ob der Schädiger das zur Vermeidung des Erfolgs erforderliche Verhalten an den Tag gelegt hat; s. insg. *ders.*, Haftungsrecht, 2006, § 2 B, S. 42 ff. (gekürzte Fassung: *ders.*, in: FS *Schmidt*, 2005, S. 33 ff.; Vorentwurf: *ders.*, Prinzipien des Haftungsrechts, 1999, S. 62 ff.); *Schmidt/Brüggemeier*, GK Zivilrecht, ⁷2006, Rn. 796 ff. (freilich unter Orientierung an der vermittelnden h. M. zwecks vereinfachter Darstellung der Problematik für Studienanfänger, s. Rn. 798 a. E.); dazu auch die krit. Analyse von *Wagner*, in:

lehre ist das Vorliegen eines solchen Verhaltensunrechts entscheidende Haftungsvoraussetzung.[150] Die Reichweite dieser Lehre entscheidet folglich über die Bedeutung der Pflichtwidrigkeit und damit auch des Behandlungsfehlers sowie des Medizinischen Standards im Arzthaftungsrecht.

Diskutiert wird der Streit zumeist am Merkmal der Rechtswidrigkeit. Richtigerweise liegen im Rechtswidrigkeitsbegriff sowohl der Schlüssel als auch die Schwachstelle des Deliktsrechtssystems.[151] Häufig wird allerdings nach der Bejahung ihrer Notwendigkeit die Prüfung der Verkehrspflichtverletzung selbst (unter Betonung ihres Charakters als tatbestandseingrenzendes Zurechnungskriterium und unter Aufrechterhaltung der Indizwirkung des Tatbestands für die Rechtswidrigkeit) auf die Tatbestandsebene vorverlagert.[152] Die genaue Zuordnung innerhalb des Unrechtstatbestands ist im Ergebnis freilich nur von geringer Bedeutung, wird der klassische Aufbau der Fahrlässigkeitshaftung durch den Pflichtenbezug im Arzthaftungsrecht ohnehin grundlegend in Frage gestellt,[153] wie in der Folge noch im Detail aufzuzeigen ist.

Die über Jahrzehnte im Diskurs von Rechtsprechung und Rechtswissenschaft gewachsene deliktische Haftung des Arztes für Behandlungsfehler ist letztlich nur vor dem Hintergrund der Lehre vom Verhaltensunrecht in sich schlüssig erklärbar. Der Unrechtstatbestand des § 823 Abs. 1 BGB setzt im Arzthaftungsrecht die positive Feststellung eines Verhaltensunrechts voraus. Die traditionelle Lehre vom

---

MüKo-BGB, [7]2017, § 823 Rn. 11 f. („Entkoppelung des Deliktsrechts vom Handlungsunrecht?"). Gerade das Arzthaftungsrecht sei jedoch ein seltener Sonderfall, in dem Pflichtwidrigkeit und Rechtswidrigkeit/Fahrlässigkeit ausnahmsweise doch identisch sind, da hier stets nur reine Handlungspflichten (*obligations de moyen*) in Frage stehen. „Die Pflichtverletzung/Pflichtwidrigkeit ist [einzig] in diesen Fällen nur als personales Fehlverhalten [...] konzipierbar.", s. *Brüggemeier*, Haftungsrecht, 2006, § 2 B II 2 a, S. 73; *Schmidt/Brüggemeier*, GK Zivilrecht, [7]2006, Rn. 845; weiter, d. h. für eine generelle Gleichsetzung von Pflichtwidrigkeit, Rechtswidrigkeit und Fahrlässigkeit, noch *Brüggemeier*, Deliktsrecht, 1986, Rn. 94 ff., 114 f., 176 ff.; *ders.*, JZ 1986, 969; *ders.*, AcP 182 (1982), 385.

[150] Vertreten insb. von *Wagner*, in: MüKo-BGB, [7]2017, § 823 Rn. 26; *Kötz/Wagner*, Deliktsrecht, [13]2016, Rn. 107, 110, 203; *Looschelders*, Schuldrecht BT, [14]2019, § 59 Rn. 4; s. auch *Brüggemeier*, Deliktsrecht, 1986, Rn. 101; *ders.*, Haftungsrecht, 2006, § 2 B I 1 d, S. 51; aus der älteren Lit. *Nipperdey*, NJW 1957, 1777; *Wiethölter*, Der Rechtfertigungsgrund des verkehrsrichtigen Verhaltens, 1960, S. 21 ff.; *Münzberg*, Verhalten und Erfolg, 1966, S. 49 ff.

[151] *Brüggemeier*, Deliktsrecht, 1986, Rn. 94; *Laufs*, Unglück und Unrecht, 1994, S. 16; *Spickhoff*, JuS 2016, 865, 866; aus diesem Grund bestimmt i. Ü. auch *Deutsch*, Fahrlässigkeit und erforderliche Sorgfalt, [2]1995, S. 195 ff., zur Klärung des Verhältnisses von Unrecht und Verschulden zunächst die Rechtswidrigkeit näher.

[152] *Wagner*, in: MüKo-BGB, [7]2017, § 823 Rn. 391; *Looschelders*, Schuldrecht BT, [14]2019, § 59 Rn. 5; *Wandt*, Gesetzliche Schuldverhältnisse, [9]2019, § 16 Rn. 113, 162; *Larenz/Canaris*, Schuldrecht II/2 BT, [13]1994, § 75 II 3 c, S. 368 f. u. § 76 III 2 d, S. 406. Zum Verhältnis von Tatbestand und Rechtswidrigkeit überdies *Deutsch*, Fahrlässigkeit und erforderliche Sorgfalt, [2]1995, S. 204 ff. Zur doppelten Relevanz der Verkehrspflichten *Katzenmeier*, in: NK-BGB, [3]2016, § 823 Rn. 127; *Spickhoff*, JuS 2016, 865, 870.

[153] Vgl. *Bodenburg*, Kunstfehler, 1983, S. 123; s. auch allg. *Deutsch*, Allgemeines Haftungsrecht, [2]1996, Rn. 71; *ders.*, Fahrlässigkeit und erforderliche Sorgfalt, [2]1995, S. 457 f.; *Spickhoff*, JuS 2016, 865, 866 ff.

A. Der Standard in der deliktischen Arzthaftung   63

Erfolgsunrecht ist aus verschiedenen Gründen abzulehnen. Nach dieser Ansicht indiziert die bloße Verursachung des Verletzungserfolgs die Rechtswidrigkeit, sofern keine Rechtfertigungsgründe vorliegen. Durch die ausdrückliche gesetzliche Umschreibung des Unrechtstatbestands bringe der Gesetzgeber hinreichend zum Ausdruck, dass er eine Verletzung der in § 823 Abs. 1 BGB genannten (absoluten) Rechte oder Rechtsgüter in der Regel als rechtswidrig ansieht. Der Zusatz „widerrechtlich", also im Widerspruch zur Rechtsordnung stehend,[154] weise lediglich darauf hin, dass nicht immer mit dem Verletzungserfolg schon die Rechtswidrigkeit gegeben sein muss, sondern diese bei Vorliegen besonderer Rechtfertigungsgründe ausnahmsweise entfallen kann.[155] Eine echte Bewertung des Verhaltens erfolgt demnach erst auf Ebene des Verschuldens.[156] Dabei ist allerdings klarzustellen, dass es sich auch bei der Lehre vom Erfolgsunrecht um eine (freilich verkürzte) Bewertung des Verhaltens handelt – auf der Grundlage des Erfolgseintritts.[157] Nur menschliches Verhalten kann Gegenstand des Rechtswidrigkeitsurteils sein, nicht aber ein Verletzungserfolg als bloßer Naturzustand. Genauer wäre es daher, nicht danach zu fragen, ob die Pflichtwidrigkeit Haftungsvoraussetzung ist, sondern wann sie sich nicht bereits aus dem Verletzungserfolg ergibt.

Zwar ist der Lehre vom Erfolgsunrecht im Ansatz zuzugeben, dass § 823 Abs. 1 BGB durch die Nennung der verschiedenen Rechte und Rechtsgüter erfolgsbezogen formuliert ist.[158] Daraus lässt sich jedoch nicht der Schluss ziehen, dass die Qualität des Verhaltens für die Haftung keinerlei Rolle spielt. Die ursprüngliche Regelungstechnik entspricht insofern nicht mehr dem heutigen Regelungsbedarf. Dem weiten Anwendungsbereich des § 823 Abs. 1 BGB wird die Erfolgsunrechtskonzeption nicht gerecht. Sie führt in schwierigeren Fallkonstellationen nicht zu sinnvollen Ergebnissen und kann auf immer vielschichtigere Lebenssachverhalte nicht angemessen reagieren. Es mag ursprünglich vor dem Hintergrund eines eng, dafür aber umso strenger verstandenen Bestandsschutzes vor allem der körperlichen Integrität und des Sacheigentums, orientiert am Leitbild der (vorsätzlichen) unmittelbaren Rechts(guts)verletzung,[159] zutreffend gewesen sein, dass die (unmittelbare) Verletzung eines der in § 823 Abs. 1 BGB genannten Rechte oder Rechtsgüter den eindeutigen und absoluten Schluss auf die „Unerlaubtheit" einer Handlung zulässt. Angesichts der Vielfalt und Komplexität von Verletzungsverhalten und Kausalverläufen in einer modernen, technisierten,

---

[154] S. zu dieser Definition auch *Deutsch*, Fahrlässigkeit und erforderliche Sorgfalt, ²1995, S. 200 ff.; *ders.*, Allgemeines Haftungsrecht, ²1996, Rn. 226.
[155] S. insg. BGHZ 24, 21, 24 f. = NJW 1957, 785, 786.
[156] Vgl. etwa *Spickhoff*, JuS 2016, 865, 868, 872.
[157] Vgl. *Katzenmeier*, in: NK-BGB, ³2016, § 823 Rn. 97; *Wagner*, in: MüKo-BGB, ⁷2017, § 823 Rn. 8; *Kötz/Wagner*, Deliktsrecht, ¹³2016, Rn. 103; *Schmidt/Brüggemeier*, GK Zivilrecht, ⁷2006, Rn. 796; *Deutsch*, Allgemeines Haftungsrecht, ²1996, Rn. 246; *ders.*, Fahrlässigkeit und erforderliche Sorgfalt, ²1995, S. 211 ff., 455; *Larenz/Canaris*, Schuldrecht II/2 BT, ¹³1994, § 75 II 3 b, S. 365; *Brüggemeier*, Deliktsrecht, 1986, Rn. 95; *Spickhoff*, JuS 2016, 865, 868 f.
[158] *Kötz/Wagner*, Deliktsrecht, ¹³2016, Rn. 106.
[159] *Schmidt/Brüggemeier*, GK Zivilrecht, ⁷2006, Rn. 784.

(post-)industriellen Gesellschaft ist diese Folgerung aber überholt, eine flexiblere und konkretere Bewertung des haftungsrelevanten Verhaltens selbst notwendig.[160]

Viele potentiell schadensgeneigte Verhaltensweisen sind sozial anerkannt und erwünscht und werden daher von der Rechtsordnung toleriert bis gefördert. Standards markieren in diesem Zusammenhang die Grenze des erlaubten Risikos.[161] Tritt ein Verletzungserfolg ein, ist der Unrechtsvorwurf erst dann begründet, wenn zusätzlich die Verkehrspflicht zur Standardwahrung verletzt wurde. § 823 Abs. 1 BGB ist ein erfolgsqualifizierter Verhaltensunrechtstatbestand.[162] Der bloße Erfolgseintritt rechtfertigt den Unrechtsvorwurf gerade nicht, es muss ein rechtlich missbilligtes, (mit Blick auf den möglichen Eintritt eines bestimmten Erfolges) gefährliches Verhalten des konkreten Schädigers als besonderer Anknüpfungspunkt seiner Haftung hinzutreten.[163] Soweit allein an die Rechtsgutsverletzung angeknüpft wird, droht eine Ausuferung der Haftung, die der Korrektur – und zwar nicht erst auf Verschuldensebene – bedarf.[164]

Dabei führen Verkehrspflichten auch nicht zu der befürchteten, am Leitbild der unmittelbaren Verletzung orientierten Haftungserweiterung (bis hin zu einer Gefährdungshaftung oder Haftung *contra legem*) durch richterliche Rechtsfortbildung, sondern haben vielmehr im Wesentlichen eine haftungsbeschränkende, die gesetzliche Regelung konkretisierende Funktion.[165] Durch sie werden von der Rechtsprechung Lücken im Haftungssystem der §§ 823 ff. BGB geschlossen, wodurch freilich eine Annäherung an eine Generalklausel erfolgt.[166] Verhaltenspflichten bezwecken über ihren Schutzbereich eine gerechte Verteilung der Handlungsfreiheiten und -sphären, Haftungsrisiken und Schadenszuständigkeiten in den jeweiligen Sozialbereichen, entsprechend dem Entwicklungsstand der Gesell-

---

[160] S. insg. *Schmidt/Brüggemeier*, GK Zivilrecht, [7]2006, Rn. 796; *ders.*, Deliktsrecht, 1986, Rn. 96, 101; *Steffen*, ZVersWiss 1993, 13, 18. Ebenfalls gegen die Lehre vom Erfolgsunrecht spricht, dass der BGH selbst deren Auswirkungen zeitweise unter Einführung eines dogmatisch fragwürdigen ungeschriebenen Rechtfertigungsgrunds verkehrsrichtigen Verhaltens zu korrigieren versuchte (BGHZ 24, 21, 25 f. = NJW 1957, 785, 786), anstatt den Indikationsmechanismus offen zu Gunsten einer Verhaltensunrechtskonzeption aufzugeben; krit. u. a. *Wagner*, in: MüKo-BGB, [7]2017, § 823 Rn. 25; *Katzenmeier*, in: NK-BGB, [3]2016, § 823 Rn. 107; *Looschelders*, Schuldrecht BT, [14]2019, § 59 Rn. 18; *Schmidt/ Brüggemeier*, GK Zivilrecht, [7]2006, Rn. 797 f.; monographisch *Wiethölter*, Der Rechtfertigungsgrund des verkehrsrichtigen Verhaltens, 1960, S. 5 ff. Dieser Rechtfertigungsgrund hatte insb. widersprüchliche Folgen für die Beweislast.
[161] Vgl. im Kontext technischer Standards *Marburger*, Die Regeln der Technik im Recht, 1979, S. 121 ff., 429 ff.; *Müller-Foell*, Bedeutung technischer Normen, 1987, S. 31 f.
[162] *Brüggemeier*, Deliktsrecht, 1986, Rn. 99, 634.
[163] Vgl. *Looschelders*, Schuldrecht BT, [14]2019, § 59 Rn. 4.
[164] *Katzenmeier*, in: NK-BGB, [3]2016, § 823 Rn. 100, allerdings mit restriktiveren Konsequenzen.
[165] Vgl. *Larenz/Canaris*, Schuldrecht II/2 BT, [13]1994, § 76 III 2 a, S. 403 ff.; *Schmidt/ Brüggemeier*, GK Zivilrecht, [7]2006, Rn. 804; *Looschelders*, Schuldrecht BT, [14]2019, § 59 Rn. 5.
[166] *Katzenmeier*, AcP 203 (2003), 79, 118; s. auch *Laufs*, in: *Laufs et al.*, Die Entwicklung der Arzthaftung, 1997, S. 1, 6.

schaft.[167] Wird der Kreis der ursächlichen Verhaltensweisen so weit gezogen, wie es die *conditio-sine-qua-non*-Formel erlaubt, ist eine reine Erfolgsunrechtskonzeption unbestritten kaum vertretbar.[168] Die haftungsrelevanten Verhaltensweisen müssen stärker eingegrenzt werden. Hierzu trägt das Erfordernis der Pflichtwidrigkeit maßgeblich bei.

Für Fälle des Unterlassens wurde diese Schwäche frühzeitig erkannt.[169] Ein Unterlassen kann nur dann ein haftungsrelevantes Verletzungsverhalten und als solches dem aktiven Tun gleichgestellt sein, wenn eine besondere Pflicht zum Handeln besteht, die regelmäßig aus Verhaltens- und Verkehrspflichten herzuleiten ist.[170] Dabei eröffnet die Differenzierung von Tun und Unterlassen in der Praxis große Spielräume, was zu einer Ausdehnung der Pflichtwidrigkeitsprüfung beigetragen hat.[171] Die vorherrschende vermittelnde Ansicht im allgemeinen Deliktsrecht hält inzwischen aber auch bei mittelbar, also über Zwischenursachen durch aktives Tun herbeigeführten Rechts- oder Rechtsgutverletzungen ein Verhaltensunrecht für erforderlich.[172] Diese seien Fällen des Unterlassens strukturell ähnlich, jeweils werde die letzte, zur Verletzung führende Ursache nicht vom Schädiger, sondern durch den Geschädigten selbst, einen Dritten oder ein äußeres Ereignis gesetzt.[173] Lediglich der unmittelbar durch aktives Tun verursachte Verletzungserfolg, der also untrennbarer Bestandteil der Handlung in einem natürlich-räumlichen Sinne ist,[174] indiziert demnach die Rechtswidrigkeit.[175] Mit den mittel-

---

[167] *Brüggemeier*, Deliktsrecht, 1986, Rn. 98, 101.
[168] *Wagner*, in: MüKo-BGB, ⁷2017, § 823 Rn. 19 f.; *Kötz/Wagner*, Deliktsrecht, ¹³2016, Rn. 107 f.: „Die Erfolgsunrechtslehre konnte nur ernsthaft vertreten werden, weil sie die Kausalität massiv einschränkte".
[169] Vgl. *Wagner*, in: MüKo-BGB, ⁷2017, § 823 Rn. 20. Die Abgrenzung zwischen aktivem Tun und Unterlassen wird teilweise anhand des Schwerpunkts der Vorwerfbarkeit oder des sozialen Sinngehalts des Verhaltens vorgenommen, teilweise wird aber auch darauf abgestellt, ob eine Gefahrerhöhung durch den Schädiger erfolgt ist (eine Handlung liegt demnach vor, wenn der Schädiger sich dem fremden Rechtsgut gefährlich nähert, vgl. *Deutsch*, Allgemeines Haftungsrecht, ²1996, Rn. 111); s. insg. *Katzenmeier*, in: NK-BGB, ³2016, § 823 Rn. 4 m. w. N.; *Wandt*, Gesetzliche Schuldverhältnisse, ⁹2019, § 16 Rn. 107.
[170] *Schmidt/Brüggemeier*, GK Zivilrecht, ⁷2006, Rn. 790; *Deutsch*, Allgemeines Haftungsrecht, ²1996, Rn. 97 ff.
[171] *Kötz/Wagner*, Deliktsrecht, ¹³2016, Rn. 108; krit. *Deutsch*, Allgemeines Haftungsrecht, ²1996, Rn. 108 ff.
[172] Vgl. etwa *Katzenmeier*, in: NK-BGB, ³2016, § 823 Rn. 101; *Deutsch*, Allgemeines Haftungsrecht, ²1996, Rn. 237; *v. Bar*, Verkehrspflichten, 1980, S. 154 ff.; *Marburger*, Die Regeln der Technik im Recht, 1979, S. 433 ff.; *Hager*, in: FS *Wolf*, 1985, S. 133; *Mertens*, VersR 1980, 397; *Raab*, JuS 2002, 1041 ff., 1045 ff.; *Spickhoff*, JuS 2016, 865, 869 f.; demggü. krit. hingegen *Wagner*, in: MüKo-BGB, ⁷2017, § 823 Rn. 21 f.; *Schmidt/Brüggemeier*, GK Zivilrecht, ⁷2006, Rn. 798 ff.
[173] *Larenz/Canaris*, Schuldrecht II/2 BT, ¹³1994, § 76 III 1 c, S. 401 f.
[174] So *Larenz*, in: FS *Dölle*, 1963, Bd. 2, S. 169, 183 ff.; a. A. etwa *Hager*, in: FS *Wolf*, 1985, S. 133 (Finalität im normativen Sinne), unter Bezugnahme auf *v. Caemmerer*.
[175] Eine solche Kombination der Lehren unternehmen auch *Larenz/Canaris*, Schuldrecht II/2 BT, ¹³1994, § 75 II 3 b, S. 365 ff.: Der Lehre vom Verhaltensunrecht pflichten sie insofern bei, als dass für die Haftung im Grunde stets die Verletzung einer Verhaltenspflicht erforderlich sei. Diese könne bei unmittelbaren Verletzungen aber auch – im Ein-

baren Verletzungen überlässt die herrschende Meinung der Lehre vom Verhaltensunrecht gewiss bereits den „Löwenanteil der Deliktsrechtspraxis".[176]

b) Arzthaftung und Verhaltensunrecht

Fraglich ist, welchem Verhaltenstypus Fälle der Arzthaftung für fehlerhafte Behandlung in diesem Sinne überhaupt zuzuordnen wären. Dabei erscheint eine abstrakte Einordnung der vielfältigen denkbaren Konstellationen bereits im Ansatz äußerst schwierig. Möglich sind sowohl (unmittelbare und mittelbare)[177] aktive Verletzungen als auch Unterlassungen.[178] Der Behandlungsfehlerbegriff erfasst grundsätzlich jedes medizinisch unsachgemäße Verhalten des Arztes.[179] Auch im konkreten Fall ist eine saubere Trennung häufig nicht durchführbar. Je nach eingenommenem Standpunkt lassen sich unterschiedliche Schwerpunkte setzen. In der Durchführung einer fehlerhaften Behandlung kann ebenso das Unterlassen einer ordnungsgemäßen Behandlung gesehen werden. Wird entscheidend auf die Übernahme der Behandlung abgestellt, die Selbstbestimmung des Patienten und die Unwägbarkeiten des menschlichen Organismus in den Mittelpunkt gerückt, ist stets eine mittelbare Verursachung über eine komplexe Ursachenkette gegeben. Typischerweise dürfte es sich bei Verletzungen durch Ärzte nichtsdestotrotz um unmittelbare Eingriffe in die körperliche Integrität des Patienten handeln (bei

---

klang mit der Erfolgsunrechtslehre – erfolgsbezogen sein. Das Erfolgsunrecht ergebe sich demnach bereits aus der Schutzwürdigkeit des betroffenen Rechts- oder Rechtsguts, das Verhaltensunrecht hingegen erst aus der besonderen Art und Weise, in der der Schädiger mit diesem umgeht. Bei mittelbaren Beeinträchtigungen schaffe der Schädiger stets nur die Gefahr eines späteren Erfolgseintritts. Dieser könne ihm nachträglich nur dann zugerechnet werden, soweit eine Verhaltenspflicht in Form einer Gefahrvermeidungspflicht verletzt wurde. Ist eine solche nicht verletzt, durfte der Schädiger sich trotz der drohenden Erfolgseintritts so verhalten. Gefahrvermeidungspflichten sind dabei Verkehrspflichten (§ 76 III 1 d, S. 402). Im Gegensatz dazu sei die Verhaltenspflicht bei unmittelbaren Eingriffen eine Erfolgsvermeidungspflicht und ergebe sich ohne Weiteres aus dem (drohenden – entscheidender Zeitpunkt für die rechtliche Bewertung der Handlung ist nicht der des Erfolgseintritts, sondern der letztmaligen Möglichkeit zur Erfolgsvermeidung, § 75 Fn. 44, S. 366 f.) Erfolgseintritt. Der Schädiger hätte sich gerade deshalb anders verhalten müssen. Auch beim Unterlassen könnten Erfolgsvermeidungspflichten relevant werden (§ 76 III 1 d, S. 402). Verkehrspflichten spielten hingegen allein in besonders gelagerten Ausnahmefällen bei unmittelbaren Eingriffen eine Rolle (§ 76 III 1 c, S. 402). Um einen solchen handele es sich freilich bei der Behandlungsfehlerhaftung des Arztes; s. insg. auch *Canaris*, in: FS *Larenz*, 1983, S. 27, 77 ff.; *Larenz*, in: FS *Dölle*, 1963, Bd. 2, S. 169, 183 ff., 192 ff.
[176] *Kötz/Wagner*, Deliktsrecht, [13]2016, Rn. 110; dagegen *Spickhoff*, JuS 2016, 865, 870.
[177] Vgl. *Kröning*, Kunstfehler, 1974, S. 56 ff.
[178] Vgl. *Pauge/Offenloch*, Arzthaftungsrecht, [14]2018, Rn. 167; *Frahm/Walter*, Arzthaftungsrecht, [6]2018, Rn. 76; *Katzenmeier*, in: *Laufs/Katzenmeier/Lipp*, Arztrecht, [7]2015, Kap. X Rn. 4; *Laufs/Kern*, in: *Laufs/Kern*, Handbuch des Arztrechts, [4]2010, § 97 Rn. 5, 30 u. § 103 Rn. 7 ff.; *Weber-Steinhaus*, Ärztliche Berufshaftung als Sonderdeliktsrecht, 1990, S. 30 f., 103; *Giesen*, Arzthaftungsrecht, [4]1995, Rn. 131; *Francke/Hart*, Charta der Patientenrechte, 1999, S. 39.
[179] *Katzenmeier*, in: *Laufs/Katzenmeier/Lipp*, Arztrecht, [7]2015, Kap. X Rn. 4.

operativen Eingriffen etwa erscheint eine andere Bewertung kaum möglich),[180] bei denen Pflichtwidrigkeit jedoch klassischerweise nicht erforderlich ist.

Jedenfalls im Arzthaftungsrecht ist die Pflichtwidrigkeit in Form des Behandlungsfehlers dennoch auch bei unmittelbaren Verletzungen – und damit stets – unentbehrliche Haftungsvoraussetzung.[181] Auch der BGH geht ganz in diesem Sinne davon aus, dass es „nicht darauf an[kommt], ob das Schwergewicht des [...] zu verantwortenden Behandlungsfehlers in der Vornahme einer sachwidrigen oder in dem Unterlassen einer sachlich gebotenen Heilmaßnahme zu sehen ist. Da die [...] geschuldete ärztliche Behandlung ganz der Herstellung der Gesundheit des [Patienten] [...] verbunden [ist] [...], [gebieten] [...] sowohl die vertragliche als auch die deliktische Garantenstellung [...] die Vornahme aller Behandlungsmaßnahmen, die nach den Regeln der ärztlichen Kunst zur Wiederherstellung der Gesundheit des [Patienten] [...] erforderlich und möglich waren."[182]

Schon im Hinblick auf das allgemeine Deliktsrecht wird vielfach angemerkt, dass zwischen unmittelbaren und mittelbaren Verletzungshandlungen sowie Unterlassungen kein qualitativer Unterschied besteht, da Verhalten und Erfolg jeweils ohne Weiteres getrennt werden können.[183] Es bestehen zudem in doppelter Hinsicht erhebliche praktische Abgrenzungsschwierigkeiten zwischen aktivem Tun und Unterlassen sowie zwischen unmittelbaren und mittelbaren Verletzungen.[184] Zuzugeben ist, dass die Pflichtverletzung bei unmittelbaren Verletzungshandlungen wegen der engen Beziehung zwischen Verhalten und Erfolg in aller Regel völlig unproblematisch zu bejahen und oftmals nicht einmal zu erwähnen

---

[180] *Brüggemeier*, Deliktsrecht, 1986, Rn. 112; *ders.*, Haftungsrecht, 2006, § 2 B II 1, S. 56, Fn. 245; *Schmidt/Brüggemeier*, GK Zivilrecht, ⁷2006, Rn. 845: „Behandlungsfehler sind Prototypen sog. unmittelbarer Rechtsgutsverletzungen" (aber unter Ablehnung der Unterscheidung); *Deutsch/Spickhoff*, Medizinrecht, ⁷2014, Rn. 318; s. auch *Bodenburg*, Kunstfehler, 1983, S. 99 (ebenfalls unter Ablehnung der Maßgeblichkeit der Unterscheidung für das Rechtswidrigkeitsverständnis im Arzthaftungsrecht); *Spickhoff*, in: *Spickhoff*, Medizinrecht, ³2018, § 280 BGB Rn. 10; *ders.*, JuS 2016, 865, 870 (daher gelte hier der erfolgsbezogene Rechtswidrigkeitsbegriff, weshalb der Behandlungsfehler erst der Kategorie des Verschuldens zuzuordnen sei – so dort auf S. 872).
[181] *Brüggemeier*, Deliktsrecht, 1986, Rn. 112; s. zum Folgenden auch ausf. *Bodenburg*, Kunstfehler, 1983, S. 100 ff., 153; im Anschluss daran *Schramm*, Der Schutzbereich der Norm im Arzthaftungsrecht, 1992, S. 80 ff.; *Weber-Steinhaus*, Ärztliche Berufshaftung als Sonderdeliktsrecht, 1990, S. 7 ff., 33 ff.; in diese Richtung *Mertens*, VersR 1980, 397, 400.
[182] BGH NJW 1989, 767, 768 m. Anm. *Deutsch*; bereits BGHZ 1, 383, 386: „Übernimmt ein solcher Krankenhausarzt aber die Behandlung eines Kassenpatienten und verletzt er bei dieser Behandlung allgemein anerkannte Regeln der ärztlichen Wissenschaft, so haftet er dem dadurch an seiner Gesundheit geschädigten Kranken aus § 823 ff BGB [...]. Dabei macht es auch keinen Unterschied, ob die Fahrlässigkeit des Arztes in einem Tun oder Unterlassen besteht. Der Arzt ist zwar dem Kranken gegenüber zur Behandlung nicht verpflichtet, übernimmt er sie aber, so ist er verpflichtet, Verletzungen des Körpers oder der Gesundheit des Kranken durch Verstöße gegen die Regeln der ärztlichen Wissenschaft zu vermeiden [...]."
[183] *Looschelders*, Schuldrecht BT, ¹⁴2019, § 59 Rn. 4.
[184] *Brüggemeier*, Deliktsrecht, 1986, Rn. 101, 112.

ist. Daraus lässt sich jedoch nicht der Schluss ziehen, dass sie keine Voraussetzung der Haftung wäre.[185]

Gerade im Arzthaftungsrecht hätte dies fatale Folgen. Der Eintritt einer (Gesundheits- und/oder) Körperverletzung sagt hier in keinem Fall etwas über die Bewertung der Behandlung als Unrecht aus. Die ärztliche Tätigkeit ist in besonderem Maße körperverletzungsgeneigt.[186] Einerseits ist eine Körperverletzung (im klassischen Sinne) durch den Arzt regelmäßig auch bei der Behandlung *lege artis* ein notwendiges, vom Patienten hinzunehmendes Durchgangsstadium zum Heilungserfolg.[187] Eine Rechtswidrigkeitsindikation durch den Verletzungserfolg ist im Behandlungsbereich unannehmbar, weil mit der Behandlung wesensmäßig eine Belastung des Organismus einhergeht.[188] Andererseits hängt der Behandlungsverlauf von so vielen Faktoren ab, dass eine Körperverletzung als negativer Behandlungsausgang schon aufgrund der Unberechenbarkeit des menschlichen Organismus oftmals auch für den geschicktesten Arzt unvermeidbar ist.[189] Der Arzt kann und muss den Heilungserfolg nicht garantieren. Das Krankheitsrisiko hat beim Patienten zu verbleiben.[190] Erfolgsbetrachtungen sind dem Arzthaftungsrecht fremd.[191] Arzthaftung ist keine Erfolgshaftung.[192]

Der Behandlungsfehler ist notwendige Voraussetzung des Unrechtstatbestands, nicht erst des Verschuldens. Die ärztliche Behandlungspflicht ist deliktsrechtlich, parallel zur vertragsrechtlichen Einordnung des Behandlungsvertrags als Dienstvertrag (§§ 630a ff. BGB),[193] eine reine Handlungspflicht (*obligation de moyen*).[194] Bei der ärztlichen Behandlung handelt es sich anders als bei sonstigen deliktsrechtlich relevanten Sachverhalten nicht um einen unfreiwilligen („Unfall"-)Kontakt zwischen den Parteien, der zu einer Verletzung führt, sondern um eine vertragliche oder vertragsähnliche Leistungsbeziehung, die eine Verletzung in einem bestimmten Rahmen typischerweise sogar beinhaltet oder einkalkuliert.

---

[185] *Wagner*, in: MüKo-BGB, [7]2017, § 823 Rn. 22; *Looschelders*, Schuldrecht BT, [14]2019, § 59 Rn. 4; *Brüggemeier*, Deliktsrecht, 1986, Rn. 101; vgl. auch *Stathopoulos*, in: FS *Larenz*, 1983, S. 631, 638 ff.
[186] Vgl. *Deutsch*, VersR 1982, 305.
[187] Vgl. *Bodenburg*, Kunstfehler, 1983, S. 100 ff.; im Anschluss daran *Schramm*, Der Schutzbereich der Norm im Arzthaftungsrecht, 1992, S. 80 ff.
[188] *Pauge/Offenloch*, Arzthaftungsrecht, [14]2018, Rn. 168.
[189] BGH VersR 1956, 499; NJW 1977, 1102, 1103 m. w. N.; 1985, 1392 = MedR 1985, 227; NJW 1989, 771, 772 = MedR 1988, 308, 309; *Ulsenheimer*, MedR 1992, 127, 128.
[190] *Geiß/Greiner*, Arzthaftpflichtrecht, [7]2014, Rn. B 1.
[191] So im beweisrechtlichen Kontext *Katzenmeier*, Arzthaftung, 2002, S. 416 f.; *ders.*, in: *Laufs/Katzenmeier/Lipp*, Arztrecht, [7]2015, Kap. XI Rn. 46 f.; s. auch *Laufs/Kern*, in: *Laufs/Kern*, Handbuch des Arztrechts, [4]2010, § 97 Rn. 7 u. § 107 Rn. 12; *Greiner*, in: *Spickhoff*, Medizinrecht, [3]2018, §§ 823 ff. BGB Rn. 5; *Frahm/Walter*, Arzthaftungsrecht, [6]2018, Rn. 75; *Pauge/Offenloch*, Arzthaftungsrecht, [14]2018, Rn. 164 ff.; zudem *Schmidt*, MedR 2007, 693, 695, der den damit verbundenen „Wechsel von der Integritäts- zur Leistungsperspektive" allerdings vorrangig über das Vertragsrecht einfangen möchte.
[192] *G. Müller*, MedR 2009, 309; *dies.*, in: FS *Hirsch*, 2008, S. 413; *dies.*, in: FS *E. Lorenz*, 2004, S. 475, 477; *Deutsch*, NJW 1993, 1506.
[193] S. u. B. I. 1.
[194] So zutreffend *Brüggemeier*, Haftungsrecht, 2006, § 2 B II 2 a, S. 73; dort auch Fn. 149.

Dies kann im Recht der außervertraglichen Schuldverhältnisse insofern nicht völlig ausgeblendet werden, als auch hier die ärztliche Schlechtleistung Dreh- und Angelpunkt der Haftung ist. Der Arzt ist vertraglich oder durch die faktische Übernahme deliktisch verpflichtet zur ordnungsgemäßen Behandlung – nicht mehr und nicht weniger. Seine Tätigkeit ist daher durch besondere Verhaltensregeln – wie die Pflicht zur Vermeidung von Behandlungsfehlern durch Standardwahrung – streng reglementiert. Aufgabe des Haftungsrechts ist es dann, deren Einhaltung zu überprüfen.[195] Hierfür ist die Pflichtverletzung im Arzthaftungsrecht zentrales Unrechtsmerkmal. Soweit reine Handlungspflichten in Frage stehen, lässt sich das Unrecht der unerlaubten Handlung nicht bereits aus dem Erfolg herleiten.

Gegen die Lehre vom Verhaltensunrecht wird im Übrigen zwar vorgebracht, sie nehme dem Geschädigten das Notwehrrecht (§ 227 BGB) gegen nicht pflichtwidrige Angriffe. Dieser Vorwurf lässt sich jedoch leicht entkräften, indem die Rechtswidrigkeit im Rahmen der Notwehr anders definiert wird als im Rahmen von § 823 Abs. 1 BGB.[196] Dies erscheint ohne größere Systembrüche möglich und liegt sogar nahe, hat die Rechtswidrigkeit hier wie dort schließlich auch jeweils eine andere Funktion.[197] Aus der Einhaltung einer Verhaltenspflicht durch den Schädiger ergibt sich nicht ohne Weiteres das Bestehen einer Duldungspflicht des Geschädigten,[198] der die Pflichtwidrigkeit des Angriffs zudem praktisch kaum beurteilen kann. Davon abgesehen stellt sich die Frage, ob das schneidige Notwehrrecht überhaupt die richtige Antwort auf einen nicht pflichtwidrigen Angriff sein kann, oder ob dem (Zivil-)Recht nicht andere Mittel zur Verfügung stehen, um mit einer solchen Situation umzugehen.[199] Sonderlich lebensnah ist eine derartige Notwehrkonstellation – zumal in Arzthaftungsfällen – ohnehin nicht.[200]

Zum Verletzungserfolg hinzutreten muss also stets ein besonderes Verhaltensunrecht, dass sich erst aus der Verletzung der Verkehrspflicht zur ordnungsgemäßen Behandlung, dem Behandlungsfehler im Sinne einer Standardverfehlung, ergibt. Der Verletzungserfolg muss gerade durch das pflichtwidrige Verletzungsverhalten zurechenbar verursacht worden sein. Die Rechtswidrigkeit geht sodann als Haftungsvoraussetzung in der Pflichtwidrigkeit auf, ihr kommt daneben keine eigenständige Bedeutung mehr zu. Es ergibt sich also ein einheitlicher Unrechtstatbestand. Eine Rechtfertigung fahrlässigen Verhaltens kommt praktisch kaum

---

[195] S. insg. *Brüggemeier*, Haftungsrecht, 2006, § 6 D I 3, S. 469.
[196] S. zum Folgenden *Schmidt*, Fahrlässigkeit und Rechtfertigung im Bürgerlichen Recht, 1966, S. 76 ff.; für ein einheitliches Verständnis hingegen *Deutsch*, Allgemeines Haftungsrecht, ²1996, Rn. 249 ff.
[197] Zu den unterschiedlichen Funktionen der Rechtswidrigkeit *Deutsch*, Fahrlässigkeit und erforderliche Sorgfalt, ²1995, S. 250 ff.; speziell zum Notwehrrecht auf S. 257 ff.
[198] *Schmidt*, Fahrlässigkeit und Rechtfertigung im Bürgerlichen Recht, 1966, S. 77: „Wer trotz sorgfältigen Tuns in einen fremden Rechtskreis einbricht, hat gewiss kein R e c h t dazu, wohl aber handelt er nicht rechts w i d r i g." (Hervorhebungen im Original).
[199] Vgl. *Wagner*, in: MüKo-BGB, ⁷2017, § 823 Rn. 14; *Kötz/Wagner*, Deliktsrecht, ¹³2016, Rn. 110; gegen ein Abstellen auf das „Nichtduldenmüssen" deshalb auch *Münzberg*, Verhalten und Erfolg, 1966, S. 342 ff.
[200] Vgl. allg. bereits *Wiethölter*, Der Rechtfertigungsgrund des verkehrsrichtigen Verhaltens, 1960, S. 53 f.

vor und spielt daher zumindest faktisch keine Rolle,[201] ist zugleich aber auch rechtlich schwer vorstellbar.[202] Dies gilt insbesondere für die ärztliche Tätigkeit. Namentlich spielt die rechtfertigende Einwilligung des Patienten im hier vertretenen Aufbau für die Behandlungsfehlerhaftung keine Rolle mehr, willigt der Patient doch niemals in die pflichtwidrige Behandlung ein.[203] Liegt hingegen keine Pflichtwidrigkeit vor, ist im Rahmen der Behandlungsfehlerhaftung bereits deshalb kein Unrecht gegeben und nicht erst, weil der Patient in die ordnungsgemäße Behandlung eingewilligt hat.[204]

2. Die verbleibende Bedeutung des Verschuldensprinzips

a) Ausgangspunkt: Faktischer Gleichlauf von Pflichtwidrigkeit und Verschulden durch die Bezugnahme auf den Standard

Im traditionellen Deliktsaufbau sind die Pflichtwidrigkeit als Teil des objektiven Unrechtstatbestands und das seiner ursprünglichen Bedeutung nach zumindest „subjektiver" geprägte Verschulden streng zu trennen. Der Wortlaut des § 823 Abs. 1 BGB unterscheidet Widerrechtlichkeit und Fahrlässigkeit der Verletzung. Es wird allerdings bereits für das allgemeine Deliktsrecht vertreten, dass aufgrund des objektivierten Fahrlässigkeitsbegriffs konsequenterweise Pflichtwidrigkeit (oder Rechtswidrigkeit) und Verschulden in § 823 Abs. 1 BGB stets zusammenfallen, die Verkehrspflichtverletzung zugleich die Außerachtlassung der im Verkehr erforderlichen Sorgfalt bedeutet.[205] Die Ähnlichkeit der Begriffe und Definitionen von Verkehrspflicht und verkehrserforderlicher Sorgfalt liegt dabei auf der Hand. Innerhalb der Verhaltensunrechtskonzeption (welche die Verhaltenspflichtverletzung bereits im Unrechtstatbestand fordert), fällt es schwer, überhaupt noch

---

[201] Vgl. *Schmidt/Brüggemeier*, GK Zivilrecht, [7]2006, Rn. 791; *ders.*, Haftungsrecht, 2006, § 2 B II 1 b, S. 62.
[202] *Schmidt*, Fahrlässigkeit und Rechtfertigung im Bürgerlichen Recht, 1966, S. 52: Allenfalls in seltenen Fällen unvorsätzlich-finalen Verhaltens sei eine Rechtfertigung denkbar. Vermeintliche Rechtfertigungsgründe hätten i. R. d. Fahrlässigkeitshaftung vielmehr Einfluss auf den Maßstab der Pflichtverletzung: „[Das objektive Vorliegen eines Rechtfertigungsgrundes] ist aber auch für nichtfinales Verhalten insoweit von Bedeutung, als bei Kenntnis der äußeren Umstände die Sorgfaltsanforderungen der Besonderheit der Situation angepaßt werden. Was als zur Bewältigung der außerordentlichen Lage als erforderlich angesehen werden kann, grenzt die Pflichtmäßigkeit vom objektiven Sorgfaltsverstoß ab."
[203] Vgl. unter 3.
[204] Fehler bei der Aufklärung stellen eine zusätzliche zweite Schiene der Arzthaftung dar und können (wie der Behandlungsfehler) i. R. d. Pflichtwidrigkeit berücksichtigt werden. Betroffenes Rechtsgut ist das Selbstbestimmungsrecht des Patienten; s. auch Fn. 335.
[205] So etwa *Wagner*, in: MüKo-BGB, [7]2017, § 823 Rn. 29, 57 f., 394; *Brüggemeier*, Deliktsrecht, 1986, Rn. 98, 114 f.; *Stathopoulos*, in: FS *Larenz*, 1983, S. 631, der daraus jedoch keine weiteren Konsequenzen für den Deliktsaufbau ziehen möchte. Zur Entwicklung der allg.-deliktsrechtlichen Debatte um das Verhältnis von Unrecht und Verschulden *Deutsch*, Fahrlässigkeit und erforderliche Sorgfalt, [2]1995, S. 43 ff.; ausf. zu Einordnungsfragen der Fahrlässigkeit S. 179 ff.; aus dem älteren Schrifttum etwa *Wiethölter*, Der Rechtfertigungsgrund des verkehrsrichtigen Verhaltens, 1960, S. 21 ff.

A. Der Standard in der deliktischen Arzthaftung 71

einen Gegenstand der Verschuldensprüfung auszumachen.²⁰⁶ In der deliktischen Fahrlässigkeitshaftung sind „die traditionellen Grenzen zwischen Rechtswidrigkeit/Pflichtwidrigkeit und Verschulden bis zur Unkenntlichkeit verschränkt".²⁰⁷
Jedenfalls im geltenden Arzthaftungsrecht, das Behandlungsfehler und Fahrlässigkeit durch den Medizinischen Standard definiert, ist das Unrechtsmerkmal Pflichtwidrigkeit mit dem Verschulden *de facto* identisch. Werden zwei Haftungsvoraussetzungen durch denselben Begriff definiert, ist dies die einzig mögliche Schlussfolgerung. Die doppelte Bezugnahme auf ein und denselben Standardbegriff ebnet den Unterschied zwischen Unrechts- und Verschuldensebene im geltenden Arzthaftungsrecht zumindest faktisch ein. Formell wird an der Unterscheidung von Behandlungsfehler und Verschulden zumeist festgehalten, materiell werden jedoch dieselben Maßstäbe angelegt.²⁰⁸ Der Gleichlauf wird also weitgehend praktiziert, allerdings selten offen zugestanden.²⁰⁹ Auch die Rechtsprechung hat durchaus erkannt, dass „die hergebrachte Trennung zwischen objektivem Fehlverhalten und Schuld [im Arzthaftungsrecht] besonders problematisch erscheint".²¹⁰ „Die Beurteilung des ärztlichen Verschuldens ist wegen des im Zivilrecht maßgebenden objektivierten Fahrlässigkeitsmaßstabs mit der Feststellung eines Behandlungsfehlers streng verbunden. Stellt sich eine Behandlungsentscheidung als Verstoß gegen den medizinischen Standard dar, fällt dem behandelnden Arzt regelmäßig auch ein objektiver Sorgfaltsverstoß zur Last."²¹¹ Gleichwohl hält der BGH in den genannten Entscheidungen (jedenfalls vordergründig) an einem eigenständigen Verschuldenserfordernis fest.
Die dogmatischen Konsequenzen einer offenen Anerkennung des Gleichlaufs von Pflichtwidrigkeit und Verschulden für die Struktur des § 823 Abs. 1 BGB sind erheblich, wenn auch für die Praxis, die sich regelmäßig mehr oder weniger

---

²⁰⁶ *Spickhoff*, JuS 2016, 865, 871 f.
²⁰⁷ *Schmidt/Brüggemeier*, GK Zivilrecht, ⁷2006, Rn. 746.
²⁰⁸ Vgl. nur die Rspr.-Übersicht bei *v. Pentz*, MedR 2016, 16, 19.
²⁰⁹ S. etwa *Hart*, in: *Hart*, Ärztliche Leitlinien im Medizin- und Gesundheitsrecht, 2005, S. 85, 95, 99 u. 23, 57, 62; *ders.*, in: *Hart*, Klinische Leitlinien und Recht, 2005, S. 81, 94, 96; *ders.*, AcP 203 (2003), 142, 146: „Der Behandlungsfehler ist die Pflichtverletzung und die Pflichtverletzung ist von der Fahrlässigkeit nicht zu unterscheiden und alle werden durch die in einem rechtlichen Rahmen zu treffende Feststellung einer medizinischen Standardabweichung bestimmt."; *Pelz*, in: *Laufs et al.*, Die Entwicklung der Arzthaftung, 1997, S. 41 ff. („Verschulden – Realität oder Fiktion"); *Taupitz*, AcP 211 (2011), 352, 354; *ders.*, in: *Möllers*, Geltung und Faktizität von Standards, 2009, S. 63, 66; *ders.*, in: AG RAe im MedR e. V., Dokumentation und Leitlinienkonkurrenz, 2007, S. 101, 106 f.: Pflichtverletzung und Fahrlässigkeit seien nach denselben Maßstäben zu beurteilen. Daher gebe es im Arzthaftungsrecht praktisch keinen schuldlos begangenen Behandlungsfehler. Zudem die Streitdarstellung bei *Arnade*, Kostendruck und Standard, 2010, S. 169 ff. In einem allg. Kontext auch *Hirte*, Berufshaftung, 1996, S. 108 f., 116, 141 f., 381 f., 385 f., der aber davon ausgeht, dass ohne subjektive Verschuldenskomponenten auch das Verschuldensprinzip gänzlich aufgegeben wird.
²¹⁰ BGH NJW 1977, 1102, 1103.
²¹¹ BGHZ 198, 237, 240 f. m. Anm. *Katzenmeier*, LMK 2014, 355655 = NJW 2013, 3654, 3656 = MedR 2014, 302, 303 m. Anm. *Walter*; s. auch *Laufs/Kern*, in: *Laufs/Kern*, Handbuch des Arztrechts, ⁴2010, § 93 Rn. 23; *Rumler-Detzel*, VersR 1989, 1008, 1010.

losgelöst von den hergebrachten Haftungsvoraussetzungen am Standard orientiert, zunächst nur von geringer Bedeutung. Es ist in erster Linie von theoretischem Interesse, ob die Haftung eines Arztes bereits an der Voraussetzung des Behandlungsfehlers oder aber erst auf Ebene des Verschuldens scheitert. Am Ergebnis der Beurteilung der Haftungsfrage ändert dies grundsätzlich nichts. Der dogmatische Wert der Abgrenzungsproblematik ist dafür aber umso größer einzuschätzen. Angesichts der Signalwirkung eines Behandlungsfehlervorwurfs über den konkreten Einzelfall hinaus ist ihre praktische Relevanz zudem nicht zu vernachlässigen.

b) Problematische Folge: Infragestellung des Verschuldensprinzips

Die größte Schwierigkeit eines Aufgehens der Fahrlässigkeit in der Pflichtwidrigkeit im Arzthaftungsrecht ist die damit einhergehende Entwertung des Verschuldenserfordernisses. Zur Wahrung der verfassungsrechtlich durch Art. 2 Abs. 1 GG geschützten Handlungsfreiheit geht das Deliktsrecht des BGB traditionell vom Verschuldensprinzip aus. In § 823 Abs. 1 BGB wurde eine Verschuldenshaftung normiert. Auch Arzthaftung ist Verschuldenshaftung.[212] Nicht jedes Verhalten, welches fremde Rechte oder Rechtsgüter – ihrerseits regelmäßig ebenso von Verfassungsrang – verletzt, führt zu einer Schadensersatzpflicht. Hinsichtlich der Schadenszuständigkeit gilt der Grundsatz *casum sentit dominus*. Eine Haftung ist demnach die Ausnahme. Jeder trägt sein allgemeines Lebensrisiko selbst.

Rechtsgüterschutz und Handlungsfreiheit sind in einen gerechten Ausgleich zu bringen. Eine Einstandspflicht besteht daher nur bei verschuldetem Unrecht.[213] Basierend auf dem Gedanken persönlicher Verantwortlichkeit bedeutet Verschulden, vor allem in Form von Fahrlässigkeit, dass die rechtswidrige Verletzung für den Schädiger (oder vielmehr einen verständigen durchschnittlichen Angehörigen seines Verkehrskreises) vorhersehbar (kognitives/intellektuelles Element) sowie vermeidbar (voluntatives Element) war.[214] Der Kern des individuellen Verschuldensvorwurfs besteht darin, dass der Täter rechtswidrig handelte, obwohl er anders hätte handeln können.[215] Es geht um eine Zurechnung zum Willen des

---

[212] *Katzenmeier*, Arzthaftung, 2002, S. 150 (ff. zu geschichtlichen Hintergründen und Begründungen des Verschuldensprinzips); s. auch *Deutsch*, in: FS *Weißauer*, 1986, S. 12, 13; *ders.*, NJW 1993, 1506; *ders.*, JZ 2002, 588.
[213] *Larenz/Canaris*, Schuldrecht II/2 BT, [13]1994, § 75 I 1 u. 2 a, S. 350 f.; *Looschelders*, Schuldrecht BT, [14]2019, § 58 Rn. 3; s. auch *Laufs/Kern*, in: *Laufs/Kern*, Handbuch des Arztrechts, [4]2010, § 93 Rn. 4 f.; *Laufs*, Unglück und Unrecht, 1994, S. 8 f.; *Kreuzer*, in: FS *W. Lorenz*, 1991, S. 123, 124 f.; überdies *J. Mohr*, JURA 2013, 567; *Canaris*, VersR 2005, 577 (unter Betonung der Unterscheidung von Deliktsrecht als Recht der unerlaubten Handlungen in den §§ 823 ff. BGB und der Gefährdungshaftung als Haftung für „erlaubtes" Verhalten innerhalb des außervertraglichen Haftungsrechts).
[214] Vgl. *Grundmann*, in: MüKo-BGB, [7]2016, § 276 Rn. 53; *Looschelders*, Schuldrecht AT, [16]2018, § 23 Rn. 7; *Wandt*, Gesetzliche Schuldverhältnisse, [9]2019, § 16 Rn. 175; *Brüggemeier*, Deliktsrecht, 1986, Rn. 106.
[215] *Laufs*, in: FS *Gernhuber*, 1993, S. 245, 247 f.

A. Der Standard in der deliktischen Arzthaftung   73

Schädigers.[216] Das Unrecht bildet den Haftungsgrund, das Verschulden das zugehörige Zurechnungskriterium.[217] Damit hat das Verschuldensprinzip sowohl haftungsbegründende als auch -begrenzende Funktion.[218] Es sichert gerade im Arzthaftungsrecht die Handlungsfreiheit des Arztes und damit seine Verantwortungsbereitschaft bei der Behandlung des Patienten,[219] indem es dem Arzt einen – durch den Medizinischen Standard begrenzten – Freiraum gewährt.[220]

Bezugspunkt des Verschuldens (auch) in Form von Fahrlässigkeit ist der Unrechtstatbestand.[221] Beinhaltet aber dieser Unrechtstatbestand selbst das Merkmal der Pflichtwidrigkeit, welchem im Arzthaftungsrecht durch den doppelten Standardbezug dieselbe Bedeutung zugewiesen wird wie der Fahrlässigkeit, ist fraglich, ob dies dem Verschuldensprinzip noch gerecht wird und dem Verschuldenserfordernis eine ausreichende Bedeutung verbleibt. Es stellt sich richtigerweise die Frage nach den semantischen Grenzen des Verschuldensbegriffs.[222] Kann ohne eigenständige Verschuldensprüfung noch von Verschuldenshaftung die Rede sein?

Begründet liegt dieses Problem zum einen in der modernen Verkehrspflichtdogmatik. Verkehrspflichten sehen sich generell dem Vorwurf ausgesetzt, als Gefährdungshaftung kraft Richterrecht das Verschuldensprinzip *contra legem* auszuhöhlen, soweit sie überspannt werden.[223] Sie ermöglichen die haftungsrechtliche Anknüpfung an Verhaltensweisen, die lediglich die Gefahr des Eintritts des Verletzungserfolgs gesetzt haben und mit diesem daher nur in entfernterer Verbindung stehen. Zum anderen führt auch der objektivierte Fahrlässigkeitsmaßstab in Richtung einer Risikohaftung, trägt der Schädiger unter diesem doch das Risiko

---

[216] Vgl. insg. *Deutsch*, Allgemeines Haftungsrecht, ²1996, Rn. 1 ff., 5, 20 ff., 368, 382, 419; *ders.*, Fahrlässigkeit und erforderliche Sorgfalt, ²1995, S. 64 ff., 67 ff., 420 ff., 428 f.; *ders.*, in: FS *Medicus*, 1999, S. 77 f.; *ders.*, in: FS *Keller*, 1989, S. 105, 114 f.
[217] S. auch *Laufs*, in: *Laufs et al.*, Die Entwicklung der Arzthaftung, 1997, S. 1; allg. *Kötz/Wagner*, Deliktsrecht, ¹³2016, Rn. 6 f.
[218] *Katzenmeier*, in: NK-BGB, ³2016, Vor §§ 823 ff. Rn. 19; *Larenz/Canaris*, Schuldrecht II/2 BT, ¹³1994, § 75 I 2 c, S. 352.
[219] *Katzenmeier*, Arzthaftung, 2002, S. 185 f.
[220] *Deutsch*, NJW 1993, 1506; *ders.*, NJW 1976, 2289; s. auch *Laufs*, in: *Laufs/Kern*, Handbuch des Arztrechts, ⁴2010, § 3 Rn. 23; *ders.*, in: FS *Gernhuber*, 1993, S. 245, 251; *ders.*, Berufsfreiheit und Persönlichkeitsschutz im Arztrecht, 1982, S. 8.
[221] *Deutsch*, Allgemeines Haftungsrecht, ²1996, Rn. 1; *ders.*, in: FS *Medicus*, 1999, S. 77, 84 f.; *ders.*, JZ 1997, 1030, 1032; *ders.*, in: FS *Keller*, 1989, S. 105, 107 f. – jeweils unter dem Stichwort „relative Fahrlässigkeit" (s. o. Fn. 147). Dies bedeute aber nicht, dass die Abwägungskriterien nicht auch schon auf einer früheren Stufe Verwendung finden können (keine Exklusivität).
[222] Aufgeworfen etwa von *Katzenmeier*, Arzthaftung, 2002, S. 163; allg. bereits *Meder*, Schuld, Zufall, Risiko, 1993, S. 177.
[223] *Wagner*, in: MüKo-BGB, ⁷2017, Vor § 823 Rn. 27 f.; *Katzenmeier*, in: NK-BGB, ³2016, Vor §§ 823 ff. Rn. 29; *ders.*, Arzthaftung, 2002, S. 167 ff.; *ders.*, MedR 2011, 201, 202; s. auch *Larenz/Canaris*, Schuldrecht II/2 BT, ¹³1994, § 76 III 7, S. 426 ff.; *Laufs/Kern*, in: *Laufs/Kern*, Handbuch des Arztrechts, ⁴2010, § 93 Rn. 6; *Laufs*, in: *Laufs et al.*, Die Entwicklung der Arzthaftung, 1997, S. 1, 6 ff.; *ders.*, Unglück und Unrecht, 1994, S. 10 f., 16, 20 ff.; *ders.*, in: FS *Gernhuber*, 1993, S. 245, 250 ff.; a. A. (pointiert) *v. Bar*, Verkehrspflichten, 1980, S. 129 ff.: „(Leer-)Formel von der Überspannung der Verkehrspflichten (die das einzige zu sein scheint, was man im deutschen Recht überdehnen darf)".

unterdurchschnittlicher Fähigkeiten bis zur Grenze der Unzurechnungsfähigkeit.[224] Die Sorgfaltsanforderungen werden mitunter ebenfalls überspannt.[225] Die beiden Aspekte treffen nun im arzthaftungsrechtlichen Standardbegriff zusammen und stellen kumulativ das Verschuldensprinzip in Frage.

c) Ansätze zur Erhaltung eines reinen Verschuldenserfordernisses

Um die klassische, eigenständige Verschuldensprüfung zu bewahren und die Zweifel an der Geltung des Verschuldensprinzips im Arzthaftungsrecht – unabhängig davon, ob diese angebracht sind oder nicht – zu beseitigen, müsste der Gleichlauf von Behandlungsfehler und Fahrlässigkeit durchbrochen werden. Dies könnte aber nur dadurch geschehen, dass entweder der Behandlungsfehler oder die Fahrlässigkeit nicht mehr durch den Standard definiert werden oder sie jeweils auf einen unterschiedlichen Standard Bezug nehmen. Der Maßstab zumindest eines der beiden Haftungsmerkmale müsste gewechselt oder der Standardbegriff einseitig modifiziert werden. Ausgehend davon, dass die „subjektiven" Anforderungen begriffsnotwendig nicht über den „objektiven" liegen können, kommen hierfür zwei Möglichkeiten in Betracht: die Verschärfung des Pflichtwidrigkeits- und/ oder die Abschwächung des Verschuldensmaßstabs. Entweder der Behandlungsfehler im Unrechtstatbestand setzt früher oder ärztliches Verschulden später ein. Beides ermöglichte ein Festhalten am traditionellen dreistufigen Deliktsaufbau.

aa) Erste Möglichkeit: Verschärfung des Pflichtwidrigkeitsmaßstabs – Trennung von äußerer und innerer Sorgfalt

Eine Verschärfung des Pflichtwidrigkeitsmaßstabs unter Beibehaltung des objektivierten Fahrlässigkeitsbegriffs auf Verschuldensebene könnte im Wesentlichen auf zweierlei Wegen erfolgen: Zum einen könnte die Bezugnahme auf den normativen Durchschnitt[226] durch den Verweis auf das Optimum oder jedenfalls ein überdurchschnittliches Behandlungsniveau ersetzt werden. Zum anderen bezieht sich der Standard nach geltendem Recht auf das, was vom Arzt *ex ante*, also zum Zeitpunkt des haftungsbegründenden Verhaltens erwartet werden kann.[227] Diese zeitliche Einordnung ließe sich zu Gunsten einer strengeren *ex-post*-Betrachtung aus der Sicht zur Zeit der letzten mündlichen Verhandlung und damit der Beurteilung durch den medizinischen Sachverständigen aufgeben.

Eine Verschärfung des Pflichtwidrigkeitsmaßstabs bedeutete allgemein eine Ausdehnung des Behandlungsfehlerbegriffs und damit eine Erweiterung der Haftung auf Unrechtsebene, die jedoch dadurch relativiert würde, dass das Verschuldenserfordernis unverändert weiterbesteht und die Haftung des Arztes somit letztlich an der Einhaltung des gewohnten Sorgfaltsniveaus scheitert, also insge-

---

[224] *Larenz/Canaris*, Schuldrecht II/2 BT, [13]1994, § 75 I 2 g, S. 353 f.; *Canaris*, in: FS *Larenz*, 1983, S. 27, 32 f.
[225] *Canaris*, VersR 2005, 577, 579; *Laufs*, in: Eser/Just/Koch, Perspektiven des Medizinrechts, 2004, S. 23, 33 f.; *ders.*, in: Laufs et al., Die Entwicklung der Arzthaftung, 1997, S. 1, 8; *ders.*, in: FS *Gernhuber*, 1993, S. 245, 252.
[226] S. o. I. 1.
[227] S. o. I. 2. b.

samt nicht strenger gehaftet wird. Jedenfalls käme dem Verschulden damit wie gewollt wieder eine echte Bedeutung zu. Aus dem Blickwinkel der Qualitätssicherung oder sogar -steigerung ärztlicher Behandlung mag eine solche Erhöhung oder hohe Ansetzung des Standards mit entsprechender Signalwirkung durchaus sinnvoll erscheinen – auch wenn sich im Ergebnis nichts an der Haftung ändert.

Diesem Ansatz entsprechend wird im allgemeinen Deliktsrecht sehr häufig die Verkehrspflichtverletzung nach abstrakteren und damit strengeren Maßstäben beurteilt als die Fahrlässigkeit.[228] Es wird zwischen äußerer und innerer Sorgfalt differenziert,[229] wobei diese Begriffe ihrerseits mehr oder weniger uneinheitlich verwendet werden – insofern soll nur eine vereinfachte Darstellung erfolgen.[230] Der Sorgfaltsbegriff des § 276 Abs. 2 BGB wird gleichsam verdoppelt oder zweigeteilt, ohne jedoch grundsätzlich seine Objektivität in Frage zu stellen.[231] Dem liegt die Annahme zu Grunde, das Verhaltensprogramm der verkehrserforderlichen Sorgfalt sei regelmäßig abstufbar.[232] Insbesondere können äußere und innere Sorgfalt zu unterschiedlichen Zeitpunkten und mit unterschiedlich strengen Maßstäben bestimmt werden.[233] Im Ausgangspunkt steht die Beobachtung, dass jedes für andere äußerlich wahrnehmbare Verhalten auf inneren seelisch-geistigen Vorgängen beruht[234] und der Begriff der Sorgfalt beides bezeichnen kann.[235] Entschei-

---

[228] Zum Folgenden *Larenz/Canaris*, Schuldrecht II/2 BT, [13]1994, § 75 II 3 d, S. 369 f.; *Looschelders*, Schuldrecht BT, [14]2019, § 59 Rn. 12; s. auch die (krit.) Darstellung bei *Schmidt/Brüggemeier*, GK Zivilrecht, [7]2006, Rn. 801 ff.

[229] So im Zivilrecht *Larenz*, in: FS *Dölle*, 1963, Bd. 2, S. 169, 189 f.; *Deutsch*, Allgemeines Haftungsrecht, [2]1996, Rn. 385 ff.; *ders.*, Fahrlässigkeit und erforderliche Sorgfalt, [2]1995, S. 93 ff., 468 ff.; *ders.*, in: FS *E. Lorenz*, 2014, S. 575, 580; *ders.*, VersR 2012, 1193, 1195; *ders.*, JZ 1997, 1030, 1033; *ders.*, NJW 1993, 1506, 1508 f.; *ders.*, in: FS *Keller*, 1989, S. 105, 106, 109 f.; *ders.*, JZ 1988, 993; *ders.*, NJW 1976, 2289, 2292; im Anschluss daran *v. Bar*, Verkehrspflichten, 1980, S. 171 ff.; *ders.*, JuS 1988, 169, 173; *Raab*, JuS 2002, 1041, 1047 f.; entspr. in Bezug auf technische Standards *Marburger*, Die Regeln der Technik im Recht, 1979, S. 441 ff. (freilich gleichzeitig mit der Erkenntnis, dass äußere und innere Sorgfalt bei technischen Standards regelmäßig zusammenfallen); im Arzthaftungsrecht *Katzenmeier*, Arzthaftung, 2002, S. 188 f.; *Laufs/Kern*, in: *Laufs/Kern*, Handbuch des Arztrechts, [4]2010, § 97 Rn. 35; *Schramm*, Der Schutzbereich der Norm im Arzthaftungsrecht, 1992, S. 93 ff.; *Bodenburg*, Kunstfehler, 1983, S. 114; *Kröning*, Kunstfehler, 1974, S. 68 ff.; ebenso *Deutsch/Spickhoff*, Medizinrecht, [7]2014, Rn. 327 (freilich die Pflichtverletzung im Deliktsrecht als Bestandteil der Verschuldensprüfung betrachtend). Früher wurden bzgl. der inneren Sorgfalt teils subjektive Maßstäbe angelegt, vgl. die Darstellung bei *Brüggemeier*, Deliktsrecht, 1986, Rn. 107 ff.

[230] Einen ausf. Überblick über den Meinungsstand gewährt *Fabarius*, Äußere und innere Sorgfalt, 1991, S. 67 ff., zur geschichtlichen Entwicklung S. 61 ff.; s. auch die Darstellung bei *Wagner*, in: MüKo-BGB, [7]2017, § 823 Rn. 30 ff.

[231] Vom Streit um die subjektive oder objektive Fahrlässigkeit ist die Trennung von äußerer und innerer Sorgfalt grds. unabhängig, ebenso von der Frage nach der Strenge des jeweils anzulegenden Maßstabs und dem maßgeblichen Zeitpunkt, vgl. *Fabarius*, Äußere und innere Sorgfalt, 1991, S. 68.

[232] *Deutsch*, Fahrlässigkeit und erforderliche Sorgfalt, [2]1995, S. 8 u. *passim*; *ders.*, Allgemeines Haftungsrecht, [2]1996, Rn. 379.

[233] Vgl. darstellend *Fabarius*, Äußere und innere Sorgfalt, 1991, S. 112 ff.

[234] *Fabarius*, Äußere und innere Sorgfalt, 1991, S. 145.

dend für die Bestimmung der äußeren Sorgfalt sei, welche Vorkehrungen nach dem Stand von Wissenschaft und Technik *ex post* geboten erscheinen, um den Verletzungserfolg zu vermeiden (nach außen körperlich wahrnehmbares, sachgemäßes Verhalten; physische Seite). Es handele sich um eine Sorgfalt im Höchstmaß, orientiert am optimalen Beobachter.[236]

Die äußere Sorgfalt decke sich regelmäßig mit Inhalt und Umfang der Verhaltens- oder Verkehrspflicht[237] und sei demnach Teil des Unrechtstatbestands. Die weiterhin auf Verschuldensebene zu prüfende innere Sorgfalt[238] richte sich hingegen danach, ob ein durchschnittlicher Angehöriger des betroffenen Verkehrskreises die objektiv zur Vermeidung der Verletzung gebotenen Anforderungen der äußeren Sorgfalt *ex ante* hätte erkennen und erfüllen können (intellektuell-emotionaler, geistig-seelischer Vorgang; psychische Seite). Auch Irrtümer können hier berücksichtigt werden.[239] Die Fahrlässigkeitsprüfung wird damit auf Unrechts- und Verschuldensebene verteilt.[240] Fahrlässigkeit ist nach diesem Konzept erst dann anzunehmen, wenn kumulativ sowohl die äußere als auch die innere Sorgfalt außer Acht gelassen werden.[241] Ist eine Form der Sorgfalt gewahrt, scheidet Fahrlässigkeit aus. Die Unterscheidung der beiden Sorgfaltsseiten lässt sich also zur Abgrenzung von Verhaltensunrecht und Fahrlässigkeit nutzen.[242]

bb) Zweite Möglichkeit: Abschwächung des Verschuldensmaßstabs – Subjektivierung der Fahrlässigkeit

Wie bereits mehrfach betont ist der geltende Fahrlässigkeitsbegriff objektiviert und gruppenbezogen, also orientiert an einem verständigen durchschnittlichen Angehörigen des jeweiligen Verkehrskreises.[243] Abschwächung des Verschuldensmaßstabs bedeutete daher Subjektivierung der Fahrlässigkeit. Eine solche könnte in eingeschränkter Form bereits dadurch erreicht werden, dass das Einfallstor für konkret-situative Differenzierungen weiter geöffnet, die Objektivierung zurückgenommen wird. Würde der Sorgfaltsmaßstab jedoch insgesamt abgesenkt, also auf weniger als den normativen Durchschnitt einer Gruppe abgestellt, würde der Maßstab selbst dem Grunde nach subjektiv. Gefordert wäre dann nur die Sorgfalt, die vom behandelnden Arzt unter Berücksichtigung seiner individuellen (möglicherweise unterdurchschnittlichen) Kenntnisse und Erfahrungen in der konkreten Situation erwartet werden kann. Ein subjektiver Sorgfaltsmaßstab wurde früher

---

[235] *Deutsch*, Fahrlässigkeit und erforderliche Sorgfalt, ²1995, S. 93.
[236] *Deutsch*, Allgemeines Haftungsrecht, ²1996, Rn. 385; s. auch *ders.*, Fahrlässigkeit und erforderliche Sorgfalt, ²1995, S. 123 ff.
[237] Ausf. zum Verhältnis von Verhaltensregeln (Verkehrspflichten) zur Sorgfalt *Deutsch*, Fahrlässigkeit und erforderliche Sorgfalt, ²1995, S. 157 ff. (insb. S. 161, 171 f., 176).
[238] Dazu *Deutsch*, Allgemeines Haftungsrecht, ²1996, Rn. 387 ff.
[239] *Deutsch*, Allgemeines Haftungsrecht, ²1996, Rn. 409.
[240] Ausf. zur genauen Zuordnung und ihren Konsequenzen *Deutsch*, Fahrlässigkeit und erforderliche Sorgfalt, ²1995, S. 185 ff.
[241] *Deutsch*, Allgemeines Haftungsrecht, ²1996, Rn. 390; *ders.*, in: FS *Keller*, 1989, S. 105, 109 f.; *ders.*, JZ 1988, 993, 994 f.
[242] Ausf. Darstellung bei *Fabarius*, Äußere und innere Sorgfalt, 1991, S. 109 ff.
[243] S. o. II. 2.

zwar noch durchaus vertreten,[244] hat sich jedoch gegen den objektivierten Fahrlässigkeitsbegriff vor dem Hintergrund des Verkehrsschutzes nicht durchgesetzt und wird mittlerweile praktisch nicht mehr befürwortet.[245] Mit dem Wortlaut des § 276 Abs. 2 BGB, welcher auf die verkehrserforderliche Sorgfalt verweist, ist er schon im Ansatz kaum vereinbar.

d) Stellungnahme zum Arzthaftungsrecht

Wird auf die eine oder andere Weise eine Unterscheidbarkeit von Pflichtwidrigkeit und Verschulden bewirkt, bringt dies jedoch nicht nur den (vermeintlichen) Vorteil einer Stärkung des Verschuldensprinzips, sondern auch erhebliche Nachteile mit sich. Das Verschuldensprinzip gebietet letzten Endes keine Differenzierung, kommt es schließlich in der Pflichtwidrigkeit hinreichend zum Ausdruck.

aa) Ablehnung der Unterscheidung von äußerer und innerer Sorgfalt

Die Unterscheidung von äußerer und innerer Sorgfalt (so der erste Ansatz)[246] und die damit verbundene Verschärfung des arzthaftungsrechtlichen Pflichtwidrigkeitsmaßstabs im Vergleich zum *status quo* überzeugt aus grundsätzlichen Erwägungen nicht. Sie zielt in erster Linie darauf ab, die traditionelle dreistufige Deliktsstruktur mit ihrem selbständigen Verschuldenserfordernis ohne größeren Aufwand aufrechtzuerhalten. Aus diesem Grund erfreut sie sich auch großer Beliebtheit. Es handelt sich jedoch regelmäßig nur um eine Scheinunterscheidung. Nach zutreffender Auffassung lassen sich innere und äußere Sorgfalt – gerade soweit sich die Sorgfalt wie bei § 823 Abs. 1 BGB ausschließlich auf äußerlich wahrnehmbare Umstände bezieht und sich daher in erster Linie nach außen manifestieren muss – zwar tatsächlich-deskriptiv, aber nicht rechtlich als kumulative Untervoraussetzungen der Sorgfalt trennen,[247] erst recht nicht als an getrennter Stelle im Deliktsaufbau zu prüfende Merkmale.[248] Die innere Sorgfalt bezieht sich

---

[244] So insb. *Nipperdey*, NJW 1957, 1777, 1779 ff., der dies für die logische Folge der auch von ihm vertretenen Verhaltensunrechtskonzeption (er spricht diesbzgl. auch von „Sozialadäquanz") hält. Nur so komme dem Verschulden noch eine eigene Bedeutung zu.
[245] Ausf. Zusammenfassung des (mittlerweile historischen) Meinungsstands innerhalb der subjektiven Lehre bei *Deutsch*, Fahrlässigkeit und erforderliche Sorgfalt, ²1995, S. 22 ff. (auch zur objektiven Lehre, S. 28 ff., und zu vermittelnden Auffassungen, S. 36 ff.; zur Entwicklung der Rspr. S. 38 ff.; zum geschichtlichen und rechtspolitischen Hintergrund S. 9 ff.); s. insg. auch *Walter*, Spezialisierung und Sorgfaltsstandard, 2004, S. 14 ff.; zudem *Katzenmeier*, Arzthaftung, 2002, S. 162; *Fabarius*, Äußere und innere Sorgfalt, 1991, S. 110 f., die die subjektive Fahrlässigkeit als Ausprägung der inneren Sorgfalt darstellt.
[246] S. o. c. aa.
[247] Ausf. *Fabarius*, Äußere und innere Sorgfalt, 1991, S. 77 ff., 89 ff., 100 ff., 141 ff.; allenfalls lassen sich äußere und innere Sorgfalt als alternative Spielarten der Sorgfalt in Abhängigkeit von ihrem Bezugspunkt (geistige Umstände oder Umstände der Außenwelt) trennen; vgl. auch *Stathopoulos*, in: FS *Larenz*, 1983, S. 631, 634 ff.
[248] Vgl. *Wagner*, in: MüKo-BGB, ⁷2017, § 823 Rn. 34 ff., der eine Unterteilung in äußere und innere Sorgfalt durchaus anerkennt, aber beide als Elemente des Verhaltensunrechts dem Unrechtstatbestand zuweist.

auf die Erkenntnis und Erbringung der äußeren,[249] aber auch die äußere lässt sich nicht losgelöst von der inneren Sorgfalt betrachten, ergeben sich schließlich ihre Anforderungen nach überwiegender Auffassung ebenso aus der Perspektive eines verständigen Durchschnittsmenschen in der Position des jeweiligen Schädigers in der konkreten Gefahrensituation.[250]

Vor allem wird nicht wirklich klar, was genau mit innerer Sorgfalt gemeint ist und diese von der äußeren unterscheidet.[251] „Der Vorhersehbarkeit [im Sinne innerer Sorgfalt] kommt [im Kontext einer modernen Risikogesellschaft] keine differenzierende Kraft mehr zu. Das, was die – objektivierte – Vorhersehbarkeit durch den *vir optimus* leisten soll, erfolgt durch die [...] Standardsetzung. [...] Die analytische Differenz zwischen einem ex ante-Verhaltensstandard und einem ex post-Nachprüfungsstandard ist in praxi nicht durchhaltbar. Beide finden sich ‚aufgehoben' in *dem* Sorgfaltsstandard."[252] „[F]ür ein selbständiges Element einer objektiven (!) Erkennbarkeit des Verkehrserforderlichen [ist hier kein Raum] [...]. Dass man Verkehrsregeln beachten und generalisierte Normen, die den eigenen Lebensbereich regeln, einhalten muss, um sich verkehrsrichtig zu verhalten, ist eine Trivialität."[253] Eine objektiv verstandene Vorhersehbarkeit (im Sinne von innerer Sorgfalt) hat für sich genommen also keinen eigenen haftungseingrenzenden Mehrwert.[254] Dies gilt insbesondere, soweit die fraglichen Pflichten gerade in der Kenntnis bestimmter Umstände bestehen.[255] Hier bleibt kein Raum für eine Trennung von äußerer und innerer Sorgfalt. So wird etwa auch vom Arzt schlichtweg erwartet, dass er den Standard kennt.

Die Sinnhaftigkeit der Unterscheidung hängt letztlich auch nicht von der (rechtlich wie dargelegt kaum praktikablen) Trennung von äußerer und innerer Sorgfalt an sich, sondern von den damit zusätzlich verknüpften (rechtlich durchaus erheblichen) Differenzierungskriterien – etwa hinsichtlich des maßgeblichen Zeitpunkts und der Strenge des Maßstabs – ab, die eine echte Trennbarkeit zu bewirken vermögen.[256] Insbesondere ist von Bedeutung, wie abstrakt die Verkehrspflichten (als äußere Sorgfalt/im Höchstmaß) tatsächlich bestimmt werden[257] und welcher Raum dadurch für eine abweichende Beurteilung der Umstände des konkreten Einzelfalls auf Verschuldensebene (als innere Sorgfalt/im Normalmaß)

---

[249] So ausdr. *Deutsch*, Allgemeines Haftungsrecht, ²1996, Rn. 388; *ders.*, Fahrlässigkeit und erforderliche Sorgfalt, ²1995, S. 94 f.; zu den Komplikationen dieser Bezugnahme der inneren auf die äußere Sorgfalt *Fabarius*, Äußere und innere Sorgfalt, 1991, S. 122 ff.
[250] *Kötz/Wagner*, Deliktsrecht, ¹³2016, Rn. 121: „Die Anforderungen der äußeren Sorgfalt fallen [...] nicht vom Himmel, um vom handelnden Subjekt bloß noch erkannt zu werden, sondern sie sind am Maßstab der ‚inneren Sorgfalt' zu entwickeln."
[251] Vgl. *Kötz/Wagner*, Deliktsrecht, ¹³2016, Rn. 120: schillernde und kaum nachvollziehbare Formulierungen; ähnlich *Schmidt/Brüggemeier*, GK Zivilrecht, ⁷2006, Rn. 802.
[252] *Brüggemeier*, Haftungsrecht, 2006, § 2 B II 1 b, S. 59 f. (Hervorhebungen im Original).
[253] *Brüggemeier*, Haftungsrecht, 2006, § 2 B II 2 b, S. 74 f.
[254] Vgl. insg. *Brüggemeier*, Deliktsrecht, 1986, Rn. 113: problematisches Konzept einer auf sich bezogenen Fahrlässigkeit (a. A. ausdr. *Deutsch*, JZ 1988, 993, 995).
[255] Vgl. *Spickhoff*, JuS 2016, 865, 871 f.
[256] Vgl. *Fabarius*, Äußere und innere Sorgfalt, 1991, S. 103, 110, 139 f.
[257] So auch *Wandt*, Gesetzliche Schuldverhältnisse, ⁹2019, § 16 Rn. 113.

verbleibt.²⁵⁸ Gerade bei von Haus aus konkret formulierten Verkehrspflichten bleiben freilich die Möglichkeiten begrenzt, auf diese Weise doch noch eine Differenzierung herbeizuführen.²⁵⁹ Hierauf wird sogleich im Hinblick auf den Standard zurückzukommen sein.²⁶⁰

Gelten für die äußere und innere Sorgfalt Maßstäbe, die in allen Details gleich sind, so sind beide Sorgfaltsarten identisch.²⁶¹ Dies ist im Arzthaftungsrecht durch die doppelte Bezugnahme auf den Medizinischen Standard der Fall, sodass hieraus die entsprechenden Konsequenzen gezogen werden sollten. Richtigerweise ist von einer gesonderten Verschuldensprüfung abzusehen, wenn ein objektiver Behandlungsfehler im Sinne einer Verkehrspflichtverletzung bereits auf Ebene der Pflichtwidrigkeit festgestellt wurde.²⁶² Es ist unnötig, dennoch unreflektiert zweimal unter dasselbe Tatbestandsmerkmal zu subsumieren. Die ohnehin schon komplexe Haftungsdogmatik wird so nur um ein Scheinproblem erweitert. Auf die Begriffe der äußeren und inneren Sorgfalt, im Übrigen auf jede Trennung zweier Sorgfaltsmerkmale, sollte verzichtet werden.²⁶³

Die aufgezeigten Schwächen dieses ersten Lösungsansatzes haben auch Rechtsprechung und Literatur zum allgemeinen Deliktsrecht durchaus erkannt, ziehen daraus jedoch nicht die nötigen Konsequenzen, sondern stellen lediglich fest, dass die Verletzung der äußeren Sorgfalt die der inneren regelmäßig indiziere oder vermuten lasse (Anscheinsbeweis oder sogar Beweislastumkehr).²⁶⁴ Richtigerweise ist dies aber seinerseits nur ein weiteres Indiz, eine Trennung nicht vorzunehmen und bei einem einheitlichen Fahrlässigkeitsbegriff zu verbleiben. Beweisrechtliche Schlüsse kaschieren insoweit nur die Identität von innerer und äußerer Sorgfalt. Die gegebenenfalls sogar irreführende Differenzierung ist gänzlich fallenzulassen.²⁶⁵ Sie mag leicht in Richtung der Unterscheidung von objektiver und subjektiver Sorgfalt missverstanden werden.²⁶⁶

---

²⁵⁸ Vgl. insofern die Erklärungsversuche im Hinblick auf eine Aufrechterhaltung der Unterscheidung von Verkehrspflichtverletzung und Verschulden durch die Rspr. (und Lit.) bei *Fabarius*, Äußere und innere Sorgfalt, 1991, S. 114 ff.
²⁵⁹ Vgl. *Spickhoff*, JuS 2016, 865, 871 f.
²⁶⁰ S. u. cc.
²⁶¹ *Fabarius*, Äußere und innere Sorgfalt, 1991, S. 139.
²⁶² *Fabarius*, Äußere und innere Sorgfalt, 1991, S. 139, Fn. 636.
²⁶³ *Fabarius*, Äußere und innere Sorgfalt, 1991, S. 139.
²⁶⁴ BGH NJW 1986, 2757, 2758; NJW 1994, 2232, 2233; *Looschelders*, Schuldrecht BT, ¹⁴2019, § 59 Rn. 13; *Deutsch*, Allgemeines Haftungsrecht, ²1996, Rn. 391 f., 415 ff.; *ders.*, JZ 1997, 1030, 1033; *ders.*, JZ 1988, 993, 995 f.; *ders.*, NJW 1976, 2289, 2292; *Steffen*, ZVersWiss 1993, 13, 18 f.; *v. Bar*, JuS 1988, 169, 173 f.; zum Arzthaftungsrecht *Bodenburg*, Kunstfehler, 1983, S. 118 ff.; *Kröning*, Kunstfehler, 1974, S. 109 ff.; im Kontext technischer Standards *Marburger*, Die Regeln der Technik im Recht, 1979, S. 445 ff.; s. auch die (krit.) Darstellung bei *Schmidt/Brüggemeier*, GK Zivilrecht, ⁷2006, Rn. 803, zur Entwicklung von der Rechtswidrigkeitsindikation bei unmittelbaren Rechts(guts)verletzungen zur Fahrlässigkeitsindikation bei mittelbaren Rechts(guts)verletzungen.
²⁶⁵ *Fabarius*, Äußere und innere Sorgfalt, 1991, S. 141 ff.
²⁶⁶ Vgl. *Spickhoff*, JuS 2016, 865, 871.

bb) Ablehnung eines subjektiven Fahrlässigkeitsbegriffs

Mithin erscheint es allenfalls noch vorstellbar, zu Gunsten des Verschuldensprinzips den Sorgfaltsmaßstab zu senken (so der zweite Ansatz).[267] Ist es für den Arzt leichter, die im Verkehr erforderliche Sorgfalt zu wahren, scheidet die Haftung früher aus. Es würde hierdurch also zusätzlich auch die Ärzteschaft haftungsrechtlich entlastet, wofür indes bereits kein besonderer Anlass ersichtlich ist. Gegen einen gänzlich subjektiven Fahrlässigkeitsbegriff bestehen außerdem seit jeher erhebliche Vorbehalte. So ist das genaue individuelle Gefahrsteuerungspotential des einzelnen praktisch nur schwer zu ermitteln.[268] Ein subjektiver Fahrlässigkeitsbegriff schützt einseitig den Täter, was im Strafrecht, wo es um persönliche Vorwerfbarkeit geht, nicht aber im Hinblick auf den Interessenausgleich im Zivilrecht angebracht erscheint.[269] Hier wird er der normativen Ausrichtung des § 276 Abs. 2 BGB nicht gerecht.

Die im Verkehr erforderliche Sorgfalt orientiert sich an der Verkehrserwartung. Diese beinhaltet es aber, dass derjenige, der sich einer bestimmten Situation – regelmäßig nicht aus heiterem Himmel – aussetzt, die hierfür objektiv erforderlichen Fähigkeiten und Kenntnisse aufzuweisen hat. Wer den Anforderungen der eigenen (beruflichen) Rolle nicht gewachsen ist, muss sich entweder fortbilden oder sich zurückziehen.[270] Persönliche Defizite kann die Verkehrserwartung schon begrifflich nicht verarbeiten. Die Folgen dieser Objektivierung sind dabei letztlich auch nicht überzubewerten, verfügt die Mehrheit begriffsnotwendig schließlich mindestens über durchschnittliche Fähigkeiten.[271] Gerade für die Bestimmung der Anforderungen an die medizinische Behandlung erscheint ein subjektiver Fahrlässigkeitsbegriff im Ergebnis wenig passend. Der objektivierte Fahrlässigkeitsmaßstab ist deshalb heute auch allgemein anerkannt.

Die objektivierte Fahrlässigkeitshaftung kommt gewiss nicht in Gänze ohne subjektive Elemente aus[272] – was im Übrigen die Geltung des Verschuldensprinzips nur bestätigt. In Form der Zurechnungsfähigkeit (§§ 827 f. BGB) als eine „Parallelerscheinung des Verschuldens"[273] bleiben subjektiv geprägte Anforde-

---

[267] S. o. c. bb.
[268] *Wagner*, in: MüKo-BGB, [7]2017, § 823 Rn. 41; *Kötz/Wagner*, Deliktsrecht, [13]2016, Rn. 117.
[269] Vgl. *Spickhoff*, JuS 2016, 865, 871.
[270] *Wagner*, in: MüKo-BGB, [7]2017, § 823 Rn. 42; *Kötz/Wagner*, Deliktsrecht, [13]2016, Rn. 117.
[271] *Larenz/Canaris*, Schuldrecht II/2 BT, [13]1994, § 75 I 2 g, S. 353 f.; *Canaris*, in: FS *Larenz*, 1983, S. 27, 33; *ders.*, VersR 2005, 577, 579.
[272] S. zum Folgenden *Wagner*, in: MüKo-BGB, [7]2017, § 823 Rn. 40 (komplexes Mischsystem), 43, 45; auch *J. Mohr*, JURA 2013, 567, 574. Deshalb ist i. Ü. die Bezeichnung „objektiviert" jedenfalls präziser als „objektiv".
[273] *Deutsch*, Fahrlässigkeit und erforderliche Sorgfalt, [2]1995, S. 143, der darauf hinweist, dass die Zurechnungsfähigkeit auf ein anderes, mit dem Verschuldensgrundsatz nur teilweise verbundenes Prinzip zurückgeht: auf den umfassenden Schutz der geistig gehemmten oder kranken Personen und der nicht genügend Entwickelten (S. 145).

rungen zumindest in geringem Maße Teil der Haftungsvoraussetzungen,[274] wobei § 828 BGB (zur Verantwortlichkeit Minderjähriger) im Arzthaftungsrecht keine und § 827 BGB (Bewusstlose oder Geisteskranke) praktisch nur am Rande eine Rolle spielt. Die Zurechnungsfähigkeit ließe sich darüber hinaus ohne großen Aufwand über den normativen Verkehrskreis- oder Situationsbezug sogar in den Standard integrieren.[275] Wer nicht zurechnungsfähig ist, kann sich bereits nicht pflichtwidrig verhalten. Daneben ist im Übrigen der im allgemeinen Deliktsrecht auf Verschuldensebene verortete (unvermeidbare) Verbotsirrtum[276] im Rahmen der Arzthaftung für Behandlungsfehler ohne Bedeutung.[277] Fehlt dem Arzt die Einsicht, Unrecht zu tun, also den Standard zu verfehlen, und ist dies unvermeidbar, so kann es sich *per definitionem* bereits nicht um den Standard handeln. Den Standard nicht zu erkennen ist stets vermeidbar, sonst wäre es nicht der Standard.

Das wichtigste in subjektive Richtung neigende Element ergibt sich jedoch aus der Anpassung der objektiven (Durchschnitts-)Anforderungen an den konkret Handelnden durch den normativen Verkehrskreis- und Situationsbezug selbst.[278] Stellt sich also auf Ebene der Pflichtwidrigkeit die Frage, wie abstrakt diese sich bestimmen lässt,[279] geht es an dieser Stelle nunmehr darum, inwieweit sich die Fahrlässigkeit an den konkreten Umständen des Einzelfalls orientieren darf. Beide Aspekte treffen zusammen und manifestieren sich in der Ausgestaltung des haftungsrechtlichen Standards.

cc) Kernfrage: Abstrakter oder konkreter Standard?

Letzten Endes ist die Problematik der Unterscheidbarkeit von Pflichtwidrigkeit und Verschulden im Arzthaftungsrecht in ihrem Kern auf die grundlegende Frage rückführbar, wie abstrakt oder konkret der haftungsrechtliche Standard zu bestimmen ist. Kann der Standard als Maßstab der Pflichtwidrigkeit abstrakter sein als der Verschuldensmaßstab und/oder kann umgekehrt der Fahrlässigkeit ein konkreterer Standard zu Grunde gelegt werden als dem Behandlungsfehler? Oder bleibt es bei dem Gleichlauf durch die Bezugnahme auf denselben Standard?

Zu klären ist also erstens, ob und inwieweit der Standard als Maßstab des objektiven Pflichtwidrigkeitselements Behandlungsfehler bereits konkret-situative Aspekte in sich aufzunehmen hat oder diese ausschließlich dem objektivierten Fahrlässigkeitsbegriff überlassen darf, um eine Infragestellung des Verschuldensprinzips gänzlich auszuschließen. Gegenwärtig wird auf Unrechtsebene wie dar-

---

[274] *Wagner*, in: MüKo-BGB, [7]2017, § 823 Rn. 51; *Kötz/Wagner*, Deliktsrecht, [13]2016, Rn. 122, 209.
[275] *Wagner*, in: MüKo-BGB, [7]2017, § 823 Rn. 60; *Kötz/Wagner*, Deliktsrecht, [13]2016, Rn. 118, 122.
[276] Hierzu *Wagner*, in: MüKo-BGB, [7]2017, § 823 Rn. 52; *Kötz/Wagner*, Deliktsrecht, [13]2016, Rn. 123.
[277] *Brüggemeier*, Haftungsrecht, 2006, § 2 B II 1 b, S. 60: „Mangels einer selbständigen Rechtswidrigkeits*voraussetzung* können auch ‚Unrechtsbewusstsein' oder ‚Verbotsirrtum' nicht als selbständige Elemente der Fahrlässigkeitshaftung anerkannt werden." (Hervorhebung im Original).
[278] Vgl. *Wagner*, in: MüKo-BGB, [7]2017, § 823 Rn. 40.
[279] S. o. aa.

gestellt stets auf den (einen) Standard abgestellt. Regelmäßig wird zudem nicht eindeutig zum Verschulden abgegrenzt, was wiederum ein eindeutiges Zeichen dafür ist, dass für das Verschulden gerade keine besonderen Aspekte übriggelassen werden. Objektivität und Normativität des Standards werden auch im Rahmen der Pflichtwidrigkeit durch situative (sowie fachliche und zeitliche) Differenzierungen eingeschränkt. Ausgehend von einem restriktiven Standpunkt hinsichtlich solcher Differenzierungen bleibt daher Raum für einen Haftungsausschluss auf Verschuldensebene.

Die Entscheidung, ob die Umstände des konkreten Einzelfalls (in welchem Umfang auch immer) auf Ebene der Pflichtwidrigkeit oder erst des Verschuldens berücksichtigt werden, ist schlussendlich auch eine rechtspolitische. Im Ergebnis bringt es dabei das Arzthaftungsrecht gewiss nicht voran, das haftungsrelevante Unrecht zu erweitern, nur um anschließend nach unveränderten Maßstäben das Verschulden zu verneinen. Dadurch kommt es bestenfalls zu einer „sinnlosen Verdoppelung der Fahrlässigkeitsprüfung",[280] es drohen jedoch auch folgenschwerere Konsequenzen. Kurz angedeutet sei ein möglicher Bruch mit der allgemeinen Verkehrspflichtdogmatik:[281] Verkehrspflichten zeichnet es gerade aus, dass sie nicht vollkommen abstrakt festgelegt, sondern abhängig von den Umständen des konkreten Einzelfalls sind.[282] Jeder Abstraktion sind zudem tatsächliche Grenzen gesetzt, die sich auch auf das Recht auswirken.

Viel wichtiger noch ist zu befürchten, dass ein abstrakterer Behandlungsfehlermaßstab einerseits das Vertrauen der Patienten in die Ärzteschaft schwächt (der Arzt hat hiernach schließlich häufiger einen Fehler begangen, dieser ist ihm dann lediglich nicht vorwerfbar), andererseits aber auch der Arzt selbst in seiner Tätigkeit behindert, seine Wagnisbereitschaft potentiell gehemmt wird und damit die Heilungschancen des Patienten und in letzter Konsequenz der medizinische Fortschritt gefährdet werden. Denn ein solcher Ansatz der weiteren Verrechtlichung verleitet zwangsläufig zu einer Haftungsrisiken meidenden Defensivmedizin.[283] Nicht zuletzt die ergänzend vertretene, realitätsfremde *ex-post*-Beurteilung mutet in diesem Kontext merkwürdig an.

Droht dadurch auch keine schärfere Haftung, so geht von der Förderung des im Vergleich zum Verschulden schwerer wiegenden Unrechtsvorwurfs doch ein negatives Signal von einiger Erheblichkeit aus. Der Behandlungsfehler ist in diesem Zusammenhang ein durchaus belasteter Begriff. Dies gilt erst recht vor dem Hintergrund, dass es sich bei der Unterscheidung von Pflichtwidrigkeit und Verschulden um eine rechtliche Konstruktion handelt, die dem juristischen Laien nicht ohne Weiteres zugänglich ist. Eine Haftungsverschärfung könnte zudem insofern eintreten, als schon heute gewisse Vermutungs- oder Indizwirkungen der Pflichtwidrigkeit für das Verschulden (der äußeren Sorgfalt für die innere) anerkannt sind.[284]

---

[280] *Wagner*, in: MüKo-BGB, ⁷2017, § 823 Rn. 393.
[281] S. o. II. 1.
[282] Vgl. etwa *Raab*, JuS 2002, 1041, 1043.
[283] Näher 6. Kap. A. II.
[284] S. o. aa.

Probleme bereit sodann bereits heute mehr die Gewährleistung der Erfüllbarkeit der Pflichten an sich,[285] auch wenn (normative) Standards in gewissem Maße durchaus das konkret Erfüllbare übersteigen können,[286] weshalb eine Erhöhung des Pflichtwidrigkeitsmaßstabs auf ein *ex-post*-Höchstmaß äußerst kontraproduktiv wäre. Hierdurch droht wirklich eine die Verschuldenshaftung aushöhlende Überspannung der Verkehrspflichten.[287] Der objektive Pflichtenkreis ist demnach insgesamt kleinzuhalten oder zumindest nicht zu Gunsten des Verschuldensprinzips als Selbstzweck künstlich aufzuwerten. Abgesehen davon erscheint ein „*ex-post*-Höchststandard" im Arzthaftungsrecht auch praktisch nicht umsetzbar. Ein solcher lässt sich kaum zuverlässig bestimmen, sodass mit dem Mehr an Unrechtsvorwurf zusätzlich ein Weniger an Rechtssicherheit verbunden wäre. Ist es bereits fraglich, wer oder was darüber entscheiden soll, was dem Standard entspricht, so muss dies erst recht bei Erhöhung der Anforderungen auf ein Optimum gelten. Insofern stellt der Standard im Übrigen gerade aufgrund seiner Anknüpfung an den normativen Durchschnitt bereits ein nicht weiter heraufsetzbares Höchstmaß dar. Der Pflichtwidrigkeitsmaßstab darf folglich nicht durch Abstraktion verschärft werden.

Ebenso hat zweitens umgekehrt die konkret-situative Differenzierung des Standards bereits eine Grenze erreicht, die auf Verschuldensebene nicht überschritten werden sollte. Aus ähnlichen Gründen wie ein extremer subjektiver Fahrlässigkeitsbegriff[288] muss auch eine weitere Subjektivierung der (grundsätzlich objektivierten) Fahrlässigkeit durch verstärkte konkret-situative Differenzierungen ausscheiden. Sie kommt im Ergebnis der subjektiven Fahrlässigkeit zu nahe und macht den Sorgfaltsmaßstab unberechenbar, was er als Produkt von Verkehrserwartungen gerade nicht sein darf. Mithin ist der Verschuldensmaßstab nicht in diesem Sinne abzuschwächen.

Alles in allem ist also festzuhalten, dass es nicht zwei unterschiedliche Maßstäbe für Pflichtwidrigkeit und Verschulden, erst recht nicht zwei Standards gibt und zu geben hat, sondern ein- und derselbe Standard, der aus einer umfassenden Abwägung all seiner Charakteristika (namentlich Objektivität, Normativität, Verkehrskreis- und Situationsbezug)[289] hervorgeht, Maßstab von Pflichtwidrigkeit und Verschulden ist. Dieser Standard ist weder offen für übermäßige Abstrahierung

---

[285] Dazu auch *Katzenmeier*, Arzthaftung, 2002, S. 190 ff., der sich aber gleichzeitig der Lehre von der inneren und äußeren Sorgfalt anschließt (S. 188 f.); vgl. bereits *Laufs*, in: *Laufs et al.*, Die Entwicklung der Arzthaftung, 1997, S. 1 f.
[286] So *Steffen*, Langenbecks Arch Chir 364 (1984), 287, 289.
[287] Vgl. insofern *Katzenmeier*, in: NK-BGB, ³2016, Vor §§ 823 ff. Rn. 30; *ders.*, Arzthaftung, 2002, S. 169 f.; *ders.*, in: E. Lorenz, KF 2013: Patientenrechte und Arzthaftung, 2014, S. 9; *ders.*, MedR 2011, 201, 202: „Besonders problematisch ist es, wenn die Gerichte nachträglich Pflichten statuieren, deren hypothetische Beachtung geeignet gewesen wäre, den Schaden zu verhindern, und diese mit dem Schadenseintritt zugleich als verletzt ansehen, wenn also retrospektiv eine Fehlleistung konstruiert wird, die prospektiv als Verhaltensnorm gar nicht zu definieren gewesen wäre"; in diese Richtung auch *Brüggemeier*, Haftungsrecht, 2006, § 2 B II 1 b, S. 62; *Kreuzer*, in: FS *W. Lorenz*, 1991, S. 123, 126.
[288] S. o. bb.
[289] S. o. I.

und Objektivierung, da die Verkehrserwartung einen konkreten Ausgangspunkt benötigt, noch für übermäßige Konkretisierung und Subjektivierung, da die Verkehrserwartung diese nicht verarbeiten kann.

Gleichwohl besteht hin und wieder in der Praxis eine gewisse Neigung dazu, dem Arzt, der einen (vermeintlichen) Standard aus „verständlichen" Gründen nicht erkennen oder erfüllen konnte, auf Verschuldensebene entgegen zu kommen. Dies kann zum einen auf einer großzügigen Auslegung des Verschuldenserfordernisses beruhen. In der Regel wurde in solchen Fällen jedoch zuvor der Standard an sich fehlerhaft, genauer „zu streng", häufig also zu abstrakt bestimmt, was dann auf Verschuldensebene korrigiert werden soll. Namentlich „[d]ie häufig als Beispiel für eine individuelle Reduzierung der erforderlichen Sorgfalt [...] ins Feld geführte Notfallbehandlung [...] ist in Wahrheit eine objektive Sorgfaltsbestimmung für die typische Notfallbehandlung."[290] Richtigerweise gibt es keinen „unverschuldeten Behandlungsfehler" (der Ausdruck beinhaltet sogar ein Paradoxon), vermeintlich „unverschuldete Standardverfehlungen" sind vielmehr regelmäßig standardgemäßes Verhalten. Der noch häufiger anzutreffende Begriff „schuldhafter Behandlungsfehler"[291] ist umgekehrt also ein Pleonasmus.[292]

dd) Der Standard als Ausdruck des Verschuldensprinzips

Das Verschuldensprinzip wird durch die Identität von Pflichtwidrigkeit und Verschulden unter doppelter Bezugnahme auf den Medizinischen Standard im Arzthaftungsrecht auch nicht über Gebühr eingeschränkt. Die Grenzen des Verschuldensbegriffs werden dadurch nicht gesprengt. Der Verschuldensgrundsatz ist jedenfalls im Arzthaftungsrecht in dem Sinne zu verstehen, dass Haftung pflichtwidriges Verhalten erfordert.[293] Die Verschuldensprüfung wird also vorverlagert. Sie geht (ebenso wie die Rechtswidrigkeit) in der Pflichtwidrigkeit auf, die nach dem hier vertretenen Verständnis zentrales Merkmal des Unrechtstatbestands ist. In den offenen Fahrlässigkeitstatbeständen ist das unrechtsbegründende Verhalten nicht abschließend beschrieben.[294] Die das Verhaltensunrecht charakterisierende Verkehrspflichtverletzung ist richtigerweise nur ein anderer Name für Fahrlässigkeit.[295] Im Arzthaftungsrecht sind Pflichtwidrigkeit und Verschulden, Behandlungsfehler und Fahrlässigkeit gleichzusetzen.[296]

---

[290] *Hart*, JURA 2000, 14, 19.
[291] So etwa BGH NJW 1989, 771 = MedR 1988, 308; *Laufs*, in: *Laufs/Kern*, Handbuch des Arztrechts, ⁴2010, § 3 Rn. 24; *ders.*, Berufsfreiheit und Persönlichkeitsschutz im Arztrecht, 1982, S. 8.
[292] A. A. ausdr. *Bolsinger*, Dogmatik der Arzthaftung, 1999, S. 40 ff.
[293] Zum allg. Deliktsrecht *Wagner*, in: MüKo-BGB, ⁷2017, § 823 Rn. 58; *Kötz/Wagner*, Deliktsrecht, ¹³2016, Rn. 113; i. E. auch *Brüggemeier*, Deliktsrecht, 1986, Rn. 113.
[294] *Schreiber*, in: *Nagel/Fuchs*, Leitlinien und Standards im Gesundheitswesen, 1997, S. 167.
[295] *Kötz/Wagner*, Deliktsrecht, ¹³2016, Rn. 128 f., 169 f.; a. A. etwa *Deutsch*, Fahrlässigkeit und erforderliche Sorgfalt, ²1995, S. 8 u. *passim*, insb. S. 462; *ders.*, Allgemeines Haftungsrecht, ²1996, Rn. 107, 365 ff., 372; s. auch *ders.*, MedR 2013, 708, 711.
[296] Ebenso *Brüggemeier*, Haftungsrecht, 2006, § 6 D II 1, S. 471; *Weber-Steinhaus*, Ärztliche Berufshaftung als Sonderdeliktsrecht, 1990, S. 20 ff., 132 ff.; *Hart*, JURA 2000, 14,

A. Der Standard in der deliktischen Arzthaftung 85

Ein Festhalten an der längst entleerten Verschuldensebene im Deliktsaufbau trägt nicht zur Rechtsklarheit bei, provoziert vielmehr ein Fehlverständnis aller Haftungsvoraussetzungen, wird ihnen „um jeden Preis" ein eigener Inhalt zugemessen. Mit dem offenen Wortlaut des § 823 Abs. 1 BGB ist dieses Verständnis kompatibel. Obschon der Gesetzgeber die Begriffskomponenten der fahrlässigen, widerrechtlichen Verletzung nebeneinander anführt,[297] bedeutet dies nicht zwangsläufig, dass ihnen ein unterschiedlicher Gehalt zugewiesen sein muss.

Nur weil der dreistufige Deliktsaufbau mit seiner eigenständigen Verschuldensprüfung in der Folge offen aufgegeben wird, führt dies auch nicht zum Ende des Verschuldensprinzips an sich, erst recht nicht im gesamten Deliktsrecht. In seinem Kern wird es im Arzthaftungsrecht unter anderem Namen fortgeführt. Der haftungsrechtliche Standardbegriff nimmt die wesentlichen Verschuldensgrundsätze in sich auf. „Heute ist es die Feststellung, daß der Schädiger hinter diesem Standard zurückgeblieben ist, die die Verschuldenshaftung legitimiert".[298] Insbesondere in den genannten Standarddifferenzierungen[299] spiegelt sich das Verschuldensprinzip wider. Hinter der „subjektiven" Vorwerfbarkeit (im Sinne von Verschulden) verbirgt sich in Wahrheit eine Konkretisierung der objektiven Pflicht.[300] In der ärztlichen Pflichtwidrigkeit, gleichbedeutend mit Fahrlässigkeit, kommt das für das Verschuldensprinzip charakteristische Element der persönlichen Verantwortlichkeit nach wie vor hinreichend zum Ausdruck.

---

18 f.; im Kontext der Aufklärungsfehlerhaftung auch *ders.*, in: FS *Heinrichs*, 1998, S. 291, 315; a. A. ausdr. *Deutsch*, NJW 1993, 1506, 1507, 1509; *ders.*, NJW 1976, 2289 (u. 2291), wo auf Verschuldensebene danach gefragt wird, ob „ein normaler Kollege den Fehler vermieden hätte". Hätte ein normaler Kollege des Arztes den „Fehler" vermieden, liegt nach hier vertretenem Verständnis bereits kein Fehler vor. Anders aber auch monographisch *Schramm*, Der Schutzbereich der Norm im Arzthaftungsrecht, 1992, S. 93 ff.; *Kröning*, Kunstfehler, 1974, S. 9, 66, 83; *Walter*, Spezialisierung und Sorgfaltsstandard, 2004, S. 5 ff.; insb. *Katzenmeier*, Arzthaftung, 2002, S. 187 ff.: Es sei insofern zwischen äußerer (*ex-post*-Höchstmaß) und innerer Sorgfalt (situations-, gruppen- und bereichsspezifische *ex-ante*-Betrachtung) zu trennen. Allerdings bleibt offen, wie genau im Arzthaftungsrecht diese bislang durch die doppelte Bezugnahme auf den Medizinischen Standard gerade nicht vorgenommene Differenzierung – unter Einbeziehung des Standards – umgesetzt werden kann. Dagegen bestehen wie dargelegt erhebliche Bedenken. Dabei wird zwar durchaus erkannt, dass Rechtswidrigkeit und Verschulden durch den Standardbezug eng miteinander verknüpft sind (S. 167). Trotz schwieriger Abgrenzbarkeit und geringer praktischer Relevanz der Unterscheidung dürfe aber aus prinzipiellen Gründen keine Gleichsetzung erfolgen. Verwiesen wird auf die Rspr., die die Unterscheidung zumindest im Ausgangspunkt stets befolgt habe, auch wenn zum Verschulden nur selten, wenn nötig aber durchaus Ausführungen ergingen (S. 189). Nach hier vertretener Ansicht können und sollten diese Fälle bereits in der objektiven Pflichtwidrigkeit geklärt werden (s. o. aa.).
[297] Krit. ggü der Lehre vom Verhaltensunrecht aus diesem Grund etwa *Katzenmeier*, in: NK-BGB, [3]2016, § 823 Rn. 99.
[298] *Steffen*, ZVersWiss 1993, 13, 19.
[299] S. o. A. I. 2.
[300] Vgl. *Hirte*, Berufshaftung, 1996, S. 383.

Die Fahrlässigkeit als Verschuldensform ist eine Art der Zurechnung eines Verhaltens und seiner Folgen zu einer Person.[301] Dieses Zurechnungselement kann größtenteils objektiviert sein, geht es doch im Haftungsrecht letztlich nicht um individuelle Schuld oder Vorwerfbarkeit, sondern um gerechte Verteilung von Schadenslasten nach Verantwortlichkeiten unter Vertrauensgesichtspunkten.[302] Das Verschulden hat hier weniger eine moralische denn eine gesellschaftliche Steuerungsfunktion.[303]

Für sich genommen stellt die Objektivierung der Fahrlässigkeit zudem das Verschuldensprinzip nicht grundsätzlich in Frage.[304] *Laufs* hat in diesem Kontext zwar zutreffend angemerkt: „Um das Verschulden im eigentlichen Sinne, im philosophischen und strafrechtlichen Verstand, ging und geht es im bürgerlichen Recht letztlich nicht. [...] [In der objektiven Definition der Fahrlässigkeit] liegt bereits ein Bruch mit dem Prinzip des Verschuldens im eigentlichen Sinne. [...] Angesichts begründeter Erwartungen des Kontrahenten kommt es auf die Individualität des Vorwurfs gerade nicht an."[305] „Wer die Schuld im eigentlichen Sinne,

---

[301] *Deutsch*, Fahrlässigkeit und erforderliche Sorgfalt, ²1995, S. 8 u. *passim*; *ders.*, NJW 1993, 1506, 1507, 1509; dieser geht jedoch davon aus, dass Pflichtwidrigkeit für sich genommen kein ausreichendes Zurechnungselement ist, Fahrlässigkeit und Pflichtwidrigkeit nicht gleichgesetzt werden können; s. etwa *ders.*, in: FS *Medicus*, 1999, S. 77, 78, 84 f.; *ders.*, JZ 1988, 993, 994; *ders.*, JZ 1997, 1030, 1033: „[D]ie Abwägungsmerkmale, die zur Bestimmung des Standards führen, [finden] [...] auch bei der Bestimmung der Pflichtwidrigkeit Verwendung [...]. Das bedeutet aber nicht, daß diese Merkmale damit verbraucht seien. Die Notwendigkeit, den Standard einzuhalten, beinhaltet nicht nur eine Pflicht, sondern stellt auch das weitere Erfordernis der Zurechnung." Medizinische Fahrlässigkeit zerfalle in zwei Merkmale, Fehler und Zurechnung, wobei die Zurechnung freilich regelmäßig eine objektive sei, vgl. *ders.*, NJW 1976, 2289. Die Trennung von äußerer und innerer Sorgfalt ermögliche dennoch eine Unterscheidung.
[302] Vgl. *Brüggemeier*, Deliktsrecht, 1986, Rn. 1 ff.; *Larenz/Canaris*, Schuldrecht II/2 BT, ¹³1994, § 75 I 2 i, S. 354; *Steffen*, Langenbecks Arch Chir 364 (1984), 287, 289; *ders.*, ZVersWiss 1993, 13, 15, 21; s. auch *Bodenburg*, Kunstfehler, 1983, S. 116; *Schramm*, Der Schutzbereich der Norm im Arzthaftungsrecht, 1992, S. 91 f.
[303] *Katzenmeier*, Arzthaftung, 2002, S. 187.
[304] Vgl. *Katzenmeier*, Arzthaftung, 2002, S. 186 f.: „abgeschwächt, aber nicht grundsätzlich in Frage gestellt"; *Deutsch*, Allgemeines Haftungsrecht, ²1996, Rn. 7: „Die Verschuldenshaftung wird [...] [durch Objektivierung der Fahrlässigkeit] nicht abgeschafft, sondern für die Anwendung geschmeidig gemacht."; *ders.*, Fahrlässigkeit und erforderliche Sorgfalt, ²1995, S. 81: „Es ist eine Frage der Genauigkeit der Terminologie, ob man noch von einer Haftung für Schuld sprechen soll, wo vom Verschuldensbegriff heutiger Auffassung wesentlich abgewichen wird. Ist man sich der untechnischen Bedeutung, den der Ausdruck Verschulden im Privatrecht annehmen kann, bewußt, scheint [...] von seiner Verwendung kein Schaden auszugehen." A. A. *Meder*, Schuld, Zufall, Risiko, 1993, S. 177 ff. (krit. zu *Deutsch* auf S. 182 f.) m. w. N.: Objektivierte Schuld ist keine Schuld; *Wiethölter*, Der Rechtfertigungsgrund des verkehrsrichtigen Verhaltens, 1960, S. 45 ff., insb. S. 52: Fahrlässigkeitshaftung als schuldlose Haftung schuldfähiger Täter für Unrechtsschäden.
[305] *Laufs*, in: FS *Gernhuber*, 1993, S. 245, 248. Daraus zieht er allerdings weitreichendere Schlüsse: „Die als solche durchaus wohlbegründete Objektivierung der Haftpflicht läuft hinaus auf eine zivilrechtliche Verantwortlichkeit ohne Verschulden." (*Laufs*, in: FS *Gernhuber*, 1993, S. 245, 248; s. auch S. 252 mit Verweis auf *Kreuzer*, in: FS *W. Lorenz*,

die persönliche Vorwerfbarkeit im Zeichen des Schutzes der Verkehrserwartung nicht mehr als den Grund der Schadenszurechnung erkennt, der wird die Pflichtwidrigkeit als Basis der Schadensersatzpflicht zu betonen haben."[306] Über den arzthaftungsrechtlichen Standardbegriff wird ebendiese Pflichtwidrigkeit jedoch weiterhin vom Verschuldensprinzip geprägt.

Auch das Aufgehen der Fahrlässigkeit in der Pflichtwidrigkeit rüttelt nicht am Verschuldensgrundsatz, stellt dieser Schritt doch lediglich eine aus dem doppelten Standardbezug im Arzthaftungsrecht folgende Feststellung und keine weitere inhaltliche Modifizierung dar. Ein formelles Festhalten an der Unterscheidung von Pflicht-/Rechtswidrigkeit und Verschulden ist inkonsequent und kann wegen seiner Intransparenz kaum als „Gewinn der Rechtsdogmatik" bezeichnet werden.[307]

Der Wandel des Verschuldensprinzips („Korrosion der Culpa-Doktrin")[308] ist dabei notwendige Folge der veränderten, immer komplexeren Haftungsrealität in Wirtschaft, Industrie und Technik und im Kontext der Entwicklungen der Haftung im sozialen Rechtsstaat zu sehen.[309] Beweisrechtliche Implikationen[310] sowie Rückwirkungen der Arzthaftpflichtversicherung[311] seien in diesem Zusammenhang nur angedeutet. Eine Tendenz zur Gefährdungshaftung ist zuzugeben, aber wiederum in § 276 Abs. 2 BGB durch den Verweis auf die (objektivierte) im Ver-

---

1991, S. 123, 126; ebenso *Laufs*, in: *Laufs et al.*, Die Entwicklung der Arzthaftung, 1997, S. 1, 8). Vielmehr handele es sich ausschließlich um eine Unrechtshaftung. Dabei geht *Laufs* von einem restriktiveren Verschuldensbegriff aus: „Das unentbehrliche alte Rechtswort Verschulden sollte durch Fehlgebrauch auf dem Gebiet der deliktischen Haftung für Unrecht nicht verschlissen werden; es könnte darüber letztlich das Prinzip Schaden nehmen, für welches der Begriff steht." (*Laufs*, in: FS *Gernhuber*, 1993, S. 245, 258; s. auch *ders.*, Unglück und Unrecht, 1994, S. 31). Nach dem hier vertretenen, weiteren Verschuldensbegriff lässt sich hingegen durchaus noch von Verschuldenshaftung sprechen. Letztlich erscheint es i. Ü. von geringer Bedeutung, ob die Haftung als Verschuldens- oder Unrechtshaftung zu bezeichnen ist, solange ihr materieller Charakter dadurch nicht verschleiert wird. Der Begriff „Verschuldenshaftung" ist allenfalls formell missverständlich, inhaltlich treffender wäre sicherlich „Haftung für Pflichtwidrigkeit", vgl. *Wagner*, in: MüKo-BGB, [7]2017, § 823 Rn. 58. Das, was eine Verschuldenshaftung materiell ausmacht, zeichnet aber gerade weiterhin auch diese Haftung für Pflichtwidrigkeit aus.
[306] *Laufs*, Unglück und Unrecht, 1994, S. 23.
[307] So aber *Stathopoulos*, in: FS *Larenz*, 1983, S. 631, 644 ff., obgleich davon ausgehend, dass Rechtswidrigkeit und Verschulden inhaltlich gleichlaufen (S. 631 ff.) Der Wortlaut des § 823 Abs. 1 BGB sowie die Wahrung des Verschuldensprinzips erlaubten jedoch *de lege lata* keine Verschmelzung der Haftungsvoraussetzungen (S. 636 ff.). Der Fahrlässigkeit/Pflichtwidrigkeit komme insofern stets eine doppelte Funktion zu. Es gehe um zwei rechtliche Bewertungen: I. R. d. Rechtswidrigkeit werde die Tat *per se* missbilligt, über das Verschulden komme ein persönlicher Vorwurf hinzu. Die Differenzierung sollte daher nicht wegen ihrer geringen praktischen Bedeutung preisgegeben werden. Im Anschluss daran *Katzenmeier*, Arzthaftung, 2002, S. 188, der freilich jeweils unterschiedliche Maßstäbe anlegt.
[308] *Brüggemeier*, Deliktsrecht, 1986, Rn. 21.
[309] Dazu *Katzenmeier*, Arzthaftung, 2002, S. 156 ff.; *ders.*, AcP 203 (2003), 79, 113 ff.; s. auch *Steffen*, ZVersWiss 1993, 13, 18, 20 ff., 26 ff.
[310] Dazu *Katzenmeier*, Arzthaftung, 2002, S. 172 ff.
[311] Dazu *Katzenmeier*, Arzthaftung, 2002, S. 170 ff.

88   3. Kap.: Zivilrechtlicher Standardbegriff

kehr erforderliche Sorgfalt zwangsläufig angelegt.[312] Für die Fahrlässigkeit ist die Gefahr fast ebenso zentral geworden wie für die Gefährdungshaftung.[313] „Sorgfalt heißt heute kontrolliertes Umgehen mit der Gefahr, nur noch in Ausnahmefällen Vermeidung der Gefahr."[314]

Anders als eine reine Gefährdungshaftung knüpft die Fahrlässigkeitshaftung des Arztes indes gerade nicht bereits an die Schaffung oder Beherrschung der Gefahr an sich (hier also die Behandlung der Krankheit)[315] an und berücksichtigt grundsätzlich alle aus der Verwirklichung der Gefahr entstehenden Schäden, sondern es muss ein pflichtwidriges Verletzungsverhalten, ein Behandlungsfehler als deliktisches Unrecht und Ausdruck der Verschuldenshaftung hinzutreten. Es handelt sich um eine objektivierte Einstandspflicht für (Behandlungs-)Fehler. Letztendlich ist die Haftung auch nicht vollkommen objektiviert, sondern bleibt verkehrskreis- und situationsbezogen. Die Arzthaftung nimmt innerhalb der Verschuldenshaftung aufgrund ihrer Objektivierung eine der Gefährdungshaftung angenäherte Stellung ein, bleibt aber durch die Pflichtwidrigkeit, in der Rechtswidrigkeit und Verschulden aufgehen, Verschuldenshaftung. Die Übergänge zwischen Verschuldens- und Gefährdungshaftung sind fließend.[316] Ob *de lege ferenda* zu einer echten Gefährdungshaftung des Arztes übergegangen werden sollte, ist eine andere Frage.[317] Der aus dem Verschuldensgedanken erwachsene Medizinische Standard wäre dafür in jedem Fall kein geeigneter Haftungsmaßstab.

Dass sich in Wissenschaft und Praxis der doppelte Standardbezug und damit ein Gleichlauf der klassischen Haftungsebenen herausgebildet hat, zeigt schlussendlich, dass eine von außen kommende Korrektur dieser Entwicklung realitäts-

---

[312] Vgl. *v. Bar*, Verkehrspflichten, 1980, S. 136 ff. Die Objektivierung der Sorgfalt dürfe jedoch nicht schematisch erfolgen. „Wo der Aspekt zurechenbarer Gefahrerhöhung versagt, da gilt der subjektive Fahrlässigkeitsbegriff" (S. 138), so etwa in Notsituationen.
[313] *Deutsch*, VersR 2012, 1193, 1196; *ders.*, in: FS *v. Caemmerer*, 1978, S. 329, 331.
[314] *Deutsch*, Allgemeines Haftungsrecht, ²1996, Rn. 10, betont in diesem Sinne die Entwicklung der Haftung in der modernen, technisierten Industriegesellschaft; s. auch *ders.*, NJW 1993, 1506, 1507 ff.; zudem *Laufs/Kern*, in: Laufs/Kern, Handbuch des Arztrechts, ⁴2010, § 97 Rn. 32.
[315] So *Deutsch*, NJW 1993, 1506, 1510.
[316] *v. Bar*, Verkehrspflichten, 1980, S. 128 ff. (Grundlagen zudem auf S. 102 ff.), geht insofern von einem einheitlichen Haftungssystem aus. Im Ausgangspunkt stehe weiterhin der Verschuldensgrundsatz, die Entwicklungen in der modernen Gesellschaft haben jedoch die Gefährdungshaftung hervorgebracht und stetig gefördert. Über die Verkehrspflichten als Bindeglied werden abhängig von der Gefahrenlage die Prinzipien der Gefährdungshaftung systemkonform in die Fahrlässigkeitshaftung integriert. „Hohes Verschulden bei geringer Gefahr führt ebenso zur Zurechnung wie hohe Gefahr bei geringem oder gar keinem Verschulden."; dazu auch *Katzenmeier*, in: NK-BGB, ³2016, Vor §§ 823 ff. Rn. 28; *ders.*, Arzthaftung, 2002, S. 168 f.; a. A. *Canaris*, VersR 2005, 577, 578 ff.: dualistisches/pluralistisches System; *Laufs*, Unglück und Unrecht, 1994, S. 31: Zweispurigkeit; „Die Frage kann nur heißen, Recht oder Unrecht."; *ders.*, in: FS *Gernhuber*, 1993, S. 245, 255 ff.; *ders.*, in: *Laufs et al.*, Die Entwicklung der Arzthaftung, 1997, S. 1, 4 ff.; bereits *Esser*, JZ 1953, 129.
[317] Dazu ausf. (i. E. abl.) *Katzenmeier*, Arzthaftung, 2002, S. 174 ff.; s. auch *Deutsch/Spickhoff*, Medizinrecht, ⁷2014, Rn. 322; *Laufs*, in: *Laufs et al.*, Die Entwicklung der Arzthaftung, 1997, S. 1, 11.

fremd, wenig praktikabel, unnötig kompliziert und damit jedenfalls kein Fortschritt wäre. Wird ein objektiviertes und damit standardbezogenes Verständnis der Fahrlässigkeit zu Grunde gelegt, erscheint es widersprüchlich, anschließend eine Entleerung des Verschuldensprinzips zu bemängeln und nach Auswegen zu suchen. Vielmehr sollte daraus offen und transparent die Schlussfolgerung gezogen werden, dass Pflichtwidrigkeit und Fahrlässigkeit im Arzthaftungsrecht zusammenfallen, wobei die Pflichtwidrigkeit selbst hinreichender Ausdruck des Verschuldensprinzips ist.

Dieses Begriffsverständnis hält der zivilrechtliche Verschuldensbegriff deshalb aus, weil es sich um den Kern dieses Prinzips und keineswegs um einen unerwünschten Nebeneffekt handelt. Eine Korrektur des Gleichlaufs zwischen Pflichtwidrigkeit und Verschulden im Arzthaftungsrecht durch künstliche Differenzierungen ist im Ergebnis weder erforderlich noch möglich, vielmehr müssen seine Gründe und Konsequenzen akzeptiert werden. Behandlungsfehler und Fahrlässigkeit messen sich am Standard, weil sie ein- und dasselbe sind, und sie sind ein- und dasselbe, weil beide sich mit Grund am Standard messen. Hierin liegt keinesfalls ein Zirkelschluss, sondern lediglich die Feststellung, dass Ursache und Wirkung sich nun einmal nicht immer eindeutig bestimmen lassen.[318] Dies gilt nicht zuletzt für abstrakte rechtliche Konstruktionen, die einerseits auf konkrete Lebenssachverhalte angewendet werden, andererseits aber aus ihnen heraus und zu ihrer Regelung überhaupt erst entstanden sind.

Letztlich ist nur ein Grund ersichtlich, aus dem das rein formelle Festhalten an einem von der Pflichtwidrigkeit getrennten Verschuldenserfordernis sinnvoll oder zumindest vertretbar erscheint: die Signalwirkung der Verschuldensprüfung hinsichtlich der (Fort-)Geltung des dahinterstehenden materiellen Rechtsprinzips. Ohne einen eindeutigen Anknüpfungspunkt im Deliktsaufbau droht der Verschuldensgrundsatz potentiell vernachlässigt und damit zu einer Karikatur seiner selbst zu werden. Es besteht die Gefahr, dass die Grundgedanken der Verschuldenshaftung zurückgedrängt werden. Die Pflichtwidrigkeit vermag diese Wertungen wie dargestellt in sich aufzunehmen, ist aber begrifflich offen(er) für andere Einflüsse. Das ausdrückliche Verschuldenserfordernis mag insofern vielen als letzte Bastion auf dem Weg zur Gefährdungshaftung erscheinen. Bedenken hinsichtlich seiner offenen Aufgabe sind daher durchaus nachvollziehbar.

Dabei beinhaltet das Verschuldensprinzip insbesondere das Erfordernis der Erfüllbarkeit der einschlägigen Berufspflichten,[319] in diesem Zusammenhang also der ärztlichen Pflicht zur Einhaltung des Behandlungsstandards. Sobald der einzelne Arzt (oder genauer seine objektivierte Vergleichsperson) nicht mehr grundsätzlich und regelmäßig in der Lage ist, diesen Standard einzuhalten, hat er keinen Anreiz mehr, sein Bestes zu geben, ist die Standardverfehlung und damit die Haftung (bei Eintritt einer Körperverletzung und eines daraus resultierenden Schadens) doch ohnehin unvermeidbar. Dem Arzt wird so der Freiraum genommen,

---

[318] Klassisches sog. „Henne-Ei-Problem"; dazu bereits *Plutarch*, Tischreden, Zweites Buch, Dritte Frage, s. *Kaltwasser* (Übers.), Plutarchs moralische Abhandlungen, Bd. 5, 1793, S. 353.
[319] Dies betont auch *Katzenmeier*, Arzthaftung, 2002, S. 190 ff.; *ders.*, in: *E. Lorenz*, KF 2013: Patientenrechte und Arzthaftung, 2014, S. 73 f.; *ders.*, MedR 2011, 201, 213.

den er zu Gunsten des Patienten ausschöpfen soll.[320] Die formelle Prüfung des Verschuldens – fällt sie auch inhaltlich mit der Pflichtwidrigkeit zusammen – ermöglicht insofern eine gewisse Rückbesinnung auf das Verschuldensprinzip und vergegenwärtigt dessen Anforderungen. Ein eigenständiges Verschuldenserfordernis zwingt dazu, die auf Ebene der Pflichtwidrigkeit vorgenommen Bestimmung des Standards nochmals kritisch zu hinterfragen.

Gerade auf das Erfordernis der Erfüllbarkeit des Pflichtenprogramms weist das Verschulden als Kontrollüberlegung hin. Es hat dadurch durchaus einen eigenen Wert. Dies gilt allerdings nur, soweit zuvor der Standard auf Ebene der Pflichtwidrigkeit im Sinne des hier vertretenen Konzepts fehlerhaft bestimmt wurde, also insbesondere die verschiedenen konkreten Differenzierungen des Standards, die vom Verschuldensgrundsatz geprägt sind und die Erfüllbarkeit des Standards sicherstellen sollen, vernachlässigt wurden. Das Verschulden hilft, diese Möglichkeit auszuschließen, und trägt auf diesem Wege dazu bei, dass im Ergebnis – wenn auch auf dogmatisch fragwürdigem Wege – stets der richtige Haftungsmaßstab angelegt wird. Werden Pflichtwidrigkeit und Verschulden offen auf ein einziges Haftungsmerkmal reduziert, fällt diese zusätzliche Sicherheit weg. Die Verortung des Standards an einer einzigen Stelle des Deliktsaufbaus, der das Verschulden in sich aufnehmenden Pflichtwidrigkeit, ist daher unter Umständen fehlerträchtig und birgt die Gefahr der inhaltlichen Überfrachtung einer Haftungsvoraussetzung in sich.

Die Standardbestimmung ist unangefochtener Fixpunkt der Behandlungsfehlerhaftung; die wesentlichen Weichen werden hier gestellt. Mit der Standardbestimmung geht eine besondere Verantwortung einher, Fehler haben sofort beträchtliche Auswirkungen. Folglich verwundert es nicht, dass das Verschulden als Korrektiv bislang nicht offen fallengelassen wurde. Ob das Risiko von Fehlentscheidungen jedoch tatsächlich wirksam dadurch gebannt werden kann, dass die Standardbestimmung auf mehrere Haftungsvoraussetzungen verteilt und so eine reine Überprüfungsebene geschaffen wird, die in dieser Form im Recht ihresgleichen sucht, darf bezweifelt werden. Die Angst vor einer zu strengen Haftung – oder sogar nur vor der Möglichkeit einer solchen – darf nicht dazu führen, an längst überkommenen Strukturen festzuhalten.

Ein sorgsamer und verantwortungsbewusster Umgang mit der Standardbestimmung vor dem Hintergrund des Verschuldensgrundsatzes des Haftungsrechts vermag die Erfüllbarkeit des Standards ebenso zu gewährleisten wie das Verschulden klassischer Prägung, hier verstanden als Kontrollüberlegung oder Korrektiv. Im Bewusstsein des Verschuldensprinzips kann auf die Haftungsvoraussetzung Verschulden neben der Pflichtwidrigkeit ohne Weiteres verzichtet werden. Die Verschuldenshaftung bleibt Grundlage des heutigen Deliktsrechts – auch ohne eigenständiges Verschuldenserfordernis im Sinne des klassischen Deliktsaufbaus. Die Grundgedanken der Verschuldenshaftung prägen bereits die Anforderungen an die Pflichtwidrigkeit, an den Behandlungsfehler und damit den

---

[320] S. o. b. zu diesen zentralen Aspekten des Verschuldensprinzips.

Standard. Dieser ist heute wesentliches Zurechnungsinstrument.[321] Im Ergebnis ist mithin auch der Unterschied zwischen den Auffassungen, die für oder gegen eine Aufgabe der Verschuldensprüfung eintreten, gar nicht so groß. Bezüglich der (Fort-)Geltung des Verschuldensprinzips besteht weitgehend Einigkeit. Die Frage ist nur, ob es nicht auch ohne einen plakativen Sitz in den Haftungsvoraussetzungen auskommt, ein Verzicht auf einen solchen ihm nicht sogar mehr gerecht wird, zumal das Verschulden der Pflichtwidrigkeit inhaltlich nichts hinzuzufügen hat.

3. Weitere Konsequenz: Abkehr von der Körperverletzungsdoktrin

Die arzthaftungsrechtliche Bezugnahme auf den Medizinischen Standard zum Zwecke der Ausfüllung der Pflichtwidrigkeit im Rahmen einer Verhaltensunrechtskonzeption unter Identität von Behandlungsfehler und Fahrlässigkeit ist mit der traditionellen, für die Rechtsprechung immer noch unantastbaren Körperverletzungsdoktrin im Arzthaftungsrecht nicht kompatibel. Es besteht insofern ein evidenter Systembruch.[322] Dieser kann konsequenterweise nur durch die endgültige und vor allem offene Abkehr von der Körperverletzungsdoktrin beseitigt werden. Dass Behandlungsfehler eine (Gesundheits- und/oder) Körperverletzung im Sinne des § 823 Abs. 1 BGB begründen, ist unstreitig.[323] Der subjektive Heilzweck ändert nichts an der objektiven Zweckwidrigkeit.[324] Nach der Körperverletzungsdoktrin stellt jedoch nicht nur der behandlungsfehlerhafte, sondern auch der *lege artis* ausgeführte ärztliche Heileingriff eine tatbestandsmäßige Körperverletzung dar, die freilich bei Vorliegen einer ordnungsgemäßen Aufklärung und Einwilligung gerechtfertigt ist.[325] Dies wird im Schrifttum insbesondere mit dem

---

[321] *Schreiber*, in: *Nagel/Fuchs*, Leitlinien und Standards im Gesundheitswesen, 1997, S. 167.

[322] *Brüggemeier*, Haftungsrecht, 2006, § 6 D II 1, S. 471 f.

[323] *Larenz/Canaris*, Schuldrecht II/2 BT, [13]1994, § 76 II 1 g, S. 383 f.; *Katzenmeier*, Arzthaftung, 2002, S. 111; s. auch *Schmidt*, MedR 2007, 693, 695, aber mit abw. Konsequenzen (Lösung über Vertrags- statt Deliktsrecht). Zur dennoch verbleibenden Relevanz der Diskussion um die Rechtsgutsverletzung für die Behandlungsfehlerhaftung *Bodenburg*, Kunstfehler, 1983, S. 14 ff.

[324] *Katzenmeier*, Arzthaftung, 2002, S. 112.

[325] Grundlegend RGZ 68, 431, 434; 88, 433, 436; BGHZ 29, 46, 49 = NJW 1959, 811, 812; BGHZ 29, 176, 179 f. = NJW 1959, 814; BGHZ 67, 48, 49 = NJW 1976, 1790; BGHZ 106, 391, 397 f. = NJW 1989, 1533, 1535; s. auch *Wagner*, in: MüKo-BGB, [7]2016, Vor § 630a Rn. 14 f.; *Geiß/Greiner*, Arzthaftpflichtrecht, [7]2014, Rn. C 1 ff.; *v. Pentz*, MedR 2011, 222, 225; *G. Müller*, in: FS E. Lorenz, 2014, S. 667 f., die betont, dass die Körperverletzungsdoktrin weiterhin gelte, wenn auch „die zivilrechtliche Rechtsprechung zunehmend Rücksicht auf das ärztliche Selbstverständnis genommen und den ärztlichen Heileingriff nur dann als Körperverletzung bezeichnet [hat], wenn dies unerlässlich war." Ausf. Darstellung bei *Katzenmeier*, Arzthaftung, 2002, S. 112 ff.; *ders.*, in: *Laufs/Katzenmeier/Lipp*, Arztrecht, [7]2015, Kap. V Rn. 8 f.; *Bodenburg*, Kunstfehler, 1983, S. 16 ff.; zudem *Laufs*, MedR 1986, 163, 168 f.; *ders.*, in: *Laufs/Kern*, Handbuch des Arztrechts, [4]2010, § 6 Rn. 25 ff.; *Laufs/Kern*, ebd., § 103 Rn. 3 ff. Mit der Normierung der Einholung einer Einwilligung als Vertragspflicht in § 630d Abs. 1 S. 1 BGB hat der Gesetzgeber diese freilich vom deliktsrechtlichen Verständnis emanzipiert, vgl. *Katzenmeier*, in: BeckOK-BGB, [50]2019, § 630d Rn. 2; *ders.*, NJW 2013, 817, 819 f.

Vorwurf der Verfehlung des sozialen Sinngehalts der Heilzwecken dienenden Behandlung teils scharf kritisiert.[326]

Die Rechtswidrigkeit ist auf dieser Basis nach klassischer Erfolgsunrechtskonzeption indiziert.[327] Für das Erfordernis eines Behandlungsfehlers ist im Unrechtstatbestand demnach kein Raum. Erst über den Umweg der rechtfertigenden Einwilligung wird der Behandlungsfehler überhaupt haftungsrelevant, Behandlungs- und Aufklärungsfehler sind insofern untrennbar miteinander verschränkt.[328] Der sich pflichtwidrig verhaltende Arzt kann sich nicht mehr auf die Einwilligung des Patienten berufen.[329]

Brüggemeier bringt diesbezüglich die kritikwürdigen, da wirklichkeitsfremden dogmatischen Konsequenzen der Körperverletzungsdoktrin für die Behandlungsfehlerhaftung auf den Punkt: „Ist jeder medizinische Eingriff eine tatbestandlich-rechtswidrige Körperverletzung des Patienten, deren Rechtswidrigkeit durch dessen (aufgeklärte) Einwilligung ausgeschlossen wird, dann ist der Nachweis des Behandlungsfehlers durch den Patienten lediglich die Gegenausnahme zu der Rechtfertigung durch den Einwilligungsnachweis des Arztes. Denn Behandlungsfehler sind nicht von der Einwilligung gedeckt. Damit liegt wieder eine tatbestandliche, rechtswidrig-vorsätzliche Körperverletzung vor [...]. Die Fahrlässigkeit müsste in diesem Konzept [...] jetzt noch einmal auf der Verschuldensebene als *vermeidbarer* Verbotsirrtum einer *vorsätzlich*-rechtswidrigen Körperverletzung thematisiert werden."[330]

Soweit die Behandlung selbst, nicht erst ihre Fehlerhaftigkeit, Anknüpfungspunkt der Haftung ist, ist der Fahrlässigkeitsvorwurf streng genommen überflüssig, denn tätig wird ein Arzt stets vorsätzlich.[331] Diesen Schluss ziehen Wissen-

---

[326] Ausf. Darstellungen der Kritik bei *Bodenburg*, Kunstfehler, 1983, S. 19 ff.; *Katzenmeier*, Arzthaftung, 2002, S. 114 ff.: Stellungnahme gegen die Körperverletzungsdoktrin auf S. 118 ff., allerdings mit dem Fokus auf der ärztlichen Eigenmacht als Verletzung des Selbstbestimmungsrechts (nicht des Körpers) des Patienten, also einer Verselbständigung der Aufklärungsfehlerhaftung (s. u. Fn. 335); s. auch *ders.*, in: *Laufs/Katzenmeier/Lipp*, Arztrecht, ⁷2015, Kap. V Rn. 10 ff., 83 ff.; zudem *Hart*, in: FS *Heinrichs*, 1998, S. 291, 300 ff., 308 ff.

[327] S. o. 1. a.

[328] Vgl. insg. auch die krit. Darstellung bei *Schmidt/Brüggemeier*, GK Zivilrecht, ⁷2006, Rn. 845.

[329] Vgl. die Darstellungen bei *Katzenmeier*, Arzthaftung, 2002, S. 112; *Weber-Steinhaus*, Ärztliche Berufshaftung als Sonderdeliktsrecht, 1990, S. 31 ff.; *Kröning*, Kunstfehler, 1974, S. 44 f.; *Marburger*, Die Regeln der Technik im Recht, 1979, S. 311; *Taupitz*, AcP 211 (2011), 352, 354; *ders.*, in: *Möllers*, Geltung und Faktizität von Standards, 2009, S. 63, 66; *Hart*, in: FS *Heinrichs*, 1998, S. 291, 292, 296. Der Behandlungsfehler ist dementspr. auch hiernach vom Patienten nachzuweisen, sein Fehlen ist kein „Rechtfertigungsgrund verkehrsrichtigen Verhaltens"; die Rechtswidrigkeit ist also letztlich doch nicht indiziert; vgl. dort auf S. 291, 296, Fn. 17.

[330] *Brüggemeier*, Haftungsrecht, 2006, § 6 D II 1, S. 471 f. (Hervorhebungen im Original).

[331] Entspr. im Kontext der Aufklärungsfehlerhaftung *Mertens*, VersR 1974, 509, 514; *Hart*, in: FS *Heinrichs*, 1998, S. 291, 292. Allerdings dürfte der Vorsatz zumeist wegen fehlenden Unrechtsbewusstseins des Arztes entfallen, s. *Schmidt/Brüggemeier*, GK Zivilrecht, ⁷2006, Rn. 794, 845, 848. Der vermeidbare Verbotsirrtum ebnet dann wiederum den Weg zur

schaft und Praxis aber nicht, fragen vielmehr auch in Arzthaftungsfällen stets nach Behandlungsfehler und Sorgfaltsverstoß.[332] Versteckt ist die Abkehr von der Körperverletzungsdoktrin somit hinsichtlich der Behandlungsfehlerhaftung längst vollzogen. Aus diesem Grund wirkt sich der eingangs konstatierte eklatante Widerspruch praktisch nicht aus. Richtigerweise stellt nur der behandlungsfehlerhafte Heileingriff eine pflichtwidrige und damit haftungsrelevante Körperverletzung dar.[333] Die deliktische Arzthaftung ist daher Berufshaftung für ärztliches Fehlverhalten.[334] Für eine detaillierte Darstellung der weiteren Implikationen einer Abkehr von der Körperverletzungsdoktrin auch außerhalb der Behandlungsfehlerhaftung ist an dieser Stelle allerdings kein Raum.[335]

4. Zwischenergebnis

Der Medizinische Standard hat in der deliktischen Arzthaftung die einheitliche Funktion, die ärztliche Pflichtwidrigkeit zu präzisieren. Die Pflichtwidrigkeit, also die Verletzung von ärztlichen Berufs- oder Verkehrspflichten, ist im Rahmen der Verhaltensunrechtskonzeption des modernen Arzthaftungsrechts zentraler Haftungsgrund.[336] Sie stimmt mit der Rechtswidrigkeit und zudem aufgrund des

---

Fahrlässigkeitshaftung – freilich mit einem anderen Anknüpfungspunkt als der fehlerhaften Behandlung.

[332] S. o. vor I.

[333] *Brüggemeier*, Deliktsrecht, 1986, Rn. 188, 634 ff.; dieser merkt (in Rn. 188) zutreffend an: „Diese Fälle demonstrieren einmal mehr den reduzierten haftungsrechtlichen Stellenwert des objektiven Tatbestands (Verletzungserfolg) gegenüber dem objektiven Unrechtstatbestand einer pflichtwidrigen Rechtsverletzung, der den objektiven Tatbestand und das Rechtswidrigkeitsurteil zusammenfaßt."; s. auch *ders.*, Haftungsrecht, 2006, § 5 A II 4, S. 235 f. u. § 6 D I 3, S. 469; *Weber-Steinhaus*, Ärztliche Berufshaftung als Sonderdeliktsrecht, 1990, S. 7 ff., 33 ff.; *Bodenburg*, Kunstfehler, 1983, S. 21 ff.; *Schiemann*, in: FS *Gernhuber*, 1993, S. 387, 399 f.

[334] *Brüggemeier*, Deliktsrecht, 1986, Rn. 634.

[335] Insb. fügt sich auch die Verselbständigung der Haftung für Aufklärungsfehler (bis hin zur Eigenmachtbehandlung) als Verletzungen des Selbstbestimmungsrechts des Patienten als Teil seines allg. Persönlichkeitsrechts nahtlos in die hier vertretene Deliktskonzeption ein; beide Haftungen laufen nach zutreffender Auffassung dogmatisch gleich; einseitigen Fehlentwicklungen in Richtung einer überbetonten Aufklärungsfehlerhaftung als Auffangtatbestand („Einwilligungshypertrophie") wird so entgegengewirkt; vgl. insg. *Brüggemeier*, Deliktsrecht, 1986, Rn. 188, 629 ff., 634 ff., 689 ff.; *ders.*, Haftungsrecht, 2006, § 5 A II 4, S. 235 f. sowie § 6 D I 3 u. III 1 d, S. 466 ff., 488 ff.; *Schmidt/Brüggemeier*, GK Zivilrecht, [7]2006, Rn. 849; s. auch *Katzenmeier*, Arzthaftung, 2002, S. 118 ff.; *ders.*, in: *Laufs/Katzenmeier/Lipp*, Arztrecht, [7]2015, Kap. V Rn. 84 ff. u. Kap. XI Rn. 150; *Weber-Steinhaus*, Ärztliche Berufshaftung als Sonderdeliktsrecht, 1990, S. 7 ff., 36 ff.; *Bodenburg*, Kunstfehler, 1983, S. 179 ff.; *Laufs*, Medizin und Recht im Zeichen des technischen Fortschritts, 1971, S. 32 ff.; *Hart*, in: FS *Heinrichs*, 1998, S. 291 ff., 308 ff.; *Damm*, JZ 1998, 926, 928. Entstehende Schwierigkeiten im Beweisrecht der Aufklärungsfehlerhaftung lassen sich durch eine realitätsnahe Beweislast(um)verteilung auflösen, vgl. *Katzenmeier*, Arzthaftung, 2002, S. 125 f.; *Larenz/Canaris*, Schuldrecht II/2 BT, [13]1994, § 76 II 1 g, S. 384 f.; *Hart*, in: FS *Heinrichs*, 1998, S. 291, 293, 297, 306 f., 317.

[336] Dazu und zum Folgenden auch *Hart*, JURA 2000, 14, 18 f. (u. 64).

objektivierten Fahrlässigkeitsbegriffs, der ebenfalls zum Standard führt, auch mit dem Verschulden als Sorgfaltswidrigkeit überein. Bei Standardverfehlung liegen sowohl ein Behandlungsfehler als auch medizinische Fahrlässigkeit vor; Behandlungsfehler und Fahrlässigkeit sind identisch. Die vermeintlich doppelte Bezugnahme auf den Standard über Behandlungsfehler und Fahrlässigkeit ist also richtigerweise nur eine einfache. Damit ist zwar eine gewisse hinnehmbare Einschränkung des Verschuldensprinzips im engsten Sinne, nicht jedoch dessen Aufhebung verbunden, nimmt doch bereits der Standardbegriff selbst die Grundwertungen des Verschuldensprinzips in sich auf.

Die deliktische Verschuldenshaftung des Arztes ist Haftung für Pflichtwidrigkeit. Daher liegt letztlich eine haftungsrelevante Körperverletzung konsequenterweise überhaupt erst im Falle einer Standardverfehlung vor. Der klassische dreistufige Deliktsaufbau ist mit dieser Konzeption gewiss hinfällig. Dieses Verständnis löst diverse dogmatische Begründungsschwierigkeiten, entspricht bereits weitgehend der haftungsrechtlichen Praxis und hat die Vorzüge der Einfachheit und Klarheit für sich, lässt sich der Haftungsgrund so schließlich regelmäßig[337] auf drei Elemente eines einzigen einheitlichen Unrechtstatbestands zurückführen: Rechtsgutsverletzung, Pflichtwidrigkeit und objektive Zurechnung.[338] Der Medizinische Standard ist dabei Dreh- und Angelpunkt der Haftung.[339]

B. Besonderheiten des Behandlungsvertragsrechts

Auch in der vertraglichen Fahrlässigkeitshaftung des Arztes für Behandlungsfehler füllt der Medizinische Standard die abstrakten Voraussetzungen der maßgeblichen Schadensersatznorm aus. Zentrale Anspruchsgrundlage für Schadensersatz des Patienten wegen der Verletzung von Pflichten aus dem (medizinischen) Behandlungsvertrag durch den Arzt ist und bleibt die allgemeine Vorschrift des § 280 Abs. 1 S. 1 BGB.[340] Bei der Behandlungsfehlerhaftung geht es prinzipiell

---

[337] Zu in Sonderfällen ggf. zu berücksichtigenden subjektiven Elementen s. o. 2. d. bb.
[338] Vgl. zum allg. Deliktsrecht *Wagner*, in: MüKo-BGB, [7]2017, § 823 Rn. 26, 58 u. *Kötz/Wagner*, Deliktsrecht, [13]2016, Rn. 112, 133 (sogar für Vorsatztaten); ausschließlich für das Arzthaftungsrecht *Brüggemeier*, Haftungsrecht, 2006, § 6 D II 4 a, S. 482 f. (nach allg. Grundsätzen trägt dabei i. Ü. der klagende Patient die Beweislast für alle haftungsbegründenden Merkmale, s. u. B. I. 2.); i. E. auch *Schmidt/Brüggemeier*, GK Zivilrecht, [7]2006, Rn. 845 f., unter Verweis auf zwei oder vier haftungsbegründende Elemente; ebenfalls in diese Richtung *Weber-Steinhaus*, Ärztliche Berufshaftung als Sonderdeliktsrecht, 1990, S. 16 ff., der jedoch das Erfordernis einer Rechtsgutsverletzung vernachlässigt.
[339] *Laufs*, in: *Nagel/Fuchs*, Soziale Gerechtigkeit im Gesundheitswesen, 1993, S. 290, 293.
[340] *Katzenmeier*, in: BeckOK-BGB, [50]2019, § 630a Rn. 7, 196; *Wagner*, in: MüKo-BGB, [7]2016, Vor § 630a Rn. 10 u. § 630a Rn. 86; *Mansel*, in: *Jauernig*, BGB, [17]2018, § 630h Rn. 8 f.; *Spickhoff*, in: *Spickhoff*, Medizinrecht, [3]2018, § 280 BGB Rn. 1; *Frahm/Walter*, Arzthaftungsrecht, [6]2018, Rn. 1, 129; *Geiß/Greiner*, Arzthaftpflichtrecht, [7]2014, Rn. A 8; *Katzenmeier*, in: *Laufs/Katzenmeier/Lipp*, Arztrecht, [7]2015, Kap. XI Rn. 135; *ders.*, NJW 2013, 817; *Spickhoff*, VersR 2013, 267, 271, 278; *Rehborn*, MDR 2013, 257, 269; *Wagner*, VersR 2012, 789, 790 f.; s. auch BT-Drs. 17/10488, S. 10 f., 27.

um einfachen Schadensersatz neben der Leistung.[341] Zunächst einmal definiert der Standard hier wie im Deliktsrecht die Fahrlässigkeit im Sinne von § 276 Abs. 2 BGB als maßgebliche Verschuldensform.[342] Gemäß § 276 Abs. 1 S. 1 BGB hat der Vertragsschuldner grundsätzlich Vorsatz und Fahrlässigkeit zu vertreten.[343] Neben dem Vertretenmüssen beschreibt der Standard aber ebenso bereits die geschuldete Leistung,[344] konkretisiert den Inhalt und Umfang der Pflichten aus dem Behandlungsvertrag und ist damit umgekehrt auch Maßstab der Pflichtverletzung, des Behandlungsfehlers.[345] Es stellt sich daher erneut die Frage, wie der faktische Gleichlauf dieser klassischerweise – im Vertragsrecht sogar gesetzlich – unterschiedenen Haftungsvoraussetzungen aufzulösen ist (I.).

Das Anfang 2013 durch das Patientenrechtegesetz (PatRG)[346] neu in das BGB eingefügte Behandlungsvertragsrecht (§§ 630a ff. BGB) nimmt dabei nunmehr ausdrücklich auf den Standard Bezug:

„Die Behandlung hat nach den zum Zeitpunkt der Behandlung bestehenden, allgemein anerkannten fachlichen Standards zu erfolgen, soweit nicht etwas anderes vereinbart ist" (§ 630 Abs. 2 BGB).

Fraglich ist jedoch, ob die Kodifikation, insbesondere ihre genaue Formulierung, nicht doch eine Veränderung des zivilrechtlichen Standardbegriffs bewirkt oder zumindest Akzente verschiebt (II.). Die Ausführungen sollen insgesamt in der gebotenen Kürze erfolgen und sich auf die Spezifika der vertraglichen Haftung verglichen mit dem zuvor ausführlich geschilderten Deliktsrecht beschränken. Im Wesentlichen werden sich – so viel sei an dieser Stelle schon vorweggenommen – Parallelen aufzeigen lassen (dazu C.).

Die Anspruchsgrundlagen der Vertrags- und Delikthaftung stehen im deutschen Recht selbständig nebeneinander in freier oder echter Anspruchs-

---

[341] Zum Begriff *Looschelders*, Schuldrecht AT, [16]2018, § 25 Rn. 1.
[342] Vgl. *Deutsch*, VersR 1982, 305.
[343] Im Überblick dazu *Lorenz*, JuS 2007, 611. Das Vertretenmüssen soll ganz i. S. d. auch im Vertragsrecht geltenden Verschuldensprinzips die Zurechnung der Pflichtverletzung zu einer Person ermöglichen und so deren Verantwortlichkeit begründen. Der (Ober-)Begriff „Vertretenmüssen" ist grds. weiter als der des Verschuldens und kann über die Verschuldensformen Vorsatz und Fahrlässigkeit hinausgehen (vgl. § 276 Abs. 1 S. 1 BGB); dazu auch *Dauner-Lieb*, in: NK-BGB, [3]2016, § 276 Rn. 4, 6 u. § 280 Rn. 39; *Grundmann*, in: MüKo-BGB, [7]2016, § 276 Rn. 10; *Ernst*, ebd., § 280 Rn. 21. Ausgehend davon, dass im Arzthaftungsrecht die Fahrlässigkeit der Regelfall ist, erscheint hier eine strenge terminologische Differenzierung zwischen Vertretenmüssen und Verschulden jedoch nicht erforderlich. Der Verweis auf (die Pflichtwidrigkeit und) das Verschulden betont vielmehr die vorhandenen Parallelen zum Deliktsrecht.
[344] Vgl. *Frahm*, GesR 2005, 529, 530.
[345] Vgl. *Katzenmeier*, in: BeckOK-BGB, [50]2019, § 630a Rn. 146 f., 193 f.; *Wagner*, in: MüKo-BGB, [7]2016, § 630a Rn. 87.
[346] Gesetz zur Verbesserung der Rechte von Patientinnen und Patienten vom 20.02.2013, in Kraft getreten am 26.02.2013, BGBl. I, S. 277.

konkurrenz und sind ohne Weiteres kumulierbar.[347] Im Ergebnis erhält der Geschädigte gewiss nur einmal Schadensersatz. Überschneidungen ergeben sich zum einen bei Schutzpflichtverletzungen, zum anderen aber auch, soweit die vertragliche Leistung des einen Teils darin besteht, auf die Rechtsgüter des anderen Teils einzuwirken, so vor allem beim Behandlungsvertrag.[348] Von alleiniger Bedeutung ist das Deliktsrecht naturgemäß, sofern kein Behandlungsvertrag zwischen konkretem Schädiger und Geschädigtem besteht. Das PatRG geht auf das Verhältnis von Vertrags- und Deliktsrecht nicht ein, vielmehr wurde richterrechtliches deliktisches Haftungsrecht im Vertragsrecht kodifiziert, ohne sich weiter mit Grundlagen und Auswirkungen zu befassen.[349]

I. Identität von Pflichtverletzung und Vertretenmüssen auch im vertraglichen Arzthaftungsrecht

1. Verhaltensbezogenheit der ärztlichen Behandlungspflicht

Neben dem Vorliegen eines Schuldverhältnisses setzt der Anspruch aus § 280 Abs. 1 BGB explizit Pflichtverletzung[350] und Vertretenmüssen voraus. Dass der Medizinische Standard die (objektivierte) ärztliche Fahrlässigkeit und damit das Vertretenmüssen bestimmt, lässt sich ohne Weiteres in Parallele zu den deliktsrechtlichen Ausführungen herleiten.[351] Im Übrigen soll § 630a Abs. 2 BGB ausweislich der Gesetzesbegründung des (Regierungsentwurfs zum) PatRG ausdrücklich die allgemeine Regelung des § 276 Abs. 2 BGB ergänzen,[352] also die erforder-

---

[347] Grundlegend RGZ 88, 433 ff.; BGHZ 9, 301, 302 = NJW 1953, 1180, 1181; dazu *Katzenmeier*, in: NK-BGB, ³2016, Vor §§ 823 ff. Rn. 67; *Wagner*, in: MüKo-BGB, ⁷2016, Vor § 630a Rn. 23 f. u. ⁷2017, Vor § 823 Rn. 78 f.; *Kötz/Wagner*, Deliktsrecht, ¹³2016, Rn. 10; *Wagner*, in: *Dauner-Lieb/Konzen/Schmidt*, Das neue Schuldrecht in der Praxis, 2003, S. 203, 205 ff.; aus der arzthaftungsrechtlichen Lit. *Laufs/Kern*, in: *Laufs/Kern*, Handbuch des Arztrechts, ⁴2010, § 93 Rn. 17; *Mansel*, in: *Jauernig*, BGB, ¹⁷2018, § 630h Rn. 5; *Greiner*, in: *Spickhoff*, Medizinrecht, ³2018, §§ 823 ff. BGB Rn. 1; *Deutsch/Spickhoff*, Medizinrecht, ⁷2014, Rn. 301; *Geiß/Greiner*, Arzthaftpflichtrecht, ⁷2014, Einl. Rn. 1; *Pauge/Offenloch*, Arzthaftungsrecht, ¹⁴2018, Rn. 1; *Katzenmeier*, Arzthaftung, 2002, S. 79 ff.; *Deutsch*, NJW 2012, 2009, 2010 f., 2012; s. auch BT-Drs. 17/10488, S. 17 f.; ausf. zur zivilrechtlichen Konkurrenzlehre *Katzenmeier*, Vertragliche und deliktische Haftung in ihrem Zusammenspiel, 1994, S. 138 ff.
[348] *Wagner*, in: MüKo-BGB, ⁷2017, Vor § 823 Rn. 80; *ders.*, in: *Dauner-Lieb/Konzen/Schmidt*, Das neue Schuldrecht in der Praxis, 2003, S. 203, 204.
[349] Vgl. insofern die Kritik von *Wagner*, in: *E. Lorenz*, KF 2013: Patientenrechte und Arzthaftung, 2014, S. 136 ff.; *ders.*, VersR 2012, 789, 801; s. u. II.
[350] Zum darin enthaltenen Merkmal der Rechtswidrigkeit *Deutsch/Spickhoff*, Medizinrecht, ⁷2014, Rn. 308 ff.; *Spickhoff*, in: *Spickhoff*, Medizinrecht, ³2018, § 280 BGB Rn. 7; *ders.*, JuS 2016, 865, 866; *Dauner-Lieb*, in: NK-BGB, ³2016, § 276 Rn. 7 u. § 280 Rn. 37.
[351] S. o. A. II. 2. Zur Fahrlässigkeit (und zum Verschuldensprinzip) im neuen Schuldrecht *Deutsch*, AcP 202 (2002), 889, insb. 889 f., 892 ff., 898 ff.; s. auch *ders.*, JZ 2002, 588 f.
[352] Vgl. BT-Drs. 17/10488, S. 19. An anderer Stelle (S. 28) wird § 630a Abs. 2 BGB jedoch gleichzeitig (richtigerweise, aber in sich widersprüchlich) auch als Maßstab der Pflichtverletzung herangezogen: „Steht [...] eine gegen § 630a Absatz 2 verstoßende Behandlung

B. Besonderheiten des Behandlungsvertragsrechts   97

liche Sorgfalt konkretisieren.[353] Die Funktion des Standards geht jedoch darüber hinaus, ist dieser doch bereits für die Beurteilung der Pflichtverletzung des Arztes von Bedeutung. Anders als im Deliktsrecht geht das anspruchsbegründende Merkmal der Pflichtverletzung dabei im Vertragsrecht bereits eindeutig aus dem Wortlaut des § 280 Abs. 1 S. 1 BGB hervor.
§ 630a Abs. 1 BGB regelt Inhalt und Umfang der wesentlichen Hauptleistungspflicht des Arztes.[354] „Durch den Behandlungsvertrag wird derjenige, welcher die medizinische Behandlung eines Patienten zusagt (Behandelnder), zur Leistung der versprochenen Behandlung […] verpflichtet".[355] Eine Verletzung

---

unstreitig fest oder hat der Patient einen Behandlungsfehler im Streitfall bewiesen, so liegt es gemäß § 280 Absatz 1 Satz 2 an dem Behandelnden zu beweisen, dass er die objektiv fehlerhafte Behandlung subjektiv nicht zu vertreten hat." Dabei wird zusätzlich verkannt, dass hinsichtlich des Vertretenmüssens kein subjektiver Maßstab gilt, sondern der objektivierte Fahrlässigkeitsbegriff, der ausdr. durch § 630a Abs. 2 BGB konkretisiert werden sollte (vgl. im Ausgangspunkt auch den Hinweis auf diese Ungenauigkeit von *Spickhoff*, in: *Spickhoff*, Medizinrecht, ³2018, § 630h BGB Rn. 2; *Deutsch/Spickhoff*, Medizinrecht, ⁷2014, Rn. 758, Fn. 68; *Spickhoff*, VersR 2013, 267, 278, Fn. 122; *ders.*, ZRP 2012, 65, 69; *Frahm/Walter*, Arzthaftungsrecht, ⁶2018, Rn. 129, Fn. 285). Dies zu erkennen hätte freilich bedeutet, den Gleichlauf von Pflichtwidrigkeit und Verschulden mit all seinen Folgeproblemen offen anzusprechen.
[353] *Wagner*, in: MüKo-BGB, ⁷2016, § 630a Rn. 2, 97, *Mansel*, in: *Jauernig*, BGB, ¹⁷2018, § 630a Rn. 16; *Katzenmeier*, in: BeckOK-BGB, ⁵⁰2019, § 630a Rn. 145; s. auch *Spickhoff*, MedR 2015, 845, 848.
[354] *Wagner*, in: MüKo-BGB, ⁷2016, § 630a Rn. 1; *Mansel*, in: *Jauernig*, BGB, ¹⁷2018, Vor § 630a Rn. 2; *Geiß/Greiner*, Arzthaftpflichtrecht, ⁷2014, Rn. A 5; *Spickhoff*, in: *Spickhoff*, Medizinrecht, ³2018, § 630a BGB Rn. 36; *ders.*, VersR 2013, 267, 271; *Hart*, MedR 2013, 159, 160; *Olzen/Kaya*, JURA 2013, 661, 663; *Olzen/Metzmacher*, JR 2012, 271, 272; s. auch BT-Drs. 17/10488, S. 17. Die Pflicht zur sorgfältigen Behandlung ist Leistungs- (§ 241 Abs. 1 BGB) und nicht lediglich Schutzpflicht i. S. d. § 241 Abs. 2 BGB, vgl. *Katzenmeier*, VersR 2002, 1066, Fn. 8; *Schmidt*, MedR 2007, 693, 698; s. auch *Schmidt/Brüggemeier*, GK Zivilrecht, ⁷2006, Rn. 669, 679; *Heidelk*, Gesundheitsverletzung und Gesundheitsschaden, 2005, S. 102 f.; differenziert *Voigt*, in: NK-BGB, ³2016, § 630a Rn. 15, 25, 49 ff. Allg. zur Unterscheidung von Leistungs- und Schutzpflichten *Looschelders*, in: FS *Canaris*, 2017, S. 403, 406 ff.; *Grigoleit*, in: FS *Canaris*, 2007, Bd. I, S. 275 ff. Eine gewisse Nähe der Behandlungspflicht zur allg. Rücksichtnahmepflicht auf Körper- und Gesundheit des Vertragspartners ist dabei offensichtlich. Diese ist beim Behandlungsvertrag aber gerade Gegenstand der vereinbarten Hauptleistung und damit nicht isoliert als Schutzpflicht zu betrachten. Letztere zeichnet sich vor allem durch die fehlende Verankerung im Parteiwillen aus (vgl. dort auf S. 281 ff.). Zu Überschneidungen zwischen Schutz- und Leistungspflichten auf S. 295 ff.: „Die Parteien [können] den Schutz ihrer Rechtsgüter nach dem Grundsatz der Privatautonomie ohne Weiteres zum Gegenstand vertraglicher Leistungspflichten erheben". Aus der Privatautonomie folge dann aber auch ein Vorrang des Charakters als Leistungspflicht. Zur schwierigen Abgrenzung von Pflichtverletzung und Vertretenmüssen bei den stets verhaltensbezogenen Schutzpflichten *Looschelders*, in: FS *Canaris*, 2017, S. 403, 409 f.
[355] Der Begriff der medizinischen Behandlung wird dabei nicht näher definiert, sondern vorausgesetzt, vgl. *Spickhoff*, in: *Spickhoff*, Medizinrecht, ³2018, § 630a BGB Rn. 12 (ff. zum Begriff); *Lipp*, in: *Laufs/Katzenmeier/Lipp*, Arztrecht, ⁷2015, Kap. III Rn. 27; *Katzenmeier*, in: BeckOK-BGB, ⁵⁰2019, § 630a Rn. 26; *ders.*, NJW 2013, 817; *ders.*, MedR 2012,

dieser Pflicht liegt mithin vor, wenn der Behandelnde nicht die versprochene medizinische Behandlung leistet, sie also (ganz oder teilweise) nicht (rechtzeitig) oder (im Regelfall[356] und für die folgenden Ausführungen allein von Bedeutung) schlecht erbringt. Die pflichtverletzende Schlechtleistung wird dabei auch hier als Behandlungsfehler bezeichnet,[357] für welchen wie im Deliktsrecht der Medizinische Standard als Maßstab dient.[358] Soweit nichts anderes vereinbart wurde, schuldet der Arzt nun einmal eine fehlerfreie Behandlung nach dem Standard des § 630a Abs. 2 BGB,[359] der somit gleichsam die Hauptleistungspflicht des Arztes umschreibt[360] und sich (anders als die Gesetzesbegründung nahegelegt) nicht auf das Vertretenmüssen beschränkt.[361] Es überschneiden sich vielmehr Aspekte des Leistungsversprechens und des Sorgfaltsmaßstabs und treffen zusammen im Begriff des Medizinischen Standards.[362] Pflichtverletzung und Vertretenmüssen laufen wegen ihrer Bezugnahme auf den Standard inhaltlich gleich; das Verschulden geht insofern in der Pflichtwidrigkeit auf.[363]

576, 579; *Hart*, GesR 2012, 385, 386. Es ist wiederum von einem weiten Verständnis auszugehen, s. *Voigt*, in: NK-BGB, ³2016, Vor § 630a Rn. 5 u. § 630a Rn. 15, 23; entspr. BT-Drs. 17/10488, S. 17 (bezugnehmend auf *Laufs/Kern*, in: *Laufs/Kern*, Handbuch des Arztrechts, ⁴2010, § 29 Rn. 4 ff.).

[356] Vgl. *Schmidt/Brüggemeier*, GK Zivilrecht, ⁷2006, Rn. 678.

[357] Vgl. *Wagner*, VersR 2012, 789, 791; *Rehborn*, MDR 2013, 257, 269; *Spickhoff*, JuS 2016, 865, 872; s. auch BT-Drs. 17/10488, S. 27.

[358] S. o. A. II. 1. Vgl. zum Vertragsrecht *Voigt*, in: NK-BGB, ³2016, § 630a Rn. 15 (dort allerdings wiederum „schuldhafte Standardunterschreitung"); auch *Heidelk*, Gesundheitsverletzung und Gesundheitsschaden, 2005, S. 102 f.

[359] Dies galt auch bislang schon nach Auslegung des tatsächlichen oder mutmaßlichen Parteiwillens, vgl. nur *Geiß/Greiner*, Arzthaftpflichtrecht, ⁷2014, Rn. A 2 f.

[360] Vgl. die Einordnung bei *Lipp*, in: *Laufs/Katzenmeier/Lipp*, Arztrecht, ⁷2015, Kap. III Rn. 34.

[361] Vgl. *Taupitz*, GesR 2015, 65, 66 f.; *Hart*, MedR 2013, 159, 160; *Olzen/Kaya*, JURA 2013, 661, 663 u. *Olzen/Metzmacher*, JR 2012, 271, 272 (freilich jeweils ggü. der Unterscheidung von Pflichtwidrigkeit und Verschulden tendenziell indifferent); *Spickhoff*, in: *Spickhoff*, Medizinrecht, ³2018, § 630a BGB Rn. 37; *Deutsch/Spickhoff*, Medizinrecht, ⁷2014, Rn. 324; *Spickhoff*, VersR 2013, 267, 271: die Gesetzesbegründung (Ergänzung des § 276 Abs. 2 BGB und damit des Vertretenmüssens) sei insofern überraschend; s. auch Fn. 352.

[362] *Voigt*, in: NK-BGB, ³2016, § 630a Rn. 15, 49; *ders.*, IGeL, 2013, S. 53.

[363] So zum Vertragsrecht auch *Schmidt/Brüggemeier*, GK Zivilrecht, ⁷2006, Rn. 678; *Hart*, in: *Hart*, Ärztliche Leitlinien im Medizin- und Gesundheitsrecht, 2005, S. 85, 97 u. 23, 62; *ders.*, in: *Hart*, Klinische Leitlinien und Recht, 2005, S. 81, 95 f.; *ders.*, MedR 2003, 603, 608 (freilich jeweils mit abw., missverständlicher Terminologie); *Schmidt*, MedR 2007, 693, 697. In diese Richtung auch *Bäune/Dahm*, MedR 2004, 645, 653; *Taupitz*, GesR 2015, 65, 67. A. A. *Katzenmeier*, VersR 2002, 1066, 1068 f.; *Spickhoff*, NJW 2002, 2530, 2535 ff.; *Gödicke*, MedR 2008, 405, 406. Dabei erkennt *Spickhoff* (in: *Spickhoff*, Medizinrecht, ³2018, § 280 BGB Rn. 4; *Deutsch/Spickhoff*, Medizinrecht, ⁷2014, Rn. 304; *Spickhoff*, NJW 2002, 2530, 2532, 2535) zwar, dass die Pflichtverletzung jedenfalls zum erheblichen Teil nichts anderes als die objektivierte Fahrlässigkeit ist, möchte aber dennoch keine Identität annehmen. S. überdies auch die Problemdarstellung bei *Kubella*, Patientenrechtegesetz, 2011, S. 125 f.

B. Besonderheiten des Behandlungsvertragsrechts

Gerade im Vertragsrecht wäre aufgrund der Vermutung des § 280 Abs. 1 S. 2 BGB mit einer Verschärfung des Maßstabs der Pflichtverletzung zugleich eine erhebliche Haftungserweiterung verbunden.[364] Wird es daher wie im deliktsrechtlichen Kontext vor dem Hintergrund der Vereinbarkeit mit dem auch der Vertragshaftung zu Grunde liegenden Verschuldensprinzip[365] abgelehnt, den Gleichlauf durch Veränderung der Maßstäbe zu korrigieren,[366] stellt sich die notwendige Folgefrage, wie sich die Identität von Pflichtwidrigkeit und Verschulden im vertraglichen Arzthaftungsrecht erklären lässt, welche Ursachen und Konsequenzen diese hat. Wie kann es sein, dass der Gesetzgeber im Vertragsrecht ausdrücklich zwischen Pflichtverletzung und Vertretenmüssen differenziert, diese Merkmale aber jedenfalls im Arzthaftungsrecht zusammenfallen?

Die Problematik liegt letztlich in der Rechtsnatur des Behandlungsvertrags, genauer in der Ausgestaltung der ärztlichen Hauptleistungspflicht begründet, welche nicht ohne Weiteres mit dem Begriff der Pflichtverletzung[367] in § 280 Abs. 1 S. 1 BGB kompatibel ist. Die Arzthaftung fügt sich in die allgemeine Vertragshaftung nicht nahtlos ein.[368] Aus der systematischen Einordnung des Behandlungsvertrags- in das Dienstvertragsrecht sowie der Regelung des § 630b BGB, die die subsidiäre Anwendbarkeit des Dienstvertragsrechts anordnet, ergibt sich nunmehr eindeutig, dass der Behandlungsvertrag im Regelfall ein besonderer Dienstvertrag ist.[369] Der Arzt schuldet nicht den Behandlungserfolg, sondern sorg-

---

[364] *Looschelders*, in: FS *Canaris*, 2017, S. 403, 408.
[365] S. o. A. III. 2. b. Zum Verschuldensprinzip im Vertragsrecht etwa *Riehm*, in: FS *Canaris*, 2007, Bd. I, S. 1079 f.; s. auch Fn. 351. Über den Standardbegriff kommt das Verschuldensprinzip auch im Vertragsrecht im Merkmal der Pflichtverletzung hinreichend zum Ausdruck.
[366] S. o. A. III. 2. d. Insb. *Deutsch* tritt auch im Vertragsrecht allg. für die Unterscheidung von äußerer Sorgfalt/Höchstmaß und innerer Sorgfalt/Normalmaß ein, vgl. ders., in: FS *Koziol*, 2010, S. 553, 557 ff.; *ders.*, AcP 202 (2002), 889, 903 ff.; *ders.*, JZ 2002, 588, 591. Dabei merkt er durchaus krit. erhebliche Überschneidungen in § 280 Abs. 1 BGB zwischen Pflichtverletzung und Fahrlässigkeit an, vgl. ders., in: FS *Koziol*, 2010, S. 553 f., 556 f.; *ders.*, AcP 202 (2002), 889, 890 f., 894 f., 897 f., 903; *ders.*, JZ 2002, 588, 590 f.; ebenso speziell zum vertraglichen Arzthaftungsrecht ders., NJW 2012, 2009, 2012; *Deutsch/Spickhoff*, in: *Spickhoff*, Medizinrecht, ³2018, Einl. Rn. 32; zudem die in Fn. 391 genannten; s. auch *Geiß/Greiner*, Arzthaftpflichtrecht, ⁷2014, Rn. B 213 f.; *Frahm/Walter*, Arzthaftungsrecht, ⁶2018, Rn. 129; *Walter*, GesR 2013, 129, 130, Fn. 17; *M. Becker*, MedR 2014, 475, 479; ausf. Darstellung bei *Kubella*, Patientenrechtegesetz, 2011, S. 127 ff.
[367] Dazu auch *Dauner-Lieb*, in: NK-BGB, ³2016, § 280 Rn. 27 ff.; *Ernst*, in: MüKo-BGB, ⁷2016, § 280 Rn. 10 ff. (freilich für eine grds. erfolgsbezogene Konzeption); *Looschelders*, Schuldrecht AT, ¹⁶2018, § 24 Rn. 12 ff.; *ders.*, in: FS *Canaris*, 2017, S. 403, 405 f.; *Benicke/Hellwig*, NJW 2014, 1697 f.; *Riehm*, in: FS *Canaris*, 2007, Bd. I, S. 1079, 1082 ff.; *Lorenz*, JuS 2007, 213.
[368] Vgl. *Geiß/Greiner*, Arzthaftpflichtrecht, ⁷2014, Rn. A 8.
[369] Dazu *Katzenmeier*, in: BeckOK-BGB, ⁵⁰2019, § 630a Rn. 20; *Wagner*, in: MüKo-BGB, ⁷2016, § 630a Rn. 3; *Spickhoff*, in: *Spickhoff*, Medizinrecht, ³2018, § 630a BGB Rn. 6; *Deutsch/Spickhoff*, ebd., Einl. Rn. 30; dies., Medizinrecht, ⁷2014, 138 f., 306, 311; *Lipp*, in: Laufs/Katzenmeier/Lipp, Arztrecht, ⁷2015, Kap. III Rn. 26; *Taupitz*, GesR 2015, 65; *Katzenmeier*, NJW 2013, 817 f.; *Spickhoff*, VersR 2013, 267, 268 f.; *ders.*, ZRP 2012, 65, 66; *Rehborn*, MDR 2013, 257, 258 f., 260; *Wagner*, VersR 2012, 789, 790; *Hart*, GesR

fältiges, behandlungsfehlerfreies Tätigwerden *lege artis*,[370] also die auf den Heilungserfolg gerichtete ärztliche Behandlung gemäß dem Medizinischen Standard.[371] Die Behandlungspflicht ist folglich regelmäßig[372] verhaltensbezogen.[373]

2012, 385, 386; s. auch BT-Drs. 17/10488, S. 10 f., 17, 20. So bereits BGHZ 63, 306, 309 = NJW 1975, 305, 306; ausf. *Katzenmeier*, Arzthaftung, 2002, S. 99 ff. m. w. N. Grundlegend ist damit i. Ü. davon auszugehen, dass auch mit gesetzlich krankenversicherten Patienten ein privatrechtliches Vertragsverhältnis zustande kommt (Vertragskonzeption), vgl. *Wigge*, in: *Schnapp/Wigge*, Handbuch des Vertragsarztrechts, ³2017, § 2 Rn. 86; *Lang*, in: *Becker/Kingreen*, SGB V, ⁶2018, § 76 Rn. 22 f.; *Katzenmeier*, in: BeckOK-BGB, ⁵⁰2019, § 630a Rn. 16 ff., 47; *Wagner*, in: MüKo-BGB, ⁷2016, § 630a Rn. 16; *Spickhoff*, in: *Spickhoff*, Medizinrecht, ³2018, § 630a BGB Rn. 20; *Nebendahl*, ebd., § 76 SGB V Rn. 16; *Deutsch/Spickhoff*, Medizinrecht, ⁷2014, Rn. 101, 106; *Lipp*, in: *Laufs/Katzenmeier/Lipp*, Arztrecht, ⁷2015, Kap. III Rn. 1; *Frahm/Walter*, Arzthaftungsrecht, ⁶2018, Rn. 1a; *Geiß/Greiner*, Arzthaftpflichtrecht, ⁷2014, Rn. A 9; *Katzenmeier*, NJW 2013, 817, Fn. 11; *Spickhoff*, VersR 2013, 267, 270; *Rehborn*, MDR 2013, 257 f.; *Wagner*, VersR 2012, 789, 790; aus der Rspr. BGHZ 76, 259, 261 f. = NJW 1980, 1452, 1453; s. auch BT-Drs. 17/10488, S. 18 f. Anders die bislang im Sozialrecht vorherrschende Auffassung (Versorgungskonzeption), vgl. etwa BSGE 59, 172, 177 = NJW 1986, 1574, 1576 = MedR 1986, 221; s. aber auch noch BSG MedR 2016, 210, 212 m. Anm. *Bayer* (öffentlich-rechtliches Rechtsverhältnis bei Behandlung durch Eigeneinrichtung der Krankenkasse, § 140 SGB V; freilich analoge Anwendung der §§ 630a ff. BGB). Näher zum (nunmehr historischen – a. A. weiterhin *Hauck*, SGb 2014, 8, 11 f.; *ders.*; NJW 2013, 3334, 3336 f.: kein Behandlungsvertrag, aber die §§ 630a ff. gelten entspr.; s. auch *Klückmann*, in: *Hauck/Noftz*, SGB V, 2017, § 76 Rn. 23 ff. m. w. N.; vermittelnd *Noftz*, ebd., 2018, § 39 Rn. 171) Meinungsstand *Katzenmeier*, Arzthaftung, 2002, S. 94 ff. m. w. N.; *Sproll*, in: *Krauskopf*, ¹⁰⁰2018, § 76 SGB V Rn. 23 ff.; *Kubella*, Patientenrechtegesetz, 2011, S. 111 ff. Gem. § 76 Abs. 4 SGB V verpflichtet in der vertragsärztlichen Versorgung die Übernahme der Behandlung den Leistungserbringer dem Versicherten ggü. zur Sorgfalt nach den Vorschriften des bürgerlichen Vertragsrechts (s. auch § 69 Abs. 1 S. 3 SGB V). Die Regelung wirkt dabei je nach Konzeption entweder konstitutiv oder deklaratorisch (vgl. im Kontext des Standards *Schmitz-Luhn*, Priorisierung in der Medizin, 2015, S. 156; *Kreße*, MedR 2007, 393, 394). Materiell-rechtlich steht damit fest, dass die Sorgfaltsanforderungen des BGB auch bei Behandlung gesetzlich Versicherter gelten. Es stellt sich nur die Frage des richtigen Rechtswegs, wobei die Zivilgerichte in st. Rspr. ihre Zuständigkeit annehmen; dazu *Bäune*, in: *Eichenhofer/v. Koppenfels-Spies/Wenner*, SGB V, ³2018, § 76 Rn. 14 (u. § 69 Rn. 16).

[370] Vgl. *Mansel*, in: *Jauernig*, BGB, ¹⁷2018, Vor § 630a Rn. 2; *Frahm/Walter*, Arzthaftungsrecht, ⁶2018, Rn. 2, 75; *Geiß/Greiner*, Arzthaftpflichtrecht, ⁷2014, Rn. A 4; *Looschelders*, in: FS Canaris, 2017, S. 403, 408; *G. Müller*, in: FS E. Lorenz, 2014, S. 667, 668; *Walter*, GesR 2013, 129, 130; *Schmidt*, MedR 2008, 408, 409; *ders.*, MedR 2007, 693, 697; *Zieglmeier*, JuS 2007, 701, 704; *Bäune/Dahm*, MedR 2004, 645, 652 f.

[371] *G. Müller*, NJW 1997, 3049.

[372] Anders nur, soweit ausnahmsweise doch werkvertragliche Elemente im Vordergrund stehen, sowie bei sog. voll beherrschbaren Risiken (dazu im beweisrechtlichen Kontext *Katzenmeier*, Arzthaftung, 2002, S. 482 ff.; *ders.*, in: *Laufs/Katzenmeier/Lipp*, Arztrecht, ⁷2015, Kap. XI Rn. 123 ff.; *ders.*, in: BeckOK-BGB, ⁵⁰2019, § 630h Rn. 17 ff.; *Mansel*, in: *Jauernig*, BGB, ¹⁷2018, § 630h Rn. 12 ff.; *Frahm/Walter*, Arzthaftungsrecht, ⁶2018, Rn. 156 ff.; *Geiß/Greiner*, Arzthaftpflichtrecht, ⁷2014, Rn. B 214, 238 ff.; *Deutsch/Spickhoff*, Medizinrecht, ⁷2014, Rn. 795 ff.; *Laufs/Kern*, in: *Laufs/Kern*, Handbuch des Arztrechts, ⁴2010, § 109 Rn. 1 ff.; *G. Müller*, NJW 1997, 3049 f.; aus der Rspr. etwa BGH NJW 1991, 1540, 1541 = MedR 1991, 139, 140 m. w. N.; nunmehr auch § 630h

Oberflächlich kaschieren lässt sich dieses Verständnis dadurch, dass die Standardwahrung als Erfolg des Behandlungsvertrags aufgefasst wird, was jedoch nichts daran ändert, dass der zu wahrende Standard selbst ein Verhaltensprogramm darstellt.

Auf diese verhaltensbezogenen Leistungspflichten (*obligations de moyen*)[374] des Dienstvertragsrechts im Allgemeinen und des Behandlungsvertragsrechts im Besonderen ist das Leistungsstörungsrecht nur bedingt ausgerichtet; Leitbild des allgemeinen Leistungsstörungsrechts ist vielmehr der gegenstands- und erfolgsbezogene Kauf-, Miet- und Werkvertrag.[375] Begrifflich legt der Ausdruck „Pflichtverletzung" ein verhaltensorientiertes Verständnis nahe, im neuen Schuldrecht ist er jedoch bezogen auf Leistungspflichten im Sinne bloßer Nichterfüllung konzipiert.[376] Ausgehend von einer erfolgsbezogenen Pflichtenkonzeption, liegt also die Pflichtverletzung bereits im Nichteintritt eines geschuldeten Erfolges (der vereinbarten Leistungserbringung),[377] bleibt Raum für eine Bewertung des Verhaltens

---

Abs. 1 [u. 4] BGB), zu denen die Behandlung i. S. d. nur begrenzt steuerbaren Kernbereichs ärztlichen Handelns jedoch gerade nicht gehört. Der Medizinische (Verhaltens-) Standard als Thema dieser Arbeit hat damit nichts mehr zu tun.

[373] *Katzenmeier*, in: *Laufs/Katzenmeier/Lipp*, Arztrecht, ⁷2015, Kap. XI Rn. 138, Fn. 514; *Spickhoff*, in: *Spickhoff*, Medizinrecht, ³2018, § 280 BGB Rn. 6; *Frahm/Walter*, Arzthaftungsrecht, ⁶2018, Rn. 1, 129; *Deutsch/Spickhoff*, Medizinrecht, ⁷2014, Rn. 306, 311; *Riehm*, in: FS *Canaris*, 2007, Bd. I, S. 1079, 1089; *Wagner*, in: *Dauner-Lieb/Konzen/Schmidt*, Das neue Schuldrecht in der Praxis, 2003, S. 203, 220. Zum Verhaltensbezug der ärztlichen Behandlungspflicht auch *M. Becker*, MedR 2014, 475, 477 f., der aber in der Erfolgsgeeignetheit der Behandlung ein Element mit Erfolgsbezug sieht, so zur Anwendbarkeit des Unmöglichkeitsrechts gelangt.

[374] S. o. A. III. 1. b. Oft auch Bemühenspflichten genannt, vgl. etwa *Wendehorst*, AcP 206 (2006), 205, 266.

[375] Vgl. insg. *Deutsch/Spickhoff*, Medizinrecht, ⁷2014, Rn. 313; *Schmidt/Brüggemeier*, GK Zivilrecht, ⁷2006, Rn. 678 u. 409, 663 f.; *Kubella*, Patientenrechtegesetz, 2011, S. 126 f.; *Spickhoff*, NJW 2002, 2530 f., 2533; *Hart*, MedR 2003, 603, 607 f.; *Wagner*, VersR 2012, 789, 791, Fn. 17; s. auch allg. *Dauner-Lieb*, in: NK-BGB, ³2016, § 280 Rn. 30; *Looschelders*, Schuldrecht AT, ¹⁶2018, § 24 Rn. 14; *ders.*, in: FS *Canaris*, 2017, S. 403, 406 ff. (auch zu Grenzfällen). Dies ist i. Ü. auch ein wesentlicher Grund, weshalb der vertragliche Schadensersatzanspruch i. d. R. „einfach" auf die Grundnorm des § 280 Abs. 1 S. 1 BGB gestützt wird, *Wendehorst*, AcP 206 (2006), 205, 266 f.: „Bei Bemühenspflichten hingegen bedarf es schon eines Übermaßes an Interpretationsaufwand und Spitzfindigkeit, um selbst einfachste Sachverhalte unter das System der §§ 280 ff. zu subsumieren. [...] Für alle diese Fragen gibt es irgendwelche Lösungen, [...] doch übersteigt der interpretatorische Aufwand jedes vertretbare Maß. So verwundert es nicht, dass sich die Praxis in der Arzthaftung von vornherein auf § 280 Abs. 1 als Anspruchsgrundlage beschränkt und die übrigen Vorschriften so gut wie ignoriert. In der Tat scheint bei Bemühenspflichten ein einfach strukturierter, flexibler Schadensersatzanspruch der einzig sachgerechte Rechtsbehelf zu sein."

[376] Vgl. *Looschelders*, in: FS *Canaris*, 2017, S. 403, 405; *Benicke/Hellwig*, NJW 2014, 1697 f.; krit. insofern bereits *Stoll*, JZ 2001, 589, 593; ausf. *Schapp*, JZ 2001, 583; *ders.*, JZ 1993, 637.

[377] Dazu *Looschelders*, Schuldrecht AT, ¹⁶2018, § 24 Rn. 12; *Frahm/Walter*, Arzthaftungsrecht, ⁶2018, Rn. 129; *Benicke/Hellwig*, NJW 2014, 1697, 1698; *Schmidt*, MedR 2007, 693, 696 f.; *Lorenz*, JuS 2007, 213, 214; *ders.*, NJW 2005, 1889, 1890; *Wendehorst*, AcP 206 (2006), 205, 267; *Schulze/Ebers*, JuS 2004, 265, 269; *Canaris*, JZ 2001, 499, 512.

erst auf Verschuldensebene.³⁷⁸ Bemisst sich hingegen – wie bei der Schlechtleistung im Behandlungsvertrag – bereits die Verletzung der Leistungspflicht anhand des sorgfältigen Tätigwerdens des Verpflichteten, kommt der Fahrlässigkeit als Einhaltung der im Verkehr erforderlichen Sorgfalt keine eigenständige Bedeutung zu.³⁷⁹ Allenfalls lässt sich im Vertretenmüssen dann noch die Zurechnungsfähigkeit prüfen (§§ 276 Abs. 1 S. 2, 827 f. BGB).³⁸⁰ Über die Pflichtverletzung gleichbedeutend mit Fahrlässigkeit steht demnach auch im Vertragsrecht allein die standardwidrige Behandlung im Zentrum der Haftungsfrage.³⁸¹

2. Beweisrechtliche Implikationen: Einordnung von § 280 Abs. 1 S. 2 BGB

Als Folge- oder Kontrollüberlegung stellt sich sodann zwangsläufig die Frage nach der Rolle der (auf das Vertragsrecht beschränkten) Beweislastumkehr des § 280 Abs. 1 S. 2 BGB in der Arzthaftung. Nach dieser Vorschrift muss abweichend von der allgemeinen Beweislastverteilung für anspruchsbegründende Tatsachen³⁸² der Schuldner nachweisen, dass er die Pflichtverletzung nicht zu ver-

---

Parallelen zur deliktsrechtlichen Debatte um Verhaltens- und Erfolgsunrecht (s. o. A. III. 1. a.) liegen dabei auf der Hand; vgl. *Dauner-Lieb*, in: NK-BGB, ³2016, § 276 Rn. 7 f.; *Grundmann*, in: MüKo-BGB, ⁷2016, § 276 Rn. 15 f.; *Spickhoff*, JuS 2016, 865, 870 f.

³⁷⁸ Vgl. etwa *Heidelk*, Gesundheitsverletzung und Gesundheitsschaden, 2005, S. 97 f., 99 f.; *Looschelders*, in: FS *Canaris*, 2017, S. 403, 405 f.; *Riehm*, in: FS *Canaris*, 2007, Bd. I, S. 1079, 1088, 1092 ff.; *Wagner*, in: *Dauner-Lieb/Konzen/Schmidt*, Das neue Schuldrecht in der Praxis, 2003, S. 203, 220.

³⁷⁹ Vgl. *Heidelk*, Gesundheitsverletzung und Gesundheitsschaden, 2005, S. 103 f., 113 ff., 127 f. (teils abw. Terminologie); *Schmidt/Brüggemeier*, GK Zivilrecht, ⁷2006, Rn. 678 (abw. Terminologie); *Wagner*, in: MüKo-BGB, ⁷2016, Vor § 630a Rn. 20; *ders.*, in: *Dauner-Lieb/Konzen/Schmidt*, Das neue Schuldrecht in der Praxis, 2003, S. 203, 220; *Lorenz*, JuS 2007, 213, 214; *ders.*, NJW 2005, 1889, 1890; *Wendehorst*, AcP 206 (2006), 205, 267 f.; *Looschelders*, in: FS *Canaris*, 2017, S. 403, 408 (i. E. relativierend); *Schmidt*, MedR 2007, 693, 697; dagegen *Gödicke*, MedR 2008, 405, 406; i. E. A. auch *Walter*, Spezialisierung und Sorgfaltsstandard, 2004, S. 103 ff.; *Benicke/Hellwig*, NJW 2014, 1697, 1698 f.: Der (erfolgsbezogene) Begriff der Leistungspflichtverletzung stehe nicht zur Disposition des Rechtsanwenders, weshalb auch bei verhaltensbezogenen Leistungspflichten zwischen Pflichtverletzung und Vertretenmüssen unterschieden werden müsse und könne. Gerade im einheitlich standardorientierten Arzthaftungsrecht ist dies jedoch wie dargestellt nicht möglich. Anders aber auch *Riehm*, in: FS *Canaris*, 2007, Bd. I, S. 1079, 1089 ff., der dabei jedoch verkennt, dass es jedenfalls im Arzthaftungsrecht gerade nicht einen abstrakt-generellen Maßstab der Pflichtverletzung sowie einen konkret-individuellen Maßstab des Vertretenmüssens gibt, sondern allein den Standard.

³⁸⁰ *Lorenz*, JuS 2007, 213, 214; *Wendehorst*, AcP 206 (2006), 205, 268. Diese kann aber auch als Grundelement der Pflichtwidrigkeit selbst aufgefasst werden. Ihr Fehlen ist i. Ü. bereits nach allg. Grds. als Abweichung vom Normalfall vom Schuldner zu beweisen.

³⁸¹ Vgl. auch *Heidelk*, Gesundheitsverletzung und Gesundheitsschaden, 2005, S. 151 ff.

³⁸² Sog. *Rosenberg*'sche Normentheorie: Jede Partei trägt die Beweislast für die tatsächlichen Voraussetzungen der ihr günstigen Rechtsnormen, der Kläger mithin für die anspruchsbegründenden, der Beklagte für die rechtshindernden, -vernichtenden und -hemmenden Tatsachen, vgl. *Rosenberg/Schwab/Gottwald*, Zivilprozessrecht, ¹⁸2018, § 116 Rn. 9 m. w. N.

treten hat. Welche Bedeutung verbleibt aber einer Umkehr der Beweislast für das Vertretenmüssen, wenn dieses mit der Pflichtverletzung zusammenfällt? Wird gar die Pflichtverletzung vermutet? Oder ist die Vermutung damit bedeutungslos, da die Pflichtverletzung nach allgemeinen Regeln vom Anspruchsteller nachzuweisen ist? Ist die Unterscheidung zwischen Pflichtwidrigkeit und Verschulden an sich wiederum vorrangig von dogmatischem Interesse, erlangt sie durch die Beweislastumkehr erhebliche praktische Relevanz.

Dabei ist bereits grundlegend umstritten, ob die Beweislastumkehr im Arzthaftungsrecht überhaupt Anwendung findet. Vor der Schuldrechtsreform im Jahre 2002 wurde eine (entsprechende) Anwendung der Vorgängerregelung des § 282 BGB a. F. im Rahmen der Arzthaftung von der herrschenden Meinung abgelehnt.[383] Zentrale Begründung war, es dürfe wegen der Unberechenbarkeit des menschlichen Organismus und der Möglichkeit eines schicksalhaften Verlaufs nicht vom ausbleibenden Heilungserfolg auf eine Haftung des Arztes geschlossen werden.[384] Das Krankheitsrisiko trage stets der Patient. Im Anschluss daran ließe sich auch heute eine teleologische Reduktion des § 280 Abs. 1 S. 2 BGB im Arzthaftungsrecht vertreten.[385] Die Gesetzesbegründung des PatRG geht überraschend ohne Weiteres davon aus, dass die Beweislastumkehr im Behandlungsvertragsrecht Geltung beansprucht.[386] Einer echten Lösung führt das PatRG die Frage der Beweislastverteilung hinsichtlich Pflichtwidrigkeit und Verschulden jedoch nicht zu, übergeht dieses grundsätzliche Problem vielmehr.[387]

Im Ausgangspunkt gilt in der Tat der althergebrachte Einwand, dass nicht vom Misserfolg der Behandlung auf die Schadensverantwortlichkeit geschlossen wer-

---

[383] Ausf. zum klassischen Streitstand *Katzenmeier*, Arzthaftung, 2002, S. 488 ff. m. w. N.; *ders.*, in: *Laufs/Katzenmeier/Lipp*, Arztrecht, ⁷2015, Kap. XI Rn. 137 f.; *ders.*, VersR 2002, 1066 ff.; s. auch *Brudermüller*, in: FS *Derleder*, 2005, S. 3, 10 ff.; *Laufs/Kern*, in: *Laufs/Kern*, Handbuch des Arztrechts, ⁴2010, § 107 Rn. 13.
[384] BGH VersR 1967, 663, 664; NJW 1969, 553, 554; 1977, 1102, 1103; 1980, 1333; dazu *G. Müller*, NJW 1997, 3049; *dies.*, in: *E. Lorenz*, KF 2013: Patientenrechte und Arzthaftung, 2014, S. 132 f. (dort: Schutz des ärztlichen Standards vor subjektiven Entlastungen).
[385] Vgl. den entspr. Hinweis von *Deutsch*, AcP 202 (2002), 889, 896; s. auch *Katzenmeier*, in: *Laufs/Katzenmeier/Lipp*, Arztrecht, ⁷2015, Kap. XI Rn. 139 ff.; *ders.*, VersR 2002, 1066, 1068, der eine solche sodann jedoch ablehnt; ebenso *Frahm/Walter*, Arzthaftungsrecht, ⁶2018, Rn. 129; *Walter*, Spezialisierung und Sorgfaltsstandard, 2004, S. 124 ff.; *Spickhoff*, NJW 2002, 2530, 2532; *Spindler/Rieckers*, JuS 2004, 272, 274; *Bäune/Dahm*, MedR 2004, 645, 652; *Brudermüller*, in: FS *Derleder*, 2005, S. 3, 9 f., 19 ff.; *Zieglmeier*, JuS 2007, 701, 704; s. auch *Schulze/Ebers*, JuS 2004, 265, 270.
[386] BT-Drs. 17/10488, S. 28, unter Bezugnahme auf *Katzenmeier*, Arzthaftung, 2002, S. 491 ff. (dort überdies ausf. Darstellung ab S. 488 ff.); dazu *ders.*, in: BeckOK-BGB, ⁵⁰2019, § 630h Rn. 9; *ders.*, in: *Laufs/Katzenmeier/Lipp*, Arztrecht, ⁷2015, Kap. XI Rn. 136, 139; *ders.*, NJW 2013, 817, 821; *Prütting*, in: FS *Rüßmann*, 2013, S. 609, 612 f., 616 f.; *Schärtl*, NJW 2014, 3601. Gegen die Anwendbarkeit aber gleichwohl *Olzen/Kaya*, JURA 2013, 661, 668; offen noch *Olzen/Metzmacher*, JR 2012, 271, 277.
[387] Vgl. *Spickhoff*, VersR 2013, 267; *Prütting*, in: FS *Rüßmann*, 2013, S. 609, 616 f.

den darf, da der Arzt den Erfolg nicht schuldet.[388] Ein solcher Rückschluss erfolgt jedoch gerade nur dann, wenn dem Arzt auferlegt wird, sich vom Vorwurf eines Behandlungsfehlers zu entlasten, also bereits die Pflichtverletzung vermutet wird. Dieses Ergebnis wäre im Rahmen der Arzthaftung in jedem Fall unzulässig. Nach allgemeinen Grundsätzen hat im Arzthaftungsrecht der Patient als Anspruchsteller den Behandlungsfehler nachzuweisen.[389] Eine Ausdehnung der Vermutungswirkung auf die Pflichtverletzung scheidet aus. Auf mehr als das Vertretenmüssen kann sich die Beweislastumkehr in keinem Fall beziehen. Die Argumente, die gegen eine Verschuldensvermutung angeführt werden, sprechen nur gegen eine Fehlervermutung.[390] Dass sie undifferenziert gegen eine Verschuldensvermutung angeführt werden, illustriert im Grunde nur erneut, dass Pflichtwidrigkeit und Verschulden im Arzthaftungsrecht nicht zu unterscheiden sind.[391]

---

[388] Vgl. *Katzenmeier*, Arzthaftung, 2002, S. 492; *ders.*, VersR 2002, 1066, 1068; *Spickhoff*, NJW 2002, 2530, 2533; *Spindler/Rieckers*, JuS 2004, 272, 274; *Brudermüller*, in: FS *Derleder*, 2005, S. 3, 23 f.; *Prütting*, in: FS *Rüßmann*, 2013, S. 609, 612 f., 617 f.

[389] *Katzenmeier*, Arzthaftung, 2002, S. 419 f.; *ders.*, in: *Laufs/Katzenmeier/Lipp*, Arztrecht, [7]2015, Kap. XI Rn. 49 f.; *ders.*, in: BeckOK-BGB, [50]2019, § 630h Rn. 8; *Laufs/Kern*, in: *Laufs/Kern*, Handbuch des Arztrechts, [4]2010, § 107 Rn. 1, 3, 24; *Deutsch/Spickhoff*, Medizinrecht, [7]2014, Rn. 758; *Geiß/Greiner*, Arzthaftpflichtrecht, [7]2014, Rn. B 200; *Mansel*, in: Jauernig, BGB, [17]2018, § 630h Rn. 8 f.; *Frahm/Walter*, Arzthaftungsrecht, [6]2018, Rn. 128; *G. Müller*, NJW 1997, 3049.

[390] Vgl. *Katzenmeier*, Arzthaftung, 2002, S. 492: „Anknüpfungspunkt einer (bloßen) Verschuldensvermutung kann und soll jedoch nicht der ausbleibende Heilungserfolg, vielmehr ein feststehender Behandlungsfehler des Arztes sein."; so auch *ders.*, in: *Laufs/Katzenmeier/Lipp*, Arztrecht, [7]2015, Kap. XI Rn. 140 ff.; *ders.*, VersR 2002, 1066, 1068; ebenso BT-Drs. 17/10488, S. 28; *Spindler/Rieckers*, JuS 2004, 272, 274; *Prütting*, in: FS *Rüßmann*, 2013, S. 609, 617 f.; in diese Richtung auch *Pauge/Offenloch*, Arzthaftungsrecht, [14]2018, Rn. 168; *Schärtl*, NJW 2014, 3601; *Deutsch*, JZ 2002, 588, 592; *Spickhoff*, NJW 2002, 2530, 2533.

[391] A. A. im Anschluss an *Deutsch* (Fn. 366) wie im Deliktsrecht *Katzenmeier*, VersR 2002, 1066, 1068 f., der auch im Vertragsrecht äußere Sorgfalt (Pflichtverletzung) und innere Sorgfalt (Vertretenmüssen) trennt, auf diesem Wege eine Anwendung der Verschuldensvermutung bei nachgewiesenem Behandlungsfehler ermöglicht und für sachgerecht erachtet. Ähnlich *Spickhoff*, in: *Spickhoff*, Medizinrecht, [3]2018, § 280 BGB Rn. 9; *Greiner*, ebd., § 823 ff. BGB Rn. 134 ff.; *Deutsch/Spickhoff*, Medizinrecht, [7]2014, Rn. 314 ff., 382 f.; *Spickhoff*, NJW 2002, 2530, 2535 ff.: zwar nicht äußere und innere Sorgfalt an sich, aber Sorgfalt im Höchstmaß und situationsbezogene Sorgfalt als Sorgfaltsmaßstäbe zu trennen. Ausf. (u. krit.) Darstellung der Abgrenzungsversuche von Pflichtverletzung und Vertretenmüssen im Kontext der vertraglichen Arzthaftung bei *Heidelk*, Gesundheitsverletzung und Gesundheitsschaden, 2005, S. 118 ff. Erneut wird jedoch nirgends klar, wie eine Unterscheidung von äußerer und innerer Sorgfalt oder Sorgfalt im Höchst- und Normalmaß im am Medizinischen Standard orientierten Arzthaftungsrecht konkret aussehen soll. Nach hier vertretener Ansicht wird diese Differenzierung weder praktiziert noch ist sie umsetzbar, s. o. A. III. 2. d. aa. Dagegen im vertragsrechtlichen Kontext daher auch *Wagner*, in: MüKo-BGB, [7]2016, Vor § 630a Rn. 22; *ders.*, in: *Dauner-Lieb/Konzen/Schmidt*, Das neue Schuldrecht in der Praxis, 2003, S. 203, 222 f.; *Hart*, MedR 2003, 603, 608; *ders.*, in: *Hart*, Ärztliche Leitlinien im Medizin- und Gesundheitsrecht, 2005, S. 85, 97 f. (u. 23, 62): „Es gibt keine subjektiv begründbare Abweichung vom objektiven Standard, sondern nur eine medizinisch-situationsbezogene Standardveränderung." *Wendehorst*, AcP 206 (2006), 205,

Schlussendlich ist die Beweislastumkehr erneut nur vor dem Hintergrund der grundsätzlichen Orientierung des allgemeinen Leistungsstörungsrechts an erfolgsbezogenen Pflichten zu verstehen, bei denen Pflichtwidrigkeit und Verschulden eindeutig getrennt werden können. Kommt der Pflichtwidrigkeit eine eigenständige, vom Verschulden abgrenzbare Bedeutung zu, ändert eine Vermutung des Vertretenmüssens nichts daran, dass die Pflichtwidrigkeit vom Anspruchsteller nachzuweisen ist. Je erfolgsbezogener die Pflicht formuliert wird, desto mehr verhaltensbezogene Elemente werden im Rahmen des Verschuldens vermutet.[392] Für verhaltensbezogene Pflichten wie die ärztlichen Behandlungspflicht bedeutet dies: Geht das Vertretenmüssen vollständig in der (im Arzthaftungsrecht dem Grunde nach stets vom Patienten nachzuweisenden) Pflichtverletzung auf, wird die Vermutung im Ergebnis bedeutungslos.[393] Sie gilt also zwar auch im Arzthaftungsrecht, läuft dort aber völlig leer.[394]

268, konstatiert zutreffend eine Missachtung des Inhalts der Parteivereinbarung: „Sie gehen darüber hinweg, dass der Arzt sich vertraglich nicht zum theoretisch Denkbaren und ex post betrachtet Erforderlichen, sondern zum konkret Leistbaren verpflichtet hat." Dem ist zuzustimmen, vereinbaren die Parteien des Behandlungsvertrags nun einmal in der Regel nicht ein abstraktes ärztliches Pflichtenprogramm im Höchstmaß, sondern die Befolgung des (konkret-situationsbezogenen) Standards, wie es nunmehr auch in § 630a Abs. 2 BGB zum Ausdruck kommt. Damit fallen aber Pflicht und Sorgfalt zusammen. Vgl. zudem *Heidelk*, Gesundheitsverletzung und Gesundheitsschaden, 2005, S. 120 f., 124; *G. Müller*, NJW 1997, 3049. S. i. Ü. auch Fn. 379.

[392] Vgl. *Spickhoff*, NJW 2002, 2530, 2532 f.; *Spindler/Rieckers*, JuS 2004, 272, 274; *Brudermüller*, in: FS *Derleder*, 2005, S. 3, 21 f. Dabei gehen diese freilich jeweils davon aus, dass im Arzthaftungsrecht Pflichtwidrigkeit und Verschulden (bei allen Abgrenzungsschwierigkeiten aufgrund der verhaltensbezogenen Pflichtenkonzeption und des objektivierten Fahrlässigkeitsbegriffs) zu trennen sind.

[393] *Schmidt/Brüggemeier*, GK Zivilrecht, [7]2006, Rn. 678; *Heidelk*, Gesundheitsverletzung und Gesundheitsschaden, 2005, S. 134; *Schmidt*, KritV 2005, 177, 186 f.; *Hart*, in: *Hart*, Ärztliche Leitlinien im Medizin- und Gesundheitsrecht, 2005, S. 85, 98 u. 23, 62; *ders.*, MedR 2003, 603, 608; zudem *Zieglmeier*, JuS 2007, 701, 703 f.; *Wendehorst*, AcP 206 (2006), 205, 268; s. auch *Wagner*, in: MüKo-BGB, [7]2016, Vor § 630a Rn. 21 u. § 630a Rn. 87; *ders.*, VersR 2012, 789, 791; *ders.*, in: *Dauner-Lieb/Konzen/Schmidt*, Das neue Schuldrecht in der Praxis, 2003, S. 203, 222 f.; in diese Richtung ebenfalls *Frahm/Walter*, Arzthaftungsrecht, [6]2018, Rn. 129; *Taupitz*, GesR 2015, 65, 67; *ders.*, AcP 211 (2011), 352, 354 f.; *Walter*, GesR 2013, 129, 130; vgl. insg. *Lorenz*, JuS 2007, 213; *ders.*, NJW 2007, 1 f.

[394] *Taupitz*, in: *E. Lorenz*, KF 2013: Patientenrechte und Arzthaftung, 2014, S. 129. *Katzenmeier* erkennt zumindest für die Praxis an: „Eine nennenswerte Haftungsverschärfung ist mit der Verschuldensvermutung nicht verbunden. Der Nachweis des Verschuldens bereitet in der Praxis kaum je Probleme, wenn das Vorliegen eines Behandlungsfehlers feststeht" (DÄBl. 2011, A-1885, A-1886; ebenso *ders.*, ZMGR 2011, 263, 265). In diese Richtung auch *ders.*, Arzthaftung, 2002, S. 493; *ders.*, in: *Laufs/Katzenmeier/Lipp*, Arztrecht, [7]2015, Kap. XI Rn. 145 f.; *Deutsch/Spickhoff*, Medizinrecht, [7]2014, Rn. 758; *Spickhoff*, VersR 2013, 267, 278; *Prütting*, in: FS *Rüßmann*, 2013, S. 609, 618.

Dagegen spricht auch nicht „allgemein die Vermutung, dass der Gesetzgeber keine solcherart sinnlosen Normen erlassen will."[395] Die Norm ist bei erfolgsbezogenen Pflichten, dem Idealtypus des Gesetzgebers, keineswegs sinnlos und hat dort durchaus ihre Berechtigung. Im Hinblick auf verhaltensbezogene Pflichten, deren Vernachlässigung durch den Gesetzgeber als Schwachstelle des allgemeinen Leistungsstörungsrechts inzwischen offen zu Tage getreten ist,[396] ist eine derartige „Vermutung" jedenfalls widerlegt. Der Konstruktionsfehler des § 280 Abs. 1 BGB liegt im gesetzgeberischen Anspruch begründet, trotz der Orientierung an erfolgsbezogenen Pflichten eine allgemeingültige Lösung auch für verhaltensbezogene Pflichten vorzuhalten.[397]

II. Auswirkungen von § 630a Abs. 2 Hs. 1 BGB auf den zivilrechtlichen Standardbegriff

Nach dieser grundlegenden funktionellen Einordnung des Medizinischen Standards in die dogmatische Struktur der Vertragshaftung soll nun noch einmal der Standardbegriff selbst in den Mittelpunkt der Untersuchung rücken. Vor Inkrafttreten des PatRG wurde im Arzthaftungsrecht bezüglich des vertraglichen Schadensersatzanspruchs inhaltlich kein anderer Maßstab an die ärztliche Behandlung angelegt als im Deliktsrecht.[398] Das Zurückbleiben der konkret erbrachten Leistung hinter dem Medizinischen Standard war schon bislang entscheidend für die Feststellung eines Behandlungsfehlers.[399] Daran wollte auch das PatRG nichts ändern, vielmehr war erklärtes Ziel des Gesetzgebers, die bisherige Rechtsprechung (nicht nur in diesem Punkt) zu kodifizieren.[400] Obgleich der Wortlaut des § 630a Abs. 2 Hs. 1 BGB in der Judikatur an sich kein Vorbild findet, sind Abweichungen insofern nicht zu befürchten.[401]

In der Gesetzesbegründung erfolgt eine (willkürliche sowie ungenaue)[402] Zusammenfassung der altbekannten Grundsätze zum (Facharzt-)Standard.[403] Ganz in diesem Sinne wird in der neueren Literatur zum Behandlungsvertragsrecht

---

[395] So aber *Spickhoff*, NJW 2002, 2530, 2535. Diese Annahme liegt auch dessen jüngeren Darstellungen (*ders.*, in: *Spickhoff*, Medizinrecht, ³2018, § 280 BGB Rn. 9; *Deutsch/Spickhoff*, Medizinrecht, ⁷2014, Rn. 301, 304 ff., 326; *Spickhoff*, VersR 2013, 267) zu Grunde, wonach die Verschuldensvermutung eine echte Bedeutung haben müsse, was aber nur bei Unterscheidbarkeit von Pflichtverletzung und Verschulden im Vertragsrecht der Fall sein könne. Offener hingegen *ders.*, in: FS *Canaris*, 2017, S. 547, 549 f.; *ders.*, in: *Lilie/Bernat/Rosenau*, Standardisierung in der Medizin als Rechtsproblem, 2009, S. 119, 125 f.
[396] Zur Zurückhaltung der Schuldrechtskommission hinsichtlich des Leistungsstörungsrechts der (freien) Dienstverträge bereits *Hirte*, Berufshaftung, 1996, S. 181 f.
[397] *Heidelk*, Gesundheitsverletzung und Gesundheitsschaden, 2005, S. 127.
[398] S. o. A. I.
[399] *Katzenmeier*, NJW 2013, 817, 818.
[400] Vgl. BT-Drs. 17/10488, S. 9.
[401] *Wagner*, in: MüKo-BGB, ⁷2016, § 630a Rn. 97.
[402] Krit. ggü. der Gesetzesbegründung auch *Hart*, GesR 2012, 385, 386, 388.
[403] S. BT-Drs. 17/10488, S. 19; i. Ü. erfolgt inhaltlich auch ein Verweis auf die Definition nach *Carstensen*, 2. Kap. B. I.

regelmäßig ohne Weiteres auf das klassische Begriffsverständnis (sowie die bisherige Rechtsprechung) verwiesen.[404] Eine Neuinterpretation durch die Rechtsprechung ist ebenso nicht zu erwarten. Die Regelung sieht sich deshalb durchaus dem Vorwurf ausgesetzt, kaum Neues[405] oder nur Banales[406] zu regeln. Fraglich ist jedoch, ob die Übertragung der Rechtsprechung in Gesetzesform tatsächlich ohne Brüche gelungen ist. Hierfür gilt es, den Wortlaut der Regelung des § 630a Abs. 2 Hs. 1 BGB näher zu betrachten und mit den im deliktsrechtlichen Kontext dargestellten Charakteristika des zivilrechtlichen Standards zu vergleichen.

Mit § 630a Abs. 2 Hs. 1 BGB nimmt erstmals eine haftungsrechtliche Norm ausdrücklich auf den Standard Bezug.[407] Die Rede ist dort allerdings von „Standards" im Plural. Die Mehrzahl erscheint auf den ersten Blick mit der dem Standardbegriff immanenten Grundannahme unvereinbar, dass es stets nur einen einzigen Behandlungsstandard geben und eine Behandlung nicht mehreren Standards folgen kann. Erklären lässt sich die Formulierung mit dem zu Grunde liegenden weiten Begriff der Behandlung.[408] Die Behandlung im Sinne eines Oberbegriffs umfasst gegebenenfalls mehrere einzelne Behandlungsmaßnahmen und -schritte mit jeweils eigenem Standard. Der Arzt hat dabei aus einem „Fundus an Standards" denjenigen auszuwählen, der für die Situation des Patienten und die konkrete Maßnahme maßgeblich ist.[409] Zudem richtet sich der Standard ausweislich der Gesetzesbegründung nach den Anforderungen an die Behandlungsgruppe, der der jeweilige Behandelnde zuzuordnen ist,[410] sodass es für eine Behandlung je nach Behandelndem durchaus mehrere Standards geben kann.[411] Im Übrigen kann der Standard seinerseits mehrere Behandlungsmöglichkeiten umfassen, zwischen denen Arzt und Patient wählen können. Die Verwendung der Pluralform ist folglich zwar ungewöhnlich und zeugt damit ebenfalls nicht unbedingt von gesetzgeberischem Geschick, ist aber für den Standardbegriff nicht weiter bedeutsam.

Dem Standard (oder den Standards) werden sodann drei inhaltliche Präzisierungen zur Seite gestellt: der Verweis auf den Zeitpunkt der Behandlung, das Element der allgemeinen Anerkennung sowie der Fachbezug. Der Standard wird zunächst durch das Adjektiv „fachlich" (anstelle von „Medizinisch") charakterisiert. Gewiss erfolgt hiermit dennoch im Wesentlichen ein Verweis auf medizinische Inhalte. *Hart* sieht hierin gar einen Professionsvorbehalt der Medizin bei der Standardbestimmung (in einem rechtlichen Rahmen), es gehe um medizinisch-

---

[404] Vgl. etwa *Katzenmeier*, in: BeckOK-BGB, ⁵⁰2019, § 630a Rn. 145 ff.; *Mansel*, in: Jauernig, BGB, ¹⁷2018, § 630a Rn. 16; *Voigt*, in: NK-BGB, ³2016, § 630a Rn. 26 ff.; *Wagner*, in: MüKo-BGB, ⁷2016, § 630a Rn. 97 ff.; *Deutsch/Spickhoff*, Medizinrecht, ⁷2014, Rn. 324 ff., 353 ff.; s. auch *Deutsch*, NJW 2012, 2009, 2012.
[405] *Spickhoff*, MedR 2015, 845, 847.
[406] *Thurn*, MedR 2013, 153, 154.
[407] Dass dabei der „Medizinische Standard" gemeint ist, wird stillschweigend vorausgesetzt – ebenso wie auch nicht ausdr. vom „medizinischen Behandlungsvertrag" die Rede ist.
[408] S. o. Fn. 355.
[409] *Taupitz*, GesR 2015, 65, 67.
[410] Vgl. BT-Drs. 17/10488, S. 19.
[411] Nach *Taupitz*, GesR 2015, 65, 67, Fn. 36, sei dies freilich gerade nicht gemeint.

wissenschaftliche sowie -praktische Anforderungen.[412] Die Objektivität des Standards ist im Fachbezug bereits angelegt.[413] Daneben können hier aber auch die von der jeweils einschlägigen Fachrichtung des behandelnden Arztes abhängigen Unterschiede des Standards angesiedelt werden,[414] wobei der differenzierte Verkehrskreisbezug durch diesen einfachen Hinweis allenfalls im Ansatz angedeutet wird.[415] Die Gesetzesbegründung zielt zunächst nur auf eine gröbere Unterteilung der Behandlungsgruppen ab,[416] nicht auf die Differenzierungen innerhalb des Arztberufs. Neue Akzente setzten die „fachlichen Standards" mithin ebenfalls nicht, es handelt sich um den Facharztstandard wie bisher.[417]

Des Weiteren gibt § 630a Abs. 2 Hs. 1 BGB vor, dass der Standard „allgemein anerkannt" zu sein habe. Hierin schwingt gleichsam der Fachbezug mit, hingewiesen wird auf Bewährung und Akzeptanz des Standards in der Profession.[418] Zudem lässt sich dies als Hinweis auf die Normativität des Standards (über bloße Üblichkeiten hinaus) deuten.[419] Nach welchen Kriterien sich die allgemeine Anerkennung bestimmt,[420] wie genau also letztlich der Standard festgelegt wird, bleibt indes offen.[421] Ebenso wird die Ermittlung des Standards im Haftungsprozess und die entscheidende Rolle des medizinischen Sachverständigen dabei nicht thematisiert.[422] „Weder das Gesetz, noch die Gesetzesbegründung erhellen […], was Standards sind, wie sie festgelegt werden und wie sie retrospektiv ermittelt werden".[423] Auch das Verhältnis zur ärztlichen Therapiefreiheit bleibt unklar.[424]

Zu Recht wird in § 630a Abs. 2 Hs. 1 BGB auf den zum Zeitpunkt der Behandlung bestehenden Standard abgestellt (und nicht etwa auf den des Vertragsschlusses oder der nachträglichen Beurteilung der Behandlung).[425] Dies deckt sich mit der bereits beschriebenen zeitlichen Differenzierung des Standards,[426] sodass sich diesbezüglich keine Besonderheiten ergeben. In Kombination mit dem

---

[412] *Hart*, MedR 2013, 159, 160; näher 6. Kap. A. I.

[413] *Wagner*, VersR 2012, 789, 791; s. auch BT-Drs. 17/10488, S. 19, wonach individuelle Fähigkeiten und Kenntnisse nicht von Bedeutung sind, vgl. A. I. 1.

[414] *Frahm/Walter*, Arzthaftungsrecht, [6]2018, Rn. 85; *Voigt*, in: NK-BGB, [3]2016, § 630a Rn. 27 ff.; s. o. A. I. 2. a.

[415] Vgl. *Wagner*, in: MüKo-BGB, [7]2016, § 630a Rn. 97; *ders.*, VersR 2012, 789, 791.

[416] Vgl. BT-Drs. 17/10488, S. 19; dort werden Heilberufe und Gesundheitsfachberufe, namentlich Ärzte und Heilpraktiker angesprochen; zum Kreis der Behandelnden BT-Drs. 17/10488, S. 18; auch *Katzenmeier*, in: BeckOK-BGB, [50]2019, § 630a Rn. 30 ff.; *Mansel*, in: *Jauernig*, BGB, [17]2018, § 630a Rn. 6 ff.

[417] *Spickhoff*, in: *Spickhoff*, Medizinrecht, [3]2018, § 630a BGB Rn. 37; *ders.*, MedR 2015, 845, 848.

[418] *Hart*, MedR 2013, 159, 160; ebenso *Voigt*, in: NK-BGB, [3]2016, § 630a Rn. 30.

[419] Vgl. *Hart*, MedR 2013, 159, 160.

[420] *Hart*, MedR 2013, 159, 160, verweist auf Evidenzbasierung und Konsensfindung.

[421] *Thurn*, MedR 2013, 153, 154.

[422] *Thurn*, MedR 2013, 153, 154; *Rehborn*, MDR 2013, 257, 259.

[423] *Katzenmeier*, in: BeckOK-BGB, [50]2019, § 630a Rn. 145.

[424] Dazu ausf. 6. Kap. D. II. 3.

[425] *Taupitz*, GesR 2015, 65, 66.

[426] Vgl. *Spickhoff*, in: *Spickhoff*, Medizinrecht, [3]2018, § 630a BGB Rn. 37; *Frahm/Walter*, Arzthaftungsrecht, [6]2018, Rn. 79; *Geiß/Greiner*, Arzthaftpflichtrecht, [7]2014, Rn. B 9.

Erfordernis der allgemeinen Anerkennung wohnt der Formulierung „bestehende Standards" freilich eine gewisse Statik inne. Die Berücksichtigung des medizinischen Fortschritts kommt potentiell nicht hinreichend zum Ausdruck. Gleichwohl beinhaltet der Begriff „Standard" selbst bereits eine dynamische Komponente.[427]

In den „bestehenden, allgemein anerkannten, fachlichen Standards" lassen sich mithin zwar durchaus einige wichtige Elemente des Standardbegriffs unterbringen, die Umschreibung bleibt dabei aber selbst in hohem Maße konkretisierungsbedürftig und ist so oberflächlich, dass sich der Haftungsmaßstab kaum aus der Norm selbst, vielmehr nur bei Kenntnis des bisherigen Richterrechts erschließt. Daneben ist die Unvollständigkeit des § 630a Abs. 2 Hs. 1 BGB hervorzuheben.[428] Verschiedene Aspekte des Standardbegriffs haben keine Aufnahme in das Gesetz gefunden. Namentlich die situativen Differenzierungen des Standards kommen gar nicht zum Ausdruck,[429] werden aber umgekehrt auch nicht ausgeschlossen.[430] Des Weiteren ist nicht geregelt, was geschieht, wenn einmal kein Standard besteht (noch nicht oder nicht mehr).[431]

Der Begriff des Standards wird demnach in der Norm im Wesentlichen nicht näher konkretisiert[432] oder gar legaldefiniert,[433] vielmehr als bekannt vorausgesetzt. Es wird nichts zur weiteren Begriffsklärung beigetragen. (Ob dies erforderlich gewesen wäre, ist eine andere Frage.) Die drei Präzisierungselemente erscheinen letztlich willkürlich aus dem komplexen Standardbegriff herausgegriffen und führen kaum zur Verständniserleichterung. Die Regelung wird zu Recht als missverständlich, grobschlächtig und lückenhaft kritisiert.[434] Damit verfehlt sie jedenfalls das erklärte[435] Ziel erhöhter Rechtssicherheit und Rechtsklarheit, Transparenz und Verlässlichkeit bei Patientenrechten.[436]

---

[427] S. o. A. I. 2. b.
[428] Vgl. insg. *Wagner*, VersR 2012, 789, 791.
[429] S. o. A. I. 2. c. Vgl. *Katzenmeier*, NJW 2013, 817, 818, Fn. 17; *Wagner*, VersR 2012, 789, 791. *Voigt*, in: NK-BGB, ³2016, § 630a Rn. 33, 35, verortet die situativen Differenzierungen im Verweis auf den Zeitpunkt der Behandlung.
[430] Vgl. *Frahm/Walter*, Arzthaftungsrecht, ⁶2018, Rn. 87.
[431] *Spickhoff*, in: *Spickhoff*, Medizinrecht, ³2018, § 630a BGB Rn. 42; *Deutsch/Spickhoff*, Medizinrecht, ⁷2014, Rn. 331; *Spickhoff*, VersR 2013, 267, 272; *ders.*, MedR 2015, 845, 848 f. Dazu 6. Kap. D. II. 5.
[432] *Katzenmeier*, in: *Laufs/Katzenmeier/Lipp*, Arztrecht, ⁷2015, Kap. X Rn. 7; s. auch *Wagner*, in: MüKo-BGB, ⁷2016, § 630a Rn. 97; *ders.*, VersR 2012, 789, 791: Versuch aller Ehren wert, jedoch nicht wirklich weiterführend und nicht zu überschätzen.
[433] Krit. *Thurn*, in: AG RAe im MedR e. V., Standard-Chaos?, 2015, S. 51, 52; *ders.*, MedR 2013, 153, 154.
[434] So *Deutsch/Spickhoff*, Medizinrecht, ⁷2014, Rn. 333; *Spickhoff*, VersR 2013, 267, 272; *ders.*, MedR 2015, 845, 847: zu pauschal; *Voigt*, in: NK-BGB, ³2016, § 630a Rn. 49.
[435] BT-Drs. 17/10488, S. 1, 9; s. auch *Thole*, MedR 2013, 145.
[436] *Wagner*, VersR 2012, 789, 798 f.: § 630a Abs. 2 BGB als farblose Formel in bestem Juristendeutsch. Allg. krit. *Katzenmeier*, NJW 2013, 817, 822 f.; *Hart*, MedR 2013, 159, 163 f. („Rechtsprechungs- und status-quo-Gesetz, teilweise hinter die Rechtsprechung zurückfallend, jedoch ebenso interpretationsfähig wie -bedürftig"); *ders.*, GesR 2012, 385; anders das Fazit von *Bergmann*, VersR 2017, 661, 666: Ziel erreicht.

110 3. Kap.: Zivilrechtlicher Standardbegriff

Nicht nur laut *Wagner* ist dieses Ergebnis mehr oder weniger zwangsläufig, lasse sich der Facettenreichtum der Rechtsprechung in diesem Punkt doch nicht im Gesetz abbilden,[437] weshalb sich die Frage stelle, ob eine gesetzliche Regelung denn überhaupt weiterführen könne oder darauf nicht wegen möglicher negativer Auswirkungen besser gänzlich hätte verzichtet werden sollen.[438] Die damit zusammenhängende Grundsatzdebatte um die Kodifizierung des Arzthaftungsrechts sei insofern nur angedeutet.[439]

Ausgehend davon, dass eine umfassende Kodifizierung des Standardbegriffs weder möglich noch sinnvoll erscheint, hätte ein einfacher Verweis auf den Medizinischen (oder „fachlichen") Standard ohne fragmentarische Ergänzungen, die gegebenenfalls sogar fälschlich den Eindruck der Vollständigkeit erwecken könnten, vollkommen ausgereicht, wegen seiner Abstraktheit und Unbestimmtheit aber ebenso gut gänzlich weggelassen werden können. Inhaltlich sind im Ergebnis Veränderungen der bisherigen richterrechtlichen, im Wesentlichen zum Deliktsrecht herausgebildeten Rechtslage durch das neue Behandlungsvertragsrecht weder gewollt noch zu erwarten.[440] Korrekturen und vor allem Ergänzungen des ungenauen § 630a Abs. 2 Hs. 1 BGB sind durch entsprechende Auslegung des offenen Wortlauts möglich. Das einheitliche Verständnis des Standards im Delikts- und Vertragsrecht ist demnach nicht gefährdet.[441] Eine Festschreibung des *status quo*[442] ist hinsichtlich des Standardbegriffs letztlich ebenfalls nicht zu befürchten, dazu bleibt § 630a Abs. 2 BGB nun einmal viel zu vage.

---

[437] S. auch *Bergmann*, VersR 2017, 661, 662: Die Vorschrift könne naturgem. keineswegs alle Aspekte des schwierigen Problems des Facharztstandards erfassen.
[438] *Wagner*, VersR 2012, 789, 791; zust. *G. Müller*, in: FS *E. Lorenz*, 2014, S. 667, 673; vgl. auch *Frahm/Walter*, Arzthaftungsrecht, ^{6}2018, Rn. 77 (u. 1, Fn. 9): Regelung ohne Not und mit der Gefahr von Missverständnissen getroffen.
[439] Krit. etwa *Katzenmeier*, in: *E. Lorenz*, KF 2013: Patientenrechte und Arzthaftung, 2014, S. 33 ff.; *ders.*, NJW 2013, 817, 822 f.; *ders.*, MedR 2012, 576, 577 ff.; *ders.*, SGb 2012, 125; *ders.*, DÄBl. 2011, A-1885; *ders.*, ZMGR 2011, 263, 265; auch *Wagner*, in: *E. Lorenz*, KF 2013: Patientenrechte und Arzthaftung, 2014, S. 135 f.; *ders.*, VersR 2012, 789, 798 ff. Krit. ggü. Kodifikationsbestrebungen allg. bereits *Katzenmeier*, Arzthaftung, 2002, S. 85 ff.; *ders.*, VersR 2002, 1066, 1071 f.; *ders.*, MedR 2011, 201, 204 ff. Die Kodifikation grds. begrüßend hingegen *Spickhoff*, VersR 2013, 267, 282; *ders.*, ZRP 2012, 65, 69; *Olzen/Metzmacher*, JR 2012, 271 f., 278.
[440] Vgl. insofern *Bergmann*, VersR 2017, 661 f. zur Entwicklung infolge des PatRG. Aktuelle Perspektiven bei *Hart*, in: HK-AKM, ^{6}82017, Nr. 4015 (Patientenrechte) Rn. 8 ff.
[441] Vgl. *Frahm/Walter*, Arzthaftungsrecht, ^{6}2018, Rn. 75.
[442] So die allg. Befürchtung zum PatRG, vgl. etwa *Katzenmeier*, NJW 2013, 817, 823; *ders.*, MedR 2012, 576, 578; *Hart*, MedR 2013, 159, 165; *ders.*, GesR 2012, 385, 388.

C. Ergebnis und Ausblick

Der Medizinische Standard des Behandlungsvertragsrechts ist kein anderer als der des Deliktsrechts. Dies gilt auch nach Inkrafttreten des PatRG. Es gibt nur einen einzigen zivil- oder haftungsrechtlichen Standardbegriff. Vertrags- und Deliktsrecht laufen insoweit gleich.[443] Zudem nimmt der Standard hier wie dort eine einheitliche Funktion ein: Er dient als Maßstab der ärztlichen Pflichtverletzung, des Behandlungsfehlers. Neben der bereits durch den Medizinischen Standard konkretisierten Pflichtwidrigkeit kommt dem Erfordernis des Verschuldens/Vertretenmüssens jeweils keine Bedeutung als eigenständige Haftungsvoraussetzung mehr zu. Die standardbezogene Fahrlässigkeit ist nichts anderes als die Pflichtwidrigkeit. Gleichwohl bleiben deliktische wie vertragliche Arzthaftung Verschuldenshaftung, was den haftungsrechtlichen Standardbegriff grundlegend prägt.

Aufgabe des Haftungsrechts ist, das selbst zu tragende allgemeine Lebensrisiko von der zurechenbaren Fremdeinwirkung zu trennen.[444] Im Arzthaftungsrecht gilt es, die „Konkurrenz von schicksalhaftem und ärztlicherseits zu verantwortendem Krankheits- bzw. Heilungsverlauf"[445] aufzulösen, die zu unklaren Kausalitätsverhältnissen führt.[446] In der ärztlichen Behandlung setzt sich das Risiko der unbehandelten Krankheit im Austausch gegen das Behandlungsrisiko fort, sodass Schadenslasten aus diesem Tauschrisiko der Krankheit zuzuordnen und vom Patienten zu tragen sind.[447] Im Wesentlichen erfüllt diese Abgrenzungsaufgabe im Vertrags- wie im Deliktsrecht übereinstimmend der Haftungsmaßstab des Medizinischen Standards. Der Arzt haftet nur, soweit er diesen verfehlt (Behandlungsfehler). „Mit dem zentralen Begriff des Behandlungsfehlers wird Arzthaftung eröffnet wie Arzthaftung begrenzt."[448]

Auf den Standardbegriff beschränkt sich der Gleichlauf der beiden Haftungsordnungen[449] im Arzthaftungsrecht indes nicht. Die Rechtsprechung hat wieder-

---

[443] Vgl. *Wagner*, VersR 2012, 789, 791; bereits *Taupitz*, in: *Dietrich/Imhoff/Kliemt*, Standardisierung in der Medizin, 2004, S. 263, 284; *Groß*, Ärztlicher Standard, 1997, S. 1, 5; *Kullmann*, VersR 1997, 529, 530; *Deutsch*, NJW 1976, 2289, 2290.
[444] *Schmidt*, MedR 2007, 693.
[445] *Schmidt*, MedR 2008, 408.
[446] *Schmidt*, MedR 2008, 408 f.; *ders.*, MedR 2007, 693, 699.
[447] *Pauge/Offenloch*, Arzthaftungsrecht, ¹⁴2018, Rn. 164; im Anschluss daran *Geiß/Greiner*, Arzthaftpflichtrecht, ⁷2014, Rn. B 1.
[448] *Geiß/Greiner*, Arzthaftpflichtrecht, ⁷2014, Rn. B 1 (u. 2); s. auch *Greiner*, in: *Spickhoff*, Medizinrecht, ³2018, §§ 823 ff. BGB Rn. 4.
[449] Dazu *Katzenmeier*, in: *Laufs/Katzenmeier/Lipp*, Arztrecht, ⁷2015, Kap. X Rn. 2 (sowie Kap. XI Rn. 55); *ders.*, in: BeckOK-BGB, ⁵⁰2019, § 630h Rn. 6; *ders.*, NJW 2013, 817, 823, der allg. freilich Friktionen aufgrund der Kodifizierung des Behandlungsvertragsrechts nur für eine Frage der Zeit hält. Den Gleichlauf sowie Fernwirkungen der Kodifikation des Behandlungsvertrags (auch des Standards) auf das Deliktsrecht betonend hingegen *Spickhoff*, in: *Spickhoff*, Medizinrecht, ³2018, § 630a BGB Rn. 3 u. § 630h BGB Rn. 3; *Deutsch/Spickhoff*, Medizinrecht, ⁷2014, Rn. 800; *Spickhoff*, MedR 2015, 845; *ders.*, VersR 2013, 267, 281; s. auch *Mansel*, in: *Jauernig*, BGB, ¹⁷2018, Vor § 630a Rn. 11 (aber Rn. 13); *Wagner*, in: MüKo-BGB, ⁷2016, Vor § 630a Rn. 25 (s. aber Rn. 2, 32) u. ⁷2017, § 823

holt die grundlegende Strukturgleichheit der beiden Haftungsregime betont[450] und sucht trotz der Zweispurigkeit der Haftung die entscheidenden Fragen in beiden Gebieten weitgehend gleich zu lösen,[451] sowohl materiell- als auch beweisrechtlich. Der vertragliche und deliktische Schutz vor Behandlungsfehlern ist (auch nach Inkrafttreten des PatRG) prinzipiell identisch.[452] Wesentlicher Ausdruck dieser Strukturgleichheit ist gewiss die Parallelität der Pflichtengefüge[453] durch Fixierung auf den Standard,[454] den Behandlungsfehler, die Pflichtwidrigkeit als zentrale, entscheidende Haftungsvoraussetzung. Durch den Pflichtenbezug der Verhaltensunrechtskonzeption und das ungeschriebene Haftungsmerkmal der (Verkehrs-)Pflichtverletzung werden vertragstypische Aspekte in das Deliktsrecht hineingenommen.[455] „Mit der Maßgeblichkeit von Standards nähert sich das Delikts- dem Vertragsrecht an, für das die berechtigte Erwartung des Partners ein charakteristisches, tragendes Element bildet."[456]

Aber auch umgekehrt wird das Vertrags- vom Deliktsrecht beeinflusst. So wurde etwa das deliktische Erfordernis einer Rechtsgutsverletzung in Form einer (Gesundheits- und/oder) Körperverletzung – und damit nicht zuletzt die (vor allem beweisrechtlich bedeutsame)[457] Unterscheidung von haftungsbegründender und -ausfüllender Kausalität – auf den vertraglichen Anspruch übertragen – im

---

Rn. 910, 920 (s. aber Rn. 922; *ders.*, VersR 2012, 789, 801); *Frahm/Walter*, Arzthaftungsrecht, [6]2018, Rn. 127 (offen).

[450] Grundlegend BGH NJW 1987, 705, 706 = MedR 1987, 42, 43: „Die vertragliche Haftung des Arztes für Behandlungsfehler knüpft an die Verletzung von Verhaltenspflichten an, die in gleicher Weise und mit demselben Inhalt auf den Schutz der Gesundheit des Patienten bezogen sind wie die Pflichten, deren Verletzung zur deliktischen Arzthaftung führen. Stimmen aber vertragliche und deliktische Verhaltenspflichten völlig überein bzw. besteht ‚Strukturgleichheit' von vertraglichen und deliktischen Sorgfaltspflichten, dann muß auch der Haftungsgrund in gleicher Weise abgegrenzt werden".

[451] Dazu *Katzenmeier*, Arzthaftung, 2002, S. 81 f.; auch *Laufs/Kern*, in: *Laufs/Kern*, Handbuch des Arztrechts, [4]2010, § 93 Rn. 17, 22 u. § 103 Rn. 7.

[452] *Frahm/Walter*, Arzthaftungsrecht, [6]2018, Rn. 1; *Pauge/Offenloch*, Arzthaftungsrecht, [14]2018, Rn. 3 ff.; *Geiß/Greiner*, Arzthaftpflichtrecht, [7]2014, Einl. Rn. 1 f.; *Greiner*, in: *Spickhoff*, Medizinrecht, [3]2018, §§ 823 ff. BGB Rn. 1; *Schärtl*, NJW 2014, 3601; s. auch bereits *Heidelk*, Gesundheitsverletzung und Gesundheitsschaden, 2005, S. 24 ff.; *Giesen*, Arzthaftungsrecht, [4]1995, Rn. 2, 4; *Laufs*, in: *Laufs et al.*, Die Entwicklung der Arzthaftung, 1997, S. 1, 3.

[453] *Katzenmeier*, Arzthaftung, 2002, S. 82; s. auch *Frahm/Walter*, Arzthaftungsrecht, [6]2018, Rn. 75; *Hart*, in: *Hart*, Ärztliche Leitlinien im Medizin- und Gesundheitsrecht, 2005, S. 23, 60; *Bergmann*, VersR 1996, 810, 811; ebenso die der Darstellung des Arzthaftungsrechts bei *Hart*, JURA 2000, 14 u. 64, zu Grunde liegende Annahme.

[454] Vgl. insofern auch BGH NJW 1999, 1778, 1779; 1995, 776, 777 = MedR 1995, 276, 277: „Nach § 276 BGB schuldet der Arzt dem Patienten vertraglich wie deliktisch die im Verkehr erforderliche Sorgfalt. Diese bestimmt sich weitgehend nach dem medizinischen Standard des jeweiligen Fachgebiets".

[455] *Schmidt*, MedR 2007, 693, 695; vgl. auch *Katzenmeier*, Arzthaftung, 2002, S. 81 f.

[456] *Laufs*, in: FS *Gernhuber*, 1993, S. 245, 258.

[457] Anwendung des Beweismaßes des § 286 oder § 287 ZPO; dazu ausf. *Katzenmeier*, Arzthaftung, 2002, S. 424 ff.; *ders.*, in: *Laufs/Katzenmeier/Lipp*, Arztrecht, [7]2015, Kap. XI Rn. 57 ff.; *ders.*, in: BeckOK-BGB, [50]2019, § 630a Rn. 197 ff. u. § 630h Rn. 76 ff.

Übrigen ausdrücklich als Schlussfolgerung aus dem Gleichlauf der Pflichten.[458] Die Haftung tritt auch vertragsrechtlich nur ein, wenn der Patient infolge der Pflichtverletzung eine Körperverletzung erleidet.[459] „Der strukturelle Unterschied zwischen vertraglichen Obligationen und deliktischen Verhaltenspflichten verliert bei der ärztlichen Behandlung bereits dadurch an Bedeutung, daß der Schutz von Leben und Gesundheit [des Patienten als deliktstypisches Element] [...] gerade auch Gegenstand der vertraglichen Hauptleistungspflicht ist."[460] „Insofern ist die deliktische Prägung der Arzthaftung, ihr Bezug auf den Rechtsgüterschutz, unvermeidbar."[461]

Schließlich erscheint eine die Haftungsfragen nur unnötig verkomplizierende Ungleichbehandlung, einzig und allein aus dem Grund, dass ein Vertragsverhältnis zwischen Arzt und Patient besteht, nicht nachvollziehbar. Ganz im Gegenteil deutet der einheitliche Standardbegriff auf einen Gleichlauf der Haftungsordnungen hin, wie in den bisherigen Ausführungen deutlich geworden ist. „Vertragliches und deliktisches Recht der Arzthaftung sind ein einheitliches [...] Pflichtenrecht."[462] Alles in allem setzt sich der Haftungstatbestand im Vertrags- wie im Deliktsrecht im Wesentlichen aus einem Behandlungsfehler im Sinne einer Standardverfehlung (Pflichtwidrigkeit/-verletzung) und einer (zurechenbar dadurch verursachten) Gesundheits- und/oder Körperverletzung zusammen, die jeweils grundsätzlich vom Patienten nachzuweisen sind.

Aufgrund ihrer parallelen Auslegung im Arzthaftungsrecht verwundert es im Übrigen kaum, dass regelmäßig nur noch im Ansatz zwischen vertraglicher und deliktischer Anspruchsgrundlage unterschieden und hinsichtlich der jeweiligen Kernfragen allgemein auf die Grundsätze der Behandlungsfehlerhaftung verwiesen wird.[463] Von diesem der vereinfachten Darstellung dienenden Phänomen

---

[458] Vgl. BGH NJW 1987, 705, 706 = MedR 1987, 42, 43; s. o. Fn. 450; s. auch *Wagner*, in: MüKo-BGB, [7]2016, Vor § 630a Rn. 19. Ernsthaft untersucht werden aber nur Behandlungsfehler und Kausalzusammenhang, die Rechtsgutverletzung wird dabei stillschweigend vorausgesetzt, dazu *Heidelk*, Gesundheitsverletzung und Gesundheitsschaden, 2005, S. 76 f. Auch ist inkonsequent (i. S. e. Einordnung auf Schadensseite) von „Gesundheitsschädigung" die Rede.
[459] Dazu etwa *Greiner*, in: *Spickhoff*, Medizinrecht, [3]2018, §§ 823 ff. BGB Rn. 2; *Geiß/Greiner*, Arzthaftpflichtrecht, [7]2014, Rn. B 189; *Frahm/Walter*, Arzthaftungsrecht, [6]2018, Rn. 76; *G. Müller*, in: FS *E. Lorenz*, 2014, S. 667, 670; *Schärtl*, NJW 2014, 3601, 3602; anders *Schmidt*, MedR 2007, 693, 697 ff. (Zuordnung der Gesundheitsbeeinträchtigung zum haftungsausfüllenden Tatbestand mit entspr. beweisrechtlichen Konsequenzen).
[460] *Katzenmeier*, Arzthaftung, 2002, S. 82.
[461] *Wagner*, VersR 2012, 789, 791.
[462] *Francke/Hart*, Ärztliche Verantwortung und Patienteninformation, 1987, S. 17.
[463] In den einschlägigen Gesamtdarstellungen zum Arzthaftungsrecht wird i. d. R. zunächst separat auf die verschiedenen Haftungsgrundlagen hingewiesen, woraufhin dann ein nicht weiter differenzierendes Kapitel zur (Aufklärungs- sowie) Behandlungsfehlerhaftung folgt, vgl. etwa *Frahm/Walter*, Arzthaftungsrecht, [6]2018, Rn. 1 ff., 75 ff.; *Pauge/Offenloch*, Arzthaftungsrecht, [14]2018, Rn. 1 ff., 164 ff.; *Geiß/Greiner*, Arzthaftpflichtrecht, [7]2014, Rn. A 1 ff., B 1 ff.; *Katzenmeier*, Arzthaftung, 2002, S. 76 ff., 272 ff.; *Giesen*, Arzthaftungsrecht, [4]1995, Rn. 3 ff., 68 ff. Auch die Rspr. verweist regelmäßig pauschal auf beide Haftungsgründe und beschäftigt sich abstrakt mit dem Vorliegen eines Behandlungs-

abgesehen werden aus dem Gleichlauf der Pflichtenprogramme von Vertrags- und Deliktsrecht aber auch grundlegendere Schlüsse gezogen. Ihm wird ein das gesamte Arzthaftungsrecht durchziehender Gedanke der ärztlichen Berufshaftung entnommen, also anspruchsgrundlagenunabhängige Wertungen zur Ausformung ärztlicher Berufsverantwortung.[464]

Wie bei jeder Berufshaftung wird die Verantwortlichkeit für Qualitätsmängel entscheidend durch die in Anspruch genommene Expertenautorität bestimmt.[465] Die Haftungsgründe verlieren zu Gunsten des Haftungsstandards an Bedeutung.[466] Berufshaftung lässt sich also als Einstandspflicht für den Standard des Berufskreises definieren.[467] „Die Berufshaftung des Arztes gründet sich allgemein auf die Außerachtlassung des medizinischen Standards, mit anderen Worten auf einen Behandlungsfehler [...]. Die Arzthaftung [...] ist nicht als einheitliche Berufshaftung konzipiert, sondern folgt der Aufspaltung des Gesetzes der Jahrhundertwende in vertragliche und deliktische Haftung. Die Rechtsprechung hat von Beginn an versucht, die Gründe der Arzthaftung zu synchronisieren".[468] *De lege ferenda* bestehen gar Entwicklungstendenzen in Richtung einer verselbständigten Berufshaftung des Arztes für (Aufklärungs- und) Behandlungsfehler (im Sinne einer Standardverfehlung) als eigenständige Anspruchsgrundlage unter Überwindung der klassischen Zweispurigkeit und Verschmelzung der Haftungsgründe.[469] Die Bewertung eines solch weitreichenden Vorschlags ist nicht Aufgabe dieser Arbeit. Mit dem hier dargestellten, insgesamt auf den Medizinischen Standard fixierten Haftungskonzept ließe sich die Idee aber durchaus vereinen.

---

fehlers i. S. e. Standardverfehlung, vgl. etwa BGH NJW 1999, 1778, 1779; 1995, 776, 777 = MedR 1995, 276, 277; s. o. Fn. 454.
[464] *Katzenmeier*, Arzthaftung, 2002, S. 89; s. auch *Walter*, Spezialisierung und Sorgfaltsstandard, 2004, S. 136 ff.; *Bolsinger*, Dogmatik der Arzthaftung, 1999, S. 37 ff.; *Giesen*, Arzthaftungsrecht, ⁴1995, Rn. 1, 68, 70, 72; *Weber-Steinhaus*, Ärztliche Berufshaftung als Sonderdeliktsrecht, 1990, S. 2 f.; *Francke/Hart*, Ärztliche Verantwortung und Patienteninformation, 1987, S. 18; *Hart*, in: FS *Heinrichs*, 1998, S. 291, 294; *ders.*, in: *Hart*, Ärztliche Leitlinien, 2000, S. 137, 142; *ders.*, JURA 2000, 14, 19 u. 64, 70; *ders.*, in: *Hart*, Ärztliche Leitlinien im Medizin- und Gesundheitsrecht, 2005, S. 23, 60; *Schiemann*, in: FS *Gernhuber*, 1993, S. 387, 399 f.; *Laufs*, ebd., S. 245, 251; *ders.*, Medizin und Recht im Zeichen des technischen Fortschritts, 1971, S. 30; *Kleinewefers*, VersR 1992, 1425, 1428; *Heilmann*, NJW 1990, 1513, 1514; *Deutsch*, in: FS *Weißauer*, 1986, S. 12; *ders.*, VersR 1982, 305; *ders.*, in: FS *v. Caemmerer*, 1978, S. 329, 330 f.; *ders.*, VersR 1977, 101, 105; *ders.*, NJW 1976, 2289; monographisch *Hirte*, Berufshaftung, 1996 (zur Arzthaftung insb. S. 91 ff.); ausf. zur Haftungsproblemen i. R. d. Berufshaftung „alter Professionen" bereits *Mertens*, VersR 1974, 509; auch *Odersky*, NJW 1989, 1; *Hübner*, NJW 1989, 5; unter dem Stichwort „Expertenhaftung" *Damm*, JZ 1991, 373.
[465] *Pauge/Offenloch*, Arzthaftungsrecht, ¹⁴2018, Rn. 2 (u. 164, 189); *Steffen*, in: FS *Geiß*, 2000, S. 487, 492.
[466] Vgl. *Damm*, JZ 1991, 373, 384, bezugnehmend auf *Hopt*.
[467] *Katzenmeier*, Arzthaftung, 2002, S. 91; *Laufs/Kern*, in: *Laufs/Kern*, Handbuch des Arztrechts, ⁴2010, § 97 Rn. 1 f.
[468] *Spickhoff*, NJW 2002, 2530, 2531; s. auch *Deutsch/Spickhoff*, Medizinrecht, ⁷2014, Rn. 298.
[469] Dazu ausf. *Katzenmeier*, Arzthaftung, 2002, S. 89 ff. m. w. N.

Kapitel 4: Sozialrechtlicher Standardbegriff

Im Sozialrecht, genauer im Recht der Gesetzlichen Krankenversicherung (GKV) nach dem SGB V, fungiert der Medizinische Standard dem Grunde nach als Maßstab der zu gewährenden einzelnen Leistungen sowie der sicherzustellenden Versorgung insgesamt. Versicherte[1] haben im Rahmen des GKV-Systems einen Anspruch auf standardgemäße Leistungen – nicht mehr, aber auch nicht weniger. Ärzte haben entsprechende Leistungen zu erbringen. Die Krankenkassen[2] tragen nur die Kosten einer Behandlung, die dem Standard in seiner sozialrechtlichen Ausprägung entspricht.

Das SGB V setzt insofern einen sozialrechtlichen Standard im Sinne eines einheitlichen ärztlichen Leistungs- und Versorgungsmaßstabs zwar notwendigerweise voraus, bezeichnet diesen aber nicht ausdrücklich als solchen. Einzig der relativ junge § 2 Abs. 1a S. 1 SGB V[3] bezieht sich seit 2012 explizit auf einen „medizinischen Standard".[4] Hierunter wird in dieser Ausnahmeregelung im Umkehrschluss die im Normalfall bei einem bestimmten Krankheitsbild als Behandlung zur Verfügung stehende, allgemein anerkannte Leistung verstanden. Der Begriff „(Medizinischer) Standard" selbst bleibt dem Sozialrecht, insbesondere dem Gesetz, dennoch weitgehend fremd;[5] er findet vornehmlich in der (haftungsrechtlich beeinflussten)[6] Literatur Verwendung.[7] Vor allem enthält das SGB V keine Definition eines GKV-Standards.[8]

Gleichwohl hat das Sozialrecht aber einen eigenen Standardbegriff, stellt also gewisse Anforderungen an Art, Inhalt und Umfang der ärztlichen Behandlung.[9] Im Ausgangspunkt ergeben sich diese bereits aus dem komplexen Regelungssystem des SGB V, welches jedoch an sich nur einen durch unbestimmte Rechtsbegriffe geprägten Leistungsrahmen unter Einbeziehung untergesetzlichen Rechts bildet,[10] der der weiteren Konkretisierung bedarf.[11] Die Analyse des sozialrechtlichen

---

[1] I. S. d. §§ 5 ff. SGB V sowie der §§ 186 ff. SGB V.
[2] I. S. d. § 4 SGB V sowie der §§ 143 ff. SGB V.
[3] Dazu näher 5. Kap. C. IV.
[4] Entspr. nunmehr die Parallelvorschrift in § 31 Abs. 6 S. 1 Nr. 1 SGB V. Darüber hinaus wird der Begriff „Standard" auch in anderen Normen in unterschiedlicher Form, aber nie ganz i. S. e. Maßstabs für den Kernbereich ärztlicher Behandlung aufgegriffen: Standards (§§ 29 Abs. 4 S. 2, 39a Abs. 1 S. 6, 139 Abs. 7 S. 2 SGB V), Therapiestandard (§ 34 Abs. 1 S. 2 SGB V; dazu BSGE 120, 170, 179 ff.), Qualitäts- (§ 87 Abs. 2d S. 1 SGB V), Mindest- (§ 136a Abs. 3 S. 1 SGB V) und Hygienestandards (§ 136b Abs. 6 S. 6 SGB V); s. zudem 5. Kap. Fn. 189.
[5] Vgl. bereits *Kullmann*, VersR 1997, 529, 531; auch *Engelmann*, MedR 2006, 245.
[6] Vgl. insofern bereits im Kontext der Medizin 2. Kap. A.
[7] S. etwa *Hart*, MedR 1996, 60, 65 ff.; *Frahm/Jansen/Katzenmeier/Kienzle/Kingreen/Lungstras/Saeger/Schmitz-Luhn/Woopen*, MedR 2018, 447, 451.
[8] *J. Schroeder-Printzen*, in: AG RAe im MedR e. V., Standard-Chaos?, 2015, S. 25, 27, 37.
[9] Vgl. *Kreße*, MedR 2007, 393, 397.
[10] *Hauck*, in: *Sodan*, Handbuch des Krankenversicherungsrechts, ³2018, § 8 Rn. 20.
[11] Ausf. zur Rechtskonkretisierung 5. Kap. A. II.

© Springer-Verlag GmbH Deutschland, ein Teil von Springer Nature 2019
C. Jansen, *Der Medizinische Standard*, Kölner Schriften zum Medizinrecht 25, https://doi.org/10.1007/978-3-662-59997-6_4

Standardbegriffs erfordert insofern – nach einem kurzen Exkurs zur Privaten Krankenversicherung (A.) – zunächst eine erste Verortung dieses Standards im Normbestand des SGB V (B.). Sodann ist ausgehend von den gesetzlichen Begrifflichkeiten die genaue inhaltliche Ausgestaltung des sozialrechtlichen Standards darzustellen (C.).

A. Exkurs zum Recht der Privaten Krankenversicherung

Knapp 90 Prozent der Bevölkerung sind hierzulande gesetzlich krankenversichert,[12] weshalb sich die folgende Untersuchung auf diesen Versicherungszweig und seinen Standard beschränken wird. Für (nicht versicherte) Selbstzahler ist allein der zivilrechtliche (Facharzt-)Standard maßgeblich.[13] Für Versicherte der Privaten Krankenversicherung (PKV) spielen zusätzlich die vielfältigen, nicht immer pauschal für alle Versicherungsverträge geltenden Besonderheiten des Versicherungsvertragsrechts (neben den einschlägigen gesetzlichen Vorschriften also auch Individualvereinbarungen, Allgemeine Versicherungsbedingungen und Musterbedingungen der Krankenversicherer) eine Rolle.[14]

Von zentraler Bedeutung für einen etwaigen „PKV-Standard" ist dabei jedenfalls die Voraussetzung der medizinischen Notwendigkeit. Gemäß § 192 Abs. 1 VVG ist bei der Krankheitskostenversicherung der Versicherer verpflichtet, im vereinbarten Umfang die Aufwendungen für *medizinisch notwendige* Heilbehandlungen wegen Krankheit oder Unfallfolgen zu erstatten. Nach § 1 Abs. 2 MB/KK 2009 ist Versicherungsfall die *medizinisch notwendige* Heilbehandlung einer versicherten Person wegen Krankheit oder Unfallfolgen.[15] Eine Heilbehandlungsmaßnahme ist nach ständiger Rechtsprechung des BGH[16] medizinisch notwendig, wenn es nach den objektiven medizinischen Befunden und wissenschaftlichen

---

[12] Im Juni 2019 zählte die GKV 73 Mio. Versicherte, s. GKV-Statistik KM1, Schlüssel 12099, Stand 01.07.2019, abrufbar unter www.bundesgesundheitsministerium.de.
[13] Dazu 3. Kap. (u. 6. Kap.).
[14] Vgl. insg. *Hauck*, NJW 2013, 3334, 3335 f.; s. i. Ü. zum Recht der Beihilfe den vergleichenden Überblick bei *Engelmann*, MedR 2006, 245, 257.
[15] S. daneben auch § 4 Abs. 6 MB/KK 2009: Der Versicherer leistet im vertraglichen Umfang für Untersuchungs- oder Behandlungsmethoden und Arzneimittel, die *von der Schulmedizin überwiegend anerkannt* sind. Er leistet darüber hinaus für Methoden und Arzneimittel, die sich *in der Praxis als ebenso erfolgversprechend bewährt* haben (…); dazu *Kalis*, in: *Bach/Moser*, PKV, ⁵2015, § 4 MB/KK Rn. 208 ff.; *Voit*, in: *Prölss/Martin*, VVG, ³⁰2018, § 4 MB/KK Rn. 82 ff.; *Hauck*, NJW 2013, 3334, 3336; zur Entwicklung der Norm *Rolfs*, Das Versicherungsprinzip im Sozialversicherungsrecht, 2000, S. 408 ff.; *ders.*, in: FS 50 Jahre BSG, 2004, S. 475, 486 ff.; *Katzenmeier*, NVersZ 2002, 537 f.; *ders.*, in: *Laufs/Katzenmeier/Lipp*, Arztrecht, ⁷2015, Kap. X Rn. 103. Auch gem. § 1 Abs. 2 S. 1 GOÄ darf der Arzt grds. Vergütungen nur für Leistungen berechnen, die *nach den Regeln der ärztlichen Kunst für eine medizinisch notwendige ärztliche Versorgung erforderlich* sind; s. *Spickhoff*, in: *Spickhoff*, Medizinrecht, ³2018, § 1 GOÄ Rn. 10 ff.
[16] Etwa BGHZ 154, 166 f. (m. w. N.) = NJW 2003, 1596, 1599 = MedR 2003, 407, 410 f. m. Anm. *Bold* = VersR 2003, 581, 584 m. Anm. *Prölss* u. *Hütt*, VersR 2003, 981 u. *Kalis*, VersR 2004, 456.

Erkenntnissen im Zeitpunkt der Behandlung vertretbar war, sie als medizinisch notwendig anzusehen. Das ist im Allgemeinen dann der Fall, wenn eine wissenschaftlich anerkannte Behandlungsmethode zur Verfügung steht, die geeignet ist, die Krankheit zu heilen oder zu lindern.[17] Notwendig kann dabei auch eine Behandlung sein, deren Erfolg nicht sicher (aber mit hinreichender Wahrscheinlichkeit) vorhersehbar ist.[18] Umstritten ist hier vor allem, ob der Begriff der Notwendigkeit eine Einschränkung im Sinne eines allgemeinen Wirtschaftlichkeitsgebots enthält.[19]

B. Verortung des sozialrechtlichen Standards im Normbestand des SGB V

I. Allgemeine Vorschriften (1. Kap., §§ 1 ff. SGB V)

Der erste und zugleich wichtigste normative Anknüpfungspunkt des sozialrechtlichen Standards findet sich – auch wenn anstelle von „Standard" von „Stand" die Rede ist – in § 2 Abs. 1 S. 3 SGB V.[20] Als allgemeine Grundnorm[21] bestimmt die Regelung für alle Leistungen der Krankenkassen an ihre Versicherten, dass

---

[17] Ausf. zum Begriff der medizinischen Notwendigkeit *Eichelberger*, in: *Spickhoff*, Medizinrecht, ³2018, § 192 VVG Rn. 36 ff.; *Deutsch/Spickhoff*, Medizinrecht, ⁷2014, Rn. 213; *Kalis*, in: *Sodan*, Handbuch des Krankenversicherungsrechts, ³2018, § 44 Rn. 9 ff.; *ders.*, in: *Bach/Moser*, PKV, ⁵2015, § 1 MB/KK Rn. 86 ff.; *Voit*, in: *Prölss/Martin*, VVG, ³⁰2018, § 192 VVG Rn. 61 ff. – jeweils m. w. N.; überdies *Marlow/Spuhl*, VersR 2006, 1334; *Egger*, VersR 2011, 705. Zum Begriff der medizinischen Notwendigkeit im Recht der GKV s. u. C. II. 3. Allg. zur Methodenbewertung im PKV-Recht *Ertl*, Die Bewertung von medizinischen Methoden in der deutschen Rechtsordnung, 2018, S. 309 ff.
[18] BGHZ 164, 122, 126 f. = NJW 2005, 3783, 3784 = MedR 2007, 107, 109 = VersR 2005, 1673, 1674 m. Anm. *Marlow/Spuhl*.
[19] Vgl. *Katzenmeier*, in: *Laufs/Katzenmeier/Lipp*, Arztrecht, ⁷2015, Kap. X Rn. 31, Fn. 108; abl. BGHZ 154, 167 ff. = NJW 2003, 1596, 1599 = MedR 2003, 407, 411 m. Anm. *Bold* = VersR 2003, 581, 584 m. Anm. *Prölss* u. *Hütt*, VersR 2003, 981 sowie *Kalis*, VersR 2004, 456; s. auch *Langheid/Grote*, VersR 2003, 1469. Nach Ansicht des BGH ist die Leistungspflicht nicht auf die kostengünstigste von mehreren medizinisch gleichwertigen Behandlungen beschränkt (finanzielle Übermaßbehandlung). Eine Leistungskürzung bei auffälligem Missverhältnis der Aufwendungen für die Heilbehandlung zu den erbrachten Leistungen (Übermaßvergütung) sieht aber inzwischen ausdr. § 192 Abs. 2 VVG (u. § 5 Abs. 2 MB/KK 2009; dort auch zur medizinischen Übermaßbehandlung) vor; näher *Eichelberger*, in: *Spickhoff*, Medizinrecht, ³2018, § 192 VVG Rn. 40 ff., 65 ff.; *Kalis*, in: *Sodan*, Handbuch des Krankenversicherungsrechts, ³2018, § 44 Rn. 59 ff.; *ders.*, in: *Bach/Moser*, PKV, ⁵2015, § 192 VVG Rn. 26 ff., 47 ff. (u. § 5 MB/KK Rn. 115 ff.); *Voit*, in: *Prölss/Martin*, VVG, ³⁰2018, § 192 VVG Rn. 64, 112, 131, 151, 153 ff. (u. § 5 MB/KK Rn. 29 ff.) – jeweils m. w. N.; überdies *Heyers*, VersR 2016, 421; *Rehmann/Vergho*, VersR 2015, 159; *J. Rogler*, VersR 2009, 573; *Boetius*, VersR 2008, 1431; *Marlow/Spuhl*, VersR 2006, 1334, 1336 ff. Zum GKV-Recht vgl. entspr. insb. C. II. 4.
[20] Zur Formulierung auch *Noftz*, in: *Hauck/Noftz*, SGB V, 2015, § 2 Rn. 61.

„Qualität und Wirksamkeit der Leistungen [...] dem allgemein anerkannten Stand der medizinischen Erkenntnisse zu entsprechen und den medizinischen Fortschritt zu berücksichtigen [haben]."

Der „allgemein anerkannte Stand der medizinischen Erkenntnisse"[22] zieht sich wie ein roter Faden durch das gesamte SGB V.[23] Der Begriff ist von zentraler Bedeutung für die Leistungsgewährung in der GKV.[24] Wissenschaftstheoretisch handelt es sich nichtsdestotrotz um eine Fiktion, die aber zur (materiellen wie formellen) Eingrenzung der GKV-Leistungen zwingend benötigt wird.[25] Der Gesetzgeber wollte mit der Vorschrift des § 2 Abs. 1 S. 3 SGB V ausdrücklich betonen, dass die Leistungen einem bestimmten Qualitätsstandard entsprechen (und wirksam sein) müssen.[26]

Dem statischen „allgemein anerkannten Stand der medizinischen Erkenntnisse" fehlt es anders als dem „Standard" zwar an Dynamik, der Hinweis auf die Berücksichtigung des medizinischen Fortschritts gleicht dies jedoch aus.[27] Der allgemein anerkannte Stand der medizinischen Erkenntnisse schreitet ständig fort,[28] medizinische Entwicklungen nehmen jedoch in der Regel den (Um-)Weg über noch nicht allgemein anerkannte Erkenntnisse, sodass der genaue Übergang neuer Erkenntnisse in das Stadium allgemeiner Anerkennung schwer festzumachen ist.[29] Die GKV ist gemäß § 2 Abs. 1 S. 3 SGB V jedenfalls durchaus offen für neue Behandlungsmethoden.[30]

Gleiches gilt gemäß § 2 Abs. 1 S. 2 SGB V auch für Behandlungsmethoden der besonderen Therapierichtungen, die hiernach zumindest nicht ausgeschlossen sind. Hierunter ist das umfassende, zur Behandlung verschiedenster Erkrankungen bestimmte therapeutische Konzept zu verstehen, welches auf der Grundlage eines von der naturwissenschaftlich geprägten Schulmedizin (als „allgemeine" Thera-

---

[21] Zur Bedeutung von § 2 SGB V als normativer Anknüpfungspunkt der Grundprinzipien des Leistungs- und Leistungserbringungsrechts *Axer*, in: *Eichenhofer/v. Koppenfels-Spies/Wenner*, SGB V, ³2018, § 2 Rn. 1; *Scholz*, in: *Becker/Kingreen*, SGB V, ⁶2018, § 2 Rn. 1; *Krauskopf*, in: *Krauskopf*, ⁷⁸2012, § 2 SGB V Rn. 2; *Noftz*, in: *Hauck/Noftz*, SGB V, 2018, § 2 Rn. 13 f.; *Nebendahl*, in: *Spickhoff*, Medizinrecht, ³2018, § 2 SGB V Rn. 1.
[22] Näher zum Begriff C. I. 2.; aus der Anfangszeit des SGB V *Enderlein*, VSSR 1992, 123.
[23] *Kingreen*, MedR 2007, 457. Die Formulierung findet sich ebenfalls in §§ 13 Abs. 4 S. 6, Abs. 5 S. 2, 18 Abs. 1 S. 1, 56 Abs. 2 S. 3, 70 Abs. 1 S. 1, 72 Abs. 2, 73 Abs. 8 S. 1, 92 Abs. 1 S. 1 u. 137c Abs. 1 S. 1 SGB V.
[24] *Engelmann*, MedR 2006, 245, 246.
[25] *Kingreen*, MedR 2007, 457, der i. Ü. den treffenden Vergleich zur h. M. in der Rechtswissenschaft zieht; vgl. bereits 2. Kap. Fn. 51.
[26] BT-Drs. 11/2237, S. 157.
[27] Vgl. *Noftz*, in: *Hauck/Noftz*, SGB V, 2015, § 2 Rn. 63 u. 2000, § 12 Rn. 30.
[28] S. auch *S. Augsberg*, GesR 2012, 595.
[29] *Welti*, GesR 2006, 1, 6.
[30] *Scholz*, in: *Becker/Kingreen*, SGB V, ⁶2018, § 2 Rn. 4; *Nebendahl*, in: *Spickhoff*, Medizinrecht, ³2018, § 2 SGB V Rn. 5; *Kullmann*, VersR 1997, 529, 531. Allg. zum medizinischen Fortschritt im Recht der GKV *Gaßner/Strömer*, SGb 2011, 421; s. auch *Hart*, MedR 1996, 60, 65 ff.; ausf. 5. Kap. B. III.

pierichtung) sich abgrenzenden, weltanschaulichen Denkansatzes größere Teile der Ärzteschaft und weite Bevölkerungskreise für sich eingenommen hat.[31] Ausgeschlossen werden Leistungen, die mit wissenschaftlich nicht anerkannten Methoden erbracht werden.[32] § 2 Abs. 1 S. 3 SGB V dient insofern dem Schutz der Versicherten sowie der Finanzierbarkeit der GKV.[33] „Neue Verfahren, die nicht ausreichend erprobt sind, oder Außenseitermethoden [...], die zwar bekannt sind, aber sich nicht bewährt haben, lösen keine Leistungspflicht der Krankenkasse aus. Es ist nicht Aufgabe der Krankenkassen, die medizinische Forschung zu finanzieren. Dies gilt auch dann, wenn neue Methoden im Einzelfall zu einer Heilung der Krankheit oder Linderung der Krankheitsbeschwerden führen."[34]

II. Leistungsrecht (3. Kap., §§ 11 ff. SGB V)

Nicht nur in den allgemeinen Vorschriften, auch im eigentlichen Leistungsrecht, welches das Leistungsverhältnis zwischen Krankenkassen und Versicherten regelt, finden sich Anforderungen an Art, Inhalt und Umfang der GKV-Leistungen, also im Ergebnis den sozialrechtlichen Standard. Der Standard konkretisiert den in diesem Abschnitt geregelten sozialrechtlichen Leistungsanspruch, weshalb auch von „Leistungsstandard" gesprochen werden kann.[35] Zu den in § 11 Abs. 1 SGB V einführend katalogartig aufgezählten[36] Leistungsarten, die die Krankenkassen gemäß § 2 Abs. 1 S. 1 SGB V zur Verfügung zu stellen haben, gehören insbeson-

---

[31] BSGE 94, 221, 233, 243 ff.; 81, 54, 72; BSG NJW 1999, 1813, 1814; namentlich etwa die ausdr. im Gesetz genannte Homöopathie, Phytotherapie und Anthroposophie, vgl. § 34 Abs. 3 S. 2 SGB V. Der Begriff ist damit insb. enger als der der alternativen Behandlungsmethoden; dazu im haftungsrechtlichen Kontext 6. Kap. D. II. 3. a. cc.; zu den Begrifflichkeiten insg. *Axer*, in: *Eichenhofer/v. Koppenfels-Spies/Wenner*, SGB V, ³2018, § 2 Rn. 9 ff.; *Roters*, in: *KassKomm*, ¹⁰2018, § 12 SGB V Rn. 44 ff. u. ⁹¹2016, § 135 SGB V Rn. 14; *Scholz*, in: *Becker/Kingreen*, SGB V, ⁶2018, § 2 Rn. 11; *Schmidt-De Caluwe*, ebd., § 135 Rn. 6; *Noftz*, in: *Hauck/Noftz*, SGB V, 2015, § 2 Rn. 45 ff. u. 2000, § 12 Rn. 36 f., 42; *Vossen*, in: *Krauskopf*, ⁹¹2016, § 135 SGB V Rn. 17; *Nebendahl*, in: *Spickhoff*, Medizinrecht, ³2018, § 2 SGB V Rn. 3; ausf. *Schumacher*, Alternativmedizin, 2017, S. 18 f., 26 ff., 164 f.; *Rolfs*, Das Versicherungsprinzip im Sozialversicherungsrecht, 2000, S. 401 ff.; *ders.*, in: FS 50 Jahre BSG, 2004, S. 475, 477 ff.; s. auch *Welti*, GesR 2006, 1, 7; *Zuck*, NZS 1999, 313 f.; zu Besonderheiten der Standardbestimmung 5. Kap. C. I.
[32] BT-Drs. 11/2237, S. 157.
[33] *Nebendahl*, in: *Spickhoff*, Medizinrecht, ³2018, § 2 SGB V Rn. 6.
[34] BT-Drs. 11/2237, S. 157; dazu *Peters*, in: *KassKomm*, ⁹³2017, § 2 SGB V Rn. 4; *Scholz*, in: *Becker/Kingreen*, SGB V, ⁶2018, § 2 Rn. 3; *Rolfs*, Das Versicherungsprinzip im Sozialversicherungsrecht, 2000, S. 404 ff.; *ders.*, in: FS 50 Jahre BSG, 2004, S. 475, 481 ff.; *Kullmann*, VersR 1997, 529, 531; *Hart*, MedR 1996, 60, 65.
[35] Vgl. BSGE 81, 73, 78; 81, 54, 60 = NJW 1999, 1805, 1807; *Noftz*, in: *Hauck/Noftz*, SGB V, 2018, § 2 Rn. 3.
[36] *Wiegand*, in: *Eichenhofer/v. Koppenfels-Spies/Wenner*, SGB V, ³2018, § 11 Rn. 3 f.; *Noftz*, in: *Hauck/Noftz*, SGB V, 2019, § 11 Rn. 2, 4; *Peick*, in: *Sodan*, Handbuch des Krankenversicherungsrechts, ³2018, § 10 Rn. 28.

dere die Leistungen[37] zur Behandlung einer Krankheit (§ 11 Abs. 1 Nr. 4 SGB V). Grundlegend gilt dabei das Naturalleistungsprinzip des § 2 Abs. 2 S. 1 SGB V.[38] Nach der allgemeinen Anspruchsgrundlage des § 27 Abs. 1 S. 1 SGB V, welche die einführende Zielbeschreibung für die sodann im Einzelnen abschließend aufgezählten und geregelten Leistungen der Krankenbehandlung bildet und damit die allgemeinen Vorschriften flankiert,[39] haben Versicherte einen Anspruch[40] auf Krankenbehandlung, namentlich auf ärztliche Behandlung (§ 27 Abs. 1 S. 2 Nr. 1; im Einzelnen § 28 Abs. 1 SGB V), wenn sie notwendig ist, um eine Krankheit zu erkennen, zu heilen, ihre Verschlimmerung zu verhüten oder Krankheitsbeschwerden zu lindern. Das Notwendigkeitserfordernis korrespondiert dabei mit den sich aus §§ 2 Abs. 1, 12 Abs. 1 SGB V ergebenden Vorgaben.[41] Unter einer Krankheit ist jeder regelwidrige, vom Leitbild eines gesunden Menschen abweichende Körper- oder Geisteszustand zu verstehen, der ärztlicher Behandlung bedarf und zugänglich ist (Behandlungsbedürftigkeit und -fähigkeit) oder Arbeitsunfähigkeit zur Folge hat.[42]

Die folgenden Ausführungen werden sich auf die ärztliche Behandlung konzentrieren. Hierunter ist zwar zunächst nur die ambulante, vertragsärztliche

---

[37] Zum sozialrechtlichen Leistungsbegriff *Noftz*, in: *Hauck/Noftz*, SGB V, 2019, § 11 Rn. 11 ff.

[38] Häufig auch verkürzt als Sachleistungsprinzip bezeichnet, es geht streng genommen jedoch um Sach- und Dienstleistungen, vgl. *Krasney*, SGb 2003, 609; dazu etwa BSGE 73, 271, 274 f.; *Axer*, in: *Eichenhofer/v. Koppenfels-Spies/Wenner*, SGB V, ³2018, § 2 Rn. 26 f.; *Scholz*, in: *Becker/Kingreen*, SGB V, ⁶2018, § 2 Rn. 13; *Krauskopf*, in: *Krauskopf*, ⁷⁸2012, § 2 SGB V Rn. 8 ff.; *Noftz*, in: *Hauck/Noftz*, SGB V, 2017 u. 2016, § 2 Rn. 78 ff.; *Nebendahl*, in: *Spickhoff*, Medizinrecht, ³2018, § 2 SGB V Rn. 12; *Hauck*, in: *Sodan*, Handbuch des Krankenversicherungsrechts, ³2018, § 8 Rn. 14 ff.; *Wenner*, Vertragsarztrecht nach der Gesundheitsreform, 2008, § 7 Rn. 1 ff. Zur ausnahmsweisen Kostenerstattung s. § 13 SGB V.

[39] *Ulmer*, in: *Eichenhofer/v. Koppenfels-Spies/Wenner*, SGB V, ³2018, § 27 Rn. 1, 18, 28; *Nolte*, in: KassKomm, ⁸⁸2015, § 27 SGB V Rn. 2, 6, 58, 64; *Steege*, in: *Hauck/Noftz*, SGB V, 2017 u. 2010, § 27 Rn. 1, 3, 13, 18 ff., 108 ff.; *Nebendahl*, in: *Spickhoff*, Medizinrecht, ³2018, § 27 SGB V Rn. 1 ff.

[40] Zum sozialrechtlichen Anspruchsbegriff *Noftz*, in: *Hauck/Noftz*, SGB V, 2019, § 11 Rn. 5 ff.

[41] Vgl. *Rolfs*, Das Versicherungsprinzip im Sozialversicherungsrecht, 2000, S. 406 f.; *ders.*, in: FS 50 Jahre BSG, 2004, S. 475, 484 f.; *Steege*, in: *Hauck/Noftz*, SGB V, 2017 u. 2010, § 27 Rn. 2, 14, 70 ff., dort in Abgrenzung zum Merkmal der Behandlungsbedürftigkeit; dazu auch *Fastabend*, NZS 2002, 299, 300; ausf. zum allg. Merkmal der Notwendigkeit C. II. 3.

[42] Vgl. etwa BSGE 85, 36, 38; 90, 289, 290; 93, 252 – jeweils m. w. N.; s. auch 123, 145, 148 ff.; näher dazu *Steege*, in: *Hauck/Noftz*, SGB V, 2010, § 27 Rn. 26 ff.; *Lang*, in: *Becker/Kingreen*, SGB V, ⁶2018, § 27 Rn. 13 ff.; *Nolte*, in: KassKomm, ⁸⁸2015, § 27 SGB V Rn. 9 ff.; *Ulmer*, in: *Eichenhofer/v. Koppenfels-Spies/Wenner*, SGB V, ³2018, § 27 Rn. 4 ff., 19 f.; *Wagner*, in: *Krauskopf*, ⁹⁸2018, § 27 SGB V Rn. 5, 10 ff.; *Peick*, in: *Sodan*, Handbuch des Krankenversicherungsrechts, ³2018, § 10 Rn. 19 ff.; *Nebendahl*, in: *Spickhoff*, Medizinrecht, ³2018, § 27 SGB V Rn. 12 ff.; ausf. bereits *Eichenhofer*, SGb 1994, 501; zu aktuellen Fragen des Krankheitsbegriffs *Hauck*, NJW 2016, 2695; *Huster*, in: Beck, Krankheit und Recht, 2017, S. 41 ff.

B. Verortung des sozialrechtlichen Standards im Normbestand des SGB V

Behandlung zu verstehen.[43] Hinsichtlich der ärztlichen Behandlung als Teil einer Krankenhausbehandlung (§ 27 Abs. 1 S. 2 Nr. 5 SGB V) verweist jedoch § 39 Abs. 1 S. 3 auf § 28 Abs. 1 SGB V. Generell umfasst die Krankenhausbehandlung im Rahmen des Versorgungsauftrags des Krankenhauses alle Leistungen, die im Einzelfall nach Art und Schwere der Krankheit für die medizinische Versorgung der Versicherten im Krankenhaus notwendig sind. Überdies muss die (insbesondere vollstationäre) Krankenhausbehandlung erforderlich im Sinne von § 39 Abs. 1 S. 2 SGB V sein.[44] Auch dies spiegelt jeweils allgemeine Qualitäts- und Wirtschaftlichkeitsanforderungen wider.[45]

Zusammen mit dem Versichertenstatus des Patienten ist direkt zu Beginn der sozialrechtlichen Anspruchsprüfung zu klären, ob sich als Versicherungsfall ein von der GKV abgedecktes Risiko (Krankheit) verwirklicht hat.[46] Jede im Rahmen der GKV erbrachte Krankenbehandlung muss im Übrigen auf eines der genannten Behandlungsziele ausgerichtet sein,[47] wobei es nicht auf die Erreichung des Ziels, sondern auf dessen Erreichbarkeit ankommt.[48] Die Heilung der Krankheit, also die vollständige Wiederherstellung oder teilweise Besserung der Gesundheit,[49] ist vorrangiges Behandlungsziel.[50] Art, Inhalt und Umfang des Leistungsanspruchs

---

[43] Vgl. *Lang*, in: *Becker/Kingreen*, SGB V, ⁶2018, § 28 Rn. 3; *Steege*, in: *Hauck/Noftz*, SGB V, 2017, § 28 Rn. 15; *Peick*, in: *Sodan*, Handbuch des Krankenversicherungsrechts, ³2018, § 10 Rn. 66.

[44] Dazu insb. BSGE 99, 111 = NJW 2008, 1980 = MedR 2008, 231; s. auch BSGE 120, 78 u. 82; 121, 87 u. 94; 122, 170, 179 ff.; aus der Lit. *Ullrich*, Finanzierungslücken bei medizinischen Innovationen?, 2013, S. 130 ff.; *Schlegel*, MedR 2008, 30, 31 f.; *Felix*, SGb 2017, 181, 187 f.; zu Abgrenzungsschwierigkeiten zwischen den verschiedenen Versorgungsbereichen, angefangen bei der rechtlich ungenauen allgemeinsprachlichen Unterscheidung zwischen der ambulanten und stationären Behandlung, *Felix*, MedR 2017, 517, 519 ff.; s. auch *Noftz*, in: *Hauck/Noftz*, SGB V, 2018, § 39 Rn. 43 ff.

[45] Vgl. BSGE 115, 95, 97 f.; s. auch *Noftz*, in: *Hauck/Noftz*, SGB V, 2018, § 39 Rn. 68 u. 110; *Felix*, NZS 2012, 1, 3 ff.; zur Wirtschaftlichkeit sogleich; s. auch C. II.

[46] *Roters*, in: KassKomm, ¹⁰²2018, § 12 SGB V Rn. 25a; *Nolte*, ebd., ⁸⁸2015, § 27 SGB V Rn. 7 f.; *Wagner*, in: *Krauskopf*, ⁹⁸2018, § 27 SGB V Rn. 3.

[47] *Peick*, in: *Sodan*, Handbuch des Krankenversicherungsrechts, ³2018, § 10 Rn. 62; *Nolte*, in: KassKomm, ⁸⁸2015, § 27 SGB V Rn. 55; *Steege*, in: *Hauck/Noftz*, SGB V, 2010, § 27 Rn. 64; *Nebendahl*, in: *Spickhoff*, Medizinrecht, ³2018, § 27 SGB V Rn. 33; s. auch BSGE 85, 132, 138 f.: eindeutiger, spezifischer Krankheitsbezug; näher zu den Behandlungszielen *Ulmer*, in: *Eichenhofer/v. Koppenfels-Spies/Wenner*, SGB V, ³2018, § 27 Rn. 35 ff.; *Nolte*, in: KassKomm, ⁸⁸2015, § 27 SGB V Rn. 48 ff.; *Steege*, in: *Hauck/Noftz*, SGB V, 2010, § 27 Rn. 57 ff.; *Nebendahl*, in: *Spickhoff*, Medizinrecht, ³2018, § 27 SGB V Rn. 27 ff.

[48] *Lang*, in: *Becker/Kingreen*, SGB V, ⁶2018, § 28 Rn. 6; *Steege*, in: *Hauck/Noftz*, SGB V, 2010, § 27 Rn. 55.

[49] BSGE 76, 194, 197 = NJW 1996, 2451, 2452 = MedR 1996, 373, 374 m. Anm. *G. Schroeder-Printzen* u. *Windeler*, MedR 1997, 265; dazu *Nolte*, in: KassKomm, ⁸⁸2015, § 27 SGB V Rn. 50; *Nebendahl*, in: *Spickhoff*, Medizinrecht, ³2018, § 27 SGB V Rn. 29; vgl. auch § 1 S. 1 SGB V.

[50] BVerfG NJW 2013, 1664, 1665; BSGE 78, 70, 85 = MedR 1997, 123, 130 m. Anm. *Wimmer*, MedR 1997, 225; BSGE 76, 194, 201 (unter Verweis auf das Wirtschaftlichkeitsgebot) = NJW 1996, 2451, 2453 f. = MedR 1996, 373, 376 m. Anm. *G. Schroeder-Printzen* u. *Windeler*, MedR 1997, 265; dazu *Steege*, in: *Hauck/Noftz*, SGB V, 2010, § 27 Rn. 58.

werden in § 27 Abs. 1 SGB V zwar nicht näher erläutert, vielmehr wird das Entstehen des Anspruchs geregelt. Für den Anfang scheint aber der Schluss erlaubt, dass der Anspruch auch nur besteht, *soweit* eine Behandlung zur Verfolgung der genannten Ziele notwendig ist.

§ 28 Abs. 1 S. 1 SGB V präzisiert ausdrücklich die zu leistende ärztliche Behandlung. Hiernach umfasst diese die Tätigkeit des Arztes, die zur Verhütung, Früherkennung und Behandlung von Krankheiten nach den Regeln der ärztlichen Kunst ausreichend und zweckmäßig ist. Es erfolgt also einerseits ein Verweis auf den (veralteten) Begriff der ärztlichen Kunstregel, der mit dem allgemein anerkannten Stand der medizinischen Erkenntnisse im Sinne von § 2 Abs. 1 S. 3 SGB V korrespondiert, wodurch letztlich nur erneut die allgemeinen Qualitäts- und Wirksamkeitsanforderungen[51] ins Spiel gebracht werden.[52] Andererseits muss die Behandlung aber auch ausreichend und zweckmäßig sein, um die genannten Behandlungsziele zu erreichen, womit Elemente des § 12 Abs. 1 S. 1 SGB V[53] wiederholt und betont werden.[54]

Denn auf reine Qualitäts- und Wirksamkeitsanforderungen beschränkt sich das GKV-Leistungsrecht nicht, fügt seinem Standardbegriff vielmehr eine – zumindest vordergründig[55] – ökonomische Perspektive hinzu, um die Finanzierbarkeit und damit die Funktionsfähigkeit des GKV-Systems zu gewährleisten. Nach § 2 Abs. 1 S. 1 SGB V stellen die Krankenkassen den Versicherten die Leistungen unter Beachtung des sogenannten Wirtschaftlichkeitsgebots (§ 12 Abs. 1 SGB V) zur Verfügung:

„Die Leistungen müssen ausreichend, zweckmäßig und wirtschaftlich sein; sie dürfen das Maß des Notwendigen nicht überschreiten. Leistungen, die nicht notwendig oder unwirtschaftlich sind, können Versicherte nicht beanspruchen, dürfen die Leistungserbringer nicht bewirken und die Krankenkassen nicht bewilligen."

In S. 1 finden sich mehrere unbestimmte Rechtsbegriffe, die der genaueren Definition bedürfen.[56] S. 2 führt Näheres zu den Adressaten aus, diese sind demnach Krankenkassen, Leistungserbringer und Versicherte gleichermaßen. Schon nach § 2 Abs. 4 SGB V haben diese darauf zu achten, dass die Leistungen wirksam und

---

[51] Näher C. I. 1.
[52] *Nolte*, in: KassKomm, [88]2015, § 28 SGB V Rn. 8; *Steege*, in: *Hauck/Noftz*, SGB V, 2017, § 28 Rn. 37 (u. 1, 14); *Noftz*, ebd., 2015, § 2 Rn. 66 u. 2000, § 12 Rn. 34; *Nebendahl*, in: *Spickhoff*, Medizinrecht, [3]2018, § 28 SGB V Rn. 5; auch *Ostertag*, in: KassKomm, [102]2018, § 72 SGB V Rn. 41; *Lang*, in: *Becker/Kingreen*, SGB V, [6]2018, § 28 Rn. 9 f.; *Ulmer*, in: *Eichenhofer/v. Koppenfels-Spies/Wenner*, SGB V, [3]2018, § 28 Rn. 10; in diese Richtung auch *Peick*, in: *Sodan*, Handbuch des Krankenversicherungsrechts, [3]2018, § 10 Rn. 69.
[53] Dazu sogleich; s. auch C. II.
[54] Vgl. *Lang*, in: *Becker/Kingreen*, SGB V, [6]2018, § 28 Rn. 11 f.; *Nolte*, in: Kass-Komm, [88]2015, § 28 SGB V Rn. 10; *Ulmer*, in: *Eichenhofer/v. Koppenfels-Spies/Wenner*, SGB V, [3]2018, § 28 Rn. 10; *Steege*, in: *Hauck/Noftz*, SGB V, 2017, § 28 Rn. 38 (u. 1, 14); *Peick*, in: *Sodan*, Handbuch des Krankenversicherungsrechts, [3]2018, § 10 Rn. 69; *Nebendahl*, in: *Spickhoff*, Medizinrecht, [3]2018, § 28 SGB V Rn. 7.
[55] Vgl. insb. 7. Kap. A. II. 1.
[56] S. u. C. II.; dazu auch *Greiner/Benedix*, SGb 2013, 1; *Fastabend*, NZS 2002, 299.

wirtschaftlich erbracht und nur im notwendigen Umfang in Anspruch genommen werden. § 12 Abs. 1 SGB V beschreibt den Leistungsanspruch des einzelnen Versicherten, begrenzt ihn dabei aber auch.[57] § 2 Abs. 1 S. 3 SGB V wird so ergänzt und präzisiert.[58]

Das Wirtschaftlichkeitsgebot ist von fundamentaler Bedeutung für eine effiziente und gerechte Ressourcenverteilung im GKV-System und daher im SGB V allgegenwärtig.[59] Es erweitert und konkretisiert die abstrakte Verpflichtung der Versicherungsträger auf die Grundsätze der Wirtschaftlichkeit und Sparsamkeit (§ 69 Abs. 2 SGB IV).[60] In ihm manifestiert sich das Spannungsverhältnis zwischen den Solidarinteressen der Versichertengemeinschaft an möglichst geringen Kosten und den Individualinteressen der einzelnen Versicherten an möglichst umfangreichen Leistungen.[61]

III. Leistungserbringungsrecht (4. Kap., §§ 69 ff. SGB V)

Die Beziehungen der Krankenkassen zu den Leistungserbringern (insbesondere den Ärzten),[62] namentlich Fragen der Abrechnungsfähigkeit von Leistungen, werden im Leistungserbringungsrecht geregelt. Das Leistungserbringungsrecht verpflichtet in § 70 Abs. 1 S. 1 SGB V die Krankenkassen und Leistungserbringer, eine bedarfsgerechte und gleichmäßige, dem allgemein anerkannten Stand der medizinischen Erkenntnisse (so bereits § 2 Abs. 1 S. 3 SGB V) entsprechende Versorgung der Versicherten zu gewährleisten. Nach § 70 Abs. 1 S. 2 SGB V muss die Versorgung der Versicherten ausreichend und zweckmäßig sein, darf das Maß des Notwendigen nicht überschreiten und muss in der fachlich gebotenen Qualität sowie wirtschaftlich erbracht werden.

Neben einem erneuten Verweis auf die Qualität werden hier also die Kriterien des Wirtschaftlichkeitsgebots (§ 12 Abs. 1 SGB V) in das Leistungserbringungsrecht übernommen.[63] All diese Aspekte werden in § 72 Abs. 2 SGB V erneut

---

[57] BT-Drs. 11/2237, S. 163.
[58] *Hart*, MedR 1996, 60, 67.
[59] *Ulmer*, in: *Eichenhofer/v. Koppenfels-Spies/Wenner*, SGB V, ³2018, § 12 Rn. 10; *v. Langsdorff*, in: *Sodan*, Handbuch des Krankenversicherungsrechts, ³2018, § 9 Rn. 1; s. auch *Scholz*, in: *Becker/Kingreen*, SGB V, ⁶2018, § 12 Rn. 4; *Krauskopf*, in: *Krauskopf*, ⁷⁸2012, § 2 SGB V Rn. 4; *Greiner/Benedix*, SGb 2013, 1; *Hart*, MedR 1996, 60, 65; bereits *Schewe*, SGb 1989, 410, zur „Beschwörung des ‚Wirtschaftlichen' im neuen SGB V – ein Vergleich der 65 Nennungen des ‚Wirtschaftlichen' und 35 ähnlicher Begriffe".
[60] Vgl. *Welti*, GesR 2006, 1, 7 f.
[61] *Roters*, in: KassKomm, ¹⁰²2018, § 12 SGB V Rn. 2; *Ulmer*, in: *Eichenhofer/v. Koppenfels-Spies/Wenner*, SGB V, ³2018, § 12 Rn. 4 ff.; *Noftz*, in: *Hauck/Noftz*, SGB V, 2018, § 2 Rn. 21 u. 2000, § 12 Rn. 11; *v. Langsdorff*, in: *Sodan*, Handbuch des Krankenversicherungsrechts, ³2018, § 9 Rn. 1; *Francke*, in: *Hart*, Ärztliche Leitlinien im Medizin- und Gesundheitsrecht, 2005, S. 171, 186.
[62] Vgl. die Aufzählung in § 69 Abs. 1 S. 1 (u. S. 2) SGB V.
[63] *Hess*, in: KassKomm, ³²2000, § 70 SGB V Rn. 2; *Bäune*, in: *Eichenhofer/v. Koppenfels-Spies/Wenner*, SGB V, ³2018, § 70 Rn. 3; s. auch *Klückmann*, in: *Hauck/Noftz*, SGB V,

aufgegriffen,[64] der als Teil des Sicherstellungsauftrags der Krankenkassen und Leistungserbringer ebenfalls von der Gewährleistung einer ausreichenden, zweckmäßigen und wirtschaftlichen Versorgung der Versicherten unter Berücksichtigung des allgemein anerkannten Standes der medizinischen Erkenntnisse spricht. Weitere Anknüpfungspunkte eines sozialrechtlichen Standards, der vor dem Hintergrund der abstrakteren, vom konkreten Versicherten losgelösten Perspektive des Leistungserbringungsrechts[65] auch als „Versorgungsstandard" bezeichnet werden kann,[66] lassen sich aufzählen:

Nach § 92 Abs. 1 S. 1 SGB V sollen beispielsweise die Richtlinien des Gemeinsamen Bundesausschusses eine ausreichende, zweckmäßige und wirtschaftliche Versorgung gewährleisten. Leistungen können eingeschränkt oder ausgeschlossen werden, wenn nach allgemein anerkanntem Stand der medizinischen Erkenntnisse der diagnostische oder therapeutische Nutzen, die medizinische Notwendigkeit oder die Wirtschaftlichkeit nicht nachgewiesen sind. § 106a Abs. 2 SGB V präzisiert Aspekte des Wirtschaftlichkeitsgebots als Gegenstand der Wirtschaftlichkeitsprüfung der Vertragsärzte durch die Krankenkassen und Kassenärztlichen Vereinigungen (§§ 106 ff. SGB V) und enthält dabei einige mehr oder weniger weiterführende Legaldefinitionen. § 135a Abs. 1 S. 2 SGB V regelt im Kontext der Verpflichtung der Leistungserbringer zur Qualitätssicherung, dass die Leistungen dem jeweiligen Stand der wissenschaftlichen Erkenntnisse entsprechen und in der fachlich gebotenen Qualität erbracht werden müssen. Verschiedene dieser Aspekte wiederholen sich auch in unterschiedlicher Ausprägung in § 87 SGB V zum Einheitlichen Bewertungsmaßstab sowie den §§ 135 und 137c SGB V zur Bewertung von Untersuchungs- und Behandlungsmethoden.[67]

IV. Zwischenergebnis

In Bezug auf Leistungsart, -inhalt und -umfang in der GKV findet sich im SGB V eine Vielzahl relevanter Bestimmungen in unterschiedlichem systematischem Zusammenhang mit zum Teil verschiedenen Formulierungen.[68] Auf den genauen Inhalt der einzelnen Vorschriften wird im jeweiligen Kontext noch zurückzukommen sein. Ausgehend von dieser Auflistung der gesetzlichen Umschreibungen des Leistungs-/Versorgungsstandards lässt sich der sozialrechtliche Standard-

---

2005, § 70 Rn. 7 ff.; *Nebendahl*, in: *Spickhoff*, Medizinrecht, ³2018, § 70 SGB V Rn. 1; *Greiner/Benedix*, SGb 2013, 1.

[64] Dazu *Ostertag*, in: KassKomm, ¹⁰2018, § 72 SGB V Rn. 40 f.; *Nebendahl*, in: *Spickhoff*, Medizinrecht, ³2018, § 72 SGB V Rn. 4; krit. zur Regelungstechnik *Rolfs*, Das Versicherungsprinzip im Sozialversicherungsrecht, 2000, S. 411; *ders.*, in: FS 50 Jahre BSG, 2004, S. 475, 490.

[65] Dazu 5. Kap. A. I.

[66] Vgl. etwa BSGE 81, 54, 59 = NJW 1999, 1805, 1807; BSGE 81, 73, 77; 86, 54, 56; 90, 289, 291; 103, 106, 127 = MedR 2010, 347, 355 m. Anm. *Kamps*.

[67] Vgl. *Francke*, in: *Hart*, Ärztliche Leitlinien im Medizin- und Gesundheitsrecht, 2005, S. 171, 194 ff.; näher 5. Kap. B.

[68] *Roters*, in: KassKomm, ¹⁰2018, § 12 SGB V Rn. 9 (unter Auflistung von Beispielen).

begriff jedoch bereits auf zwei zentrale Aspekte und deren normative Anknüpfungspunkte reduzieren, die sich als Leitmotiv durch das gesamte SGB V ziehen. Die Leistungen (sowie die Versorgung insgesamt) müssen erstens zweckmäßig, ausreichend, notwendig und wirtschaftlich im Sinne von § 12 Abs. 1 S. 1 SGB V sein, also dem Wirtschaftlichkeitsgebot gerecht werden. Zweitens haben sie im Hinblick auf ihre Qualität und Wirksamkeit dem allgemein anerkannten Stand der medizinischen Erkenntnisse (unter Berücksichtigung des medizinischen Fortschritts) im Sinne von § 2 Abs. 1 S. 3 SGB V zu entsprechen, was seinerseits als Qualitätsgebot bezeichnet wird.[69] Diese beiden Grundsatznormen zum Standard in der GKV wirken sich nach ihrer Systematik als Grundprogramm auf alle Bereiche des SGB V aus.[70] Von ihnen hängt die inhaltliche Ausgestaltung des sozialrechtlichen Standards entscheidend ab, weshalb nunmehr in einem nächsten Schritt genauere Anforderungen an die unbestimmten Rechtsbegriffe der Qualität und Wirtschaftlichkeit herauszuarbeiten sind.

C. Inhaltliche Ausgestaltung des sozialrechtlichen Standards

I. Das Qualitätsgebot (§ 2 Abs. 1 S. 3 SGB V)

1. Begriffliche Abgrenzung der Bezugspunkte: Qualität, Wirksamkeit

§ 2 Abs. 1 S. 3 SGB V differenziert zwischen der Qualität und Wirksamkeit der Leistungen. Ausweislich des Wortlauts haben freilich beide dem allgemein anerkannten Stand der medizinischen Erkenntnisse zu entsprechen sowie den medizinischen Fortschritt zu berücksichtigen. Die Bedeutung des letzten Halbsatzes wurde eingangs bereits erläutert,[71] der zentrale Maßstab des ersten Halbsatzes, der allgemein anerkannte Stand der medizinischen Erkenntnisse, soll sogleich näher definiert werden.[72] Zunächst stellt sich aber grundlegend die Frage, wie dessen Bezugspunkte, Qualität und Wirksamkeit, begrifflich zu fassen und voneinander abzugrenzen sind.

Das Maß, in dem das Behandlungsziel (§ 27 Abs. 1 S. 1 SGB V) erreicht wird, ist als Wirksamkeit zu bezeichnen.[73] Dieses Maß kann dabei sowohl hinsichtlich des Grads der Erreichung des Behandlungszieles (Wirkungsgrad) als auch in Bezug auf die Wahrscheinlichkeit, mit welcher ein Heilungserfolg teilweise oder vollständig eintritt (Erfolgswahrscheinlichkeit), variieren.[74] In Frage steht immer die generelle Fähigkeit oder Eignung einer Leistung, bei bestimmten Indikationen

---

[69] So nicht zuletzt auch das BSG, vgl. etwa BSGE 101, 177, 190 f.; 113, 167, 171 ff. = MedR 2013, 820, 822 ff. m. Anm. *Ossege*; BSGE 113, 241, 245 ff.; 115, 95, 97 ff.
[70] *Roters*, in: KassKomm, [10]2018, § 12 SGB V Rn. 4.
[71] S. o. B. I.
[72] S. u. 2.
[73] *Roters*, in: KassKomm, [9]2017, § 92 SGB V Rn. 7.
[74] Vgl. *Roters*, in: KassKomm, [10]2018, § 12 SGB V Rn. 34.

ursächlich bestimmbare und klinisch relevante Wirkungen zu erzielen.[75] Über die Geeignetheit zur Zielerreichung ist eine Prognoseentscheidung zu treffen.[76]

Wirksamkeit ist grundsätzlich gegeben, wenn ein Kausalzusammenhang zwischen Leistung und Behandlungsziel hinreichend nachgewiesen ist.[77] Die genauen Anforderungen an diesen Nachweis regelt für das Recht der GKV § 2 Abs. 1 S. 3 SGB V, der dafür einen zuverlässigen, wissenschaftlich begründeten (und damit nachprüfbaren) Wirksamkeitsnachweis voraussetzt.[78] Die Vorschrift führt dabei an sich nicht dazu, dass von mehreren Methoden mit nachgewiesenem Wirkungszusammenhang stets nur die wirksamste zu erbringen ist. Es werden vielmehr Mindestanforderungen an die Wirksamkeit der Leistung (und an ihren Nachweis) aufgestellt und so alle diese Untergrenze übertreffenden, vertretbaren Leistungen ermittelt.[79] Wirkungsgrad und Erfolgswahrscheinlichkeit müssen eine bestimmte, hinreichende Schwelle überschreiten.[80]

Die Wirksamkeit ist insofern von der Qualität zu unterscheiden. Deren Begriffsbestimmung fällt gerade im Kontext des Gesundheitswesens schwer.[81] Schon im allgemeinen Sprachgebrauch hat der Begriff der Qualität zwei mögliche Bedeutungen, welche es auseinanderzuhalten gilt: Nach neutralem Begriffsverständnis bezeichnet Qualität schlicht die Summe aller Eigenschaften und Merkmale des jeweiligen Begriffsgegenstands, also dessen Beschaffenheit und Zustand insgesamt.[82] Darauf aufbauend kann Qualität sich jedoch auch in einem wertenden Sinne auf diese Eigenschaften beziehen („gute/schlechte Qualität"), wobei zur Vornahme einer Bewertung die tatsächliche Ist- mit der erwarteten Soll-Beschaffenheit verglichen wird.[83]

---

[75] *Noftz*, in: *Hauck/Noftz*, SGB V, 2015, § 2 Rn. 57 u. 2000, § 12 Rn. 27; *Scholz*, in: *Becker/Kingreen*, SGB V, [6]2018, § 2 Rn. 4; *Nebendahl*, in: *Spickhoff*, Medizinrecht, [3]2018, § 2 SGB V Rn. 5; aus medizinischer Sicht *Raspe*, GesR 2011, 449, 451 f.; *ders.*, GesR 2012, 584, 586 f.; *ders.*, GesR 2013, 206, 207 f.
[76] *Welti*, GesR 2006, 1, 5 f.; *ders.*, in: *Kunz et al.*, Lehrbuch EbM, [2]2007, S. 401, 402.
[77] *Roters*, in: KassKomm, [102]2018, § 12 SGB V Rn. 34.
[78] Vgl. BSGE 76, 194, 199 = NJW 1996, 2451, 2453 = MedR 1996, 373, 375 m. Anm. *G. Schroeder-Printzen* u. *Windeler*, MedR 1997, 265; BSGE 106, 81, 87; 117, 10, 13 f.; *Roters*, in: KassKomm, [102]2018, § 12 SGB V Rn. 35; *v. Langsdorff*, in: *Sodan*, Handbuch des Krankenversicherungsrechts, [3]2018, § 9 Rn. 13a.
[79] Vgl. *Roters*, in: KassKomm, [102]2018, § 12 SGB V Rn. 34.
[80] Vgl. *Roters*, NZS 2010, 612, 614.
[81] Vgl. *Katzenmeier*, in: *Laufs/Katzenmeier/Lipp*, Arztrecht, [7]2015, Kap. X Rn. 72.
[82] Vgl. *Wienke*, MedR 1998, 172.
[83] *Roters*, in: KassKomm, [9]12016, Vor §§ 135 ff. SGB V Rn. 3 m. w. N.; zudem *Seewald*, in: *Schnapp/Wigge*, Handbuch des Vertragsarztrechts, [3]2017, § 19 Rn. 13; *Schrappe*, in: *Lauterbach/Lüngen/Schrappe*, Gesundheitsökonomie, Management und EbM, [3]2010, S. 259, 268 ff.; *Kifmann/Rosenau*, in: *Möllers*, Standardisierung durch Markt und Recht, 2008, S. 49, 50 ff.; grundlegend *Donabedian*, The Milbank Memorial Fund Quarterly 1966 (Vol. 44, No. 3, Pt. 2), S. 166; Nachdruck: The Milbank Quarterly 2005 (Vol. 83, No. 4), S. 691, gleichsam zur Bedeutung von Standards zur Messung von Qualität; vgl. auch die Grundlagen und Begriffe in DIN EN ISO 9000:2015-11; zur Schwierigkeit der Übertragung eines industriellen Qualitätskonzepts auf die Medizin allerdings *Penner*, SGb 2014, 529 (Gefahr einer Standardisierung, welche dem Individuum nicht gerecht wird).

Auch die Qualität von GKV-Leistungen setzt sich zunächst einmal neutral aus der Summe der ihnen zugeschriebenen „Eigenschaften", den gesetzlich an sie gestellten Anforderungen, zusammen. Qualität bedeutet ein nach festgelegten Vorgaben bestimmtes Niveau der Beschaffenheit der Leistungen.[84] All diese Kriterien, welche die Beschaffenheit der Leistungen wesentlich prägen, insofern als sie über deren Art, Inhalt und Umfang bestimmen, haben sich gemäß § 2 Abs. 1 S. 3 SGB V am allgemein anerkannten Stand der medizinischen Erkenntnisse zu orientieren.

Zu diesen Kriterien gehört in erster Linie die Wirksamkeit, die in § 2 Abs. 1 S. 3 SGB V zwar neben der Qualität angeführt, dort aber letztlich nur exemplarisch aus ihr herausgegriffen und dadurch besonders betont wird. Die wissenschaftlich erwiesene Wirksamkeit ist nur eines der Qualitätskriterien, wenn auch das wichtigste.[85] Eine höhere Wirksamkeit steigert den Nutzen[86] der Leistung und damit deren Qualität; sie beschreibt die Qualität der Leistung aber nicht vollumfänglich, da hierfür auch weitere Gesichtspunkte wie die mit der Behandlung einhergehenden Risiken und Belastungen eine Rolle spielen.[87] Diese sind ebenfalls nach dem allgemein anerkannten Stand der medizinischen Erkenntnisse zu beurteilen. Die Wirksamkeit bleibt dennoch zentraler Teilaspekt des Oberbegriffs „Qualität".[88]

§ 106a Abs. 2 Nr. 3 SGB V definiert dementsprechend die Qualität im Kontext der vertragsärztlichen Wirtschaftlichkeitsprüfung, deren Perspektive notwendigerweise einen vergleichenden, wertenden Qualitätsbegriff voraussetzt, als die Übereinstimmung der Leistungen mit den anerkannten Kriterien für ihre fachgerechte Erbringung (also vor allem erneut mit der Wirksamkeit im Sinne von § 2 Abs. 1 S. 3 SGB V), insbesondere mit den in Richtlinien des Gemeinsamen Bundesausschusses enthaltenen Vorgaben (die sich ihrerseits am allgemein anerkannten Stand der medizinischen Erkenntnisse zu orientieren haben).[89] Mit dieser „Legaldefinition" ist keine eindeutige Begriffsklärung verbunden. Dennoch wird auch hier deutlich, dass Qualität im SGB V als umfassender Sammelbegriff für verschiedene Kriterien und keineswegs als eigenständiges, in sich geschlossenes Prüfkriterium zu verstehen ist.

Qualität beschreibt ein gewisses Niveau der Beschaffenheit von GKV-Leistungen, das jedoch keine feststehende Größe im Sinne einer Mindestqualität ist, sondern vielmehr Ergebnis einer komplexen Abwägung[90] und zudem dyna-

---

[84] *Noftz*, in: *Hauck/Noftz*, SGB V, 2015, § 2 Rn. 54 u. 2000, § 12 Rn. 26; *Roters*, in: Kass-Komm, [10]2018, § 12 SGB V Rn. 34; *Welti*, GesR 2006, 1, 5.
[85] *Roters*, in: KassKomm, [10]2018, § 12 SGB V Rn. 34.
[86] Zum Nutzenbegriff s. u. II. 4.
[87] Vgl. *Roters*, in: KassKomm, [10]2018, § 12 SGB V Rn. 34; s. auch die Differenzierung in BSGE 76, 194, 199 = NJW 1996, 2451, 2453 = MedR 1996, 373, 375 m. Anm. G. Schroeder-Printzen u. Windeler, MedR 1997, 265.
[88] S. auch *Welti*, GesR 2006, 1, 5.
[89] Vgl. nur §§ 92, 135 SGB V.
[90] Vgl. *Ulmer*, in: *Eichenhofer/v. Koppenfels-Spies/Wenner*, SGB V, [3]2018, Vor §§ 135 ff. Rn. 4.

mischer Teil eines ständigen Optimierungsprozesses,[91] der sogenannten Qualitätssicherung.[92] Es geht um eine Maximierung des Nutzens bei gleichzeitiger Minimierung der Risiken medizinischer Leistungen; die tatsächliche Erreichung und permanente Verbesserung des Beschaffenheitsniveaus ist Aufgabe der Qualitätssicherung.[93] § 135a Abs. 1 S. 1 SGB V verpflichtet unter dieser Überschrift alle Leistungserbringer zur Sicherung und Weiterentwicklung der Qualität der von ihnen erbrachten Leistungen.[94] Dadurch wird zugleich eine Dynamisierung des Standards bewirkt.[95] Qualität und Qualitätsmanagement[96] heben insofern den Standard stetig an.[97]

Dies setzt auch hier voraus, wie § 135a Abs. 1 S. 2 SGB V nur wiederholt, dass die Leistungen dem jeweiligen Stand der wissenschaftlichen Erkenntnisse entsprechen (und – durchaus redundant,[98] aber gleichsam bezogen auf eine konkrete Leistungserbringung[99] – in der fachlich gebotenen Qualität erbracht werden) müssen.[100] Die Ausbildung und Entwicklung von Standards ist wesentlicher Teil der Qualitätssicherung.[101] Standards sollen die Gesundheitsversorgung auf ein gleichmäßig hohes Niveau bringen, sie effektuieren und rationalisieren.[102]

---

[91] S. auch *Ulmer*, in: *Eichenhofer/v. Koppenfels-Spies/Wenner*, SGB V, ³2018, Vor §§ 135 ff. Rn. 3.
[92] Vgl. *Roters*, in: KassKomm, ¹⁰²2018, § 12 SGB V Rn. 34.
[93] *Noftz*, in: *Hauck/Noftz*, SGB V, 2015, § 2 Rn. 54 u. 2000, § 12 Rn. 26.
[94] Ausf. zum Recht der Qualitätssicherung im SGB V *Seewald*, in: *Schnapp/Wigge*, Handbuch des Vertragsarztrechts, ³2017, § 19 Rn. 35 ff.; *Harney/Huster/Recktenwald*, MedR 2014, 273 u. 365; *Huster*, VSSR 2013, 327; zur vergleichenden Qualitätsbewertung (von Krankenhäusern) sowie den maßgeblichen Qualitätsindikatoren *Penner*, SGb 2014, 529 u. 597; zur Qualitätssicherung allg. *Katzenmeier*, in: *Laufs/Katzenmeier/Lipp*, Arztrecht, ⁷2015, Kap. X Rn. 65 ff.; *Deutsch/Spickhoff*, Medizinrecht, ⁷2014, Rn. 861 ff.; bereits *Buchborn*, MedR 1993, 328 f.
[95] *Hauck*, NJW 2013, 3334, 3339.
[96] S. dazu auch die Beiträge in *Lauterbach/Lüngen/Schrappe*, Gesundheitsökonomie, Management und EbM, ³2010, Teil III.
[97] Vgl. *Buchner*, in: *Lilie/Bernat/Rosenau*, Standardisierung in der Medizin als Rechtsproblem, 2009, S. 63, 66 ff.
[98] Vgl. *Regelin*, in: *Spickhoff*, Medizinrecht, ³2018, § 135a SGB V Rn. 6.
[99] *Becker*, in: *Becker/Kingreen*, SGB V, ⁶2018, § 135a Rn. 7; *Vossen*, in: *Krauskopf*, ⁹¹2016, § 135a SGB V Rn. 4.
[100] Vgl. insofern auch § 70 Abs. 1 SGB V.
[101] *Noftz*, in: *Hauck/Noftz*, SGB V, 2015, § 2 Rn. 54; *Katzenmeier*, in: *Laufs/Katzenmeier/Lipp*, Arztrecht, ⁷2015, Kap. X Rn. 73; *G. Schneider*, NZS 1997, 267, 268; *Buchborn*, MedR 1993, 328, 332.
[102] *Steffen*, in: FS *Deutsch*, 1999, S. 799, 802 ff.; dort zur haftungsrechtlichen Bedeutung der Qualitätssicherung: „Auch dem Haftungsrichter wäre es am liebsten, wenn Qualitätssicherung die Arzthaftung ersetzen könnte." – i. E. jedoch restriktiv (S. 805 ff.): gefordert sei stets die Einhaltung des durch die Qualitätssicherung allenfalls mittelbar beeinflussten Facharztstandards des Haftungsrechts, s. 3. Kap. A. I.; anders ggf. der Organisationsstandard, s. 6. Kap. C. I.; offener *Hart*, VSSR 2002, 265, 295 f.

2. Der allgemein anerkannte Stand der medizinischen Erkenntnisse

Maßstab von Qualität (und Wirksamkeit) einer Leistung ist nach § 2 Abs. 1 S. 3 SGB V (sowie verschiedener gesetzlicher Bekräftigungen gerade im Leistungserbringungsrecht)[103] der allgemein anerkannte Stand der medizinischen Erkenntnisse. Dargestellt wurde, dass sich die Qualität dabei nicht selbstständig anhand dieses Erkenntnisstands bestimmen lässt, da sie von vielfältigen Faktoren abhängig ist, zu denen insbesondere die Wirksamkeit gehört.[104] Die weitere Begriffsklärung hat deshalb von der Wirksamkeit als bestimmbarem Bezugspunkt in § 2 Abs. 1 S. 3 SGB V auszugehen.

Der Stand der medizinischen Erkenntnisse ist die auf einen bestimmten Zeitpunkt bezogene (zeitliche Komponente)[105] Gesamtmenge der (internationalen)[106] medizinischen Erkenntnisse über Wirksamkeit und Qualität der jeweiligen Methode (gegenstandsbezogene Komponente); allgemeine Anerkennung setzt dem Wortlaut nach zunächst einen gewissen Anerkennungsgrad in quantitativer Hinsicht voraus, wobei zu berücksichtigen ist, dass in medizinischer Wissenschaft und Praxis regelmäßig ein dynamisches Meinungsspektrum besteht.[107] Nach ständiger Rechtsprechung des BSG[108] hat über die Wirksamkeit einer Therapie in den einschlägigen Fachkreisen Konsens zu bestehen. Die große Mehrheit der Ärzte und Wissenschaftler, von einzelnen nicht ins Gewicht fallenden Gegenstimmen abgesehen, muss die Behandlungsmethode befürworten. Der geforderte Konsens ergibt sich allerdings im Regelfall daraus, dass über die Wirksamkeit der neuen Methode in qualitativer Hinsicht[109] zuverlässige wissenschaftlich nachprüfbare Aussagen gemacht werden können. Der Behandlungserfolg muss in einer für die sichere Beurteilung ausreichenden Zahl von Behandlungsfällen aufgrund wissenschaftlich einwandfrei geführter Statistiken und Studien belegt sein.[110] In diesen metho-

---

[103] S. o. B. III.
[104] S. o. 1.
[105] Vgl. insofern auch § 135 Abs. 1 Nr. 1 SGB V zum „jeweiligen Stand".
[106] S. auch *Hauck*, NZS 2007, 461, 462; *J. Schroeder-Printzen*, in: AG RAe im MedR e. V., Standard-Chaos?, 2015, S. 25, 27 f., 37.
[107] *Noftz*, in: *Hauck/Noftz*, SGB V, 2015, § 2 Rn. 62 u. 2000, § 12 Rn. 29.
[108] Vgl. nur BSGE 76, 194, 199 = NJW 1996, 2451, 2453 = MedR 1996, 373, 375 m. Anm. *G. Schroeder-Printzen* u. *Windeler*, MedR 1997, 265; BSGE 81, 54, 66 = NJW 1999, 1805, 1810; BSGE 84, 90, 96; 85, 56, 61 f.; 86, 54, 62; 104, 95, 100, 105; 106, 81, 87; 113, 167, 170 = MedR 2013, 820, 821 f. m. Anm. *Ossege*; 115, 95, 100 f.; 117, 10, 13 f.; BSG MedR 2018, 506, 508 (für BSGE 125, 76 vorgesehen); weiterführend SGb 2006, 689, 692 ff. (alle international zugänglichen Quellen einzubeziehen, möglichst breite Grundlage; Quellen nach Grad wissenschaftlicher Evidenz zu bewerten; insb. Stellungnahmen medizinischer Fachgesellschaften, ggf. ärztliche Leitlinien, Sachverständigengutachten, Beurteilungen durch das Institut für Qualität und Wirtschaftlichkeit im Gesundheitswesen); 2001, 519 (Gesamtwürdigung aller wesentlichen Maßnahmen des Therapiekonzepts).
[109] Zwischen quantitativer und qualitativer Bestimmung der allg. Anerkennung differenziert auch *Noftz*, in: *Hauck/Noftz*, SGB V, 2015, § 2 Rn. 62 u. 2000, § 12 Rn. 29, der freilich unter dem qualitativen Moment die Fachkompetenz des Befürworters versteht; dazu *Deister*, NZS 2016, 328, 330, Fn. 24.
[110] Dazu neben der zuvor angeführten Rspr. *Scholz*, in: *Becker/Kingreen*, SGB V, ⁶2018, § 2 Rn. 4; *Lang*, ebd., § 28 Rn. 16; *v. Langsdorff*, in: *Sodan*, Handbuch des Krankenver-

dischen Anforderungen kommt mithin ein Wissenschaft(lichkeit)sgebot zum Ausdruck,[111] welches noch näher zu präzisieren sein wird.[112]

Letztlich knüpft das Sozialrecht in § 2 Abs. 1 S. 3 SGB V an den außerrechtlichen Begriff des medizinischen Standards an,[113] den es als GKV-Standard zu rezipieren gilt.[114] Dies beinhaltet zugleich eine „Selbstverpflichtung des Rechts, Erkenntnisgrenzen gleichzeitig zu akzeptieren und zu überwinden".[115] Nur die Medizin selbst (und damit namentlich die Ärzteschaft)[116] ist fachlich in der Lage,

---

sicherungsrechts, ³2018, § 9 Rn. 13a; *Welti*, GesR 2006, 1, 6; *Engelmann*, MedR 2006, 245, 253; *Hauck*, NZS 2007, 461, 462; *ders.*, NJW 2013, 3334, 3337; *Deister*, NZS 2016, 328, 329 f. Zu den weniger strengen Anforderungen an den Wirksamkeitsnachweis (Möglichkeit der Wirksamkeit/Erfolg im Einzelfall genügt) vor Einführung des SGB V die Darstellung in BSGE 86, 54, 65; 85, 56, 61; 81, 54, 64 f. = NJW 1999, 1805, 1809; BSGE 76, 194, 198 f. = NJW 1996, 2451, 2452 f. = MedR 1996, 373, 374 f. m. Anm. *G. Schroeder-Printzen* u. *Windeler*, MedR 1997, 265; s. auch BSGE 70, 24, 26 ff. = NJW 1992, 1584, 1585 = MedR 1992, 295, 296 f.; BSGE 64, 255, 257 f. = NJW 1989, 2349 f.; BSGE 63, 102, 103 ff. = NJW 1989, 794, 795 f.; BSGE 52, 134, 136 ff.; 52, 70; zudem *Francke*, in: Hart, Ärztliche Leitlinien im Medizin- und Gesundheitsrecht, 2005, S. 171, 184 f.; *Fastabend*, NZS 2002, 299, 301 f.; *Kullmann*, VersR 1997, 529, 531 f.

[111] Vgl. BSGE 94, 221, 234; *Noftz*, in: *Hauck/Noftz*, SGB V, 2015, § 2 Rn. 62; *S. Augsberg*, GesR 2012, 595; *Rixen*, SGb 2013, 140; *ders.*, SGb 2018, 253, 257.

[112] Dazu 5. Kap. B. III. 3.

[113] *Engelmann*, MedR 2006, 245, 246; *Kingreen*, MedR 2007, 457 (u. 458, gleichsam zu den Parallelen zum Technikrecht, vgl. bereits 3. Kap. vor A., der dort allerdings krit. anmerkt, dass der medizinische Standard „so selbstverständlich zu sein scheint, dass das Gesetz auf weitere Erläuterungen meint verzichten zu können"; die Medizin scheine „in Siebenmeilenstiefeln zum großen Ziel der Wahrheit zu eilen"); s. auch *Noftz*, in: *Hauck/ Noftz*, SGB V, 2018, § 2 Rn. 18 u. 2000, § 12 Rn. 25; *Becker*, in: *Becker/Kingreen*, SGB V, ⁶2018, § 135a Rn. 6; *Vossen*, in: *Krauskopf*, ⁹2016, § 135a SGB V Rn. 4; *Roters*, in: KassKomm, ¹⁰2018, § 12 SGB V Rn. 34; *Hase*, in: Buchner/Ladeur, Wissensgenerierung und -verarbeitung, 2016, S. 125, 130; *J. Schroeder-Printzen*, in: AG RAe im MedR e. V., Standard-Chaos?, 2015, S. 25, 37; *Buchner*, in: Lilie/Bernat/Rosenau, Standardisierung in der Medizin als Rechtsproblem, 2009, S. 63, 64; *Kifmann/Rosenau*, in: Möllers, Standardisierung durch Markt und Recht, 2008, S. 49, 66; *Francke/Hart*, MedR 2008, 2; *Welti*, in: *Kunz et al.*, Lehrbuch EbM., ²2007, S. 401 f.; *Francke*, in: FS *Laufs*, 2006, S. 795, 798; *ders.*, in: *Hart*, Ärztliche Leitlinien im Medizin- und Gesundheitsrecht, 2005, S. 171, 182; *ders.*, GesR 2003, 97; zudem *Steffen*, in: FS *Deutsch*, 1999, S. 799, 805 (Regieanweisungen der Medizin/Abhängigkeit von der Medizin); *ders.*, MedR 1995, 190; *Kullmann*, VersR 1997, 529, 532.

[114] Von einer Rezeption durch das Sozialrecht spricht etwa auch *Welti*, GesR 2006, 1, 7; *Francke*, in: FS *Laufs*, 2006, S. 795, 813; *ders.*, in: *Hart*, Ärztliche Leitlinien im Medizin- und Gesundheitsrecht, 2005, S. 171, 185; *ders.*, GesR 2003, 97, 100; *Hase*, in: DS 60 Jahre BSG, 2014, Bd. 1, S. 423, 429; im Kontext der Qualitätssicherung *Roters*, in: KassKomm, ⁹¹2016, Vor §§ 135 ff. SGB V Rn. 19: Rezeption medizinischer Standards mittels geeigneter wissenschaftlicher Methoden (der EbM); s. auch *ders.*, NZS 2007, 176, 181: Der Gemeinsame Bundesausschuss definiere den (sozialrechtlichen) Medizinischen Standard (so auch *Francke*, in: FS *Laufs*, 2006, S. 795, 812), indem er mittels EbM medizinisches Wissen destilliert und rezipiert. Zur haftungsrechtlichen Standardrezeption ausf. im 6. Kap.

[115] *S. Augsberg*, GesR 2012, 595.

[116] Vgl. insofern *Welti*, GesR 2006, 1, 4 f.

Leistungsinhalte zu schaffen, zu bewerten und zu sichern.[117] Das SGB V setzt gleichwohl eigene Akzente, etwa durch einen formellen Rahmen der Standardsetzung[118] sowie die eindeutige Festlegung auf die materiellen Kriterien der EbM[119] zur Konkretisierung des § 2 Abs. 1 S. 3 SGB V,[120] welche die Medizin selbst als wissenschaftliche Methode zur Bestimmung des allgemein anerkannten Stands der medizinischen Erkenntnisse anbietet.[121]

Der GKV-Standard folgt also nicht unmittelbar medizinischen, sondern sozialrechtlich konkretisierten Maßstäben.[122] Diese führen im Ergebnis zu einer Objektivierung[123] und Prozeduralisierung[124] der Standardsetzung. Eine gewisse normative Gestaltung und Kontrolle ist rechtsstaatlich unabdingbar, es bestehen Wechselwirkungen zwischen Medizin und Recht.[125] Angesichts seiner Wissensbedürftigkeit ist das Recht von der Kooperation mit der Medizin abhängig; „weil der Wissensbedarf des Rechts mit juristischen Mitteln (allein) nicht gedeckt werden kann, ist [als Kompensationsmechanismus] nach inter- und transdisziplinären Konkretisierungs(an)geboten zu forschen."[126] Der medizinische Standard wird im Rahmen einer sozialrechtlichen Wissensgenerierung und -verarbeitung für die Zwecke der GKV transformiert.[127]

Abschließend sei angemerkt, dass auch das BSG (wenn auch nur in einer vereinzelt, aber unwidersprochen gebliebenen Entscheidung) davon ausgeht, dass sich zur Feststellung, was dem allgemein anerkannten Stand der medizinischen Erkenntnisse unter Berücksichtigung des medizinischen Fortschritts entspricht, die

---

[117] *Noftz*, in: *Hauck/Noftz*, SGB V, 2015, § 2 Rn. 60.
[118] Dazu insg. 5. Kap.
[119] Dazu 2. Kap. C.
[120] Dazu insb. 5. Kap. B. III. 3.; s. auch *Noftz*, in: *Hauck/Noftz*, SGB V, 2015, § 2 Rn. 64, 67 u. 2000, § 12 Rn. 31.
[121] Vgl. *Welti*, GesR 2006, 1, 6; *Engelmann*, MedR 2006, 245, 252: Rückgriff auf eine außerrechtliche Systematisierung, die sich in der medizinischen Wissenschaft durchgesetzt hat; s. auch *Hase*, in: *Buchner/Ladeur*, Wissensgenerierung und -verarbeitung, 2016, S. 125, 133 ff.; *S. Augsberg*, GesR 2012, 595, 596: innermedizinisch entwickelte, spezifisch rationalisierte und formalisierte, ursprünglich auf die individuelle klinische Entscheidungsfindung des Arztes bezogene (Verfahrens-)Maxime erlange übergreifende rechtliche Bedeutung.
[122] So *Noftz*, in: *Hauck/Noftz*, SGB V, 2015, § 2 Rn. 66; vgl. insofern auch *Buchner*, in: *Lilie/Bernat/Rosenau*, Standardisierung in der Medizin als Rechtsproblem, 2009, S. 63, 64 ff.; *Francke*, in: *Hart*, Ärztliche Leitlinien im Medizin- und Gesundheitsrecht, 2005, S. 171, 172: keine direkte Verweisung, sondern Einschränkungen und Relativierungen im differenzierten Regelungsgeflecht unterschiedlicher Elemente.
[123] *Francke*, in: *Hart*, Ärztliche Leitlinien im Medizin- und Gesundheitsrecht, 2005, S. 171, 197 f.: Objektivierungsgebot.
[124] Vgl. allg. *Ladeur*, GesR 2011, 455, 456.
[125] *Noftz*, in: *Hauck/Noftz*, SGB V, 2015, § 2 Rn. 60.
[126] *S. Augsberg*, GesR 2012, 595 f.
[127] Aus dem Blickwinkel der Wissensgenerierung und -verarbeitung im Sozialrecht insg. auch *Ladeur*, GesR 2011, 455; *S. Augsberg*, GesR 2012, 595; *Hase*, in: DS 60 Jahre BSG, 2014, Bd. 1, S. 423; *Roters*, SGb 2015, 413; zudem ausf. die Beiträge in *Buchner/Ladeur*, Wissensgenerierung und -verarbeitung, 2016; monographisch *Ertl*, Die Bewertung von medizinischen Methoden in der deutschen Rechtsordnung, 2018, S. 123 ff. u. 293 ff.

Frage nach den „sogenannte[n] ‚Standards'" stellt.[128] Das BSG versteht hierunter – ausdrücklich im Anschluss an die Definition des Mediziners *Carstensen*[129] sowie die einschlägige vornehmlich haftungsrechtliche Literatur[130] – den jeweiligen Stand der naturwissenschaftlichen Erkenntnisse und der ärztlichen Erfahrung, der zur Erreichung des ärztlichen Behandlungsziels erforderlich ist und sich in der Erprobung bewährt hat.[131]

Der allgemein anerkannte Stand der medizinischen Erkenntnisse nimmt also die den medizinischen Standardbegriff prägenden Elemente, allgemeine Anerkennung[132] (gleichbedeutend mit professioneller Akzeptanz) und vor allem die wissenschaftliche Erkenntnis und ärztliche Erfahrung, inhaltlich auf.[133] Letztere wird zwar im GKV-Kontext selten ausdrücklich erwähnt (das Gesetz etwa kennt nur den Stand der medizinischen Erkenntnisse),[134] was aber lediglich Ausdruck der Fixierung des Sozialrechts auf die EbM mit ihrer Präferenz für wissenschaftliche Evidenz ist. Die ärztliche Erfahrung ist nichtsdestotrotz ebenfalls eine wichtige Evidenzform und als solche (nachrangiger) Teil der EbM[135] und damit auch des sozialrechtlichen Standards.[136] Gleiches gilt für Patientenwünsche.[137]

---

[128] BSGE 81, 182, 188 = NJW 1999, 1811, 1812 = MedR 1999, 43, 45.

[129] Dazu 2. Kap. B. I.

[130] BSGE 81, 182, 188 = NJW 1999, 1811, 1812 = MedR 1999, 43, 45 zitiert *Taupitz*, NJW 1986, 2851, 2858 u. *Hart*, MedR 1998, 8, 9; s. 6. Kap. B. II. 1.

[131] BSGE 81, 182, 188 = NJW 1999, 1811, 1812 = MedR 1999, 43, 45; dabei betont das Gericht insb. das Erfordernis der Bewährung in der Erprobung in der klinischen Praxis (als Akzeptanzmoment) und verweist allg. auf die Bedeutung von Stellungnahmen medizinischer Fachgesellschaften, die sich in Richtlinien, Leitlinien und Empfehlungen niederschlagen.

[132] So nicht zuletzt *Buchborn*, 2. Kap. B. II.

[133] *Engelmann*, MedR 2006, 245, 246; *Francke*, in: *Hart*, Ärztliche Leitlinien im Medizin- und Gesundheitsrecht, 2005, S. 171, 183 f.; s. auch *Neumann*, NZS 2005, 617, 618, 621.

[134] Vgl. insofern *Francke/Hart*, MedR 2008, 2, 16, die angesichts der geringeren Gewichtung der ärztlichen Erfahrung die Übereinstimmung mit dem haftungsrechtlichen Standard anzweifeln.

[135] Dazu 2. Kap. C. II.; im vorliegenden Kontext auch *Stallberg*, PharmR 2010, 5, 7.

[136] Näher *Mommertz*, Einflüsse und Auswirkungen der EbM auf das Medizinrecht, 2015, S. 56 ff., 62 ff.; zu einseitig *Buchner*, in: *Lilie/Bernat/Rosenau*, Standardisierung in der Medizin als Rechtsproblem, 2009, S. 63, 69 ff.: „Wissenschaftliche Evidenz statt praktische Erfahrung" (und damit zugleich „Schwerpunktverschiebung gegenüber der herkömmlichen Standarddefinition").

[137] Zu deren Bedeutung im medizinischen Kontext 2. Kap. E. II.; s. auch *Mommertz*, Einflüsse und Auswirkungen der EbM auf das Medizinrecht, 2015, S. 69 f. Zu Fragen der hinreichenden Patientenpartizipation in der Gemeinsamen Selbstverwaltung (vgl. auch § 140f SGB V) *Wenner*, in: FS *Kohte*, 2016, S. 659; *Ebsen*, MedR 2006, 528.

II. Das Wirtschaftlichkeitsgebot (§ 12 Abs. 1 S. 1 SGB V) – Wirtschaftlichkeit im weiteren Sinne

1. Zweckmäßigkeit

Die Kriterien des Wirtschaftlichkeitsgebots stehen dem soeben erläuterten Qualitätsgebot deutlich näher, als die Bezeichnung auf den ersten Blick vermuten lässt. So ist etwa die in § 12 Abs. 1 S. 1 SGB V vorausgesetzte Zweckmäßigkeit gleichzusetzen mit Effektivität im Sinne der Legaldefinition des § 106a Abs. 2 Nr. 2 SGB V, der darunter die Eignung der Leistung zur Erreichung des therapeutischen oder diagnostischen Ziels versteht.[138] Zweckmäßigkeit liegt mithin vor, wenn die Leistung zur Erreichung des angestrebten Leistungsziels (gemäß § 27 Abs. 1 S. 1 SGB V) geeignet,[139] also darauf objektiv ausgerichtet und hinreichend wirksam ist (Kausalität und Finalität).[140] Stellt die Leistung nur einen Teilschritt dar, ist sie nur dann zweckmäßig, wenn eine Kausalitätskette bis hin zum Behandlungserfolg prognostizierbar ist, Wirksamkeit also nicht nur in Bezug auf ein Zwischenziel besteht.[141]

Die (Qualität und) Wirksamkeit im Sinne von § 2 Abs. 1 S. 3 SGB V, gemessen am allgemein anerkannten Stand der medizinischen Kenntnisse, ist mithin Voraussetzung der Zweckmäßigkeit, in ihrem Begriff enthalten und zu ihrer Bestimmung vorrangig zu klären.[142] Um eine Leistungsentscheidung anhand des Wirtschaftlichkeitsgebots treffen zu können, sind in der Zweckmäßigkeit zunächst die Leistungen zu ermitteln, welche überhaupt wirksam sein könnten und daher (unter Berücksichtigung von Wirkungsgrad und Erfolgswahrscheinlichkeit) in die weitere Abwägung einzubeziehen sind.[143]

---

[138] So auch *Scholz*, in: *Becker/Kingreen*, SGB V, ⁶2018, § 12 Rn. 8.
[139] BSGE 73, 271, 279; 64, 255, 256 f. = NJW 1989, 2349; *v. Langsdorff*, in: *Sodan*, Handbuch des Krankenversicherungsrechts, ³2018, § 9 Rn. 3; *Greiner/Benedix*, SGb 2013, 1, 2; *Steffen*, in: FS *Geiß*, 2000, S. 487, 495; *G. Schroeder-Printzen*, MedR 1993, 339.
[140] BSGE 85, 56, 61; 119, 57, 72; *Roters*, in: KassKomm, ¹⁰²2018, § 12 SGB V Rn. 28; *Ulmer*, in: *Eichenhofer/v. Koppenfels-Spies/Wenner*, SGB V, ³2018, § 12 Rn. 12; *Wagner*, in: *Krauskopf*, ⁵⁹2007, § 12 SGB V Rn. 6; *Trenk-Hinterberger*, in: *Spickhoff*, Medizinrecht, ³2018, § 12 SGB V Rn. 4; *Rixen*, SGb 2018, 253, 256; *ders.*, SGb 2013, 140, 142; *Greiner/Benedix*, SGb 2013, 1, 3; *Roters*, NZS 2010, 612, 616; *Francke*, in: *Hart*, Ärztliche Leitlinien im Medizin- und Gesundheitsrecht, 2005, S. 171, 188 f.
[141] Vgl. *Roters*, in: KassKomm, ¹⁰²2018, § 12 SGB V Rn. 31.
[142] *Roters*, in: KassKomm, ¹⁰²2018, § 12 SGB V Rn. 25, 34; *Noftz*, in: *Hauck/Noftz*, SGB V, 2000, § 12 Rn. 25; s. auch *Greiner/Benedix*, SGb 2013, 1, 3; *Francke/Hart*, MedR 2008, 2, 3; *Welti*, GesR 2006, 1, 8; *Francke*, in: FS *Laufs*, 2006, S. 795, 798; *ders.*, in: *Hart*, Ärztliche Leitlinien im Medizin- und Gesundheitsrecht, 2005, S. 171, 189 f.; *Hart*, MedR 2004, 469, 475; aus der Rspr. BSGE 119, 57, 73; zum Verhältnis von § 2 Abs. 1 S. 3 SGB V zur Zweckmäßigkeit auch *Noftz*, in: *Hauck/Noftz*, SGB V, 2000, § 12 Rn. 19 f.
[143] Vgl. *Roters*, in: KassKomm, ¹⁰²2018, § 12 SGB V Rn. 28.

2. Ausreichende Leistung

Eine Leistung ist ausreichend, sofern sie nach Umfang und Qualität hinreichende Chancen für die Erreichung des medizinischen Leistungszwecks (§ 27 Abs. 1 S. 1 SGB V), den Heilungserfolg, bietet,[144] also diesbezüglich geeignet ist.[145] Sie darf daher weder mangelhaft noch ungenügend sein.[146] Diese Definition ist indes kaum von der der Zweckmäßigkeit (ebenfalls im Sinne von Geeignetheit)[147] zu unterscheiden, bezieht sie doch die hinreichenden Erfolgschancen im Hinblick auf das Leistungsziel und damit ihrerseits die Wirksamkeit im Sinne von § 2 Abs. 1 S. 3 SGB V ein.[148] Teilweise wird der Begriff „ausreichend" insofern auch für überflüssig gehalten oder mit dem der Zweckmäßigkeit zusammengefasst.

Eigenständige Bedeutung erlangt der Begriff „ausreichend" jedoch, sofern er nicht nur als einfache Anspruchsvoraussetzung, sondern zugleich im Sinne einer ausdrücklichen Leistungsuntergrenze, eines Mindeststandards verstanden wird.[149] Dieser Mindeststandard kann dabei sowohl quantitative als auch qualitative Aspekte[150] in sich aufnehmen,[151] wobei das qualitative Element streng genommen erneut bereits von der Zweckmäßigkeit umfassend abgedeckt wird.[152] Ist die

---

[144] Vgl. BSGE 55, 188, 194; *Scholz*, in: *Becker/Kingreen*, SGB V, [6]2018, § 12 Rn. 8; *Ulmer*, in: *Eichenhofer/v. Koppenfels-Spies/Wenner*, SGB V, [3]2018, § 12 Rn. 14; *Noftz*, in: *Hauck/Noftz*, SGB V, 2000, § 12 Rn. 18; *Trenk-Hinterberger*, in: *Spickhoff*, Medizinrecht, [3]2018, § 12 SGB V Rn. 4; *Francke*, in: *Hart*, Ärztliche Leitlinien im Medizin- und Gesundheitsrecht, 2005, S. 171, 190; *ders.*, in: FS *Laufs*, 2006, S. 795, 809; *Greiner/Benedix*, SGb 2013, 1, 3.

[145] Vgl. *Rolfs*, Das Versicherungsprinzip im Sozialversicherungsrecht, 2000, S. 407; *ders.*, in: FS 50 Jahre BSG, 2004, S. 475, 485.

[146] *Wagner*, in: *Krauskopf*, [59]2007, § 12 SGB V Rn. 5; *G. Schroeder-Printzen*, MedR 1993, 339.

[147] Vgl. insofern (die Kategorien vermischend) *Fastabend*, NZS 2002, 299, 301.

[148] *v. Langsdorff*, in: *Sodan*, Handbuch des Krankenversicherungsrechts, [3]2018, § 9 Rn. 5; *Roters*, in: KassKomm, [102]2018, § 12 SGB V Rn. 28; *Greiner/Benedix*, SGb 2013, 1, 3 f.

[149] *v. Langsdorff*, in: *Sodan*, Handbuch des Krankenversicherungsrechts, [3]2018, § 9 Rn. 5a; *Greiner/Benedix*, SGb 2013, 1, 4; so etwa *Welti*, GesR 2006, 1, 8; *Francke*, in: FS *Laufs*, 2006, S. 795, 809; *ders.*, in: *Hart*, Ärztliche Leitlinien im Medizin- und Gesundheitsrecht, 2005, S. 171, 190; *Steffen*, in: FS *Geiß*, 2000, S. 487, 494; *Ulmer*, in: *Eichenhofer/v. Koppenfels-Spies/Wenner*, SGB V, [3]2018, § 12 Rn. 14; *Noftz*, in: *Hauck/Noftz*, SGB V, 2000, § 12 Rn. 18; *Trenk-Hinterberger*, in: *Spickhoff*, Medizinrecht, [3]2018, § 12 SGB V Rn. 4; s. auch *Roters*, in: KassKomm, [102]2018, § 12 SGB V Rn. 26 (u. *Greiner/Benedix*, SGb 2013, 1, 3), unter krit. Hinweis auf die a. A., die hierin zugleich einen Maximal-/Höchststandard sieht (so etwa *Wagner*, in: *Krauskopf*, [59]2007, § 12 SGB V Rn. 5; *Katzenmeier*, in: *Laufs/Katzenmeier/Lipp*, Arztrecht, [7]2015, Kap. X Rn. 32: Obergrenze; s. auch *ders.*, in: FS *G. Müller*, 2009, S. 237, 239; *Arnade*, Kostendruck und Standard, 2010, S. 190; widersprüchlich *Scholz*, in: *Becker/Kingreen*, SGB V, [6]2018, § 12 Rn. 8; in Richtung einer Obergrenze auch BSGE 73, 271, 279). Das Setzen einer Obergrenze bleibt dem Merkmal der Notwendigkeit vorbehalten, das sonst seinerseits inhaltlich entleert würde.

[150] So letztlich auch die eingangs genannte Formel der Rspr.: „nach Umfang *und* Qualität".

[151] Vgl. *Francke*, in: FS *Laufs*, 2006, S. 795, 809.

[152] Vgl. die Darstellung bei *v. Langsdorff*, in: *Sodan*, Handbuch des Krankenversicherungsrechts, [3]2018, § 9 Rn. 6; dort daher i. E. ausschließlich für einen Mengenbezug, um die Abgrenzbarkeit von „zweckmäßig" und „ausreichend" am Wortlaut orientiert zu gewähr-

Wahrscheinlichkeit des Erfolgseintritts insgesamt zu gering, ist eine Leistung unwirksam und damit unzweckmäßig; ist die Wirksamkeit grundsätzlich gegeben, der Wirkungsgrad aber zu gering, ist eine Leistung in dieser Menge jedenfalls nicht ausreichend.[153]

Abgesehen von dieser quantitativen Perspektive fügt die Voraussetzung einer ausreichenden Leistung der Zweckmäßigkeit inhaltlich in der Tat nichts hinzu – wobei letzten Endes selbst dieser Aspekt als Teil der Zweckmäßigkeit aufgefasst werden könnte, ist eine quantitativ unzulängliche Leistung schließlich auch qualitativ unwirksam, da ihre Erfolgsgeeignetheit bei dieser Leistungsmenge wissenschaftlich nicht nachweisbar ist.[154] Die Quantität hat stets auch Einfluss auf die Qualität; Quantität ist die Menge an qualitativen Eigenschaften; es handelt sich daher nicht um strikt zu trennende Gegenbegriffe.[155] Die ausreichende Leistung bildet aber nichtsdestotrotz in ihrer Funktion als Untergrenze das ausdrückliche gesetzliche Gegenstück zum Merkmal der Notwendigkeit[156] und gewinnt daraus ihre eigene Existenzberechtigung.

3. Medizinische Notwendigkeit

Notwendig[157] ist eine Leistung dann, wenn sie nach Art und Umfang, unter besonderer Berücksichtigung ihres medizinischen Zwecks (gemäß § 27 Abs. 1 S. 1 SGB V),[158] unentbehrlich, unvermeidlich und unverzichtbar (oder auch zwangsläufig) ist.[159] Es wird folglich ausdrücklich eine Leistungsobergrenze, ein Übermaßverbot im Interesse der Leistungsfähigkeit der GKV aufgestellt.[160] Die GKV wird damit vor einer finanziellen Überforderung durch überflüssige Leistungen geschützt; es besteht kein Anspruch auf eine bestmögliche, optimale Über- oder

---

leisten; s. auch Rn. 3: Zweckmäßigkeit als qualitative Eignung; in diese Richtung *Francke*, in: *Hart*, Ärztliche Leitlinien im Medizin- und Gesundheitsrecht, 2005, S. 171, 190.
[153] *Roters*, in: KassKomm, [10]2018, § 12 SGB V Rn. 28 f.
[154] Vgl. insg. *Greiner/Benedix*, SGb 2013, 1, 4.
[155] Dazu wissenschaftstheoretisch *Anderson*, Science 177 (1972), 393 („More is different").
[156] Dazu sogleich 3.; vgl. *Greiner/Benedix*, SGb 2013, 1, 4: zwei Seiten derselben Medaille; s. auch *Rixen*, SGb 2013, 140, 143; *ders.*, SGb 2018, 253, 256.
[157] Interdisziplinäre Begriffsanalyse durch *Schöne-Seifert et al.*, Ethik Med 2018, 325.
[158] *v. Langsdorff*, in: *Sodan*, Handbuch des Krankenversicherungsrechts, [3]2018, § 9 Rn. 8.
[159] *Scholz*, in: *Becker/Kingreen*, SGB V, [6]2018, § 12 Rn. 8; *Roters*, in: KassKomm, [10]2018, § 12 SGB V Rn. 39 u. [9]2017, § 92 SGB V Rn. 6; *Noftz*, in: *Hauck/Noftz*, SGB V, 2000, § 12 Rn. 21; *Trenk-Hinterberger*, in: *Spickhoff*, Medizinrecht, [3]2018, § 12 SGB V Rn. 6; *Rixen*, SGb 2018, 253, 256; *Greiner/Benedix*, SGb 2013, 1, 4; *Roters*, NZS 2010, 612, 616; *Francke/Hart*, MedR 2008, 2, 21; *Francke*, in: FS *Laufs*, 2006, S. 795, 806; *ders.*, in: *Hart*, Ärztliche Leitlinien im Medizin- und Gesundheitsrecht, 2005, S. 171, 190; *Fastabend*, NZS 2002, 299, 300; *G. Schroeder-Printzen*, MedR 1993, 339.
[160] *Ulmer*, in: *Eichenhofer/v. Koppenfels-Spies/Wenner*, SGB V, [3]2018, § 12 Rn. 13; *Wagner*, in: *Krauskopf*, [59]2007, § 12 SGB V Rn. 9; *Noftz*, in: *Hauck/Noftz*, SGB V, 2000, § 12 Rn. 21; *Rixen*, SGb 2018, 253, 256; *Greiner/Benedix*, SGb 2013, 1, 4; *Katzenmeier*, in: FS *G. Müller*, 2009, S. 237, 241; *Francke*, in: *Hart*, Ärztliche Leitlinien im Medizin- und Gesundheitsrecht, 2005, S. 171, 190; *Fastabend*, NZS 2002, 299, 300; *Steffen*, in: FS *Geiß*, 2000, S. 487, 495.

Maximalversorgung;[161] das Merkmal zieht die Grenze zwischen versichertem Risiko und Eigenverantwortung des Versicherten.[162] § 106a Abs. 2 Nr. 1 SGB V setzt die medizinische Notwendigkeit der Leistungen begrifflich mit ihrer Indikation gleich.[163] Sie ist darüber hinaus zugleich ein juristisch verselbständigter Teilaspekt des medizinischen Nutzens.[164]

Wird beim Kriterium „ausreichend" danach gefragt, ob eine qualitativ zweckmäßige Leistung in quantitativer Hinsicht genügt, um den Heilerfolg herbeizuführen, geht es bei der Notwendigkeit umgekehrt darum, ob die Leistung ganz oder teilweise unterbleiben könnte, ohne die medizinischen Zielerreichung zu gefährden.[165] Notwendigkeit ist also synonym zu Erforderlichkeit[166] und setzt dabei eine (zu schließende) Versorgungslücke voraus.[167] Eine geeignete und wirksame Leistung, die für sich genommen wirtschaftlich ist, darf nicht erbracht werden, wenn in der konkreten Behandlungssituation auch eine qualitativ und/oder quantitativ geringere Leistung ausreichend und zweckmäßig ist.[168] Die Beantwortung der Frage nach dem Vorhandensein eines geringeren oder milderen, gleich geeigneten Mittels hängt wiederum maßgeblich von der Wirksamkeit nach dem allgemein anerkannten Stand der medizinischen Erkenntnisse, von Wirkungsgrad und Erfolgswahrscheinlichkeit ab.

Die Ziele der GKV sollen im Ergebnis nicht gefährdet, ebenso wenig aber Bedürfnisse befriedigt werden, die nicht mehr von der GKV geschützt sind.[169] Das Wirtschaftlichkeitsgebot hat damit insgesamt eine doppelte Funktion[170] und stellt sowohl eine Unter- als auch eine Obergrenze für Leistungen dar,[171] wirkt anspruchsbegründend wie -begrenzend.[172] Die Merkmale „ausreichend" und „notwendig" sind die gesetzlichen Endpunkte eines Korridors zweckmäßiger

---

[161] S. auch *Fastabend*, NZS 2002, 299, 302; *Francke*, in: *Hart*, Ärztliche Leitlinien im Medizin- und Gesundheitsrecht, 2005, S. 171, 191; *Roters*, NZS 2010, 612, 617.
[162] Vgl. allg. § 1 S. 2 u. S. 3 sowie § 2 Abs. 1 S. 1 SGB V; insg. *v. Langsdorff*, in: *Sodan*, Handbuch des Krankenversicherungsrechts, ³2018, § 9 Rn. 7; *Fastabend*, NZS 2002, 299, 300; s. auch *Francke/Hart*, MedR 2008, 2, 22.
[163] Vgl. *Francke/Hart*, MedR 2008, 2, 20: „gewisse Nähe zur medizinischen Indikation"; zum Verhältnis von Indikation und Standard (im Zivilrecht) 6. Kap. D. II. 2.
[164] *Rixen*, SGb 2018, 253, 256; zum Nutzenbegriff sogleich 4.
[165] *v. Langsdorff*, in: *Sodan*, Handbuch des Krankenversicherungsrechts, ³2018, § 9 Rn. 8.
[166] *Rolfs*, Das Versicherungsprinzip im Sozialversicherungsrecht, 2000, S. 406 f.; *ders.*, in: FS 50 Jahre BSG, 2004, S. 475, 485; *Fastabend*, NZS 2002, 299, 300; *Greiner/Benedix*, SGb 2013, 1, 3 f.; *Rixen*, SGb 2018, 253, 256; s. auch *Francke*, in: FS *Laufs*, 2006, S. 795, 806; *Welti*, GesR 2006, 1, 8; vgl. den Wortlaut von § 137c Abs. 1 S. 1 SGB V, dazu *Francke*, in: FS *Laufs*, 2006, S. 795, 808.
[167] *Francke/Hart*, MedR 2008, 2, 21.
[168] *Fastabend*, NZS 2002, 299, 302.
[169] Vgl. *Roters*, in: KassKomm, ⁹³2017, § 92 SGB V Rn. 6.
[170] Vgl. *Francke*, in: *Hart*, Ärztliche Leitlinien im Medizin- und Gesundheitsrecht, 2005, S. 171, 186; s. auch *Greiner/Benedix*, SGb 2013, 1: doppelter Schutzzweck.
[171] *Roters*, in: KassKomm, ¹⁰²2018, § 12 SGB V Rn. 2.
[172] *Noftz*, in: *Hauck/Noftz*, SGB V, 2018, § 2 Rn. 21 u. 2000, § 12 Rn. 11; *Scholz*, in: *Becker/Kingreen*, SGB V, ⁶2018, § 12 Rn. 2; *Ulmer*, in: *Eichenhofer/v. Koppenfels-Spies/Wenner*, SGB V, ³2018, § 12 Rn. 7.

Leistungen, der sich bei einer einzigen in Betracht kommenden Leistung zu einem Anspruch auf diese Leistung verdichtet.[173] Darüber, welche Leistungen überhaupt für diesen Korridor in Betracht kommen, weil sie grundsätzlich geeignet sind, das Leistungsziel wirksam zu verfolgen, entscheidet die Zweckmäßigkeit.[174] Liegen mehrere Leistungen innerhalb des Korridors ausreichender und notwendiger Leistungen, erfolgt die weitere Auswahl schlussendlich anhand der Wirtschaftlichkeit im engeren Sinne.[175]

4. Wirtschaftlichkeit im engeren Sinne

Die Wirtschaftlichkeit im engeren Sinne erfordert die Beurteilung der Relation zwischen dem Aufwand einer Behandlungsmaßnahme für die Krankenkasse und ihrer Wirkung für den Versicherten,[176] mithin einen Kosten-Nutzen-Vergleich[177] zur Ermittlung der kosteneffektivsten und damit effizientesten Leistung.[178] Es stellt sich die Frage nach der Angemessenheit einer Behandlung.[179] So spricht die vertragsärztliche Wirtschaftlichkeitsprüfung, auf deren Begriffspräzisierungen bereits verschiedentlich zurückgegriffen wurde, in diesem Kontext von der Angemessenheit der durch eine Leistung verursachten Kosten im Hinblick auf das Behandlungsziel (§ 106a Abs. 2 Nr. 4 SGB V).

Das Wirtschaftlichkeitsgebot des § 12 Abs. 1 S. 1 SGB V mit seiner Beurteilung der Zweck-Mittel-Relation ähnelt damit – in seiner Gesamtheit wie in seinen einzelnen Elementen – dem aus dem Rechtsstaatsprinzip (Art. 20 Abs. 3 GG) abgeleiteten allgemein öffentlich-rechtlichen Grundsatz der Verhältnismäßigkeit (im weiteren Sinne) mit den Kriterien „geeignet", „erforderlich" und „angemessen" (Verhältnismäßigkeit im engeren Sinne).[180] Zu beachten ist freilich, dass

---

[173] Vgl. BSGE 78, 70, 85 f. = MedR 1997, 123, 130 m. Anm. *Wimmer*, MedR 1997, 225; *Roters*, in: KassKomm, [10]2018, § 12 SGB V Rn. 27 u. [9]2017, § 92 SGB V Rn. 6.
[174] Vgl. *Greiner/Benedix*, SGb 2013, 1, 4 f.
[175] Zum Ganzen überdies *Katzenmeier/Jansen*, GKV-Unterstützung bei Behandlungsfehlerverdacht, 2018, S. 50 f.
[176] Vgl. bereits BSGE 52, 70, 75; *Ulmer*, in: *Eichenhofer/v. Koppenfels-Spies/Wenner*, SGB V, [3]2018, § 12 Rn. 15; *Wagner*, in: *Krauskopf*, [59]2007, § 12 SGB V Rn. 8; *v. Langsdorff*, in: *Sodan*, Handbuch des Krankenversicherungsrechts, [3]2018, § 9 Rn. 9 f.
[177] *Trenk-Hinterberger*, in: *Spickhoff*, Medizinrecht, [3]2018, § 12 SGB V Rn. 5; *Kullmann*, VersR 1997, 529, 532; *Fastabend*, NZS 2002, 299, 302; *Francke*, in: *Hart*, Ärztliche Leitlinien im Medizin- und Gesundheitsrecht, 2005, S. 171, 191 f.; *Buchner*, in: *Lilie/Bernat/Rosenau*, Standardisierung in der Medizin als Rechtsproblem, 2009, S. 63, 73 f.; *Greiner/Benedix*, SGb 2013, 1, 5; s. auch *Rolfs*, Das Versicherungsprinzip im Sozialversicherungsrecht, 2000, S. 407; *ders.*, in: FS 50 Jahre BSG, 2004, S. 475, 485; monographisch *Münkler*, Kosten-Nutzen-Bewertungen in der GKV, 2015, S. 135 ff.
[178] *Roters*, in: KassKomm, [10]2018, § 12 SGB V Rn. 41 ff.; *Noftz*, in: *Hauck/Noftz*, SGB V, 2000, § 12 Rn. 23; *Rixen*, SGb 2013, 140, 143; *ders.*, SGb 2018, 253, 256.
[179] *Greiner/Benedix*, SGb 2013, 1, 3, 5; s. auch *Rolfs*, Das Versicherungsprinzip im Sozialversicherungsrecht, 2000, S. 407; *ders.*, in: FS 50 Jahre BSG, 2004, S. 475, 485.
[180] Vgl. *Rolfs*, Das Versicherungsprinzip im Sozialversicherungsrecht, 2000, S. 407; *ders.*, in: FS 50 Jahre BSG, 2004, S. 475, 485 f.; *Isensee*, in: GS *Heinze*, 2005, S. 417, 421; *Greiner/Benedix*, SGb 2013, 1, 2 f.; anders *Huster*, in: DS 60 Jahre BSG, 2015, Bd. 2,

das Verhältnismäßigkeitsprinzip üblicherweise der staatlichen Eingriffsverwaltung Grenzen bei der Einschränkung von Grundrechten setzt, das Wirtschaftlichkeitsgebot hingegen umgekehrt die Leistungsverwaltung bei der Gewährung grundrechtsrelevanter Vorteile limitiert.[181]

Die Prüfung der Wirtschaftlichkeit im engeren Sinne setzt im Ausgangspunkt wie bereits angeklungen einen Leistungsvergleich voraus und ist folglich nur dann möglich, wenn mehrere zweckmäßige, ausreichende und notwendige Leistungen zur Auswahl stehen. Erfüllt nur eine Leistung diese Kriterien, ist diese stets (und damit unabhängig von ihren Kosten) wirtschaftlich im engeren (und dann zugleich im weiteren) Sinne.[182] Genügen im Ergebnis mehrere Leistungen allen Anforderungen, sind also auch gleich wirtschaftlich im engeren und damit im weiteren Sinne, fällt die Entscheidung über die Behandlung in die Therapiefreiheit[183] des Arztes und das Selbstbestimmungsrecht[184] des aufgeklärten Patienten.[185]

Der Ausschluss einer Leistung aus Kostengründen ist nur möglich, wenn eine gleichwertige und günstigere Behandlungsalternative zur Verfügung steht. Wirtschaftlich im engeren Sinne ist nicht einfach die billigste Leistungsvariante, sondern diejenige mit der besten Kosten-Nutzen-Relation.[186] Mehrkosten dürfen im Verhältnis zum medizinischen Vorteil nicht unangemessen hoch sein.[187] Der Nachweis der Wirtschaftlichkeit erfordert im Sinne eines Minimalprinzips, dass bei Existenz verschiedener gleich zweckmäßiger (sowie ausreichender) und notwendiger Behandlungsmöglichkeiten die Kosten für den gleichen zu erwartenden

---

S. 223, 232 f.; *ders.*, VSSR 2013, 327, 333 f.: keine echte Angemessenheitsprüfung mit umfassender (Kosten-Nutzen-)Abwägung, also nicht nur im Vergleich mehrerer Methoden.
[181] Vgl. *Greiner/Benedix*, SGb 2013, 1, 2. Freilich liegt ein Grundrechtseingriff im für große Teile der Bevölkerung bestehenden Zwang zur GKV-Mitgliedschaft (§ 5 SGB V).
[182] Vgl. BSGE 117, 1, 8; 113, 231, 236; 111, 146, 150; 78, 70, 85 f. = MedR 1997, 123, 130 m. Anm. *Wimmer*, MedR 1997, 225; *Roters*, in: KassKomm, [10]2018, § 12 SGB V Rn. 41 f.; *Scholz*, in: *Becker/Kingreen*, SGB V, [6]2018, § 12 Rn. 9; *Ulmer*, in: *Eichenhofer/v. Koppenfels-Spies/Wenner*, SGB V, [3]2018, § 12 Rn. 16; *Noftz*, in: *Hauck/Noftz*, SGB V, 2000, § 12 Rn. 23; *Wagner*, in: *Krauskopf*, [59]2007, § 12 SGB V Rn. 8; *v. Langsdorff*, in: *Sodan*, Handbuch des Krankenversicherungsrechts, [3]2018, § 9 Rn. 11; *Trenk-Hinterberger*, in: *Spickhoff*, Medizinrecht, [3]2018, § 12 SGB V Rn. 5; *Hart*, MedR 1996, 60, 67; *Steffen*, in: FS *Geiß*, 2000, S. 487, 496; *Francke*, GesR 2003, 97; *ders.*, in: *Hart*, Ärztliche Leitlinien im Medizin- und Gesundheitsrecht, 2005, S. 171, 193; *ders.*, in: FS *Laufs*, 2006, S. 795, 810; *Neumann*, NZS 2005, 617; *Katzenmeier*, in: FS *G. Müller*, 2009, S. 237, 241; *Roters*, NZS 2010, 612, 617; *Greiner/Benedix*, SGb 2013, 1, 5; *Rixen*, SGb 2013, 140, 143; *ders.*, SGb 2018, 253, 256.
[183] Zum sozialrechtlichen Rahmen ärztlicher Therapiefreiheit ausf. *Welti*, GesR 2006, 1, 3 ff.; s. auch *Katzenmeier*, in: *Laufs/Katzenmeier/Lipp*, Arztrecht, [7]2015, Kap. X Rn. 104 f.; zu Spannungen zwischen Wirtschaftlichkeit und Therapiefreiheit *Felix*, NZS 2012, 1, 4 ff.
[184] Zur Patientenautonomie in der GKV *Hauck*, SGb 2014, 8, 12 ff., insb. 15 f.; s. auch *Ulmer*, in: *Eichenhofer/v. Koppenfels-Spies/Wenner*, SGB V, [3]2018, Vor §§ 135 ff. Rn. 5 f.
[185] BSGE 65, 56, 57 = NJW 1990, 790 f.; *Roters*, in: KassKomm, [10]2018, § 12 SGB V Rn. 32.
[186] *Rixen*, SGb 2013, 140, 143; *ders.*, SGb 2018, 253, 256.
[187] *Scholz*, in: *Becker/Kingreen*, SGB V, [6]2018, § 12 Rn. 9.

Erfolg geringer oder zumindest nicht höher ausfallen.[188] Zu berücksichtigen sind in jedem Fall nur die Kosten, welche der GKV tatsächlich entstehen.[189] Es bleibt dem Versicherten unbenommen, die Kostendifferenz für darüber hinausgehende, nach dem SGB V nicht notwendige oder im engeren Sinne nicht wirtschaftliche Leistungen selbst zu tragen, sofern diese Leistungen ansonsten zweckmäßig und ausreichend sind.[190]

Der Nutzen[191] als mit den Kosten abzuwägende Größe ist dabei – in Abgrenzung zu den Begriffen der Qualität und Wirksamkeit – die positive Bilanz einer vergleichenden Gesamtbetrachtung (der sogenannten Nutzenbewertung)[192] aller erwünschten wie unerwünschten Behandlungsfolgen (Wirkungen, Risiken und Nebenwirkungen).[193] Die Beurteilung erfolgt anhand der mit der Behandlung verfolgten (und entsprechend zu gewichtenden Haupt- und Neben-)Ziele im Sinne von § 27 Abs. 1 S. 1 SGB V.[194] Der Nutzen ist dabei das Maß der Zielerreichung (oder -verfehlung). Er unterscheidet sich insofern von der Qualität als schlichte Beschaffenheitsangabe. Durch ein wertendes Qualitätsverständnis allgemein sowie speziell dadurch, dass die einzelnen Kriterien, denen Leistungen im Recht der GKV zu genügen haben, jeweils stark am Behandlungsziel orientiert sind, nähern sich die Begriffe im Ergebnis allerdings wieder an.

Der Nutzen ist letzten Endes ein komplexeres, in die Wirtschaftlichkeit im engeren Sinne hineinverlagertes Wirksamkeitserfordernis.[195] Er betont eine besondere Qualität der Zweckmäßigkeit.[196] Eine wirksame Therapie ist nützlich, der Nutzenbegriff hat aber weitere Dimensionen. Insbesondere soll eine Behandlung dem Patienten (oder der Patientengruppe) nutzen und nicht schaden.[197] Die Wirksamkeit einer Behandlung beschreibt deren Nutzen also nicht umfassend, dieser bezieht weitere Teilziele und Schadensaspekte mit ein.[198] Es ist zu ermitteln, mit welcher Wahrscheinlichkeit die erhofften positiven und die befürchteten negativen Effekte unter Alltagsbedingungen eintreten sowie zu welchem Grad dies geschieht, jeweils auf der Wissensbasis des allgemein anerkannten Stands der

---

[188] BSGE 111, 146, 150; 113, 231, 236; 116, 138, 144; 117, 1, 8; 118, 155, 161 = MedR 2015, 894, 896 m. Anm. *Frigger*; BSG MedR 2016, 920, 922.
[189] *Roters*, in: KassKomm, [10]2018, § 12 SGB V Rn. 43 (u. 27).
[190] *Roters*, in: KassKomm, [10]2018, § 12 SGB V Rn. 56 (u. 27); *Noftz*, in: *Hauck/ Noftz*, SGB V, 2000, § 12 Rn. 22; *Ulmer*, in: *Eichenhofer/v. Koppenfels-Spies/Wenner*, SGB V, [3]2018, § 12 Rn. 9, 15; *Wagner*, in: *Krauskopf*, [59]2007, § 12 SGB V Rn. 10.
[191] Zum Begriff *Roters*, NZS 2010, 612 ff.; *Francke/Hart*, MedR 2008, 2, 5 ff., 11 ff., 23; *Francke*, in: FS *Laufs*, 2006, S. 795, 800 ff.; auch *Windeler/Lange*, Bundesgesundheitsbl. 2015, 220 f.
[192] *Roters*, NZS 2010, 612, 615 f.; *Windeler/Lange*, Bundesgesundheitsbl. 2015, 220 ff.
[193] Vgl. *Roters*, in: KassKomm, [93]2017, § 92 SGB V Rn. 7; *Noftz*, in: *Hauck/Noftz*, SGB V, 2015, § 2 Rn. 58.
[194] *Roters*, NZS 2010, 612, 613 f.
[195] *Rixen*, SGb 2013, 140, 142 f.; ders., SGb 2018, 253, 256 f.
[196] *Hart*, MedR 2004, 469, 476 f.
[197] *Roters*, NZS 2010, 612 f.
[198] *Roters*, NZS 2010, 612, 614.

medizinischen Erkenntnisse.[199] Um nützlich zu sein muss eine Behandlung im Übrigen (noch) nicht Standard sein.[200]

Dem Normzweck entsprechend sind die wirtschaftlichen Folgen unter Einbeziehung von § 2 Abs. 1 S. 3 SGB V umfassend zu betrachten.[201] Neben den kaufmännischen (Kosten-)Aspekten sind daher über den Nutzenbegriff auch qualitative Gesichtspunkte wie Art, Dauer und Nachhaltigkeit des Heilerfolgs in die Abwägung einzubeziehen.[202] Diese werden naturgemäß anhand der Vorgaben des § 2 Abs. 1 S. 3 SGB V beurteilt, die sich somit auch auf das letzte Kriterium des Wirtschaftlichkeitsgebots auswirken.[203] Die Zusammenfassung aller Kriterien des § 12 Abs. 1 S. 1 SGB V unter dem weiten, komplexen Oberbegriff der Wirtschaftlichkeit,[204] die im Ausgangspunkt nur eines der dort genannten Kriterien ist und dabei nicht einmal im Vordergrund steht, sowie unter dem Schlagwort des Wirtschaftlichkeitsgebots, welches sogar Eingang in die amtliche Überschrift des § 12 SGB V und den Gesetzeswortlaut des § 2 Abs. 1 S. 1 SGB V gefunden hat, ist insofern in erster Linie Ausdruck dessen, dass die Auslegung der vier Einzelkriterien des § 12 Abs. 1 SGB V wegen ihres inneren Zusammenhangs, ihrer inhaltlichen Überschneidungen und starken Verknüpfungen untereinander in einer (leistungszweckorientierten) Gesamtbetrachtung zu erfolgen hat.[205]

---

[199] *Roters*, in: KassKomm, ^{93}2017, § 92 SGB V Rn. 8; *ders.*, NZS 2010, 612, 613 f.

[200] *Francke/Hart*, MedR 2008, 2, 9: dies hänge von der Akzeptanz in der Profession ab.

[201] *Welti*, GesR 2006, 1, 8; *Noftz*, in: *Hauck/Noftz*, SGB V, 2000, § 12 Rn. 24.

[202] *Roters*, in: KassKomm, ^{102}2018, § 12 SGB V Rn. 41; *Ulmer*, in: *Eichenhofer/v. Koppenfels-Spies/Wenner*, SGB V, ^{3}2018, § 12 Rn. 15; *Noftz*, in: *Hauck/Noftz*, SGB V, 2000, § 12 Rn. 23; *v. Langsdorff*, in: *Sodan*, Handbuch des Krankenversicherungsrechts, ^{3}2018, § 9 Rn. 2; *Greiner/Benedix*, SGb 2013, 1, 5; *Rixen*, SGb 2013, 140, 143; *ders.*, SGb 2018, 253, 256.

[203] Anders *v. Langsdorff*, in: *Sodan*, Handbuch des Krankenversicherungsrechts, ^{3}2018, § 9 Rn. 13, der gleichzeitig aber den Stand der medizinischen Erkenntnisse als Unterpunkt der Wirtschaftlichkeit i. e. S. darstellt.

[204] Vgl. *Noftz*, in: *Hauck/Noftz*, SGB V, 2015, § 2 Rn. 38 u. 2000, § 12 Rn. 9; *Buchner*, in: *Lilie/Bernat/Rosenau*, Standardisierung in der Medizin als Rechtsproblem, 2009, S. 63, 72; *Steffen*, in: FS *Geiß*, 2000, S. 487, 496.

[205] Dazu *Roters*, in: KassKomm, ^{102}2018, § 12 SGB V Rn. 23, der darauf hinweist, dass es für die Kriterien keine zwingende Prüfungsreihenfolge gibt (Rn. 25); ebenso *Fastabend*, NZS 2002, 299 f. (die Kategorien sodann noch verschiedentlich vermischend): „was nicht zweckmäßig ist oder über das Ausreichende hinausgeht, kann auch nicht notwendig sein"; s. auch *Scholz*, in: *Becker/Kingreen*, SGB V, ^{6}2018, § 12 Rn. 1, 7; *Ulmer*, in: *Eichenhofer/ v. Koppenfels-Spies/Wenner*, SGB V, ^{3}2018, § 12 Rn. 17; *Noftz*, in: *Hauck/Noftz*, SGB V, 2018, § 2 Rn. 22 u. 2000, § 12 Rn. 12; *Wagner*, in: *Krauskopf*, ^{59}2007, § 12 SGB V Rn. 4; *v. Langsdorff*, in: *Sodan*, Handbuch des Krankenversicherungsrechts, ^{3}2018, § 9 Rn. 2; *Trenk-Hinterberger*, in: *Spickhoff*, Medizinrecht, ^{3}2018, § 12 SGB V Rn. 3; *Francke*, in: *Hart*, Ärztliche Leitlinien im Medizin- und Gesundheitsrecht, 2005, S. 171, 187 f.; *Rixen*, SGb 2013, 140, 142; *ders.*, SGb 2018, 253, 256; krit. aber *Greiner/Benedix*, SGb 2013, 1.

D. Ergebnis und Ausblick

Der sozialrechtliche Standard als stillschweigend vorausgesetzter Leistungs- und Versorgungsmaßstab im GKV-System ist keine eindeutig festzumachende Größe. Der sozialrechtliche Standardbegriff ergibt sich aus dem Zusammenspiel verschiedener Normen und Normenkomplexe des SGB V. Im Ausgangspunkt steht das Qualitätsgebot gemäß § 2 Abs. 1 S. 3 SGB V, welches einen wissenschaftlich begründeten Wirksamkeitsnachweis fordert, diesen an den allgemein anerkannten Stand der medizinischen Erkenntnisse (unter Berücksichtigung des medizinischen Fortschritts) koppelt und damit letzten Endes an den außerrechtlichen Begriff des medizinischen Standards anknüpft. Echte Bedeutung für den Anspruch des Versicherten erlangt diese allgemeine Vorgabe erst dadurch, dass im Leistungsrecht die Voraussetzungen des Wirtschaftlichkeitsgebots nach § 12 Abs. 1 S. 1 SGB V (zweckmäßig, ausreichend, notwendig, wirtschaftlich), denen GKV-Leistungen zu entsprechen haben, ihrerseits auf die Wirksamkeitsanforderungen zurückgreifen.

Auf das genaue Verhältnis von Qualitäts- und Wirtschaftlichkeitsgebot wird im vierten Teil noch zurückzukommen sein.[206] Für den Augenblick sei lediglich festgehalten, dass sich der sozialrechtliche Standardbegriff dem Grunde nach aus den genannten Wirksamkeits- und Wirtschaftlichkeitsanforderungen zusammensetzt. Konkretisiert wird der sozialrechtliche Standard sodann durch die Vorgaben des Leistungserbringungsrechts, die zwar hinsichtlich des Standardbegriffs grundsätzlich die Anforderungen der §§ 2 Abs. 1, 12 Abs. 1 SGB V aufgreifen (etwa grundlegend in §§ 70 Abs. 1, 72 Abs. 2 SGB V), aber hinsichtlich der Standardbestimmung einige Besonderheiten aufweisen. Dies soll sogleich im nächsten Kapitel näher untersucht werden.

---

[206] Insb. 7. Kap. A. II. 1.

3. Teil: Standardbestimmung im Zusammenspiel von Medizin und Recht

Kapitel 5: Sozialrechtliche Standardsetzung

A. Grundlagen

I. Der GKV-Standard zwischen abstrakt-generellem Leistungskatalog und konkret-individuellem Einzelfall

Der Standard ist als sozialrechtlicher Leistungs- und Versorgungsmaßstab auf zwei Ebenen von Bedeutung:[1] Einerseits steht das Sozialrecht vor der Aufgabe, einen allgemeingültigen Leistungskatalog (rechtsetzend) zu gestalten, welcher alle Leistungen erfasst, die Teil der GKV-Versorgung sind, deren Kosten also von den Krankenkassen übernommen werden und an dem sich die Akteure des GKV-Systems bei ihren Entscheidungen orientieren können oder müssen. In diesen Katalog können nur Leistungen aufgenommen werden, die abstrakt-generell dem sozialrechtlichen Standard entsprechen. Andererseits stellt sich aber auch die Frage nach dem konkret-individuellen sozialrechtlichen Standard, mithin danach, welche Leistungen aus diesem Katalog einem Versicherten letztlich im Einzelfall (rechtsanwendend) gewährt werden.

Gewiss ergänzen sich die beiden unterschiedlichen Ebenen, ist der Leistungskatalog schließlich nichts anderes als die Summe aller möglichen Einzelfallleistungen. Den gesetzlichen Regelungen des SGB V, vor allem dem Leistungserbringungsrecht, wohnt naturgemäß vorrangig erstere Perspektive inne, es werden abstrakt-generelle Versorgungsentscheidungen getroffen („Versorgungsstandard")[2] und damit Standards gesetzt. Diese Interpretation kommt auch dem Wortsinn des Begriffs „Standard" am nächsten.[3] Dies ändert aber nichts daran, dass – vor allem leistungsrechtlich – stets der Leistungsanspruch des Versicherten gegenüber seiner Krankenkasse Ausgangspunkt sozialrechtlicher Überlegungen ist und die konkret-individuelle Leistungsentscheidung eines Leistungserbringers im Vordergrund steht („Leistungsstandard").[4]

Inhaltlich ist der Standard *in abstracto* wie *in concreto* im Ergebnis derselbe und ergibt sich jeweils aus den zuvor erläuterten Kriterien des sozialrechtlichen Standardbegriffs,[5] lediglich die Perspektive der Standardbestimmung wechselt. Theoretisch macht es dabei keinen Unterschied, ob der Leistungserbringer den Standard im konkret-individuellen Fall anhand der einschlägigen materiellen Kriterien bestimmt oder der Standard für einen derartigen Fall anhand dieser Kriterien zuvor in einem formellen Verfahren abstrakt-generell festgesetzt wurde

---

[1] Vgl. zum Folgenden *Francke*, in: *Hart*, Ärztliche Leitlinien im Medizin- und Gesundheitsrecht, 2005, S. 171, 173 ff.; *Wenner*, Vertragsarztrecht nach der Gesundheitsreform, 2008, § 3 Rn. 1.
[2] Vgl. 4. Kap. B. III.
[3] S. bereits 1. Kap. A.
[4] Vgl. 4. Kap. B. II.
[5] Dazu 4. Kap. C.

und der Leistungserbringer lediglich entscheiden muss, um welchen Fall es sich handelt. Die Folgen für die Verteilung der (Entscheidungs- und Kontroll-) Kompetenzen unter den beteiligten Akteuren sind freilich immens.[6] In der Praxis mag es für das Ergebnis zudem durchaus einen Unterschied machen, wer – und vor allem wann er – über den sozialrechtlichen Standard entscheidet.[7] Zusätzliche Bedeutung erlangt die Bestimmung des konkret-individuellen Standards anhand der einschlägigen Kriterien im Übrigen dann, wenn die Festsetzung des abstrakt-generellen Standards (noch) nicht erfolgt ist, nicht ohne Weiteres erfolgen kann oder ein festgesetzter Standard fragwürdig erscheint.[8]

II. Das Rechtskonkretisierungskonzept – zum Verhältnis von allgemeinen Vorschriften, Leistungs- und Leistungserbringungsrecht

In Ergänzung der gesetzlichen Ausgestaltung des sozialrechtlichen Standardbegriffs in den allgemeinen Vorschriften und im Leistungsrecht[9] werden im Rahmen des Leistungserbringungsrechts weitere Anforderungen an die abstrakt-generelle Standardsetzung aufgestellt. Diese betreffen insbesondere die Zuständigkeit bestimmter Akteure, die ihnen zur Verfügung stehenden Instrumente, die maßgeblichen Kriterien sowie die einzuhaltenden Verfahren. Die Frage, wer Qualität, Wirksamkeit und Wirtschaftlichkeit beurteilt und letztlich darüber entscheidet, welche Leistungen zu Lasten der GKV erbracht werden dürfen, wird in den allgemeinen Vorschiften nicht und im Leistungsrecht allenfalls in Ansätzen beantwortet; die entscheidenden Regelungen hierzu finden sich im Leistungserbringungsrecht.[10] Grundlegend ist insofern zunächst zu klären, in welchem Verhältnis die Besonderheiten des Leistungserbringungsrechts zu den allgemeinen sowie leistungsrechtlichen Vorgaben hinsichtlich Standardbegriff und konkret-individueller Standardbestimmung stehen.

Die Rechtsprechung hat diesbezüglich das sogenannte Rechtskonkretisierungskonzept entwickelt.[11] Die besonderen Regelungen des Leistungsrechts

---

[6] S. u. B.
[7] Vgl. insofern auch 7. Kap. C.
[8] S. u. C.; aber auch B. III. 2.
[9] 4. Kap. C.
[10] Vgl. *Axer*, in: *Eichenhofer/v. Koppenfels-Spies/Wenner*, SGB V, ³2018, § 2 Rn. 6.
[11] BSGE 73, 271, 281; für die Krankenhausbehandlung entspr. BSGE 78, 154, 155 f. = NJW 1997, 1657, 1658; dazu *Roters*, in: KassKomm, ¹⁰2018, § 12 SGB V Rn. 13 ff. (Rn. 5 ff. zur Entwicklung); *Noftz*, in: *Hauck/Noftz*, SGB V, 2018 u. 2015, § 2 Rn. 93 ff.; näher *Zimmermann*, Der G-BA, 2012, S. 165 ff.; auch *Schlegel*, MedR 2008, 30 f.; *Kreße*, MedR 2007, 393, 398; *Welti*, GesR 2006, 1, 8 ff.; *Francke*, in: FS *Laufs*, 2006, S. 795, 811; *ders.*, in: *Hart*, Ärztliche Leitlinien im Medizin- und Gesundheitsrecht, 2005, S. 171, 201; *Steege*, in: FS 50 Jahre BSG, 2004, S. 517; *Fastabend*, NZS 2002, 299, 302 f.; *Steffen*, in: FS *Geiß*, 2000, S. 487, 488 ff.; *Engelmann*, in: *Hart*, Ärztliche Leitlinien, 2000, S. 199; *Schwerdtfeger*, NZS 1998, 49 u. 97; krit. *Neumann*, SGb 1998, 609; *ders.*, NZS 2001, 515. Früher wurde demggü. ein Vorrang des Leistungsrechts angenommen; dazu abl. BSGE 81, 73, 78 ff.; 81, 54, 60 ff. = NJW 1999, 1805, 1807 f.; so aber etwa auch *Rolfs*, Das Versiche-

(etwa die §§ 27 ff. SGB V) bilden danach einen leistungsrechtlichen Anspruchsrahmen mit Ansprüchen dem Grunde nach,[12] welche in einem ersten Schritt durch die allgemeinen und allgemein-leistungsrechtlichen Vorgaben, namentlich die §§ 2 Abs. 1 S. 3 und 12 Abs. 1 S. 1 SGB V, ergänzt werden.[13] Auch diese beinhalten allerdings weder einzeln noch in ihrer Gesamtheit hinreichend bestimmbare inhaltliche Voraussetzungen für einen Anspruch auf eine konkrete Leistung, sondern nur deren äußere Grenzen; es handelt sich um ein verflochtenes System aus von unbestimmten Rechtsbegriffen geprägten, offenen Wertungsnormen,[14] das der medizinisch-wissenschaftlichen Komplexität und Dynamik der Regelungsmaterie gerecht zu werden versucht.[15]

Erst das Leistungserbringungsrecht konkretisiert die ausfüllungsbedürftigen Rahmenrechte des Leistungsrechts zu durchsetzbaren subjektiv-öffentlichen Rechten auf Behandlung.[16] Die Versicherten können ihre leistungsrechtlichen Ansprüche nur innerhalb der Vorgaben des Leistungserbringungsrechts verwirklichen.[17] Auf diesem Wege ergeben sich aus den Anspruchsgrundlagen des Leistungsrechts im Ergebnis gewiss bereits konkrete Individualansprüche.[18] Im Wesentlichen erfolgt diese Konkretisierung gleichwohl nicht durch die gesetzlichen Regelungen des Leistungserbringungsrechts selbst, sondern durch die dort angelegte untergesetzliche Rechtsetzung[19] im Zuge der Gemeinsamen Selbst-

---

rungsprinzip im Sozialversicherungsrecht, 2000, S. 412 ff.; *ders.*, in: FS 50 Jahre BSG, 2004, S. 475, 491 ff., insb. 493 ff., im Kontext alternativer Behandlungsmethoden; vgl. im vorliegenden Zusammenhang die Darstellung bei *Katzenmeier*, NVersZ 2002, 537, 538 ff.

[12] BSGE 73, 271, 280.

[13] BSGE 81, 73, 78; 81, 54, 61 = NJW 1999, 1805, 1807; *Becker/Kingreen*, in: *Becker/Kingreen*, SGB V, 6-2018, § 11 Rn. 20; *Wiegand*, in: *Eichenhofer/v. Koppenfels-Spies/Wenner*, SGB V, 3-2018, § 11 Rn. 6; auch *Steege*, in: FS 50 Jahre BSG, 2004, S. 517.

[14] BSGE 73, 271, 279.

[15] BSGE 73, 271, 280.

[16] BSGE 73, 271, 280; 78, 70, 85 = MedR 1997, 123, 130 m. Anm. *Wimmer*, MedR 1997, 225; *Axer*, in: *Eichenhofer/v. Koppenfels-Spies/Wenner*, SGB V, 3-2018, § 2 Rn. 28; *Lang*, in: *Becker/Kingreen*, SGB V, 6-2018, § 27 Rn. 53 f.

[17] BSGE 81, 73, 78; 81, 54, 60 = NJW 1999, 1805, 1807; *Ulmer*, in: *Eichenhofer/v. Koppenfels-Spies/Wenner*, SGB V, 3-2018, § 135 Rn. 5.

[18] Dies betonen insb. BSGE 117, 1, 3 f. u. 117, 10, 12; dort wird deshalb die Bezeichnung als „subjektiv-öffentlich-rechtliches Rahmenrecht"/„Anspruch dem Grunde nach" ausdr. abgelehnt; ebenso *Hauck*, in: FS *Kohte*, 2016, S. 577, 582; *Axer*, GesR 2015, 641 f. (dort sogar wieder Vorrang des Leistungsrechts; s. auch *ders.*, in: *Schnapp/Wigge*, Handbuch des Vertragsarztrechts, 3-2017, § 10 Rn. 5 ff.; *Huster*, in: DS 60 Jahre BSG, 2015, Bd. 2, S. 223, 226); *Regelin*, in: *Spickhoff*, Medizinrecht, 3-2018, § 135 SGB V Rn. 5. Die Bezeichnung ist jedoch allenfalls missverständlich. Sie steht dem Charakter als konkreter Individualanspruch nicht entgegen, dieser ist vielmehr unstr. und wird gerade durch die Konkretisierung im Leistungserbringungsrecht sowie dessen untergesetzliche Ausgestaltung gewährleistet; dazu *Welti*, GesR 2006, 1, 5; ebenfalls *Noftz*, in: *Hauck/Noftz*, SGB V, 2018, § 2 Rn. 91; *Wigge*, in: *Schnapp/Wigge*, Handbuch des Vertragsarztrechts, 3-2017, § 2 Rn. 87; differenzierte Darstellung bei *Propp*, ebd., § 12.

[19] Vgl. zu dieser umfassend *Axer*, Normsetzung der Exekutive in der Sozialversicherung, 2000; speziell im Kontext der sozialrechtlichen Wissensgenerierung und -verarbeitung *Hase*, in: *Buchner/Ladeur*, Wissensgenerierung und -verarbeitung, 2016, S. 125.

verwaltung[20] von Krankenkassen und Leistungserbringern, die eine fortlaufende und flexible Anpassung des Leistungskatalogs ermöglicht.[21] Damit wird zugleich (abstrakt-generelle) Standardsetzung betrieben.[22]

Das untergesetzliche Konkretisierungsrecht darf dabei seinerseits schon aus Gründen des Vorrangs des Gesetzes nicht den parlamentsgesetzlich normierten Rahmen des Leistungsrechts unterschreiten,[23] weshalb das Leistungserbringungsrecht insoweit vor allem eine dienende Funktion zur Erfüllung des Leistungsanspruchs hat.[24] Ein eindeutiges Rangverhältnis lässt sich mithin nicht ausmachen, beide Bereiche bilden eine komplexe Einheit.[25] Welche Leistungen die Krankenkassen (durch ihre Leistungserbringer) als Naturalleistungen bereitzustellen haben, ergibt sich erst aus dem Zusammenspiel von Leistungs- und Leistungserbringungsrecht (sowie weiterer gesetzlicher und untergesetzlicher Rechtsnormen).[26]

Zwischen Leistungs- und Leistungserbringungsrecht besteht insofern ein (potentielles) Spannungsverhältnis, als beide zwar inhaltlich denselben Regelungsbereich abdecken, jedoch unterschiedliche Rechtsverhältnisse betreffen und verschiedene Blickwinkel auf die Thematik haben. Gleichzeitig untersagt das Gebot der Einheitlichkeit der Rechtsordnung aber widersprüchliche Regelungen[27] und überträgt bereits aus diesem Grund die Verbindlichkeit des Leistungserbringungsrechts für die Leistungserbringer auf die Versicherten.[28] Es besteht ein untrennbarer innerer Sachzusammenhang zwischen Leistungs- und Leistungserbringungsrecht.[29] Der Leistungsstandard kann im Verhältnis der Versicherten zu den Krankenkassen kein anderer sein als der Versorgungsstandard im Verhältnis der ärztlichen Leistungserbringer zu den Krankenkassen, ohne zu unüberbrückbaren

---

[20] Dazu etwa *Axer*, in: FS 50 Jahre BSG, 2004, S. 339, insb. auch zur Vereinbarkeit mit dem Demokratieprinzip; *ders.*, NZS 2017, 601; vgl. zudem *Schnapp*, in: FS 50 Jahre BSG, 2004, S. 497, im Kontext der Richtlinien des Gemeinsamen Bundesausschusses (s. u. B. II.); zur Selbstverwaltung im Gemeinsamen Bundesausschuss ausf. *Seewald*, VSSR 2017, 323; zum Regelungskonzept der Gemeinsamen Selbstverwaltung und dessen Wurzeln im Naturalleistungsprinzip BSGE 78, 70, 79 = MedR 1997, 123, 127 m. Anm. *Wimmer*, MedR 1997, 225.
[21] Vgl. *Becker/Kingreen*, in: *Becker/Kingreen*, SGB V, ^{6}2018, § 11 Rn. 20; s. auch *Noftz*, in: *Hauck/Noftz*, SGB V, 2015, § 2 Rn. 68 f. u. 2000, § 12 Rn. 33.
[22] Zu dieser Perspektive auch *Frahm/Jansen/Katzenmeier/Kienzle/Kingreen/Lungstras/ Saeger/Schmitz-Luhn/Woopen*, MedR 2018, 447, 451.
[23] BSGE 78, 70, 85 = MedR 1997, 123, 130 m. Anm. *Wimmer*, MedR 1997, 225.
[24] *Axer*, in: *Eichenhofer/v. Koppenfels-Spies/Wenner*, SGB V, ^{3}2018, § 2 Rn. 28; *ders.*, GesR 2015, 641, 642; *Huster*, in: DS 60 Jahre BSG, 2015, Bd. 2, S. 223, 226; s. auch *Lang*, in: *Becker/Kingreen*, SGB V, ^{6}2018, § 27 Rn. 54.
[25] Zur Einheit von Leistungs- und Leistungserbringungsrecht etwa BSGE 78, 70, 85 = MedR 1997, 123, 130 m. Anm. *Wimmer*, MedR 1997, 225.
[26] BSGE 117, 1, 3; 117, 10, (12 u.) 16.
[27] Dazu noch 7. Kap. A. IV.
[28] Vgl. *Roters*, in: KassKomm, ^{102}2018, § 12 SGB V Rn. 14 f.
[29] BSGE 52, 134, 137; 78, 70, 77 = MedR 1997, 123, 126 m. Anm. *Wimmer*, MedR 1997, 225; s. auch *Noftz*, in: *Hauck/Noftz*, SGB V, 2018, § 2 Rn. 92; 2000, § 12 Rn. 7: gegenseitige Abhängigkeit, gleichberechtigte Funktion und (prinzipielle) inhaltliche Einheit von Leistungs- und Leistungserbringungsrecht.

Wertungswidersprüchen zu führen.[30] Im Leistungserbringungsrecht geht es um die Erfüllung der Leistungsansprüche, es darf deshalb keine Unterschiede zum Leistungsrecht geben.[31] Nicht allein aus dem Leistungs-, auch aus dem Leistungserbringungsrecht lassen sich folglich Schlüsse auf den sozialrechtlichen Standard ziehen, geht es doch immer um dieselben Leistungen; eine Leistung, die nach Leistungserbringungsrecht nicht erbracht werden darf, darf auch leistungsrechtlich nicht in Anspruch genommen werden und umgekehrt.[32]

Es ist mithin davon auszugehen, dass Leistungs- und Leistungserbringungsrecht in Hinblick auf den Standard grundsätzlich kongruent sind,[33] sich dieser letzten Endes nur aus ihrem Zusammenwirken ergibt, zumal der Standardbestimmung jeweils die inhaltlichen Kriterien des Qualitäts- und Wirtschaftlichkeitsgebots (§§ 2 Abs. 1, 12 Abs. 1 SGB V) zu Grunde gelegt werden.[34] Diese gelten für die konkrete Entscheidung des Arztes im Einzelfall, die abstrakten Richtlinienentscheidungen des Gemeinsamen Bundesausschusses sowie die ersatzweise Prüfung der einschlägigen Voraussetzungen durch die Sozialgerichte.[35] Geringfügige Unterschiede im Wortlaut der einschlägigen Vorschriften beruhen auf der besonderen Hervorhebung bestimmter Merkmale im jeweiligen Regelungskontext, bedeuten aber keine inhaltliche Abweichung.[36]

Namentlich in der Person des Leistungserbringers sind das Leistungs- und Leistungserbringungsrecht miteinander verzahnt.[37] Die inhaltliche Aus- und Erfüllung des Rahmenrechts auf Behandlung erfolgt (innerhalb der gesetzlichen Grenzen) im Einzelfall durch den Leistungserbringer,[38] welcher bei seiner konkret-individuellen Leistungsentscheidung auf der letzten Ebene des Rechtskonkretisierungskonzepts[39] wiederum an das Leistungserbringungsrecht (sowie die dort-

---

[30] Vgl. BSGE 78, 70, 77 = MedR 1997, 123, 126 m. Anm. *Wimmer*, MedR 1997, 225; BSGE 81, 73, 77 f.; 81, 54, 60 = NJW 1999, 1805, 1807; *Becker/Kingreen*, in: *Becker/Kingreen*, SGB V, ^{6}2018, § 11 Rn. 21; *Ulmer*, in: *Eichenhofer/v. Koppenfels-Spies/Wenner*, SGB V, ^{3}2018, § 135 Rn. 6.

[31] BSGE 52, 134, 137; 63, 102, 103 ff. = NJW 1989, 794, 795 f.; BSGE 63, 163, 165 f. = MedR 1989, 338, 340; *Hess*, in: KassKomm, ^{83}2014, § 82 SGB V Rn. 4.

[32] *Ulmer*, in: *Eichenhofer/v. Koppenfels-Spies/Wenner*, SGB V, ^{3}2018, § 12 Rn. 20; *Roters*, in: KassKomm, ^{102}2018, § 12 SGB V Rn. 14.

[33] *Kreße*, MedR 2007, 393, 398.

[34] BSGE 81, 73, 77; 81, 54, 59 f. = NJW 1999, 1805, 1807; s. auch *Schmidt-De Caluwe*, in: *Becker/Kingreen*, SGB V, ^{6}2018, § 135 Rn. 28 f. (zur Konkretisierung des leistungsrechtlichen Anspruchsrahmens durch § 135 SGB V): krit. ggü. dem Rechtskonkretisierungskonzept, aber i. E. gleichwohl für eine Vermutung, dass Leistungs- und Leistungserbringungsrecht wegen der Identität der zu Grunde liegenden Kriterien gleichlaufen, sodass sich die Anforderungen an die Leistungserbringung zumindest mittelbar auf den Leistungsanspruch auswirken.

[35] *v. Langsdorff*, in: *Sodan*, Handbuch des Krankenversicherungsrechts, ^{3}2018, § 9 Rn. 13a (zur Maßgeblichkeit des allg. anerkannten Stands der medizinischen Erkenntnisse).

[36] BSGE 81, 73, 77; 81, 54, 60 = NJW 1999, 1805, 1807.

[37] BSGE 81, 73, 78; 81, 54, 60 = NJW 1999, 1805, 1807; *Ulmer*, in: *Eichenhofer/v. Koppenfels-Spies/Wenner*, SGB V, ^{3}2018, § 135 Rn. 5.

[38] *Roters*, in: KassKomm, ^{102}2018, § 12 SGB V Rn. 13.

[39] S. auch *Axer*, GesR 2015, 641, 642.

hin ausstrahlenden allgemeinen Vorschriften) und die den gesetzlichen Rahmen abstrakt-generell konkretisierende untergesetzliche Rechtsetzung gebunden ist.[40] Vor allem den Vertragsärzten kommt dabei (nicht zuletzt vor dem Hintergrund des Naturalleistungsprinzips) eine Schlüsselstellung zu.[41]

Der Vertragsarzt hat Art, Inhalt und Umfang des Leistungsanspruchs des Versicherten in medizinisch-fachlicher Hinsicht zu konkretisieren.[42] Eines Antrags des Versicherten bei seiner Krankenkasse (§ 19 S. 1 SGB IV) sowie eines anschließenden Verwaltungsverfahrens zur Leistungsbewilligung (§§ 8 ff. SGB X) bedarf es insofern in der Praxis aufgrund des in sich geschlossenen und als abschließend konzipierten Rechtskonkretisierungskonzepts regelmäßig nicht.[43] Nichtsdestotrotz ist die Schlüsselstellung der Vertragsärzte lediglich eine faktische; im Rechtssinne hat nicht der Leistungserbringer, sondern die – ihrerseits im rechtlichen Rahmen des SGB V agierende – Krankenkasse über den Leistungsanspruch zu entscheiden (vorbehaltlich gerichtlicher Kontrolle).[44]

Dabei ist die Krankenkasse allerdings grundsätzlich an die Leistungsentscheidung des Vertragsarztes, ihres gesetzlichen Leistungserbringers, gebunden. Bewegt sich der Arzt innerhalb der gesetzlichen Grenzen, gewährt ihm seine – im Zusammenspiel mit dem Selbstbestimmungsrecht des Patienten auszuübende – Therapiefreiheit einen gewissen Spielraum. Überschreitet der Arzt den Rechtsrahmen, wird das Vertrauen des Versicherten auf den Rechtsschein der Rechtmäßigkeit der Leistungserbringung geschützt;[45] die nachgelagerte Kontrolle des Leistungsgeschehens durch die Krankenkasse betrifft allein das Abrechnungsverhältnis zwischen ihr und dem Leistungserbringer.[46] Festzustellen ist mithin eine gestufte Verantwortung für die Konkretisierung von (Art, Inhalt, Umfang von) Leistungsansprüchen: (unter-)gesetzliche Regelungen gehen vor, sodann besteht

---

[40] BSGE 73, 271, 280 f.; 81, 73, 79; 81, 54, 61 = NJW 1999, 1805, 1807 f.; *Roters*, in: KassKomm, [102]2018, § 12 SGB V Rn. 32; *Lang*, in: *Becker/Kingreen*, SGB V, [6]2018, § 27 Rn. 55; *Wiegand*, in: *Eichenhofer/v. Koppenfels-Spies/Wenner*, SGB V, [3]2018, § 11 Rn. 7; *Steege*, in: *Hauck/Noftz*, SGB V, 2010, § 27 Rn. 93 f.; *Welti*, in: *Kunz et al.*, Lehrbuch EbM, [2]2007, S. 401, 403.
[41] BSGE 73, 271, 283; *Wigge*, in: *Schnapp/Wigge*, Handbuch des Vertragsarztrechts, [3]2017, § 2 Rn. 38; *Ulmer*, in: *Eichenhofer/v. Koppenfels-Spies/Wenner*, SGB V, [3]2018, § 28 Rn. 5 f.; *Steege*, in: *Hauck/Noftz*, SGB V, 2017, § 27 Rn. 16 f.; ders., in: FS 50 Jahre BSG, 2004, S. 517, 518 f., 522 f.; *Fastabend*, NZS 2002, 299, 302 f.; s. auch *Hess*, in: KassKomm, [32]2000, § 70 SGB V Rn. 5; *Nebendahl*, in: *Spickhoff*, Medizinrecht, [3]2018, § 27 SGB V Rn. 7.
[42] Vgl. BSGE 82, 158, 161 f.
[43] Dazu BSGE 73, 271, 281.
[44] Vgl. BSGE 82, 158, 161 f.
[45] Vgl. BSGE 82, 158, 161 f.
[46] Dazu BSGE 73, 271, 282 f.; s. insg. *Steege*, in: *Hauck/Noftz*, SGB V, 2010, § 27 Rn. 93, 95, 106 f.; *Nolte*, in: KassKomm, [88]2015, § 27 SGB V Rn. 6a; *Lang*, in: *Becker/Kingreen*, SGB V, [6]2018, § 28 Rn. 3; *Wigge*, in: *Schnapp/Wigge*, Handbuch des Vertragsarztrechts, [3]2017, § 2 Rn. 38; *Hauck*, in: *Sodan*, Handbuch des Krankenversicherungsrechts, [3]2018, § 8 Rn. 20; *Peick*, ebd., § 10 Rn. 69; *Neumann*, SGb 2006, 2; *Steege*, in: FS 50 Jahre BSG, 2004, S. 517, 519 ff.; *Fastabend*, NZS 2002, 299, 302 f.

eine Konkretisierungskompetenz des Leistungserbringers, überprüft durch die Krankenkasse und im Streitfall durch die Sozialgerichte.[47]

Im Regelfall erfolgt vor diesem Hintergrund die Bestimmung von Art, Inhalt und Umfang des Leistungsanspruchs eines Versicherten durch Auswahl der passenden Leistung aus dem Katalog, indem der konkrete Einzelfall dem richtigen, unter Berücksichtigung der genannten Kriterien zuvor abstrakt bestimmten Standard zugeordnet wird. Dem Leistungserbringer obliegt folglich nur noch die Prüfung, welche der abstrakt-generell standardgemäßen Leistungen im konkret-individuellen Fall anzuwenden ist[48] – oder umgekehrt, ob eine abstrakt-generell anwendbare Leistung sich auch im konkret-individuellen Fall als standardgemäß erweist.[49] Die Gestaltung des Leistungssystems unter Festsetzung von Standards erfolgt regelmäßig abstrakt-generell, nicht erst im konkret-individuellen Behandlungsfall.[50] Ein formelles Verfahren der Standardsetzung überlagert die unbestimmten materiellen Kriterien in §§ 2 Abs. 1, 12 Abs. 1 SGB V.[51] Durch das elaborierte, in kollektiven Verhandlungsverfahren proceduralisierte System sozialrechtlicher Standardsetzung, welches dem Interessenausgleich und der Rechtssicherheit dient, wird nicht zuletzt die Sozialgerichtsbarkeit maßgeblich entlastet.[52]

Mittels formaler und dadurch rechtlich kontrollierbarer Vorgaben an fachliche Prozesse wird vermieden, dass der Jurist außerrechtliche Streitigkeiten entscheiden muss.[53] Das SGB V hat zur Rechtskonkretisierung insgesamt einen verfahrensrechtlichen Weg beschritten.[54] „Eine Top-down-Regulierung tritt an die Stelle der Bottom-up-Normbildung."[55] So sind insbesondere in der vertragsärztlichen Versorgung, welche insofern im Zentrum der folgenden Untersuchungen stehen soll, Art, Inhalt und Umfang der zu gewährenden Leistungen – also der sozialrechtliche Standard – bereits weitgehend abstrakt-generell festgesetzt. Etablierte Methoden werden im Einheitlichen Bewertungsmaßstab nach § 87 SGB V aufge-

---

[47] S. etwa *Roters*, in: KassKomm, [10]2018, § 12 SGB V Rn. 20; auch *Francke*, in: *Hart*, Ärztliche Leitlinien im Medizin- und Gesundheitsrecht, 2005, S. 171, 174 f., 202 f.; zu den Eigenheiten, die sich im Kontext der unter C. erörterten Sonderfälle ergeben, *Roters*, NZS 2007, 176, 179 ff.; ausf. zur Normenkonkretisierung überdies *Noftz*, in: *Hauck/Noftz*, SGB V, 2018 u. 2015, § 2 Rn. 93 ff. *Lang*, in: *Becker/Kingreen*, SGB V, [6]2018, § 28 Rn. 3, stellt diesbzgl. fest, dass die inhaltliche Konturierung des Behandlungsanspruchs „in einem eigentümlichen Zusammenwirken von Arzt, [Krankenkassen] [...] und den Richtlinien des [Gemeinsamen Bundesausschusses]" – oder allg. in einem eigentümlichen Zusammenspiel unterschiedlicher Rechtssetzungen und -ebenen (§ 27 Rn. 53) – erfolgt.
[48] Vgl. bereits I.
[49] So *Roters*, in: KassKomm, [10]2018, § 12 SGB V Rn. 32, zur Bestimmung der Zweckmäßigkeit.
[50] Vgl. *Engelmann*, MedR 2006, 245, 246.
[51] Vgl. *Hauck*, NZS 2007, 461, 462.
[52] Vgl. auch *Frahm/Jansen/Katzenmeier/Kienzle/Kingreen/Lungstras/Saeger/Schmitz-Luhn/Woopen*, MedR 2018, 447, 451.
[53] *Welti*, in: *Kunz et al.*, Lehrbuch EbM, [2]2007, S. 401, 407.
[54] BSGE 73, 271, 280.
[55] *Becker*, in: *Becker/Kingreen*, SGB V, [6]2018, § 135a Rn. 6.

listet,[56] neue Methoden durch den Gemeinsamen Bundesausschuss in Richtlinien nach § 135 SGB V empfohlen.[57]

B. Akteure und Instrumente, Kriterien und Verfahren

I. Der Einheitliche Bewertungsmaßstab (EBM)

Inhaltlich ist die Frage, welche Leistungen die Versicherten in der GKV beanspruchen können, notwendigerweise eng mit der kollektivvertraglichen Regelung der Erbringung dieser Leistungen verknüpft. Das Rechtskonkretisierungskonzept ist systematisch bereits in § 2 Abs. 2 SGB V angelegt.[58] Über die Leistungserbringung schließen die Krankenkassen gemäß § 2 Abs. 2 S. 3 SGB V nach den Vorschriften des Leistungserbringungsrechts Verträge mit den Leistungserbringern. Gemäß § 72 Abs. 2 SGB V ist die vertragsärztliche Versorgung im Rahmen der gesetzlichen Vorschriften und der (insofern vorrangigen)[59] Richtlinien des Gemeinsamen Bundesausschusses durch schriftliche Verträge der Kassenärztlichen Vereinigungen mit den Verbänden der Krankenkassen so zu regeln, dass – im Sinne einer an die allgemeinen Vorschriften anknüpfenden abstrakten Zielvorgabe[60] – eine ausreichende, zweckmäßige und wirtschaftliche Versorgung der Versicherten unter Berücksichtigung des allgemein anerkannten Stands der medizinischen Erkenntnisse gewährleistet ist.

Der sozialrechtliche Standard wird also auf diesem Wege in Verhandlungen zwischen Kostenträgern und Leistungserbringern konkretisiert.[61] Die dabei getroffenen kollektivvertraglichen Vereinbarungen, welche sich im Wesentlichen auf zwei Ebenen verteilen (Bundesmantelverträge[62] und Gesamtverträge[63]),[64] werden

---

[56] S. u. B. I.
[57] S. u. B. II.; vgl. insg. *Roters*, in: KassKomm, [102]2018, § 12 SGB V Rn. 32; *Trenk-Hinterberger*, in: *Spickhoff*, Medizinrecht, [3]2018, § 12 SGB V Rn. 7; *Gaßner/Strömer*, SGb 2011, 421, 422 f.; *Hauck*, NJW 2013, 3334, 3337; *Axer*, GesR 2015, 641.
[58] Vgl. BSGE 81, 73, 77; 81, 54, 59 = NJW 1999, 1805, 1807; s. auch *Axer*, in: *Eichenhofer/v. Koppenfels-Spies/Wenner*, SGB V, [3]2018, § 2 Rn. 28.
[59] Zur Normenhierarchie des Vertragsarztrechts etwa *Hess*, in: KassKomm, [83]2014, § 82 SGB V Rn. 4; *Scholz*, in: *Becker/Kingreen*, SGB V, [6]2018, § 82 Rn. 5; *Sproll*, in: *Krauskopf*, [71]2010, § 82 SGB V Rn. 4; *Ziermann*, in: *Sodan*, Handbuch des Krankenversicherungsrechts, [3]2018, § 21 Rn. 10; *Nebendahl*, in: *Spickhoff*, Medizinrecht, [3]2018, § 82 SGB V Rn. 6, 10.
[60] BSGE 94, 50, 93 f. = MedR 2005, 538, 552 f.; *Bristle*, in: *Sodan*, Handbuch des Krankenversicherungsrechts, [3]2018, § 19 Rn. 3, 14.
[61] Vgl. *Welti*, in: *Kunz et al.*, Lehrbuch EbM, [2]2007, S. 401, 403.
[62] Bundesmantelverträge regeln den allg. Inhalt der Gesamtverträge (§ 82 Abs. 1 S. 1 SGB V), welcher bundeseinheitlicher Vorgaben bedarf, haben mithin Rahmencharakter, vgl. *Hess*, in: KassKomm, [83]2014, § 82 SGB V Rn. 5; *Scholz*, in: *Becker/Kingreen*, SGB V, [6]2018, § 82 Rn. 7; *Sproll*, in: *Krauskopf*, [71]2010, § 82 SGB V Rn. 15; *Ziermann*, in: *Sodan*, Handbuch des Krankenversicherungsrechts, [3]2018, § 21 Rn. 11 (ff.).
[63] Gesamtverträge betreffen die konkrete Ausgestaltung der vertragsärztlichen Versorgung in ihrem jeweiligen Anwendungsbereich (*Hess*, in: KassKomm, [83]2014, § 82 SGB V

explizit an das Qualitäts- und Wirtschaftlichkeitsgebot gebunden und sind folglich im Rahmen des Rechtskonkretisierungskonzepts von erheblicher Bedeutung auch für den Leistungsanspruch des Versicherten.[65] Dies gilt insbesondere für den dort enthaltenen Einheitlichen Bewertungsmaßstab (EBM),[66] der einen abschließenden

---

Rn. 3), ggf. unter Berücksichtigung regionaler Besonderheiten (*Ziermann*, in: *Sodan*, Handbuch des Krankenversicherungsrechts, ³2018, § 21 Rn. 11). Es handelt sich vorrangig um Vergütungsregelungen (vgl. § 82 Abs. 2 SGB V), ihr Inhalt ist aber nicht auf solche begrenzt; dazu *Hess*, in: KassKomm, ⁸³2014, § 82 SGB V Rn. 9 u. ⁹⁹2018, § 83 Rn. 3 sowie ¹⁰¹2018, § 87 SGB V Rn. 3; *Scholz*, in: *Becker/Kingreen*, SGB V, ⁶2018, § 82 Rn. 8 u. § 83 Rn. 7; *Sproll*, in: *Krauskopf*, ⁷¹2010, § 83 SGB V Rn. 7 f.; *Ziermann*, in: *Sodan*, Handbuch des Krankenversicherungsrechts, ³2018, § 21 Rn. 25; s. auch *Wenner*, in: *Eichenhofer/v. Koppenfels-Spies/Wenner*, SGB V, ³2018, § 83 Rn. 4 f.

[64] Dazu *Ziermann*, in: *Sodan*, Handbuch des Krankenversicherungsrechts, ³2018, § 21 Rn. 2. Bundesmantel- wie Gesamtverträge sind öffentlich-rechtliche Verträge mit Rechtsnormcharakter (Normsetzungsverträge), die durch Körperschaften des öffentlichen Rechts geschlossen werden, vgl. *Hess*, in: KassKomm, ⁸³2014, § 82 SGB V Rn. 7; *Scholz*, in: *Becker/Kingreen*, SGB V, ⁶2018, § 82 Rn. 5, 9; *Sproll*, in: *Krauskopf*, ⁷¹2010, § 82 SGB V Rn. 8; *Ziermann*, in: *Sodan*, Handbuch des Krankenversicherungsrechts, ³2018, § 21 Rn. 10, 25; *Nebendahl*, in: *Spickhoff*, Medizinrecht, ³2018, § 82 SGB V Rn. 2, 7 f. Zum Kollektivvertragssystem und seinem Regelungskonzept der Rechtsetzung durch Normenverträge (vgl. BSGE 71, 42, 45 ff.; 78, 70, 78 = MedR 1997, 123, 127 m. Anm. *Wimmer*, MedR 1997, 225; BSGE 79, 239, 245 = MedR 1997, 372, 374 f.; BSGE 81, 73, 83 f.; 81, 86, 89; 83, 218, 219; 84, 247, 251; 88, 126, 133; 89, 259, 263 = MedR 2003, 586, 588 m. Anm. *Wahl*, MedR 2003, 569; BSGE 94, 50, 73 ff. = MedR 2005, 538, 547 ff.) – insofern, als Rechte und Pflichten von Personen (Ärzten) und Institutionen (Krankenkassen) begründet werden, welche nicht am Vertragsschluss beteiligt sind – als in § 72 Abs. 2 SGB V angelegtes Grundprinzip des Vertragsarztrechts auch *Bristle*, in: *Sodan*, Handbuch des Krankenversicherungsrechts, ³2018, § 19 Rn. 10 ff.; *Bäune*, in: *Eichenhofer/v. Koppenfels-Spies/Wenner*, SGB V, ³2018, § 72 Rn. 5; *Wenner*, ebd., § 82 Rn. 3 ff.; ders., Vertragsarztrecht nach der Gesundheitsreform, 2008, § 12 Rn. 1 ff.; (monographisch) *Boerner*, Normenverträge im Gesundheitswesen, 2003; *Rompf*, in: FS *Dahm*, 2017, S. 401.

[65] *Bäune*, in: *Eichenhofer/v. Koppenfels-Spies/Wenner*, SGB V, ³2018, § 72 Rn. 5; *Ziermann*, in: *Sodan*, Handbuch des Krankenversicherungsrechts, ³2018, § 21 Rn. 5. Zur demokratischen Legitimation und Verfassungsmäßigkeit der Verträge *ders.*, ebd., § 21 Rn. 20 ff.; *Klückmann*, in: *Hauck/Noftz*, SGB V, 2011, § 82 Rn. 23 ff.; *Nebendahl*, in: *Spickhoff*, Medizinrecht, ³2018, § 82 SGB V Rn. 11 ff. Zu ihrer (grds. lediglich inzidenten) gerichtlichen Kontrolle *Hess*, in: KassKomm, ⁸³2014, § 82 SGB V Rn. 8; *Scholz*, in: *Becker/Kingreen*, SGB V, ⁶2018, § 82 Rn. 10; *Sproll*, in: *Krauskopf*, ⁷¹2010, § 82 SGB V Rn. 9.

[66] Als Abkürzung nicht zu verwechseln mit der Evidenzbasierten Medizin (EbM, 2. Kap. C.). Zur Rechtskonkretisierung durch den EBM *Engelhard*, in: *Hauck/Noftz*, SGB V, 2017, § 87 Rn. 45 f. Zu dessen Verfassungsmäßigkeit BSGE 94, 50, 71 ff. = MedR 2005, 538, 546 ff.; *Nebendahl*, in: *Spickhoff*, Medizinrecht, ³2018, § 87 SGB V Rn. 17, 25 f., 70 ff. Zum Rechtsschutz gegen den EBM sowie zu Kontrolldichte/Gestaltungsspielraum BSGE 71, 42, 51 f.; 79, 239, 245 f. = MedR 1997, 372, 375; BSGE 83, 218, 220; 84, 247, 251 ff.; 88, 126, 133 ff.; 89, 259, 264 ff. = MedR 2003, 586, 588 ff. m. Anm. *Wahl*, MedR 2003, 569; BSGE 94, 50, 82 f. = MedR 2005, 538, 550 f.; BSGE 100, 254, 257 f.; *Engelhard*, in: *Hauck/Noftz*, SGB V, 2017, § 87 Rn. 444 ff.; *Motz*, in: *Eichenhofer/v. Koppenfels-Spies/Wenner*, SGB V, ³2018, § 87 Rn. 66 ff.; *Scholz*, in: *Becker/Kingreen*, SGB V, ⁶2018, § 87 Rn. 30; *Sproll*, in: *Krauskopf*, ⁹⁶2017, § 87 SGB V Rn. 30; *Nebendahl*, in: *Spickhoff*, Medizinrecht, ³2018, § 87 SGB V Rn. 14 ff., 52 f., 60; *Reuter/Weinrich*, MedR 2013, 584.

Katalog der innerhalb der GKV-Versorgung zu erbringenden Leistungen bildet.[67] § 87 Abs. 1 S. 1 SGB V sieht vor, dass die Kassenärztlichen Bundesvereinigungen[68] mit dem Spitzenverband Bund der Krankenkassen[69] durch Bewertungsausschüsse einen einheitlichen Bewertungsmaßstab für die ärztlichen Leistungen vereinbaren,[70] der kraft Gesetzes Bestandteil der Bundesmantelverträge, namentlich des Bundesmantelvertrags Ärzte (BMV-Ä) ist und so an deren Rechtswirkungen teilnimmt.[71]

Nach § 87 Abs. 2 S. 1 SGB V bestimmt der EBM den Inhalt der abrechnungsfähigen Leistungen (und ihr wertmäßiges, in Punkten[72] ausgedrücktes Verhältnis zueinander). Vertragsärzte können nur die im EBM aufgeführten Leistungen zu Lasten der GKV abrechnen.[73] Dabei können sie insbesondere für fachfremde Leistungen grundsätzlich keine Vergütung beanspruchen; Beschränkungen des Fachgebiets erfassen den Arzt mithin auch in seiner Tätigkeit als Vertragsarzt.[74] Aus diesem Blickwinkel ist der sozialrechtliche Standard in gewisser Weise also ebenfalls ein „Facharztstandard".[75]

---

[67] *Becker/Kingreen*, in: *Becker/Kingreen*, SGB V, [6]2018, § 11 Rn. 22; *Scholz*, ebd., § 87 Rn. 6; *Wiegand*, in: *Eichenhofer/v. Koppenfels-Spies/Wenner*, SGB V, [3]2018, § 11 Rn. 7; s. auch *Motz*, ebd., § 87 Rn. 10, 20; *Hess*, in: KassKomm, [101]2018, § 87 SGB V Rn. 9; *Engelhard*, in: *Hauck/Noftz*, SGB V, 2017, § 87 Rn. 47 ff.; *Nebendahl*, in: *Spickhoff*, Medizinrecht, [3]2018, § 87 SGB V Rn. 6.
[68] I. S. v. § 77 Abs. 4 S. 1 SGB V.
[69] I. S. v. § 217a SGB V.
[70] Genauer: Der Bewertungsausschuss beschließt den EBM mit der Rechtswirkung einer vertraglichen Vereinbarung i. S. v. § 82 Abs. 1 SGB V (§ 87 Abs. 5 S. 2 SGB V). Der Bewertungsausschuss (dazu § 87 Abs. 3 SGB V) wird unterstützt durch ein Institut (§ 87 Abs. 3b SGB V).
[71] Gem. § 82 Abs. 1 S. 2 SGB V ist der Inhalt der Bundesmantelverträge wiederum Bestandteil der Gesamtverträge (§ 83 SGB V) zwischen den Kassenärztlichen Vereinigungen (§ 77 Abs. 1 SGB V) und den zuständigen Landesverbänden der Krankenkassen (§ 207 SGB V), welche ihrerseits für Krankenkassen und Vertragsärzte verbindlich sind. Für Krankenkassen ergibt sich dies aus § 83 Abs. 1 S. 1 Hs. 2, für zur vertragsärztlichen Versorgung zugelassene Ärzte aus § 95 Abs. 3 S. 3 SGB V; zudem nach Satzungsrecht, §§ 81 Abs. 3, 210 Abs. 2 SGB V; allg. zur Bindungswirkung der Kollektivverträge *Ziermann*, in: *Sodan*, Handbuch des Krankenversicherungsrechts, [3]2018, § 21 Rn. 4 f.; *Sproll*, in: *Krauskopf*, [71]2010, § 82 SGB V Rn. 5 ff. Im Wege der Rechtskonkretisierung (A. II.) erstreckt sich die Verbindlichkeit auch auf die Versicherten.
[72] Für den Punktwert wird ein Orientierungswert in Euro festgelegt, § 87 Abs. 2e SGB V.
[73] BSGE 84, 247, 248; 79, 239, 241 = MedR 1997, 372, 373. Zur Auslegung des EBM *Nebendahl*, in: *Spickhoff*, Medizinrecht, [3]2018, § 87 SGB V Rn. 50 f.
[74] St. Rspr., zuletzt BSG MedR 2017, 179 m. Anm. *Schiller*; bereits BSGE 93, 170 = MedR 2005, 302; auch *Engelhard*, in: *Hauck/Noftz*, SGB V, 2017, § 87 Rn. 140 f.; *Wenner*, Vertragsarztrecht nach der Gesundheitsreform, 2008, § 19 Rn. 11 ff.; *Taupitz/Jones*, MedR 2002, 497.
[75] Dazu im haftungsrechtlichen Kontext 3. Kap. A. I. 2. a. So sieht § 87 Abs. 2a S. 1 SGB V vor, dass die im EBM aufgeführten Leistungen entspr. der in § 73 Abs. 1 S. 1 SGB V festgelegten Gliederung der vertragsärztlichen Versorgung in Leistungen der hausärztlichen und Leistungen der fachärztlichen Versorgung zu gliedern sind mit der Maßgabe, dass Leistungen der hausärztlichen Versorgung nur von den an der hausärztlichen Versorgung

Der Leistungskatalog des EBM ist als Grundlage der vertragsärztlichen Abrechnung der einzig verlässliche Orientierungspunkt für die Entscheidung des Vertragsarztes über die Wirtschaftlichkeit von Leistungen und damit gleichzeitig Mittel zur Steuerung des Leistungsverhaltens.[76] Er ist als Instrument des GKV-Rechts (nicht zuletzt vor dem Hintergrund des § 72 Abs. 2 SGB V) auf Leistungen beschränkt, die dem Wirtschaftlichkeitsgebot des § 12 Abs. 1 SGB V entsprechen, was ihn etwa von der Gebührenordnung für Ärzte (GOÄ), der einschlägigen Vergütungsregelung bei Behandlung von Privatpatienten, unterscheidet.[77] Der EBM ist schon allein deswegen keine Gebührenordnung, weil er keine Gebührensätze enthält, sondern ein in Relation gesetztes Verzeichnis über Inhalt und Abrechnungsfähigkeit ärztlicher Leistungen.[78]

§ 87 Abs. 2 S. 2 Hs. 1 SGB V ordnet zusätzlich an, den EBM in bestimmten Zeitabständen[79] auch[80] daraufhin zu überprüfen (und wenn nötig zu korrigieren),[81] ob die Leistungsbeschreibungen und ihre Bewertungen noch dem Stand der medizinischen Wissenschaft und Technik sowie dem Erfordernis der Rationalisierung im Rahmen wirtschaftlicher Leistungserbringung – also letztlich dem Wirtschaftlichkeitsgebot des § 12 Abs. 1 S. 1 SGB V, gemessen am allgemein anerkannten Stand der medizinischen Erkenntnisse nach § 2 Abs. 1 S. 3 SGB V[82] – entsprechen.[83] Dadurch werden Flexibilität und Aktualität des EBM gewährleistet.[84] Damit bildet der EBM für die vertragsärztliche Versorgung den sozialrechtlichen Standard ab.

---

teilnehmenden Ärzten und Leistungen der fachärztlichen Versorgung nur von den an der fachärztlichen Versorgung teilnehmenden Ärzten abgerechnet werden dürfen; dabei sind die Leistungen der fachärztlichen Versorgung so zu gliedern, dass den einzelnen Facharztgruppen die von ihnen ausschließlich abrechenbaren Leistungen zugeordnet werden.

[76] BSGE 78, 98, 105 ff.; 79, 239, 242 = MedR 1997, 372, 373; BSGE 81, 86, 92 f.; 88, 126, 129; 100, 254, 258; dazu *Engelhard*, in: *Hauck/Noftz*, SGB V, 2017, § 87 Rn. 32 ff., 36 ff.; *Motz*, in: *Eichenhofer/v. Koppenfels-Spies/Wenner*, SGB V, ³2018, § 87 Rn. 11; *Nebendahl*, in: *Spickhoff*, Medizinrecht, ³2018, § 87 SGB V Rn. 20 ff.

[77] *Ziermann*, in: *Sodan*, Handbuch des Krankenversicherungsrechts, ³2018, § 21 Rn. 14.

[78] S. auch *Engelhard*, in: *Hauck/Noftz*, SGB V, 2017, § 87 Rn. 26 ff.

[79] D. h. kontinuierlich, vgl. *Engelhard*, in: *Hauck/Noftz*, SGB V, 2017, § 87 Rn. 90 ff.

[80] Nicht nur, aber vornehmlich, s. *Engelhard*, in: *Hauck/Noftz*, SGB V, 2017, § 87 Rn. 89.

[81] *Hess*, in: KassKomm, ¹⁰¹2018, § 87 SGB V Rn. 15.

[82] Vgl. BSGE 79, 239, 243 = MedR 1997, 372, 373 f.; *Hess*, in: KassKomm, ¹⁰¹2018, § 87 SGB V Rn. 12; *Engelhard*, in: *Hauck/Noftz*, SGB V, 2017, § 87 Rn. 93 ff.; *Scholz*, in: *Becker/Kingreen*, SGB V, ⁶2018, § 87 Rn. 8.

[83] Nach § 87 Abs. 2 S. 2 Hs. 2 SGB V ist bei der Bewertung der Leistungen insb. der Aspekt der wirtschaftlichen Nutzung der eingesetzten medizinisch-technischen Geräte zu berücksichtigen. Gem. § 87 Abs. 2 S. 3 Hs. 1 SGB V ist die Bewertung der Leistungen nach S. 1 und die Überprüfung der wirtschaftlichen Aspekte nach S. 2 unter Berücksichtigung der Besonderheiten der jeweiligen Arztgruppen auf der Grundlage von sachgerechten Stichproben sowie regelmäßig zu aktualisierender betriebswirtschaftlicher Basis durchzuführen. Gem. § 87 Abs. 2d S. 1 SGB V sind im EBM Regelungen einschließlich Prüfkriterien vorzusehen, die u. a. sicherstellen, dass der Leistungsinhalt vollständig erbracht wird, die notwendigen Qualitätsstandards eingehalten und die abgerechneten Leistungen auf den medizinisch notwendigen Umfang begrenzt werden.

[84] *Engelhard*, in: *Hauck/Noftz*, SGB V, 2017, § 87 Rn. 87 ff.

II. Die Richtlinien des Gemeinsamen Bundesausschusses

Hinsichtlich der Aufnahme neuer Leistungen in den EBM ist die vorrangige Zuständigkeit des Gemeinsamen Bundesausschusses (G-BA, § 91 SGB V)[85] zur Beurteilung neuer Methoden in Richtlinien zu beachten (§ 135 SGB V).[86] Der EBM ist gemäß § 87 Abs. 5b SGB V nach Tätigwerden des G-BA entsprechend anzupassen. Der G-BA entscheidet in Richtlinien über die Ersatzfähigkeit medizinischer Leistungen durch die GKV – und damit zugleich über die einzuhaltenden Standards.[87] Er ist das wichtigste Gremium der Standardsetzung in der GKV.[88]

Dem G-BA obliegt die abstrakt-generelle Gestaltung des GKV-Leistungssystems durch Festsetzung von Standards.[89] Er beschließt gemäß der allgemein und offen gehaltenen Aufgabenbeschreibung und Ermächtigungsnorm[90] des § 92 Abs. 1 S. 1 Hs. 1 SGB V die zur Sicherung der ärztlichen Versorgung erforderlichen Richtlinien über die Gewähr für eine ausreichende, zweckmäßige und wirtschaftliche Versorgung der Versicherten. Diese umfassende Beauftragung zur Konkretisierung des allgemeinen Qualitäts- und Wirtschaftlichkeitsgebots (§§ 2 Abs. 1, 12 Abs. 1 SGB V)[91] überträgt ihm im Ergebnis eine Art Generalkompetenz und macht ihn zum maßgeblichen Steuerungszentrum medizinischer Wissensverarbeitung und -anwendung im GKV-System[92] mit weitreichender Gestaltungsbefugnis im Hinblick auf dessen Leistungen.[93]

---

[85] Zu Aufbau und Aufgaben ausf. *Zimmermann*, Der G-BA, 2012, S. 21 ff.; *Ziermann*, in: *Schnapp/Wigge*, Handbuch des Vertragsarztrechts, ³2017, § 7 Rn. 31 ff.; *Hess*, MedR 2005, 385; auch *ders.*, in: HK-AKM, ⁶³2016, Nr. 2045 (Der G-BA) Rn. 10 ff. Der G-BA ist rechtsfähig, § 91 Abs. 1 S. 2 SGB V; er ist juristische Person des öffentlichen Rechts, seine genaue Rechtsform ist jedoch str., vgl. *Roters*, in: KassKomm, ¹⁰¹2018, § 91 SGB V Rn. 3 f.; *Schmidt-De Caluwe*, in: *Becker/Kingreen*, SGB V, ⁶2018, § 91 Rn. 10 f.; *Sproll*, in: *Krauskopf*, ⁶⁷2009, § 91 SGB V Rn. 5; *Ziermann*, in: *Sodan*, Handbuch des Krankenversicherungsrechts, ³2018, § 23 Rn. 16 f.; näher *Zimmermann*, Der G-BA, 2012, S. 64 ff.
[86] BSGE 84, 247, 249; 79, 239, 244 f. = MedR 1997, 372, 374; *Hess*, in: KassKomm, ¹⁰¹2018, § 87 SGB V Rn. 10, 13; ausf. *Engelhard*, in: *Hauck/Noftz*, SGB V, 2017, § 87 Rn. (100 ff.,) 106 ff.; zur Kompetenzverteilung auch *Flint*, ebd., 2010, § 135 Rn. 95; *Roters*, in: KassKomm, ⁹¹2016, § 135 SGB V Rn. 35; *Scholz*, in: *Becker/Kingreen*, SGB V, ⁶2018, § 87 Rn. 8; *Schmidt-De Caluwe*, ebd., § 135 Rn. 1; *Ulmer*, in: *Eichenhofer/ v. Koppenfels-Spies/Wenner*, SGB V, ³2018, § 135 Rn. 22; *Nebendahl*, in: *Spickhoff*, Medizinrecht, ³2018, § 87 SGB V Rn. 18 f.
[87] *Musil*, in: *Eichenhofer/v. Koppenfels-Spies/Wenner*, SGB V, ³2018, § 91 Rn. 13.
[88] S. auch *Frahm/Jansen/Katzenmeier/Kienzle/Kingreen/Lungstras/Saeger/Schmitz-Luhn/ Woopen*, MedR 2018, 447, 451.
[89] *Engelmann*, MedR 2006, 245, 246; s. auch *J. Schroeder-Printzen*, in: AG RAe im MedR e. V., Standard-Chaos?, 2015, S. 25, 37.
[90] *Roters*, in: KassKomm, ⁹³2017, § 92 SGB V Rn. 2; *Schmidt-De Caluwe*, in: *Becker/ Kingreen*, SGB V, ⁶2018, § 92 Rn. 1 f.; *Musil*, in: *Eichenhofer/v. Koppenfels-Spies/Wenner*, SGB V, ³2018, § 92 Rn. 12.
[91] S. auch BSGE 96, 261, 268 ff.; 78, 70, 77 = MedR 1997, 123, 126 m. Anm. *Wimmer*, MedR 1997, 225.
[92] *Pitschas*, MedR 2008, 34, 35.
[93] Vgl. *Roters*, in: KassKomm, ⁹³2017, § 92 SGB V Rn. 2 ff.; *Schmidt-De Caluwe*, in: *Becker/Kingreen*, SGB V, ⁶2018, § 92 Rn. 4 f.; *Barth*, in: *Spickhoff*, Medizinrecht, ³2018,

Die Richtlinien des G-BA koordinieren die Verpflichtung der Leistungserbringer mit den Ansprüchen der Versicherten.[94] Sie sind zentraler Mechanismus der Rechtskonkretisierung.[95] Sie können dabei freilich nicht den einzelnen Behandlungsfall regeln, sondern nur einen Korridor vertretbarer Leistungen beschreiben.[96] Leistungen, die in Richtlinien nicht anerkannt sind, darf der Arzt grundsätzlich nicht erbringen und der Versicherte nicht beanspruchen.[97] Richtlinien konkretisieren die gesetzlichen Kriterien zur Inanspruchnahme und Erbringung von Gesundheitsleistungen und damit den Standard der Gesundheitsversorgung in der GKV, indem sie den unbestimmten Rechtsbegriff des allgemein anerkannten Stands der medizinischen Erkenntnisse sowie die einzelnen Elemente des Wirtschaftlichkeitsgebots einheitlich handhabbar machen.[98]

Der G-BA kann die Erbringung und Verordnung von Leistungen oder Maßnahmen einschränken oder ausschließen, wenn nach allgemein anerkanntem Stand der medizinischen Erkenntnisse (§ 2 Abs. 1 S. 3 SGB V) der diagnostische oder therapeutische Nutzen, die medizinische Notwendigkeit oder die Wirtschaftlichkeit nicht nachgewiesen sind (§ 92 Abs. 1 S. 1 Hs. 3 SGB V). Verglichen mit § 12 Abs. 1 S. 1 SGB V besteht hinsichtlich der Formulierung zwar insofern eine gewisse begriffliche Inkonsistenz, als dass ergänzend zur Wirtschaftlichkeit (hier tendenziell im engeren Sinne) der Nutzen aufgeführt und die Notwendigkeit separat herausgegriffen wird, jedoch bringt dies im Ergebnis keine Unterschiede mit sich. Die Bewertung von Nutzen und Notwendigkeit einer Leistung ist Teil des Wirtschaftlichkeitsgebots, was in § 92 Abs. 1 S. 1 Hs. 3 SGB V nur klargestellt oder betont wird.[99]

---

§ 91 SGB V Rn. 1 u. § 92 SGB V Rn. 1; s. auch *Flint*, in: *Hauck/Noftz*, SGB V, 2010, § 135 Rn. 12, 61. Krit. gpü. der fehlenden Bestimmtheit der gesetzlichen Vorgaben zur Richtlinienkompetenz und der damit verbundenen Machtfülle des G-BA, welche durch die Einrichtung des IQWiG noch verstärkt werde, *Ziermann*, in: *Sodan*, Handbuch des Krankenversicherungsrechts, ³2018, § 23 Rn. 37 ff. Eine eng geführte gesetzliche Steuerung der Standardsetzung ist nicht erkennbar, war zur Entlastung des Gesetzgebers aber auch nicht gewollt und erscheint in Gesetzesform ohnehin kaum möglich, s. *Schmidt-De Caluwe*, in: *Becker/Kingreen*, SGB V, ⁶2018, § 92 Rn. 4.

[94] BSGE 78, 70, 76 f. = MedR 1997, 123, 126 m. Anm. *Wimmer*, MedR 1997, 225.
[95] S. o. A. II.; vgl. etwa BSGE 103, 106, 120 f. = MedR 2010, 347, 352 m. Anm. *Kamps*; s. auch *Zimmermann*, Der G-BA, 2012, S. 41 ff.; *Axer*, GesR 2015, 641, 642; *Francke/Hart*, MedR 2008, 2, 3 f.; *Engelmann*, MedR 2006, 245, 247.
[96] *Welti*, in: *Kunz et al.*, Lehrbuch EbM, ²2007, S. 401, 405.
[97] *Becker/Kingreen*, in: *Becker/Kingreen*, SGB V, ⁶2018, § 11 Rn. 21; *Axer*, GesR 2015, 641.
[98] *Schmidt-De Caluwe*, in: *Becker/Kingreen*, SGB V, ⁶2018, § 92 Rn. 1; *Sproll*, in: *Krauskopf*, ⁶⁸2009, § 92 SGB V Rn. 12; *Nebendahl*, in: *Spickhoff*, Medizinrecht, ³2018, § 27 SGB V Rn. 4; *Barth*, ebd., § 92 SGB V Rn. 3; *Steege*, in: *Hauck/Noftz*, SGB V, 2017 u. 2010, § 27 Rn. 15, 78; *ders.*, in: FS 50 Jahre BSG, 2004, S. 517 f.; *Taupitz*, in: *Dietrich/Imhoff/Kliemt*, Standardisierung in der Medizin, 2004, S. 263, 265; *Fastabend*, NZS 2002, 299, 304 f.; *Steffen*, in: FS Geiß, 2000, S. 487, 489 f.; krit. *Kern*, GesR 2002, 5, 7.
[99] *Roters*, in: KassKomm, ⁹³2017, § 92 SGB V Rn. 5; s. 4. Kap. C. II.; zu materiellen Vorgaben für Richtlinien *Schmidt-De Caluwe*, in: *Becker/Kingreen*, SGB V, ⁶2018, § 92 Rn. 3.

Die Beschlüsse des G-BA binden gemäß § 91 Abs. 6 SGB V unter anderem Krankenkassen, Versicherte und Leistungserbringer. Richtlinien sind verbindliches Außenrecht[100] in Form untergesetzlicher Rechtsnormen.[101] Dabei ist speziell die Frage nach der hinreichenden demokratischen Legitimation des G-BA (im Sinne von Art. 20 Abs. 2 GG), solche verbindlichen Entscheidungen mit Wirkung für die Versicherten zu treffen, weiterhin stark umstritten.[102] Das BVerfG wird hier das letzte Wort zu den verfassungsrechtlichen Grenzen einer Übertragung der Zuständigkeit zur Standardsetzung auf Gremien der Gemeinsamen Selbstverwaltung zu sprechen haben.[103] Daneben werfen auch die Rechtsschutzmöglichkeiten

---

[100] Dazu sowie zu weiteren Herleitungen der Verbindlichkeit der Richtlinien ggü. Vertragsärzten und Krankenkassen (etwa § 92 Abs. 8 SGB V, wonach die Richtlinien des G-BA Bestandteil der Bundesmantelverträge sind) *Schmidt-De Caluwe*, in: *Becker/Kingreen*, SGB V, ^{6}2018, § 91 Rn. 58 ff.; *Roters*, in: KassKomm, ^{10}2018, § 91 SGB V Rn. 21 u. ^{93}2017, § 92 SGB V Rn. 9; *Wiegand*, in: *Eichenhofer/v. Koppenfels-Spies/Wenner*, SGB V, ^{3}2018, § 11 Rn. 7; *Musil*, ebd., § 92 Rn. 43; *Ziermann*, in: *Sodan*, Handbuch des Krankenversicherungsrechts, ^{3}2018, § 23 Rn. 42 ff.; *Zimmermann*, Der G-BA, 2012, S. 51 ff.; *Hase*, MedR 2005, 391, 396; *Engelhard*, SGb 2006, 132, 133; *Engelmann*, MedR 2006, 245, 248; *Kingreen*, MedR 2007, 457, 458; *ders.*, ZMGR 2010, 216, 218 ff.; vgl. auch BSGE 78, 70, 74 ff. = MedR 1997, 123, 125 f. m. Anm. *Wimmer*, MedR 1997, 225.
[101] Die genaue Rechtsnatur der Richtlinien ist str.; dazu *Musil*, in: *Eichenhofer/v. Koppenfels-Spies/Wenner*, SGB V, ^{3}2018, § 92 Rn. 14; *Hannes*, in: *Hauck/Noftz*, SGB V, 2018, § 91 Rn. 20 f. u. 2016, § 92 Rn. 3 ff.; *Sproll*, in: *Krauskopf*, ^{68}2009, § 92 SGB V Rn. 8 ff.; *Zimmermann*, Der G-BA, 2012, S. 74 ff.; *Waldhoff*, MedR 2016, 654, 655; *Engelmann*, MedR 2006, 245, 248; *Hase*, MedR 2005, 391, 395; *Taupitz*, in: *Dietrich/Imhoff/Kliemt*, Standardisierung in der Medizin, 2004, S. 263, 266; s. auch BSGE 81, 73, 80 ff.; 81, 54, 63 f. = NJW 1999, 1805, 1808 f.
[102] Dazu ausf. *Zimmermann*, Der G-BA, 2012, S. 107 ff. m. w. N. zur älteren Lit.; s. auch *Hannes*, in: *Hauck/Noftz*, SGB V, 2018, § 91 Rn. 22 ff.; *Roters*, in: KassKomm, ^{10}2018, § 91 SGB V Rn. 23 ff.; *Musil*, in: *Eichenhofer/v. Koppenfels-Spies/Wenner*, SGB V, ^{3}2018, § 91 Rn. 34 ff.; *Sproll*, in: *Krauskopf*, ^{67}2009, § 91 SGB V Rn. 23 f.; *Hase*, MedR 2005, 391; *Neumann*, NZS 2005, 617, 620 – jeweils bejahend; aus der sozialgerichtlichen Rspr. zu der Frage BSGE 120, 170, 182 ff.; 96, 261, 276 ff.; 78, 70, 79 ff. = MedR 1997, 123, 127 ff. m. Anm. *Wimmer*, MedR 1997, 225; dazu *Schlegel*, MedR 2008, 30, 31.
[103] S. etwa zuletzt BVerfGE 140, 229, 237 ff. = NJW 2016, 1505, 1506 f. = JZ 2016, 461, 463 m. Anm. *Lege* = MedR 2016, 970, 972 m. Anm. *Nitz*, MedR 2016, 941; dazu *Ulmer*, in: *Eichenhofer/v. Koppenfels-Spies/Wenner*, SGB V, ^{3}2018, § 12 Rn. 24 u. § 135 Rn. 40; *Vossen*, in: *Krauskopf*, ^{91}2016, § 135 SGB V Rn. 25; *Ziermann*, in: *Schnapp/Wigge*, Handbuch des Vertragsarztrechts, ^{3}2017, § 7 Rn. 57 ff.; *Axer*, ebd., § 10 Rn. 46 ff.; aus der jüngeren Lit. (überwiegend krit.) zur demokratischen Legitimation des G-BA *Kingreen*, MedR 2017, 8 (bereits *ders.*, NZS 2007, 113; *ders.*, in: *Kingreen/Laux*, Gesundheit und Medizin im interdisziplinären Diskurs, 2008, S. 147, 162 ff.); *Masuch/Wiegand*, in: FS Kohte, 2016, S. 595, 604 ff.; *Gassner*, NZS 2016, 121; *Ladeur*, MedR 2016, 650, 651 f.; *Holzner*, SGb 2015, 247; s. auch *Schmidt-De Caluwe*, in: *Becker/Kingreen*, SGB V, ^{6}2018, § 92 Rn. 7 ff.; *Sodan/Hadank*, NZS 2018, 804; relativierend *Kluth*, Der G-BA aus der Perspektive des Verfassungsrechts, 2015; *ders.*, GesR 2015, 513; *ders.*, GesR 2017, 205; erneut verteidigend *Hase*, MedR 2018, 1; Zukunftsperspektiven bei *Seewald*, SGb 2018, 71 u. 147; s. auch *Ebsen*, MedR 2018, 931. Das aktuelle Meinungsspektrum spiegeln die im Auftrag des Bundesministeriums für Gesundheit (BMG) erstellten Rechtsgutachten von *Gassner*, *Kingreen* und *Kluth* wider, abrufbar unter www.bundesgesundheitsministerium.de.

gegen Richtlinien des G-BA[104] sowie die entsprechende gerichtliche Kontrolldichte[105] vielfältige Folgefragen auf.[106]

Nach der Aufzählung in § 92 Abs. 1 S. 2 SGB V soll der G-BA insbesondere Richtlinien beschließen über die ärztliche Behandlung (Nr. 1), wobei der G-BA von dieser umfassenden Regelungskompetenz bislang keinen Gebrauch gemacht hat, sondern sich entsprechend der weiteren Aufzählung auf einzelne Sachgebiete

---

[104] Rechtsschutz gegen Richtlinien ist nur mittelbar durch ihre Inzidentkontrolle möglich, eine direkte Normenkontrolle ist nicht vorgesehen, vgl. *Musil*, in: *Eichenhofer/v. Koppenfels-Spies/Wenner*, SGB V, ³2018, § 92 Rn. 17; *Ulmer*, ebd., § 135 Rn. 55 f. (u. 44 ff.); *Hannes*, in: *Hauck/Noftz*, SGB V, 2016, § 92 Rn. 9; *Flint*, ebd., 2012, § 135 Rn. 133 ff. u. § 137c Rn. 61 ff.; *Sproll*, in: *Krauskopf*, ⁶⁸2009, § 92 SGB V Rn. 60; *Vossen*, ebd., ⁹¹2016, § 135 SGB V Rn. 35; *Barth*, in: *Spickhoff*, Medizinrecht, ³2018, § 92 SGB V Rn. 6; *Engelhard*, SGb 2006, 132, 134 (u. 136 ff.); *Engelmann*, MedR 2006, 245, 249; *Kingreen*, MedR 2007, 457, 458 f.; *Schlegel*, MedR 2008, 30, 32. Zur Möglichkeit einer Feststellungsklage zur Gewährleistung effektiven Rechtsschutzes (Art. 19 Abs. 4 S. 1 GG) BSGE 110, 20, 25 ff. = MedR 2012, 758, 760 f.; BSGE 96, 261, 264 ff. m. w. N.; *Flint*, in: *Hauck/Noftz*, SGB V, 2010, § 135 Rn. 136 ff. u. § 137c Rn. 64 ff.; *Hannes*, ebd., 2018, § 91 Rn. 163; *Roters*, in: KassKomm, ¹⁰¹2018, § 91 SGB V Rn. 30; *Schmidt-De Caluwe*, in: *Becker/Kingreen*, SGB V, ⁶2018, § 92 Rn. 20; *Sproll*, in: *Krauskopf*, ⁶⁸2009, § 92 SGB V Rn. 59; *Vossen*, ebd., ⁹¹2016, § 135 SGB V Rn. 36 ff.; *Regelin*, in: *Spickhoff*, Medizinrecht, ³2018, § 135 SGB V Rn. 42 ff.; *Engelmann*, MedR 2006, 245, 249; *Kingreen*, MedR 2007, 457, 458 f. – auch zur a. A. (allg. Leistungsklage; so etwa *Engelhard*, SGb 2006, 132, 136 ff.).

[105] Zur gerichtlichen Kontrolldichte, also der Frage nach dem Gestaltungsspielraum des G-BA und der entspr. Letztentscheidungskompetenz, BSGE 120, 170, 176 ff.; 119, 57, 70 ff.; 111, 155, 165 f.; 103, 106, 121 = MedR 2010, 347, 352 m. Anm. *Kamps*; BSGE 96, 261, 280 ff.; 81, 73, 85; 73, 271, 287 ff.; monographisch *Roters*, Kontrolldichte, 2003; s. auch *ders.*, in: KassKomm, ¹⁰²2018, § 12 Rn. 17 ff. u. ⁹³2017, § 92 SGB V Rn. 12 ff.; *Schmidt-De Caluwe*, in: *Becker/Kingreen*, SGB V, ⁶2018, § 92 Rn. 21 f.; *Ulmer*, in: *Eichenhofer/v. Koppenfels-Spies/Wenner*, SGB V, ³2018, § 12 Rn. 22 u. § 135 Rn. 41 ff.; *Vossen*, in: *Krauskopf*, ⁹¹2016, § 135 SGB V Rn. 34; *Noftz*, in: *Hauck/Noftz*, SGB V, 2015, § 2 Rn. 41 f. u. 2000, § 12 Rn. 14 f.; *Flint*, ebd., 2010, § 135 Rn. 62, 141 ff. u. § 137c Rn. 68 f.; *Nimis*, Der Anspruch des Patienten auf neue Untersuchungs- und Behandlungsmethoden in der GKV, 2012, S. 135 ff.; *Hase*, MedR 2005, 391, 396 f.; *Neumann*, NZS 2005, 617, 620 f.; *Francke*, in: FS *Laufs*, 2006, S. 795, 811 ff.; *ders.*, in: *Hart*, Ärztliche Leitlinien im Medizin- und Gesundheitsrecht, 2005, S. 171, 203 ff.; *Engelhard*, SGb 2006, 132, 138 f.; *Engelmann*, MedR 2006, 245, 249 ff., 255 ff.; *Kingreen*, MedR 2007, 457, 459 ff.; *ders.*, ZMGR 2010, 216, 225 ff.; *Schlegel*, MedR 2008, 30, 32 ff.; *Francke/Hart*, MedR 2008, 2, 4 f.; *Rixen*, SGb 2018, 253, 258 f.

[106] Zum Anspruch auf Einleitung eines Verfahrens beim G-BA überdies BSGE 104, 95, 103 ff. Das BMG hat bei Richtlinien des G-BA i. Ü. ein Beanstandungsrecht (§ 94 SGB V; s. auch § 91a Abs. 1 S. 1 SGB V), das freilich nur eine Rechtsaufsicht beinhaltet (BSGE 103, 106, 115 ff. = MedR 2010, 347, 349 ff. m. Anm. *Kamps*; dazu etwa *Schmidt-De Caluwe*, in: *Becker/Kingreen*, SGB V, ⁶2018, § 91a Rn. 6 u. § 94 Rn. 10 ff.; *Hannes*, in: *Hauck/Noftz*, SGB V, 2018, § 91a Rn. 14 f. u. § 94 Rn. 20; *Barth*, in: *Spickhoff*, Medizinrecht, ³2018, § 91a SGB V Rn. 1 f. u. § 94 SGB V Rn. 1, 4; *Kingreen*, ZMGR 2010, 216, 224 f.; s. zu Aufsicht und Selbstverwaltung auch die Beiträge in VSSAR 2019, Heft 2). Es findet insofern folglich keine fachliche Kontrolle der Standardsetzung statt.

beschränkt.[107] Zu erwähnen sind in diesem Kontext die Richtlinien zur Qualitätssicherung (Nr. 13, § 136 SGB V) sowie zur Einführung neuer Untersuchungs- und Behandlungsmethoden (Nr. 5, § 135 SGB V)[108] – es kommt dem G-BA diesbezüglich eine Schlüsselfunktion zur Sicherung und Förderung der Leistungsqualität im GKV-System zu.[109]

Zur Vorbereitung seiner Entscheidungen kann der G-BA auf die Unterstützung durch das von ihm gegründete und getragene Institut für Qualität und Wirtschaftlichkeit im Gesundheitswesen (IQWiG, § 139a SGB V)[110] zurückgreifen[111] und diesem gemäß § 139b Abs. 1 S. 1 SGB V Aufgaben im Sinne von § 139a Abs. 3 SGB V übertragen.[112] Danach wird das IQWiG zu Fragen von grundsätzlicher Bedeutung[113] für die Qualität und Wirtschaftlichkeit der im Rahmen der gesetzlichen Krankenversicherung erbrachten (oder zukünftig zu erbringenden)[114] Leistungen tätig. Zu den wegen ihres besonderen wissenschaftlichen Fundierungsbedarfs[115] beispielhaft aufgelisteten Tätigkeitsfeldern gehören etwa die Recherche, Darstellung und Bewertung des aktuellen medizinischen Wissensstands[116] zu diagnostischen und therapeutischen Verfahren bei ausgewählten Krankheiten (Nr. 1), also die fortdauernde Entwicklung einer eigenen wissenschaftlichen Basis als grundlegende Aufgabe der institutsinternen Wissensorga-

---

[107] *Musil*, in: *Eichenhofer/v. Koppenfels-Spies/Wenner*, SGB V, ³2018, § 92 Rn. 18; s. auch *Sproll*, in: *Krauskopf*, ⁷⁵2011, § 92 SGB V Rn. 16; *Hannes*, in: *Hauck/Noftz*, SGB V, 2016, § 92 Rn. 19.
[108] Dazu sogleich III. 1.
[109] *Musil*, in: *Eichenhofer/v. Koppenfels-Spies/Wenner*, SGB V, ³2018, § 92 Rn. 25; *Weidenbach*, in: *Sodan*, Handbuch des Krankenversicherungsrechts, ³2018, § 29 Rn. 6 ff.
[110] Zu dessen Aufgaben etwa *Sawicki*, MedR 2005, 389 (Kurzdarstellung). Das IQWiG wird im Gesetz als fachlich unabhängig, rechtsfähig und wissenschaftlich charakterisiert, § 139a Abs. 1 S. 1 SGB V; es ist privatrechtlich organisiert (vgl. § 139a Abs. 1 S. 2 SGB V); dazu *Rixen*, MedR 2008, 24, 26; *Engelmann*, MedR 2006, 245, 254. Zu seiner genauen rechtlichen Qualifizierung *Barth*, in: *Spickhoff*, Medizinrecht, ³2018, § 139a SGB V Rn. 3; *Ulmer*, in: *Eichenhofer/v. Koppenfels-Spies/Wenner*, SGB V, ³2018, § 139c Rn. 11 m. w. N.
[111] Vgl. *Wallrabenstein*, in: *Becker/Kingreen*, SGB V, ⁶2018, § 139a Rn. 1, 6; *Gaßner/Strömer*, SGb 2011, 421, 422; *Engelmann*, MedR 2006, 245, 254.
[112] Teils hat der G-BA angesichts der Eigenart der entspr. Aufgaben dem IQWiG einen Generalauftrag erteilt, vgl. Beschl. vom 21.12.2004 u. Anpassung vom 13.03.2008, abrufbar unter www.iqwig.de; dazu *Roters*, in: KassKomm, ⁸⁹2016, § 139b SGB V Rn. 3; *Vossen*, in: *Krauskopf*, ⁹⁶2017, § 139a SGB V Rn. 11 u. § 139b SGB V Rn. 6; krit. *Wallrabenstein*, in: *Becker/Kingreen*, SGB V, ⁶2018, § 139b Rn. 3 ff.; s. auch *Hohnholz*, in: *Hauck/Noftz*, SGB V, 2007, § 139b Rn. 7 ff.; *Barth*, in: *Spickhoff*, Medizinrecht, ³2018, § 139a SGB V Rn. 5 u. § 139b Rn. 2.
[113] D. h. Grundsatzfragen mit sektorenübergreifender Versorgungsrelevanz, vgl. § 16 Abs. 1 S. 2 Kap. 1 VerfO G-BA; dazu *Roters*, in: KassKomm, ⁸⁹2016, § 139a SGB V Rn. 8; *Wallrabenstein*, in: *Becker/Kingreen*, SGB V, ⁶2018, § 139a Rn. 7; *Engelmann*, MedR 2006, 245, 254.
[114] Vgl. *Roters*, in: KassKomm, ⁸⁹2016, § 139a SGB V Rn. 7.
[115] *Wallrabenstein*, in: *Becker/Kingreen*, SGB V, ⁶2018, § 139a Rn. 11 f.
[116] Entspr. dem allg. anerkannten Stand der medizinischen Erkenntnisse i. S. v. § 2 Abs. 1 S. 3 SGB V, vgl. *Barth*, in: *Spickhoff*, Medizinrecht, ³2018, § 139a SGB V Rn. 6.

nisation[117] und zugleich als fachlich unabhängige, institutionalisierte Wissensbasis für den G-BA,[118] sowie die Erstellung von wissenschaftlichen Ausarbeitungen, Gutachten und Stellungnahmen zu Fragen der Qualität und Wirtschaftlichkeit von GKV-Leistungen (Nr. 2) oder die Bewertung evidenzbasierter Leitlinien (Nr. 3).

Das IQWiG leitet die Arbeitsergebnisse dem G-BA nach § 139b Abs. 4 SGB V als (verwaltungsinterne) Empfehlungen zu, die dieser im Rahmen seiner Aufgabenstellung zu berücksichtigen hat. Für den G-BA ist eine Stellungnahme des IQWiG zwar grundsätzlich nicht verbindlich, Abweichungen erfordern aber eine angemessene Begründung; inhaltlich folgt der G-BA der Empfehlung des IQWiG, soweit sie (nach entsprechender Prüfung) den rechtlichen und wissenschaftlichen Anforderungen genügt.[119]

III. Bewertung von Untersuchungs- und Behandlungsmethoden

Zur Prüfung und Gewährleistung von Qualität und Wirtschaftlichkeit ärztlicher Behandlungen sieht das Gesetz verschiedene formalisierte, generalisierte und zentralisierte, GKV-bezogene Prüfverfahren vor,[120] welche institutionell beim G-BA angesiedelt sind.[121] Zentrale Aufgabe des G-BA ist wie dargelegt die Bewertung von Untersuchungs- und Behandlungsmethoden durch den Beschluss entsprechender Richtlinien.

Unter einer Untersuchungs- und Behandlungsmethode ist die auf einem theoretisch-wissenschaftlichen Konzept beruhende systematische Vorgehensweise bei der Untersuchung und Behandlung einer Krankheit zu verstehen.[122] Der Begriff ist damit insbesondere umfassender als der der Leistung im Sinne einer einzelnen

---

[117] *Wallrabenstein*, in: *Becker/Kingreen*, SGB V, [6]2018, § 139a Rn. 8 f.
[118] *Barth*, in: *Spickhoff*, Medizinrecht, [3]2018, § 139a SGB V Rn. 6 u. § 139b Rn. 2; *Pitschas*, MedR 2008, 34, 35 f.; *Rixen*, MedR 2008, 24, 26 f.
[119] Vgl. *Wallrabenstein*, in: *Becker/Kingreen*, SGB V, [6]2018, § 139b Rn. 16 ff.; *Barth*, in: *Spickhoff*, Medizinrecht, [3]2018, § 139b SGB V Rn. 10; *Engelmann*, MedR 2006, 245, 254 f.; *Hauck*, NZS 2007, 461, 464; *Rixen*, MedR 2008, 24, 27 ff.; s. auch BSGE 107, 261, 285 ff.; 107, 287, 309 ff.: Rechtsvermutung für die Richtigkeit der Beurteilungen des IQWiG; dazu *Barth*, in: *Spickhoff*, Medizinrecht, [3]2018, § 139a SGB V Rn. 6; *Rixen*, SGb 2018, 253, 259; insg. zum Verhältnis von G-BA und IQWiG *Hart*, MedR 2004, 469, 476. Zur inzidenten gerichtlichen Kontrolle der Empfehlungen des IQWiG – als Teil der Entscheidungen des G-BA – *Wallrabenstein*, in: *Becker/Kingreen*, SGB V, [6]2018, § 139b Rn. 22; *Vossen*, in: *Krauskopf*, [96]2017, § 139b SGB V Rn. 19; *Hohnholz*, in: *Hauck/Noftz*, SGB V, 2007, § 139b Rn. 10; *Barth*, in: *Spickhoff*, Medizinrecht, [3]2018, § 139b SGB V Rn. 12; *Kingreen*, MedR 2007, 457, 458; *Engelmann*, MedR 2006, 245, 255. Zum Ganzen *Ulmer*, in: *Eichenhofer/v. Koppenfels-Spies/Wenner*, SGB V, [3]2018, § 139c Rn. 9 f., 12.
[120] *Hauck*, NZS 2007, 461, 462; *ders.*, NJW 2013, 3334, 3337; *ders.*, in: FS *Kohte*, 2016, S. 577, 584.
[121] *Steege*, in: *Hauck/Noftz*, SGB V, 2010, § 27 Rn. 79; dazu ausf. *Zimmermann*, Der G-BA, 2012, S. 209 ff. m. w. N.
[122] BSGE 84, 247, 250; 86, 54, 57; 88, 51, 60 f.; 93, 236, 244; 94, 221, 232; 104, 95, 101; 113, 241, 244; 117, 1, 6; 117, 10, 17; 122, 170, 177.

Maßnahme; es geht um einzelleistungsübergreifende methodische Konzepte.[123] Der G-BA beurteilt daher eine Leistung stets als Bestandteil einer Methode, zumal die maßgeblichen Kriterien nur auf letztere ausgerichtet sind.[124] In der vertragsärztlichen Versorgung können insofern Leistungen durchaus auch ohne vorherige Entscheidung des G-BA in den EBM[125] aufgenommen werden, soweit der G-BA die übergeordnete Methode als solche bereits anerkannt hat.[126]

Das Gesetz differenziert im Einzelnen zwischen der Methodenbewertung in der vertragsärztlichen Versorgung (1.) und der Behandlung im Krankenhaus (2.), für welche unterschiedliche Bewertungsverfahren vorgegeben werden.[127] Prinzipiell einheitlich sind dabei sodann gewisse sozialrechtlich vorgegebene medizinische Bewertungsgrundsätze zu beachten (3.).

1. Verbot mit Erlaubnisvorbehalt in der vertragsärztlichen Versorgung

Neue Untersuchungs- und Behandlungsmethoden (NUB) dürfen gemäß § 135 Abs. 1 S. 1 SGB V in der vertragsärztlichen Versorgung zu Lasten der Krankenkassen nur erbracht werden, wenn der G-BA (auf Antrag) in Richtlinien nach § 92 Abs. 1 S. 2 Nr. 5 SGB V eine entsprechende Empfehlung abgegeben hat.[128] Die Entscheidung des G-BA wirkt dabei grundsätzlich nur für die Zukunft.[129] § 135

---

[123] BSGE 84, 247, 249 f.; 86, 54, 58 f.; 119, 180, 185 f.; *Roters*, in: KassKomm, $^{9|}$2016, § 135 SGB V Rn. 5; *Schmidt-De Caluwe*, in: *Becker/Kingreen*, SGB V, ^{6}2018, § 135 Rn. 3 f.; *Vossen*, in: *Krauskopf*, $^{9|}$2016, § 135 SGB V Rn. 7; *Noftz*, in: *Hauck/Noftz*, SGB V, 2015, § 2 Rn. 72; *Steege*, ebd., 2010, § 27 Rn. 78; *Flint*, ebd., 2010, § 135 Rn. 49; *Ulmer*, in: *Eichenhofer/v. Koppenfels-Spies/Wenner*, SGB V, ^{3}2018, § 135 Rn. 24; *Weidenbach*, in: *Sodan*, Handbuch des Krankenversicherungsrechts, ^{3}2018, § 29 Rn. 19; *Regelin*, in: *Spickhoff*, Medizinrecht, ^{3}2018, § 135 SGB V Rn. 6 ff.; *Nimis*, Der Anspruch des Patienten auf neue Untersuchungs- und Behandlungsmethoden in der GKV, 2012, S. 18 ff.; *Engelhard*, SGb 2006, 132, 133; *Hauck*, NZS 2007, 461, 463; *Axer*, GesR 2015, 641, 642; *Rixen*, SGb 2018, 253, 254 f.; ausf. zum Methodenbegriff des SGB V (im Kontext der Placebobehandlung) überdies *Roters*, MedR 2018, 373.
[124] *Schmidt-De Caluwe*, in: *Becker/Kingreen*, SGB V, ^{6}2018, § 135 Rn. 24.
[125] S. o. I.
[126] Vgl. BSGE 84, 247, 250; *Flint*, in: *Hauck/Noftz*, SGB V, 2010, § 135 Rn. 51.
[127] *Felix*, MedR 2017, 517 f. spricht von der „Dichotomie der Methodenbewertung" (Kritik und Ausblick auf S. 525 f.). Zu den Grundlagen der vertragsärztlichen Versorgung s. die §§ 95 ff. SGB V, zur Krankenhausbehandlung §§ 107 ff. SGB V. Dritte Sonder-/Mischkategorie neben vertragsärztlicher Versorgung und Versorgung im Krankenhaus ist die sog. ambulante spezialfachärztliche Versorgung nach § 116b SGB V; dazu etwa *Klakow-Franck*, in: *Schnapp/Wigge*, Handbuch des Vertragsarztrechts, ^{3}2017, § 13; *Gaßner/Strömer*, SGb 2011, 421, 424 f.; *Roters*, GesR 2014, 456; *Felix*, MedR 2017, 517, 522; ausf. zu den unterschiedlichen Formen der Krankenhausbehandlung und ihrem jeweiligen Rechtsregime dort auf S. 519 ff.; s. auch *Ullrich*, Finanzierungslücken bei medizinischen Innovationen?, 2013, S. 223 ff.
[128] S. die Richtlinie Methoden vertragsärztliche Versorgung, Anlage I (bewertete, aber nicht anerkannte NUB in Anlage II).
[129] BSGE 86, 54, 57; *Weidenbach*, in: *Sodan*, Handbuch des Krankenversicherungsrechts, ^{3}2018, § 29 Rn. 23.

SGB V beinhaltet mithin für die Implementierung medizinischer Innovation ein Verbot mit Erlaubnisvorbehalt.[130] Unter dem Gesichtspunkt der Qualitätssicherung als gemeinsame Klammer der §§ 135 ff. SGB V[131] bezweckt die Regelung zum einen den Schutz des einzelnen Versicherten vor gesundheitlichen Risiken, zum anderen aber auch den Schutz der gesamten Versichertengemeinschaft vor unwirtschaftlichen Behandlungen.[132]

Neue Methoden im maßgeblichen rein formellen Sinne sind solche, die bisher überhaupt nicht oder zumindest nicht in dieser Form Gegenstand der vertragsärztlichen Versorgung sind, die also nicht als abrechnungsfähige ärztliche Leistungen im EBM enthalten oder dort zwar enthalten sind, deren Indikation oder Art der Erbringung aber wesentliche Änderungen oder Erweiterungen erfahren haben.[133]

---

[130] BSGE 104, 95, 101; 103, 106, 126 = MedR 2010, 347, 354 m. Anm. *Kamps*; BSGE 96, 261, 275; 81, 54, 59 = NJW 1999, 1805, 1807; BSGE 81, 73, 76; *Roters*, in: Kass-Komm, ⁹¹2016, § 135 SGB V Rn. 2; *Ulmer*, in: *Eichenhofer/v. Koppenfels-Spies/Wenner*, SGB V, ³2018, § 12 Rn. 19 f. u. § 135 Rn. 4; *Vossen*, in: *Krauskopf*, ⁹¹2016, § 135 SGB V Rn. 2; *Noftz*, in: *Hauck/Noftz*, SGB V, 2015, § 2 Rn. 72, 73a u. 2000, § 12 Rn. 40, 44; *Steege*, ebd., 2010, § 27 Rn. 80; *Flint*, ebd., 2010, § 135 Rn. 9 f., 44, 96 ff. u. § 137c Rn. 6 f.; *Weidenbach*, in: *Sodan*, Handbuch des Krankenversicherungsrechts, ³2018, § 29 Rn. 17, 37; *Peick*, ebd., § 10 Rn. 71; *Regelin*, in: *Spickhoff*, Medizinrecht, ³2018, § 135 SGB V Rn. 2; *Ullrich*, Finanzierungslücken bei medizinischen Innovationen?, 2013, S. 101 ff.; *Engelhard*, SGb 2006, 132; *Engelmann*, MedR 2006, 245, 250; *Francke*, in: FS *Laufs*, 2006, S. 795, 796; *Kreße*, MedR 2007, 393, 399; *Kingreen*, MedR 2007, 457; *Welti*, in: *Kunz et al.*, Lehrbuch EbM, ²2007, S. 401, 404; *Hauck*, NZS 2007, 461, 462 f.; *ders.*, NJW 2013, 3334, 3337; *ders.*, in: FS *Kohte*, 2016, S. 577, 584; *Francke/Hart*, MedR 2008, 2, 3; *Huster*, GesR 2010, 337, 339; *Felix*, MedR 2011, 67; *dies.*, MedR 2016, 93 f.; *dies.*, MedR 2017, 517, 518; *dies.*, MedR 2018, 466, 467 f.; *Axer*, GesR 2015, 641.

[131] Vgl. die entspr. Abschnittsüberschrift; s. auch *Ulmer*, in: *Eichenhofer/v. Koppenfels-Spies/Wenner*, SGB V, ³2018, Vor §§ 135 ff. Rn. 2; *Flint*, in: *Hauck/Noftz*, SGB V, 2010, § 135 Rn. 5; *Felix*, MedR 2016, 93, 94; *dies.*, MedR 2017, 517, 518; *Huster*, GesR 2010, 337, 339; zudem *Buchner*, in: *Lilie/Bernat/Rosenau*, Standardisierung in der Medizin als Rechtsproblem, 2009, S. 63, 69; aus diesem Blickwinkel insb. *Harney/Huster/Recktenwald*, MedR 2014, 273, 278 ff.

[132] Vgl. BSGE 81, 54, 58 f. = NJW 1999, 1805, 1806 f.; BSGE 81, 73, 76; 84, 247, 249; 96, 261, 275; 119, 180, 186; dazu *Schmidt-De Caluwe*, in: *Becker/Kingreen*, SGB V, ⁶2018, § 135 Rn. 1; *Vossen*, in: *Krauskopf*, ⁹¹2016, § 135 SGB V Rn. 3; *Engelhard*, SGb 2006, 132, 133; s. auch *Huster*, VSSR 2013, 327, 331 f.; *ders.*, in: DS 60 Jahre BSG, 2015, Bd. 2, S. 223, 235 f.

[133] BSGE 79, 239, 246 = MedR 1997, 372, 375; BSGE 81, 54, 57 f. = NJW 1999, 1805, 1806; BSGE 81, 73, 75 f.; 88, 51, 59; 93, 236, 243; 94, 221, 232; 113, 241, 244; 117, 1, 6; 117, 10, 15 ff.; 119, 180, 185 f. (insb. zur wesentlichen Änderung oder Erweiterung); 122, 170, 177; BSG NJW 1999, 1813, 1814; GesR 2018, 321, 326 ff.; s. auch § 2 Abs. 1 Kap. 2 VerfO G-BA; *Roters*, in: KassKomm, ⁹¹2016, § 135 SGB V Rn. 6; *Schmidt-De Caluwe*, in: *Becker/Kingreen*, SGB V, ⁶2018, § 135 Rn. 7; *Lang*, ebd., § 27 Rn. 58 u. § 28 Rn. 15; *Ulmer*, in: *Eichenhofer/v. Koppenfels-Spies/Wenner*, SGB V, ³2018, § 12 Rn. 21 u. § 135 Rn. 23; *Vossen*, in: *Krauskopf*, ⁹¹2016, § 135 SGB V Rn. 6; *Noftz*, in: *Hauck/Noftz*, SGB V, 2015, § 2 Rn. 72 u. 2000, § 12 Rn. 40; *Steege*, ebd., 2010, § 27 Rn. 80; *Flint*, ebd., § 135 Rn. 50; *Peick*, in: *Sodan*, Handbuch des Krankenversicherungsrechts, ³2018, § 10 Rn. 70; *Weidenbach*, ebd., § 29 Rn. 20; *Regelin*, in: *Spickhoff*, Medizinrecht, ³2018, § 135 SGB V Rn. 15; *Nimis*, Der Anspruch des Patienten auf neue Untersuchungs- und Behandlungs-

Materiell verbirgt sich dahinter die Frage, ob eine Methode sich bewusst von den bisher in der vertragsärztlichen Versorgung angewandten Verfahren abgrenzt und sich überdies auf nicht allgemein anerkannte wissenschaftliche Erkenntnisse beruft, die gerade deshalb der Prüfung zur Qualitätssicherung unterzogen werden sollen.[134] Vor dem Hintergrund der Qualitätssicherung ist der Begriff in jedem Fall weit zu verstehen.[135]

Der G-BA hat gemäß § 135 Abs. 1 S. 1 Nr. 1 SGB V insbesondere Empfehlungen abzugeben über die Anerkennung des diagnostischen und therapeutischen Nutzens der neuen Methode sowie deren medizinische Notwendigkeit und Wirtschaftlichkeit – auch im Vergleich mit bereits zu Lasten der Krankenkassen erbrachten Methoden – nach dem jeweiligen Stand der wissenschaftlichen Erkenntnisse in der jeweiligen Therapierichtung.[136] Trotz der nicht ganz einheitlichen Begriffsverwendung geht es auch hier der Sache nach um das Wirtschaftlichkeitsgebot des § 12 Abs. 1 S. 1 SGB V.[137] Zudem wird auf § 2 Abs. 1 S. 2 und S. 3 SGB V angespielt. Die im Leistungserbringungsrecht verschiedentlich aufgegriffenen §§ 2 Abs. 1 und 12 Abs. 1 SGB V geben also erneut das Prüfprogramm vor.[138] Nach § 135 Abs. 1 S. 2 und S. 3 SGB V kann der G-BA auf dieselbe Weise (von Amts wegen) die etablierten, im EBM aufgeführten und daher zu Lasten der Krankenkassen abrechenbaren Leistungen (verstanden als Methodenbestandteil)[139] überprüfen und falls nötig von der vertragsärztlichen Versorgung ausschließen; diese wurden schließlich unter Umständen nie wissenschaftlich evaluiert oder gelten im Zuge des medizinischen Fortschritts als überholt.[140]

Die abstrakt-generelle Feststellung des Vorliegens der allgemeinen Qualitäts- und Wirtschaftlichkeitskriterien obliegt mithin im vertragsärztlichen Bereich grundsätzlich allein dem entsprechend sachkundigen G-BA, der durch seine Entscheidungen eine aktuelle,[141] einzelfallunabhängige, einheitliche, an objektiven Maßstäben orientierte, sachgerechte und gleichmäßige Praxis der Leistungsgewährung sicherstellen soll.[142] (Die konkret-individuelle Auswahlentscheidung durch

---

methoden in der GKV, 2012, S. 31 ff.; *Engelhard*, SGb 2006, 132, 133; *Kreße*, MedR 2007, 393, 398 f.; *Hauck*, NZS 2007, 461, 463; *Axer*, GesR 2015, 641, 642.
[134] *Schmidt-De Caluwe*, in: Becker/Kingreen, SGB V, ⁶2018, § 135 Rn. 7.
[135] *Axer*, GesR 2015, 641, 642 ff.
[136] Zur zentralen Bedeutung dieser vergleichenden Nutzenbewertung für die Standardentwicklung in der GKV *Hart*, MedR 2004, 469, 478 f.
[137] Vgl. *Roters*, in: KassKomm, ⁹¹2016, § 135 SGB V Rn. 7; *Schmidt-De Caluwe*, in: Becker/Kingreen, SGB V, ⁶2018, § 135 Rn. 12; s. auch unter II. zum ähnlich formulierten § 92 Abs. 1 S. 1 Hs. 3 SGB V.
[138] Vgl. *Ulmer*, in: Eichenhofer/v. Koppenfels-Spies/Wenner, SGB V, ³2018, § 135 Rn. 10; *Flint*, in: Hauck/Noftz, SGB V, 2010, § 135 Rn. 65.
[139] *Vossen*, in: Krauskopf, ⁹¹2016, § 135 SGB V Rn. 23; *Flint*, in: Hauck/Noftz, SGB V, 2010, § 135 Rn. 81 f.
[140] Vgl. *Vossen*, in: Krauskopf, ⁹¹2016, § 135 SGB V Rn. 23; *Ulmer*, in: Eichenhofer/v. Koppenfels-Spies/Wenner, SGB V, ³2018, § 135 Rn. 36; s. auch *Flint*, in: Hauck/Noftz, SGB V, 2010, § 135 Rn. 84: insofern Erlaubnis mit Verbotsvorbehalt.
[141] Vgl. *Flint*, in: Hauck/Noftz, SGB V, 2010, § 135 Rn. 69.
[142] BSGE 86, 54, 60; 104, 95, 100; *Hauck*, NZS 2007, 461, 463; s. auch *Francke*, in: FS Laufs, 2006, S. 795, 812; *Engelhard*, SGb 2006, 132, 138.

den Leistungserbringer beinhaltet nichtsdestotrotz einen gewissen Spielraum.) § 135 SGB V regelt folglich nicht nur die Voraussetzungen und Modalitäten der Leistungserbringung, sondern konkretisiert zugleich Art, Inhalt und Umfang des Leistungsanspruchs des Versicherten.[143]

2. Exkurs zur Krankenhausbehandlung: Erlaubnis mit Verbotsvorbehalt

§ 137c SGB V ist die Parallelvorschrift zu § 135 SGB V für die Versorgung im Krankenhaus; auch sie verfolgt die genannten Ziele der Qualitätssicherung.[144] Nach § 137c Abs. 1 S. 1 SGB V überprüft der G-BA (wiederum auf Antrag) Untersuchungs- und Behandlungsmethoden, die bereits zu Lasten der Krankenkassen im Rahmen einer Krankenhausbehandlung erbracht werden oder zukünftig erbracht werden sollen, daraufhin, ob sie für eine ausreichende, zweckmäßige und wirtschaftliche Versorgung der Versicherten unter Berücksichtigung des allgemein anerkannten Stands der medizinischen Erkenntnisse erforderlich sind. § 137c Abs. 1 S. 1 SGB V rekurriert auf Elemente des Qualitäts- und Wirtschaftlichkeitsgebots und damit sektorenübergreifend auf dieselben Maßstäbe und Kriterien wie § 135 SGB V.[145]

Ergibt die Überprüfung, dass der Nutzen einer Methode nicht hinreichend belegt ist[146] und sie nicht das Potential einer erforderlichen Behandlungsalternative bietet,[147] insbesondere weil sie schädlich oder unwirksam ist, erlässt der G-BA

---

[143] Vgl. BSGE 81, 73, 76 f.; 81, 54, 59 = NJW 1999, 1805, 1807; BSGE 86, 54, 60; 97, 190, 193 = NJW 2007, 1385, 1386 f.; BSGE 113, 241, 243 f.; 117, 1, 5; 117, 10, 14; *Ulmer*, in: *Eichenhofer/v. Koppenfels-Spies/Wenner*, SGB V, ³2018, Vor §§ 135 ff. Rn. 7 u. § 135 Rn. 1, 5; *Flint*, in: *Hauck/Noftz*, SGB V, 2010, § 135 Rn. 15; *Hauck*, NZS 2007, 461, 463; ders., NJW 2013, 3334, 3337.

[144] BT-Drs. 14/1245, S. 90; *Becker*, in: *Becker/Kingreen*, SGB V, ⁶2018, § 137c Rn. 1, 4; *Flint*, in: *Hauck/Noftz*, SGB V, 2012 u. 2010, § 137c Rn. 3 f., 29.

[145] Vgl. BSGE 90, 289, 291 ff.; 103, 106, 126 f. = MedR 2010, 347, 354 f. m. Anm. *Kamps*; dazu *Roters*, in: KassKomm, ⁹²2016, § 137c SGB V Rn. 5; *Weidenbach*, in: *Sodan*, Handbuch des Krankenversicherungsrechts, ³2018, § 29 Rn. 38; *Vossen*, in: *Krauskopf*, ⁹¹2016, § 137c SGB V Rn. 4, 13; *Flint*, in: *Hauck/Noftz*, SGB V, 2010, § 135 Rn. 11, 13, 72 u. § 137c Rn. 38; s. auch *Huster*, GesR 2010, 337, 342; *Roters*, NZS 2007, 176, 181 f.

[146] Es gilt § 2 Abs. 1 S. 3 SGB V, *Roters*, in: KassKomm, ⁹²2016, § 137c SGB V Rn. 11.

[147] I. S. e. gewissen auf wissenschaftlichen Erkenntnissen beruhenden Erwartungshaltung im Hinblick auf Qualität (und Wirtschaftlichkeit). Gemeint ist – schon begrifflich und systematisch – jedenfalls ein niedrigerer Evidenzgrad als in § 2 Abs. 1 S. 3 SGB V. Dazu *Ulmer*, in: *Eichenhofer/v. Koppenfels-Spies/Wenner*, SGB V, ³2018, § 137c Rn. 17 ff.; *Roters*, in: KassKomm, ⁹²2016, § 137c SGB V Rn. 6; *Becker*, in: *Becker/Kingreen*, SGB V, ⁶2018, § 137c Rn. 5; *Vossen*, in: *Krauskopf*, ⁹¹2016, § 137c SGB V Rn. 20a; *Regelin*, in: *Spickhoff*, Medizinrecht, ³2018, § 137c SGB V Rn. 7; *Ertl*, Die Bewertung von medizinischen Methoden in der deutschen Rechtsordnung, 2018, S. 207 ff.; *Stallberg*, NZS 2017, 332, 336 f.; *Felix*, MedR 2016, 93, 97; *Deister*, NZS 2016, 328, 331 ff.; *Axer*, GesR 2015, 641, 645; *Felix/Deister*, NZS 2013, 81, 82 f.; s. auch BT-Drs. 18/4095, S. 122: „Das Potential einer erforderlichen Behandlungsalternative kann sich etwa daraus ergeben, dass die Methode aufgrund ihres Wirkprinzips und der bisher vorliegenden Erkenntnisse mit der Erwartung verbunden ist, dass andere aufwändigere, für […] den Patienten invasivere oder

eine entsprechende Richtlinie, wonach die Methode im Rahmen einer Krankenhausbehandlung (in Zukunft)[148] nicht mehr zu Lasten der Krankenkassen erbracht werden darf, § 137c Abs. 1 S. 2 SGB V.[149] Anders als in der vertragsärztlichen Versorgung ist für die Behandlung im Krankenhaus folglich eine Erlaubnis mit Verbotsvorbehalt vorgesehen.[150]

Das bedeutet, dass im Krankenhaus Leistungen grundsätzlich unabhängig von ihrer Anerkennung durch den G-BA[151] oder der Auflistung in einem Katalog wie dem EBM[152] abgerechnet werden können, solange sie nicht in Richtlinien ausgeschlossen wurden. Den Unterschieden im Bewertungsverfahren liegt das Anliegen

---

bei bestimmten [...] Patienten nicht erfolgreiche Methoden ersetzt werden können oder die Methode in sonstiger Weise eine effektivere Behandlung ermöglichen kann."; so bereits BT-Drs. 17/6906, S. 87; entspr. § 14 Abs. 3 (u. 4) Kap. 2 VerfO G-BA.

[148] Vgl. BSGE 113, 241, 248 f.; 103, 106, 125 = MedR 2010, 347, 354 m. Anm. *Kamps*; s. auch *Hauck*, NJW 2013, 3334, 3338.

[149] S. die Richtlinie Methoden Krankenhausbehandlung. Ergibt die Überprüfung hingegen, dass der Nutzen einer Methode noch nicht hinreichend belegt ist, sie aber das Potential einer erforderlichen Behandlungsalternative bietet, beschließt der G-BA gem. § 137c Abs. 1 S. 3 SGB V eine Richtlinie zur Erprobung nach § 137e SGB V; dazu etwa *Hauck*, GesR 2014, 257, 259 ff.; *ders.*, NJW 2013, 3334, 3339; *Felix/Deister*, NZS 2013, 81, 82 ff.; *Gaßner/Strömer*, SGb 2011, 421, 424. Gleiches ist i. Ü. gem. § 137e Abs. 1 S. 1 SGB V auch i. R. v. § 135 SGB V möglich.

[150] Vgl. BSGE 115, 95, 99; 113, 241, 247; 103, 106, 126 = MedR 2010, 347, 354 m. Anm. *Kamps*; s. auch *Roters*, in: KassKomm, [9.2]2016, § 137c SGB V Rn. 2; *Ulmer*, in: *Eichenhofer/v. Koppenfels-Spies/Wenner*, SGB V, [3]2018, § 137c Rn. 1, 4; *Vossen*, in: *Krauskopf*, [91]2016, § 137c SGB V Rn. 2; *Noftz*, in: *Hauck/Noftz*, SGB V, 2017 u. 2019, § 2 Rn. 63a, 75e; *Steege*, ebd., 2010, § 27 Rn. 84 ff.; *Flint*, ebd., § 135 Rn. 9 f. u. 2012, § 137c Rn. 6 f., 50; *Weidenbach*, in: *Sodan*, Handbuch des Krankenversicherungsrechts, [3]2018, § 29 Rn. 17, 37; *Peick*, ebd., § 10 Rn. 71; *Regelin*, in: *Spickhoff*, Medizinrecht, [3]2018, § 137c SGB V Rn. 1, 4; *Felix*, MedR 2018, 466, 467 f.; *dies.*, MedR 2017, 517, 518; *dies.*, MedR 2016, 93 ff.; *dies.*, NZS 2012, 1, 7; *dies.*, MedR 2011, 67, 68; *Gaßner/Strömer*, SGb 2011, 421, 423 f.; *Huster*, GesR 2010, 337, 339 f.; *Francke/Hart*, MedR 2008, 2, 3; *Kingreen*, MedR 2007, 457; *Welti*, in: *Kunz et al.*, Lehrbuch EbM, [2]2007, S. 401, 404.

[151] S. o. II.

[152] S. o. I. Parallel zum vertragsärztlichen Leistungskatalog des EBM existiert für die Krankenhausbehandlung ein (DRG-)Fallpauschalenkatalog, vereinbart vom Spitzenverband Bund der Krankenkassen, den Verband der Privaten Krankenversicherung sowie die Deutsche Krankenhausgesellschaft, §§ (109 Abs. 4 S. 3 SGB V i. V. m.) 17b Abs. 1 S. 4 KHG, 9 Abs. 1 Nr. 1 KHEntgG; vgl. dazu etwa BSGE 118, (219 u. 225 sowie insb. 155, 158 = MedR 2015, 894, 895 m. Anm. *Frigger*; BSG MedR 2018, 506, 509 ff. (für BSGE 125, 76 vorgesehen); näher zur Finanzierung neuer Untersuchungs- und Behandlungsmethoden im Krankenhaus (insb. zu § 6 Abs. 2 KHEntgG) *Ullrich*, Finanzierungslücken bei medizinischen Innovationen?, 2013, S. 143 ff., 182 ff.; s. auch *Huster*, GesR 2010, 337, 340 f.; *Gaßner/Strömer*, SGb 2011, 421, 424; *Felix*, MedR 2011, 67, 70 f.; *dies.*, MedR 2014, 283, 288 f.; *dies.*, MedR 2016, 93, 101 ff.; *dies.*, MedR 2018, 466; zum Verhältnis von besonderem Krankenhausrecht und SGB V *Huster*, GesR 2010, 337; vgl. auch § 69 Abs. 1 S. 2 SGB V; ausf. zum Vergütungsanspruch des Krankenhauses *Felix*, SGb 2017, 181 u. 259; *Noftz*, in: *Hauck/Noftz*, SGB V, 2018, § 39 Rn. 161 ff.

der Innovationsförderung im Bereich der Krankenhausbehandlung zu Grunde[153] – wobei eine Erlaubnis mit Verbotsvorbehalt gewiss auch Risiken für Qualität und Wirtschaftlichkeit birgt, zumal der Patient gerade im Krankenhaus auf eine nachweislich hochwertige Versorgung angewiesen ist.[154] Auch nach Ansicht des BSG sei aber die Gefahr, dass zweifelhafte oder unwirksame Maßnahmen zum Einsatz kommen, im Krankenhaus strukturell geringer als bei der Behandlung durch einzelne niedergelassene Vertragsärzte.[155]

Nichtsdestotrotz sind in der Krankenhausbehandlung die Leistungserbringer ebenfalls an Qualitäts- und Wirtschaftlichkeitsgebot (§§ 2 Abs. 1, 12 Abs. 1 SGB V) gebunden,[156] die hier allerdings nicht im Vorfeld in positiver Hinsicht abstrakt-generell konkretisiert werden, sondern einzig negativ im Falle eines Ausschlusses. Die Standardbestimmung erfolgt im Rahmen der Krankenhausbehandlung grundsätzlich konkret-individuell durch den Leistungserbringer.[157] § 137c SGB V enthält keinen Freibrief für die Anwendung neuer Methoden im Krankenhaus und setzt die Geltung der allgemeinen Vorschriften[158] nicht außer Kraft.[159] Es handelt sich keineswegs um eine generelle Erlaubnis, alle beliebigen

---

[153] BT-Drs. 14/1245, S. 90; *Flint*, in: *Hauck/Noftz*, SGB V, 2010, § 135 Rn. 14 u. § 137c Rn. 9 f.; *Regelin*, in: *Spickhoff*, Medizinrecht, ³2018, § 137c SGB V Rn. 1, 5; *Gaßner/ Strömer*, SGb 2011, 421, 424; *Felix*, MedR 2016, 93, 95; *dies.*, MedR 2017, 517, 518, 525 f.; auch BT-Drs. 17/6906, S. 86: es bestehe „besondere[r] Bedarf nach – bisher noch nicht auf hohem Niveau belegten – Behandlungsalternativen in der Versorgung von stationär behandlungsbedürftigen und daher typischerweise schwerer erkrankten Versicherten"; ebenso BT-Drs. 18/4095, S. 121. Gerade schwerer erkrankte Versicherte benötigen allerdings umgekehrt auch eine erwiesenermaßen hochwertige Behandlung.
[154] *Roters*, in: KassKomm, ⁹²2016, § 137c SGB V Rn. 4.
[155] So jedenfalls noch BSGE 90, 289, 294.
[156] Vgl. BSGE 90, 289, 291 ff.; 93, 137, 140 f. = MedR 2005, 305, 307 m. Anm. *Gödicke*; BSGE 113, 167, 169 = MedR 2013, 820, 821 m. Anm. *Ossege*; BSGE 118, 155, 159 f. = MedR 2015, 894, 895 f. m. Anm. *Frigger*; BSG MedR 2018, 506, 508 (für BSGE 125, 76 vorgesehen); *Ulmer*, in: *Eichenhofer/v. Koppenfels-Spies/Wenner*, SGB V, ³2018, § 137c Rn. 14; *Becker*, in: *Becker/Kingreen*, SGB V, ⁶2018, § 137c Rn. 2; *Hauck*, NJW 2013, 3334, 3338.
[157] Vgl. *Roters*, in: KassKomm, ¹⁰²2018, § 12 SGB V Rn. 33; *Ulmer*, in: *Eichenhofer/ v. Koppenfels-Spies/Wenner*, SGB V, ³2018, § 137c Rn. 15; *Hauck*, NJW 2013, 3334, 3338.
[158] Vgl. auch §§ 39 Abs. 1, 28 Abs. 1, 27 Abs. 1 SGB V, welche ihrerseits an §§ 2 Abs. 1, 12 Abs. 1 anknüpfen (s. 4. Kap. B. II.); zudem § 70 Abs. 1 SGB V, dazu ebd., B. III.
[159] Zum Folgenden BSGE 115, 95, 99; 113, 241, 247 f.; 101, 177, 191 = MedR 2009, 353, 359 f.; BSG MedR 2018, 506, 508 (für BSGE 125, 76 vorgesehen). Die Einhaltung der Voraussetzungen ist durch die Krankenkassen und im Streitfall gerichtlich zu überprüfen (kein Entscheidungsmonopol des G-BA); dazu *Vossen*, in: *Krauskopf*, ⁹¹2016, § 137c SGB V Rn. 18 ff.; *Ulmer*, in: *Eichenhofer/v. Koppenfels-Spies/Wenner*, SGB V, ³2018, § 137c Rn. 16; *Ullrich*, Finanzierungslücken bei medizinischen Innovationen?, 2013, S. 135 ff.; *Huster*, GesR 2010, 337, 341 f.; s. auch die sogleich in Fn. 160 Genannten; a. A. *Felix*, MedR 2011, 67, 68 ff.: Alleinzuständigkeit des G-BA nach gesetzgeberischer Konzeption; auch *dies.*, NZS 2012, 1, 7; *Felix/Deister*, NZS 2013, 81, 87 ff.; ausf. *Felix*, MedR 2014, 283 ff.; *dies.*, MedR 2016, 93, 94 f.; zudem *Francke*, in: *Hart*, Ärztliche Leitlinien im Medizin- und Gesundheitsrecht, 2005, S. 171, 199 f.; *Noftz*, in: *Hauck/Noftz*, SGB V, 2017, § 2 Rn. 63a m. w. N.

Methoden bis zum Erlass eines Verbots zu erbringen, sondern lediglich um den Verzicht auf ein etwaiges präventives Prüfverfahren.[160]

Auch im Krankenhaus dürfen (vor dem Hintergrund der Ziele der GKV und im Interesse der Einheit der Rechtsordnung sowie der Gleichbehandlung der Versicherten)[161] Leistungen nur erbracht werden, soweit sie dem von den Anforderungen des Qualitäts- und Wirtschaftlichkeitsgebots geprägten sozialrechtlichen Standard entsprechen. Eine nicht dem allgemein anerkannten Stand der medizinischen Erkenntnisse entsprechende Behandlungsmethode kann also im Krankenhaus selbst dann nicht zu Lasten der GKV erbracht werden, wenn der G-BA kein Negativvotum zu ihr abgegeben hat.[162] Der Vergütungsanspruch eines Krankenhauses setzt zudem voraus, dass eine erforderliche, wirtschaftliche Krankenhausbehandlung in Frage steht; bei unwirtschaftlicher Behandlung kann das Krankenhaus nach der Rechtsprechung des BSG nur die Vergütung beanspruchen, die bei fiktivem wirtschaftlichem Alternativverhalten angefallen wäre.[163]

§ 137c Abs. 3 SGB V stellt in diesem Kontext seit 2015[164] klar,[165] dass Untersuchungs- und Behandlungsmethoden, zu denen der G-BA bisher keine Entscheidung getroffen hat, im Rahmen der Krankenhausbehandlung angewandt werden dürfen, wenn sie das Potential einer erforderlichen Behandlungsalternative[166] bieten (und ihre Anwendung nach den Regeln der ärztlichen Kunst erfolgt, also insbesondere medizinisch indiziert und notwendig ist).[167] Nach umstrittener,[168]

---

[160] *Hauck*, in: FS *Kohte*, 2016, S. 577, 585 ff.; *ders.*, GesR 2014, 257, 258 f.; *ders.*, SGb 2014, 8, 15; *ders.*, NJW 2013, 3334, 3338; bereits *ders.*, NZS 2007, 461, 465 ff. – dort daher jeweils (wie das BSG): keine Erlaubnis mit Verbotsvorbehalt, sondern bloßer Verbotsvorbehalt (ohne Erlaubnis); ebenso *Axer*, GesR 2015, 641, 644 ff.; *Stallberg*, NZS 2017, 332, 333 f. Ein Verbot kann jedoch begriffsnotwendig nur dort vorbehalten sein, wo etwas erlaubt ist – hier also die Erbringung und Abrechnung nicht irgendeiner, sondern allein einer standardgem. Behandlung.
[161] BSG MedR 2018, 506, 508 (für BSGE 125, 76 vorgesehen); *Hauck*, NJW 2013, 3334, 3338.
[162] BSGE 113, 167, 172 ff. = MedR 2013, 820, 822 ff. m. Anm. *Ossege*; s. auch *Nolte*, in: KassKomm, 88.2015, § 27 SGB V Rn. 59e; *Peick*, in: *Sodan*, Handbuch des Krankenversicherungsrechts, 3.2018, § 10 Rn. 71a; *Regelin*, in: *Spickhoff*, Medizinrecht, 3.2018, § 137c SGB V Rn. 1, 4; *Flint*, in: *Hauck/Noftz*, SGB V, 2010, § 135 Rn. 104 u. § 137c Rn. 12.
[163] BSGE 116, 138; 118, (219 u.) 155, 159 ff. = MedR 2015, 894, 895 f. m. Anm. *Frigger*; dazu *Felix*, SGb 2017, 259, 262 f. (263 f. zu Auswirkungen eines Behandlungsfehlers auf den Vergütungsanspruch, 264 ff. zur Missachtung von Vorgaben zur Qualitätssicherung).
[164] Eingefügt durch GKV-VSG vom 16.07.2015 mit Wirkung zum 23.07.2015, BGBl. I, S. 1211; dazu *Roters*, in: KassKomm, 92.2016, § 137c SGB V Rn. 16 ff.; *Noftz*, in: *Hauck/Noftz*, SGB V, 2017, § 2 Rn. 63a.
[165] Ausdr. als gesetzeskonkretisierende Reaktion auf die „mit dem in § 137c [SGB V] zum Ausdruck gebrachten Regelungsgehalt in einem Wertungswiderspruch" stehende Auslegung der Erlaubnis mit Verbotsvorbehalt durch die Rspr. (namentlich BSGE 113, 167 = MedR 2013, 820 m. Anm. *Ossege*), vgl. BT-Drs. 18/4095, S. 121 f.
[166] Zum (nach wie vor unklaren) Potentialbegriff bereits Fn. 147.
[167] Dies gilt sowohl für Methoden, für die noch kein Antrag nach § 137c Abs. 1 SGB V gestellt wurde, als auch für Methoden, deren entspr. Bewertung noch nicht abgeschlossen ist. Für den Ausschluss einer Methode aus der Krankenhausversorgung durch den G-BA sowie die Ablehnung eines Leistungsanspruchs im Einzelfall durch eine Krankenkasse bei

aber weiterhin konsequent vertretener Auffassung des BSG ist damit keine Änderung der Rechtslage – und vor allem keine Öffnung des sozialrechtlichen Standards der Krankenhausbehandlung verglichen mit dem der vertragsärztlichen Versorgung – verbunden.[169] Das allgemeine Qualitätsgebot wird in § 137c SGB V konkretisiert,[170] nicht modifiziert, abgesenkt oder ersetzt.[171]

3. Bewertungsgrundsätze: Bezugnahme auf die EbM

Von besonderem Interesse erscheint es, dass die methodischen Grundsätze, nach denen bewertet wird, ob Untersuchungs- und Behandlungsmethoden dem sozialrechtlichen Standard entsprechen, teils ebenfalls vorgegeben werden. Der sozialrechtliche Standardbegriff wird vor allem dadurch präzisiert, dass die sozialrechtliche Standardsetzung durch die (Richtlinien-)Entscheidungen des G-BA (sowie deren Vorbereitung durch das IQWiG,[172] das Evidenz insofern nicht nur rezipieren, sondern produzieren soll)[173] ausdrücklich an die Kriterien der EbM[174] geknüpft wird.[175]

Fehlen eines Beschlusses des G-BA – im Streitfall überprüft durch die Sozialgerichte – gelten mithin einheitliche Bewertungsmaßstäbe, s. BT-Drs. 18/4095, S. 121.
[168] In der Lit. wurde teils scharfe Kritik geäußert (sachlich-moderat etwa noch *Felix*, MedR 2018, 466, 468; *Schifferdecker*, NZS 2018, 698; *Schütz*, NZS 2019, 186), sodass sich der ehemalige Vizepräsident des BSG *Krasney* gar zu einem Grundsatzbeitrag zu „Kritik und Vertrauen in die Rechtsprechung" veranlasst sah (SGb 2018, 261, das BSG verteidigend auf S. 262 f.).
[169] Zur Auslegung der Neuregelung ausf. (und sich dabei ausdr. über die Gesetzesbegründung hinwegsetzend) BSG NZS 2019, 57; 2018, 694 (beide für BSGE vorgesehen); MedR 2018, 506, 509 (für BSGE 125, 76 vorgesehen); bereits NZS 2016, 301, 304; dazu *Becker*, in: *Becker/Kingreen*, SGB V, [6]2018, § 137c Rn. 2; *Regelin*, in: *Spickhoff*, Medizinrecht, [3]2018, § 137c SGB V Rn. 8 f. Aus der Lit. nicht zuletzt der Vorsitzende des zuständigen Senats *Hauck*, in: FS *Kohte*, 2016, S. 577, 589 ff. Die Auswirkungen der Einfügung relativierend *Axer*, GesR 2015, 641, 644 ff., dort (S. 646) i. E.: „Den in der Gesetzesbegründung konstatierten Wertungswiderspruch in der Auslegung der Rechtsprechung könnte der Gesetzgeber somit im Ergebnis in eine andere Richtung aufgehoben haben."
[170] So schließlich auch BT-Drs. 18/4095, S. 121.
[171] A. A. (sektorspezifisches Qualitätsgebot) aber etwa *Stallberg*, NZS 2017, 332, 334 ff.; *Felix*, MedR 2016, 93, 95 ff.; *Deister*, NZS 2016, 328, 336 f.; *Ertl*, Die Bewertung von medizinischen Methoden in der deutschen Rechtsordnung, 2018, S. 205 ff.; s. auch *Orlowski*, GesR 2017, 1 ff. Gleichsam von unterschiedlichen Bewertungsmaßstäben in Krankenhausbehandlung und vertragsärztlicher Versorgung ausgehend *Ulmer*, in: *Eichenhofer/v. Koppenfels-Spies/Wenner*, SGB V, [3]2018, § 137c Rn. 20: Dies widerspreche zwar der allgemeinen Tendenz zur Angleichung der Standards und sei bei Methoden, die in beiden Bereichen angewandt werden, schwer verständlich, sei aber als klar erkennbarer Wille des Gesetzgebers zu akzeptieren.
[172] S. o. II.
[173] *Welti*, in: *Kunz et al.*, Lehrbuch EbM, [2]2007, S. 401, 404; zu EbM und IQWiG allg. *Koch/Lange/Sawicki*, DÄBl. 2008, A-2039; s. auch *Sawicki*, DÄBl. 2005, A-888.
[174] Näher 2. Kap. C.
[175] Zur EbM im Recht der GKV allg. *Mommertz*, Einflüsse und Auswirkungen der EbM auf das Medizinrecht, 2015, S. 31 ff.; im arzneimittelrechtlichen Zusammenhang *Stallberg*, PharmR 2010, 5, 8 ff. Zu aktuellen Fragen einer evidenzbasierten Methodenbewertung im

Im Ausgangspunkt beurteilt sich der sozialrechtliche Standard über das Qualitäts- und (das wie aufgezeigt ebenfalls im Wesentlichen qualitativ geprägte)[176] Wirtschaftlichkeitsgebot nach dem allgemein anerkannten Stand der medizinischen Erkenntnisse (unter Berücksichtigung des medizinischen Fortschritts, § 2 Abs. 1 S. 3 SGB V). Es wurde bereits dargestellt, dass damit ein Verweis auf medizinisches Fachwissen verbunden ist.[177] Dementsprechend fällt der G-BA als rechtlicher Akteur bei der (sozial-)rechtlichen Standardsetzung auch kein eigenes medizinisch-fachliches Qualitätsurteil über eine Untersuchungs- und Behandlungsmethode, sondern verschafft sich (unterstützt vom IQWiG) einen Überblick über den einschlägigen Wissensstand und wertet diesen nach bestimmten Grundsätzen aus.[178] Erst im Hinblick auf die mit dem Wirtschaftlichkeitsgebot einhergehende Kosten-Nutzen-Betrachtung[179] erfolgt eine begrenzt eigenständige, wertende Beurteilung.[180]

Bezüglich der Auswertung des medizinischen Fachwissens hat sich der G-BA ausgehend von § 91 Abs. 4 S. 1 Nr. 1 SGB V, der den Beschluss einer Verfahrensordnung (VerfO G-BA)[181] vorsieht, in welcher insbesondere methodische Anfor-

---

Kontext von *Big Data* und *real world evidence* ausf. *Ertl*, VSSR 2017, 369, der i. E. (S. 399 f.) infolge der Digitalisierung des Gesundheitswesens eine weitere Ausdifferenzierung des sozialrechtlichen Behandlungsstandards und damit einhergehend eine Verschiebung des Methodenbewertungsgegenstands voraussieht; restriktiv *Windeler et al.*, DÄBl. 2017, A-783 („Kein Ersatz für randomisierte Studien"); vgl. zu den entspr. haftungsrechtlichen Fragen 6. Kap. D. I. 2. b.

[176] S. 4. Kap. C. II.; ausf. 7. Kap. A. II. 1.
[177] Vgl. 4. Kap. C. I. 2.
[178] So auch BSGE 104, 95, 105; *Ulmer*, in: *Eichenhofer/v. Koppenfels-Spies/Wenner*, SGB V, ³2018, § 135 Rn. 20; *Schmidt-De Caluwe*, in: *Becker/Kingreen*, SGB V, ⁶2018, § 92 Rn. 5; *Roters*, in: KassKomm, ⁹³2017, § 92 SGB V Rn. 8; *Vossen*, in: *Krauskopf*, ⁹¹2016, § 135 SGB V Rn. 11; *Wagner*, ebd., ⁵⁹2007, § 12 SGB V Rn. 7; *Steege*, in: *Hauck/Noftz*, SGB V, 2010, § 27 Rn. 78; *Flint*, ebd., 2010, § 135 Rn. 68; *Peick*, in: *Sodan*, Handbuch des Krankenversicherungsrechts, ³2018, § 10 Rn. 70; *Regelin*, in: *Spickhoff*, Medizinrecht, ³2018, § 135 SGB V Rn. 17; *Rixen*, SGb 2018, 253, 257 f.; *Schlegel*, MedR 2008, 30, 32; *Kingreen*, MedR 2007, 457, 461; *Hauck*, NZS 2007, 461, 463 f.; *Engelmann*, MedR 2006, 245, 255 f.; *Engelhard*, SGb 2006, 132, 133; *Francke*, in: FS *Laufs*, 2006, S. 795, 812; vgl. auch § 10 Abs. 2 Kap. 2 VerfO G-BA.
[179] Dazu 4. Kap. C. II. 4.
[180] *Schmidt-De Caluwe*, in: *Becker/Kingreen*, SGB V, ⁶2018, § 92 Rn. 5; s. auch *Kingreen*, MedR 2007, 457, 462; *Engelmann*, MedR 2006, 245, 256.
[181] Dazu etwa *Ziermann*, in: *Sodan*, Handbuch des Krankenversicherungsrechts, ³2018, § 23 Rn. 32; *Schmidt-De Caluwe*, in: *Becker/Kingreen*, SGB V, ⁶2018, § 91 Rn. 50, 57; *Roters*, in: KassKomm, ¹⁰¹2018, § 91 SGB V Rn. 16; *Flint*, in: *Hauck/Noftz*, SGB V, 2010, § 135 Rn. 33 f.; *Engelmann*, MedR 2006, 245, 251 ff. Die VerfO G-BA bezweckt transparente und rechtssichere Entscheidungen zu Qualität und Wirtschaftlichkeit, vgl. § 1 Abs. 1 Kap. 1 VerfO G-BA. Jedenfalls bei Beauftragung durch den G-BA ist die VerfO G-BA und damit die Bezugnahme auf die EbM auch für das IQWiG verbindlich, vgl. § 16 Abs. 4 S. 1 Kap. 1 VerfO G-BA; dazu *Roters*, in: KassKomm, ⁸⁹2016, § 139a SGB V Rn. 11; *Engelmann*, MedR 2006, 245, 254. Das IQWiG hat im Rahmen seiner Publizitätspflichten (vgl. § 139a Abs. 4 S. 2 SGB V) aus Gründen der Verfahrenstransparenz ein entspr. Methodenpapier veröffentlicht (Version 5.0 vom 10.07.2017), in dem auch auf die

derungen an die wissenschaftliche Bewertung des Nutzens, der Notwendigkeit und der Wirtschaftlichkeit von Maßnahmen als Grundlage für Beschlüsse zu regeln sind, für eine Orientierung an den Grundsätzen der EbM entschieden.[182] Das Bewertungsverfahren dient der Feststellung des allgemein anerkannten Stands der medizinischen Erkenntnisse zu Nutzen, Notwendigkeit und Wirtschaftlichkeit der zu bewertenden Methode.[183] Der G-BA ermittelt den allgemein anerkannten Stand der medizinischen Erkenntnisse auf der Grundlage der EbM[184] und deren Evidenzklassifizierung.[185] Dies gilt sektorenübergreifend für vertragsärztliche Versorgung wie Krankenhausbehandlung,[186] die EbM ist Grundlage der Qualitätssicherung nach §§ 135 ff. SGB V insgesamt.[187]

Das BSG hat diese Bewertungsgrundlage nie beanstandet, sie im Gegenteil explizit aufgegriffen.[188] Auch das Gesetz nimmt wiederholt auf die EbM Bezug,

---

EbM und gesundheitsökonomische Methoden abgestellt wird; dazu *Barth*, in: *Spickhoff*, Medizinrecht, ³2018, § 139a SGB V Rn. 11 f.; *Hohnholz*, in: *Hauck/Noftz*, SGB V, 2007, § 139a Rn. 9; *Maassen/Uwer*, MedR 2006, 32 (zu Version 1.0). Auch der Bewertungsausschuss zum EBM (s. o. I.) ist i. Ü. gem. § 87 Abs. 3e S. 1 Nr. 1 SGB V zum Beschluss einer Verfahrensordnung verpflichtet, u. a. zu methodischen Anforderungen.
[182] Näher zum Verfahren der Methodenbewertung durch den G-BA *Zimmermann*, Der G-BA, 2012, S. 257 ff.; *Ertl*, Die Bewertung von medizinischen Methoden in der deutschen Rechtsordnung, 2018, S. 220 ff.
[183] § 9 Abs. 1 Kap. 2 VerfO G-BA.
[184] So § 5 Abs. 2 Kap. 1 VerfO G-BA; dazu *Engelmann*, MedR 2006, 245, 251 f.; *Kreße*, MedR 2007, 393, 398; *Kingreen*, MedR 2007, 457, 461; *Welti*, in: *Kunz et al.*, Lehrbuch EbM, ²2007, S. 401, 405 f.; *Roters*, NZS 2007, 176, 177; *ders.*, NZS 2010, 612, 614; *ders.*, in: KassKomm, ⁹³2017, § 92 SGB V Rn. 8 u. ⁹¹2016, § 135 SGB V Rn. 9 sowie ⁸⁹2016, § 139a SGB V Rn. 11; *Schmidt-De Caluwe*, in: *Becker/Kingreen*, SGB V, ⁶2018, § 92 Rn. 4 f.; *Axer*, in: *Eichenhofer/v. Koppenfels-Spies/Wenner*, SGB V, ³2018, § 2 Rn. 4; *Vossen*, in: *Krauskopf*, ⁹¹2016, § 135 SGB V Rn. 16; *Flint*, in: *Hauck/Noftz*, SGB V, 2010, § 135 Rn. 66; *v. Langsdorff*, in: *Sodan*, Handbuch des Krankenversicherungsrechts, ³2018, § 9 Rn. 14.
[185] Hierzu und zu den verschiedenen Evidenzstufen § 11 Kap. 2 VerfO G-BA; s. auch *Ulmer*, in: *Eichenhofer/v. Koppenfels-Spies/Wenner*, SGB V, ³2018, Vor §§ 135 ff. Rn. 10 u. § 135 Rn. 13; *Roters*, in: KassKomm, ¹⁰²2018, § 12 SGB V Rn. 35; *ders.*, NZS 2007, 176, 177; *Engelmann*, MedR 2006, 245, 252; *Rixen*, SGb 2013, 140, 143 f.; *ders.*, SGb 2018, 253, 257; insg. krit. ggü. den Evaluationsgrundsätzen angesichts des Pluralismus in der Medizin *Zuck*, MedR 2006, 515.
[186] *Becker*, in: *Becker/Kingreen*, SGB V, ⁶2018, § 137c Rn. 4; s. auch *Flint*, in: *Hauck/Noftz*, SGB V, 2010, § 135 Rn. 13, 67, 72 u. § 137c Rn. 8. Das Bewertungsverfahren ist dabei untergliedert in die sektorenübergreifende und damit einheitliche Bewertung des Nutzens und der medizinischen Notwendigkeit sowie die sektorenspezifische Bewertung der Wirtschaftlichkeit und Notwendigkeit im Versorgungskontext, § 7 Abs. 1 Kap. 2 VerfO G-BA; dazu *Roters*, NZS 2007, 176, 181 f.; *Engelmann*, MedR 2006, 245, 254.
[187] *Ulmer*, in: *Eichenhofer/v. Koppenfels-Spies/Wenner*, SGB V, ³2018, Vor §§ 135 ff. Rn. 10 u. § 135 SGB V Rn. 13; s. auch *Schmidt-De Caluwe*, in: *Becker/Kingreen*, SGB V, ⁶2018, § 135 Rn. 12; *Huster*, VSSR 2013, 327, 337 ff.; *ders.*, in: DS 60 Jahre BSG, 2015, Bd. 2, S. 223, 237 ff.; differenziert *Roters*, GesR 2012, 604, 607 ff.; aus medizinischer Sicht *Raspe*, GesR 2013, 206, 209 f.
[188] S. etwa BSGE 103, 106, 132 f. = MedR 2010, 347, 357 m. Anm. *Kamps*.; BSGE 112, 15, 32 f.; im arzneimittelrechtlichen Zusammenhang auch BSGE 107, 261, 281 f.; 107, 287,

erkennt diese somit grundsätzlich als sachgerecht an und gibt sie verschiedentlich sogar selbst als Maßstab vor.[189] Nach dem Idealbild des Gesetzgebers beschreibt die EbM den allgemein anerkannten Stand der medizinischen Erkenntnisse.[190]

In der Regel wird im Übrigen neben der EbM zugleich auf die Gesundheitsökonomie Bezug genommen; die Rede ist wenig aussagekräftig von „international anerkannten Standards der EbM und der Gesundheitsökonomie".[191] So hat etwa das IQWiG nach § 139a Abs. 4 S. 1 SGB V zu gewährleisten, dass die Bewertung des medizinischen Nutzens nach den international anerkannten Standards der EbM und die ökonomische Bewertung nach den hierfür maßgeblichen international anerkannten Standards, insbesondere der Gesundheitsökonomie erfolgt. Dabei erscheint es bereits äußerst zweifelhaft, ob solche Standards (zumal international) überhaupt existieren.[192] Für die Zwecke des Gesetzes handelt es sich jedenfalls um eine notwendige, nicht abschließend überprüfbare Fiktion.[193]

Das Qualitätsgebot des § 2 Abs. 1 S. 3 SGB V – und damit letztlich das mit diesem untrennbar verbundene Wirtschaftlichkeitsgebot des § 12 Abs. 1 S. 1 SGB V[194] – ist vor diesem Hintergrund also vor allem ein „Evidenzgebot"; der allgemein anerkannte Stand der medizinischen Erkenntnisse bestimmt sich nach den Grundsätzen der EbM.[195] Durch die Orientierung an der EbM wird zwar auf den ersten Blick eine wissenschaftliche Methodik an Stelle des in § 2 Abs. 1 S. 3 SGB V angedeuteten und von der Rechtsprechung[196] betonten Konsensprinzips gesetzt, tatsächlich erfordert der für die allgemeine Anerkennung verlangte

---

306; zu Medizinprodukten – mit einer eindeutigen Präferenz für „höchstmögliche Evidenz" (vgl. § 40 Abs. 1 Kap. 4 VerfO G-BA) BSGE 111, 155, 167; 119, 57, 74 ff.; dennoch kein starrer Rahmen, welcher unabhängig von den praktischen Möglichkeiten tatsächlich erzielbarer Evidenz gilt, vgl. BSGE 115, 95, 101; BSG MedR 2018, 506, 508 (für BSGE 125, 76 vorgesehen); allg. zum Umgang der Sozialgerichte mit EbM zudem *S. Augsberg*, GesR 2012, 595; *Hase*, in: DS 60 Jahre BSG, 2014, Bd. 1, S. 423, 433 f.

[189] Dazu *Engelmann*, MedR 2006, 245, 252; *S. Augsberg*, GesR 2012, 595; s. etwa §§ 35 Abs. 1b S. 4, 35a Abs. 1 S. 8 Nr. 2, 35b Abs. 1 S. 5, 139a Abs. 3 Nr. 7, Abs. 4 S. 1 SGB V. In diesem Zusammenhang fällt zwar häufig auch der Begriff „Standards", dabei geht es jedoch nicht um den Behandlungsstandard, sondern um wissenschaftliche Methodikstandards, die sich freilich auf die Bewertung von Behandlungsmethoden und damit die (sozialrechtliche) Bestimmung des Medizinischen Standards beziehen; vgl. insofern neben den zuvor genannten auch §§ 20g Abs. 2, 65 S. 1, 65d Abs. 2 S. 1, 137a Abs. 5 S. 1, 137f Abs. 4 S. 1 SGB V.

[190] *Gaßner/Strömer*, SGb 2011, 421; s. auch allg. *Ladeur*, GesR 2011, 455, 458 f.

[191] Dazu *Seewald*, in: *Schnapp/Wigge*, Handbuch des Vertragsarztrechts, ³2017, § 19 Rn. 27 f.; s. auch §§ 35a Abs. 1 S. 8 Nr. 2, 35b Abs. 1 S. 5 SGB V.

[192] Krit. etwa *Wallrabenstein*, in: *Becker/Kingreen*, SGB V, ⁶2018, § 139a Rn. 21 m. w. N.; s. auch *Barth*, in: *Spickhoff*, Medizinrecht, ³2018, § 139a SGB V Rn. 10; *Gaßner/Strömer*, SGb 2011, 421, 422; *Kingreen*, VVDStRL 70 (2011), 152, 171; *Kemmler*, NZS 2014, 521, 528 f.

[193] Vgl. bereits 4. Kap. B. I.

[194] S. *Rixen*, SGb 2013, 140, 142 f.: „Das Wirtschaftlichkeitsgebot im Sog des evidenzbasierten Wissenschaftsgebots".

[195] Vgl. *Deister*, NZS 2016, 328, 329; für die Medizin *Raspe*, GesR 2013, 206, 208; aus dieser Perspektive *Ertl*, NZS 2016, 889; aus medizinischer Sicht *Raspe*, GesR 2011, 449.

[196] Näher 4. Kap. C. I. 2.

Konsens in den einschlägigen Fachkreisen aber zwingend eine methodische Aufbereitung der wissenschaftlichen Erkenntnisse.[197]

Davon geht letztlich auch das BSG aus, wenn es diesbezüglich im Wesentlichen auf wissenschaftliche Belege abstellt.[198] Zwar gibt das Gericht ansonsten keine näheren Anforderungen vor,[199] setzt dabei aber mehr oder weniger selbstverständlich die Maßgeblichkeit der EbM voraus.[200] Es erfolgt gerade keine unkritische Bezugnahme auf eine herrschende Ansicht in der Schulmedizin, vielmehr werden fachliche Nachweise gefordert und überprüfbare Kriterien aufgestellt.[201]

Der Sache nach greift das Gericht wie dargelegt mit seiner Definition des allgemein anerkannten Stands der medizinischen Erkenntnisse auf Kriterien der EbM zurück.[202] Das Abstellen auf einen zahlenmäßigen Konsens entspricht zwar dem Wortlaut des § 2 Abs. 1 S. 3 SGB V, kann jedoch zutreffend als „juristisches Artefakt"[203] bezeichnet werden, ist eine solche Verbreitung und Akzeptanz praktisch schließlich kaum einmal gegeben (und wenn dann nur mit erheblicher Zeitverzögerung).[204] Der geforderte Konsens ergibt sich erst aus der Überzeugungskraft medizinischer Evidenz (oder wird durch diese widerlegt) – „Konsens durch Evidenz"[205] – und transformiert sich so von einem quantitativ-empirischen zu einem qualitativ-wissenschaftlichen Kriterium.[206] Ein Expertenvotum ist nur so viel wert wie die Erkenntnisse, auf die es gestützt wird.[207]

Der G-BA ist im Übrigen schon aus Gründen der Rechtssicherheit und zur Wahrung des Gleichheitsgrundsatzes verpflichtet, seinen Beurteilungen einen einheitlichen wissenschaftlichen Maßstab zu Grunde zu legen.[208] Er hat daher anhand der Kriterien der EbM festzustellen, ob ein hinreichend fundierter Konsens

---

[197] *Roters*, in: KassKomm, $^{9.3}$2017, § 92 SGB V Rn. 8; auch *Engelmann*, MedR 2006, 245, 252 f. (kein inhaltlicher Widerspruch zwischen Konsens und Evidenz und daher auch keine rechtlichen Bedenken ggü. der EbM).
[198] Dazu 4. Kap. C. I. 2.
[199] Vgl. *v. Langsdorff*, in: *Sodan*, Handbuch des Krankenversicherungsrechts, ^{3}2018, § 9 Rn. 14. BSGE 104, 95, 101, verweist unter Bezugnahme auf die VerfO G-BA, letztlich aber ohne nähere Erläuterungen, auf randomisierte, doppelblind durchgeführte und placebokontrollierte Studien.
[200] Vgl. insofern die in Fn. 188 genannten Entscheidungen.
[201] *Welti*, in: *Kunz et al.*, Lehrbuch EbM, ^{2}2007, S. 401, 407, 409.
[202] *Welti*, GesR 2006, 1, 6; ders., in: *Kunz et al.*, Lehrbuch EbM, ^{2}2007, S. 401, 407; *Deister*, NZS 2016, 328, 330.
[203] Vgl. bereits 2. Kap. A.
[204] *Deister*, NZS 2016, 328, 329; vgl. allg. bereits *Hase*, GesR 2012, 601, 603; s. auch *Roters*, NZS 2007, 176, 177.
[205] *Engelmann*, MedR 2006, 245, 253 (kein Gegensatz, sondern Evidenz als Voraussetzung von Konsens).
[206] *Deister*, NZS 2016, 328, 330.
[207] *Roters*, NZS 2007, 176, 177.
[208] *Roters*, in: KassKomm, $^{9.1}$2016, § 135 SGB V Rn. 9 u. ^{89}2016, § 139a SGB V Rn. 11; *Ulmer*, in: *Eichenhofer/v. Koppenfels-Spies/Wenner*, SGB V, ^{3}2018, Vor §§ 135 ff. Rn. 10; s. auch *Welti*, in: *Kunz et al.*, Lehrbuch EbM, ^{2}2007, S. 401, 404 ff.: in Frage stehen die sachliche und fachliche Legitimation des G-BA.

über die Qualität und Wirksamkeit der fraglichen Behandlungsmethode besteht.[209] Die Festlegung auf die Grundsätze der EbM konkretisiert im Ergebnis § 2 Abs. 1 S. 3 SGB V für die Zwecke von G-BA und IQWiG. Die Kriterien der EbM prägen insbesondere die abstrakt-generelle Standardsetzung durch Richtlinien, speziell in der vertragsärztlichen Versorgung mit ihrem Verbot mit Erlaubnisvorbehalt, was erheblichen Einfluss auf den sozialrechtlichen Standardbegriff insgesamt hat.

C. Sonderkonstellationen

In bestimmten Konstellationen wird allerdings von den Grundsätzen sozialrechtlicher Standardsetzung, teils auch von der inhaltlichen Ausgestaltung des sozialrechtlichen Standardbegriffs selbst abgewichen, um den Besonderheiten des jeweiligen Einzelfalls gerecht zu werden. Die Sonderfälle lassen sich in den vier im Folgenden aufgeführten Kategorien zusammenfassen.[210] In Frage stehen entweder (in materieller Hinsicht) Abstufungen oder Modifizierungen des gesetzlich geforderten und von der Rechtsprechung näher herausgearbeiteten wissenschaftlich begründeten Wirksamkeitsnachweises nach dem allgemein anerkannten Stand der medizinischen Erkenntnisse (§ 2 Abs. 1 S. 3 SGB V),[211] an welchen das den sozialrechtlichen Standardbegriff wesentlich prägende Qualitäts- und Wirtschaftlichkeitsgebot auf vielfältige Weise anknüpft, oder (formell) Lockerungen des gesetzlich vorgesehenen, die Standardsetzung erheblich beeinflussenden Verbots mit Erlaubnisvorbehalt in der vertragsärztlichen Versorgung (§ 135 Abs. 1 SGB V)[212] – oder sogar Ausnahmen von beiden gesetzlichen Vorgaben.

---

[209] *Schmidt-De Caluwe*, in: *Becker/Kingreen*, SGB V, ⁶2018, § 92 Rn. 5; *Engelmann*, MedR 2006, 245, 253.
[210] Vgl. daneben auch die Gesamtdarstellung bei *Nimis*, Der Anspruch des Patienten auf neue Untersuchungs- und Behandlungsmethoden in der GKV, 2012, S. 161 ff., insb. 263 ff.
[211] *v. Langsdorff*, in: *Sodan*, Handbuch des Krankenversicherungsrechts, ³2018, § 9 Rn. 15 ff.; *Noftz*, in: *Hauck/Noftz*, SGB V, 2015, § 2 Rn. 76 ff.; *Deister*, NZS 2016, 328, 330 f. (faktische Durchführungsprobleme strenger Evidenzbindung und daraus resultierendes Bedürfnis nach Ausnahmekonstellationen, um „Kollateralschäden" zu vermeiden). Zur Modifikation der Qualitätskriterien durch § 27a SGB V (künstliche Befruchtung) i. Ü. BSGE 88, 62, 68 ff. Erhöhte Anforderungen werden zudem an strukturierte Behandlungsprogramme (§ 137f u. g SGB V), vorübergehend abgesenkte an die Erprobung von Untersuchungs- und Behandlungsmethoden nach § 137e SGB V gestellt, vgl. *Hauck*, NJW 2013, 3334, 3339; s. auch BSG MedR 2018, 506, 509 (für BSGE 125, 76 vorgesehen).
[212] Vgl. die Aufzählung in BSGE 119, 180, 185; 104, 95, 102; *Schmidt-De Caluwe*, in: *Becker/Kingreen*, SGB V, ⁶2018, § 135 Rn. 27; s. auch *Ulmer*, in: *Eichenhofer/v. Koppenfels-Spies/Wenner*, SGB V, ³2018, § 135 Rn. 57 ff.; *Vossen*, in: *Krauskopf*, ⁹¹2016, § 135 SGB V Rn. 26 ff.; *Steege*, in: *Hauck/Noftz*, SGB V, 2010, § 27 Rn. 81 ff.; *Flint*, ebd., § 135 Rn. 99 ff.; *Weidenbach*, in: *Sodan*, Handbuch des Krankenversicherungsrechts, ³2018, § 29 Rn. 28 ff.; *Regelin*, in: *Spickhoff*, Medizinrecht, ³2018, § 135 SGB V Rn. 31 ff.; *Hauck*, NZS 2007, 461, 464; *ders.*, NJW 2013, 3334, 3337; *Huster*, GesR 2010, 337, 339; *Axer*, GesR 2015, 641; *Felix*, MedR 2016, 93, 94; *dies.*, MedR 2011, 67, Fn. 11. Die Übertragbarkeit auf den Fall, dass i. R. d. Krankenhausbehandlung ein Verbot i. S. v. § 137c Abs. 1 SGB V besteht, erscheint ungeklärt.

I. Besondere Therapierichtungen

So gelten zunächst für die bereits erwähnten besonderen Therapierichtungen[213] spezielle Anforderungen an den Wirksamkeitsnachweis. Zwar wird dem Grunde nach der klassische Standardbegriff vorausgesetzt, dessen inhaltliche Ausrichtung jedoch modifiziert, um auch hier eine Standardbestimmung zu ermöglichen. Ausgangspunkt ist die Frage nach dem (potentiellen Spannungs-)Verhältnis von § 2 Abs. 1 S. 3 zu § 2 Abs. 1 S. 2 SGB V, der als Ausformung der Therapiefreiheit[214] sowie der Neutralität des Staates gegenüber unterschiedlichen wissenschaftlichen Ansätzen[215] das Sozialrecht für die Leistungen der besonderen Therapierichtungen ausdrücklich öffnet.[216]

Leistungen der besonderen Therapierichtungen soll in § 2 Abs. 1 S. 2 SGB V keine Sonderstellung eingeräumt werden,[217] auch sie müssen den gesetzlichen Vorgaben der §§ 2 Abs. 1 S. 3 und 12 Abs. 1 SGB V genügen.[218] Ihrer Vielfalt und besonderen Wirkungsweise ist aber (unter Beachtung der allgemeinen Anforderungen an Qualität und Wirtschaftlichkeit) Rechnung zu tragen.[219] Der gesetzlich geforderte Wirksamkeitsnachweis nach dem allgemein anerkannten Stand der medizinischen Erkenntnisse ist an den Methoden der Schulmedizin orientiert und insbesondere in seiner richterrechtlichen Ausgestaltung nicht mit den besonderen Therapierichtungen kompatibel. Die Bezeichnung als solche setzt schließlich gerade voraus, dass die Methode nicht Teil des (im schulmedizinischen Sinne) allgemein anerkannten Stands der medizinischen Erkenntnisse ist. Dann kann sie aber auch nicht an diesem gemessen werden.

Der insofern festzustellende latente Widerspruch zwischen § 2 Abs. 1 S. 2 und S. 3 SGB V[220] wird letztlich dadurch aufgelöst, dass für den Wirksamkeitsnachweis in den besonderen Therapierichtungen nicht auf die Anerkennung nach den wissenschaftlichen Maßstäben der Schulmedizin, sondern auf das Kriterium der Binnenanerkennung abgestellt wird.[221] Binnenanerkennung bedeutet, dass die

---

[213] Zum Begriff 4. Kap. B. I.; zur Anwendung der anderen Fallgruppen auf besondere Therapierichtungen *Axer*, in: *Eichenhofer/v. Koppenfels-Spies/Wenner*, SGB V, ³2018, § 2 Rn. 16 ff.
[214] BSGE 73, 66, 72; näher zur Bedeutung der Therapiefreiheit des Arztes und des Selbstbestimmungsrechts des Patienten in diesem Kontext dort auf S. 70 ff.
[215] BSGE 81, 54, 69.
[216] Dazu BSGE 94, 221, 233 ff. m. w. N.; *Axer*, in: *Eichenhofer/v. Koppenfels-Spies/ Wenner*, SGB V, ³2018, § 2 Rn. 13 ff.; *Roters*, in: KassKomm, ¹⁰2018, § 12 SGB V Rn. 50 ff. u. ⁹¹2016, § 135 SGB V Rn. 15; *Scholz*, in: *Becker/Kingreen*, SGB V, ⁶2018, § 2 Rn. 12; *Noftz*, in: *Hauck/Noftz*, SGB V, 2000, § 12 Rn. 24 ff., 38 f.; *Vossen*, in: *Krauskopf*, ⁹¹2016, § 135 SGB V Rn. 17; *Schumacher*, Alternativmedizin, 2017, S. 165 f.
[217] Vgl. bereits BT-Drs. 11/3480, S. 49.
[218] BSGE 120, 170, 181 f.; 110, 20, 31; *Krauskopf*, in: *Krauskopf*, ⁷⁸2012, § 2 SGB V Rn. 6.
[219] Vgl. bereits BT-Drs. 11/3480, S. 49.
[220] So *Roters*, in: KassKomm, ¹⁰2018, § 12 SGB V Rn. 50; s. auch *Noftz*, in: *Hauck/Noftz*, SGB V, 2018, § 2 Rn. 3: Harmonisierung der Gegenläufigkeit durch Auslegung.
[221] Dazu *Schmidt-De Caluwe*, in: *Becker/Kingreen*, SGB V, ⁶2018, § 135 Rn. 14; *Roters*, in: KassKomm, ¹⁰2018, § 12 SGB V Rn. 52; *Nebendahl*, in: *Spickhoff*, Medizinrecht, ³2018,

Wirksamkeit einer Untersuchungs- und Behandlungsmethode innerhalb der jeweiligen Therapierichtung nach deren Maßstäben anerkannt ist,[222] was Akzeptanz unter den entsprechenden Fachleuten und Resonanz in der Praxis erfordert.[223] Es erfolgt eine therapieimmanente Beurteilung, die freilich voraussetzt, dass der jeweilige Denkansatz seinerseits über eigene, wissenschaftlich nachprüfbare Qualitätskriterien verfügt.[224]

Darüber hinaus unterliegen Leistungen der besonderen Therapierichtungen wie alle GKV-Leistungen dem Wirtschaftlichkeitsgebot und sind im Rahmen dessen (soweit vorhanden) auch entsprechenden Leistungen der Schulmedizin gegenüberzustellen,[225] die im Ergebnis in aller Regel Vorrang genießen werden.[226] Zudem bleibt es prinzipiell bei der üblichen Standardsetzung, insbesondere gilt auch mit Blick auf die besonderen Therapierichtungen § 135 Abs. 1 SGB V.[227] Dabei ist eine Methodenbewertung nach den Grundsätzen der EbM, deren Evidenzklassifizierung aus der Schulmedizin heraus entstanden und auf diese zugeschnitten ist, nicht oder nur eingeschränkt möglich. In § 135 Abs. 1 SGB V ist insofern aber mit Grund vom „Stand der wissenschaftlichen Erkenntnisse *in der jeweiligen Therapierichtung*" die Rede.[228]

---

§ 2 SGB V Rn. 3; insb. *Schumacher*, Alternativmedizin, 2017, S. 198 f., 205 f.; ausf. Darstellung der Entwicklung in Rspr. und Lit. dort auf S. 174 ff.

[222] BSGE 73, 66, 72 f.; 81, 54, 71; 108, 183, 192; 110, 20, 29 f.; s. auch *Welti*, GesR 2006, 1, 7; unter dem Gesichtspunkt von Forschung und Standardentwicklung *Hart*, MedR 1996, 60, 65 ff.

[223] Vgl. *Axer*, in: *Eichenhofer/v. Koppenfels-Spies/Wenner*, SGB V, ³2018, § 2 Rn. 15; insg. *Zuck*, NZS 1999, 313, 317 f. (dort daher *Experience Based Medicine*).

[224] BSGE 81, 54, 72; *Roters*, in: KassKomm, ¹⁰²2018, § 12 SGB V Rn. 52; ausf. *Noftz*, in: *Hauck/Noftz*, SGB V, 2015, § 2 Rn. 52 u. 2000, § 12 Rn. 39, allerdings krit. ggü. dem Begriff Binnenanerkennung; s. auch *Rolfs*, Das Versicherungsprinzip im Sozialversicherungsrecht, 2000, S. 403 (keine bloße Selbstanerkennung); *ders.*, in: FS 50 Jahre BSG, 2004, S. 475, 480; *Welti*, in: *Kunz et al.*, Lehrbuch EbM, ²2007, S. 401, 402.

[225] BSGE 73, 66, 75 f.; *Schmidt-De Caluwe*, in: *Becker/Kingreen*, SGB V, ⁶2018, § 135 Rn. 14.

[226] Vgl. *Rolfs*, Das Versicherungsprinzip im Sozialversicherungsrecht, 2000, S. 408; *ders.*, in: FS 50 Jahre BSG, 2004, S. 475, 486.

[227] *Noftz*, in: *Hauck/Noftz*, SGB V, 2015, § 2 Rn. 73 u. 2000, § 12 Rn. 41; vgl. auch *Wenner*, Vertragsarztrecht nach der Gesundheitsreform, 2008, § 4 Rn. 3; insb. *Schumacher*, Alternativmedizin, 2017, S. 173 f., 197 f., 205.

[228] Dazu *Axer*, in: *Eichenhofer/v. Koppenfels-Spies/Wenner*, SGB V, ³2018, § 2 Rn. 13 f.; *Schmidt-De Caluwe*, in: *Becker/Kingreen*, SGB V, ⁶2018, § 135 Rn. 14; *Flint*, in: *Hauck/Noftz*, SGB V, 2010, § 135 Rn. 70; *Schumacher*, Alternativmedizin, 2017, S. 198 f., 205 f.; krit. *Ulmer*, in: *Eichenhofer/v. Koppenfels-Spies/Wenner*, SGB V, ³2018, § 12 Rn. 23 u. § 135 Rn. 28, der in der Binnenanerkennung eine gleichheitswidrige Sonderstellung der besonderen Therapierichtungen in ihrer wissenschaftlichen Beurteilung erblickt, welche ihnen nach § 2 Abs. 1 S. 3 SGB V gerade nicht zukommen soll.

II. Systemversagen

Ein Systemversagen[229] liegt vor, sofern der Standard nicht, nicht rechtzeitig[230] oder nicht ordnungsgemäß nach den besonderen Vorgaben des SGB V bestimmt wurde,[231] namentlich der G-BA ohne sachlichen Grund keine Entscheidung nach § 135 Abs. 1 SGB V gefällt hat, obwohl alle Voraussetzungen gegeben sind. Das Verbot mit Erlaubnisvorbehalt dient der Qualitätssicherung; der medizinische Fortschritt (§ 2 Abs. 1 S. 3 SGB V) soll dadurch aber nicht behindert werden.[232]

Auch bei einem Systemversagen hat der Patient daher einen Anspruch auf standardgemäße Behandlung im Sinne der allgemeinen Vorgaben der §§ 2 Abs. 1, 12 Abs. 1 SGB V. Ausnahmsweise reicht aber anstelle einer abstrakt-generellen Standardsetzung eine konkret-individuelle aus. Mithin findet in diesem Fall zwar der gewohnte Standardbegriff des SGB V Anwendung (namentlich der Wirksamkeitsnachweis nach dem allgemein anerkannten Stand der medizinischen Erkenntnisse), jedoch erfolgt die Standardbestimmung abweichend im Streitfall durch die Sozialgerichte.[233] Auf diese Weise wird letztlich doch noch die Einhaltung des Qualitätsgebots gesichert.[234]

Von dem Erfordernis des wissenschaftlich fundierten Wirksamkeitsnachweises selbst lässt die Rechtsprechung in diesem Zusammenhang nur dann Ausnahmen zu, wenn der Wirksamkeitsnachweis wegen der Art oder des Verlaufs einer Erkrankung oder wegen unzureichender wissenschaftlicher Erkenntnisse auf erhebliche Schwierigkeiten stößt. Anerkannt ist dies bei Krankheiten, deren Entstehung und Verlauf ungeklärt sind, die sich nicht gezielt beeinflussen lassen, bei denen

---

[229] Zu dieser Fallgruppe BSGE 81, 54, 65 f. = NJW 1999, 1805, 1809 f.; BSGE 86, 54, 60 f.; 88, 51, 61 f.; 88, 62, 74 f.; 94, 221, 231 f.; 97, 190, 195 = NJW 2007, 1385, 1387 f.; BSGE 111, 155, 164 ff.; 113, 241, 244 ff.; 117, 1, 6 ff.; 117, 10, 15 ff.; dazu *Nolte*, in: KassKomm, [88]2015, § 27 SGB V Rn. 59d; *Roters*, ebd., [91]2016, § 135 SGB V Rn. 11; *Ulmer*, in: *Eichenhofer/v. Koppenfels-Spies/Wenner*, SGB V, [3]2018, § 12 Rn. 31 ff.; *Lang*, in: *Becker/Kingreen*, SGB V, [6]2018, § 27 Rn. 59; *Noftz*, in: *Hauck/Noftz*, SGB V, 2015, § 2 Rn. 74 u. 2000, § 12 Rn. 45 f.; *Wagner*, in: *Krauskopf*, [59]2007, § 12 SGB V Rn. 7; *Fastabend*, NZS 2002, 299, 306 f.; *Engelmann*, MedR 2006, 245, 250 f.; *Engelhard*, SGb 2006, 132, 134 ff.; *Hauck*, NZS 2007, 461, 464 f.; *ders.*, NJW 2013, 3334, 3337.

[230] Vgl. aber auch die Fristenregelung und die Rechtsfolge ihrer Nichteinhaltung (die Methode darf zu Lasten der Krankenkassen erbracht werden) in § 135 Abs. 1 S. 4 ff. SGB V.

[231] Vgl. in diesem Zusammenhang die Abweichung vom Naturalleistungsprinzip in § 13 (Abs. 1 i. V. m.) Abs. 3 S. 1 SGB V: konnte die Krankenkasse eine unaufschiebbare Leistung nicht rechtzeitig erbringen oder hat sie eine Leistung zu Unrecht abgelehnt und sind dadurch Versicherten für die selbstbeschaffte Leistung Kosten entstanden, sind diese von der Krankenkasse in der entstandenen Höhe zu erstatten, soweit die Leistung notwendig war; nunmehr ergänzend die Fristenregelung mit Genehmigungsfiktion in § 13 Abs. 3a SGB V (dazu BSGE 121, 40; 123, 145 u. 293; 124, 251; BSG GesR 2018, 329; NZS 2019, 496).

[232] BSGE 81, 54, 65 = NJW 1999, 1805, 1809; BSGE 104, 95, 104; s. auch *Engelhard*, SGb 2006, 132, 135.

[233] Vgl. *Engelhard*, SGb 2006, 132, 135 f., 139; anschließend kann der G-BA freilich die Entscheidungskompetenz, von der er zuvor rechtswidrig keinen Gebrauch gemacht hat, für die Zukunft wieder an sich ziehen.

[234] *Hauck*, NJW 2013, 3334, 3337.

auch Ansätze einer symptomatischen Behandlung nur eine vorübergehende und begrenzt objektivierbare Wirkung entfalten und die darüber hinaus weitere Besonderheiten aufweisen, welche die Durchführung wissenschaftlicher Studien und die Beurteilung ihrer Ergebnisse erheblich erschweren.[235] Diese Rechtsprechung zeigt insofern unverkennbare Parallelen zur noch darzustellenden Fallgruppe seltener Krankheiten.[236]

Soweit der Wirksamkeitsnachweis auf derartige erhebliche Schwierigkeiten stößt und die Sozialgerichte aufgrund eines Ausnahmefalls wie des Systemversagens an Stelle des G-BA über die generelle Wirksamkeit zu befinden haben, sei es ihnen demnach gestattet, nicht auf wissenschaftliche Kriterien abzustellen, sondern darauf, ob die Methode sich in der medizinischen Praxis durchgesetzt hat (praktische Akzeptanz).[237] Es könne dann ausreichen, dass die Methode in der medizinischen Fachdiskussion eine breite Resonanz gefunden hat und von einer erheblichen Zahl von Ärzten angewandt wird (tatsächliche Verbreitung).[238] Damit entscheiden die Gerichte nach anderen Kriterien als der G-BA, was jedoch aufgrund des Ausnahmefalls hinzunehmen sei.

Dieser Ansatz werde dem Charakter der Medizin als Erfahrungswissenschaft in besonderem Maße gerecht; eine eigene medizinisch-wissenschaftliche Beurteilung durch die Gerichte anstelle der sonst geforderten Bewertung durch den dafür zuständigen G-BA sei fragwürdig und überfordere diese.[239] Es sei insbesondere nicht Aufgabe der Gerichte, durch die Auswahl von Sachverständigen oder die Bewertung wissenschaftlicher Lehrmeinungen für die eine oder die andere Position Partei zu ergreifen oder durch Gutachtenaufträge den Fortschritt der medizinischen Erkenntnisse voran zu treiben.[240] Es könne nur darum gehen, die wissenschaftliche Auseinandersetzung zur Kenntnis zu nehmen und daraufhin zu untersuchen, ob ein wissenschaftlicher (Teil-)Konsens festgestellt werden kann, der eine rechtliche Entscheidung zu tragen geeignet ist.[241]

Dieser Rechtsprechung kann im Ergebnis nicht gefolgt werden. Die materiellen Anforderungen des sozialrechtlichen Standardbegriffs dürfen nicht allein deshalb herabgesetzt werden, weil für die Behandlung einer Krankheit kein Standard im Sinne der Vorgaben des SGB V bestimmt werden kann. Es kann durchaus auch einmal keinen Behandlungsstandard (und damit keine einforderbare GKV-Leistung) geben, was als Bestimmungsresultat hinzunehmen und nicht dadurch zu umgehen ist, dass immer dann, wenn die üblichen Kriterien scheitern, auf sie verzichtet wird. Denn dadurch werden diese Kriterien, insbesondere der

---

[235] BSGE 86, 54, 62; 81, 54, 67 = NJW 1999, 1805, 1810; *Roters*, in: KassKomm, [102]2018, § 12 SGB V Rn. 37; *Engelhard*, SGb 2006, 132, 136.
[236] S. u. III.; vgl. die Konstellationen in BSGE 86, 54, 63 u. 81, 54, 67 = NJW 1999, 1805, 1810.
[237] *Engelhard*, SGb 2006, 132, 136.
[238] BSGE 86, 54, 62; 85, 56, 62; 81, 54, 68, 70 f.; *Roters*, in: KassKomm, [102]2018, § 12 SGB V Rn. 38; zum Prüfungsmaßstab auch *Noftz*, in: Hauck/Noftz, SGB V, 2015, § 2 Rn. 75 u. 2000, § 12 Rn. 46.
[239] BSGE 81, 54, 68 ff.
[240] BSGE 85, 56, 65; s. auch 81, 54, 69.
[241] BSGE 85, 56, 65 f.

Wirksamkeitsnachweis nach dem allgemein anerkannten Stand der medizinischen Erkenntnisse, weitgehend entwertet und der sozialrechtliche Standardbegriff der Unbestimmtheit preisgegeben.

Eine Absenkung der Anforderungen an den Standard allein aufgrund der Vermutung seiner Existenz beinhaltet stets die Gefahr, den Standard fehlerhaft zu bestimmen. Lediglich bei Vorliegen eines besonderen (verfassungsrechtlichen) Rechtfertigungsgrunds ist es daher überhaupt vorstellbar, von den allgemeinen gesetzlichen Vorgaben abzuweichen. Ein solcher ergibt sich letztlich allerdings nur in der noch zu erörternden Fallgruppe der lebensbedrohlichen Krankheiten.[242]

III. Seltene Krankheiten

Im Falle extrem seltener Krankheiten (Seltenheitsfälle)[243] stößt sowohl die gesetzlich vorgesehene Standardbestimmung als auch der Standardbegriff des SGB V selbst an seine Grenzen. In Frage stehen einzigartige Krankheiten, die sich jeder systematisch-medizinischen Erforschung entziehen.[244] Allein geringe Patientenzahlen stehen gewiss einer wissenschaftlichen Erforschung nicht grundsätzlich entgegen.[245]

Unstreitig ist in einer solchen Konstellation keine abstrakt-generelle Standardsetzung erforderlich, da sie praktisch unmöglich ist.[246] Die Vorgehensweise in einem singulären Krankheitsfall kann insofern von vornherein nicht als Methode im Sinne des § 135 Abs. 1 S. 1 SGB V aufgefasst werden. Wie dargelegt sind hiervon nur systematische Vorgehensweisen erfasst; naturgemäß handelt es sich nicht um einzelne ärztliche Maßnahmen, sondern um leistungsübergreifende methodische Konzepte.[247] Nach diesem Begriffsverständnis greift die Sperrwirkung des Leistungsverbots mit Erlaubnisvorbehalt bei seltenen und daher unerforschbaren Krankheiten schlicht nicht ein.[248]

Dies wird zudem dadurch bestätigt, dass der G-BA nach § 135 Abs. 1 S. 1 SGB V den therapeutischen Nutzen einer Behandlungsmethode nach dem Stand der wissenschaftlichen Erkenntnisse, also dem allgemein anerkannten Stand der medizinischen Erkenntnisse (§ 2 Abs. 1 S. 3 SGB V) zu beurteilen hat, welcher für die Zwecke des G-BA zusätzlich durch die Grundsätze der EbM präzisiert wird. Da es derartige wissenschaftlich fundierte Aussagen zur Vorgehensweise bei

---

[242] S. u. IV.; vgl. die Konstellationen in BSGE 86, 54, 63 u. 81, 54, 67 = NJW 1999, 1805, 1810.
[243] Zu dieser Fallgruppe BSGE 93, 236, 243 ff.; 111, 168, 172 ff.; 113, 167, 176 = MedR 2013, 820, 824 m. Anm. *Ossege*; BSGE 122, 170, 176 f.; *Nolte*, in: KassKomm, ⁸⁸2015, § 27 SGB V Rn. 59c; *Roters*, ebd., ⁹¹2016, § 135 SGB V Rn. 10; *Ulmer*, in: Eichenhofer/ v. Koppenfels-Spies/Wenner, SGB V, ³2018, § 12 Rn. 34 f.; *Lang*, in: Becker/Kingreen, SGB V, ⁶2018, § 27 Rn. 62; *Schmidt-De Caluwe*, ebd., § 135 Rn. 4; *Roters*, NZS 2007, 176, 178 f.; *Hauck*, NZS 2007, 461, 464; *ders.*, NJW 2013, 3334, 3337 f.
[244] BSGE 93, 236, 243 ff.; 111, 168, 172.
[245] BSGE 93, 236, 246; 111, 168, 172 f.
[246] Vgl. *Hauck*, NJW 2013, 3334, 3337.
[247] S. o. B. III. vor 1.
[248] BSGE 93, 236, 244.

einzigartigen Erkrankungen, die weltweit nur extrem selten auftreten und die deshalb im nationalen wie internationalen Rahmen weder systematisch erforscht noch systematisch behandelt werden können, *per se* nicht geben kann, hat der G-BA in einem solchen Fall auch nicht die Befugnis, generalisierend in Richtlinien zur Qualität der Behandlung Stellung zu nehmen. Deshalb darf dies auch nicht zu einer Anspruchsvoraussetzung für die Leistungsgewährung erhoben werden; ansonsten hinge die Einbeziehung in die vertragsärztliche Versorgung von einer Rechtsnorm ab, die zu erlassen der als Rechtsetzungsorgan berufene G-BA wegen der einzigartigen medizinischen Situation nicht befugt wäre.[249] Ob der geringen Zahl möglicher Anwendungsfälle besteht überdies nicht die Gefahr einer ausufernden Leistungsgewährung.[250]

Allerdings müsste gleichsam der maßgebliche Standardbegriff abgeschwächt werden, sonst kann regelmäßig auch keine konkret-individuelle Standardbestimmung nach dem allgemein anerkannten Stand der medizinischen Erkenntnisse erfolgen,[251] weshalb im Gegenzug weitere materielle Voraussetzungen zu fordern sind, die diesen zusätzlichen Einschnitt rechtfertigen. Seltenheit und Unerforschbarkeit allein, die lediglich die Möglichkeit beinhalten, dass eine Standardbehandlung existiert und nur aus praktischen Gründen schwer ermittelbar ist, reichen zwar unter Umständen aus, um auf eine abstrakt-generelle Standardbestimmung zu verzichten, vermögen aber den zu Grunde zu legenden Standardbegriff nicht ohne Weiteres zu verändern.[252]

Die Besonderheiten seltener Erkrankungen rechtfertigen es für sich genommen nicht, die Evidenzanforderungen an die Qualität und Wirksamkeit abzusenken; Ausnahmen kommen nur in engen Grenzen aufgrund einer Güterabwägung in Betracht.[253] Es steht zu befürchten, dass entgegen § 2 Abs. 1 S. 3 SGB V letzten Endes weder eine indikationsbezogene Qualitätsprüfung noch eine Kontrolle des gewählten Behandlungsansatzes stattfindet. Der Einsatz einer Therapie außerhalb des vom SGB V vorgegebenen Leistungsrahmens ist daher nur in notstandsähnlichen Situationen zuzulassen, wenn eine schwerwiegende (lebensbedrohliche oder die Lebensqualität auf Dauer nachhaltig beeinträchtigende) Erkrankung behandelt werden soll, für die keine andere Behandlungsmöglichkeit zur Verfügung steht[254] – was im Ergebnis wiederum der sogleich beschriebenen letzten besonderen Fallgruppe entspricht.[255] In Bezug auf den einschlägigen Standardbegriff kommt mithin der Sonderkonstellation der seltenen Krankheiten (wie der des Systemversagens)[256] keine eigenständige Bedeutung zu.

---

[249] BSGE 93, 236, 244 f.
[250] Vgl. *Lang*, in: *Becker/Kingreen*, SGB V, ⁶2018, § 27 Rn. 63.
[251] Anders (wenn auch letztlich nicht i. E.) *Hauck*, NJW 2013, 3334, 3338: „Ist das festgestellte Krankheitsbild auf Grund seiner Singularität medizinisch nicht erforschbar, was meines Erachtens der GBA festzustellen hat, sind die nach dem Qualitätsgebot individuell für solche Fälle vorgesehenen Methoden anzuwenden."
[252] Vgl. bereits unter II.
[253] BSGE 111, 168, 173 ff.
[254] BSGE 93, 236, 247.
[255] S. u. IV.
[256] S. o. II.

Selbst wenn eine solche Krankheit vorliegt, ist im Übrigen ein Mindestmaß an Behandlungsqualität einzuhalten.[257] In keinem Fall umfasst die Leistungspflicht der Krankenkasse ärztliche Maßnahmen, die nur ungenügende Erfolgsaussichten bieten. Dabei kommt es nicht auf eine *ex-post*-Betrachtung des tatsächlichen Erfolgs an. Um eine Mindestqualität zu gewährleisten, müssen vielmehr die im Zeitpunkt der Behandlung verfügbaren wissenschaftlichen Erkenntnisse die Annahme rechtfertigen, dass der voraussichtliche Nutzen der Maßnahme die möglichen Risiken überwiegen wird.[258]

IV. Lebensbedrohliche Krankheiten

Bei Vorliegen einer lebensbedrohlichen Krankheit wird im Sozialrecht unter Umständen sowohl vom üblichen Standardbegriff als auch von der gewöhnlichen Standardsetzung abgewichen. In den einschlägigen Konstellationen ist die Wirksamkeit einer Leistung nach dem allgemein anerkannten Stand der medizinischen Erkenntnisse regelmäßig (noch) nicht nachweisbar, es gibt also schlichtweg keinen medizinischen und damit auch keinen sozialrechtlichen Standard. Das SGB V sieht daher folgerichtig prinzipiell keine Leistungsgewährung vor. Ausnahmsweise wird aber dennoch aus verfassungsrechtlichen Gründen (nach „grundrechtsorientierter Auslegung"),[259] gerade angesichts der Lebensbedrohlichkeit der Erkrankung (als „notstandsähnliche Extremsituation"), eine Behandlung im Rahmen des GKV-Systems ermöglicht, indem die Anforderungen an den Wirksamkeitsnachweis herabgesetzt werden und dadurch im Ergebnis der sozialrechtliche Standardbegriff modifiziert wird.[260]

Der als Reaktion des Gesetzgebers auf den sogenannten „Nikolaus-Beschluss"[261] des BVerfG[262] und die darauf aufbauende Rechtsprechung des BSG[263] klarstellend[264] eingefügte[265] § 2 Abs. 1a S. 1 SGB V[266] sieht in diesem

---

[257] BSGE 93, 236, 246.
[258] BSGE 93, 236, 247 f.
[259] So insb. (wie auch das BSG, vgl. etwa die Entscheidungen in Fn. 263) *Hauck*, NZS 2007, 461, 465; *ders.*, NJW 2013, 3334, 3337 f.; *ders.*, in: FS *Kohte*, 2016, S. 577, 587 ff.
[260] Vgl. *Hauck*, NJW 2013, 3334, 3337 f.
[261] So *Kingreen*, NJW 2006, 877, 880.
[262] BVerfGE 115, 25 = NJW 2006, 891 m. Anm. *Kingreen*, NJW 2006, 877 u. *Hauck*, NJW 2007, 1320 = MedR 2006, 164 m. Anm. *Francke/Hart*, MedR 2006, 131 = JZ 2006, 463 m. Anm. *Huster*; dazu auch *S. Augsberg*, GesR 2012, 595, 597 ff.; *Roters*, NZS 2007, 176, 179; *Welti*, in: *Kunz et al.*, Lehrbuch EbM, ²2007, S. 401, 407 ff.; *Engelmann*, MedR 2006, 245, 258 f.; dabei wird auf die Grundrechte aus Art. 2 Abs. 1 GG i. V. m. dem Sozialstaatsprinzip (Art. 20 Abs. 1, 28 Abs. 1 S. 1 GG) und aus Art. 2 Abs. 2 S. 1 GG Bezug genommen; s. auch aus jüngerer Zeit BVerfGE 140, 229, 233 ff. = NJW 2016, 1505, 1506 = JZ 2016, 461, 462 f. m. Anm. *Lege* = MedR 2016, 970, 972 m. Anm. *Nitz*, MedR 2016, 941; BVerfG NJW 2013, 1664; 2014, 2176; 2017, 2096 = MedR 2017, 954 m. Anm. *Bernzen*.
[263] S. etwa BSGE 96, 153, 160 f.; 97, 190, 195 ff. = NJW 2007, 1385, 1388 ff.; BSGE 106, 81, 87 f.; 115, 95, 102 ff.; BSGE 120, 170, 188 f.; 122, 170, 175 f.; BSG MedR 2018, 506, 511 (für BSGE 125, 76 vorgesehen); Rspr.-Sammlung unter www.nikolaus-beschluss.de.
[264] Vgl. BT-Drs. 17/6906, S. 52.

Sinne ausdrücklich vor, dass Versicherte mit einer lebensbedrohlichen oder regelmäßig tödlichen Erkrankung (oder einer zumindest wertungsmäßig vergleichbaren Erkrankung), für die eine allgemein anerkannte, dem medizinischen Standard entsprechende Leistung nicht zur Verfügung steht, auch eine von § 2 Abs. 1 S. 3 SGB V abweichende Leistung beanspruchen können,[267] wenn eine nicht ganz entfernt liegende Aussicht auf Heilung oder eine spürbare positive Einwirkung auf den Krankheitsverlauf besteht.[268]

Erst wenn feststeht, dass – im Hinblick auf das konkrete Behandlungsziel[269] – eine medizinisch standardgemäße Behandlung allgemein oder im Einzelfall ausscheidet, darf also auf den wissenschaftlichen Nachweis von Qualität und Wirtschaftlichkeit zu Gunsten eines der Situation angemessenen geringeren Wahrscheinlichkeitsmaßstabs verzichtet werden. Dann genügt es, wenn abstrakt wie konkret überwiegend positive Wirkungen zu erwarten sind (als abgestufter Evidenzgrad). Ausgangspunkt müssen freilich weiterhin wissenschaftlich objektivierbare medizinische Erkenntnisse sein.[270] Gerade bei seltenen Krankheiten[271] kommt es dabei verstärkt auf die vom behandelnden Arzt aufzustellende Wirksamkeitsprognose im konkreten Einzelfall an.

---

[265] Durch Gesetz vom 22.12.2011 mit Wirkung zum 01.01.2012, BGBl. I, S. 2983.

[266] Dazu *Nolte*, in: KassKomm, [88]2015, § 27 SGB V Rn. 59b; *Noftz*, in: Hauck/Noftz, SGB V, 2015, § 2 Rn. 76a ff.; *Ulmer*, in: Eichenhofer/v. Koppenfels-Spies/Wenner, SGB V, [3]2018, § 12 Rn. 39 ff.; *Scholz*, in: Becker/Kingreen, SGB V, [6]2018, § 2 Rn. 5 ff.; *Lang*, ebd., § 27 Rn. 64 ff.; *Krauskopf*, in: Krauskopf, [78]2012, § 2 SGB V Rn. 7a ff.; *Vossen*, ebd., [91]2016, § 135 SGB V Rn. 29 ff.; *Nebendahl*, in: *Spickhoff*, Medizinrecht, [3]2018, § 2 SGB V Rn. 7 ff.; *Joussen*, SGb 2012, 625.

[267] Auf Antrag erteilt die Krankenkasse vor Beginn der Behandlung eine entspr. Kostenübernahmeerklärung (§ 2 Abs. 1a S. 2 u. S. 3 SGB V).

[268] Vgl. insofern überdies auch im arzneimittelrechtlichen Kontext die Grds. zum sog. *off-label-use* (vermischte Darstellung etwa bei *Gaßner/Strömer*, SGb 2011, 421, 426 f.); grundlegend BSGE 89, 184 = NJW 2003, 460; aus jüngerer Zeit BSGE 122, 181; dazu *Noftz*, in: *Hauck/Noftz*, SGB V, 2015 u. 2017, § 2 Rn. 77a ff.; *Ulmer*, in: *Eichenhofer/v. Koppenfels-Spies/Wenner*, SGB V, [3]2018, § 12 Rn. 36 ff.; *Lang*, in: *Becker/Kingreen*, SGB V, [6]2018, § 27 Rn. 70; s. auch § 35c SGB V (zur zulassungsüberschreitenden Anwendung von Arzneimitteln) u. § 31 Abs. 6 S. 1 SGB V (zur Versorgung mit Cannabis); ausf. zum *off-label-use* (insb. zu dessen Verhältnis zum Standard, auch aus haftungsrechtlicher Sicht) *Hart*, in: HK-AKM, [47]2013, Nr. 3910 (Off Label Use).

[269] BVerfG NJW 2013, 1664, 1665.

[270] Näher BSGE 97, 190, 196 ff. = NJW 2007, 1385, 1388 ff.; BSGE 106, 81, 88; 115, 95, 104; BSG NZS 2015, 24.

[271] S. o. III.

Kapitel 6: Zivilrechtliche Standardermittlung

A. Kompetenzverteilung zwischen Medizin und Recht

I. Grundsatz: Abhängigkeit von der Medizin

Der Standard ist die zentrale Schnittstelle von Medizin und Recht im Hinblick auf den Lebenssachverhalt ärztlicher Behandlung. Beide wirken bei seiner Bestimmung eng zusammen. Der Begriff „Standard" an sich sowie das diesem zu Grunde liegende Denkkonzept ist dabei wie dargelegt im Ausgangspunkt rechtlich geprägt.[1] Dies ändert allerdings nichts daran, dass auch das Haftungsrecht zur Ausfüllung seines Standardbegriffs auf die Medizin angewiesen und von deren fachlichen Inhalten abhängig ist.[2] Nur durch die Rezeption medizinischen Wissens ist der Standard auf den konkreten Haftungsfall zu beziehen.[3]

Auch wenn Behandlungsfehler und verkehrserforderliche Sorgfalt, welche der Standard wie beschrieben übereinstimmend konkretisiert,[4] dem Grunde nach juristische Kategorien darstellen, so hat die zivilrechtliche Beurteilung doch von den medizinischen Möglichkeiten auszugehen.[5] Durch die zivilrechtliche Anknüpfung an den jeweiligen Verkehrskreis wird auf außerrechtliche Fachinhalte Bezug genommen.[6] Der Standard richtet sich in erster Linie nach medizinischen Maßstäben.[7] „Die Maßstäbe bestimmen nicht Juristen durch haftungsrechtliche Anfor-

---

[1] Dazu bereits 2. Kap. A.; s. auch 3. Kap. vor A.
[2] *Katzenmeier*, in: BeckOK-BGB, ⁵⁰2019, § 630a Rn. 151; *ders.*, in: *Laufs/Katzenmeier/Lipp*, Arztrecht, ⁷2015, Kap. X Rn. 14; *Kreße*, MedR 2007, 393, 394; *Hart*, MedR 1998, 8.
[3] *Hase*, GesR 2012, 601, 602.
[4] Dazu ausf. 3. Kap. A. III.
[5] *Katzenmeier*, in: BeckOK-BGB, ⁵⁰2019, § 630a Rn. 150; *ders.*, in: *Laufs/Katzenmeier/Lipp*, Arztrecht, ⁷2015, Kap. X Rn. 14; *Laufs/Kern*, in: *Laufs/Kern*, Handbuch des Arztrechts, ⁴2010, § 97 Rn. 9; *Frahm/Walter*, Arzthaftungsrecht, ⁶2018, Rn. 78; *Deutsch/Spickhoff*, Medizinrecht, ⁷2014, Rn. 321; *Dressler*, in: *Hart*, Ärztliche Leitlinien, 2000, S. 161, 162; i. E. ebenso *Buchborn*, MedR 1984, 126, 128; i. Ü. aber auch *Giesen*, Arzthaftungsrecht, ⁴1995, Rn. 108 (Behandlungsfehler und verkehrserforderliche Sorgfalt – und nicht der Medizinische Standard – seien in erster Linie juristische Maßstäbe, für die die Medizin nur Ausgangspunkte liefert; im Anschluss daran *Schramm*, Der Schutzbereich der Norm im Arzthaftungsrecht, 1992, S. 93 f.), insofern häufig überinterpretiert, vgl. etwa *Katzenmeier*, in: *Laufs/Katzenmeier/Lipp*, Arztrecht, ⁷2015, Kap. X Rn. 15; *Taupitz*, AcP 211 (2011), 352, 357, Fn. 22; krit. insb. *Schreiber*, Notwendigkeit und Grenzen rechtlicher Kontrolle der Medizin, 1984, S. 37; *ders.*, Langenbecks Arch Chir 364 (1984), 295, 296: absurde Behauptung.
[6] *Taupitz*, AcP 211 (2011), 352, 355 f.; *ders.*, in: *Möllers*, Geltung und Faktizität von Standards, 2009, S. 63, 68; s. auch *Gaßner/Strömer*, MedR 2012, 159, 163: außerrechtlicher Vorgang anhand der medizinischen Wirklichkeit.
[7] Aus der Rspr. etwa BGH NJW 2015, 1601, 1602 = MedR 2015, 724, 726 = JZ 2015, 573, 574 m. Anm. *Spickhoff*; bereits BGH NJW 1995, 776, 777 = MedR 1995, 276, 277; entspr. auch *Pauge/Offenloch*, Arzthaftungsrecht, ¹⁴2018, Rn. 169, 189; *Geiß/Greiner*, Arzthaft-

derungen, nicht der Gesetzgeber durch Gesetzgebungsakte und nicht irgendwelche anderen Gremien, vielmehr legt sie die Medizin selbst fest."[8]

Bei der Bestimmung des Standards ärztlicher Behandlung handelt es sich im Kern um eine medizinische Fragestellung, zu deren Beantwortung das Recht im Grunde nichts beitragen kann. Insofern ist eine klare Präponderanz der Medizin festzustellen. Nur ein Arzt (und kein Jurist) weist den zur Standardbestimmung erforderlichen Sachverstand auf.[9] Es besteht ein ärztlicher „Professionsvorbehalt".[10] Die Inhaltshoheit über den Standard liegt bei der Medizin.[11] Das Zivilrecht kann nicht von sich aus entscheiden, welche Behandlung fachlich geboten ist; zwangsläufig muss es bei der Suche nach geeigneten Kriterien auf die medizinische Wissenschaft und Praxis zurückgreifen.[12]

„Rechtliche Standards sind zwar auch juristische, richterliche Urteilsmaßstäbe für die Entscheidung von Rechtsstreitigkeiten, letzten Endes aber doch weitgehend medizinischer Provenienz."[13] Im Grundsatz erfolgt die zivilrechtliche Standardbestimmung deshalb durch Übernahme des Standards aus der Medizin ins Recht.

---

pflichtrecht, [7]2014, Rn. B 9; *v. Pentz*, MedR 2016, 16; *Stöhr*, MedR 2010, 214; *ders.*, in: FS *Hirsch*, 2008, S. 431, 432; *G. Müller*, ebd., S. 413, 414; *dies.*, MedR 2009, 309; *dies.*, in: FS *E. Lorenz*, 2004, S. 475, 477; *Laufs*, in: *Eser/Just/Koch*, Perspektiven des Medizinrechts, 2004, S. 23, 28; *Steffen*, in: FS *Geiß*, 2000, S. 487, 492; *ders.*, in: FS *Deutsch*, 1999, S. 799, 803; *ders.*, MedR 1995, 190 u. 1993, 338; *ders.*, Langenbecks Arch Chir 364 (1984), 287, 289; *Groß*, Ärztlicher Standard, 1997, S. 2.
[8] *Katzenmeier*, in: BeckOK-BGB, [50]2019, § 630a Rn. 150; *ders.*, in: *Laufs/Katzenmeier/Lipp*, Arztrecht, [7]2015, Kap. X Rn. 14; s. auch *Kern*, MedR 2004, 300, 301; *Taupitz*, NJW 1986, 2851, 2858; *Laufs*, MedR 1986, 163, 169; *ders.*, in: *Nagel/Fuchs*, Soziale Gerechtigkeit im Gesundheitswesen, 1993, S. 290, 293; *ders.*, in: *Laufs/Kern*, Handbuch des Arztrechts, [4]2010, § 6 Rn. 32; *Laufs/Kern*, ebd., § 97 Rn. 4, 6.
[9] *Buchner*, in: *Buchner/Ladeur*, Wissensgenerierung und -verarbeitung, 2016, S. 63, 64; *ders.*, in: AG RAe im MedR e. V., Standard-Chaos?, 2015, S. 1 (u. 3); *Buchner/Schmacke*, GesR 2010, 169, 171; ebenso *Wagner*, in: MüKo-BGB, [7]2016, § 630a Rn. 106; *Taupitz*, in: *Möllers*, Geltung und Faktizität von Standards, 2009, S. 63, 72; zu Technikstandards *Nicklisch*, NJW 1982, 2633, 2637 ff.; s. auch *Carstensen*, DÄBl. 1989, A-2431, A-2433; positiv formuliert *Heilmann*, NJW 1990, 1513, 1514: „nicht allein den Schranken richterlicher Sachkompetenz und damit einer Not geschuldet […] aufgeklärtes Resultat horizontaler Arbeitsteilung mit wechselseitiger Produktakzeptanz."
[10] *Hart*, GesR 2011, 387, 388; *ders.*, MedR 2016, 669, 671; *ders.*, MedR 2019, 509, 512; s. auch *ders.*, in: *Hart*, Ärztliche Leitlinien im Medizin- und Gesundheitsrecht, 2005, S. 85, 94 f. u. 23, 57; *ders.*, in: *Hart*, Klinische Leitlinien und Recht, 2005, S. 81, 93 f.; *ders.*, MedR 2003, 603, 608; *ders.*, AcP 203 (2003), 142, 146; *ders.*, VSSR 2002, 265, 272 f.
[11] Vgl. *Schmidt*, KritV 2005, 177, 180; anders die rechtliche Definitionshoheit, s. u. III.
[12] *Katzenmeier*, in: *Laufs/Katzenmeier/Lipp*, Arztrecht, [7]2015, Kap. X Rn. 15; *Kifmann/Rosenau*, in: *Möllers*, Standardisierung durch Markt und Recht, 2008, S. 49, 61; *Schreiber*, Notwendigkeit und Grenzen rechtlicher Kontrolle der Medizin, 1984, S. 38; *ders.*, Langenbecks Arch Chir 364 (1984), 295, 296; *ders.*, in: *Nagel/Fuchs*, Leitlinien und Standards im Gesundheitswesen, 1997, S. 167, 168.
[13] *Katzenmeier*, in: *Laufs/Katzenmeier/Lipp*, Arztrecht, [7]2015, Kap. X Rn. 17; *Schreiber*, Langenbecks Arch Chir 364 (1984), 295, 296; *ders.*, in: *Nagel/Fuchs*, Leitlinien und Standards im Gesundheitswesen, 1997, S. 167, 168; s. auch *Groß*, Ärztlicher Standard, 1997, S. 3.

„Über den Behandlungsfehlertatbestand – also ein nicht dem medizinischen Standard entsprechendes ärztliches Verhalten – wird dieser Standard in das Haftungsrecht überführt".[14] Der medizinische Standard ist Richtgröße zur Ermittlung des haftungsrechtlichen Standards.[15] Es wird ein medizinischer Standard bestimmt, der dann auch als rechtlicher Standard akzeptiert wird.[16] Dies ermöglicht erst die Begründung von Rechten und Pflichten von Arzt und Patient und damit die juristische Bewertung ärztlichen Handelns.

II. Keine „Verrechtlichung" des medizinischen Standards

Vor diesem Hintergrund kann, darf und will sich das Zivilrecht in medizinische (Streit-)Fragen der Standardbestimmung jedenfalls nicht mehr als nötig einmischen. Aufgrund ihrer fachlichen Komplexität und inhaltlichen Dynamik sind diese einer rechtlichen Regelung im Einzelnen ohnehin nicht zugänglich. Eine gewisse Unbestimmtheit des haftungsrechtlichen Standards ist angesichts der Abhängigkeit des Rechts von der Medizin geradezu begriffsnotwendig. Speziell aus rechtlicher Perspektive ist dies jedoch mitunter ein unbefriedigendes Ergebnis, da eine aussagekräftige juristische Subsumtion nur unter eindeutig definierte Begriffe möglich ist. Der rechtliche Verweis auf den medizinischen Standard birgt insofern gewisse Nachteile im Hinblick auf Rechtsklarheit und Rechtssicherheit; je ungenauer die Medizin selbst ihren Standard bestimmt, desto weniger kann das Recht zu seiner Präzisierung beitragen.[17]

Überschreitet das Recht in diesem Punkt seine Kompetenz, steht eine Verrechtlichung des Standards ärztlicher Behandlung und damit letztlich weiter Teile der Medizin insgesamt im Raum.[18] Dies wirft Grundsatzfragen im Zusammenspiel[19] von Medizin und Recht auf, zwischen denen diesbezüglich ein grundlegen-

---

[14] *Hart*, JURA 200, 64, 65.
[15] *Frahm/Walter*, Arzthaftungsrecht, ⁶2018, Rn. 78; *Walter*, GesR 2003, 165, 166.
[16] *Taupitz*, AcP 211 (2011), 352, 356; *ders.*, in: *Möllers*, Geltung und Faktizität von Standards, 2009, S. 63, 68; s. auch *Buchner*, in: AG RAe im MedR e. V., Standard-Chaos?, 2015, S. 1, 2.
[17] *Taupitz*, in: *Möllers*, Geltung und Faktizität von Standards, 2009, S. 63, 72.
[18] Zur Verrechtlichung der Medizin bereits *Buchborn*, MedR 1984, 126; s. auch *Laufs*, in: FS *Weitnauer*, 1980, S. 363, 368 f., 382 ff.; *ders.*, in: FS *Geiger*, 1989, S. 228, 232 ff.; *ders.*, Der ärztliche Heilauftrag aus juristischer Sicht, 1989, S. 19 ff.; *ders.*, in: *Nagel/Fuchs*, Soziale Gerechtigkeit im Gesundheitswesen, 1993, S. 290; *ders.*, in: FS *Jayme*, 2004, S. 1501, 1502 f.; *Uhlenbruck/Laufs*, in: *Laufs/Uhlenbruck*, Handbuch des Arztrechts, ³2002, § 39 Rn. 5 ff.; zudem *Schreiber*, Notwendigkeit und Grenzen rechtlicher Kontrolle der Medizin, 1984, S. 38 ff.; *Franzki*, MedR 1994, 171; *Heinze*, MedR 1996, 252; *Kifmann/Rosenau*, in: *Möllers*, Standardisierung durch Markt und Recht, 2008, S. 49, 53 f.; *Ulsenheimer*, MedR 2015, 757 ff.; *Miranowicz*, MedR 2018, 131, 134 f.; ausf. *Katzenmeier*, Arzthaftung, 2002, S. 30 ff., 64 f.; *ders.*, in: *Katzenmeier/Bergdolt*, Das Bild des Arztes im 21. Jahrhundert, 2009, S. 45 ff.
[19] Vgl. auch *Schmidt*, MedR 2007, 693, zum „ärztliche[n] Behandlungsfehler im Spannungsfeld zwischen medizinischem Versagen und juristischer Problembearbeitung"; dort etwa auch: interdisziplinäre Kooperation.

des Spannungsverhältnis besteht.[20] Denn eine übermäßige rechtliche Bindung ist mit erheblichen Gefahren für den medizinischen Fortschritt und die ärztliche Therapiefreiheit verbunden. Die Medizin droht auf einen bestimmten Stand festgeschrieben und der Arzt damit in seiner beruflichen Entfaltung eingeschränkt zu werden.[21]

Eine solche Verrechtlichung kann allerdings nicht zuletzt darauf beruhen, dass sich in der Medizin selbst immer differenziertere Standards herausbilden, diese vom Recht aufgenommen und dann mit entsprechender Verbindlichkeit zurückgespiegelt werden.[22] „Die Medizin leistet damit ihrer weiteren Verrechtlichung selbst Vorschub."[23] Im Ergebnis ist eine Risiken scheuende (und damit zugleich Chancen auslassende), übervorsichtige (und entsprechend kostenträchtige)[24] Defensivmedizin zu befürchten.[25] Dies gilt es stets zu beachten, wenn im Folgenden gleichwohl über einen rechtlichen Rahmen der Standardbestimmung diskutiert wird. Das Recht stößt bei der Standardbestimmung an praktische Grenzen. Es ist jedoch zu klären, wo genau diese verlaufen und welche Möglichkeiten dem Recht gleichwohl verbleiben. Unterschiedliche Systemansprüche von Medizin und Recht, fachliche Autonomie einerseits, normative Steuerung andererseits,[26] sind miteinander in Einklang zu bringen.

III. Notwendigkeit rechtlicher „Spielregeln"

Das Haftungsrecht muss trotz seiner Abhängigkeit von der Medizin und der Gefahren ihrer Verrechtlichung auch in Zweifelsfällen immer in der Lage sein, den maßgeblichen Standard für seine Zwecke möglichst präzise zu bestimmen und anhand dessen die ärztliche Behandlung zu beurteilen, um so die in Frage stehende Schadensersatzpflicht des Arztes abschließend und verbindlich zu klären. Es kann sich bei der Standardbestimmung daher nicht enthalten, sondern hat der

---

[20] Vgl. zum Ganzen *Laufs*, in: *Laufs/Katzenmeier/Lipp*, Arztrecht, [7]2015, Kap. I Rn. 24 ff.
[21] *Schreiber*, in: *Nagel/Fuchs*, Leitlinien und Standards im Gesundheitswesen, 1997, S. 167, 169.
[22] *Taupitz*, in: *Möllers*, Geltung und Faktizität von Standards, 2009, S. 63, 64.
[23] *Buchborn*, MedR 1993, 328, 332; *Ulsenheimer*, MedR 2015, 757, 759; s. auch *Laufs/Kern*, in: *Laufs/Kern*, Handbuch des Arztrechts, § 97 Rn. 4; *Laufs*, ebd., § 6 Rn. 32; *ders.*, MedR 1986, 163, 169: „gefährlicher circulus vitiosus".
[24] Dazu 8. Kap. B. II.
[25] Vgl. *Buchborn*, MedR 1993, 328, 332; *Ulsenheimer*, MedR 1992, 127, 133 f.; *Laufs*, Berufsfreiheit und Persönlichkeitsschutz im Arztrecht, 1982, S. 10 f.; *ders.*, MedR 1986, 163 f.; *ders.*, in: FS *Geiger*, 1989, S. 228, 236; *ders.*, in: *Laufs et al.*, Die Entwicklung der Arzthaftung, 1997, S. 1, 8; *Laufs/Kern*, in: *Laufs/Kern*, Handbuch des Arztrechts, [4]2010, § 93 Rn. 14; *Taupitz*, NJW 1986, 2851, 2858; *Schreiber*, Langenbecks Arch Chir 364 (1984), 295, 297; *Steffen*, Langenbecks Arch Chir 364 (1984), 287, 291; *ders.*, in: FS *Deutsch*, 1999, S. 799, 803 f.; s. auch *Puhl/Dierks*, in: FS *Geiß*, 2000, S. 477, 480 f.; *Katzenmeier*, MedR 2011, 201, 205.
[26] Vgl. *Damm*, NJW 1989, 737, 739; *ders.*, JZ 1998, 926, 929; *Katzenmeier*, in: *Laufs/Katzenmeier/Lipp*, Arztrecht, [7]2015, Kap. X Rn. 101.

Medizin in einer Art „Grenzkontrolle"[27] zumindest einen gewissen Rahmen zu setzen, der zugleich sicherstellt, dass zum Schutz der Patienten ein angemessenes Behandlungsniveau erreicht wird.[28] „Qualitäts- und sicherheitsbezogener Patientenschutz ist rechtlich regulierter Patientenschutz."[29]

Die Bestimmung des Medizinischen Standards fällt folglich durchaus auch in die Zuständigkeit des Rechts, dieses behält die Definitionshoheit über seinen Standard.[30] Schwierigkeiten bei der zivilrechtlichen Standardbestimmung im Einzelfall rechtfertigen es nicht, die Definitionsmacht über den haftungsrechtlichen Standard an die Medizin abzutreten.[31] Soweit es also keiner spezifisch medizinischen Sachkenntnis bedarf, nimmt das Recht sehr wohl eine eigene (Mit- oder Letzt-)Entscheidungskompetenz in Anspruch – insbesondere im Hinblick auf

---

[27] So *Katzenmeier*, in: BeckOK-BGB, [50]2019, § 630a Rn. 152; *ders.*, in: *Laufs/Katzenmeier/Lipp*, Arztrecht, [7]2015, Kap. X Rn. 16; *Frahm/Walter*, Arzthaftungsrecht, [6]2018, Rn. 78; *Kifmann/Rosenau*, in: *Möllers*, Standardisierung durch Markt und Recht, 2008, S. 49, 61; *Walter*, GesR 2003, 165, 166; *Hart*, MedR 1998, 8, 13; *Ulsenheimer*, MedR 1992, 127, 128; bereits *Schreiber*, Notwendigkeit und Grenzen rechtlicher Kontrolle der Medizin, 1984, S. 38 (Hintergründe auf S. 33 ff.); *ders.*, Langenbecks Arch Chir 364 (1984), 295, 296; *ders.*, in: *Nagel/Fuchs*, Leitlinien und Standards im Gesundheitswesen, 1997, S. 167, 168; in diese Richtung *Pauge/Offenloch*, Arzthaftungsrecht, [14]2018, Rn. 192 f.; *Steffen*, Langenbecks Arch Chir 364 (1984), 287, 289; *Heilmann*, NJW 1990, 1513, 1514: „ausschließliche Wertungsprärogative der Juristen" (allerdings in der Praxis schwierig); *Kohte*, in: *Lilie/Bernat/Rosenau*, Standardisierung in der Medizin als Rechtsproblem, 2009, S. 79, 83. Differenzierter und restriktiver (zumindest auf den ersten Blick; i. Ü. ausdr. ohne praktische Auswirkungen, da die Kontrollkompetenz ausschließlich im Bereich der Organisation wahrgenommen werde, welche jedoch von Grund auf anderen Regeln folge als der Kernbereich ärztlicher Behandlung) *Hart*, JURA 2000, 64; *ders.*, in: *Hart*, Ärztliche Leitlinien, 2000, S. 137, 142; *ders.*, VSSR 2002, 265, 277; *ders.*, MedR 2003, 603, 608; *ders.*, AcP 203 (2003), 142, 146: Identität(sthese) von medizinischem und rechtlichem Standard, keinerlei rechtliche Kontrollkompetenz – aber gleichwohl rechtlicher Rahmen; ebenso *ders.*, MedR 2016, 669, 671; *ders.*, KritV 2005, 154, 167 f.; *ders.*, in: *Hart*, Klinische Leitlinien und Recht, 2005, S. 81, 92 ff.; *ders.*, in: *Hart*, Ärztliche Leitlinien im Medizin- und Gesundheitsrecht, 2005, S. 85, 93 ff. u. 23, 54 ff.: „Einheitskonzept"; *Hart* fasst dabei die o. g. (hier sowie Fn. 5) Standpunkte – namentlich von *Katzenmeier* und *Giesen* – als unterschiedliche Ausprägungen eines „Hierarchiekonzepts" (Recht über Medizin) auf, welches verhindern wolle, dass die Medizin sich selbst zu wenig oder zu viel abverlangt. Nach *Hart* besteht dieses Risiko nicht.
[28] Vgl. *Taupitz*, NJW 1986, 2851, 2858; s. auch *Damm*, NJW 1989, 737, 739; *Laufs*, in: FS Geiger, 1989, S. 228, 235 f. Zur Schutzrichtung später noch 7. Kap. A. II. 2. Allg. zur notwendigen rechtlichen Kontrolle der Medizin *ders.*, in: *Laufs/Katzenmeier/Lipp*, Arztrecht, [7]2015, Kap. I Rn. 21 ff.; ebenso *Laufs/Kern*, in: *Laufs/Kern*, Handbuch des Arztrechts, [4]2010, § 93 Rn. 14.
[29] *Francke/Hart*, Charta der Patientenrechte, 1999, S. 19.
[30] Vgl. *Buchner*, in: AG RAe im MedR e. V., Standard-Chaos?, 2015, S. 1, 2 f.; zur Inhaltshoheit der Medizin s. o. I.
[31] Vgl. *Wagner*, in: MüKo-BGB, [7]2016, § 630a Rn. 107; *Taupitz*, GesR 2015, 65, 68; *ders.*, AcP 211 (2011), 352, 357; *ders.*, in: *Möllers*, Geltung und Faktizität von Standards, 2009, S. 63, 69 f.

grundsätzlichere, zentrale Fragen.[32] Hierfür sind letztlich bestimmte rechtliche Anforderungen im Sinne von „Spielregeln"[33] der Standardbestimmung unentbehrlich,[34] die dabei im Sinne der Rechtsklarheit für alle Beteiligten transparent und nachvollziehbar sein sollten.

Das Recht übernimmt den in der Medizin herausgebildeten Standard also keineswegs unkritisch, sondern erst nach entsprechender Überprüfung. Es erfolgt eine originär rechtliche Kontrolle von Relevanz und Akzeptabilität der jeweiligen medizinischen Fachinhalte.[35] Diese wirken informativ, nicht normativ.[36] Insofern schlägt sich der rechtliche Ursprung des Begriffskonzepts[37] zugleich in der Standardbestimmung nieder. Der juristische Kompetenzbereich ist jedenfalls eingeschränkt eröffnet. Juristische Korrekturen betreffen indes weniger die Bereiche, in denen spezifisch medizinische Sachkunde stärker gefragt ist, wie die dem Arzt ureigene Abwägung von Heilungschancen und Behandlungsgefahren.[38] Das Recht enthält sich der Formulierung inhaltlicher Maßstäbe für die Auswahl und Durchführung einer Behandlungsmethode[39] und gibt Ärzten speziell im Kernbereich ihrer Tätigkeit keine außermedizinischen Verhaltensanforderungen vor.[40]

Um losgelöst von der Medizin eigene Standards zu bilden, fehlt dem Juristen schon im Ansatz die nötige Fachkompetenz. Er kann daher vor allem nicht über in der Medizin vorgefundene Maßstäbe hinausgehen (oder dahinter zurückbleiben), dem Arzt mithin einen Standard abverlangen, der in medizinischen Fachkreisen als solcher überhaupt nicht in Betracht gezogen wird[41] – anders ausgedrückt: mehr als die medizinische „Obergrenze" des Standards oder aber weniger als dessen medizinische „Untergrenze" fordern. Das Haftungsrecht hat die Medizin zu

---

[32] *Buchner*, in: AG RAe im MedR e. V., Standard-Chaos?, 2015, S. 1 ff.; *Buchner/Schmacke*, GesR 2010, 169, 171; s. auch *Buchner*, in: *Buchner/Ladeur*, Wissensgenerierung und -verarbeitung, 2016, S. 63, 64; *Laufs*, in: *Eser/Just/Koch*, Perspektiven des Medizinrechts, 2004, S. 23, 29.
[33] *Buchner*, in: AG RAe im MedR e. V., Standard-Chaos?, 2015, S. 1, 3; *Buchner/Schmacke*, GesR 2010, 169, 171; s. auch *Buchner*, in: *Buchner/Ladeur*, Wissensgenerierung und -verarbeitung, 2016, S. 63, 64; in diese Richtung bereits *G. Müller*, in: FS *Hirsch*, 2008, S. 413, 415; *dies.*, in: FS *E. Lorenz*, 2004, S. 475, 483.
[34] S. im Einzelnen B.
[35] *Taupitz*, in: *Möllers*, Geltung und Faktizität von Standards, 2009, S. 63, 72.
[36] *Taupitz*, GesR 2015, 65, 68; *ders.*, AcP 211 (2011), 352, 357 f.; *ders.*, in: *Möllers*, Geltung und Faktizität von Standards, 2009, S. 63, 70.
[37] Vgl. 2. Kap. A. sowie 3. Kap. vor A.
[38] *Katzenmeier*, in: *Laufs/Katzenmeier/Lipp*, Arztrecht, 7. 2015, Kap. X Rn. 16; *Pauge/Offenloch*, Arzthaftungsrecht, 14. 2018, Rn. 193; *Taupitz*, GesR 2015, 65, 68; *ders.*, AcP 211 (2011), 352, 357; *ders.*, in: *Möllers*, Geltung und Faktizität von Standards, 2009, S. 63, 69.
[39] So auch *Giesen*, Arzthaftungsrecht, 4. 1995, Rn. 108; *Taupitz*, NJW 1986, 2851, 2858.
[40] *Katzenmeier*, in: BeckOK-BGB, 50. 2019, § 630a Rn. 152; *ders.*, in: *Laufs/Katzenmeier/Lipp*, Arztrecht, 7. 2015, Kap. X Rn. 16; *Kifmann/Rosenau*, in: *Möllers*, Standardisierung durch Markt und Recht, 2008, S. 49, 61; *Schreiber*, in: *Nagel/Fuchs*, Leitlinien und Standards im Gesundheitswesen, 1997, S. 167, 168 f.; *Laufs*, MedR 1986, 163, 169; *ders.*, in: *Laufs/Kern*, Handbuch des Arztrechts, 4. 2010, § 6 Rn. 32; *Laufs/Kern*, ebd., § 97 Rn. 4.
[41] *Frahm/Walter*, Arzthaftungsrecht, 6. 2018, Rn. 78; *Walter*, GesR 2003, 165, 166; *Dressler*, in: FS *Geiß*, 2000, S. 379, 381; *ders.*, in: *Hart*, Ärztliche Leitlinien, 2000, S. 161, 162.

begleiten und nicht zu behindern; es lebt „in enger Symbiose mit den Entwicklungen und Wertungen der Medizin [...], [und darf daher] insbesondere medizinische Standards mit juristischen Standards allenfalls überformen, aber nicht korrigieren".[42] Ein Auseinanderklaffen medizinischer und rechtlicher Maßstäbe wäre nicht zu rechtfertigen.[43] „Die Rechtsprechung kann die Grenze ziehen, aber nicht über den Inhalt des Standards befinden. Der Standard ist das Ergebnis wissenschaftlicher Auseinandersetzung vor dem Tribunal der Medizin."[44]

Innerhalb des Standardkorridors kann das Recht freilich mehr oder weniger voraussetzen, als die Medizin sich ohne rechtlichen Einfluss im Ergebnis selbst abverlangen würde.[45] Es kann die „Obergrenze" niedriger ziehen oder die „Untergrenze" erhöhen. Der Jurist vermag durchaus zu entscheiden, welche der medizinisch vorgegebenen Fachinhalte auch haftungsrechtlich relevant sein sollen und deshalb bei der zivilrechtlichen Standardbestimmung zu berücksichtigen sind. „Das Recht kann zwar nicht den medizinischen Standard festlegen, [...] aber sehr wohl bestimmen, ob dieser den Anforderungen des Rechts genügt. Wer dies in Abrede stellt, verkennt die Autonomie des Rechts bei der Festlegung rechtlicher Pflichten. [...] Insgesamt richtet sich das dem Arzt rechtlich Gebotene zwar ‚weitgehend' oder ‚in erster Linie' nach dem medizinisch Richtigen, aber eben nicht ausschließlich."[46]

Das Recht kann aus rechtlichen Gründen die Rezeption ablehnen.[47] Der medizinische Standard muss gewissen Rahmenbedingungen gerecht werden, um auch als haftungsrechtlicher Standard Geltung beanspruchen zu können. „Die rechtliche Bewertung der Qualität von Behandlungen ist deshalb eine externe medizinische Qualitätskontrolle in einem rechtlichen Rahmen. Nicht das Recht kontrolliert, sondern das Recht hält einen Verfahrensrahmen zur Verfügung, innerhalb dessen eine medizinisch-sachverständige Qualitätskontrolle stattfindet [...]. Es ist die sachverständige Medizin, die aufgrund der allgemeinen und normativen Aussage, etwas sei Standard, sich selbst, d. h. die in Rede stehende individuelle Behandlung, im rechtlichen Rahmen beurteilt."[48]

---

[42] *Steffen*, in: FS *Deutsch*, 2009, S. 615, 617; s. auch *ders.*, MedR 1995, 190; *ders.*, in: FS *Deutsch*, 1999, S. 799, 804; *ders.*, in: FS *Geiß*, 2000, S. 487, 492: nicht korrigieren/reparieren, sondern kontrollieren; ebenso *Hart*, MedR 1996, 60, 70; *Diederichsen*, in: *Hart*, Klinische Leitlinien und Recht, 2005, S. 105, 110; *Stöhr*, in: FS *Hirsch*, 2008, S. 431, 440; *ders.*, MedR 2010, 214, 215.
[43] Vgl. *Groß*, Ärztlicher Standard, 1997, S. 2.
[44] *Carstensen*, DÄBl. 1989, A-2431, A-2433.
[45] Vgl. *Taupitz*, GesR 2015, 65, 68; *ders.*, AcP 211 (2011), 352, 357; *ders.*, in: *Möllers*, Geltung und Faktizität von Standards, 2009, S. 63, 69; s. auch *Giesen*, Arzthaftungsrecht, ⁴1995, Rn. 108; *Kern*, MedR 2004, 300, 301.
[46] *Taupitz*, AcP 211 (2011), 352, 357 f.; *ders.*, in: *Möllers*, Geltung und Faktizität von Standards, 2009, S. 63, 69 f.; s. auch *ders.*, GesR 2015, 65, 68.
[47] *Hart*, VSSR 2002, 265, 277.
[48] *Hart*, MedR 1998, 8 f.; s. auch *ders.*, VSSR 2002, 265, 291; *ders.*, AcP 203 (2003), 142, 146; *ders.*, MedR 2003, 603, 608; *ders.*, in: *Hart*, Ärztliche Leitlinien im Medizin- und Gesundheitsrecht, 2005, S. 23, 59; *ders.*, GesR 2011, 387, 388; zudem *Francke/Hart*, Ärztliche Verantwortung und Patienteninformation, 1987, S. 36: medizinisch angeleitete rechtliche Bewertung.

Der medizinische Standard steht folglich unter dem Vorbehalt der Akzeptanz und Anerkennung durch das Recht, welches ihn zu diesem Zwecke normativ filtert.[49] Auf diese Weise lässt sich der Streit um eine medizinische oder rechtliche „Hoheit" über den Standard letztlich entschärfen.[50] Der interdisziplinäre, bereichsspezifische Filterungsprozess zivilrechtlicher Standardbestimmung kann treffend als kontrollierte Rezeption[51] oder Transformation[52] bezeichnet werden. Auf die genaue Ausgestaltung wird noch im Einzelnen zurückzukommen sein.[53] Konstellationen, in denen medizinischer und haftungsrechtlicher Standard auseinanderfallen, sind dadurch im Übrigen keineswegs vorprogrammiert; vielmehr stimmen die Beiden grundsätzlich überein, in der Regel erfolgt ein Durchgriff vom Haftungsrecht auf die Medizin.[54]

Es sei diesbezüglich daran erinnert,[55] dass die Medizin von sich aus überhaupt nicht zur Standardbestimmung neigt, sie sich in ein rechtliches Denkkonzept einfügt und dessen Vorgaben anpasst. Das Recht lenkt also die medizinische Standardbildung von vornherein in geordnete Bahnen. Die Medizin bringt meist gar nicht erst einen Standard hervor, der den Anforderungen des Haftungsrechts widerspricht. Der Medizinische Standard bildet im Ergebnis einen selektiv durch-

---

[49] *Deutsch/Spickhoff*, Medizinrecht, ^{7}2014, Rn. 321, 367 f.; *Spickhoff*, JZ 2015, 576 f.; *ders.*, in: *Lilie/Bernat/Rosenau*, Standardisierung in der Medizin als Rechtsproblem, 2009, S. 119, 130.
[50] *Spickhoff*, in: *Spickhoff*, Medizinrecht, ^{3}2018, § 630a BGB Rn. 39; *Deutsch/Spickhoff*, Medizinrecht, ^{7}2014, Rn. 368.
[51] *Taupitz*, GesR 2015, 65, 68; *ders.*, AcP 211 (2011), 352, 357; *ders.*, in: *Möllers*, Geltung und Faktizität von Standards, 2009, S. 63, 69, 72; s. auch *Frahm/Walter*, Arzthaftungsrecht, ^{6}2018, Rn. 78; *Kifmann/Rosenau*, in: *Möllers*, Standardisierung durch Markt und Recht, 2008, S. 49, 60; *Walter*, GesR 2003, 165, 166. So bereits zu Techniksstandards *Nicklisch*, NJW 1982, 2633, 2636 (dort: normative Bezugnahme; freilich beschränkt auf Evidenzkontrolle, offensichtlicher Mängel, s. 2643); ebenso *Müller-Foell*, Bedeutung technischer Normen, 1987, S. 40 f. (dort: Selbstregelungsmodell mit Kontrollkompetenz).
[52] *Hart*, MedR 1998, 8, 12; *ders.*, MedR 2000, 1, 2; *ders.*, VSSR 2002, 265, 272, 276 f.; *ders.*, GesR 2011, 387, 388; *ders.*, in: HK-AKM, ^{35}2011, Nr. 530 (Ärztliche Leitlinien) Rn. 23; *ders.*, MedR 2019, 509, 511 f.; s. auch *ders.*, in: *Hart*, Ärztliche Leitlinien im Medizin- und Gesundheitsrecht, 2005, S. 85, 89 u. 23, 53 ff.; *ders.*, in: *Hart*, Klinische Leitlinien und Recht, 2005, S. 81, 92; dabei freilich jeweils ausdr. gegen eine rechtliche Kontrollkompetenz – aber rechtlicher Rahmen; s. o. Fn. 27.
[53] S. u. B.
[54] Vgl. *Kullmann*, VersR 1997, 529, 530; *Hart*, MedR 2000, 1, 2; *ders.*, in: *Hart*, Ärztliche Leitlinien, 2000, S. 137, 142; *ders.*, JURA 2000, 64, 65; *ders.*, VSSR 2002, 265, 277; *ders.*, in: *Hart*, Ärztliche Leitlinien im Medizin- und Gesundheitsrecht, 2005, S. 85, 93 u. 23, 58; *ders.*, in: *Hart*, Klinische Leitlinien und Recht, 2005, S. 81, 92; *ders.*, in: *Kunz et al.*, Lehrbuch EbM, ^{2}2007, S. 393, 394; *Kern*, MedR 2004, 300, 301; *Walter*, GesR 2003, 165, 166; *Katzenmeier*, in: FS *G. Müller*, 2009, S. 237, 239; *Schirmer/Fuchs*, in: *Katzenmeier/Bergdolt*, Das Bild des Arztes im 21. Jahrhundert, 2009, S. 121, 126; *Frahm/Walter*, Arzthaftungsrecht, ^{6}2018, Rn. 78.
[55] Dazu bereits 2. Kap. A.; s. auch 3. Kap. vor A.

lässigen Grenzbereich (und ist insofern durchaus eine „Gemengelage")[56] zwischen Medizin und Recht. Beide wirken bei der Standardbestimmung im Rahmen ihrer jeweiligen Kompetenzen zusammen und unterliegen entsprechenden Wechselwirkungen.[57] Die Medizin bildet Standards heraus und wird zugleich durch ihre eigenen Standards beeinflusst; zudem wirken medizinische Standards auch auf das Recht ein und anschließend von dort – mit erhöhter Autorität – standardprägend auf die Medizin zurück.[58]

IV. Praktische Auswirkungen auf die Standardermittlung im Arzthaftungsprozess – Rollenverteilung zwischen Zivilrichter und Sachverständigem

Im Rahmen der Standardermittlung im Arzthaftungsprozess – Standards erfüllen gerade in der gerichtlichen Praxis eine wichtige Rationalisierungsfunktion[59] – manifestiert sich der Kompetenzkonflikt zwischen Medizin und Recht in der Rollenverteilung zwischen Zivilrichter und medizinischem Sachverständigen. Der Medizinische Standard ist Dreh- und Angelpunkt des Arzthaftungsprozesses, seine Bestimmung aber zugleich dessen Achillesferse.[60] Da hier auf medizinischer Grundlage Recht gesprochen wird, lässt sich die Frage nach einer Verfehlung des Medizinischen Standards vor Gericht ohne sachverständige Beratung regelmäßig nicht beantworten.[61] Die Unbestimmtheit des Standards ist insoweit gutachterlich auszufüllen.[62]

---

[56] So *Schreiber*, Langenbecks Arch Chir 364 (1984), 295, 298; dagegen *Taupitz*, GesR 2015, 65, 68; *ders.*, AcP 211 (2011), 352, 357 f.; *ders.*, in: *Möllers*, Geltung und Faktizität von Standards, 2009, S. 63, 69 f.
[57] So bzgl. Technologie und Recht *Nicklisch*, NJW 1982, 2633, 2643; in diese Richtung auch *Spickhoff*, JZ 2015, 576 f.
[58] *Taupitz*, in: *Möllers*, Geltung und Faktizität von Standards, 2009, S. 63, 64.
[59] *Katzenmeier*, in: BeckOK-BGB, [50]2019, § 630a Rn. 154; *ders.*, in: *Laufs/Katzenmeier/Lipp*, Arztrecht, [7]2015, Kap. X Rn. 10.
[60] *Thurn*, in: AG RAe im MedR e. V., Standard-Chaos?, 2015, S. 51.
[61] *Katzenmeier*, in: BeckOK-BGB, [50]2019, § 630a Rn. 151; *ders.*, in: *Laufs/Katzenmeier/Lipp*, Arztrecht, [7]2015, Kap. X Rn. 14; *Laufs/Kern*, in: *Laufs/Kern*, Handbuch des Arztrechts, [4]2010, § 97 Rn. 9 f.; *Wagner*, in: MüKo-BGB, [7]2016, § 630a Rn. 106 f.; *Frahm/Walter*, Arzthaftungsrecht, [6]2018, Rn. 78; *Brüggemeier*, Haftungsrecht, 2006, § 6 D II 1, S. 472; *Buchner*, in: AG RAe im MedR e. V., Standard-Chaos?, 2015, S. 1 f.; *Thurn*, ebd., S. 51; *Taupitz*, AcP 211 (2011), 352, 356; *ders.*, in: *Möllers*, Geltung und Faktizität von Standards, 2009, S. 63, 68; *Stöhr*, MedR 2010, 214, 215; *ders.*, in: FS *Hirsch*, 2008, S. 431, 432, 438; *G. Müller*, ebd., S. 413, 414; *dies.*, MedR 2009, 309; *dies.*, in: FS *E. Lorenz*, 2004, S. 475, 477; *Kohte*, in: *Lilie/Bernat/Rosenau*, Standardisierung in der Medizin als Rechtsproblem, 2009, S. 79, 83; *Kifmann/Rosenau*, in: *Möllers*, Standardisierung durch Markt und Recht, 2008, S. 49, 60; *Walter*, GesR 2003, 165, 166, 170; *Steffen*, in: FS *Geiß*, 2000, S. 487, 499 ff.; *Dressler*, in: *Hart*, Ärztliche Leitlinien, 2000, S. 161, 166; *Francke/Hart*, Ärztliche Verantwortung und Patienteninformation, 1987, S. 18; *Hart*, JURA 2000, 64, 65; *ders.*, MedR 1998, 8; *Groß*, Ärztlicher Standard, 1997, S. 2; *Franzki*, MedR 1994, 171, 174; *Kleinewefers*, VersR 1992, 1425, 1426; *Rohde*, NJW 1988, 2285 f.; *Laufs*, Berufsfreiheit und Persönlichkeitsschutz im Arztrecht, 1982, S. 8; *Mertens*, VersR 1974,

Nur der medizinische Sachverständige „ist aufgrund seiner wissenschaftlichen Qualifikation und seiner praktischen Erfahrung in der Lage, den Inhalt des Standards der Medizin zu beschreiben".[63] Als Sachverständige bestimmen Ärzte den Standard im Wesentlichen selbst.[64] Allein ein Fachkollege des beklagten Arztes verfügt über die hierfür erforderliche medizinische Sachkunde. Daher gilt im Übrigen stets – letztlich als zivilprozessuale Folge der Ausprägung des haftungsrechtlichen Standards als Facharztstandard[65] – der Grundsatz fachgleicher Begutachtung.[66]

Der Tatrichter[67] hat den Medizinischen Standard mit Hilfe eines ärztlichen Gutachters zu ermitteln[68] und darf ihn nicht ohne entsprechende Grundlage im Sachverständigengutachten oder gar entgegen den Ausführungen des Sachver-

---

509, 513. Ausf. zur zentralen Stellung des medizinischen Sachverständigen im Arzthaftungsprozess *Katzenmeier*, Arzthaftung, 2002, S. 395 ff.; *ders.*, in: *Laufs/Katzenmeier/Lipp*, Arztrecht, ⁷2015, Kap. XII Rn. 1 ff.; s. auch *Deutsch/Spickhoff*, Medizinrecht, ⁷2014, Rn. 806 ff.; *Frahm/Walter*, Arzthaftungsrecht, ⁶2018, Rn. 274 ff.; *Frahm*, MedR 2019, 117; *G. Müller*, MedR 2001, 487 ff.; *dies.*, NJW 1997, 3049, 3054 f. – jeweils m. w. N.

[62] So auch *Frahm/Jansen/Katzenmeier/Kienzle/Kingreen/Lungstras/Saeger/Schmitz-Luhn/Woopen*, MedR 2018, 447, 449.

[63] *Ulsenheimer*, MedR 1992, 127, 129.

[64] *Schreiber*, Langenbecks Arch Chir 364 (1984), 295, 296; s. auch *ders.*, in: *Nagel/Fuchs*, Leitlinien und Standards im Gesundheitswesen, 1997, S. 167, 169; *Laufs*, Berufsfreiheit und Persönlichkeitsschutz im Arztrecht, 1982, S. 8.

[65] Vgl. 3. Kap. A. I. 2. a.

[66] Es ist ein Sachverständiger aus dem Fachgebiet zu ernennen, in das die Behandlung fällt (i. d. R. aus dem Fachgebiet des Arztes, soweit dieser dessen Grenzen nicht überschritten hat); dazu BGH NJW 2009, 1209, 1210 f. = MedR 2010, 181, 182 m. Anm. *Prütting*; s. auch *Thurn*, in: AG RAe im MedR e. V., Standard-Chaos?, 2015, S. 51, 56; *v. Pentz*, MedR 2011, 222.

[67] Die Ermittlung des Standards ist grds. Sache des Tatrichters. Das Ergebnis der tatrichterlichen Würdigung kann revisionsrechtlich nur auf Rechts- und Verfahrensfehler überprüft werden, also insb. darauf, ob ein Verstoß gegen Denkgesetze und allg. Erfahrungssätze vorliegt, das Gericht den Begriff des Medizinischen Standards verkannt oder den ihm unterbreiteten Sachverhalt nicht erschöpfend gewürdigt hat, s. nur BGH NJW 2015, 1601 f. = MedR 2015, 724, 725 f. = JZ 2015, 573, 574 m. Anm. *Spickhoff*; VersR 2014, 879, 881; GesR 2008, 361; vgl. auch *Geiß/Greiner*, Arzthaftpflichtrecht, ⁷2014, Rn. B 9a; überdies *Hart*, JURA 2000, 64, 65: das Bestehen des Standards ist Rechtsfrage, seine richtige Anwendung im Einzelfall hingegen Tatfrage; des Weiteren *Schmidt*, KritV 2005, 177, 180 ff.: der Standard als Normtatsache, für dessen konkrete Normanwendung und -auslegung notwendig und daher vom Gericht zu ermitteln ist (vgl. allg. *Rosenberg/Schwab/Gottwald*, Zivilprozessrecht, ¹⁸2018, § 112 Rn. 21 m. w. N.); ebenso *Hart*, in: *Hart*, Ärztliche Leitlinien im Medizin- und Gesundheitsrecht, 2005, S. 85, 109 f.; *ders.*, in: *Hart*, Klinische Leitlinien und Recht, 2005, S. 81, 99; auch *Brüggemeier*, Haftungsrecht, 2006, § 2 B II 1 b, S. 57, 61 u. § 6 D II 1, S. 472; dazu und zu Konsequenzen dieser Einordnung für den Arzthaftungsprozess umfassend *Velten*, Der medizinische Standard im Arzthaftungsprozeß, 2001, S. 79 ff. (insb. 104).

[68] S. auch *Giesen*, Arzthaftungsrecht, ⁴1995, Rn. 108; *Geiß/Greiner*, Arzthaftpflichtrecht, ⁷2014, Rn. B 9; *v. Pentz*, MedR 2011, 222; *dies.*, MedR 2016, 16; *Bergmann*, VersR 2017, 661, 662.

ständigen aus eigener Beurteilung heraus festlegen.[69] Der Sachverständigenbeweis nach §§ 402 ff. ZPO ist vor diesem Hintergrund die maßgebliche verfahrensrechtliche Quelle der Standardbestimmung. Der Gutachter ist dabei zwar grundsätzlich nur Gehilfe des Richters,[70] hat aber aufgrund seiner überlegenen Sachkunde im Ergebnis bedeutenden Einfluss auf dessen Entscheidungsfindung[71] – nicht zuletzt im in besonderem Maße von außerrechtlichen Fachfragen geprägten Arzthaftungsrecht. Nicht nur hier gilt er daher bisweilen als „heimlicher Herr" des Verfahrens[72] mit faktischer Entscheidungskompetenz[73] und entsprechender Verantwortung.[74] Zugleich resultiert daraus aber auch eine große Verantwortung des Gerichts bei der Beweiserhebung.[75]

Der Sachverständige ist für die Feststellung und fachliche Bewertung von Tatsachen zuständig. Er vermittelt dem Richter das einschlägige abstrakte Fachwissen[76] und zieht daraus Schlussfolgerungen für den Einzelfall.[77] In Arzthaftungsfällen ist es vor allem seine Aufgabe, den für einen derartigen Sachverhalt maßgeblichen medizinischen Standard herauszuarbeiten und davon ausgehend festzustellen, ob dieser im Rahmen der konkreten Behandlung eingehalten oder verfehlt wurde. Entscheidungserheblich ist in erster Linie letztere, leichter zu beantwortende Frage.[78] Dabei hat der Gutachter – dem objektiven Charakter des Standards entsprechend – stets einen objektiven Standpunkt einzunehmen.[79]

Inhaltlich ist der fachliche Kern der Begutachtung innerhalb der freien richterlichen Beweiswürdigung (§ 286 Abs. 1 S. 1 ZPO) lediglich auf Vollständigkeit, Schlüssigkeit und Widerspruchsfreiheit hin zu überprüfen.[80] Es erfolgt eine

---

[69] BGH NJW 2015, 1601, 1602 = MedR 2015, 724, 726 = JZ 2015, 573, 574 m. Anm. *Spickhoff*; s. auch bereits BGH NJW 1995, 776, 777 = MedR 1995, 276, 277. Etwas anderes gilt nur dann, wenn der Tatrichter ausnahmsweise selbst über das erforderliche medizinische Fachwissen verfügt und dies in seiner Entscheidung darlegt.
[70] Dies betont auch *Buchner*, in: *Buchner/Ladeur*, Wissensgenerierung und -verarbeitung, 2016, S. 63, 64; *ders.*, in: AG RAe im MedR e. V., Standard-Chaos?, 2015, S. 1 f.
[71] *Katzenmeier*, in: *Prütting/Gehrlein*, ZPO, [11]2019, Vor §§ 402 ff. Rn. 1; s. auch *Taupitz*, AcP 211 (2011), 352, 356; *ders.*, in: *Möllers*, Geltung und Faktizität von Standards, 2009, S. 63, 68; *Schreiber*, Notwendigkeit und Grenzen rechtlicher Kontrolle der Medizin, 1984, S. 36.
[72] Vgl. nur *Buchner*, in: AG RAe im MedR e. V., Standard-Chaos?, 2015, S. 1, 2.
[73] *Thurn*, in: AG RAe im MedR e. V., Standard-Chaos?, 2015, S. 51, 55; s. auch *Ulsenheimer*, MedR 1992, 127, 129; *Rosenberger*, DÄBl. 2011, A-1624 (i. E. relativierend).
[74] *v. Pentz*, MedR 2011, 222; s. auch *Schmidt*, KritV 2005, 177, 184 f. (Expertenvertrauen).
[75] *Thurn*, in: AG RAe im MedR e. V., Standard-Chaos?, 2015, S. 51, 55.
[76] Vgl. *Buchner*, in: *Buchner/Ladeur*, Wissensgenerierung und -verarbeitung, 2016, S. 63, 64; *ders.*, in: AG RAe im MedR e. V., Standard-Chaos?, 2015, S. 1 f.
[77] *Katzenmeier*, in: *Prütting/Gehrlein*, ZPO, [11]2019, Vor §§ 402 ff. Rn. 2.
[78] *Thurn*, in: AG RAe im MedR e. V., Standard-Chaos?, 2015, S. 51, 54.
[79] Vgl. *Thurn*, in: AG RAe im MedR e. V., Standard-Chaos?, 2015, S. 51, 53, 57. Die Objektivität von Begutachtungen aus grds. Erwägungen anzweifelnd *Kienzle*, ebd., S. 39.
[80] *Katzenmeier*, in: *Prütting/Gehrlein*, ZPO, [11]2019, Vor §§ 402 ff. Rn. 4; s. auch *Frahm/Walter*, Arzthaftungsrecht, [6]2018, Rn. 78; *v. Pentz*, MedR 2016, 16, 19 f.; *Thurn*, in: AG RAe im MedR e. V., Standard-Chaos?, 2015, S. 51, 58 f.; *Walter*, GesR 2003, 165, 166, 170.

Plausibilitätskontrolle,[81] ob der medizinische Standard an sich korrekt bestimmt wurde. Bestehen Bedenken, kann das Gericht (oder die nächsthöhere Tatsacheninstanz)[82] zudem nicht einfach selbst korrigierend eingreifen, vielmehr ist eine (schriftliche oder mündliche[83]) Klarstellung durch den Sachverständigen herbeizuführen oder ein neues Gutachten einzuholen.[84] Allgemeine Sachkunde und persönliche Eignung des Gutachters sind bereits bei dessen Auswahl[85] (oder Ersetzung) zu berücksichtigen.[86]

Über Rechtsfragen urteilt allein das Gericht.[87] Aufgabe des Richters ist die juristische Bewertung des festgestellten Sachverhalts (einschließlich des diesen fachlich bewertenden Sachverständigengutachtens) im Wege einer Subsumtion. Im Haftungsprozess trifft er insbesondere die genuin rechtliche Entscheidung, ob eine Pflicht verletzt und die im Verkehr erforderliche Sorgfalt außer Acht gelassen wurde.[88] Folglich hat auch in der Arzthaftung letztlich das Gericht zu entscheiden, ob der Behandlungsstandard gewahrt wurde.[89] Es hat zu beurteilen, ob – und den Gutachter entsprechend auszuwählen und anzuleiten,[90] damit – der vom Sachverständigen ermittelte medizinische Standard den Vorgaben des Zivilrechts genügt. Erst wenn dies sichergestellt ist, lässt sich ausgehend von der fachlichen Begutachtung die Haftungsfrage beantworten. Die Rezeptionsfrage ist und bleibt Rechtsfrage, nicht Tatfrage.[91]

Dem Gutachter muss von gerichtlicher Seite vorgegeben werden, was rechtlich mit „Medizinischer Standard" gemeint ist, etwa wenn ein (in der Regel forensisch unerfahrener) Sachverständiger die Begrifflichkeiten in untypischer Weise verwendet.[92] Grundlegende Schwierigkeiten bereitet dabei die unterschiedliche Denkweise und Sprache von Ärzten und Juristen; Basiskenntnisse auf dem Fachgebiet des jeweils anderen fördern insofern die Verständigung zwischen den

---

[81] *Buchner*, in: AG RAe im MedR e. V., Standard-Chaos?, 2015, S. 1, 2; *Ulsenheimer*, MedR 1992, 127, 129.
[82] Dazu *Thurn*, in: AG RAe im MedR e. V., Standard-Chaos?, 2015, S. 51, 60 f.
[83] Dazu auch *Thurn*, in: AG RAe im MedR e. V., Standard-Chaos?, 2015, S. 51, 59 f.
[84] Vgl. *Groß*, Ärztlicher Standard, 1997, S. 2.
[85] S. auch *Thurn*, in: AG RAe im MedR e. V., Standard-Chaos?, 2015, S. 51, 56 ff.
[86] *Buchner*, in: AG RAe im MedR e. V., Standard-Chaos?, 2015, S. 1, 2.
[87] *Katzenmeier*, in: *Prütting/Gehrlein*, ZPO, ^{11}2019, Vor §§ 402 ff. Rn. 3.
[88] *Buchner*, in: AG RAe im MedR e. V., Standard-Chaos?, 2015, S. 1, 2; s. auch *Giesen*, Arzthaftungsrecht, ^{4}1995, Rn. 107: nicht nur eine medizinische, sondern auch (und vor allem) eine Rechtsfrage, für die die Gerichte zuständig sind; ebenso *Francke/Hart*, Ärztliche Verantwortung und Patienteninformation, 1987, S. 18; *Ulsenheimer*, MedR 1992, 127, 129; *Laufs/Kern*, in: *Laufs/Kern*, Handbuch des Arztrechts, ^{4}2010, § 97 Rn. 9.
[89] *Buchner*, in: *Buchner/Ladeur*, Wissensgenerierung und -verarbeitung, 2016, S. 63, 64; s. auch *Katzenmeier*, in: *Laufs/Katzenmeier/Lipp*, Arztrecht, ^{7}2015, Kap. X Rn. 14.
[90] Dazu auch *Thurn*, in: AG RAe im MedR e. V., Standard-Chaos?, 2015, S. 51, 58.
[91] *Hart*, in: *Hart*, Ärztliche Leitlinien im Medizin- und Gesundheitsrecht, 2005, S. 85, 93 u. 23, 58; *ders.*, in: *Hart*, Klinische Leitlinien und Recht, 2005, S. 81, 92; *ders.*, VSSR 2002, 265, 272.
[92] In der Praxis sei dies freilich nur selten erforderlich, so jedenfalls *Thurn*, in: AG RAe im MedR e. V., Standard-Chaos?, 2015, S. 51, 53 (mit Beispielen).

Disziplinen.⁹³ Fehl- und Missverständnisse, die aus dem Kontext der gutachterlichen Ausführungen erkennbar sind, hat das Gericht aufzulösen.⁹⁴ Es ist keineswegs verpflichtet, die Begriffswelt des Arztes ohne Weiteres zu übernehmen.⁹⁵

Die Abhängigkeit des Richters vom Sachverständigen ist mithin keine totale,⁹⁶ auch wenn der Richter den Standard weiterhin nicht eigenständig bilden,⁹⁷ sondern nur die entsprechenden Ermittlungen des Sachverständigen kanalisieren kann. Es erfolgt eine gerichtliche Kontrolle.⁹⁸ Das Wort des Gutachters bleibt von entscheidendem Gewicht für den Ausgang des Arzthaftungsprozesses. Je mehr juristische Wertungen aber der haftungsrechtliche Standard enthält, desto enger ist der Spielraum des medizinischen Sachverständigen bei dessen Bestimmung und umgekehrt. Die Rollenverteilung zwischen Gericht und Gutachter im Behandlungsfehlerprozess ist also untrennbar mit dem jeweiligen (oben⁹⁹ abstrakt beschriebenen und unten¹⁰⁰ zu konkretisierenden) Einfluss von Recht und Medizin auf die Bestimmung des Haftungsstandards verbunden.

V. Exkurs: Der grobe Behandlungsfehler

Das Zusammenspiel von Medizin und Recht bei der Standardbestimmung lässt sich durch eine Gegenüberstellung der Standardverfehlung (als „einfacher" Behandlungsfehler) mit der Rechtsfigur des „groben" Behandlungsfehlers weiter veranschaulichen. Nach ständiger Rechtsprechung des BGH¹⁰¹ wird bei Vorliegen

---

⁹³ *Thurn*, in: AG RAe im MedR e. V., Standard-Chaos?, 2015, S. 51, 56; *Schreiber*, Langenbecks Arch Chir 364 (1984), 295, 298; zum Verhältnis von Arzt und Jurist auch *ders.*, Notwendigkeit und Grenzen rechtlicher Kontrolle der Medizin, 1984, S. 29 ff.; *Laufs*, in: FS *Weitnauer*, 1980, S. 363, 369 f.; *ders.*, in: *Laufs/Kern*, Handbuch des Arztrechts, ⁴2010, § 2 Rn. 12; allg. zu Unterschieden ärztlichen und juristischen Denkens *Katzenmeier*, Arzthaftung, 2002, S. 66 f.; *ders.*, in: *Katzenmeier/Bergdolt*, Das Bild des Arztes im 21. Jahrhundert, 2009, S. 45, 50 ff.
⁹⁴ *Thurn*, in: AG RAe im MedR e. V., Standard-Chaos?, 2015, S. 51, 53; s. auch *Walter*, GesR 2003, 165, 166.
⁹⁵ *Giesen*, Arzthaftungsrecht, ⁴1995, Rn. 108; *Laufs/Kern*, in: *Laufs/Kern*, Handbuch des Arztrechts, ⁴2010, § 97 Rn. 9; *Frahm/Walter*, Arzthaftungsrecht, ⁶2018, Rn. 78.
⁹⁶ So aber *Thurn*, in: AG RAe im MedR e. V., Standard-Chaos?, 2015, S. 51 f. Bei der Bestimmung des Medizinischen Standards bestehe keinerlei Spielraum des Richters für eine eigene rechtliche Wertung, er sei gebunden und auf den Sachverständigen angewiesen. Tatsächlich gilt dies jedoch nur für die medizinischen Kernfragen der Standardbestimmung und nicht für deren rechtliche Rahmenbedingungen.
⁹⁷ Vgl. auch *Thurn*, in: AG RAe im MedR e. V., Standard-Chaos?, 2015, S. 51 f.
⁹⁸ *Laufs*, in: *Nagel/Fuchs*, Soziale Gerechtigkeit im Gesundheitswesen, 1993, S. 290, 293.
⁹⁹ I. bis III.
¹⁰⁰ B.
¹⁰¹ Vgl. nur BGHZ 159, 48, 53 ff. = NJW 2004, 2011, 2012 f. m. Anm. *Spickhoff*, NJW 2004, 2345 = JZ 2004, 1029 f. m. Anm. *Katzenmeier* = MedR 2004, 561, 562 f.; zu dieser Rspr. *v. Pentz*, MedR 2011, 222, 223 f.; *G. Müller*, in: FS *Hirsch*, 2008, S. 413, 414 f.; *dies.*, MedR 2001, 487, 489 f.; *dies.*, NJW 1997, 3049, 3052 f. – jeweils m. w. N.; s. auch *Deutsch*, VersR 1988, 1; *ders.*, NJW 1993, 1506, 1509 f.; *Deutsch/Spickhoff*, Medizin-

eines solchen groben Behandlungsfehlers vermutet (Beweislastumkehr), dass der Behandlungsfehler für den Verletzungserfolg ursächlich war (sofern der Fehler grundsätzlich erfolgsgeeignet ist – vergleiche nunmehr für das Behandlungsvertragsrecht § 630h Abs. 5 S. 1 BGB).[102] Ein Behandlungsfehler „ist als grob zu bewerten, wenn der Arzt eindeutig gegen bewährte ärztliche Behandlungsregeln oder gesicherte medizinische Erkenntnisse verstoßen und einen Fehler begangen hat, der aus objektiver Sicht nicht mehr verständlich erscheint, weil er einem Arzt schlechterdings nicht unterlaufen darf."[103]

Bei der Einstufung ärztlichen Fehlverhaltens als grob handelt es sich indes um eine juristische Wertung, die als solche dem Tatrichter obliegt.[104] Dieser hat hier folglich das letzte Wort, nicht der Sachverständige.[105] Das rechtliche Element sticht – verglichen mit der reinen Standardbestimmung[106] – mithin besonders hervor.[107] Allerdings muss auch die juristisch-wertende Entscheidung durch die vom ärztlichen Sachverständigen mitgeteilten Fakten getragen werden und sich auf die medizinische Bewertung des Behandlungsgeschehens stützen können; es ist dem Tatrichter nicht gestattet, den Behandlungsfehler ohne entsprechende Darlegungen aufgrund eigener Wertung als grob zu qualifizieren.[108] Damit unterscheidet sich die Aufgabenverteilung zwischen Arzt und Jurist, zwischen Richter und Gutachter bei der Feststellung eines groben Behandlungsfehlers im Ergebnis gar nicht so sehr von der (in einem ersten Schritt erfolgenden) Ermittlung der einfachen Standardverfehlung im Zusammenspiel von Medizin und Recht.[109] Die Grobheit ist letztlich ein zusätzlicher engerer, eindeutig rechtlicher Filter des Medizinischen Standards für Beweiszwecke.

---

recht, [7]2014, Rn. 374 f., 776 ff.; *Laufs/Kern*, in: *Laufs/Kern*, Handbuch des Arztrechts, [4]2010, § 110 Rn. 1 ff.

[102] Ausf. zu Voraussetzungen und Rechtsfolgen, Fallgruppen, dogmatischer Begründung, Kritik an dieser Rechtsfigur sowie alternativen Lösungsvorschlägen *Katzenmeier*, in: BeckOK-BGB, [50]2019, § 630h Rn. 52 ff.; *ders.*, in: *Laufs/Katzenmeier/Lipp*, Arztrecht, [7]2015, Kap. XI Rn. 70 ff.; *ders.*, Arzthaftung, 2002, S. 439 ff.; *ders.*, in: FS *Laufs*, 2006, S. 909; zu aktuellen Fragen der Übertragung auf andere Berufsgruppen *ders.*, in: FS *Prütting*, 2018, S. 361; rechtsvergleichend (Schweiz) zu Alternativlösungen *Katzenmeier/Jansen*, in: FS *Sutter-Somm*, 2016, S. 285.

[103] Vgl. nur BGH NJW 2012, 227, 228 = MedR 2012, 454, 455; so auch BT-Drs. 17/10488, S. 30; s. auch weiterführend BGH NJW 2011, 3442 m. Anm. *Katzenmeier*, LMK 2012, 327738 = MedR 2012, 450, 452 m. Anm. *Hart*: „Gesicherte medizinische Erkenntnisse, deren Missachtung einen Behandlungsfehler als grob erscheinen lassen kann, sind nicht nur die Erkenntnisse, die Eingang in Leitlinien, Richtlinien oder anderweitige ausdrückliche Handlungsanweisungen gefunden haben. Hierzu zählen vielmehr auch die elementaren medizinischen Grundregeln, die im jeweiligen Fachgebiet vorausgesetzt werden."

[104] BGH NJW 2015, 1601, 1602 = MedR 2015, 724, 726 = JZ 2015, 573, 575 m. Anm. *Spickhoff*; VersR 2014, 879, 883; dazu *Geiß/Greiner*, Arzthaftpflichtrecht, [7]2014, Rn. B 255 f.; *Frahm/Walter*, Arzthaftungsrecht, [6]2018, Rn. 132.

[105] Vgl. *Thurn*, in: AG RAe im MedR e. V., Standard-Chaos?, 2015, S. 51.

[106] S. o. I. bis IV.

[107] *Spickhoff*, JZ 2015, 576 f.

[108] BGH NJW 2015, 1601, 1602 = MedR 2015, 724, 726 = JZ 2015, 573, 575 m. Anm. *Spickhoff*.

[109] Vgl. *Spickhoff*, JZ 2015, 576 f.

B. Nähere Ausgestaltung der kontrollierten Rezeption

I. Grundwerte des zivilrechtlichen Standardbegriffs

Die normative Filterung des medizinischen Standards beginnt im Haftungsrecht mit der klassischen Funktionsbeschreibung der Rechtsprechung (und im Anschluss daran auch der Literatur), nach welcher der Standard Auskunft darüber gibt, welches Verhalten von einem gewissenhaften und aufmerksamen Arzt in der konkreten Behandlungssituation aus der berufsfachlichen Sicht seines Fachbereichs im Zeitpunkt der Behandlung erwartet werden kann.[110] Die dort enthaltenen, letztlich auf allgemeine Zivilrechtsdogmatik zurückzuführenden[111] Grundwerte des haftungsrechtlichen Standardbegriffs setzen der Übernahme medizinischer Standards ins Recht erste Grenzen.

Zivilrechtlich rezipiert wird ein medizinischer Standard, soweit er diesen objektivierten, in fachlicher, zeitlicher und situativer Hinsicht konkretisierten Mindestanforderungen genügt.[112] Entscheidende Bedeutung kommt insofern nicht zuletzt der Normativität des haftungsrechtlichen Standards zu.[113] Normative Ziel- und Schutzzweckvorgaben prägen den juristischen Kontrollvorgang.[114] Hier setzt das Recht eigene Akzente, um etwa der Einbeziehung unzulänglicher Üblichkeiten aus der ärztlichen Praxis in den Standard entgegenzuwirken. Aber auch zu Grundsatzfragen, inwieweit etwa bei der Standardbestimmung die Rahmenbedingung des Behandelns[115] und ökonomische Gesichtspunkte[116] eine Rolle spielen dürfen, bezieht das Recht damit Stellung.[117]

---

[110] Dazu 3. Kap. A. I.
[111] Dazu 3. Kap. A. II.
[112] Vgl. diesbzgl. *Walter*, GesR 2003, 165, 166.
[113] Vgl. insofern *Katzenmeier*, in: *Laufs/Katzenmeier/Lipp*, Arztrecht, [7]2015, Kap. X Rn. 16; *Taupitz*, NJW 1986, 2851, 2858; *Schreiber*, Notwendigkeit und Grenzen rechtlicher Kontrolle der Medizin, 1984, S. 37 f.; *ders.*, Langenbecks Arch Chir 364 (1984), 295, 296; zudem *Puhl/Dierks*, in: FS Geiß, 2000, S. 477, 481 ff.; *Giesen*, Arzthaftungsrecht, [4]1995, Rn. 108: es gelte insofern (als Reaktion auf die drohende Reduktion des weiten Behandlungsfehlerbegriffs – also die Erweiterung des Standards – durch die Medizin) der „möglichen Gefahr einer Vernunfthoheit des Arztes über den Patienten (und den Richter) und einer umfassenden ärztlichen Gesundheitsbevormundung zu begegnen"; im Anschluss daran *Schramm*, Der Schutzbereich der Norm im Arzthaftungsrecht, 1992, S. 93 f.
[114] Im Kontext technischer Standards bereits *Nicklisch*, NJW 1982, 2633, 2636, 2642; *Müller-Foell*, Bedeutung technischer Normen, 1987, S. 40 f.; aber auch *Taupitz*, AcP 211 (2011), 352, 356; *ders.*, in: *Möllers*, Geltung und Faktizität von Standards, 2009, S. 63, 68 f.
[115] S. u. D. III. 4.
[116] Dazu im 4. Teil.
[117] Vgl. insg. *Buchner*, in: *Buchner/Ladeur*, Wissensgenerierung und -verarbeitung, 2016, S. 63, 64; *ders.*, in: AG RAe im MedR e. V., Standard-Chaos?, 2015, S. 1, 3; *Buchner/Schmacke*, GesR 2010, 169, 171.

Allerdings ist mit dieser grundlegenden Umschreibung des haftungsrechtlichen Standards, wie zuvor bereits festgestellt, keine echte Begriffsbestimmung verbunden.[118] Es handelt sich nicht um eine juristische Definition im klassischen Sinne. Konkrete Kriterien zur Bestimmung der einzelnen rechtlich maßgeblichen medizinischen Fachinhalte ergeben sich daraus zunächst nicht. Es erfolgt lediglich eine grobe Vorfilterung.

II. Übernahme und Präzisierung der Definition Carstensens

Auf diese Grundwerte beschränkt sich das Haftungsrecht freilich nicht, grenzt seinen Standard vielmehr in Anknüpfung an einen konkreten medizinischen Standardbegriff weiter ein. Zu den wesentlichen Vorgaben zivilrechtlicher Standardbestimmung zählt insofern auch eine Definition des Medizinischen Standards[119] und damit nunmehr ein echter haftungsrechtlicher Standardbegriff, welcher dem Filterungsprozess erst die nötige Kontur verleiht, indem er bestimmte Kriterien für das Rezeptionsverfahren vorgibt. Im Zivilrecht greift die einschlägige Literatur,[120] im Anschluss daran aber auch die Rechtsprechung,[121] zu diesem Zwecke namentlich auf die Definition des Standards in der Medizin nach *Carstensen* zurück.[122] Diese ist medizinischen Ursprungs, unterliegt aber wie dargelegt – als in entsprechendem Kontext aufgestellter Teil eines juristischen Gesamtkonzepts – zugleich gewissen rechtlichen Wechselwirkungen.

---

[118] 3. Kap. A. I. vor 1.

[119] Vgl. insofern *Buchner*, in: *Buchner/Ladeur*, Wissensgenerierung und -verarbeitung, 2016, S. 63, 65; *Buchner/Schmacke*, GesR 2010, 169, 171.

[120] *Katzenmeier*, in: BeckOK-BGB, ^{50}2019, § 630a Rn. 148; *ders.*, in: *Laufs/Katzenmeier/Lipp*, Arztrecht, ^{7}2015, Kap. X Rn. 7; *Frahm/Walter*, Arzthaftungsrecht, ^{6}2018, Rn. 78; *Arnade*, Kostendruck und Standard, 2010, S. 173 ff.; *Laufs*, in: *Laufs/Kern*, Handbuch des Arztrechts, ^{4}2010, § 3 Rn. 17; *Uhlenbruck/Laufs*, in: *Laufs/Uhlenbruck*, Handbuch des Arztrechts, ^{3}2002, § 39 Rn. 9; *Brüggemeier*, Haftungsrecht, 2006, § 6 D II 1, S. 472; *v. Pentz*, MedR 2016, 16; *Thurn*, in: AG RAe im MedR e. V., Standard-Chaos?, 2015, S. 51, 52; *Kreße*, MedR 2007, 393, 394; *Diederichsen*, in: *Hart*, Klinische Leitlinien und Recht, 2005, S. 105, 109; *Walter*, GesR 2003, 165, 166; *Steffen*, in: FS *Geiß*, 2000, S. 487, 493; *Hart*, MedR 1998, 8, 9; *Rumler-Detzel*, VersR 1998, 546, 547; ähnlich *Pauge/Offenloch*, Arzthaftungsrecht, ^{14}2018, Rn. 189; *Kern*, MedR 2004, 300, 301; *Dressler*, in: FS *Geiß*, 2000, S. 379, 380 f.; *ders.*, in: *Hart*, Ärztliche Leitlinien, 2000, S. 161, 162; *Groß*, Ärztlicher Standard, 1997, S. 1; *Kullmann*, VersR 1997, 529; *Ulsenheimer*, MedR 1995, 438 u. 1992, 127, 128; *Laufs*, in: *Nagel/Fuchs*, Soziale Gerechtigkeit im Gesundheitswesen, 1993, S. 290, 293.

[121] S. etwa BGH NJW 2016, 713, 714 = MedR 2016, 794, 795 m. Anm. *Prütting*; NJW 2015, 1601 = MedR 2015, 724, 725 = JZ 2015, 573, 574 m. Anm. *Spickhoff*; VersR 2014, 879, 881.

[122] Dazu 2. Kap. B. I.; ebenso i. Ü. auch der Gesetzgeber in der Begründung zum PatRG, BT-Drs. 17/10488, S. 19.

1. Die „Drei-Elemente-Lehre" nach Hart

Hart hat den Definitionsversuch *Carstensens*, nach dem Standard in der Medizin den jeweiligen Stand naturwissenschaftlicher Erkenntnis und ärztlicher Erfahrung repräsentiert, der zur Erreichung des ärztlichen Behandlungsziels erforderlich ist und sich in der Erprobung bewährt hat, im Zivilrecht etabliert. Dabei hat er ihn zugleich interpretatorisch erweitert und im Wege der Auslegung für die Zwecke des Haftungsrechts präzisiert. So entnimmt *Hart* der Begriffsbestimmung zusätzlich das – in der Medizin zuvor bereits von *Buchborn* hervorgehobene[123] und etwa auch aus dem Sozialrecht bekannte[124] – Moment der allgemeinen Anerkennung.[125] Der Standard wird als das definiert, was „nach medizinisch-wissenschaftlicher Erkenntnis und/oder praktischer ärztlicher Erfahrung innerhalb der Profession akzeptiert ist".[126] Der haftungsrechtliche Standardbegriff beinhaltet demnach aufbauend auf dem medizinischen Selbstverständnis insgesamt drei Teilelemente, die als solche bei der zivilrechtlichen Standardbestimmung (grundsätzlich kumulativwertend) zu berücksichtigen sind.[127]

Erst die Kombination von wissenschaftlicher Erkenntnis, ärztlicher Erfahrung sowie professioneller Akzeptanz führt zum Standard.[128] Auch an diesem (immer noch eher weiten und daher in der Folge weiter zu präzisierenden) rechtlichen

---

[123] Dazu 2. Kap. B. II.
[124] Näher 4. Kap. C. I. 2.
[125] *Hart*, MedR 1998, 8, 10; ähnlich bereits *ders.*, MedR 1996, 60, 68; ebenso i. Ü. nunmehr § 630a Abs. 2 BGB; dazu auch BT-Drs. 17/10488, S. 19.
[126] *Francke/Hart*, Charta der Patientenrechte, 1999, S. 22; *Hart*, in: *Hart*, Ärztliche Leitlinien, 2000, S. 137, 139; *ders.*, JURA 2000, 64; *ders.*, in: *Hart*, Klinische Leitlinien und Recht, 2005, S. 81, 88; *ders.*, KritV 2005, 154, 158; *ders.*, in: *Hart*, Ärztliche Leitlinien im Medizin- und Gesundheitsrecht, 2005, S. 85, 88 f. u. 23, 31; *ders.*, MedR 2016, 669, 671; s. auch *ders.*, MedR 2000, 1; *ders.*, VSSR 2002, 265, 272 f.; *ders.*, MedR 2004, 469, 472; *ders.*, in: *Kunz et al.*, Lehrbuch EbM, ²2007, S. 393, 394; *ders.*, in: HK-AKM, ³⁵2011, Nr. 530 (Ärztliche Leitlinien) Rn. 1, 16; *ders.*, MedR 2019, 509, 511; im Anschluss daran *Buchner*, in: *Buchner/Ladeur*, Wissensgenerierung und -verarbeitung, 2016, S. 63, 65; *ders.*, in: AG RAe im MedR e. V., Standard-Chaos?, 2015, S. 1, 4; *Buchner/Schmacke*, GesR 2010, 169; *Kern*, MedR 2004, 300, 301; ebenso *Taupitz*, in: *Möllers*, Geltung und Faktizität von Standards, 2009, S. 63, 64 f.; *ders.*, in: AG RAe im MedR e. V., Dokumentation und Leitlinienkonkurrenz, 2007, S. 101, 107; ohne das Akzeptanzmoment i. Ü. bereits *ders.*, NJW 1986, 2851, 2858; *Laufs*, Berufsfreiheit und Persönlichkeitsschutz im Arztrecht, 1982, S. 8: „medizinische Wissenschaft und ärztliche Erfahrungen setzen die Standards"; ebenso *Laufs/Kern*, in: *Laufs/Kern*, Handbuch des Arztrechts, ⁴2010, § 97 Rn. 3, 15.
[127] Die bei *Carstensen* im Relativsatz gesondert zum Ausdruck kommende Ausrichtung am ärztlichen Behandlungsziel ist im Grunde selbstverständlich. Die Bewährung in Erprobung verweist in erster Linie auf die Entwicklung einer Behandlung vom Versuch zum Standard (dazu im haftungsrechtlichen Kontext noch D. II. 3. a. bb.) und wird für eine Definition nicht zwingend benötigt. *Hart* (u. a. MedR 2016, 669, 671 f.) setzt die praktische Bewährung im Hinblick auf das definierte Behandlungsziel bisweilen mit professioneller Akzeptanz gleich. Sie ergänzt genau genommen aber auch die anderen beiden Elemente.
[128] *Katzenmeier*, in: BeckOK-BGB, ⁵⁰2019, § 630a Rn. 148; *ders.*, in: *Laufs/Katzenmeier/Lipp*, Arztrecht, ⁷2015, Kap. X Rn. 7; *Hart*, MedR 1998, 8, 9 f.; s. auch *Kreße*, MedR 2007, 393, 394; *Walter*, GesR 2003, 165, 166.

Rahmen muss sich mithin die medizinische Standardbildung messen lassen. „Standards entwickeln sich in einem ausgreifenden, öffentlichen Prozeß fachlichen Erkennens, Anerkennens und Einübens".[129] Wie die einzelnen Standardelemente ihrerseits einzuordnen, herzuleiten und gegebenenfalls einzugrenzen sind und wie sie sich zueinander verhalten, gibt die Definition zunächst nicht vor.[130]

Hart stellt diesbezüglich fest: „Für die ersten beiden Kriterien ist auf die Methode der Qualitätsbewertung durch die EbM zurückzugreifen. Für das Akzeptanzkriterium sind in erster Linie bewährte Verfahren der Konsensbildung zuständig".[131] Welche Anforderungen das Zivilrecht im Einzelnen – gleichsam als zusätzliche normative Filter – an Erkenntnis, Erfahrung und Akzeptanz stellt, soll nunmehr anhand zweier untrennbar miteinander verbundener Entwicklungen (sowie ihrer praktischen Ausprägungen) in der modernen Medizin näher erörtert werden: Verwissenschaftlichung und Verschriftlichung der Medizin, die insbesondere in Methodik (EbM, 2.) und Quellen (Leitlinien, 3.) zum Ausdruck kommen, setzen neue Akzente, welche das Haftungsrecht für seine kontrollierte Rezeption aufgreift und so zugleich an grundlegende Fragen zu Standardbegriff und Standardbestimmung anknüpft.

2. Verwissenschaftlichung des Standards

a) Kernelemente: Erkenntnis und Erfahrung – Eingrenzung und Verhältnis

Fundamentale Schwierigkeiten bereitet – als zentrales Problem bereits der medizinischen Standarddiskussion[132] – auch dem Recht der Konflikt zwischen Erkenntnis und Erfahrung, zwischen systematischem und intuitivem Wissen,[133] der in der genannten Definition des Standards zwar angedeutet, letztlich aber nicht aufgelöst wird.[134] Bei medizinisch umstrittenen Fragestellungen kann anhand der Definition nicht eindeutig entschieden werden, welche Erkenntnisse und Erfahrungen aus einer Vielzahl gegebenenfalls konträrer, aber jeweils in sich begründeter fachlicher Einschätzungen im Ergebnis für die Standardbestimmung maßgeblich sein sollen. Die Definition sagt insbesondere nichts über Gewichtung und Rangfolge der einzelnen Kriterien im Konfliktfall aus und bietet daher für den ärztlichen

---

[129] *Laufs,* in: *Nagel/Fuchs,* Soziale Gerechtigkeit im Gesundheitswesen, 1993, S. 290, 293.
[130] *Francke/Hart,* Charta der Patientenrechte, 1999, S. 22 f.; *Hart,* in: *Hart,* Ärztliche Leitlinien, 2000, S. 137, 140; *ders.,* MedR 2000, 1, 2; *ders.,* JURA 2000, 64, 65; *ders.,* VSSR 2002, 265, 274; *ders.,* in: *Hart,* Klinische Leitlinien und Recht, 2005, S. 81, 89; *ders.,* KritV 2005, 154, 159; *ders.,* in: *Hart,* Ärztliche Leitlinien im Medizin- und Gesundheitsrecht, 2005, S. 23, 32; *ders.,* in: HK-AKM, [35]2011, Nr. 530 (Ärztliche Leitlinien) Rn. 17; fragend *ders.,* MedR 1998, 8, 10.
[131] *Hart,* MedR 2004, 469, 472.
[132] Vgl. 2. Kap. C. II.
[133] So *Hart,* MedR 2000, 1; *ders.,* VSSR 2002, 265, 273; *ders.,* in: HK-AKM, [35]2011, Nr. 530 (Ärztliche Leitlinien) Rn. 16.
[134] *Buchner,* in: *Buchner/Ladeur,* Wissensgenerierung und -verarbeitung, 2016, S. 63, 65; *ders.,* in: AG RAe im MedR e. V., Standard-Chaos?, 2015, S. 1, 4.

Behandlungsalltag (und dessen juristische Aufarbeitung) oftmals keine zusätzliche (Rechts-)Sicherheit.[135]

Im Begriff des Medizinischen Standards ist ein Spannungsfeld zwischen medizinischer (Natur-)Wissenschaft und Medizin als Heilkunst, zwischen Theorie und Praxis angelegt; der Umgang der Medizin damit wirkt auf den Standard zurück.[136] Erkenntnis und Erfahrung gelangen mitunter zu ganz unterschiedlichen Ergebnissen. Eine Behandlungsmethode, auf die der Arzt zurückgreift, weil sie sich im Rahmen seiner praktischen Tätigkeit bewährt hat, muss nicht zwangsläufig unter streng wissenschaftlichen Bedingungen zum Erfolg führen und umgekehrt. Theorie und Praxis lassen sich nicht immer in Einklang bringen, sie treffen vielmehr bisweilen unversöhnlich aufeinander.[137] In diesem Fall bedarf es konkreterer Kriterien, anhand derer Ärzte bei medizinischen Kontroversen dennoch einen bestimmten Standard ermitteln können.[138] Ansonsten haben schlicht alle nach Erkenntnis oder Erfahrung in Betracht kommenden Behandlungsmethoden als Medizinischer Standard zu gelten. Zivilrechtlich geht es also um genauere Vorgaben für die materielle Filterung medizinischer Fachinhalte.

In diesem Zusammenhang ist zunächst allgemein eine zunehmende Verwissenschaftlichung der Medizin hervorzuheben. „Verwissenschaftlichung der Medizin, Technisierung und Spezialisierung haben zu einer weitgehenden Objektivierung ärztlichen Handelns geführt, die es rechtlich nachprüfbar macht."[139] Es stellt sich daher die Frage, ob im Haftungsrecht, das für die kontrollierte Rezeption in besonderem Maße auf objektive Kriterien angewiesen ist, aufgrund dieser Entwicklung von einem generellen Vorrang wissenschaftlicher Erkenntnis bei der Standardbestimmung auszugehen ist.

Teilweise sind medizinische Vorgänge jedoch (natur-)wissenschaftlich (noch) nicht erklärbar, sodass es schlicht keine gesicherten Erkenntnisse zu einer Behandlung gibt.[140] Zudem sind gerade statistische (quantitative) Studien bisweilen von geringer (qualitativer) Aussagekraft für die Behandlung eines individuellen Patienten.[141] Vor dem Hintergrund der allgemeinen Grenzen wissenschaftlicher Erkenntnis und der Unwägbarkeiten ihrer Anwendung im konkreten Fall

---

[135] S. insg. *Buchner/Schmacke*, GesR 2010, 169, 171.
[136] *Dumbs*, GesR 2014, 513 f.
[137] Vgl. *Buchner/Schmacke*, GesR 2010, 169, 171, 175; *Buchner*, in: AG RAe im MedR e. V., Standard-Chaos?, 2015, S. 1, 4; s. auch *ders.*, in: *Buchner/Ladeur*, Wissensgenerierung und -verarbeitung, 2016, S. 63, 65, 69.
[138] *Buchner/Schmacke*, GesR 2010, 169.
[139] *Katzenmeier*, in: *Laufs/Katzenmeier/Lipp*, Arztrecht, 7.2015, Kap. X Rn. 5; zu der Entwicklung *ders.*, Arzthaftung, 2002, S. 11 ff.; s. auch *Buchborn*, MedR 1984, 126, 127 f. (Verwissenschaftlichung als Teil des abendländischen Rationalisierungsprozesses der neuzeitlichen Aufklärung); *ders.*, MedR 1987, 221 (entspr. zu Parallelen von Verwissenschaftlichung und Verrechtlichung); *Kriele*, NJW 1976, 355, 356 (krit. ggü. einer staatlich definierten Wissenschaftlichkeit): „Der Stand der wissenschaftlichen Erkenntnisse ist dadurch gekennzeichnet, daß er *kontrovers* ist." (Hervorhebung im Original).
[140] *Dumbs*, GesR 2014, 513, 515 ff.
[141] *Dumbs*, GesR 2014, 513, 517 f.; ausf. im Kontext von EbM (sogleich b.) auch *Dumbs/Dumbs*, ZVersWiss 2017, 227, zur „Arzthaftung auf der Grundlage von Statistiken".

(beschränkte Erkenntnisbasis, begrenzte Anwendungssicherheit)[142] sind ärztliches Handeln und seine Wirkung also nie exakt determinierbar, sie werden im jeweiligen Einzelfall von unbekannten Einflussfaktoren geprägt, welche sich dem ärztlichen Einfluss entziehen.[143]

Angesichts der Komplexität ärztlichen Handelns, welche regelmäßig mit einem entsprechenden Informationsmangel korrespondiert, kann sich der Behandlungsstandard jedenfalls nicht allein aus wissenschaftlicher Erkenntnis ergeben, auch wenn dieser grundsätzlich bei der Standardbestimmung weiter entscheidende Bedeutung zukommt. Ärztliche Erfahrung ist aber letztlich unentbehrlich, soweit etwa die wissenschaftliche Grundlage fehlt oder ihre Umsetzung im konkreten Einzelfall kontrollierend zu begleiten ist; vom Arzt als Praktiker ist dann vor allem ein konsequentes, nachvollziehbares Handeln zu verlangen.[144] Ärztliche Erfahrung ist gerade dort gefordert, wo (fehlende oder kontroverse) wissenschaftliche Erkenntnis Medizin und Recht bei der Standardbestimmung im Stich lässt.[145] Das Verhältnis von Erkenntnis und Erfahrung gestaltet sich insofern deutlich komplexer und gestattet keine pauschalen Festlegungen.

b) EbM im Haftungsrecht

Ordnung im Konflikt zwischen Erkenntnis und Erfahrung, Evidenz und Empirie, verspricht vor allem das wissenschaftsmethodische Konzept der EbM.[146] Das wachsende Streben der Medizin nach wissenschaftlicher Evidenz geht am Haftungsrecht nicht spurlos vorbei,[147] EbM kommt auch hier zunehmend Bedeutung zu.[148] Als Paradebeispiel der Verwissenschaftlichung der Medizin scheint die EbM für eine Übernahme ins Recht und Prägung rechtlicher Behandlungsstandards geradezu prädestiniert.[149] Denn sie ist mit einem erheblichen (prozeduralen wie sachlichen) Transparenz- und Begründungsgewinn bei der Standardbestimmung

---

[142] *Dumbs*, GesR 2014, 513, 520.
[143] *Dumbs*, GesR 2014, 513 f.
[144] S. insg. *Dumbs*, GesR 2014, 513, 516 ff.
[145] So bereits *Buchborn*, MedR 1984, 126, 128; *ders.*, MedR 1987, 221, 222 f.; s. auch *Kriele*, NJW 1976, 355, 357 f. („gesunder Menschenverstand"), krit. ggü. „Wissenschaftsdogmatismus": Mit einer Berücksichtigung ärztlicher Erfahrung werde der Wissenschaftsbegriff aus seinem beschränkten, unwissenschaftlichen Dogmatismus befreit und für die gesamte zugängliche Wahrheit geöffnet. Die Basis aller Wissenschaft sei methodische Beobachtung und Empirie in ihrer ganzen Breite – erst recht im von den Unwägbarkeiten des menschlichen Organismus geprägten Bereich der Medizin.
[146] Vgl. *Hart*, KritV 2005, 154, 164; *ders.*, VSSR 2002, 265, 274.
[147] Vgl. die „Zukunftsvision" von *Steffen*, in: FS *Deutsch*, 2009, S. 615 ff.
[148] S. auch *Gaßner/Strömer*, MedR 2012, 159, 160; aus dieser Perspektive monographisch *Mommertz*, Einflüsse und Auswirkungen der EbM auf das Medizinrecht, 2015, S. 95 ff., der diesbzgl. zwischen normativer und methodischer Ebene der EbM differenziert.
[149] Vgl. etwa die rechtstheoretischen Überlegungen (in einem sozialrechtlichen Grundkontext) von *I. Augsberg*, in: *Buchner/Ladeur*, Wissensgenerierung und -verarbeitung, 2016, S. 73, zur Entwicklung hin zu einem „Evidence-based Law"; s. auch *S. Augsberg*, GesR 2012, 595, 599 ff., zur gelungenen Verständigung zwischen Medizinern und Juristen.

verbunden.[150] Eine derartige „Rationalisierung" von Behandlungsentscheidungen dient nicht zuletzt der Qualitätssicherung.[151] Faktische Risiken der EbM für die ärztliche Therapiefreiheit,[152] das Selbstbestimmungsrecht des Patienten und den medizinischen Fortschritt sind jeweils zu relativieren. Erst EbM stellt die Therapiefreiheit auf eine systematische Basis, fördert die Selbstbestimmung durch entsprechende Patienteninformation[153] und zielt auf eine rasche Durchsetzung echter Innovationen.[154]

Das Zivilrecht nimmt bislang – anders als das Sozialrecht[155] – allerdings nur implizit auf EbM Bezug.[156] EbM bestimmt den medizinischen[157] und damit grundsätzlich schon heute den an diesem ausgerichteten haftungsrechtlichen Standard.[158] „Der Durchgriff des Arzthaftungsrechts bei der Bestimmung des Behandlungsfehlers auf die Medizin ist gleichbedeutend mit der Rezeption der EbM als Maßstab der Pflichtwidrigkeit."[159] Auch der Gutachter (und das Gericht) haben sich insofern an EbM zu orientieren.[160] In die zivilrechtlichen Grundanforderungen fügt diese sich ohne Weiteres ein. Darüber hinaus könnte eine eindeutige(re) Koppelung der haftungsrechtlichen Standardbestimmung an die Hierarchie und Kriterien der EbM – gleichsam im Anschluss an das Sozialrecht und unter dessen Einfluss – künftig dazu beitragen, die Kernelemente des Medizinischen Standards, also wissenschaftliche Erkenntnis und ärztliche Erfahrung, und ihr Verhältnis zueinander zugleich für die Zwecke des Zivilrechts verbindlich und nachvollziehbar zu präzisieren.

Die EbM als „empirische Methode der Verwissenschaftlichung der Medizin durch eine Qualitätsrangfestlegung für medizinische Evidenzen" beinhaltet als solche zugleich eine Gewichtung dieser Standardelemente, die den Standardbegriff verengt und die Standardbestimmung erleichtert.[161] Hochwertige Evidenz definiert prinzipiell den Standard.[162] Wissenschaftliche Erkenntnis verdrängt andere Evidenzen (insbesondere die ärztliche Erfahrung) und auch das Element der

---

[150] *Hart*, MedR 2000, 1, 3.
[151] *Hart*, MedR 2000, 1, 4; s. auch *ders.*, in: *Hart*, Ärztliche Leitlinien, 2000, S. 137, 140; *ders.*, VSSR 2002, 265, 274; *ders.*, KritV 2005, 154, 164; *ders.*, in: *Kunz et al.*, Lehrbuch EbM, ²2007, S. 393, 395, 399; *ders.*, in: HK-AKM, ³⁵2011, Nr. 530 (Ärztliche Leitlinien) Rn. 17; *ders.*, MedR 2015, 1, 2; zudem *Steffen*, in: FS *Deutsch*, 2009, S. 615, 616.
[152] Dazu auch *Mommertz*, Einflüsse und Auswirkungen der EbM auf das Medizinrecht, 2015, S. 171 ff.
[153] S. auch *Hart*, in: *Kunz et al.*, Lehrbuch EbM, ²2007, S. 393, 395 f.
[154] S. insg. *Hart*, MedR 2000, 1, 4 f.
[155] Näher 5. Kap. B. III. 3.
[156] *Hart*, MedR 2015, 1, 4.
[157] Vgl. 2. Kap. C. I.
[158] *Hart*, MedR 2000, 1, 3; s. auch *Steffen*, in: FS *Deutsch*, 2009, S. 615, 619; *Gaßner/Strömer*, MedR 2012, 159, 160.
[159] *Hart*, MedR 2015, 1, 6; s. auch *ders.*, MedR 2016, 669, 671.
[160] *Hart*, in: *Kunz et al.*, Lehrbuch EbM, ²2007, S. 393, 395, 399; *ders.*, MedR 2015, 1, 6.
[161] *Hart*, MedR 2000, 1 (u. 5); *ders.*, in: *Kunz et al.*, Lehrbuch EbM, ²2007, S. 393, 394 f., 397; *ders.*, in: HK-AKM, ³⁵2011, Nr. 530 (Ärztliche Leitlinien) Rn. 17; s. auch *ders.*, MedR 2015, 1, 2.
[162] *Hart*, in: *Kunz et al.*, Lehrbuch EbM, ²2007, S. 393, 395.

Akzeptanz: „Wissenschaftliche Evidenz des höchsten Qualitätsranges gilt kraft ihrer methodischen und sachlichen Validität. Intuitive Evidenz gilt kraft professioneller Akzeptanz [...]. Wissenschaftliche Evidenz zwingt zur Befolgung, über Intuition und Erfahrung wird diskutiert."[163]

Dabei geht es der EbM zwar um ein Vorrangprinzip für wissenschaftliche Evidenz, nicht aber um ein Ausschlussprinzip für andere Evidenzen.[164] „Fehlt es an hochwertiger Evidenz, ist sie lückenhaft oder unsicher, ist auf der Basis des Verfügbaren zu entscheiden".[165] Die EbM macht keine „Richtigkeitsvorgaben" für Behandlungsziele, sondern lediglich „Verfahrensvorgaben" für die Evaluation medizinischer Erkenntnisse und Erfahrungen.[166] Externe Evidenz aus wissenschaftlicher Erkenntnis darf also nicht überschätzt, interne („empirische") Evidenz aus klinischer Erfahrung (ärztliche Intuition und Urteilskraft) nicht unterschätzt werden.[167] Beide sind miteinander verflochten.[168]

EbM trifft statistische Aussagen über die Qualität von Behandlungen im Allgemeinen („probabilistische Empirie"), die nicht mit der Bewertung einer individuellen Behandlung übereinstimmen müssen.[169] Medizinische Studien entspringen – soweit sie überhaupt vorhanden sind – einem künstlichen Kontext und spiegeln daher nicht zwangsläufig auch den klinischen Alltag in der ärztlichen Praxis wider.[170] EbM ist zwar durchaus patientenorientiert (und beteiligt das Patientenkollektiv, soweit es nicht um rein medizinische Fragen geht), offenbart jedoch letztlich Schwächen bei der Berücksichtigung der Individualität des Patienten.[171]

Auch unter einer EbM hat medizinisch wie haftungsrechtlich die Behandlung am individuellen Kranken, nicht am generellen Krankheitsbild im Vordergrund zu stehen,[172] müssen dem Arzt bei der Standardbestimmung im konkreten Behandlungsfall Beurteilungsfreiräume verbleiben.[173] EbM verringert zwar unter Umständen den Umfang dieses Handlungskorridors, befreit aber nicht gänzlich von der Einzelfallentscheidung; vielmehr ist der Rückgriff auf Erfahrungswissen

---

[163] *Hart*, MedR 2000, 1, 2; s. auch *ders.*, in: *Kunz et al.*, Lehrbuch EbM, ²2007, S. 393, 395.
[164] *Hart*, MedR 2000, 1, 3; s. auch *ders.*, VSSR 2002, 265, 274; *ders.*, KritV 2005, 154, 164; *ders.*, in: HK-AKM, ³⁵2011, Nr. 530 (Ärztliche Leitlinien) Rn. 17.
[165] *Hart*, MedR 2015, 1, 2 (u. 5); s. auch *Gaßner/Strömer*, MedR 2012, 159, 160 f.
[166] *Hart*, MedR 2000, 1 f.; *ders.*, VSSR 2002, 265, 274; *ders.*, KritV 2005, 154, 164; *ders.*, in: *Kunz et al.*, Lehrbuch EbM, ²2007, S. 393, 394; *ders.*, in: HK-AKM, ³⁵2011, Nr. 530 (Ärztliche Leitlinien) Rn. 17; *ders.*, MedR 2015, 1, 2.
[167] *Steffen*, in: FS *Deutsch*, 2009, S. 615, 616 f(f).
[168] *I. Augsberg*, in: *Buchner/Ladeur*, Wissensgenerierung und -verarbeitung, 2016, S. 73, 77 ff.
[169] *Hart*, MedR 2000, 1, 2; vgl. insofern auch die Kritik an der EbM von *Dumbs/Dumbs*, ZVersWiss 2017, 227, 229 ff.
[170] Vgl. *Steffen*, in: FS *Deutsch*, 2009, S. 615, 618, 620 f.; S. 627 ff. entspr. zur begrenzten Aussagekraft statistischer Studienergebnisse (Chancen-/Wahrscheinlichkeitsbewertungen) aus EbM für den haftungsrechtlichen Kausalitätsnachweis im konkret-individuellen Fall.
[171] *Hart*, MedR 2000, 1, 5.
[172] Vgl. *Steffen*, in: FS *Deutsch*, 2009, S. 615, 617.
[173] *Steffen*, in: FS *Deutsch*, 2009, S. 615, 624 ff.; s. auch *Pauge/Offenloch*, Arzthaftungsrecht, ¹⁴2018, Rn. 189.

unverzichtbar.¹⁷⁴ Der Arzt trägt die Verantwortung dafür, die wissenschaftliche Evidenz mit den konkreten Behandlungsbedingungen, den Befindlichkeiten und Zielen seines Patienten abzustimmen.¹⁷⁵

EbM integriert daher die praktische ärztliche Erfahrung, um dem Einzelfall gerecht zu werden.¹⁷⁶ Bei der Anwendung der Grundsätze der EbM auf den jeweiligen Haftungsfall sind neben der wissenschaftlichen Nachweisbarkeit auch die ärztliche Erfahrung und die persönlichen Belange des individuellen Patienten in der konkreten Behandlungssituation angemessen zu berücksichtigen.¹⁷⁷ Die konkrete Umsetzung externer, wissenschaftlicher Evidenz bedarf stets der individuellen klinischen Expertise des Behandelnden (interne Evidenz, Intuition).¹⁷⁸ Die Bezeichnung der EbM als „Kochbuchmedizin" ist insofern in der Tat „ein Vorwurf an eine Karikatur des Konzepts".¹⁷⁹

Im Ergebnis ist folglich festzuhalten: Das Konzept der EbM definiert methodisch auch den haftungsrechtlichen Standard; dieser bestimmt sich – als Ergebnis der Bindung des Zivilrechts an den jeweiligen Stand der wissenschaftlichen Erkenntnisse und ihrer Bewährung in der ärztlichen Erfahrung – nach der jeweils besten verfügbaren externen Evidenz, integriert aber zugleich interne Evidenz aus ärztlicher Erfahrung.¹⁸⁰ Wissenschaftliche Evidenz darf niemals den Standard der Medizin und damit den Maßstab der Haftung allein bestimmen.¹⁸¹ Es besteht kein „Automatismus, der mit der Anwendung eines evidenz-basierten Behandlungskonzepts den Qualitätsnachweis und mit Abweichungen von ihm den Fehlernachweis verbindet".¹⁸²

3. Verschriftlichung des Standards

a) Zusatzelement: Professionelle Akzeptanz – Einordnung und Herleitung

Über die Rolle des Zusatzelements professioneller Akzeptanz ist damit freilich noch gar nichts gesagt. Hingewiesen sei bereits darauf, dass auch unter der um das Moment allgemeiner Anerkennung erweiterten Definition des Medizinischen Standards die zivilrechtliche Standardbestimmung weiterhin vor Schwierigkeiten steht, sobald sich in Bezug auf eine bestimmte Therapie gerade keine hinreichende Akzeptanz verzeichnen lässt. „Je weiter in solchen Fällen die Profession von

---

¹⁷⁴ *Hart*, MedR 2000, 1, 4.
¹⁷⁵ *Steffen*, in: FS *Deutsch*, 2009, S. 615, 617 f., 619 f.
¹⁷⁶ *Hart*, in: *Kunz et al.*, Lehrbuch EbM, ²2007, S. 393, 395; *ders.*, MedR 2015, 1, 2; *Buchner*, in: *Buchner/Ladeur*, Wissensgenerierung und -verarbeitung, 2016, S. 63, 68 f.
¹⁷⁷ *Gaßner/Strömer*, MedR 2012, 159, 161.
¹⁷⁸ *Hart*, MedR 2015, 1, 2 (u. 5).
¹⁷⁹ *Hart*, MedR 2015, 1, 2; vgl. bereits *Sackett*, 2. Kap. C. II.
¹⁸⁰ *Hart*, MedR 2015, 1, 6.
¹⁸¹ *Steffen*, in: FS *Deutsch*, 2009, S. 615, 622.
¹⁸² *Steffen*, in: FS *Deutsch*, 2009, S. 615, 627.

einem Konsens über den ‚richtigen' Standard entfernt ist, desto schwieriger fällt auch die ärztliche Behandlungsentscheidung im konkreten Einzelfall."[183]

Nach *Hart* ist das ergänzende Erfordernis allgemeiner Anerkennung in den Kernelementen des Medizinischen Standards, Erkenntnis und Erfahrung, von vornherein angelegt und enthalten. Der Gesetzgeber hat sich dem im Ergebnis in § 630a Abs. 2 Hs. 1 BGB angeschlossen, soweit dort ausdrücklich von allgemein anerkannten Standards die Rede ist.[184] Das Recht benötigt dieses formelle Kriterium in besonderem Maße, da es die entsprechende materielle Bewertung wissenschaftlicher Erkenntnis und ärztlicher Erfahrung nicht selbst vornehmen kann, vielmehr diesbezüglich auf die Medizin angewiesen ist. Es kann ihr hier allenfalls gewisse Verfahrensvorgaben machen.

Der Medizinische Standard setzt nicht irgendwelche, sondern gesicherte Erkenntnisse und Erfahrungen voraus, also keine Einzel- oder Mindermeinungen, sondern einen fachlichen Konsensus im Sinne der herrschenden (Mehrheits-) Auffassung führender Fachvertreter und maßgeblicher Experten.[185] Dabei geht es freilich weiterhin um eine inhaltliche Bewertung, nicht um die bloße empirische Frage nach Üblichkeiten.[186] Es findet eine qualitative, keine rein quantitative Beurteilung statt. Der Standard bestimmt sich nicht allein nach Anzahl und Autorität der Anhänger einer Behandlung.[187] Auch das Haftungsrecht will keine „eminenzbasierte Medizin", kein sich selbst tragendes System wechselseitiger Bestärkung, das Neuerungen blockiert.[188]

Autoritäten zählen und wägen genügt daher nicht, letztlich kommt es auf Sachgründe an.[189] Akzeptanz ist zwar formell feststellbar, muss aber ihrerseits materiell fundiert sein. Erforderlich ist ihre Rückkopplung an Erkenntnis und Erfahrung. Dies entspricht im Übrigen auch der sozialrechtlichen Interpretation des allgemein anerkannten (Erfahrungs- und) Erkenntnisstands im Sinne von § 2 Abs. 1 S. 3 SGB V.[190] Es bestehen also erhebliche Wechselwirkungen zwischen den Standardelementen. Die Standardbestimmung erfolgt haftungsrechtlich weder rein formell noch rein materiell. Allgemeine Anerkennung kanalisiert wissenschaftliche Erkenntnis und ärztliche Erfahrung, aber Erkenntnis und Erfahrung legitimieren ihrerseits die Anerkennung.[191]

---

[183] *Buchner/Schmacke*, GesR 2010, 169, zur Standardfestlegung unter Dissens.
[184] Vgl. 3. Kap. B. II.
[185] So bereits *Nicklisch*, NJW 1982, 2633, 2641.
[186] Vgl. *Hart*, MedR 1998, 8, 10, Fn. 17: daher besser „Akzeptanz" statt „Konsens".
[187] Krit. auch *Dumbs*, GesR 2014, 513, 514 f.: könnten falsch liegen, nur ein Indiz (prozedurales Kriterium), sachliche Kriterien gingen vor, logischer Zirkelschluss drohe.
[188] *Kriele*, NJW 1976, 355, 356, bezugnehmend auf *Planck*, Wissenschaftliche Selbstbiographie, 1948, S. 22: „Eine neue wissenschaftliche Wahrheit pflegt sich nicht in der Weise durchzusetzen, daß ihre Gegner überzeugt werden und sich als belehrt erklären, sondern vielmehr dadurch, daß ihre Gegner allmählich aussterben und daß die heranwachsende Generation von vornherein mit der Wahrheit vertraut gemacht ist."
[189] *Kriele*, NJW 1976, 355, 356; auch *Brüggemeier*, Haftungsrecht, 2006, § 6 D II 1, S. 472.
[190] Näher 4. Kap. C. I. 2.
[191] Vgl. insofern die Darstellung bei *Francke/Hart*, Charta der Patientenrechte, 1999, S. 26 f.: „Wissenschaftliche Evidenz repräsentiert einen kontrollierten und überprüften Stand ärztlicher Erfahrung. Je höher der Grad wissenschaftlicher Evidenz […], desto eher

b) Haftungsrechtlich relevante Standardquellen

Anerkennung oder Akzeptanz kommen insbesondere darin zum Ausdruck, dass die jeweiligen Erkenntnisse und Erfahrungen Eingang in medizinische Standardquellen finden, auf die sodann auch das Zivilrecht zurückgreifen kann. Die mit ihrer Verwissenschaftlichung untrennbar verbundene Verschriftlichung der Medizin wirft auch haftungsrechtliche Folgefragen auf. Vor allem ist heute eine zunehmende und sich zusehends verdichtende fachlich-immanente Normierung[192] der gesamten medizinisch-gesundheitlichen Versorgung zu beobachten.[193] Für das Recht sind schriftlich niedergelegte und öffentlich zugängliche Quellen medizinisch-wissenschaftlicher Erkenntnis und praktischer ärztlicher Erfahrung als formelle Orientierungspunkte seiner Standardbestimmung von besonderem Interesse. Sie bieten grundsätzlich eine vielversprechende Möglichkeit zur weiteren Konkretisierung des Standards.[194]

Dies gilt insbesondere, soweit solche (methodischen oder sachlichen) Regeln guten ärztlichen Handelns – als Ausdruck ihrer allgemeinen Anerkennung – institutionell festgesetzt worden und in einem geordneten Verfahren zustande gekommen sind.[195] Eine unmittelbare Anbindung des haftungsrechtlichen Standards und seiner Bestimmung an derartige aus der ärztlichen Profession heraus (oder zumindest unter medizinischer Beteiligung in anderem rechtlichen Kontext) aufgestellte medizinische Regelwerke hat aus rechtlicher Sicht unverkennbar gewisse Vorzüge. Mittelbar fließen sie ohnehin in den Standard des Zivilrechts ein, soweit die Medizin selbst an sie anknüpft.[196]

---

ist eine Behandlung standardgemäß. Liegt hochwertige Evidenz vor, wird gleichzeitig die Akzeptanz in der Profession hoch sein. Je weniger an wissenschaftlicher Erkenntnis vorliegt, desto höher sind die Anforderungen an die professionelle Akzeptanz. [...] Ärztliche Erfahrung wird zum Standard nur durch professionelle Anerkennung. [...] Wissenschaftliche Erkenntnis und ärztliche Erfahrung sind also dann standardbegründend, wenn sie innerhalb der Profession anerkannt sind. [...] Je höher der Grad der Anerkennung, desto eher kann man von einem Standard sprechen, sofern der Anerkennung wissenschaftliche Evidenz oder/und praktische Erfahrung zugrunde liegen."

[192] Nicht zu verwechseln mit Normung mit dem Ziel der Standardisierung, s. u. D. I. 1.
[193] Vgl. *Hase*, GesR 2012, 601; aus rechtssoziologischer Perspektive zu diesen ärztlichen Professionsnormen (private Regeln, „Nichtrecht") ausf. *Damm*, ZfRSoz 2009, 3; zur Rezeption und Transformation medizinischer Normsetzung ins Recht auch *Pitschas*, in: *Hart*, Ärztliche Leitlinien, 2000, S. 239 ff.; medizinisch *Raspe*, ebd., S. 119 ff.; *ders.*, GesR 2013, 206, 208.
[194] Vgl. *Buchner/Schmacke*, GesR 2010, 169, 171.
[195] Vgl. *Hart*, MedR 1998, 8, 10; s. auch *ders.*, in: HK-AKM, [35]2011, Nr. 530 (Ärztliche Leitlinien) Rn. 1, 19; *Walter*, GesR 2003, 165, 167; *Hase*, GesR 2012, 601.
[196] Dazu 2. Kap. D.

aa) Allgemeines zu Hierarchie und Verbindlichkeit

Es existiert eine Vielzahl möglicher Quellen, die einer Hierarchisierung bedürfen, damit die Standardbestimmung nicht in Beliebigkeit ausartet.[197] Regelmäßig wird in diesem Zusammenhang zunächst zwischen Richtlinien (gemeint sind insbesondere die sozialrechtlichen Richtlinien des G-BA),[198] medizinischen Leitlinien und sonstigen Empfehlungen (etwa aus Fachzeitschriften, Kongressprotokollen oder Lehrbüchern)[199] differenziert. Für die Unterscheidung kommt es nicht auf die Bezeichnung, sondern auf die Auslegung des Inhalts und den darin zum Ausdruck kommenden Geltungsanspruch der Informationsquelle an.[200] Zur Klarstellung ihres jeweiligen Verbindlichkeitsgrades sowie der daraus resultierenden Rangordnung hat sich folgender Grundsatz etabliert: „Richtlinien müssen, Leitlinien sollen und Empfehlungen können befolgt werden."[201]

Diese eingängige Merkformel gibt freilich die Problematik der rechtlichen Verbindlichkeit medizinischer Regelwerke[202] nur vereinfacht und verkürzt wieder,[203] nimmt sie doch schon keine Rücksicht auf Unterschiede zwischen den Rechtsgebieten. Hinter der haftungsrechtlichen Verbindlichkeitsfrage steckt letztlich nicht die Frage nach (Rechts-)Verbindlichkeit im engeren Sinne – diese weisen zivilrechtlich mangels entsprechender gesetzlicher Anordnung in jedem

---

[197] *Buchner*, in: AG RAe im MedR e. V., Standard-Chaos?, 2015, S. 1, 6; s. auch *ders.*, in: *Buchner/Ladeur*, Wissensgenerierung und -verarbeitung, 2016, S. 63, 65.

[198] S. darüber hinaus etwa zu den (i. E. eher Leitlinien ähnelnden) „Richtlinien" der BÄK (und dem entspr. Standard) in der Transplantationsmedizin *Taupitz*, NJW 2003, 1145; *Rosenau*, in: FS *Deutsch*, 2009, S. 435; *Hess*, in: FS *Dahm*, 2017, S. 231; in der Transfusionsmedizin *Bender*, MedR 2002, 487; insg. *Frahm/Walter*, Arzthaftungsrecht, ^{6}2018, Rn. 89; *Spickhoff*, in: *Lilie/Bernat/Rosenau*, Standardisierung in der Medizin als Rechtsproblem, 2009, S. 119, 123 ff.; *Taupitz*, in: AG RAe im MedR e. V., Dokumentation und Leitlinienkonkurrenz, 2007, S. 101, 104 ff.; *ders.*, in: *Dietrich/Imhoff/Kliemt*, Standardisierung in der Medizin, 2004, S. 263, 271 f.; dazu der Kommentar von *Gubernatis*, ebd., S. 292 ff.

[199] Vgl. BGH VersR 2014, 879, 882; dazu *Taupitz*, AcP 211 (2011), 352, 360 f. Hier besteht die Gefahr, dass jeweils Einzelmeinungen wiedergegeben werden. Gefragt sind daher vorrangig Publikationen von größerer Autorität.

[200] Vgl. *Hart*, in: HK-AKM, ^{35}2011, Nr. 530 (Ärztliche Leitlinien) Rn. 22; *Taupitz*, AcP 211 (2011), 352, 367; *ders.*, in: *Möllers*, Geltung und Faktizität von Standards, 2009, S. 63, 87; *ders.*, in: AG RAe im MedR e. V., Dokumentation und Leitlinienkonkurrenz, 2007, S. 101 ff.

[201] Dazu *Francke/Hart*, Charta der Patientenrechte, 1999, S. 23 ff., 27 f.; *Hart*, MedR 1998, 8, 10; *ders.*, in: *Hart*, Ärztliche Leitlinien, 2000, S. 137, 140; *ders.*, in: *Hart*, Klinische Leitlinien und Recht, 2005, S. 81, 89; *ders.*, in: *Hart*, Ärztliche Leitlinien im Medizin- und Gesundheitsrecht, 2005, S. 23, 30 ff.; *ders.*, in: HK-AKM, ^{35}2011, Nr. 530 (Ärztliche Leitlinien) Rn. 3; überdies *Buchner/Schmacke*, GesR 2010, 169, 171 f.; *Walter*, GesR 2003, 165, 167; *Dressler*, in: FS *Geiß*, 2000, S. 379, 380; *Wienke*, MedR 1998, 172, 173.

[202] Vgl. *Igloffstein*, Regelwerke für die humanmedizinische Individualbehandlung, 2003, S. 29 ff.

[203] S. auch *Taupitz*, AcP 211 (2011), 352, 367; *ders.*, in: *Möllers*, Geltung und Faktizität von Standards, 2009, S. 63, 87; *ders.*, in: AG RAe im MedR e. V., Dokumentation und Leitlinienkonkurrenz, 2007, S. 101.

Fall weder Richtlinien,[204] Leitlinien noch Empfehlungen auf –,[205] sondern allein nach dem Grad ihrer Maßgeblichkeit für die Bestimmung des (seinerseits haftungsrechtlich rezipierten) medizinischen Standards.[206]

Die so verstandene Verbindlichkeit ist folglich in erster Linie eine Frage der Medizin und sollte sich aus der jeweiligen Handlungsregel selbst ergeben, erst in zweiter Linie eine (je nach Rechtsgebiet unterschiedlich zu beantwortende) Rechtsfrage.[207] Regelwerke sind medizinisch verbindlich, wenn und weil sie dem medizinischen Standard entsprechen; ihre rechtliche Verbindlichkeit „entscheidet sich aufgrund der Normrezeption im jeweiligen Rechtsgebiet nach dessen eigenständigen Rezeptionskriterien."[208] Im Rahmen der haftungsrechtlichen Standardbestimmung muss die Akzeptanz der Erkenntnisse/Erfahrungen mithin zwar stets ermittelt werden, diese bedarf aber keines geregelten Festsetzungsakts.[209]

Der oben genannte Grundsatz unterliegt überdies diversen Einschränkungen, die Abweichungen gestatten oder sogar gebieten und damit seine Aussagekraft relativieren. Medizinische Regeln stehen auch rechtlich stets unter dem Vorbehalt ihrer Aktualität, Qualität sowie Passgenauigkeit im Einzelfall, wodurch sich dem behandelnden Arzt bei der zivilrechtlichen Standardbestimmung weiterhin ein entsprechender Entscheidungsspielraum eröffnet.[210] Die Verbindlichkeit einer jeden medizinischen Regel ist umso größer, je höher ihre Qualität,[211] insbesondere ihre Evidenzstufe ist.[212]

Soweit die grundlegenden Anforderungen an fachliche Kompetenz und methodische Qualität gewährleistet sind,[213] sind im Hinblick auf medizinische Regelwerke und ihre Ersteller – gerade bei besonders kontroversen Streitigkeiten – vor allem die Qualitätsaspekte der Transparenz und Unabhängigkeit für die Standardbestimmung von entscheidender Bedeutung (objektiv und unbeeinflusst;

---

[204] Die Rechtsverbindlichkeit der Richtlinien des G-BA ist auf das Sozialrecht begrenzt, s. u. cc.
[205] Vgl. *Laufs*, in: *Laufs/Kern*, Handbuch des Arztrechts, ⁴2010, § 5 Rn. 11.
[206] Vgl. insofern *Taupitz*, AcP 211 (2011), 352, 379; *ders.*, in: *Möllers*, Geltung und Faktizität von Standards, 2009, S. 63, 99; *ders.*, in: AG RAe im MedR e. V., Dokumentation und Leitlinienkonkurrenz, 2007, S. 101, 116; auch *Bergmann*, in: AG RAe im MedR e. V., Leitlinien, Richtlinien und Gesetz, 2003, S. 65, 69.
[207] *Hart*, MedR 1998, 8, 10 f.; s. auch *Deutsch/Spickhoff*, Medizinrecht, ⁷2014, Rn. 362; *Spickhoff*, in: *Lilie/Bernat/Rosenau*, Standardisierung in der Medizin als Rechtsproblem, 2009, S. 119, 126: medizinische Dignität.
[208] *Hart*, in: *Hart*, Ärztliche Leitlinien im Medizin- und Gesundheitsrecht, 2005, S. 85, 89.
[209] *Hart*, in: *Hart*, Ärztliche Leitlinien im Medizin- und Gesundheitsrecht, 2005, S. 85, 89.
[210] *Buchner*, in: *Buchner/Ladeur*, Wissensgenerierung und -verarbeitung, 2016, S. 63, 68 f.; *ders.*, in: AG RAe im MedR e. V., Standard-Chaos?, 2015, S. 1, 7 f.; *Buchner/Schmacke*, GesR 2010, 169, 172; s. auch *G. Müller*, in: FS *Hirsch*, 2008, S. 413, 415; *dies.*, in: FS *E. Lorenz*, 2004, S. 475, 483 f.; *Laufs*, in: FS *Deutsch*, 1999, S. 625, 626.
[211] *Buchner*, in: *Buchner/Ladeur*, Wissensgenerierung und -verarbeitung, 2016, S. 63, 69; *Buchner/Schmacke*, GesR 2010, 169, 172.
[212] *Buchner*, in: *Buchner/Ladeur*, Wissensgenerierung und -verarbeitung, 2016, S. 63, 67 f.; *ders.*, in: AG RAe im MedR e. V., Standard-Chaos?, 2015, S. 1, 6 f.
[213] *Buchner/Schmacke*, GesR 2010, 169, 174.

keine sachfremden Erwägungen, insbesondere monetärer Art).[214] Diesbezüglich fehlt es an klaren und verbindlichen Vorgaben, an denen sich die Erstellung medizinischer Regelwerke rechtlich zu messen hat.[215] Standardbestimmung sollte nur durch Institutionen und Individuen erfolgen, die keinerlei Interessenkonflikten[216] unterliegen oder damit zumindest offen umgehen.[217]

bb) Medizinische Leitlinien im Zivilrecht

Die Akzeptanz in der ärztlichen Profession spiegelt sich vor allem in der Anerkennung von Erkenntnissen und Erfahrungen durch ihre eigenen Institutionen, namentlich etwa die medizinischen Fachgesellschaften, wider.[218] Eine Bezugnahme der haftungsrechtlichen Standardbestimmung auf die in der Medizin besonders praxisrelevanten wissenschaftlichen Leitlinien von Einrichtungen wie AWMF und ÄZQ[219] erscheint aus diesem Grund naheliegend. Denn die Leitlinien sind nicht nur – regelmäßig ihrerseits evidenzbasierte – Erkenntnis- und Erfahrungsquellen, sondern zugleich auch Ergebnis eines entsprechenden Konsensverfahrens, das ihre professionelle Akzeptanz sicherstellt. Die Methodik der EbM und der Prozess formalisierter Konsensusfindung gewährleisten insofern zusammen wie kein anderes Verfahren, dass die Voraussetzungen einer zuverlässigen Standardbestimmung erfüllt werden.[220] Evidenz plus Akzeptanz bilden in diesem Sinne den Standard.[221]

Der unkritischen Gleichsetzung von Leitlinien und Standards stehen jedoch letztlich bereits die Grundwerte des haftungsrechtlichen Standardbegriffs entgegen. Leitlinien genügen diesen differenzierten Anforderungen, gerade dem Zeit- und Situationsbezug des haftungsrechtlichen Standards, regelmäßig nicht ohne

---

[214] *Buchner/Schmacke*, GesR 2010, 169, 173; s. auch *Buchner*, in: *Buchner/Ladeur*, Wissensgenerierung und -verarbeitung, 2016, S. 63, 69; *ders.*, in: AG RAe im MedR e. V., Standard-Chaos?, 2015, S. 1, 8.
[215] *Buchner*, in: *Buchner/Ladeur*, Wissensgenerierung und -verarbeitung, 2016, S. 63, 70; *ders.*, in: AG RAe im MedR e. V., Standard-Chaos?, 2015, S. 1, 9.
[216] Vgl. bereits 2. Kap. D.
[217] *Buchner*, in: AG RAe im MedR e. V., Standard-Chaos?, 2015, S. 1, 9; *Buchner/Schmacke*, GesR 2010, 169, 174: insofern biete sich letztlich eine Ergänzung/Ersetzung des Rankings der verschiedenen potentiellen Quellen des Standards durch ein Ranking ihrer Urheber an; s. auch *Buchner*, in: *Buchner/Ladeur*, Wissensgenerierung und -verarbeitung, 2016, S. 63, 70.
[218] *Hart*, MedR 1998, 8, 9.
[219] Zu diesen schon 2. Kap. D.
[220] Vgl. *Hart*, KritV 2005, 154, 164 f.; *ders.*, in: *Kunz et al.*, Lehrbuch EbM, ²2007, S. 393, 396 (f.); s. auch *ders.*, MedR 2015, 1, 3; *ders.*, GesR 2011, 387, 390; *ders.*, in: HK-AKM, ³⁵2011, Nr. 530 (Ärztliche Leitlinien) Rn. 10 – jeweils zur Bedeutung evidenzbasierter Konsensusleitlinien; dazu bereits *ders.*, in: *Hart*, Ärztliche Leitlinien im Medizin- und Gesundheitsrecht, 2005, S. 85, 100 u. 23, 71; *ders.*, in: *Hart*, Klinische Leitlinien und Recht, 2005, S. 81, 97; *ders.*, VSSR 2002, 265, 270 ff., 275; zudem *Brüggemeier*, Haftungsrecht, 2006, § 6 D II 1, S. 473; *Walter*, GesR 2003, 165, 169.
[221] *Hart*, VSSR 2002, 265, 274.

Weiteres.[222] Ihnen wohnt insofern eine erhebliche Ambivalenz inne.[223] Sie wollen und sollen zwar regelmäßig den medizinischen Standard abbilden, können dies auch durchaus, müssen es aber nicht zwangsläufig. Leitlinien können ebenso gut vom Standard abweichen, sie können Standards neu entwickeln, vorhandene Standards verbessern oder bestätigen, aber auch ihrerseits veralten.[224]

Leitlinien geben den Stand medizinischen Wissens zum Zeitpunkt ihrer Veröffentlichung wieder und bedürfen der kontinuierlichen Anpassung an aktuelle Entwicklungen.[225] Sie sind prinzipiell sowohl für ärztliches Vorgehen innerhalb als auch außerhalb des Standards von Bedeutung.[226] Die Leitlinien ärztlicher Fachgremien oder Verbände lassen sich mithin – so der Duktus der Rechtsprechung – nicht einfach mit dem für die Beurteilung eines Behandlungsgeschehens als fehlerhaft maßgeblichen Standard gleichsetzen, sie können auch kein Sachverständigengutachten ersetzen und nicht unbesehen als Maßstab für den Standard übernommen werden.[227]

Wissenschaftliche Leitlinien als rechtlich rezipierte medizinische Normen[228] beinhalten normative Aussagen der Medizin über gute Behandlungen im Allgemeinen, die der Anwendung (und gegebenenfalls Abweichung) im Einzelfall

---

[222] Vgl. *Frahm/Walter*, Arzthaftungsrecht, ⁶2018, Rn. 89; *Frahm*, GesR 2005, 529, 531; *Walter*, GesR 2003, 165, 168.

[223] *Taupitz*, AcP 211 (2011), 352, 379; *ders.*, in: *Möllers*, Geltung und Faktizität von Standards, 2009, S. 63, 99; *ders.*, in: AG RAe im MedR e. V., Dokumentation und Leitlinienkonkurrenz, 2007, S. 101, 116; *Diederichsen*, in: *Hart*, Klinische Leitlinien und Recht, 2005, S. 105, 106.

[224] *Katzenmeier*, in: BeckOK-BGB, ⁵⁰2019, § 630a Rn. 155; *ders.*, in: *Laufs/Katzenmeier/Lipp*, Arztrecht, ⁷2015, Kap. X Rn. 10; *Pauge/Offenloch*, Arzthaftungsrecht, ¹⁴2018, Rn. 190; *Geiß/Greiner*, Arzthaftpflichtrecht, ⁷2014, Rn. B 9a; s. auch *Hart*, MedR 1998, 8 (u. 12 f., 14 f.); *ders.*, in: *Hart*, Ärztliche Leitlinien, 2000, S. 137, 141; *ders.*, in: *Hart*, Ärztliche Leitlinien im Medizin- und Gesundheitsrecht, 2005, S. 85, 100 u. 23, 72; zudem *Bergmann*, in: AG RAe im MedR e. V., Leitlinien, Richtlinien und Gesetz, 2003, S. 65, 67 f.; *Walter*, GesR 2003, 165, 168; *Frahm*, GesR 2005, 529, 531; *Kreße*, MedR 2007, 393, 395; *Stöhr*, in: FS Hirsch, 2008, S. 431, 437; *Hase*, GesR 2012, 601, 604.

[225] *Wienke*, MedR 1998, 172, 173; aber auch *Dressler*, in: FS *Geiß*, 2000, S. 379, 381 f.; *ders.*, in: *Hart*, Ärztliche Leitlinien, 2000, S. 161, 163; *Tomassone/Wöffen*, StudZR 2005, 61, 73 ff.: Leitlinien als Momentaufnahmen des Standards.

[226] *Hart*, MedR 1998, 8, 10, 14 f.

[227] Klarstellend BGH VersR 2014, 879, 881; auch schon BGH GesR 2008, 361; dazu *Katzenmeier*, in: BeckOK-BGB, ⁵⁰2019, § 630a Rn. 155; *ders.*, in: *Laufs/Katzenmeier/Lipp*, Arztrecht, ⁷2015, Kap. X Rn. 10; *Pauge/Offenloch*, Arzthaftungsrecht, ¹⁴2018, Rn. 190; *Geiß/Greiner*, Arzthaftpflichtrecht, ⁷2014, Rn. B 9a; *Bergmann*, VersR 2017, 661, 662; *v. Pentz*, MedR 2016, 16, 17; *Stöhr*, MedR 2010, 214, 215; *ders.*, in: FS Hirsch, 2008, S. 431, 434, 437; *Frahm*, GesR 2005, 529, 531; unreflektiert insofern die Gesetzesbegründung zu § 630a Abs. 2 BGB in BT-Drs. 17/10488, S. 19: Leitlinien seien regelmäßig für den Standard maßgeblich; dazu krit. auch *Mansel*, in: *Jauernig*, BGB, ¹⁷2018, § 630a Rn. 18; näher *Taupitz*, GesR 2015, 65, 69.

[228] *Hart*, in: *Kunz et al.*, Lehrbuch EbM, ²2007, S. 393, 397; *ders.*, in: *Hart*, Ärztliche Leitlinien im Medizin- und Gesundheitsrecht, 2005, S. 23, 70; *ders.*, VSSR 2002, 265, 275.

bedürfen.[229] Sie sind Richtschnur für das Handeln des Arztes, engen seine Freiheit aber nicht ein.[230] Die Leitlinien können „als für typisierte Problemlagen aufgestellte Regelwerke das zum gesundheitlichen Wohl eines konkreten Patienten in einer bestimmten Situation Gebotene nicht ausschließlich oder erschöpfend abstrakt bestimmen."[231] Sie lassen dem Arzt Entscheidungsspielräume und Handlungskorridore, von denen in begründeten Einzelfällen abgewichen werden kann oder muss.[232] Entscheidend ist immer die medizinische Plausibilität der Abweichungsgründe in der konkreten Behandlungssituation.[233]

Dabei sind Leitlinien (schon mangels Normsetzungskompetenz ihrer Ersteller) keine Rechtsnormen mit entsprechendem Normbefehl, unter die sich eine Behandlung einfach subsumieren ließe.[234] Rechtlich verbindlich sind medizinische Leitlinien nur, soweit das in ihnen enthaltene medizinische Fachwissen als rechtlicher Standard rezipiert oder transformiert wird,[235] was im Übrigen in Haftungs- und Sozialrecht[236] auf unterschiedliche Weise erfolgt.[237] „Leitlinien können einerseits

---

[229] *Hart*, MedR 1998, 8, 9; s. auch *ders.*, in: *Hart*, Ärztliche Leitlinien im Medizin- und Gesundheitsrecht, 2005, S. 85, 109 u. 23, 72; *ders.*, in: *Hart*, Klinische Leitlinien und Recht, 2005, S. 81, 99; *ders.*, GesR 2011, 387, 389; *ders.*, MedR 2015, 1, 6; zum Folgenden des Weiteren *Taupitz*, AcP 211 (2011), 352, 376 f.; *ders.*, in: *Möllers*, Geltung und Faktizität von Standards, 2009, S. 63, 95 ff.; *ders.*, in: AG RAe im MedR e. V., Dokumentation und Leitlinienkonkurrenz, 2007, S. 101, 113 ff.

[230] *Wienke*, MedR 1998, 172, 173 f.: „goldener Mittelweg".

[231] *Laufs*, in: *Berg/Ulsenheimer*, Patientensicherheit, Arzthaftung, Praxis- und Krankenhausorganisation, 2006, S. 253 ff.; s. auch *Laufs/Kern*, in: *Laufs/Kern*, Handbuch des Arztrechts, ⁴2010, § 97 Rn. 18 ff.; *Stöhr*, in: FS *Hirsch*, 2008, S. 431, 437; *Kreße*, MedR 2007, 393, 395; *Dressler*, in: FS *Geiß*, 2000, S. 379 ff.; *ders.*, in: *Hart*, Ärztliche Leitlinien, 2000, S. 161, 162 ff.

[232] Vgl. *Hart*, in: HK-AKM, ³⁵2011, Nr. 530 (Ärztliche Leitlinien) Rn. 19 f., 23; *ders.*, VSSR 2002, 265, 275 f., 292; *ders.*, in: *Hart*, Ärztliche Leitlinien, 2000, S. 137, 141 f., 144 f.; *ders.*, MedR 1998, 8, 11 (u. 12 f.); zudem *Hase*, GesR 2012, 601, 604; *Diederichsen*, in: *Hart*, Klinische Leitlinien und Recht, 2005, S. 105, 106 f.; *Frahm*, GesR 2005, 529, 531; *Walter*, GesR 2003, 165, 167; *Bergmann*, in: AG RAe im MedR e. V., Leitlinien, Richtlinien und Gesetz, 2003, S. 65, 67; im Kontext von Leitlinien und Multimorbidität *Katzenmeier*, in: FS *Jaeger*, 2014, S. 59.

[233] *Katzenmeier*, in: BeckOK-BGB, ⁵⁰2019, § 630a Rn. 157; *ders.*, in: *Laufs/Katzenmeier/Lipp*, Arztrecht, ⁷2015, Kap. X Rn. 11; *Rumler-Detzel*, VersR 1998, 546, 548; *Hart*, MedR 1998, 8, 13.

[234] Dies betont etwa *Steffen*, in: FS *Deutsch*, 2009, S. 615, 622 ff.; s. auch *Ziegler*, VersR 2003, 545, 546 f. (freilich i. E. strukturelle Ähnlichkeiten hervorhebend).

[235] S. auch *Walter*, GesR 2003, 165, 169.

[236] Auch hier gilt, dass eine Übereinstimmung von GKV-Standard und Leitlinie zwar möglich, aber keineswegs zwangsläufig ist, es vielmehr für die Standardbestimmung in erster Linie auf die einschlägigen formellen und materiellen Begriffskriterien ankommt. Eine Leitlinie kann zwar als maßgebliche medizinische Standardquelle über das Qualitäts- und Wirtschaftlichkeitsgebot rezipiert werden, anders als die Richtlinien des G-BA hat sie aber aus sich heraus keinerlei Rechtsverbindlichkeit. Zur Bedeutung von Leitlinien im Sozialrecht *Francke*, SGb 2000, 159, 161 ff.; *ders.*, in: *Hart*, Ärztliche Leitlinien, 2000, S. 171, 184 ff.; *ders.*, in: *Hart*, Ärztliche Leitlinien im Medizin- und Gesundheitsrecht, 2005, S. 171, 208 ff. (u. 23, 63 ff.); *ders.*, in: *Hart*, Klinische Leitlinien und Recht, 2005, S. 123 ff.; *Clemens*, ebd., S. 147 ff.; *Hess*, ebd., S. 199, 204 ff.; auch *Hart*, VSSR 2002,

Wissensbasis für rechtliche Entscheidungen sein und andererseits vom Recht *rezipiert* und damit (auch) rechtlich verbindlich werden."[238]

Für die haftungsrechtliche Bewertung ärztlichen Handelns kommt es insofern weniger auf Vorgaben in Leitlinien an sich (und aus sich heraus), sondern vielmehr auf den Maßstab des Medizinischen Standards als eine denklogisch vorgeordnete Größe an.[239] Im Haftungsrecht ist eine Leitlinie daher nur verbindlich und die Abweichung von ihr ein Behandlungsfehler, wenn und weil sie dem einzuhaltenden Medizinischen Standard entspricht.[240] Weder wirkt daher ihre Nichtbefolgung *per se* haftungsbegründend, noch ihre Befolgung haftungsbefreiend.[241]

Leitlinie und Standard sind wesensverschieden, die Leitlinien sind nur Hilfsmittel zur Standardermittlung.[242] Wichtigste (Primär-)Funktion von Leitlinien ist es, den Standard wiederzugeben und sichtbar zu machen.[243] Eine Leitlinie soll in der Regel dem einschlägigen Standard entsprechen,[244] muss dafür diesen An-

---

265, 282 ff.; *ders.*, KritV 2005, 154, 173 ff.; *ders.*, in: HK-AKM, ^{35}2011, Nr. 530 (Ärztliche Leitlinien) Rn. 4, 8, 36 ff.; *ders.*, MedR 2015, 1, 9 f.; monographisch *Mengel*, Sozialrechtliche Rezeption ärztlicher Leitlinien, 2004; *Ihle*, Ärztliche Leitlinien, Standards und Sozialrecht, 2007, S. 81 ff.; *dies.*, GesR 2011, 394; zudem *Taupitz*, in: *Möllers*, Geltung und Faktizität von Standards, 2009, S. 63, 75; *Engelmann*, MedR 2006, 245, 253 f.; *Welti*, GesR 2006, 1, 6 f.; *Walter*, GesR 2003, 165, 167; *Bergmann*, in: AG RAe im MedR e. V., Leitlinien, Richtlinien und Gesetz, 2003, S. 65, 69 ff.; *Fastabend*, NZS 2002, 299, 306 f.; überdies *Noftz*, in: *Hauck/Noftz*, SGB V, 2015, § 2 Rn. 65 f. u. 2000, § 12 Rn. 32.

[237] Vgl. *Hart*, in: HK-AKM, ^{35}2011, Nr. 530 (Ärztliche Leitlinien) Rn. 1; *ders.*, VSSR 2002, 265, 276 ff.; allg. *Meyer*, in: *Fischer/Meyer*, Gesundheit und Wirtschaftswachstum, 2010, S. 75, 84 ff.

[238] *Hart*, in: *Hart*, Ärztliche Leitlinien im Medizin- und Gesundheitsrecht, 2005, S. 85, 93 (u. 23, 53; Hervorhebungen im Original); *ders.*, in: *Hart*, Klinische Leitlinien und Recht, 2005, S. 81, 92.

[239] *Hase*, GesR 2012, 601, 602; *Walter*, GesR 2003, 165, 168.

[240] *Hart*, MedR 1998, 8, 13; *ders.*, VSSR 2002, 265, 291; *ders.*, KritV 2005, 154; *ders.*, in: *Hart*, Ärztliche Leitlinien im Medizin- und Gesundheitsrecht, 2005, S. 85, 102 (u. 23, 75); *ders.*, in: *Hart*, Klinische Leitlinien und Recht, 2005, S. 81, 97 f.; *ders.*, in: *Kunz et al.*, Lehrbuch EbM, ^{2}2007, S. 393, 397; *ders.*, in: HK-AKM, ^{35}2011, Nr. 530 (Ärztliche Leitlinien) Rn. 21; *ders.*, GesR 2011, 387 f.; *Hase*, GesR 2012, 601, 602.

[241] *Frahm/Walter*, Arzthaftungsrecht, ^{6}2018, Rn. 89; *Walter*, GesR 2003, 165, 168; *Bergmann*, in: AG RAe im MedR e. V., Leitlinien, Richtlinien und Gesetz, 2003, S. 65, 72 f.; *Wienke*, MedR 1998, 172, 173; s. auch den entspr. – rechtlich bedeutungslosen (vgl. *Hart*, in: *Hart*, Klinische Leitlinien und Recht, 2005, S. 81, 97; *ders.*, in: *Hart*, Ärztliche Leitlinien im Medizin- und Gesundheitsrecht, 2005, S. 85, 101 f. u. 23, 71) – „Haftungsausschluss" in der Leitlinien-Definition der AWMF (www.awmf.org/leitlinien): „Die Leitlinien sind für Ärzte rechtlich nicht bindend und haben daher weder haftungsbegründende noch haftungsbefreiende Wirkung."

[242] *Bergmann*, in: AG RAe im MedR e. V., Leitlinien, Richtlinien und Gesetz, 2003, S. 65, 67 f.

[243] *Taupitz*, AcP 211 (2011), 352, 367; *ders.*, in: *Möllers*, Geltung und Faktizität von Standards, 2009, S. 63, 88; *ders.*, in: AG RAe im MedR e. V., Dokumentation und Leitlinienkonkurrenz, 2007, S. 101, 108 f.

[244] S. auch *Hart*, JURA 2000, 64, 65; *ders.*, in: *Hart*, Ärztliche Leitlinien, 2000, S. 137, 141; *ders.*, VSSR 2002, 265, 275; *ders.*, in: *Hart*, Ärztliche Leitlinien im Medizin- und Gesundheitsrecht, 2005, S. 23, 70.

spruch aber auch an sich selbst haben.[245] Sie hat in diesem Fall „als Mittel der Kommunikation in der Ärzteschaft eine Qualitätssicherungsfunktion ärztlicher Behandlungen, eine Implementierungsfunktion für die Durchsetzung von Standards und damit zugleich eine Schutzfunktion zugunsten von Patienten."[246]

Dabei geben Leitlinien den maßgeblichen Behandlungsstandard zumeist nur deklaratorisch wieder; sie können ihn aber auch konstitutiv festlegen[247] – freilich nicht allein aufgrund ihres Leitliniencharakters, sondern ihrer medizinischen Inhalte. Ob sie wirklich den Standard prägen und mit diesem übereinstimmen, ist in erster Linie eine Frage ihrer Qualität und Aktualität (sowie deren Evaluation).[248] Hier bestehen teils erhebliche Unterschiede zwischen den einzelnen Leitlinien.[249] Hochwertige Leitlinien, die mit entsprechendem Geltungsanspruch auftreten, bestimmen *idealiter* den Standard.[250]

---

[245] *Hart*, in: HK-AKM, 3/52011, Nr. 530 (Ärztliche Leitlinien) Rn. 19; s. auch *Taupitz*, AcP 211 (2011), 352, 369; *ders.*, in: *Möllers*, Geltung und Faktizität von Standards, 2009, S. 63, 89; *ders.*, in: AG RAe im MedR e. V., Dokumentation und Leitlinienkonkurrenz, 2007, S. 101, 109: „Intendierter Standardbezug".

[246] *Hart*, in: HK-AKM, 3/52011, Nr. 530 (Ärztliche Leitlinien) Rn. 1 (u. 5, 41 f.); zu den Funktionen und Zielen von Leitlinien *ders.*, MedR 1998, 8, 10; *ders.*, VSSR 2002, 265, 270; *ders.*, GesR 2011, 387; auch *Taupitz*, AcP 211 (2011), 352, 367 f.; *ders.*, in: *Möllers*, Geltung und Faktizität von Standards, 2009, S. 63, 88; *ders.*, in: AG RAe im MedR e. V., Dokumentation und Leitlinienkonkurrenz, 2007, S. 101, 108 ff.; *Dressler*, in: FS *Geiß*, 2000, S. 379 ff.; *Wienke*, MedR 1998, 172, 173; zudem *Frahm/Walter*, Arzthaftungsrecht, 62018, Rn. 89; *Frahm*, GesR 2005, 529, 531; *Walter*, GesR 2003, 165, 167.

[247] *Hart*, MedR 1998, 8, 10, 14 f.; s. auch *ders.*, KritV 2005, 154, 155; *ders.*, in: *Hart*, Klinische Leitlinien und Recht, 2005, S. 81, 100 f.; *ders.*, in: *Hart*, Ärztliche Leitlinien im Medizin- und Gesundheitsrecht, 2005, S. 85, 112 f. u. 23, 72; a. A. (deklaratorisch) *Frahm/Walter*, Arzthaftungsrecht, 62018, Rn. 89; *Walter*, GesR 2003, 165, 168; *Stöhr*, in: FS *Hirsch*, 2008, S. 431, 437; *Hase*, GesR 2012, 601, 602, 604; ebenso *Taupitz*, AcP 211 (2011), 352, 367 f., Fn. 98 (s. aber auf S. 369 zur Implementierung eines neueren, höheren Standards durch Leitlinien; vgl. bereits *ders.*, in: *Möllers*, Geltung und Faktizität von Standards, 2009, S. 63, 88, Fn. 152, u. 89; *ders.*, in: AG RAe im MedR e. V., Dokumentation und Leitlinienkonkurrenz, 2007, S. 101, 109).

[248] Vgl. *Taupitz*, AcP 211 (2011), 352, 371 ff.; *ders.*, in: *Möllers*, Geltung und Faktizität von Standards, 2009, S. 63, 91 ff.; *ders.*, in: AG RAe im MedR e. V., Dokumentation und Leitlinienkonkurrenz, 2007, S. 101, 111 ff.; *Stöhr*, in: FS *Hirsch*, 2008, S. 431, 437; *Walter*, GesR 2003, 165, 169; *Hart*, VSSR 2002, 265, 276; *ders.*, MedR 1998, 8, 11, 13.

[249] Vgl. *Walter*, GesR 2003, 165, 167; *Frahm*, GesR 2005, 529, 532.

[250] Vgl. *Hart*, in: *Hart*, Ärztliche Leitlinien im Medizin- und Gesundheitsrecht, 2005, S. 85, 89 f.; *ders.*, KritV 2005, 154, 162; *ders.*, in: *Hart*, Klinische Leitlinien und Recht, 2005, S. 81, 89 f.; *ders.*, in: *Kunz et al.*, Lehrbuch EbM, 22007, S. 393, 396 f., der jeweils insb. (ordnungsgem. zustande gekommenen) S3-Leitlinien der AWMF diese Eigenschaft zusprechen möchte; s. auch *ders.*, in: HK-AKM, 3/52011, Nr. 530 (Ärztliche Leitlinien) Rn. 21; *ders.*, GesR 2011, 387, 389; demggü. krit. *Deutsch/Spickhoff*, Medizinrecht, 72014, Rn. 363 ff.; *Spickhoff*, in: *Spickhoff*, Medizinrecht, 32018, § 630a BGB Rn. 38 f.; *ders.*, in: *Lilie/Bernat/Rosenau*, Standardisierung in der Medizin als Rechtsproblem, 2009, S. 119, 128 ff.; ebenso krit., wenn auch i. E. nicht weit auseinander, *Steffen*, in: FS *Deutsch*, 2009, S. 615, 622 f., der eine Überbewertung der Verbindlichkeit von Leitlinien (und Unterbewertung der praktischen Erfahrung im Einzelfall) durch Ärzte und Juristen zu Lasten des Patienten befürchtet.

Insofern stehen im Übrigen wiederum „Leitlinien und EbM [...] in einer symbiotischen Verbindung."[251] Die Leitlinien sind Instrumente zur Implementierung von EbM in den Standard; über die Leitlinien wird daher mittelbar auch das Konzept der EbM rechtlich rezipiert.[252] „Mit der Verwissenschaftlichung des Instruments steigt die Wahrscheinlichkeit, dass die hochwertige Leitlinie den medizinischen Standard abbildet."[253] Aus zeitlicher Perspektive gilt freilich zugleich: „Je aufwändiger und langwieriger der Prozess der Leitlinienentwicklung aber ist, umso eher besteht die Gefahr, dass die schließlich formulierte Leitlinie den aktuellen Standard nicht mehr adäquat widerspiegelt."[254] Insgesamt gilt also: „*Empirisch* können *Leitlinien* dem medizinischen Standard entsprechen, *normativ* sollen sie ihm entsprechen, *rechtlich* müssen sie ihm entsprechen, wenn sie ohne eine auf sie bezogene Verweisungsnorm verbindlich sein sollen."[255]

Die Abweichung von einer Leitlinie ist vor diesem Hintergrund zumindest ein Indiz für einen Behandlungsfehler (ihre Einhaltung Indiz pflichtgemäßen Verhaltens) und hat einen erhöhten Begründungsaufwand für den Arzt (oder den Patienten) zur Folge.[256] Die Rede ist diesbezüglich auch von Leitlinien als „antizipierten Sachverständigengutachten", die dem Rechtsanwender Auskunft über den jeweiligen Standard geben können, soweit das Gericht von ihnen überzeugt ist.[257] Für

---

[251] *Hart*, in: HK-AKM, ³2011, Nr. 530 (Ärztliche Leitlinien) Rn. 7; s. auch *ders.*, in: *Hart*, Ärztliche Leitlinien, 2000, S. 137, 141.
[252] *Hart*, MedR 2015, 1, 2, 5 f.; zu Leitlinien und EbM auch *ders.*, KritV 2005, 154, 163 ff.
[253] *Hart*, MedR 2015, 1, 3 (u. 5).
[254] *Taupitz*, AcP 211 (2011), 352, 372 f.; *ders.*, in: *Möllers*, Geltung und Faktizität von Standards, 2009, S. 63, 92 („Qualitäts- und Aktualitätsfalle"), auch zum Wert von Verfallsdaten in Leitlinien; vgl. zudem *ders.*, in: AG RAe im MedR e. V., Dokumentation und Leitlinienkonkurrenz, 2007, S. 101, 111 f.
[255] So *Hart*, in: *Hart*, Ärztliche Leitlinien im Medizin- und Gesundheitsrecht, 2005, S. 23, 75 (Hervorhebungen im Original).
[256] Für eine Indizwirkung (und gegen eine weitergehende Vermutungswirkung und Beweislastumkehr – dazu sogleich) *Spickhoff*, in: *Spickhoff*, Medizinrecht, ³2018, § 630a BGB Rn. 40 m. w. N.; *ders.*, in: *Lilie/Bernat/Rosenau*, Standardisierung in der Medizin als Rechtsproblem, 2009, S. 119, 133 ff.; *Deutsch/Spickhoff*, Medizinrecht, ⁷2014, Rn. 372; *Taupitz*, AcP 211 (2011), 352, 373 (Fn. 130), 377, 380 f.; *ders.*, in: *Möllers*, Geltung und Faktizität von Standards, 2009, S. 63, 93 (Fn. 178), 97, 100 f.; *ders.*, in: AG RAe im MedR e. V., Dokumentation und Leitlinienkonkurrenz, 2007, S. 101, 117 f.; *Kreße*, MedR 2007, 393, 395; *Diederichsen*, in: *Hart*, Klinische Leitlinien und Recht, 2005, S. 105, 107 f.; *Frahm*, GesR 2005, 529, 531 f.; *Walter*, GesR 2003, 165, 170; *Dressler*, in: FS *Geiß*, 2000, S. 379, 382 f.; *ders.*, in: *Hart*, Ärztliche Leitlinien, 2000, S. 161, 163; *Gaßner/Strömer*, MedR 2012, 159; *Wienke/Kuball*, MedR 2016, 301, 305; *Bergmann*, VersR 2017, 661, 663; *Hart*, MedR 2019, 509, 512; ebenfalls in diese Richtung *Stöhr*, in: FS *Hirsch*, 2008, S. 431, 437; *Thurn*, in: AG RAe im MedR e. V., Standard-Chaos?, 2015, S. 51, 55: Begründungselemente; auch *Pauge/Offenloch*, Arzthaftungsrecht, ¹⁴2018, Rn. 190: Wegweiser für den Standard, Abweichung bedarf besonderer Rechtfertigung.
[257] *Taupitz*, AcP 211 (2011), 352, 361 f.; *ders.*, in: *Möllers*, Geltung und Faktizität von Standards, 2009, S. 63, 82 f.; s. auch *Deutsch/Spickhoff*, Medizinrecht, ⁷2014, Rn. 367; *Spickhoff*, in: *Lilie/Bernat/Rosenau*, Standardisierung in der Medizin als Rechtsproblem, 2009, S. 119, 130; bereits *Dressler*, in: FS *Geiß*, 2000, S. 379, 384; *Francke/Hart*, Charta der Patientenrechte, 1999, S. 28.

die Beurteilung von Qualität, Aktualität und Anwendbarkeit bleibt es dabei allerdings auf die gutachterliche Stellungnahme des medizinischen Sachverständigen angewiesen.[258] Dieser hat die einschlägigen Leitlinien in seine Überlegungen einzubeziehen,[259] nicht das Gericht sie eigenständig zu berücksichtigen.[260]

Bisweilen wird sogar eine Vermutung angenommen, dass die hochwertige Leitlinie dem Standard entspricht (mit entsprechenden Rechtsfolgen).[261] Eine derartige Rechtsvermutung wäre dann allerdings in jedem Fall nur eine sehr schwache, lasse sie sich doch bereits durch die plausible Begründung einer individuellen Abweichung oder der fehlenden Aktualität der Leitlinie widerlegen.[262] Gar nicht erst ausgelöst werde sie, wenn Zweifel an der Qualität der Leitlinie bestehen.

Leitlinien kommt mithin zwar keine unmittelbare haftungsrechtliche Verbindlichkeit, aber mittelbar erhebliche praktische Bedeutung zu.[263] Das Vorhandensein

---

[258] Hinweise für den Umgang von Gutachtern mit Leitlinien bei *Kopp*, GesR 2011, 385, 386 f.; s. auch *Hart*, GesR 2011, 387, 390; *ders.*, MedR 2015, 1, 6.

[259] Vgl. insofern BGH NJW 2016, 639, 640 f. = MedR 2016, 614, 615 m. Anm. *Bergmann*; s. auch VersR 2011, 1202.

[260] *Taupitz*, AcP 211 (2011), 352, 379; *ders.*, in: *Möllers*, Geltung und Faktizität von Standards, 2009, S. 63, 99 f.; *ders.*, in: AG RAe im MedR e. V., Dokumentation und Leitlinienkonkurrenz, 2007, S. 101, 116 f.; s. auch *Stöhr*, in: FS *Hirsch*, 2008, S. 431, 439; *Diederichsen*, in: *Hart*, Klinische Leitlinien und Recht, 2005, S. 105, 108 f.; *Frahm*, GesR 2005, 529, 531 f.; *Walter*, GesR 2003, 165, 170 f.; *Dressler*, in: FS *Geiß*, 2000, S. 379, 383 ff.; *ders.*, in: *Hart*, Ärztliche Leitlinien, 2000, S. 161, 166 f. Der Richter hat gewiss darauf hinzuwirken, dass sich der Sachverständige mit den einschlägigen Leitlinien auseinandersetzt, s. *v. Pentz*, MedR 2016, 16, 18; *Hart*, in: *Hart*, Ärztliche Leitlinien im Medizin- und Gesundheitsrecht, 2005, S. 85, 110; *ders.*, KritV 2005, 154, 171 f.; *ders.*, in: *Hart*, Klinische Leitlinien und Recht, 2005, S. 81, 100; zu weit *Ziegler*, VersR 2003, 545, 547 f.: Leitlinien habe das Gericht von Amts wegen einzubeziehen.

[261] *Hart*, in: *Kunz et al.*, Lehrbuch EbM, ²2007, S. 393, 397 f.; *ders.*, in: *Hart*, Ärztliche Leitlinien im Medizin- und Gesundheitsrecht, 2005, S. 85, 102 f. (auf S. 110 freilich zugleich: Indiz) u. 23, 73; *ders.*, in: *Hart*, Klinische Leitlinien und Recht, 2005, S. 81, 100; *ders.*, VSSR 2002, 265, 278, 291 f.; s. auch *ders.*, in: *Hart*, Ärztliche Leitlinien, 2000, S. 137, 144; *ders.*, MedR 1998, 8, 12 f.: „Haftungsimmunisierung" durch Befolgung der Leitlinie. Für eine Beweislastumkehr (für Fehler wie Kausalität) in Parallele zu technischen Normen *Ziegler*, VersR 2003, 545, 548 f. Näher zur Bedeutung von Leitlinien für den Kausalitätsnachweis (Verstoß gegen Leitlinie nicht ohne Weiteres als grober Behandlungsfehler) *Pauge/Offenloch*, Arzthaftungsrecht, ¹⁴2018, Rn. 603; *Taupitz*, AcP 211 (2011), 352, 381 f.; *ders.*, in: *Möllers*, Geltung und Faktizität von Standards, 2009, S. 63, 101 f.; *Spickhoff*, in: *Lilie/Bernat/Rosenau*, Standardisierung in der Medizin als Rechtsproblem, 2009, S. 119, 135 f.; *Stöhr*, in: FS *Hirsch*, 2008, S. 431, 439 f.; *Hart*, in: *Hart*, Ärztliche Leitlinien im Medizin- und Gesundheitsrecht, 2005, S. 85, 111 f.; *ders.*, KritV 2005, 154, 172 f.; *Frahm*, GesR 2005, 529, 532; *Walter*, GesR 2003, 165, 170; *Dressler*, in: FS *Geiß*, 2000, S. 379, 385 f.; *ders.*, in: *Hart*, Ärztliche Leitlinien, 2000, S. 161, 167 ff.

[262] *Hart*, KritV 2005, 154, 169; vgl. insofern auch *Frahm/Walter*, Arzthaftungsrecht, ⁶2018, Rn. 130; *Kohte*, in: *Lilie/Bernat/Rosenau*, Standardisierung in der Medizin als Rechtsproblem, 2009, S. 79, 98 ff.; *Dressler*, in: *Hart*, Ärztliche Leitlinien, 2000, S. 161, 163.

[263] *Wienke*, MedR 1998, 172, 173 f. (allerdings krit. ggü. einer „verkappten Beweislastumkehr" durch Leitlinien – bis hin zu einer verschuldensabhängigen Haftung); s. auch *Dressler*, in: FS *Geiß*, 2000, S. 379, 383.

medizinischer Leitlinien ist jedenfalls mit einer faktischen Erleichterung der Standardermittlung in der Praxis verbunden.[264] Umgekehrt sagt ihr Fehlen freilich nichts über den Standard aus.[265] Sind Standards in Leitlinien präzisiert, dann kann der Sachverständige auf der Basis der Leitlinie nicht nur ein individuelles, sondern institutionelles ärztliches Urteil abgeben, das Gericht anhand der Leitlinie eine Kontrolle der Plausibilität der Aussagen des Sachverständigen vornehmen und der Kläger den Beweis des Behandlungsfehlers unter Umständen leichter führen.[266]

In der gerichtlichen Praxis erlangten Leitlinien bis vor wenigen Jahren kaum Bedeutung.[267] Mittlerweile aber werden sie zunehmend zur Kenntnis genommen und von den Sachverständigen in ihre Gutachtertätigkeit integriert.[268] Denn sie liefern – ihre eigene Eindeutigkeit[269] und Transparenz vorausgesetzt[270] – rationale Begründungen für ärztliches Handeln, machen auch rechtliche Entscheidungen dadurch transparenter (Rationalisierungsfunktion),[271] rationalisieren damit den

---

[264] So zu wissenschaftlich-technischen Regelwerken *Nicklisch*, NJW 1982, 2633, 2642.

[265] Vgl. *Thurn*, in: AG RAe im MedR e. V., Standard-Chaos?, 2015, S. 51, 53.

[266] *Katzenmeier*, in: BeckOK-BGB, ⁵⁰2019, § 630a Rn. 154; *ders.*, in: *Laufs/Katzenmeier/Lipp*, Arztrecht, ⁷2015, Kap. X Rn. 10; *Hart*, MedR 1998, 8, 12 f.; *Dressler*, in: FS *Geiß*, 2000, S. 379, 382 ff.; *ders.*, in: *Hart*, Ärztliche Leitlinien, 2000, S. 161, 167; s. auch *Rosenberger*, in: *Hart*, Klinische Leitlinien und Recht, 2005, S. 113, 114 f.

[267] Vgl. *Stöhr*, in: FS *Hirsch*, 2008, S. 431, 433 f. m. w. N.; *Diederichsen*, in: *Hart*, Klinische Leitlinien und Recht, 2005, S. 105 ff.; *Rosenberger*, ebd., S. 113, 116 ff.; *Frahm*, GesR 2005, 529, 532; *Walter*, GesR 2003, 165, 169; *Dressler*, in: FS *Geiß*, 2000, S. 379, 380; *ders.*, in: *Hart*, Ärztliche Leitlinien, 2000, S. 161; s. auch *Ziegler*, VersR 2003, 545, 546; *Rehborn*, GesR 2011, 391 ff.; *Hase*, GesR 2012, 601 f.

[268] Zur Entwicklung der Rspr. *Hart*, in: HK-AKM, ³⁵2011, Nr. 530 (Ärztliche Leitlinien) Rn. 24 ff. m. w. N.; s. auch *ders.*, MedR 2015, 1, 5 f.; *ders.*, GesR 2011, 387 ff.; *ders.*, in: *Kunz et al.*, Lehrbuch EbM, ²2007, S. 393, 398 f.; *ders.*, KritV 2005, 154, 169 f.; *ders.*, in: *Hart*, Ärztliche Leitlinien im Medizin- und Gesundheitsrecht, 2005, S. 85, 104 ff.; empirisch zu Leitlinien in der Rechtspraxis der Arzthaftung auf S. 85, 86 ff. u. 23, 28 f.; *ders.*, in: *Hart*, Klinische Leitlinien und Recht, 2005, S. 81, 83 ff.; überdies *Laufs/Kern*, in: *Laufs/Kern*, Handbuch des Arztrechts, ⁴2010, § 97 Rn. 18 ff.; *Kohte*, in: *Lilie/Bernat/Rosenau*, Standardisierung in der Medizin als Rechtsproblem, 2009, S. 79, 81 f.; *Bergmann*, in: AG RAe im MedR e. V., Leitlinien, Richtlinien und Gesetz, 2003, S. 65, 74 f. Für eine verstärkte Berücksichtigung und systematische Einbeziehung ärztlicher Leitlinien bei der Standardbestimmung etwa *Hase*, in: DS 60 Jahre BSG, 2014, Bd. 1, S. 423, 432; *ders.*, GesR 2012, 601, 604; *Rehborn*, GesR 2011, 391, 393.

[269] Zum Umgang mit widersprüchlichen Leitlinien *Hart*, in: HK-AKM, ³⁵2011, Nr. 530 (Ärztliche Leitlinien) Rn. 35; *ders.*, in: *Hart*, Ärztliche Leitlinien im Medizin- und Gesundheitsrecht, 2005, S. 85, 104; *ders.*, VSSR 2002, 265, 292 f.; *ders.*, in: *Hart*, Ärztliche Leitlinien, 2000, S. 137, 145 f.; s. auch *Taupitz*, in: *Möllers*, Geltung und Faktizität von Standards, 2009, S. 63, 98 f.; *ders.*, in: AG RAe im MedR e. V., Dokumentation und Leitlinienkonkurrenz, 2007, S. 101, 115 f.; *Bergmann*, in: AG RAe im MedR e. V., Leitlinien, Richtlinien und Gesetz, 2003, S. 65, 73.

[270] *Hart*, in: HK-AKM, ³⁵2011, Nr. 530 (Ärztliche Leitlinien) Rn. 34; auch im Hinblick auf Interessenkonflikte, dazu *ders.*, GesR 2011, 387, 389 f.; zudem *ders.*, MedR 2015, 1, 3.

[271] *Hart*, in: HK-AKM, ³⁵2011, Nr. 530 (Ärztliche Leitlinien) Rn. 1, 7, 23; *ders.*, in: *Hart*, Ärztliche Leitlinien im Medizin- und Gesundheitsrecht, 2005, S. 85, 109; *ders.*, in: *Hart*, Klinische Leitlinien und Recht, 2005, S. 81, 99; *ders.*, VSSR 2002, 265, 292; *ders.*, in: *Hart*, Ärztliche Leitlinien, 2000, S. 137, 145; s. auch *Taupitz*, AcP 211 (2011), 352, 381;

Arzthaftungsprozess insgesamt und erleichtern die Standardbestimmung, insbesondere die Feststellung von (wissenschaftlicher und praktischer) Evidenz und Akzeptanz einer Behandlung.[272] Leitlinien sehen sich dabei mitunter dem Vorwurf ausgesetzt, die ärztliche Therapiefreiheit und den medizinischen Fortschritt zu riskieren,[273] begründen und sichern diese allerdings tatsächlich zugleich auch.[274] „Leitlinien sind [...] keine unüberwindbaren ‚Leitplanken' des Behandlungskorridors, sondern nur ‚überfahrbare Markierungsstreifen'."[275]

cc) Sozialrechtliche Richtlinien im Zivilrecht

Richtlinien – als (anders als Leitlinien und sonstige Empfehlungen) originär rechtliche, wenn auch unter medizinischer Beteiligung aufgestellte Regelwerke für die Medizin[276] – sind für das Haftungsrecht ebenfalls grundsätzlich unverbindlich.[277] Hier wird bisweilen nicht hinreichend zwischen Zivil- und Sozialrecht differenziert.[278] Richtlinien sind *per definitionem* „Regelungen des Handelns oder Unterlassens, die von einer rechtlich legitimierten Institution konsentiert, schriftlich fixiert und veröffentlicht wurden, für den Rechtsraum dieser Institution verbindlich sind und deren Nichtbeachtung definierte Sanktionen nach sich zieht."[279] Die Abgrenzung zwischen Richtlinien und Leitlinien erfolgt insofern in erster Linie nach dem Charakter als Recht und Nicht-Recht.[280]

Über ihren jeweiligen Rechtsraum hinaus entfalten Richtlinien jedoch gerade keine Rechtswirkung. So regeln die Richtlinien des G-BA zwar den Leistungsumfang in der GKV, nicht aber die zivilrechtlich geschuldete Leistung des Arztes.

---

ders., in: *Möllers*, Geltung und Faktizität von Standards, 2009, S. 63, 101; *Frahm*, GesR 2005, 529, 532; *Walter*, GesR 2003, 165, 170.

[272] *Hart*, MedR 1998, 8, 12 f.; s. auch *Schmidt*, KritV 2005, 177, 185 f.; zudem *Bergmann*, in: AG RAe im MedR e. V., Leitlinien, Richtlinien und Gesetz, 2003, S. 65, 67.

[273] Vgl. insofern etwa *Laufs*, in: FS *Deutsch*, 1999, S. 625, 629 f.; *ders.*, in: FS *Jayme*, 2004, S. 1501, 1503 f.; zudem *Francke/Hart*, in: *Hart*, Klinische Leitlinien und Recht, 2005, S. 187 ff.; *Hart*, ebd., S. 81, 98; *ders.*, in: *Hart*, Ärztliche Leitlinien im Medizin- und Gesundheitsrecht, 2005, S. 85, 103 f.; bereits *ders.*, MedR 1998, 8, 10 u. 13, Fn. 39; s. auch *Taupitz*, in: *Möllers*, Geltung und Faktizität von Standards, 2009, S. 63, 98; *Kienzle*, in: AG RAe im MedR e. V., Dokumentation und Leitlinienkonkurrenz, 2007, S. 85.

[274] *Hart*, in: HK-AKM, [35]2011, Nr. 530 (Ärztliche Leitlinien) Rn. 6.

[275] *Frahm*, GesR 2005, 529, 532.

[276] Vgl. *Deutsch/Spickhoff*, Medizinrecht, [7]2014, Rn. 362; *Spickhoff*, in: *Lilie/Bernat/Rosenau*, Standardisierung in der Medizin als Rechtsproblem, 2009, S. 119, 126 f.

[277] In eine andere Richtung weist allerdings BGH GesR 2008, 361: „Leitlinien von ärztlichen Fachgremien oder Verbänden können (im Gegensatz zu den Richtlinien der Bundesausschüsse der Ärzte und Krankenkassen) nicht unbesehen mit dem zur Beurteilung eines Behandlungsfehlers gebotenen medizinischen Standard gleichgesetzt werden. [...]"; dazu *Hart*, GesR 2011, 387, 389: gewagtes, voreiliges *orbiter dictum*; laut *Hart*, in: HK-AKM, [35]2011, Nr. 530 (Ärztliche Leitlinien) Rn. 34, zumindest str.; vgl. auch *Katzenmeier*, in: BeckOK-BGB, [50]2019, § 630a Rn. 155; *Frahm*, GesR 2005, 529, 531.

[278] S. etwa *Wienke*, MedR 1998, 172.

[279] AWMF/ÄZQ, Leitlinien-Glossar, 2007, S. 124; auch BÄK/KBV, DÄBl. 1997, A-2154.

[280] *Taupitz*, AcP 211 (2011), 352, 363 ff.; *ders.*, in: *Möllers*, Geltung und Faktizität von Standards, 2009, S. 63, 75, 84 f.

Zum einen ist der G-BA hierfür formell schlicht nicht zuständig. Zum anderen dienen seine Richtlinien materiell zugleich dem spezifisch sozialrechtlichen Wirtschaftlichkeitsziel, sodass sie außerhalb dieses Rechtsgebiets, also auch im Haftungsrecht, grundsätzlich keine entsprechende Verbindlichkeit beanspruchen können.[281] Allenfalls vereinzelt wird darüber hinaus erwogen, analog zu den Richtlinien des Sozialrechts im Zivilrecht auf höherer Ebene verbindlich zu normieren, welche Informationsquellen für die Standardbestimmung maßgeblich sein sollen, und sodann bestimmte (existierende oder eigens dafür zu schaffende) Institutionen mit der Erstellung der entsprechenden untergesetzlichen Regelungen zu beauftragen.[282]

Aus den genannten allgemeingültigen Erwägungen sind zudem auch Richtlinien nicht ohne Weiteres standardprägend.[283] Sie sind insbesondere abstrakt-generell formuliert, sodass dem Arzt zivilrechtlich ein Beurteilungsfreiraum für den konkret-individuellen Behandlungsfall verbleibt.[284] Eine Orientierung an den Richtlinien des G-BA, die den GKV-Standard festlegen,[285] wird im Zivilrecht zur Konkretisierung dessen Standards daher kaum in Betracht gezogen.[286] Letztlich

---

[281] *Hart*, MedR 1998, 8, 12, 14; *Walter*, GesR 2003, 165, 167 f.; s. auch *Frahm/Walter*, Arzthaftungsrecht, [6]2018, Rn. 89; *Taupitz*, in: *Dietrich/Imhoff/Kliemt*, Standardisierung in der Medizin, 2004, S. 263, 273; *Hart*, VSSR 2002, 265, 294; *Dressler*, in: *Hart*, Ärztliche Leitlinien, 2000, S. 161, 165.

[282] *Buchner/Schmacke*, GesR 2010, 169, 174 f., am Beispiel (sozialrechtlicher, §§ 137f u. g SGB V) strukturierter Behandlungsprogramme bei chronischen Krankheiten (*Disease-Management-Programmes*, DMP) unter dem Stichwort „DMP-Philosophie". Demnach bedürfe es einer solchen strukturierten Informationsordnung, um die Ärzte nicht mit einer unüberschaubaren Vielzahl sich widersprechender Quellen und Institutionen allein zu lassen und die Patienten vor entspr. unsicheren, potentiell schädlichen ärztlichen Entscheidungen zu schützen. Der Vorwurf, eine derartige staatliche Regulierung schränke die ärztliche Therapiefreiheit übermäßig ein, sei dabei zu relativieren. Nicht zuletzt angesichts der zunehmenden Komplexität der modernen Medizin bestünden grundlegende Zweifel am Wert einer Freiheit, deren Ausübung mit erheblichen Unsicherheiten einhergeht. Regulierung und Freiheit ließen sich sehr wohl vereinbaren, ist eine Abweichung vom auf diese Weise festgelegten Standard schließlich weiterhin möglich, wenn auch unter dem Vorbehalt einer angemessenen Aufklärung und Einwilligung.

[283] S. o. aa.

[284] Vgl. *Steffen*, in: FS *Geiß*, 2000, S. 487, 499 ff.; s. auch *Hart*, VSSR 2002, 265, 294.

[285] Dazu 5. Kap. B. II.

[286] Vgl. *Hase*, GesR 2012, 601, 602; anders zwar kurzzeitig *Hart*, in: *Hart*, Ärztliche Leitlinien, 2000, S. 137, 149: widerlegliche Vermutung haftungsrechtlicher Bindungswirkung – es sei denn, die Richtlinie erweise sich (vor den Zivilgerichten!) als sozialrechtlich fehlerhaft; explizit dagegen (wenn auch in erster Linie aus systematischen Erwägungen vor dem Hintergrund des Rechtskonkretisierungskonzepts, vgl. 5. Kap. A. II.) aber *ders.*, VSSR 2002, 265, 294. Von einer Übereinstimmung der Mutterschafts-Richtlinien (i. S. v. § 92 Abs. 1 S. 2 Nr. 4 SGB V) mit dem zivilrechtlichen Standard der Schwangerenvorsorge ausgehend *Francke/Regenbogen*, MedR 2002, 174, 175. Für eine vertiefte Kooperation von Zivil- und Sozialrecht ebenfalls *Kohte*, in: *Lilie/Bernat/Rosenau*, Standardisierung in der Medizin als Rechtsproblem, 2009, S. 79, 99 f. Rspr.-Nachweise zur haftungsrechtlichen Bedeutung von Richtlinien bei *Stöhr*, in: FS *Hirsch*, 2008, S. 431, 435 ff. Dieser geht (auf S. 438) davon aus, dass Richtlinien bei der Standardbestimmung größere Bedeutung

gilt (bei Richtlinien wie bei Leitlinien), dass der Medizinische Standard seiner schriftlichen Quelle vorgeordnet bleibt. Diese mag mit ihm übereinstimmen und vermag ihn gegebenenfalls sogar zu bestimmen, allerdings nur im Wege ihrer materiellen Rezeption im Einzelfall und nicht pauschal vor dem bloßen Hintergrund ihres formellen Status.[287]

C. Ausblick: Alternative Konzepte zur haftungsrechtlichen Kompensation unbestimmter Behandlungsstandards

Die Möglichkeiten des Zivilrechts, bei der Standardbestimmung eigene Akzente zu setzen, sind wie dargelegt begrenzt. Angesichts der in den vorherigen Abschnitten herausgearbeiteten, trotz aller Konkretisierungen verbleibenden Schranken und Schwächen der kontrollierten haftungsrechtlichen Rezeption medizinischer Standards wird das Haftungsrecht letzten Endes immer wieder vor die Frage gestellt, wie es mit offenen Standards umgehen soll und ob sich zivilrechtliche Behandlungsanforderungen im Zweifelsfall nicht auf anderem Wege durchsetzen lassen. Je kontroverser der Standard in der Medizin ausfällt, desto weniger können rechtliche Vorgaben zu seiner Präzisierung beitragen.[288] Dies mag im Sinne der ärztlichen Therapiefreiheit[289] durchaus zu begrüßen sein, unstrukturierte Vielfalt führt jedoch im Ergebnis zu einer rechtlich nicht mehr hinnehmbaren Beliebigkeit im Behandlungsalltag.[290]

Bleibt der Standard inhaltlich unbestimmt, weil in der Medizin nach haftungsrechtlicher Filterung fachliche Unsicherheiten oder Streitigkeiten fortbestehen, bieten sich dem Zivilrecht im Wesentlichen zwei konzeptuelle Alternativen an, um diesen bisweilen unbefriedigenden Zustand auf anderer Ebene zu kompensieren und so letztlich doch zu einer Pflichtenkonkretisierung und damit (bei feststellbarer Pflichtverletzung) einem Anspruch des Patienten auf Schadensersatz zu gelangen. Über die rechtliche Transformation medizinischer Standards hinausgehende Möglichkeiten ergeben sich insofern aus den Grenzen professioneller Kompetenz.[291] Wo die Medizin nicht zuständig ist, ist nichts zu rezipieren. Vielmehr muss das Recht eigene Maßstäbe aufstellen.

---

zukomme als Leitlinien. Wenn eine Behandlung nicht oder nur eingeschränkt als Kassenleistung abgerechnet werden darf, werde sie sich in der Praxis kaum zum Standard ausbilden können. Umgekehrt werde die Anwendung einer zugelassenen Behandlung kaum generell als fehlerhaft gewertet werden können (Indizwirkung der Richtlinie für den Standard: Unterschreitung unzulässig, ggf. könne der Standard aber mehr verlangen als die Richtlinie); ebenso *ders.*, MedR 2010, 214, 215; bereits *G. Müller*, in: FS *E. Lorenz*, 2004, S. 475, 484; *dies.*, in: FS *Hirsch*, 2008, S. 413, 420 f.; *dies.*, MedR 2009, 309, 312; *Diederichsen*, in: *Hart*, Klinische Leitlinien und Recht, 2005, S. 105, 111; *Greiner*, in: *Spickhoff*, Medizinrecht, ³2018, §§ 823 ff. BGB Rn. 21; *Geiß/Greiner*, Arzthaftpflichtrecht, ⁷2014, Rn. B 9a; *Frahm/Walter*, Arzthaftungsrecht, ⁶2018, Rn. 89: Mindeststandard.
[287] Vgl. insofern *Hart*, in: *Hart*, Ärztliche Leitlinien, 2000, S. 137, 148 f.
[288] Vgl. *Buchner/Schmacke*, GesR 2010, 169, 172.
[289] S. u. D. II. 3. a.
[290] *Buchner/Schmacke*, GesR 2010, 169, 172.
[291] *Hart*, MedR 2000, 1, 2 f.

„Der Identität von medizinischem und rechtlichem Maßstab beim Behandlungsfehler steht die Vorherrschaft rechtlicher Kriterienbildung bei allen anderen Fehlertypen in der Arzthaftung gegenüber. Über den Behandlungsfehler entscheidet die ärztliche, über die anderen Fehlertypen die juristische Profession."[292] So geht es namentlich bei Aufklärung und Organisation – anders als beim Kernbereich ärztlicher Behandlung[293] – um Rechtsfragen, die dem ärztlichen Professionsvorbehalt nicht unterliegen.[294] Außerhalb dieses fachlichen Kernbereichs vermag das Recht deshalb durchaus eigene inhaltliche Verhaltensanforderungen zu formulieren.[295]

I. Verstärkte Organisationshaftung – Verlagerung der Standardbestimmung in rechtlich bestimmbare Kategorien?

Zum einen ließe sich daher der haftungsrechtliche Fokus vom (sich bei unbestimmten Standards nicht ohne Weiteres erhärtenden) Vorwurf einer fehlerhaften ärztlichen Behandlung im engeren Sinne auf den (sich nicht zuletzt vor diesem Hintergrund zusehends ausdehnenden) Vorwurf fehlerhafter Organisation des Behandlungsgeschehens – also eines Behandlungsfehlers im weiteren Sinne – verschieben. Denn organisatorische Fragen außerhalb des medizinischen Kernbereichs sind einer eigenständigen rechtlichen Wertung viel eher zugänglich.[296] Haftungskorrekturen betreffen insbesondere die Organisation der Betriebsabläufe im Krankenhaus.[297] Anstatt nach ärztlichem Fehlverhalten bei der Behandlung

---

[292] *Hart*, MedR 2003, 603, 608; s. auch *ders.*, AcP 203 (2003), 142, 146; *ders.*, in: *Hart*, Klinische Leitlinien und Recht, 2005, S. 81, 94; *ders.*, in: *Hart*, Ärztliche Leitlinien im Medizin- und Gesundheitsrecht, 2005, S. 85, 95 u. 23, 58 f.; daneben *Brüggemeier*, Haftungsrecht, 2006, § 6 D II 1, S. 472.
[293] S. o. A. III.
[294] Vgl. *Hart*, in: HK-AKM, [35]2011, Nr. 530 (Ärztliche Leitlinien) Rn. 23.
[295] *Frahm/Walter*, Arzthaftungsrecht, [6]2018, Rn. 78; *Walter*, GesR 2003, 165, 166; s. auch *Schmidt*, KritV 2005, 177; *Kifmann/Rosenau*, in: *Möllers*, Standardisierung durch Markt und Recht, 2008, S. 49, 61 f. (nicht zu unterschätzendes „Einfallstor" der Juristen in den Standard über die „formelle Seite ärztlicher Tätigkeit").
[296] *Katzenmeier*, in: *Laufs/Katzenmeier/Lipp*, Arztrecht, [7]2015, Kap. X Rn. 16, näher Rn. 41 ff. („multidisziplinäre und multiprofessionelle Standards"); s. auch *Pauge/Offenloch*, Arzthaftungsrecht, [14]2018, Rn. 192; *Taupitz*, GesR 2015, 65, 68; *ders.*, AcP 211 (2011), 352, 357; *ders.*, in: *Möllers*, Geltung und Faktizität von Standards, 2009, S. 63, 69; *G. Müller*, in: FS *Hirsch*, 2008, S. 413, 414; *dies.*, MedR 2009, 309; *dies.*, in: FS *E. Lorenz*, 2004, S. 475, 477; *Hart*, MedR 2003, 603, 608; *Puhl/Dierks*, in: FS *Geiß*, 2000, S. 477, 483 f.; *Groß*, Ärztlicher Standard, 1997, S. 2; *Schreiber*, Langenbecks Arch Chir 364 (1984), 295, 296; erneut unreflektiert insoweit die Gesetzesbegründung zu § 630a Abs. 2 BGB in BT-Drs. 17/10488, S. 20. Zu EbM und Organisationspflichten *Hart*, in: *Kunz et al.*, Lehrbuch EbM, [2]2007, S. 393, 396; entspr. zu Leitlinien *ders.*, GesR 2011, 387, 388.
[297] *Katzenmeier*, in: BeckOK-BGB, [50]2019, § 630a Rn. 153; *ders.*, in: *Laufs/Katzenmeier/Lipp*, Arztrecht, [7]2015, Kap. X Rn. 16; *Laufs/Kern*, in: *Laufs/Kern*, Handbuch des Arztrechts, [4]2010, § 100 Rn. 1 ff.; *Kohte*, in: *Lilie/Bernat/Rosenau*, Standardisierung in der Medizin als Rechtsproblem, 2009, S. 79, 100 f.; *Francke/Hart*, Charta der Patientenrechte,

selbst zu suchen und dieses nachzuweisen, rückt mithin verstärkt die Frage in den Mittelpunkt, ob der einzelne Arzt zuvor überhaupt in die Lage versetzt wurde, sich korrekt zu verhalten, ob also entsprechende Rahmenbedingungen gegeben waren, die einen ordnungsgemäßen Behandlungsverlauf erst ermöglichen – im Sinne eines rechtlichen „Organisationsstandards".[298]

Problematisch an diesem Ansatz ist jedoch, dass sich mit einer Verlagerung des Anknüpfungspunkts der Haftung oftmals auch das jeweilige Haftungssubjekt ändert, da der Organisationspflichtige regelmäßig an der Spitze einer Betriebsstruktur steht (wie etwa der Krankenhausträger) und keineswegs mit dem behandelnden Arzt identisch sein muss. Letztlich handelt es sich insofern um eine Kollektivlösung, die zwar zu Schadensersatz für den Patienten führt, aber nicht den für die konkrete Behandlung Verantwortlichen, sondern die gesamte Organisationseinheit trifft. Im Übrigen manifestieren sich im Kontext des Behandlungsstandards längst nicht alle medizinischen Fachfragen auch organisatorisch, sodass eine entsprechende Verlagerung des Haftungsvorwurfs dem Patienten im Ergebnis häufig doch nicht weiterhilft.

II. Erweiterte Aufklärungspflichten – Entwertung der Standardbestimmung zu Gunsten einer selbstbestimmten Patientenentscheidung?

Zum anderen könnte der Unbestimmtheit des Medizinischen Standards zivilrechtlich auf Ebene von Aufklärung und Einwilligung (*informed consent*) entgegengetreten werden,[299] indem der Standard nicht im Vorfeld (anhand bestimmter Kriterien) näher eingegrenzt, die Standardbestimmung gegebenenfalls sogar noch stärker entwertet wird, der Arzt stattdessen aber (anhand bestimmter Kriterien) über den weiten Inhalt des Standards umfassend aufzuklären und so dem Patienten selbst eine eingrenzende Entscheidung zu ermöglichen hat. Bei Versäumnissen greift dann eine Haftung aus Aufklärungsmängeln. Damit würde die Problematik nicht nur in eine andere Fehlerkategorie, sondern auf eine andere Haftungsschiene verschoben.[300]

1999, S. 29 ff.; *Schreiber*, in: *Nagel/Fuchs*, Leitlinien und Standards im Gesundheitswesen, 1997, S. 167, 168.

[298] Ausf. dazu und zu dessen vorrangig rechtlichen Prägung *Hart*, in: HK-AKM, [4]2012, Nr. 3948 (Organisationsfehler) Rn. 3 ff.; *ders.*, MedR 2012, 1, 6 ff.; *ders.*, MedR 2013, 159, 160 f.; *ders.*, MedR 2016, 669, 671; *ders.*, MedR 2019, 509, 514 ff.; *Heyers*, MedR 2016, 23, 27 ff.; *Bergmann*, VersR 1996, 810, 812 f.

[299] Dazu auch *Buchner/Schmacke*, GesR 2010, 169, 173: (bequemer) Ausweg, der gerade im Medizinrecht gern und dankbar ergriffen werde; vgl. *Kohte*, in: *Lilie/Bernat/Rosenau*, Standardisierung in der Medizin als Rechtsproblem, 2009, S. 79, 102; bereits *Hart*, MedR 1998, 8, 13: „Immer dann, wenn die Medizin sich nicht auf eine Empfehlung verständigen kann, wird sich der Jurist dieser Situation beugen und auf die Steigerung der Aufklärungsanforderungen ausweichen. Medizinisch bleibt eine ‚Standardlücke', rechtlich wird sie für den Patienten autonomiesichernd geschlossen."

[300] Vgl. insofern auch D. II. 3. b.

Im Hinblick auf derartige erweiterte Aufklärungspflichten kann das Recht in größerem Ausmaß eigene Anforderungen aufstellen. Denn die ärztliche Aufklärungspflicht „aus dem Selbstbestimmungsrecht des Patienten als Ausfluss seines Persönlichkeitsrechts herauszuarbeiten ist nicht Sache der Medizin, sondern des Rechts."[301] „Die Aufklärungspflicht bietet für den Juristen den großen Vorteil, daß er sich hier die Standards nicht vom Sachverständigen setzen lassen muß, sondern selbst bestimmen kann."[302]

Anzuführen ist in diesem Zusammenhang namentlich *Dumbs'* Konzept eines „Standardpluralismus".[303] Dieser hat – vor dem Hintergrund der Methodenvielfalt in der Medizin – einen Katalog aus acht einander ergänzenden Kriterien[304] zur Bestimmung des Medizinischen Standards bei konkurrierenden Behandlungsmethoden vorgeschlagen, der dem Arzt (und letztlich auch dem Juristen) bei medizinischen Fachstreitigkeiten als Orientierungspunkt dienen soll. Dabei führt dieses Konzept freilich gar nicht zu einer genaueren Standardbestimmung, ist demnach eine Behandlungsmethode schließlich bereits dann Medizinischer Standard (im Sinne eines transparenten und nachprüfbaren Maßstabs für medizinische Mindestqualität), „wenn sie im Bereich eines Teils dieser Kriterien deutliche Stärken besitzt."[305] Im Ergebnis wird der Standard vielmehr sogar weiter geöffnet – und zwar insbesondere auch für Methoden der Alternativmedizin.[306]

Der Standardpluralismus orientiere sich insofern nicht allein an der einseitigen Prioritätensetzung einer dominanten medizinischen Richtung (gemeint ist die Schulmedizin), sondern akzeptiere verschiedene methodische Vorgehensweisen mit ihren Stärken und Schwächen nebeneinander, was im Übrigen dem Konzept einer offenen Gesellschaft entspreche. An die Stelle eines aufgrund der unterschiedlichen Behandlungskonzepte wenig aussagekräftigen direkten Vergleichs der Behandlungsmethoden aus deren jeweiliger Perspektive trete eine differenzierte Bewertung von einem unabhängigen, übergeordneten Standpunkt aus.[307] Jeder medizinische Ansatz sei seiner jeweiligen Schwerpunktsetzung nach in den Katalog einzuordnen; anschließend sei der Patient anhand der Kriterien über die Handlungsoptionen aufzuklären; „[e]rst wenn eine medizinische Richtung zu allen

---

[301] *Steffen*, in: FS *Deutsch*, 2009, S. 615, 632; s. auch *G. Müller*, MedR 2001, 487 f.; zudem *Laufs*, MedR 1986, 163, 168; *ders.*, Berufsfreiheit und Persönlichkeitsschutz im Arztrecht, 1982, S. 10, 18; *ders.*, in: *Eser/Just/Koch*, Perspektiven des Medizinrechts, 2004, S. 23, 28; *ders.*, in: *Laufs/Kern*, Handbuch des Arztrechts, ⁴2010, § 6 Rn. 22 u. § 57 Rn. 13.
[302] So bereits *Mertens*, VersR 1974, 509, 513 (f.); s. auch *Francke/Hart*, Ärztliche Verantwortung und Patienteninformation, 1987, S. 18; *Hart*, JURA 2000, 64, 66; *ders.*, in: *Hart*, Ärztliche Leitlinien, 2000, S. 137, 150.
[303] *Dumbs*, GesR 2014, 513 ff.; (krit. vor allem ggü. EbM, s. o. B. II. 2. b., über deren statistische Unwägbarkeiten, der Patient umfassend aufzuklären sei) *Dumbs/Dumbs*, ZVersWiss 2017, 227, 242 ff.; zum Konzept auch *Schumacher*, Alternativmedizin, 2017, S. 71 f.
[304] Anzahl und Autorität der Richtungsvertreter; Erfolg einer Behandlung (genauer dessen Wahrscheinlichkeit); ihre Wirkkraft; Statistik und Korrelation; Funktionsgesetze auf der Grundlage von Beobachtungen; Erklärungsansätze zur Vermittlung von Erfahrungen; konsequent praktisches Handeln; Kunst des ärztlichen Urteils.
[305] *Dumbs*, GesR 2014, 513, 521.
[306] S. u. D. II. 3. a. cc.
[307] Vgl. insg. *Dumbs*, GesR 2014, 513 f., 520 f.

acht Kriterien offenlegt, wie sie sich zu ihnen verhält, kann der Patient eine sachlich begründete Auswahl zwischen den Behandlungsmethoden treffen."[308] „Im Wettstreit dieser Richtungen wird die Auswahl der passenden Behandlungsmethoden [...] der Verantwortung der Patienten anvertraut."[309]

Dem Selbstbestimmungsrecht des Patienten wird dieser Ansatz auf den ersten Blick in besonderem Maße gerecht – soweit es sich um eine echte Partizipative Entscheidungsfindung[310] handelt und nicht unter dem Deckmantel der Aufklärung von ärztlicher Seite gezielt auf eine bestimmte Entscheidung hingewirkt wird.[311] Er beschwört jedoch auch grundsätzliche Kritik herauf, nicht zuletzt an der Entwicklung der Aufklärungsfehlerrüge zum Auffangtatbestand, wenn ein Behandlungsfehler sich nicht oder nur schwer nachweisen lässt,[312] sowie an einer damit einhergehenden Überforderung der Ärzteschaft durch immer strengere rechtliche Vorgaben.[313]

Eine Abwälzung der Unbestimmtheit des Standards auf den Patienten erscheint allenfalls in engen Grenzen zulässig. Die Aufklärung sollte hier nur *ultima ratio* sein.[314] Das Haftungsrecht darf die Standardbestimmung nicht allein dem Patienten überlassen. Es hat seiner Schutzfunktion für Körper- und Gesundheit gerecht zu werden. Jedenfalls darf es daher von einer schwierigen Standardbestimmung nicht unter Verweis auf die entsprechende Entscheidung des Patienten absehen. Der Standard und seine Einhaltung müssen zunächst feststehen – so genau wie die Medizin dies (unter rechtlicher Kontrolle) festzustellen vermag –, erst dann stellt sich gegebenenfalls die Folgefrage, worüber der Arzt den Patienten (inner- und außerhalb dieses Standards) aufzuklären hatte und ob dies ordnungsgemäß erfolgt ist.[315] Zwar muss der mündige Patient dabei grundsätzlich über Unsicherheiten bei der Bestimmung des Behandlungsstandards aufgeklärt werden, widersprüchliche Interpretationen sind jedoch zunächst soweit wie möglich aufzulösen, um überhaupt erst eine nachvollziehbare Informationsgrundlage zu schaffen und nicht von vornherein dem damit schlussendlich nur in noch höherem Maße überforderten Patienten die Entscheidungsfindung aufzubürden.[316]

---

[308] *Dumbs*, GesR 2014, 513, 520.
[309] *Dumbs*, GesR 2014, 513, 521.
[310] Dazu bereits 2. Kap. E. III. 2.; zu SDM im Medizinrecht (sowie der Vorreiterrolle ärztlicher Aufklärungspflichten) auch *Hart*, MedR 2015, 1, 3 f., 6 f.; *Rummer/Scheibler*, DÄBl. 2015, A-322; zur Bedeutung einer evidenzbasierten Aufklärung *Steffen*, in: FS *Deutsch*, 2009, S. 615, 631 f.; im Kontext von § 630c Abs. 1 BGB *Katzenmeier*, in: BeckOK-BGB, [50]2019, § 630c Rn. 3.
[311] *Buchner/Schmacke*, GesR 2010, 169, 173.
[312] S. die Nachweise im 3. Kap. Fn. 335.
[313] Näher *Katzenmeier*, in: BeckOK-BGB, [50]2019, § 630e Rn. 71 ff.; *ders.*, in: *Laufs/Katzenmeier/Lipp*, Arztrecht, [7]2015, Kap. V Rn. 78 ff.
[314] *Buchner/Schmacke*, GesR 2010, 169, 173.
[315] S. u. D. II. 3. b.
[316] *Buchner/Schmacke*, GesR 2010, 169, 173.

D. Standardentwicklung und Standardabweichung im Spiegel von Therapiefreiheit und Selbstbestimmungsrecht

Aufbauend auf den eingangs dargelegten Grundsätzen zivilrechtlicher Standardbestimmung sollen im folgenden finalen Abschnitt dieses Kapitels verschiedene bislang offen gebliebene Einzelaspekte näher beleuchtet und dadurch das Gesamtbild des Medizinischen Standards im Haftungsrecht vervollständigt werden. Wie im vorherigen Abschnitt wird es um den Umgang mit unbestimmten Standards, allerdings im Rahmen der Haftung für Behandlungsfehler im engeren Sinne,[317] jedoch auch um die Weiterentwicklung des und Abweichung vom Standard gehen. Es ergibt sich insofern die Frage, welche zusätzlichen Anforderungen das Zivilrecht vor dem Hintergrund der Therapiefreiheit des Arztes sowie des Selbstbestimmungsrechts des Patienten in dem jeweiligen Zusammenhang an die medizinische Behandlung stellt.

I. Ausgangspunkt: Standard und Einzelfall

Zunächst soll allerdings auch für das Zivilrecht[318] herausgearbeitet werden, in welchem Verhältnis der Medizinische Standard zum Einzelfall steht – anders gefragt, ob sich der Standard in erster Linie abstrakt-generell oder konkret-individuell bestimmt.[319] Denn davon hängt letztlich ab, ob es sich überhaupt um eine Standardabweichung (oder -entwicklung) oder aber um eine Standardbestimmung im Einzelfall handelt. Häufig sind in der Literatur in diesem Kontext Aussagen anzutreffen, die – nicht zuletzt aufbauend auf dem allgemeinsprachlichen Begriffsverständnis[320] und unter englischsprachigem Einfluss – darauf hindeuten, der haftungsrechtliche Standard sei eine abstrakt-generelle Norm, die die Behandlung von Kollektiven und nicht von Individuen betreffe, als solche für den Einzelfall konkretisiert und im Ausnahmefall auch korrigiert werden müsse, also der Anwendung und gegebenenfalls Abweichung in der von individuellen Besonderheiten des jeweiligen Patienten geprägten Behandlungssituation bedürfe.[321] Der

---

[317] Zu den Kompensationsmöglichkeiten auf anderer Ebene s. o. C.
[318] Zum Sozialrecht s. 5. Kap. A. I.
[319] Vgl. insofern bereits 3. Kap. A. III. 2. d. cc.
[320] Vgl. 1. Kap. A.
[321] *Taupitz*, GesR 2015, 65, 67 f.; *ders.*, AcP 211 (2011), 352, 359 f.; *ders.*, in: *Möllers*, Geltung und Faktizität von Standards, 2009, S. 63, 72 f. – im Anschluss an *Francke/Hart*, Charta der Patientenrechte, 1999, S. 23, 25; *Hart*, in: HK-AKM, ³⁵²2011, Nr. 530 (Ärztliche Leitlinien) Rn. 18; *ders.*, in: *Kunz et al.*, Lehrbuch EbM, ²2007, S. 393, 394 f.; *ders.*, VSSR 2002, 265, 273; *ders.*, JURA 2000, 64, 65; *ders.*, MedR 1998, 8, 9; in diese Richtung *Schirmer/Fuchs*, in: Katzenmeier/Bergdolt, Das Bild des Arztes im 21. Jahrhundert, 2009, S. 121, 125 f.; *Rumler-Detzel*, VersR 1989, 1008, 1009; s. auch *Steffen*, in: FS *Deutsch*, 2009, S. 615, 620; *ders.*, ZVersWiss 1993, 13, 19 (Tendenz des Standards zur Norm); *ders.*, Langenbecks Arch Chir 364 (1984), 287, 290: „Standard guter Behandlungsqualität ist nicht stets gleichzusetzen mit Standardbehandlung; sie kann im konkreten Fall geradezu

Begriff „Standard" verleitet insofern leicht zu Missverständnissen.[322] Richtigerweise ist er erst das Ergebnis dieses konkret-individuellen Bestimmungsprozesses und daher grundsätzlich stets einzuhalten.[323]

Der Standard gilt zwar zutreffend als von der Medizin selbst gesetzte Norm guter ärztlicher Behandlung mit entsprechender Bindungswirkung (und die Standardbestimmung als Umschreibung für den Prozess professioneller Normbildung in der Medizin).[324] Er ist jedoch gerade keine strikte Rechtsregel[325] oder Norm im Rechtssinne, welche die Umstände des Einzelfalls unberücksichtigt lässt, wie insbesondere an den situativen Differenzierungen deutlich wird.[326] Der Medizinische Standard erhält dadurch haftungsrechtliche Verbindlichkeit, dass er die zu befolgenden Zivilrechtsnormen konkretisiert,[327] teilt deswegen aber noch lange nicht deren abstrakt-generellen Charakter, sondern ist selbst konkret-individuell ausgerichtet. Die entsprechende Anpassung des Standards an den jeweiligen Behandlungsfall ist dann keineswegs eine Standardabweichung.[328] Daraus ergibt sich zivilrechtlich überhaupt erst der Vorteil der Ausfüllung unbestimmter Rechtsbegriffe durch den Standard. Dieser schlägt die Brücke von der Rechtsnorm zum Einzelfall. Entscheidende Bedeutung kommt dabei gerade der praktischen ärztlichen Erfahrung zu – und weniger der (notwendigerweise verallgemeinernden) wissenschaftlichen Erkenntnis und professionellen Akzeptanz.

1. Keine „Standardisierung"

Letztlich muss vor diesem Hintergrund der Standardbegriff auch im Zivilrecht im Großen und Ganzen unbestimmt bleiben. Denn den Standard zu bestimmen bedeutet nicht, Behandlungen zu standardisieren, also eine Vereinheitlichung[329]

---

fehlerhaft sein."; ebenso *Pauge/Offenloch*, Arzthaftungsrecht, [14]2018, Rn. 218; *G. Müller*, in: FS *E. Lorenz*, 2004, S. 475, 481; *dies.*, in: FS *Hirsch*, 2008, S. 413, 418. Auch nach der Begründung zum PatRG (BT-Drs. 17/10488, S. 20) sei ein Absehen vom Standard zulässig, „soweit der Behandelnde plausibel begründen kann, dass die Befindlichkeit seines Patienten so stark von der Regel abweicht, dass eine modifizierende Strategie ergriffen werden musste"; dazu *Pauge/Offenloch*, Arzthaftungsrecht, [14]2018, Rn. 194.
[322] Dagegen wiederum *Taupitz* (Fn. 321): Es sei umgekehrt ein Missverständnis, wenn ein standardgem. Verhalten ohne Weiteres als medizinisch richtig angesehen wird. Gleichwohl sei dies freilich i. d. R. der Fall.
[323] Zu Ausnahmen s. u. II. 3. a.
[324] Zum Standardbegriff als Normbegriff auch *Hart*, MedR 1998, 8, 10; *ders.*, MedR 2000, 1 f.; *ders.*, in: *Hart*, Ärztliche Leitlinien, 2000, S. 137, 140; *ders.*, VSSR 2002, 265, 272 f.; *ders.*, in: *Hart*, Klinische Leitlinien und Recht, 2005, S. 81, 88; *ders.*, in: *Hart*, Ärztliche Leitlinien im Medizin- und Gesundheitsrecht, 2005, S. 85, 88 u. 23, 53, 67 ff.; *ders.*, in: HK-AKM, [35]2011, Nr. 530 (Ärztliche Leitlinien) Rn. 16; *ders.*, MedR 2015, 1, 2; *ders.*, MedR 2019, 509, 511.
[325] S. auch *Schreiber*, Langenbecks Arch Chir 364 (1984), 295, 296; *ders.*, in: *Nagel/Fuchs*, Leitlinien und Standards im Gesundheitswesen, 1997, S. 167, 168.
[326] Dazu 3. Kap. A. I. 2. c.
[327] Vgl. bereits 3. Kap. vor A.
[328] S. insg. auch *Schumacher*, Alternativmedizin, 2017, S. 68.
[329] Duden, Deutsches Universalwörterbuch, [8]2015, „Standardisierung"/„standardisieren".

oder gar Normung³³⁰ zu schaffen.³³¹ Vielmehr ist die ärztliche Behandlung in erster Linie bezogen auf den konkreten Patienten mit seinen individuellen Besonderheiten und mithin nur begrenzt standardisierbar.³³² Insofern ist der hier nicht selten anzutreffende Begriff „Standardisierung" im Kontext der zivilrechtlichen Standardbestimmung³³³ nur sehr zurückhaltend (und wenn dann im weiteren Sinne einer bloßen Formulierung von nicht notwendigerweise einheitlichen Standards) zu verwenden.³³⁴

Standardisierung (im engeren Sinne) gefährdet Fortschritt, Therapiefreiheit und Selbstbestimmung.³³⁵ Entsprechende Bestrebungen müssten jedenfalls durch eine Vielzahl von Einzelfallausnahmen direkt wieder entwertet werden. Das Recht muss „medizinische Sachgesetzlichkeiten berücksichtigen und Grenzen der Typisierbarkeit ärztlicher Handlungs- und Entscheidungssituationen Rechnung tragen".³³⁶ Allenfalls im Kleinen, in Bezug auf spezifische, typische Behandlungsaspekte, scheint eine Vereinheitlichung möglich. Dann muss aber auch von „Standards" im Plural die Rede sein. Im Ergebnis geht es der Standardbestimmung nicht darum, verallgemeinernd auf den Standard Einfluss zu nehmen, sondern den Standard für den Einzelfall zu ermitteln.

2. Aktuelle Entwicklungen

a) Einerseits: Normungsbestrebungen

Auf europäischer Ebene bestehen gegenwärtig Bestrebungen, in Bezug auf bestimmte Dienstleistungen im Gesundheitssektor eine Normung (und damit Standardisierung) durch das Europäische Komitee für Normung (CEN)³³⁷ herbeizuführen.³³⁸ Den Kernbereich klassischer ärztlicher Behandlung haben diese

---

³³⁰ Nicht zu verwechseln mit Normierung, s. o. B. II. 3. b.
³³¹ In diese Richtung aber etwa *Taupitz*, GesR 2015, 65, 68; *ders.*, AcP 211 (2011), 352, 359; *ders.*, in: *Möllers*, Geltung und Faktizität von Standards, 2009, S. 63, 73: der Standard bringe eine vergleichsweise einheitliche Verhaltensweise zum Ausdruck; s. auch *Uhlenbruck/Laufs*, in: *Laufs/Uhlenbruck*, Handbuch des Arztrechts, ³2002, § 39 Rn. 6; diesbzgl. offen (im öffentlich-rechtlichen Kontext) *Huster*, VSSR 2011, 183, 193 f.
³³² Vgl. insofern *Frahm/Walter*, Arzthaftungsrecht, ⁶2018, Rn. 115.
³³³ Zu den medizinischen Ausgangspunkten s. 2. Kap. A.
³³⁴ Vgl. dazu insg. auch *Frahm/Jansen/Katzenmeier/Kienzle/Kingreen/Lungstras/Saeger/Schmitz-Luhn/Woopen*, MedR 2018, 447, 449.
³³⁵ Vgl. *Katzenmeier*, in: *Laufs/Katzenmeier/Lipp*, Arztrecht, ⁷2015, Kap. X Rn. 12; s. auch *Schreiber*, in: *Nagel/Fuchs*, Leitlinien und Standards im Gesundheitswesen, 1997, S. 167, 169; *ders.*, Langenbecks Arch Chir 364 (1984), 295, 297: Die Orientierung am Standard „kann – vor allem beim Vordringen rechtlicher Kontrolle in der Medizin – zur Orientierung am üblichen, am sichersten erscheinenden, am wenigsten Gefahr einer Haftung begründenden Verfahren führen, das oft nicht das für den Patienten aussichtsreichste sein kann".
³³⁶ *Katzenmeier*, in: *Laufs/Katzenmeier/Lipp*, Arztrecht, ⁷2015, Kap. X Rn. 84.
³³⁷ Frz. *Comité Européen de Normalisation*; engl. gar *European Committee for Standardization*.
³³⁸ Dazu krit. *Wienke/Kuball*, MedR 2016, 301 m. w. N.; *Bergmann*, VersR 2017, 661, 663; *Frahm/Walter*, Arzthaftungsrecht, ⁶2018, Rn. 89; des Weiteren die krit. Stellungnahme der

freilich bislang noch nicht erreicht. Normen legen ausgehend von gesicherten Erkenntnissen und Erfahrungen qualitätsbezogene Spezifikationen fest und vereinheitlichen dabei wiederkehrende Abläufe zum Zwecke der Qualitätssicherung; sie haben *per se* als reine Empfehlungen keinen Rechtscharakter, ihre rechtliche Rezeption liegt jedoch oftmals nahe.[339]

Während Normen im Bereich technischer Spezifikationen ihre Berechtigung haben, sind sie jedoch – angesichts der ärztlichen Therapiefreiheit, des Selbstbestimmungsrechts des Patienten und des medizinischen Fortschritts – im Bereich medizinischer Dienstleistungen fehl am Platz. Denn diese „beruhen nicht auf der Wiederholung stets gleichlaufender Verfahren, sondern werden am Menschen erbracht und müssen der Individualität des Patienten und seiner Situation angepasst werden."[340] Die notwendige Dynamisierung von Qualitätsstandards ist bei (zumal europäischen/internationalen) Normen nicht gewährleistet.[341] Zudem bestehen grundlegende Zweifel an der Fachkompetenz der Normungsgremien.[342] Europaweit einheitliche Normen gefährden im Bereich ärztlicher Leistungen im Übrigen potentiell den hohen nationalen Standard.[343]

b) Andererseits: Individualisierungstendenzen

Den aus genannten Gründen jedenfalls im Kernbereich ärztlicher Behandlung wenig zielführenden Standardisierungs- und Normungsbestrebungen steht zugleich eine fortschreitende Tendenz zur Individualisierung – also verstärkten Ausrichtung am individuellen Patienten – der modernen Medizin gegenüber, die ihrerseits am Medizinischen Standard und seiner zivilrechtlichen Bestimmung nicht spurlos vorbeigeht (und damit im Übrigen Normungsbestrebungen umso absurder erscheinen lässt). Die Rede ist insofern von „Individualisierter"[344] oder „Personalisierter Medizin",[345] „Präventions-"[346] oder auch „Präzisionsmedizin".[347] Häufig wird in der Folge eine „Zersetzung" oder gar „Auflösung" des – freilich als Kollektivnorm verstandenen[348] – Standards befürchtet.[349] Tatsächlich steht eine

---

BÄK „Normungsvorhaben von Gesundheitsdienstleistungen aus ärztlicher Sicht" vom 25.09.2015, Kurzfassung in DÄBl. 2015, A-2007.
[339] Vgl. *Wienke/Kuball*, MedR 2016, 301, 304.
[340] *Wienke/Kuball*, MedR 2016, 303 (u. 305).
[341] *Wienke/Kuball*, MedR 2016, 301, 305.
[342] *Wienke/Kuball*, MedR 2016, 301, 304 f.
[343] *Wienke/Kuball*, MedR 2016, 301, 304.
[344] *Eberbach*, MedR 2011, 757 ff.; dazu monographisch *Keil*, Rechtsfragen der individualisierten Medizin, 2015.
[345] *Damm*, MedR 2011, 7 ff.; *Huster/Gottwald*, GesR 2012, 449 ff.
[346] S. auch *Eberbach*, MedR 2011, 757, 762 ff., 768 f.
[347] Zur Terminologie *Keil*, Rechtsfragen der individualisierten Medizin, 2015, S. 18 ff.; *Damm*, MedR 2011, 7 ff.
[348] Vgl. vor 1.
[349] *Keil*, Rechtsfragen der individualisierten Medizin, 2015, S. 139 ff.; *Eberbach*, MedR 2011, 757, 761 f.; dort zwar zutreffend: „individuell" und „standardisiert" sind verschiedene Kategorien; dies gilt jedoch wie dargelegt nicht ohne Weiteres für „individuell" und „Standard", s. o. 1.

weitere – am Patienten, nicht am Arzt orientierte – Ausdifferenzierung des Standards[350] im Rahmen einer individualisierten, personalisierten Medizin jedoch durchaus im Einklang mit dessen Einzelfallorientierung.[351]

An diese Entwicklung knüpft aktuell das nicht zuletzt im Kontext der Digitalisierung des Gesundheitswesens intensiv diskutierte, von einem holistischen Grundansatz ausgehende, also die durch die Medizin – in Kooperation mit anderen Wissenschaften (insbesondere den übrigen Gesundheitswissenschaften sowie der Informatik) – am individuellen Patienten gewonnenen Erkenntnisse und Erfahrungen wieder zu einem großen Ganzen zusammenfügende Konzept einer „Systemmedizin" an.[352] Dieses wirft – neben datenschutzrechtlichen Fragen im Kontext von *Big Data* – haftungsrechtliche Folgefragen auf.[353] Im Hinblick auf Standardbegriff und -bestimmung wird etwa angesichts der verstärkten Kooperation mit anderen Disziplinen der ärztliche Professionsvorbehalt[354] abgeschwächt und der Organisationsaspekt[355] tritt in den Vordergrund.[356] Die Kompetenzverteilung zwischen Medizin und Recht verschiebt sich und wird unter Einbeziehung weiterer Fachrichtungen und angesichts einer zunehmenden Verwissenschaftlichung[357] komplexer. Verantwortlichkeiten sind damit schwerer zuzuordnen.

Hart merkt zudem an, dass „[d]ie angestrebte enge Verknüpfung von Forschung und Therapie in der Systemmedizin [...] die Behandlung vor den Standard in den forschenden [...] Heilversuch" verlagere.[358] Dadurch, dass der Standard

---

[350] S. auch *Damm*, MedR 2011, 7, 10, 12; *Huster/Gottwald*, GesR 2012, 449, 451.
[351] S. o. vor 1.
[352] Dazu BMBF, Systemmedizin: Neue Chancen in Forschung, Diagnose und Therapie, Stand Sept. 2017, sowie e:Med – Maßnahmen zur Etablierung der Systemmedizin, Stand Aug. 2015, u. Maßnahmen zur Etablierung der Systemmedizin, Das Forschungs- und Förderkonzept e:Med, Stand Sept. 2012; s. auch Deutscher Ethikrat, Big Data und Gesundheit, 2017; aus der medizinischen Lit. etwa *Erdmann et al.*, DÄBl. 2015, A-1330 ff.; *Antes*, DÄBl. 2016, A-712 f.; zu „eHealth, Big Data und Co" (insb.) aus rechtlicher Sicht die Beiträge in MedR 2016, Heft 9; zum Schwerpunktthema *eHealth (Electronic Health)* die Beiträge in Bundesgesundheitsbl. 2018, Heft 3; zu *Big Data* überdies 2015, Heft 8.
[353] Näher *Hart*, MedR 2016, 669 ff.; ähnlich gestaltet sich die Problemlage bei Digitalisierungsaspekten wie der Nutzung von *Mobile Health (mHealth) Applications* – zum hier einschlägigen haftungsrechtlichen Standard *Gaßner/Strömer*, VersR 2015, 1219 ff.; *Rübsamen*, MedR 2015, 485, 489 f.; allg. zu Standard und medizinischer Informationstechnologie *Taupitz*, AcP 211 (2011), 352, 385 ff.; zur Bewertung von Telemedizin als Standard *Katzenmeier/Schrag-Slavu*, Rechtsfragen des Einsatzes der Telemedizin im Rettungsdienst, 2010, S. 31 ff.; *Bergmann*, MedR 2016, 497, 499 ff., zugleich zum Standard in der Telemedizin; vgl. bereits *Steffen*, in: FS *Stoll*, 2001, S. 71, 84 ff.; *Ulsenheimer/Heinemann*, MedR 1999, 197, 198 ff.; zu Standard(wahrung) bei Fernbehandlung *Katzenmeier*, NJW 2019, 1769, 1770 ff.; s. auch *Stellpflug*, GesR 2019, 76 ff.; ausf. zu den Rechtsfragen der Digitalisierung des Gesundheitswesens *Katzenmeier*, MedR 2019, 259 ff.
[354] S. o. A. I.
[355] S. o. C. I.
[356] *Hart*, MedR 2016, 669, 670 f., 672, 674 f.
[357] Vgl. auch *Hart*, in: HK-AKM, [75]2018, Nr. 1530 (Doppelblindversuch) Rn. 19: Bedeutungssteigerung für die externe und Bedeutungsverlust für die interne Evidenz.
[358] *Hart*, MedR 2016, 669, 671, 672, 674 – auch zum (treffenderen) Alternativkonzept einer „Standardbandbreite" vertretbarer Behandlungsalternativen („standard in progress").

zunehmend individuell, also an zusehends kleineren Patientengruppen mit spezifischen Eigenschaften statt an bestimmten Erkrankungen orientiert sei, sei immer häufiger gar kein Standard für den Einzelfall zu bestimmen, sodass der Arzt sich im Ergebnis außerhalb des (Behandlungs-)Standards bewegen müsse und dabei die Anforderungen an das medizinische Erprobungshandeln einzuhalten habe.[359] Dem kann jedoch – gleichsam als Zwischenfazit – nur erneut entgegnet werden, dass Standard und Einzelfall keine Gegensätze sind, der Standard vielmehr gerade konkret-individuell zu bestimmen ist. Dies ist auch für die folgenden Ausführungen zu Fragen der Standardabweichung bedeutsam.

II. Der Standard zwischen Behandlungs- und Aufklärungsfehlerhaftung

1. Einführung zum Behandlungsfehlerbegriff – Standardunterschreitung, -abweichung, -verfehlung?

Die verbreitete Verwendung des allgemeinen Oberbegriffs „Standardunterschreitung" zur Definition eines Behandlungsfehlers[360] (nach hier vertretenem Verständnis gleichzusetzen mit Fahrlässigkeit)[361] ist potentiell missverständlich und jedenfalls einseitig. Ein Behandlungsfehler liegt – anders als es ein strenges Verständnis des Begriffs „Standardunterschreitung" nahelegt – nun einmal nicht allein vor, wenn die jeweilige Behandlung selbst nicht oder schlecht durchgeführt, also unmittelbar vom Standard „nach unten" abgewichen wird.[362] Der Standard kann vielmehr auch „unterschritten" werden, indem er – jedenfalls auf den ersten Blick – übertroffen wird („Standardüberschreitung" oder „Standardabweichung nach oben", etwa durch die Wahl einer neuen Behandlung, die sich anschickt, den bisherigen Standard zu ersetzen, dies aber noch nicht endgültig erreicht hat, oder einer den Patienten unnötig belastenden Übermaßbehandlung, die gerade nicht dem Standard entspricht, weil sie verglichen mit diesem entweder keine Vorteile oder mehr Nachteile mit sich bringt).[363]

---

[359] Näher II. 3. a. bb.
[360] Vgl. bereits 3. Kap. A. II. 1.
[361] Dazu ausf. 3. Kap. A. III.
[362] Häufig wird auf das Bild des Arztes als Hochspringer verwiesen (vgl. *Kern*, GesR 2002, 5, 6), von dem nicht verlangt werde, dass er exakt 2 Meter überwindet, sondern alles über 1,8 Meter akzeptiert werde. Nur darunter dürfe er nicht bleiben. Der Vergleich hinkt freilich insofern, als dass der Hochspringer bei einer zu überspringenden Höhe von 1,8 Metern keinen Anlass hat, 2,2 Meter und höher zu springen – der Arzt hingegen durchaus versuchen mag, den Standard zu übertreffen, um für seinen Patienten ein besonders gutes Behandlungsergebnis zu erzielen (dazu sogleich). Dafür muss er jedoch ggf. Risiken eingehen, die im Ergebnis zur Bewertung seines Verhaltens als Behandlungsfehler führen können. Vorzugswürdig erscheint daher etwa der Vergleich mit einem Fußballer: Es geht grds. darum, das Tor (als maßgeblicher Standard) zu treffen – also u. a. auch nicht über das Ziel hinauszuschießen.
[363] Vgl. auch *Laufs/Kern*, in: *Laufs/Kern*, Handbuch des Arztrechts, [4]2010, § 97 Rn. 30: „Der Behandlungsfehler kann in einem Zuviel oder einem Zuwenig bestehen".

Überdies ist ein Behandlungsfehler in Form einer „Standardabweichung (im engeren Sinne)" gegeben, wenn der Behandelnde eine gänzlich andere (Neuland-/Außenseiter-)Methode als die Standardbehandlung wählt. Regelmäßig wird dies zumindest in der Absicht geschehen, den Standard im Ergebnis zu übertreffen. Auch ein solches Aliud „unterschreitet" jedoch grundsätzlich den Standard, an dessen Stelle es Anwendung findet. (In der Praxis sind die Übergänge gewiss fließend.) Maßgeblich ist letztlich eine medizinische Beurteilung der Behandlung in qualitativer, nicht quantitativer (allenfalls quantitativ bedingter) Hinsicht, die sich jedoch wie dargelegt im Begriff „Standardunterschreitung" nur in Ansätzen widerspiegelt. Vorzugswürdig erscheint vor diesem Hintergrund die Verwendung des neutraleren und wertungsoffeneren Begriffs der „Standardverfehlung" (oder „Standardabweichung im weiteren Sinne").[364]

Genauer gesagt ergeben sich im Zivilrecht bei der Überprüfung der ärztlichen Behandlung auf Fehler stets zwei gedanklich voneinander zu trennende Fragestellungen: Zu beurteilen ist zum einen die Auswahl der sodann durchzuführenden Behandlung (dazu sogleich 3.), zum anderen und unabhängig davon die Durchführung der zuvor ausgewählten Behandlung (im Einzelnen 4.).[365] Bei der Auswahl einer durchzuführenden Behandlung hat der Arzt zunächst zwei Möglichkeiten: Entweder er entscheidet sich für die standardgemäße Behandlung (im Folgenden „Auswahlstandard") oder er weicht von dieser ab. Erstere Entscheidung ist dabei haftungsrechtlich grundsätzlich nicht zu beanstanden, in letzterem Fall liegt jedoch unter Umständen ein haftungsrelevanter Auswahlfehler vor. Die Durchführung einer Behandlung richtet sich sodann stets nach dem „Durchführungsstandard" der ausgewählten, gegebenenfalls an sich nicht standardgemäßen Methode. Diesen Standard kann der Arzt wiederum entweder einhalten oder unterschreiten. Im Kontext der Behandlungsdurchführung kann folglich durchaus vom Behandlungsfehler als „Standardunterschreitung" gesprochen werden, im Hinblick auf die Methodenwahl jedoch richtigerweise von einer „Standardabweichung".[366]

Vereinigen lassen sich beide Aspekte wie dargelegt unter der Überschrift „Standardverfehlung". Zwar kann der Arzt auch bei der Durchführung der ausgewählten Behandlung im Sinne einer Standardabweichung gänzlich anders vorgehen als zuvor entschieden. Dadurch wird jedoch letztlich nur die ursprüngliche Auswahlentscheidung revidiert – mit entsprechenden Konsequenzen auf dieser Ebene. Freilich ist auch diese Unterscheidung in der Praxis zu relativieren. Jede Auswahlentscheidung entspricht zugleich der Durchführung eines frühen Behandlungsschritts, bei welcher dementsprechend der einschlägige Standard unter-

---

[364] S. auch *Arnade*, Kostendruck und Standard, 2010, S. 165 m. w. N.: Verstoß, Abweichung, Außerachtlassung oder Verletzung.
[365] Vgl. insofern zum Behandlungsfehlerbegriff BGH NJW 1987, 2291, 2292 = MedR 1987, 234, 235: zu klären ist, „ob der Arzt [...] vertretbare Entscheidungen über die diagnostischen sowie therapeutischen Maßnahmen getroffen und diese Maßnahmen sorgfältig durchgeführt hat"; s. auch *Katzenmeier*, in: *Laufs/Katzenmeier/Lipp*, Arztrecht, [7]2015, Kap. X Rn. 4; *Vogeler*, MedR 2008, 697, 702; ähnlich *Geiß/Greiner*, Arzthaftpflichtrecht, [7]2014, Rn. B 36 („Methodensicherheit im Anwendungsbereich") u. 75.
[366] U. U. missverständlich daher *Schumacher*, Alternativmedizin, 2017, S. 69: „Nicht jede Abweichung vom Standard stellt zugleich eine Unterschreitung des Standards dar."

schritten werden kann. Umgekehrt sind bei der Durchführung einer Behandlungsmethode kontinuierlich weitere Auswahlentscheidungen zu treffen – was die Möglichkeit beinhaltet, vom Standard abzuweichen.

2. Exkurs: Indikation und Standard

In Bezug auf die Bestimmung der Anforderungen an ein Behandlungsgeschehen ist nur die medizinische Indikation[367] ein ebenso markantes Schlagwort und von annähernd vergleichbarer Bedeutung wie der Standard. Der Begriff „Indikation" (lateinisch *indicare*, anzeigen) ist medizinischen Ursprungs.[368] Ihre Feststellung beinhaltet die Abwägung, ob eine und wenn ja welche konkrete (therapeutische) Maßnahme bei einem bestimmten (diagnostizierten) Krankheitsbild aus ärztlicher Sicht angebracht ist, insofern als der berufliche Heilauftrag sie umfasst und gebietet.[369] Die Indikation steht damit innerhalb des zeitlichen Ablaufs der Behandlung (im weiteren Sinne) zwischen Diagnose[370] und Therapie (Behandlung im engeren Sinne).[371]

Die Indikationsstellung wirkt sich medizinisch, aber auch ethisch[372] und ökonomisch steuernd aus[373] und unterliegt ihrerseits (wie der Standard) ebenso umgekehrten Einflüssen. Zwischen den Themenbereichen Indikation und Standard bestehen vielfältige Wechselwirkungen und Überschneidungen, die die genaue Abgrenzung bisweilen schwierig erscheinen lassen oder sogar zu begrifflichen Missverständnissen führen können. Indikation und Standard werfen häufig ganz

---

[367] Dazu umfassend – aus medizinischer, ethischer, haftungs- und sozialrechtlicher sowie ökonomischer Perspektive – die Beiträge in *Dörries/Lipp*, Medizinische Indikation, 2015.
[368] Vgl. *Hauck*, NJW 2013, 3334.
[369] Vgl. *Laufs*, MedR 1986, 163, 164; *ders.*, Der ärztliche Heilauftrag aus juristischer Sicht, 1989, S. 24 f.; *ders.*, in: *Nagel/Fuchs*, Soziale Gerechtigkeit im Gesundheitswesen, 1993, S. 290, 291; *Uhlenbruck/Laufs*, in: *Laufs/Uhlenbruck*, Handbuch des Arztrechts, ³2002, § 51 Rn. 1 f.; *Francke/Hart*, Charta der Patientenrechte, 1999, S. 38; *Raspe*, GesR 2011, 449, 450 f.; (*ders.*, GesR 2012, 584, 585; *ders.*, GesR 2013, 206 ff.;) *Hauck*, NJW 2013, 3334; *Lipp*, MedR 2015, 762, 763; *Katzenmeier*, MedR 2018, 367 f.; s. auch *ders.*, in: BeckOK-BGB, ⁵⁰2019, § 630a Rn. 111. Eine Behandlungsmaßnahme kann absolut (zwingender medizinischer Grund) oder relativ indiziert (also für den Patienten zwar mit gewissen Vorteilen verbunden sein, denen gewisse Risiken gegenüberstehen, aber angesichts bestehender Behandlungsalternativen nicht zwingend notwendig), nicht indiziert (da nicht vorteilhaft) oder sogar kontraindiziert (weil nachteilig) sein. Zu den besonderen Anforderungen an die Aufklärung bei relativer Indikation BGH MedR 2017, 386 (m. Bespr. *Jansen* u.) m. Anm. *Spickhoff*, LMK 2015, 374730.
[370] Genau genommen müssen aber auch Diagnosemaßnahmen ihrerseits wegen bestimmter tatsächlicher Anhaltspunkte indiziert sein (und dem Medizinischen Standard entsprechen).
[371] Vgl. (insg.) *Brüggemeier*, Haftungsrecht, 2006, § 6 D II 2 b, S. 477 (f.); *ders.*, Deliktsrecht, 1986, Rn. 652 (ff.); *Francke/Hart*, Charta der Patientenrechte, 1999, S. 38; *Heilmann*, NJW 1990, 1513, 1515; s. auch *Lipp*, MedR 2015, 762, 763.
[372] Aus dieser Perspektive auch *Maio*, Lehrbuch der Ethik in der Medizin, ²2017, S. 137 ff.
[373] *Hauck*, NJW 2013, 3334, 3335.

ähnliche Folgefragen auf – es handelt sich dann in der Regel jeweils um besondere Ausprägungen derselben grundlegenden Fragestellung.[374]

Die medizinische Indikation richtet sich im Rahmen des mit ihrer Feststellung einhergehenden Abstrahierungsprozesses nach dem Standard und dient dabei gleichzeitig dessen Bestimmung für den jeweiligen Behandlungsfall. Der Standard ist insofern zugleich Orientierungspunkt und Ergebnis der Indikationsstellung und diese in der Praxis entscheidender Teil der Standardbestimmung. Sie stellt eine Verbindung zwischen Behandlungsaufgabe und -standard her. Zwischen Standardbestimmung und Indikationsstellung liegt lediglich ein Perspektivwechsel.

Die Indikationsstellung ist Aufgabe des Arztes[375] und beurteilt sich folgerichtig nach den Regeln der ärztlichen Kunst (*lex artis*), rechtlicher Maßstab ist also auch für diesen Behandlungsschritt wiederum der Medizinische Standard.[376] Medizinisch indiziert kann grundsätzlich nur eine Behandlungsmaßnahme sein, die dem Standard entspricht. Im Ausgangspunkt ist die Indikationsstellung deshalb nichts anderes als ein spezieller Anwendungsfall des Behandlungsstandards. Sie gibt Auskunft darüber, welche Standardmaßnahme angesichts eines bestimmten Krankheitsbilds im konkret-individuellen Fall einschlägig und deshalb im Rahmen der weiteren Behandlung anzuwenden ist.

Die Indikation beinhaltet medizinisch die Auswahl der durchzuführenden standardgemäßen Behandlungsmethode.[377] Neben der am Standard ausgerichteten Indikationsstellung muss die entsprechend ausgewählte Behandlungsmaßnahme in einem nächsten Schritt, der eigentlichen Therapie, aber auch standardgemäß in die Tat umgesetzt werden. Mit anderen Worten ist der Medizinische Standard – wie bereits dargelegt – sowohl als Auswahl- als auch als Durchführungsstandard zu beachten.[378]

Gerade im (haftungs-)rechtlichen Kontext wird die Indikation allerdings regelmäßig als eigenständige Grundvoraussetzung ärztlichen Handelns neben (*informed consent* und) standardgemäßem Verfahren *lege artis* angeführt.[379] Ihr

---

[374] Vgl. etwa zur sog. „wirtschaftlichen Indikation" als Parallelproblematik von „Kostendruck und Standard" 7. Kap. A. I. 2.
[375] Vgl. auch *Lipp*, MedR 2015, 762, 763.
[376] *Hauck*, NJW 2013, 3334 f., insg. zum für die Indikationsstellung maßgeblichen Standard; s. auch *Lipp*, MedR 2015, 762, 763; *Laufs*, in: Nagel/Fuchs, Soziale Gerechtigkeit im Gesundheitswesen, 1993, S. 290, 293.
[377] *Francke/Hart*, Charta der Patientenrechte, 1999, S. 38.
[378] S. o. 1. Vgl. insofern auch die vermischte Darstellung bei *Brüggemeier*, Haftungsrecht, 2006, § 6 D II 2 b, S. 477 f.; *ders.*, Deliktsrecht, 1986, Rn. 652 ff.
[379] Vgl. *Laufs*, in: Laufs/Katzenmeier/Lipp, Arztrecht, 7.2015, Kap. I Rn. 29; *ders.*, in: Laufs/Kern, Handbuch des Arztrechts, 4.2010, § 6 Rn. 1 f. u. § 130 Rn. 25; bereits *ders.*, Berufsfreiheit und Persönlichkeitsschutz im Arztrecht, 1982, S. 21 f.: „Kernstücke ärztlicher Legitimation"; *ders.*, MedR 1986, 163, 164; *ders.*, Der ärztliche Heilauftrag aus juristischer Sicht, 1989, S. 24; *ders.*, in: Nagel/Fuchs, Soziale Gerechtigkeit im Gesundheitswesen, 1993, S. 290, 291 (dort auch: zusammenhängende, nebeneinander erforderliche Elemente; alle drei folgen Standards); *ders.*, in: Eser/Just/Koch, Perspektiven des Medizinrechts, 2004, S. 23, 28; *Lipp*, MedR 2015, 762; *Katzenmeier*, MedR 2018, 367; *ders.*, in: BeckOK-BGB, 50.2019, § 630a Rn. 15; *ders.*, in: Laufs/Katzenmeier/Lipp, Arztrecht, 7.2015, Kap. X Rn. 1 – dort freilich anschließend: „Behandlungsfehler und ärztliche Eigenmacht stellen die

Vorliegen besagt jedoch letztlich nur, dass ein ärztlich festgestellter medizinischer Grund für die Behandlung besteht. Eine Behandlung kann aber – insbesondere auf Wunsch des Patienten (und innerhalb gewisser rechtlicher Aufklärungs- und Einwilligungsgrenzen)[380] – auch ohne eine solche Indikation erfolgen und ist vor allem nicht zwangsläufig fehlerhaft. Streng genommen stellt sich freilich auch dann die Frage, welche Maßnahme aus ärztlicher Sicht angebracht ist, wenn der Patient ein bestimmtes, vom üblichen Heilungszweck medizinischer Behandlung abweichendes Ziel erreichen will.[381] Jedenfalls handelt es sich nicht mehr um eine Heilbehandlung im klassischen Sinne (sondern um Eingriffe auf dem Feld der wunscherfüllenden Medizin).[382]

Die Indikation ist mithin nicht allein auf einen bestimmten Patienten und seine aktuelle Behandlungssituation, sondern gleichsam auf ein bestimmtes (gemeinsam mit diesem Patienten festgelegtes) Behandlungsziel bezogen.[383] Sie ist zugleich das Ergebnis des notwendigen Entscheidungsprozesses zwischen einem ärztlichen Vorgehen nach und in Abweichung vom Standard.[384] Auch eine nicht indizierte Behandlung hat im Übrigen nach dem Medizinischen Standard zu erfolgen, wobei es mangels Indikation grundsätzlich gerade Standard wäre, gar nicht zu behandeln. Wünscht aber etwa der Patient, diesen (Auswahl-)Standard nicht zu beachten, ist die Behandlung nichtsdestotrotz ihrem jeweiligen Standard entsprechend durchzuführen, soweit nicht diesbezüglich ebenfalls Abweichendes vereinbart wird.

---

zwei wesentlichen haftungsbegründenden Verhaltensweisen dar." Die §§ 630a ff. BGB erwähnen die Indikation i. Ü. nicht und gelten damit unabhängig von ihrem Vorliegen, vgl. *ders.*, in: BeckOK-BGB, [50]2019, § 630a Rn. 28.

[380] *Damm/Schulte in den Bäumen*, KritV 2005, 101 ff. I. E. hängen von der Indikation sowohl die Anforderungen an die Behandlung als auch an die Aufklärung ab. Fehler bei der Indikationsstellung haben grds. einen Behandlungsfehler (i. S. e. Standardverfehlung) zur Folge (*Hart*, MedR 2014, 207, 211), äußern sich aber i. d. R. auch in Aufklärungsmängeln bzgl. der im konkreten Fall indizierten und standardgem. Behandlung. Näher zu Indikation und Einwilligung *Lipp*, MedR 2015, 762, 763; *Brüggemeier*, Haftungsrecht, 2006, § 6 D II 2 b, S. 477 f.; bereits *ders.*, Deliktsrecht, 1986, Rn. 652 ff.; *Laufs*, Medizin und Recht im Zeichen des technischen Fortschritts, 1971, S. 22 ff. (Reziprozität von Indikation und Instruktion); ebenso *ders.*, in: *Laufs/Kern*, Handbuch des Arztrechts, [4]2010, § 59 Rn. 6. Zur insoweit gewandelten zivilrechtlichen Bedeutung der Indikation auch *Voigt*, IGeL, 2013, S. 70 ff.; *ders.*, in: NK-BGB, [3]2016, § 630a Rn. 40.

[381] Vgl. *Hauck*, NJW 2013, 3334 f.; s. auch *Geiß/Greiner*, Arzthaftpflichtrecht, [7]2014, Rn. B 2; *Uhlenbruck/Laufs*, in: *Laufs/Uhlenbruck*, Handbuch des Arztrechts, [3]2002, § 51 Rn. 4 ff.

[382] S. dazu etwa *Eberbach*, MedR 2008, 325 ff.; *Laufs*, in: *Laufs/Kern*, Handbuch des Arztrechts, [4]2010, § 6 Rn. 21; aus ethischer Perspektive *Maio*, Lehrbuch der Ethik in der Medizin, [2]2017, S. 407 ff.; *ders.*, in: *Marckmann*, Praxisbuch Ethik in der Medizin, 2015, S. 377 ff.

[383] Näher *Lipp*, MedR 2015, 762, 763 f.; s. auch *Raspe*, MedR 2016, 248.

[384] Vgl. *Buchborn*, MedR 1993, 328, 330.

3. Anforderungen an die Methodenwahl

a) Zur Auslegung des Behandlungsfehlerbegriffs im Lichte der ärztlichen Wahlfreiheit: Medizinische „Vertretbarkeit" der Behandlungsentscheidung

Auf Ebene der Methodenwahl hat es mit der Definition des Behandlungsfehlers (also der Pflichtwidrigkeit, aber ebenfalls des mit dieser identischen Verschuldens)[385] als Standardabweichung oder -verfehlung jedoch nicht sein Bewenden. Vielmehr wird die Bedeutung des Standards als Haftungsmaßstab zusätzlich durch die Therapiefreiheit des Arztes als „Kernstück der ärztlichen Profession"[386] in ihrer besonderen Ausprägung als Methodenwahlfreiheit[387] relativiert. Richtiges ärztliches Vorgehen kann sich nicht auf ein abgeschlossenes, gefestigtes Regelwerk stützen, sondern bedarf der gewissenhaften Abwägung von Chancen und Risiken nach den Umständen des Einzelfalls unter Berücksichtigung vielfältiger physischer, psychischer und sozialer Aspekte, weshalb im Ergebnis von einem vielschichtigen „Beurteilungs- und Entscheidungsraum" des behandelnden Arztes (mit prognostischen Elementen) auszugehen ist.[388] „Kompetenz und Verantwortung des Arztes für die richtige Entscheidung tastet der medizinische Standard nicht an."[389] Für die Freiheit begründeter Methodenwahl sprechen im Wesent-

---

[385] Dazu ausf. 3. Kap. A. III.
[386] *Laufs*, in: FS *Deutsch*, 1999, S. 625, 628; *ders.*, in: *Eser/Just/Koch*, Perspektiven des Medizinrechts, 2004, S. 23, 31; *ders.*, in: *Laufs/Kern*, Handbuch des Arztrechts, ^{4}2010, § 3 Rn. 14; *Katzenmeier*, in: *Laufs/Katzenmeier/Lipp*, Arztrecht, ^{7}2015, Kap. X Rn. 85; *ders.*, in: BeckOK-BGB, ^{50}2019, § 630a Rn. 185; allg. zur Freiheit des Arztberufs auch *Laufs*, in: FS *Weitnauer*, 1980, S. 363, 370 ff.; *ders.*, Berufsfreiheit und Persönlichkeitsschutz im Arztrecht, 1982, S. 5 ff.; *ders.*, MedR 1986, 163, 165 f.; *ders.*, Der ärztliche Heilauftrag aus juristischer Sicht, 1989, S. 15 ff.; *ders.*, in: FS *Geiger*, 1989, S. 228 ff.
[387] Aus dieser Perspektive *Schumacher*, Alternativmedizin, 2017, S. 39 ff. m. w. N.; S. 42 ff. zu (einfachgesetzlichen wie verfassungsrechtlichen) Rechtsgrundlagen ärztlicher Therapiefreiheit.
[388] *Katzenmeier*, in: BeckOK-BGB, ^{50}2019, § 630a Rn. 183; *ders.*, MedR 2018, 367, 368 f.; *ders.*, in: *Laufs/Katzenmeier/Lipp*, Arztrecht, ^{7}2015, Kap. X Rn. 83, näher Rn. 96 ff.; zudem *Laufs*, ebd., Kap. I Rn. 42; *ders.*, in: *Laufs/Kern*, Handbuch des Arztrechts, ^{4}2010, § 3 Rn. 14 f., 18 f. u. § 6 Rn. 37; *Laufs/Kern*, ebd., § 97 Rn. 36 ff.; *Laufs*, in: FS *Deutsch*, 1999, S. 625, 626 f.; *ders.*, in: FS *Geiger*, 1989, S. 228, 235; *ders.*, Medizin und Recht im Zeichen des technischen Fortschritts, 1971, S. 23; s. auch *Greiner*, in: *Spickhoff*, Medizinrecht, ^{3}2018, §§ 823 ff. BGB Rn. 37 ff.; *Pauge/Offenloch*, Arzthaftungsrecht, ^{14}2018, Rn. 194, 200; *Frahm/Walter*, Arzthaftungsrecht, ^{6}2018, Rn. 84, 115; *Geiß/Greiner*, Arzthaftpflichtrecht, ^{7}2014, Rn. B 34; *G. Müller*, in: FS *E. Lorenz*, 2004, S. 475, 481; *Rumler-Detzel*, VersR 1989, 1008; zum ärztlichen Ermessen *Buchborn*, MedR 1987, 221; differenziert *Heilmann*, NJW 1990, 1513, 1515; krit. *Schmid*, NJW 1986, 2339, 2340 f., der das Selbstbestimmungsrecht des Patienten in den Vordergrund rückt, s. u. b.
[389] *Steffen*, in: FS *Deutsch*, 2009, S. 615, 620, dort daher: „Abweichen vom medizinischen Standardprogramm bedeutet nicht per se Verfehlen der geschuldeten Qualitätshöhe"; s. auch *Pauge/Offenloch*, Arzthaftungsrecht, ^{14}2018, Rn. 194.

lichen drei Gründe: der medizinische Fortschritt, die Besonderheiten des Einzelfalls sowie der Wille des Kranken.[390]

Angesichts der Therapiefreiheit kommt es bei der Behandlungsfehlerhaftung letztlich allein auf die medizinische „Vertretbarkeit" der ärztlichen Behandlungsentscheidung an. Nicht jede Standardabweichung begründet einen Behandlungsfehler.[391] Gefragt wird, „ob der Arzt unter Einsatz der von ihm zu fordernden medizinischen Kenntnissen und Erfahrungen im konkreten Fall vertretbare Entscheidungen über die diagnostischen sowie therapeutischen Maßnahmen getroffen […] hat."[392] Die Vertretbarkeit wird freilich ihrerseits vor dem Hintergrund des Standards bestimmt und ist in ihrer Beurteilung in hohem Maße von diesem abhängig. Die Therapiewahl muss sich am Standard messen lassen.[393] Er bleibt daher trotz dieser Einschränkung des Behandlungsfehlerbegriffs zentraler Haftungsmaßstab.[394] Auch der Gesetzgeber stellt dementsprechend in der Begründung zum PatRG fest: „[A]us dem Grundsatz der Therapiefreiheit [folgt] das Recht des Behandelnden, die konkrete Methode zur Behandlung nach pflichtgemäßem Ermessen frei zu wählen. Er ist insoweit nur an die jeweils geltenden fachlichen Standards nach § 630a Absatz 2 gebunden."[395]

aa) Stets „vertretbar": Die Standardbehandlung

Entspricht die ärztliche Therapiewahl dem Medizinischen Standard, liegt grundsätzlich kein haftungsbegründender Behandlungsfehler vor.[396] Auch wenn dabei begrifflich von „dem Standard"[397] die Rede ist, kann dieser inhaltlich durchaus mehrere Behandlungsalternativen umfassen. Der zu rezipierende medizinische Standard, der im Übrigen oft erst schrittweise während der Behandlung bestimmt

---

[390] *Katzenmeier*, in: BeckOK-BGB, [50]2019, § 630a Rn. 186; *ders.*, in: *Laufs/Katzenmeier/Lipp*, Arztrecht, [7]2015, Kap. X Rn. 89, 91 ff.; zu den Gründen der ärztlichen Therapiefreiheit auch *Schumacher*, Alternativmedizin, 2017, S. 48 ff.
[391] Unter dieser Prämisse die Ausführungen bei *Katzenmeier*, MedR 2018, 367, 368 f., 372.
[392] BGH NJW 1987, 2291, 2292 = MedR 1987, 234, 235; dazu *Katzenmeier*, in: BeckOK-BGB, [50]2019, § 630a Rn. 185; *ders.*, in: *Laufs/Katzenmeier/Lipp*, Arztrecht, [7]2015, Kap. X Rn. 4, 89; *Laufs/Kern*, in: *Laufs/Kern*, Handbuch des Arztrechts, [4]2010, § 97 Rn. 7; *Frahm/Walter*, Arzthaftungsrecht, [6]2018, Rn. 116; *Schumacher*, Alternativmedizin, 2017, S. 61, 69; *Voigt*, IGeL, 2013, S. 54, 58, 61 ff.; bereits *Francke/Hart*, Ärztliche Verantwortung und Patienteninformation, 1987, S. 36, 38; *Damm*, NJW 1989, 737, 738 f.; *Laufs*, Der ärztliche Heilauftrag aus juristischer Sicht, 1989, S. 44; *ders.*, in: Berg/Ulsenheimer, Patientensicherheit, Arzthaftung, Praxis- und Krankenhausorganisation, 2006, S. 253 f.; sodann *Deutsch*, NJW 1993, 1506, 1508 f.; *Franzki*, MedR 1994, 171, 173; *Frahm*, GesR 2005, 529, 530; *Vogeler*, MedR 2008, 697, 700; *G. Müller*, in: FS Hirsch, 2008, S. 413, 417; *v. Pentz*, MedR 2011, 222; *Taupitz*, AcP 211 (2011), 352, 359; differenziert *Giesen*, Arzthaftungsrecht, [4]1995, Rn. 99 ff., insb. 109.
[393] *Rumler-Detzel*, VersR 1989, 1008.
[394] Vgl. insofern *Schumacher*, Alternativmedizin, 2017, S. 61 ff.
[395] BT-Drs. 17/10488, S. 24; zur Frage, ob sich dies so auch im Wortlaut des § 630a Abs. 2 BGB widerspiegelt, s. u. c.
[396] *Francke/Hart*, Ärztliche Verantwortung und Patienteninformation, 1987, S. 38; *Rumler-Detzel*, VersR 1989, 1008.
[397] Anders etwa § 630 Abs. 2 BGB, vgl. 3. Kap. B. II.

werden kann, hat dem Arzt haftungsrechtlich stets einen angemessenen Freiraum für den konkret-individuellen Behandlungsfall zu lassen.[398] Der Standard selbst enthält folglich bereits – ganz im Sinne der Therapiefreiheit – einen Handlungskorridor mit entsprechendem Ermessensspielraum, innerhalb dessen Grenzen der Arzt sich bei der Behandlung des Patienten bewegen darf.[399] Zivilrechtlich ist der Standard nicht einfach mit dem gleichzusetzen, was sich in der Medizin als „herrschende Meinung" („Goldstandard"[400] oder „Methode der Wahl") herauskristallisiert hat, sondern er ist auch Vielfalt (aller schon und noch anerkannten Methoden).[401] Die Therapiefreiheit besteht also zunächst im Rahmen des Standards (im Sinne gebundenen Ermessens).[402]

Unter mehreren standardgemäßen Methoden kann der Arzt wählen, ohne (auf dieser Ebene)[403] haftungsrechtliche Konsequenzen befürchten zu müssen.[404] „Soweit gleichwertige Behandlungsmethoden zur Verfügung stehen, ist der Behandelnde bei der Wahl der richtigen Behandlungsmethode grundsätzlich frei und nur an die Regeln der medizinischen Wissenschaft gebunden, die eine maßvolle Behandlung gebietet."[405] Erforderlich ist einzig eine begründete Abwägung der jeweiligen Vor- und Nachteile.[406] Es liegt jedenfalls kein Behandlungsfehler vor, wenn der Arzt ausgehend vom (eventuell unbestimmt gebliebenen) Standard eine in diesem Sinne medizinisch vertretbare Behandlungsentscheidung trifft. Aufgrund der Therapiefreiheit mag aber sodann gegebenenfalls auch eine Standardabweichung vertretbar sein.[407] Diese ist nicht zu verwechseln mit der konkret-individuellen Standardbestimmung.[408]

---

[398] *Steffen*, MedR 1993, 338.
[399] *Kreße*, MedR 2007, 393, 395; *Frahm*, GesR 2005, 529, 530; s. auch *Deutsch*, VersR 1982, 305; *Taupitz*, GesR 2015, 65, 70; *Pauge/Offenloch*, Arzthaftungsrecht, ^{14}2018, Rn. 189, 194.
[400] Vgl. 2. Kap. A.
[401] *Thurn*, in: AG RAe im MedR e. V., Standard-Chaos?, 2015, S. 51, 54; s. auch *Schreiber*, in: *Nagel/Fuchs*, Leitlinien und Standards im Gesundheitswesen, 1997, S. 167, 169 f.
[402] *Francke/Hart*, in: *Hart*, Klinische Leitlinien und Recht, 2005, S. 187, 189 u. 194 f. (Vorbehalt der Standardgemäßheit); s. auch *Laufs*, in: FS *Geiger*, 1989, S. 228, 235; *Uhlenbruck/Laufs*, in: *Laufs/Uhlenbruck*, Handbuch des Arztrechts, ^{3}2002, § 39 Rn. 9 u. § 44 Rn. 8; *Frahm/Jansen/Katzenmeier/Kienzle/Kingreen/Lungstras/Saeger/Schmitz-Luhn/Woopen*, MedR 2018, 447, 449.
[403] S. u. b. zur Aufklärungsfehlerhaftung.
[404] Vgl. *Katzenmeier*, in: FS *G. Müller*, 2009, S. 237, 240; s. auch *Voigt*, IGeL, 2013, S. 82 f.; *Schumacher*, Alternativmedizin, 2017, S. 40 (Wahlfreiheit i. e. S.).
[405] So auch die Begründung zum PatRG, BT-Drs. 17/10488, S. 19; vgl. bereits *Francke/Hart*, Charta der Patientenrechte, 1999, S. 38; *Geiß/Greiner*, Arzthaftpflichtrecht, ^{7}2014, Rn. B 34 f.
[406] Vgl. *Geiß/Greiner*, Arzthaftpflichtrecht, ^{7}2014, Rn. B 34 f.; *G. Müller*, in: FS *Hirsch*, 2008, S. 413, 418; *Hart*, JURA 2000, 64, 65; *Ulsenheimer*, MedR 1992, 127, 128.
[407] Vgl. *Schumacher*, Alternativmedizin, 2017, S. 41 (Wahlfreiheit i. w. S.).
[408] S. o. I. vor 1.

bb) Vertretbare und unvertretbare Standardabweichungen – medizinische Fallgruppen, zivilrechtliche Rahmenbedingungen

Allein die im jeweiligen Einzelfall medizinisch (im Arzthaftungsprozess also nach dem Urteil des ärztlichen Gutachters) unvertretbare Abweichung vom Auswahlstandard stellt im Ergebnis auch einen haftungsbegründenden Behandlungsfehler dar.[409] „Die Anwendung von nicht allgemein anerkannten Therapieformen ist rechtlich grundsätzlich erlaubt".[410] Der Arzt ist also bei der Methodenwahl zwar nicht auf den „sichersten Weg" festgelegt; ein höheres Risiko in Form einer Standardabweichung muss aber in den besonderen Sachzwängen des konkreten Falls oder aber einer günstigeren Heilungsprognose seine sachliche Rechtfertigung finden, was mithin eine umfassende ärztliche Abwägung erfordert.[411] „Je schwerer und radikaler der Eingriff in die körperliche Unversehrtheit des Patienten ist, desto höher sind die Anforderungen an die medizinische Vertretbarkeit der gewählten Behandlungsmethode".[412] Eine Grundvoraussetzung der vertretbaren Methodenwahl ist dabei im Übrigen wiederum die medizinische Indikation, genauer die fehlende Kontraindikation der gewählten Methode.[413]

Der Medizinische Standard, dessen Kenntnis für den behandelnden Arzt unerlässlich ist, bleibt nichtsdestotrotz Ausgangspunkt und Referenzwert ärztlicher

---

[409] Vgl. *Katzenmeier*, in: *Laufs/Katzenmeier/Lipp*, Arztrecht, [7]2015, Kap. X Rn. 101; *Geiß/Greiner*, Arzthaftpflichtrecht, [7]2014, Rn. B 37; ausf. *Schumacher*, Alternativmedizin, 2017, S. 85 ff.; s. auch *Voigt*, IGeL, 2013, S. 76 ff. Für die gerichtliche Praxis bedeutet dies: Der Patient hat wie geschildert nach allg. Regeln den ärztlichen Behandlungsfehler nachzuweisen. Legt der Patient eine Standardabweichung dar, hat der Arzt sodann zu erläutern, warum genau er vom Standard abgewichen ist (sog. sekundäre Darlegungslast; in diese Richtung *Geiß/Greiner*, Arzthaftpflichtrecht, [7]2014, Rn. B 200). Beide Schritte sind regelmäßig i. R. d. Begutachtung durch den medizinischen Sachverständigen nachzuvollziehen.

[410] BGH NJW 2017, 2685 = MedR 2018, 43, 44; es könne dabei dahinstehen, ob sich dies aus der Methodenfreiheit oder aus dem Selbstbestimmungsrecht des Patienten (s. u. b.) ergebe; vgl. entspr. zu Neulandbehandlungen *Laufs*, in: FS *Deutsch*, 1999, S. 625, 627.

[411] BGHZ 172, 254, 257 ff. = NJW 2007, 2774, 2775 = MedR 2008, 87, 88 m. Anm. *Spickhoff*; dazu *Vogeler*, MedR 2008, 697, 701 f.; s. auch *Katzenmeier*, in: *Laufs/Katzenmeier/Lipp*, Arztrecht, [7]2015, Kap. X Rn. 97; *Laufs/Kern*, in: *Laufs/Kern*, Handbuch des Arztrechts, [4]2010, § 97 Rn. 32 u. § 98 Rn. 22; *Uhlenbruck/Laufs*, in: *Laufs/Uhlenbruck*, Handbuch des Arztrechts, [3]2002, § 44 Rn. 6; *Pauge/Offenloch*, Arzthaftungsrecht, [14]2018, Rn. 201 ff., 221 f.; *Geiß/Greiner*, Arzthaftpflichtrecht, [7]2014, Rn. B 35; ausf. *Schumacher*, Alternativmedizin, 2017, S. 83 ff. (formell), 95 ff. (materiell); zudem *Laufs*, MedR 1986, 163, 170; *ders.*, Der ärztliche Heilauftrag aus juristischer Sicht, 1989, S. 44 f.; *ders.*, in: *Laufs/Kern*, Handbuch des Arztrechts, [4]2010, § 3 Rn. 17 u. § 6 Rn. 35; des Weiteren *Ulsenheimer*, MedR 1992, 127, 128; *Deutsch*, NJW 1993, 1506, 1507 f.; *G. Müller*, in: FS *E. Lorenz*, 2004, S. 475, 481 f.; *dies.*, in: FS *Hirsch*, 2008, S. 413, 418; *v. Pentz*, MedR 2011, 222.

[412] BGH NJW 2017, 2685 = MedR 2018, 43, 44.

[413] Näher *Schumacher*, Alternativmedizin, 2017, S. 87 ff. m. w. N.; s. auch *Geiß/Greiner*, Arzthaftpflichtrecht, [7]2014, Rn. B 35; *Voigt*, IGeL, 2013, S. 75; zur Vertretbarkeit als Indikationselement *Laufs*, in: *Laufs/Kern*, Handbuch des Arztrechts, [4]2010, § 130 Rn. 25; *ders.*, Berufsfreiheit und Persönlichkeitsschutz im Arztrecht, 1982, S. 22; zu Indikation und Standard s. o. 2.

Entscheidungsfindung.[414] So darf nach der Rechtsprechung eine Standardabweichung (nur) dann erfolgen, wenn die verantwortliche medizinische Abwägung und ein Vergleich der zu erwartenden Vorteile dieser Methode und ihrer abzusehenden und zu vermutenden Nachteile mit der standardgemäßen Behandlungsalternative unter Berücksichtigung des Wohls des Patienten ihre Anwendung rechtfertigt.[415] Im Angesicht des Vertretbarkeitskriteriums erscheint der Haftungsmaßstab damit letzten Endes noch offener, als er es vom Standardbegriff her ohnehin schon ist. Positiv ausgedrückt werden dadurch die haftungsrechtlichen Auswirkungen unbestimmter Standards relativiert.

Medizinisch können im Bereich der Standardabweichung verschiedene Fallgruppen unterschieden und dadurch gleichsam ihre rechtliche Beurteilung erleichtert werden. Grundlegend zu differenzieren ist zunächst zwischen dem Fall, dass es zwar einen Standard gibt, aber bewusst[416] hiervon unter Auswahl einer nicht standardgemäßen Behandlungsalternative abgewichen werden soll, und dem Fall, dass sich schon im Ausgangspunkt überhaupt kein Standard bestimmen lässt[417] und daher dem Arzt gar nichts anderes als eine Behandlung „außerhalb" des traditionellen Standards übrig bleibt, will er den Patienten nicht untätig seinem Krankheitsschicksal überlassen.

Folgende Konstellationen der Standardabweichung kommen im Einzelnen in Betracht: Erstens wunschmedizinische Maßnahmen, welche zwar medizinisch nicht indiziert, aber vom Patienten aus unterschiedlichen Gründen dennoch gewollt sind (einhergehend mit einer gewissen Subjektivierung).[418] Zweitens Neulandmethoden, die zwar den Anspruch haben, den Standard zu verbessern und selbst zum Standard zu werden (und dabei grundsätzlich standardfähig sind),[419] sich aber noch nicht entsprechend etabliert haben. „Da sich der wissenschaftliche Fortschritt in der Regel erst allmählich in die Praxis umsetzt, mit anderen Worten die praktische Erfahrung und professionelle Akzeptanz erst aufgebaut werden müssen, gibt es keine trennscharfe Grenze zwischen Neulandmedizin und

---

[414] Vgl. *Katzenmeier*, in: *Laufs/Katzenmeier/Lipp*, Arztrecht, ⁷2015, Kap. X Rn. 96 f.: „Plausibilitätsvorschuss"; ausf. *Schumacher*, Alternativmedizin, 2017, S. 79 ff.; s. auch *Kleinewefers*, VersR 1992, 1425, 1428; *Rumler-Detzel*, VersR 1989, 1008.
[415] BGHZ 168, 103, 105 f. (mit Verweis auf *Laufs*) = NJW 2006, 2477 m. Bespr. *Katzenmeier*, NJW 2006, 2738, 2740 = VersR 2006, 1073, 1074 m. Bespr. *Buchner*, VersR 2006, 1460 = MedR 2006, 650; BGHZ 172, 1, 5 ff. = NJW 2007, 2767, 2768 f. = JZ 2007, 1104, 1105 f. m. Anm. *Katzenmeier* = MedR 2007, 653, 654 f. m. Bespr. *Hart*, MedR 2007, 631; zu der Rspr. *Vogeler*, MedR 2008, 697, 700 f.; s. auch BGH NJW 2017, 2685 = MedR 2018, 43, 44; *Frahm/Walter*, Arzthaftungsrecht, ⁶2018, Rn. 116; *Pauge/Offenloch*, Arzthaftungsrecht, ¹⁴2018, Rn. 215; *Geiß/Greiner*, Arzthaftpflichtrecht, ⁷2014, Rn. B 35; *G. Müller*, in: FS Hirsch, 2008, S. 413, 417.
[416] Vgl. die Unterscheidung bei *Giesen*, Arzthaftungsrecht, ⁴1995, Rn. 132 ff.; *Francke/Hart*, Charta der Patientenrechte, 1999, S. 39 f.
[417] Dazu insb. unter 5.
[418] S. etwa *Eberbach*, MedR 2011, 757, 764.
[419] Vgl. *Hart*, MedR 2016, 669, 671; *Francke/Hart*, Charta der Patientenrechte, 1999, S. 44; s. auch *Laufs*, in: *Laufs/Kern*, Handbuch des Arztrechts, ⁴2010, § 61 Rn. 5; *ders.*, Der ärztliche Heilauftrag aus juristischer Sicht, 1989, S. 43; *ders.*, Medizin und Recht im Zeichen des technischen Fortschritts, 1971, S. 17.

standardgemäßem Verhalten."⁴²⁰ „Die Standardbildung ist der Prozess, der die Entscheidung zwischen Innovation und Bewährung organisiert."⁴²¹

Neulandmethoden können sich entweder tatsächlich zum (Behandlungs-) Standard entwickeln oder gehen nach gewisser Zeit jedenfalls vorläufig aus dem Wettbewerb mit diesem als „Verlierer", mithin – drittens – als Außenseitermethoden hervor. Der Begriff erfasst all diejenigen Behandlungsmethoden, die sich nicht als Medizinischer Standard durchgesetzt haben. Anders als die Neulandmethoden, welche als solche weitgehend erforscht sein müssen, befinden sich (viertens) Heilversuch sowie (fünftens) Humanexperiment noch im Anfangsstadium ihrer Erprobung – es mangelt ihnen also vor allem an professioneller Anerkennung.⁴²² Beiden gegenüber steht die (konkret-individuell zu bestimmende) Standardbehandlung. Untereinander abzugrenzen sind sie nach ihrem jeweiligen Hauptzweck – individuelle Behandlung (Heilversuch) oder wissenschaftliche Forschung (Humanexperiment).⁴²³ Es ist Aufgabe wissenschaftlicher Forschung, den Standard im Rahmen des medizinischen Fortschritts hinter sich zu lassen und neu zu begründen.⁴²⁴ Funktion des Standardbegriffs ist es folglich auch, zwischen Behandlung und – potentiell riskanterem – Forschungshandeln abzugrenzen.⁴²⁵ Der Heilversuch beginnt dort, wo der ärztliche Behandlungsstandard verlassen wird.⁴²⁶ Versuch und Standard – nicht Versuch und Erfolg – sind Gegensätze.⁴²⁷

---

⁴²⁰ *Taupitz*, AcP 211 (2011), 352, 369; *ders.*, in: *Möllers*, Geltung und Faktizität von Standards, 2009, S. 63, 89; *ders.*, in: AG RAe im MedR e. V., Dokumentation und Leitlinienkonkurrenz, 2007, S. 101, 109 f.; ähnlich *Schreiber*, in: *Nagel/Fuchs*, Leitlinien und Standards im Gesundheitswesen, 1997, S. 167, 169; auch *Brüggemeier*, Haftungsrecht, 2006, § 6 D II 1, S. 472.
⁴²¹ *Hart*, MedR 2016, 669, 671.
⁴²² Vgl. *Hart*, in: *Hart*, Ärztliche Leitlinien, 2000, S. 137, 141.
⁴²³ Zur Terminologie *Lipp*, in: *Laufs/Katzenmeier/Lipp*, Arztrecht, ⁷2015, Kap. XIII Rn. 14 ff., 28 ff., 41 ff.; *Deutsch/Spickhoff*, Medizinrecht, ⁷2014, Rn. 1294 ff., 1308 ff.; *Laufs*, in: *Laufs/Kern*, Handbuch des Arztrechts, ⁴2010, § 61 Rn. 7 ff. u. § 130 Rn. 5 ff.; s. auch bereits *ders.*, Medizin und Recht im Zeichen des technischen Fortschritts, S. 18 ff.; *ders.*, VersR 1978, 385 ff.; *ders.*, Berufsfreiheit und Persönlichkeitsschutz im Arztrecht, 1982, S. 20 f.; *ders.*, Der ärztliche Heilauftrag aus juristischer Sicht, 1989, S. 43; aus medizinischer Sicht zudem *Carstensen*, DÄBl. 1989, A-2431; Einordnung im Kontext des neuen Behandlungsvertragsrechts bei *Spickhoff*, in: FS *Ahrens*, 2016, S. 653, 660 ff.
⁴²⁴ *Deutsch/Spickhoff*, Medizinrecht, ⁷2014, Rn. 1290.
⁴²⁵ *Hart*, MedR 1998, 8; s. auch *ders.*, JURA 2000, 64, 65.
⁴²⁶ Vgl. *Taupitz*, GesR 2015, 65, 69; *ders.*, AcP 211 (2011), 352, 360; s. auch *Francke/ Hart*, Charta der Patientenrechte, 1999, S. 25.
⁴²⁷ *Deutsch/Spickhoff*, Medizinrecht, ⁷2014, Rn. 1294; s. auch *Deutsch*, NJW 1976, 2289, 2293; dazu *Lipp*, in: *Laufs/Katzenmeier/Lipp*, Arztrecht, ⁷2015, Kap. XIII Rn. 14; *Laufs*, in: *Laufs/Kern*, Handbuch des Arztrechts, ⁴2010, § 61 Rn. 5 u. § 130 Rn. 4; *ders.*, Medizin und Recht im Zeichen des technischen Fortschritts, 1971, S. 17 – jeweils zum Experiment; zum Ganzen *Hart*, MedR 1998, 8, 9, 14; *ders.*, MedR 2016, 669, 673 f.; ausf. *ders.*, MedR 2015, 766, 767 ff.; *ders.*, MedR 1994, 94; zudem *ders.*, in: *Hart*, Ärztliche Leitlinien, 2000, S. 137, 140; *Francke/Hart*, Charta der Patientenrechte, 1999, S. 46 ff., 138.

cc) Einordnung von Schul- und Alternativmedizin

Die Frage, ob eine Behandlung haftungsrechtlich dem Standard zuzuordnen ist oder nicht, eine vertretbare Standardabweichung darstellt oder nicht, steht im Übrigen in keinem unmittelbaren rechtlichen Zusammenhang mit der in diesem Kontext häufig anklingenden Abgrenzung zwischen Schulmedizin und Alternativmedizin.[428] Diese ist angesichts der in den Bezeichnungen zum Ausdruck kommenden Wertungen schon begrifflich schwierig.[429] Mit Schulmedizin wird üblicherweise die aktuell hierzulande vorherrschende medizinische Richtung betitelt, die in den (Hoch-)Schulen erforscht und gelehrt wird, in der Medizin in diesem Sinne allgemein anerkannt ist und bei der – in „Standard-Kriterien" gesprochen[430] – die (natur-)wissenschaftliche Erkenntnis im Vordergrund steht. Alternativmedizin ist demgegenüber die sich von der herrschenden Auffassung ausdrücklich abgrenzende (es besteht hier eine unauflösliche Korrelation) und deshalb gerade nicht allgemein anerkannte medizinische Richtung, welche ihrerseits in erster Linie von traditionellem ärztlichen Erfahrungswissen ausgeht.

Es fällt grundsätzlich nicht in die Kompetenz des Rechts und der Gerichte, einen derartigen wissenschaftlichen Meinungs- und Methodenstreit zu entscheiden und verbindlich festzulegen, was medizinisch „richtig" oder „falsch" ist; eine medizinisch umstrittene Methode ist rechtlich anzuerkennen, wenn sie sich im Rahmen des wissenschaftlich Möglichen und Vertretbaren bewegt.[431] Ausgehend vom Grundsatz der Methodenfreiheit besteht keine strenge Bindung an die Schulmedizin.[432] Eine Behandlung muss nicht unumstritten sein; freilich ergeben sich bei streitigen Methoden jeweils – wie immer im Kontext von Standard und Standardabweichung[433] – gesteigerte Anforderungen an die fachliche Abwägung.[434]

---

[428] Zur Terminologie u. insg. zum Folgenden *Schumacher*, Alternativmedizin, 2017, S. 7 ff.
[429] Vgl. *Katzenmeier*, in: *Laufs/Katzenmeier/Lipp*, Arztrecht, ⁷2015, Kap. X Rn. 89 m. w. N.; s. auch *Laufs*, ebd., Kap. I Rn. 43; *ders.*, in: *Eser/Just/Koch*, Perspektiven des Medizinrechts, 2004, S. 23, 32.
[430] S. o. B. II. 1.
[431] *Katzenmeier*, in: *Laufs/Katzenmeier/Lipp*, Arztrecht, ⁷2015, Kap. X Rn. 86 ff.: „Toleranzbreite"; s. auch *Ulsenheimer*, MedR 1992, 127, 128; *Laufs*, Der ärztliche Heilauftrag aus juristischer Sicht, 1989, S. 15 f.; *ders.*, MedR 1986, 163, 170; *ders.*, in: *Eser/Just/Koch*, Perspektiven des Medizinrechts, 2004, S. 23, 32; *ders.*, in: *Laufs/Katzenmeier/Lipp*, Arztrecht, ⁷2015, Kap. I Rn. 41 ff.; *ders.*, in: *Laufs/Kern*, Handbuch des Arztrechts, ⁴2010, § 3 Rn. 16; *Laufs/Kern*, ebd., § 97 Rn. 7 f., 36.
[432] *Franzki*, MedR 1994, 171, 173; *Laufs*, Der ärztliche Heilauftrag aus juristischer Sicht, 1989, S. 16; *ders.*, MedR 1986, 163, 170; später *ders.*, in: *Eser/Just/Koch*, Perspektiven des Medizinrechts, 2004, S. 23, 32; *ders.*, in: *Laufs/Kern*, Handbuch des Arztrechts, ⁴2010, § 6 Rn. 35; *ders.*, in: *Laufs/Katzenmeier/Lipp*, Arztrecht, ⁷2015, Kap. I Rn. 43; *Uhlenbruck/Laufs*, in: *Laufs/Uhlenbruck*, Handbuch des Arztrechts, ³2002, § 44 Rn. 6; s. auch *Pauge/Offenloch*, Arzthaftungsrecht, ¹⁴2018, Rn. 218; *Geiß/Greiner*, Arzthaftpflichtrecht, ⁷2014, Rn. B 9; *Vogeler*, MedR 2008, 697, 700; *G. Müller*, in: FS Hirsch, 2008, S. 413, 418; *dies.*, in: FS E. Lorenz, 2004, S. 475, 481; a. A. *Heinze*, MedR 1996, 252, 254 f., 257.
[433] S. o. bb.
[434] *Frahm*, GesR 2005, 529, 531; s. auch *Franzki*, MedR 1994, 171, 173; *Laufs*, Der ärztliche Heilauftrag aus juristischer Sicht, 1989, S. 16; *ders.*, MedR 1986, 163, 170; später *ders.*, in: *Eser/Just/Koch*, Perspektiven des Medizinrechts, 2004, S. 23, 32; *ders.*, in: *Laufs/*

Die ärztliche Therapiefreiheit gewährleistet insofern zugleich den Pluralismus in der Medizin.[435] Die „Freiheit begründeter Methodenwahl im Einzelfall, also die Kompetenz auch zur wissenschaftlich nicht erwiesenen oder geklärten, doch nach der empirischen Erkenntnis durchaus erfolgversprechenden Therapie, [ist] unerlässliche Voraussetzung für eine sachverständige, wagnisbereite und verantwortungsbewusste ärztliche Berufsausübung".[436] Von dem Umstand, dass der Behandelnde den Bereich der Schulmedizin verlassen hat, darf daher nicht auf einen Behandlungsfehler geschlossen werden.[437]

Im Verhältnis zu den genannten medizinischen Fallgruppen einer Standardabweichung handelt es sich bei Schulmedizin und Alternativmedizin letzten Endes um Oberbegriffe, denen (zumindest in der Theorie) jeweils Standard-, Wunsch-, Neuland-, Außenseiterbehandlungen, Heilversuche und Humanexperimente entstammen können,[438] was nach den einschlägigen allgemeinen Kriterien zu beurteilen ist.[439] Freilich sind diese Kriterien ihrerseits von der vorherrschenden evidenzfixierten Ansicht, also schulmedizinisch geprägt, weshalb die Einordnung einer Methode als Teil der Schul- oder Alternativmedizin zumindest mittelbar doch einigen Einfluss auf die Standardbestimmung hat.[440] Alternativmedizinische Behandlungsmethoden stellen aus diesem Grund in der Praxis in aller Regel eine Standardabweichung dar.[441] Ihre Vertretbarkeit richtet sich wiederum nach den allgemeinen Regeln zur Ermittlung eines Behandlungsfehlers.[442] Erforderlich ist namentlich stets ein Vergleich mit den Methoden der Schulmedizin.[443]

Katzenmeier/Lipp, Arztrecht, [7]2015, Kap. I Rn. 43; im Zusammenhang mit Homöopathie *Müller/Raschke*, NJW 2013, 428, 429 ff.; *Gaßner/Strömer*, VersR 2014, 299, 306 f.
[435] *Schumacher*, Alternativmedizin, 2017, S. 39; s. auch *Katzenmeier*, in: *Laufs/Katzenmeier/Lipp*, Arztrecht, [7]2015, Kap. X Rn. 89.
[436] *Katzenmeier*, in: *Laufs/Katzenmeier/Lipp*, Arztrecht, [7]2015, Kap. X Rn. 85; *ders.*, in: BeckOK-BGB, [50]2019, § 630a Rn. 185.
[437] BGHZ 113, 297, 300 f. = MedR 1991, 195 f. = NJW 1991, 1535, 1536 f. m. Bespr. *Taupitz*, NJW 1991, 1505; BGH NJW 2017, 2685 = MedR 2018, 43, 44; dazu *Rumler-Detzel*, VersR 1989, 1008; *Frahm*, GesR 2005, 529, 531; *Frahm/Walter*, Arzthaftungsrecht, [6]2018, Rn. 84.
[438] In diese Richtung auch *Schumacher*, Alternativmedizin, 2017, S. 21 f., 24 f., 100.
[439] S. o. bb.
[440] So wird etwa eine Placebo- oder homöopathische Behandlung angesichts ihres fehlenden konkret-individuellen Wirksamkeitsnachweises (i. S. d. Schulmedizin) i. E. regelmäßig nicht dem Medizinischen Standard entsprechen, vgl. *Gaßner/Strömer*, VersR 2014, 299, 300, 304 f.; zur Placebobehandlung als Standardabweichung – in Form eines individuellen Heilversuchs – auch *Katzenmeier*, MedR 2018, 367, 368 f.
[441] *Schumacher*, Alternativmedizin, 2017, S. 65, 68 ff., 71, überdies umfassend zu den Anforderungen an die Auswahl und Durchführung einer alternativmedizinischen Behandlungsmethode durch den Arzt (S. 78 ff.), sowie an die Aufklärung des Patienten (S. 112 ff.).
[442] S. o. bb.; vgl. auch *Rumler-Detzel*, VersR 1989, 1008 f.
[443] Vgl. BGH NJW 2017, 2685 = MedR 2018, 43, 44; s. auch *Laufs*, MedR 1986, 163, 170; *ders.*, in: *Eser/Just/Koch*, Perspektiven des Medizinrechts, 2004, S. 23, 32; *ders.*, in: *Laufs/Kern*, Handbuch des Arztrechts, [4]2010, § 3 Rn. 18 u. § 6 Rn. 35 f.; *ders.*, in: *Laufs/Katzenmeier/Lipp*, Arztrecht, [7]2015, Kap. I Rn. 43.

b) Kompensation durch Aufklärung – Standard und Patientenautonomie

Die zivilrechtliche Anerkennung einer medizinisch vertretbaren Standardabweichung hat indes keineswegs zur Folge, dass eine Abweichung vom Auswahlstandard ohne Haftungsfolgen bliebe. Die auf der Therapiefreiheit des Arztes basierende Relativierung des Behandlungsfehler- und ärztlichen Sorgfaltsbegriffs unter partieller Loslösung vom Medizinischen Standard korrespondiert vielmehr mit erhöhten Anforderungen an die Aufklärung und Einwilligung,[444] wird also letztlich auf Ebene des Selbstbestimmungsrechts des Patienten kompensiert. Eine (vertretbare) Abweichung vom Standard ist haftungsrechtlich begründungs-,[445] dokumentations-[446] und vor allem aufklärungsbedürftig.[447] Die allgemeinen Aufklärungspflichten sind dabei sogar noch erhöht.[448] Im Kontext der Aufarbeitung des ärztlichen Umgangs mit Behandlungsalternativen wird daher eine deutliche Dominanz des Aufklärungsfehlertatbestandes und Zurückhaltung gegenüber dem Behandlungsfehlervorwurf mit dem Ziel der Vermeidung juristischer Kompetenzüberschreitungen[449] unter Vornahme eines schonenderen Eingriffs in den medizinischen Bereich (Selbstkontrolle statt Fremdsteuerung) konstatiert.[450]

Die Therapiefreiheit ist kein Privileg des Arztes, sondern ein fremdnütziges, patientenschützendes Recht.[451] Freiheit des Arztes und Autonomie des Patienten ergänzen einander, stehen in Wechselwirkung und sind nur in ihrem Zusammenwirken erklärbar.[452] Gleiches gilt damit jedoch auch für die entsprechende Behandlungs- und Aufklärungsfehlerhaftung.[453] „Die Freiheit der Methodenwahl wird unter den Vorbehalt der Entscheidung des durch den Arzt informierten Pa-

---

[444] I. S. v. §§ 630d, e BGB.
[445] I. S. d. Begründung ihrer Vertretbarkeit, s. o. a. bb.
[446] I. S. v. § 630f Abs. 2 S. 1 BGB.
[447] *Taupitz*, GesR 2015, 65, 69; *ders.*, AcP 211 (2011), 352, 360; *ders.*, in: *Möllers*, Geltung und Faktizität von Standards, 2009, S. 63, 73; s. auch *G. Müller*, in: FS *Hirsch*, 2008, S. 413, 418; *dies.*, in: FS *E. Lorenz*, 2004, S. 475, 481; zudem *Brüggemeier*, Haftungsrecht, 2006, § 6 D II 1, S. 473; *Francke/Hart*, Ärztliche Verantwortung und Patienteninformation, 1987, S. 38.
[448] *Katzenmeier*, MedR 2018, 367, 369.
[449] S. o. A. II.
[450] *Francke/Hart*, Ärztliche Verantwortung und Patienteninformation, 1987, S. 36 f., 40 f.; *Hart*, JURA 2000, 64, 65; *Damm*, JZ 1998, 926, 929; *ders.*, NJW 1989, 737, 738 f.; s. auch *Katzenmeier*, in: *Laufs/Katzenmeier/Lipp*, Arztrecht, [7]2015, Kap. X Rn. 101; in diese Richtung *Frahm*, GesR 2005, 529, 530; *Rumler-Detzel*, VersR 1989, 1008, 1009.
[451] *Laufs*, in: FS *Deutsch*, 1999, S. 625, 626 f.; *ders.*, in: FS *Jayme*, 2004, S. 1501, 1509; s. auch *ders.*, in: *Laufs/Kern*, Handbuch des Arztrechts, [4]2010, § 3 Rn. 14.
[452] *Katzenmeier*, in: BeckOK-BGB, [50]2019, § 630a Rn. 187; *ders.*, in: *Laufs/Katzenmeier/Lipp*, Arztrecht, [7]2015, Kap. X Rn. 93, 99 f.; s. auch *Hart*, MedR 1998, 8; *Gaßner/Strömer*, SGb 2011, 421, 423; *dies.*, VersR 2014, 299, 301; *Hauck*, SGb 2014, 8 f.; *Miranowicz*, MedR 2018, 131, 135 f.; bereits *Laufs*, Berufsfreiheit und Persönlichkeitsschutz im Arztrecht, 1982, S. 17 ff.
[453] Aus dieser Perspektive auch *Gehrlein*, GesR 2016, 129.

tienten gestellt, bleibt im Übrigen aber prinzipiell unangetastet."[454] Sorgfalts- und Aufklärungspflichten sind insofern „unausweichliches Korrelat" von Therapiefreiheit und Selbstbestimmungsrecht.[455] „Erst die Einwilligung des Patienten (nach Aufklärung) begründet [...] die konkrete Leistungspflicht des Arztes."[456] Nicht nur die geschilderten Grenzen ärztlicher Wahlfreiheit (*ergo* der Behandlungsfehlerhaftung), sondern auch die Anforderungen an die Aufklärung des Patienten (sowie die aus entsprechenden Mängeln resultierende Schadensersatzpflicht) sind dabei in hohem Maße vom Standard abhängig.[457]

Der Behandelnde ist gesetzlich verpflichtet, den Patienten über sämtliche für die Einwilligung wesentlichen Umstände aufzuklären (so § 630e Abs. 1 S. 1 BGB).[458] Dazu gehören insbesondere Art, Umfang, Durchführung, zu erwartende Folgen und Risiken der vorgeschlagenen Maßnahme sowie ihre Notwendigkeit, Dringlichkeit, Eignung und Erfolgsaussichten im Hinblick auf die Diagnose oder die Therapie (so § 630e Abs. 1 S. 2 BGB).[459] Die Wahl der durchzuführenden Behandlungsmethode ist dabei wie dargelegt vor dem Hintergrund seiner Therapiefreiheit „primär Sache des Arztes"; soweit dieser den Patienten standardgemäß behandelt, muss er ihn daher grundsätzlich auch nicht ungefragt über mögliche Behandlungsalternativen sowie deren Vor- und Nachteile aufklären.[460] Wünscht der Patient eine Abweichung oder möchte der Arzt den Medizinischen Standard verlassen, so hat der Arzt den Patienten zur Schaffung einer soliden Entscheidungsgrundlage darüber zu informieren, dass und warum die vorgeschlagene Methode im jeweiligen Behandlungsfall kein – und welche Methode stattdessen (weshalb) – Standard ist, und was er sich demgegenüber von der entsprechenden

---

[454] *Katzenmeier*, in: *Laufs/Katzenmeier/Lipp*, Arztrecht, [7]2015, Kap. X Rn. 101; ähnlich *Brüggemeier*, Haftungsrecht, 2006, § 6 D II 1, S. 472; *Francke/Hart*, Ärztliche Verantwortung und Patienteninformation, 1987, S. 40.
[455] *Katzenmeier*, in: *Laufs/Katzenmeier/Lipp*, Arztrecht, [7]2015, Kap. X Rn. 94 ff.; so auch (zu Sorgfaltspflichten und Therapiefreiheit, jeweils mit dem Hinweis auf die Gewährleistung von Verfahrensqualität) *Laufs*, ebd., Kap. I Rn. 44; *ders.*, in: *Laufs/Kern*, Handbuch des Arztrechts, [4]2010, § 3 Rn. 17 u. § 6 Rn. 35; *ders.*, in: FS *Deutsch*, 1999, S. 625, 626; *ders.*, Der ärztliche Heilauftrag aus juristischer Sicht, 1989, S. 16; *ders.*, in: FS *Geiger*, 1989, S. 228, 235; *ders.*, MedR 1986, 163, 170.
[456] *Taupitz*, GesR 2015, 65, 69.
[457] Vgl. *G. Müller*, in: FS *Hirsch*, 2008, S. 413, 418.
[458] In § 630e BGB wurde versucht, die Rspr. zum Delikts- für das Vertragsrecht nachzuzeichnen, vgl. *Katzenmeier*, in: BeckOK-BGB, [50]2019, § 630e Rn. 1 ff.; *ders.*, NJW 2013, 817, 820. Auf eine strenge Differenzierung zwischen den Rechtsregimen wird hier daher verzichtet.
[459] Näher zum Umfang der Aufklärung *Katzenmeier*, in: BeckOK-BGB, [50]2019, § 630e Rn. 10 ff.; *ders.*, in: *Laufs/Katzenmeier/Lipp*, Arztrecht, [7]2015, Kap. V Rn. 26 ff. m. w. N.; allg. zudem *ders.*, in: *Wiesemann/Simon*, Patientenautonomie, 2013, S. 91 ff.; *ders.*, Bundesgesundheitsbl. 2012, 1093 ff.
[460] BGHZ 102, 17, 22 = NJW 1988, 763, 764 = JZ 1988, 411, 412 m. Anm. Giesen = MedR 1988, 91, 92; *Katzenmeier*, in: *Laufs/Katzenmeier/Lipp*, Arztrecht, [7]2015, Kap. V Rn. 34; *Rumler-Detzel*, VersR 1989, 1008 f.

(vertretbaren) Standardabweichung verspricht.[461] Je ausgeprägter die Standardabweichung ist, desto weiter reicht die korrespondierende Aufklärungspflicht.[462]

Auf Alternativen zur vorgeschlagenen Maßnahme ist generell nur hinzuweisen, wenn mehrere medizinisch gleichermaßen indizierte und übliche Methoden zu wesentlich unterschiedlichen Belastungen, Risiken oder Heilungschancen führen können (§ 630e Abs. 1 S. 3 BGB), für den Patienten mithin eine „echte Wahlmöglichkeit" besteht.[463] „[D]as Selbstbestimmungsrecht des Patienten [gebietet es dann], diesem als Subjekt der Behandlung die Wahl zwischen mehreren in Betracht kommenden Alternativen zu überlassen".[464] Im Rahmen der Auswahl unter mehreren potentiellen Behandlungsalternativen stehen sich folglich Therapiefreiheit des Arztes und Selbstbestimmungsrecht des Patienten gegenüber.[465] Bei mehreren vertretbaren Behandlungsalternativen mit vergleichbaren Chancen und Risiken entscheidet der Arzt (genauer: er unterbreitet und erläutert dem Patienten einen bestimmten Vorschlag, mit dem sich dieser dann nur noch einverstanden erklären muss), bei unterschiedlichen Risiken und Chancen hat er hingegen den Patienten in den gesamten Entscheidungsprozess durch eine ordnungsgemäße Aufklärung einzubinden und ihn anschließend entscheiden zu lassen.[466]

„Über therapeutische Verfahren, die sich erst in der Erprobung befinden und damit noch nicht zum medizinischen Standard rechnen, muss der Behandelnde

---

[461] Näher BGHZ 168, 103, 109 = NJW 2006, 2477, 2478 f. m. Bespr. *Katzenmeier*, NJW 2006, 2738, 2740 = VersR 2006, 1073, 1075 m. Bespr. *Buchner*, VersR 2006, 1460 = MedR 2006, 650, 651; BGHZ 172, 1, 13 f. = NJW 2007, 2767, 2770 = JZ 2007, 1104, 1108 m. Anm. *Katzenmeier* = MedR 2007, 653, 656 m. Bespr. *Hart*, MedR 2007, 631; zu dieser Rspr. *Vogeler*, MedR 2008, 697, 704 f.; s. auch *Katzenmeier*, in: *Laufs/Katzenmeier/Lipp*, Arztrecht, [7]2015, Kap. V Rn. 36; *Greiner*, in: *Spickhoff*, Medizinrecht, [3]2018, §§ 823 ff. BGB Rn. 217; *Schumacher*, Alternativmedizin, 2017, S. 118 ff.; *v. Pentz*, MedR 2011, 222, 225 f.; *Frahm*, ZMGR 2010, 138, 140 f.; *G. Müller*, in: FS *Hirsch*, 2008, S. 413, 417; bereits *Schmid*, NJW 1986, 2339, 2340.
[462] *Schumacher*, Alternativmedizin, 2017, S. 113 ff.; *Katzenmeier*, in: *Laufs/Katzenmeier/Lipp*, Arztrecht, [7]2015, Kap. X Rn. 100 f.; s. auch *Laufs*, ebd., Kap. I Rn. 42; *ders.*, in: *Laufs/Kern*, Handbuch des Arztrechts, [4]2010, § 3 Rn. 15, 19 u. § 60 Rn. 4; *Laufs/Kern*, ebd., § 97 Rn. 43; *Laufs*, in: FS *Deutsch*, 1999, S. 625, 626; *Francke/Hart*, Charta der Patientenrechte, 1999, S. 139 ff.; *Rumler-Detzel*, VersR 1989, 1008, 1009.
[463] Vgl. BGHZ 102, 17, 22 f. = NJW 1988, 763, 764 = JZ 1988, 411, 412 f. m. Anm. *Giesen* = MedR 1988, 91, 92; dazu *Katzenmeier*, in: BeckOK-BGB, [50]2019, § 630e Rn. 25 ff.; *ders.*, in: *Laufs/Katzenmeier/Lipp*, Arztrecht, [7]2015, Kap. V Rn. 34 u. Kap. X Rn. 99; *Frahm/Walter*, Arzthaftungsrecht, [6]2018, Rn. 204; *Greiner*, in: *Spickhoff*, Medizinrecht, [3]2018, §§ 823 ff. BGB Rn. 211 ff.; *Geiß/Greiner*, Arzthaftpflichtrecht, [7]2014, Rn. C 21 f.; *Deutsch/Spickhoff*, Medizinrecht, [7]2014, Rn. 438 ff.; *Laufs*, in: *Laufs/Kern*, Handbuch des Arztrechts, [4]2010, § 60 Rn. 5 f.; *Laufs/Kern*, ebd., § 97 Rn. 28; *v. Pentz*, MedR 2016, 16, 21; *Frahm*, ZMGR 2010, 138 ff.; *Hart*, JURA 2000, 64, 66 f.; *Francke/Hart*, Charta der Patientenrechte, 1999, S. 122 ff.; *dies.*, Ärztliche Verantwortung und Patienteninformation, 1987, S. 41 ff.; *dies.*, in: *Hart*, Klinische Leitlinien und Recht, 2005, S. 187, 189, 195 f.; *Damm*, JZ 1998, 926, 929 f.; *ders.*, NJW 1989, 737, 741 ff.; *Kleinewefers*, VersR 1992, 1425, 1428; *Heilmann*, NJW 1990, 1513, 1517 f.
[464] BT-Drs. 17/10488, S. 24, unter Verweis auf die Rspr. des BGH.
[465] S. auch *Francke/Hart*, Ärztliche Verantwortung und Patienteninformation, 1987, S. 35.
[466] *Frahm*, GesR 2005, 529, 530 f.; s. auch *Schumacher*, Alternativmedizin, 2017, S. 40 f.

den Patienten allerdings nicht ungefragt aufklären, selbst wenn sie an sich als Therapiealternativen in Betracht kämen."[467] Grundsätzlich hat keine Aufklärung über Alternativverfahren zu erfolgen, die sich (noch) nicht als Standard durchgesetzt haben[468] – es sei denn der Patient erkundigt sich danach oder die Methode zeichnet sich im konkret-individuellen Behandlungsfall aus medizinischer Sicht durch ein besonders erfolgversprechendes Behandlungspotential aus,[469] welches zugleich die Vertretbarkeit einer Standardabweichung begründen würde.[470] Nicht nur deshalb gilt: „die Aufklärungsverpflichtung über Behandlungsalternativen beginnt dort, wo der Behandlungsfehler endet".[471]

Bei wesentlichen Unterschieden zwischen den Standardmethoden ist der Patient allerdings auch über die Vielfalt des Standards entsprechend aufzuklären.[472] Ob der Arzt ihm dabei zusätzlich (ungefragt) eine explizite Rangliste der Methoden mitzuteilen hat, erscheint zweifelhaft. Ist schon der Standard selbst oftmals schwer zu bestimmen, so gilt dies erst recht für eine Rangordnung innerhalb des Standards. Der Mehrwert der pauschalen Einordnung als Methode erster (zweiter, dritter) Wahl für den konkreten Einzelfall ist nicht ohne Weiteres ersichtlich, ergeben sich die für die Einwilligung wesentlichen Informationen insofern doch genau genommen bereits aus der Aufklärung über die Vor- und Nachteile der jeweiligen Behandlungsalternativen für den individuellen Patienten. Die eigentliche Wahl trifft dann der aufgeklärte Patient selbst. Auf diese selbstbestimmte Entscheidung wird durch die Bezeichnung als erste Wahl eingewirkt. Der damit geforderte Hinweis darauf, welche Methode üblicherweise Anwendung findet oder der Arzt selbst anwenden würde, ergibt sich regelmäßig ohnehin konkludent aus dessen Vorschlägen und hat ansonsten allenfalls auf Nachfrage zu erfolgen.

Problematisch wird die Kompensation eines im Lichte der Therapiefreiheit relativierten Behandlungsfehlerbegriffs auf Selbstbestimmungsebene im Übrigen dann, wenn die dadurch verursachte Prädominanz der Aufklärungsfehlerhaftung dazu führt, dass auch im Bereich medizinisch unvertretbarer (und damit nun einmal einen Behandlungsfehler begründender) Standardabweichungen die ärztliche Verantwortung allein aus entsprechenden Mängeln bei der Aufklärung hergeleitet wird. Der Patient kann zwar in den Grenzen der Vertretbarkeit in eine Standardverfehlung einwilligen, aber nun einmal nicht in einen Behandlungsfehler (als

---

[467] BT-Drs. 17/10488, S. 24.
[468] BGHZ 102, 17, 23 = NJW 1988, 763, 764 = JZ 1988, 411, 413 f. m. Anm. *Giesen* = MedR 1988, 91, 92; s. auch *G. Müller*, in: FS *Hirsch*, 2008, S. 413, 417; *dies.*, in: FS *E. Lorenz*, 2004, S. 475, 482.
[469] Vgl. *Katzenmeier*, in: *Laufs/Katzenmeier/Lipp*, Arztrecht, [7]2015, Kap. V Rn. 35; *Francke/Hart*, Charta der Patientenrechte, 1999, S. 32; s. auch *Schumacher*, Alternativmedizin, 2017, S. 121 ff. m. w. N., zumindest für ein entspr. „Aufklärungsrecht" oder eine „Hinweispflicht"; so bereits *Voigt*, IGeL, 2013, S. 124 ff.
[470] S. o. a. bb.
[471] *Francke/Hart*, Ärztliche Verantwortung und Patienteninformation, 1987, S. 35 f.; *dies.*, Charta der Patientenrechte, 1999, S. 122; *Damm*, NJW 1989, 737, 738; vgl. aus der Rspr. BGH NJW 1978, 587, 588.
[472] *Thurn*, in: AG RAe im MedR e. V., Standard-Chaos?, 2015, S. 51, 54; s. auch *Taupitz*, GesR 2015, 65, 70; *Francke/Hart*, Ärztliche Verantwortung und Patienteninformation, 1987, S. 39.

unvertretbare Standardabweichung).[473] Gerade angesichts der Präventivfunktion des Haftungsrechts ist es unumgänglich, dass Behandlungsfehler dann zumindest auch als solche sanktioniert werden.[474]

c) Auswirkungen von § 630a Abs. 2 Hs. 2 BGB auf die Therapiefreiheit

§ 630a Abs. 2 Hs. 2 BGB sieht für Arzt und Patient die Möglichkeit vor „etwas anderes" als eine Behandlung nach dem Standard zu vereinbaren, also aufgrund einer entsprechenden vertraglichen Abrede vom Standard bewusst gänzlich abzuweichen oder ihn jedenfalls zu unterschreiten.[475] Der Fokus des Gesetzgebers lag dabei ganz auf der Standardabweichung. Ausweislich der Gesetzesbegründung[476] sei es Teil der Dispositionsmöglichkeit der Parteien, einen von § 630a Abs. 2 Hs. 1 BGB abweichenden Standard zu verabreden. Insbesondere sei § 630a Abs. 2 Hs. 2 BGB Ausdruck der Offenheit für neue Behandlungsmethoden,[477] berücksichtige also den medizinischen Fortschritt. Nach dem Wortlaut der Vorschrift sind Standardabweichungen jedoch in medizinisch vertretbaren Fällen nicht auch ohne entsprechende vertragliche Abrede,[478] sondern ausschließlich bei Vorliegen einer ausdrücklichen Parteivereinbarung möglich. Dadurch werden – bei strenger Auslegung der Norm – Akzente verschoben.

Katzenmeier merkt in diesem Sinne zutreffend an, es drohe aufgrund der Verpflichtung des Arztes zu einer Behandlung nach dem Standard des § 630a Abs. 2 Hs. 1 BGB in Verbindung mit der einzigen Ausnahme nach § 630a Abs. 2 Hs. 2 BGB potentielle eine Einschränkung der Therapiefreiheit. „Der Arzt muss [...] künftig mit dem Patienten eine Vereinbarung darüber treffen, was bislang im Rahmen seiner [...] Therapiefreiheit lag."[479] Mit der Therapiefreiheit sei im Übrigen auch ihr Korrelat, das Selbstbestimmungsrecht des Patienten betroffen.[480] Der Standard werde letztlich – verglichen mit der bisherigen Rechtslage und

---

[473] Vgl. dazu 3. Kap. A. III. 3.
[474] Vgl. insofern speziell zum Verhältnis von Aufklärungs- und Behandlungsfehlerhaftung bei „Indikationsfehlern" die Anm. von *Spickhoff*, LMK 2015, 374730, zu BGH MedR 2017, 386 (m. Bespr. *Jansen*); s. auch BGH, Beschl. vom 25.03.2009 – VI ZA 9/08.
[475] Unterscheidung nach *Neelmeier*, NJW 2015, 374 (dort insb. ausf. zur konsentierten Substandardbehandlung); vgl. auch *Katzenmeier*, in: BeckOK-BGB, [50]2019, § 630a Rn. 190; *Voigt*, in: NK-BGB, [3]2016, § 630a Rn. 46 ff.; *Mansel*, in: Jauernig, BGB, [17]2018, § 630a Rn. 21; *Hauck*, NJW 2013, 3334, 3335 f. Welche Anforderungen im Einzelnen an eine solche Vereinbarung zu stellen sind, ist weitgehend unklar. Grundvoraussetzung muss sein, dass der Patient weiß, dass eine nicht standardgem. Behandlung in Frage steht.
[476] BT-Drs. 17/10488, S. 20; s. auch *Thole*, MedR 2013, 145, 146. Die Einfügung des Hs. aus den gleichen Gründen begrüßend *Olzen/Uzunovic*, JR 2012, 447.
[477] Daneben lässt die Norm sich auch auf alternative Behandlungsmethoden anwenden; ausf. in diesem Kontext *Schumacher*, Alternativmedizin, 2017, S. 103 ff.
[478] So aber zutreffend (im Anschluss an das bisherige deliktsrechtliche Richterrecht, s. o. a.) *Katzenmeier*, MedR 2012, 576, 579; *G. Müller*, in: FS *E. Lorenz*, 2014, S. 667, 673; *Spickhoff*, MedR 2015, 845, 849; s. auch *Frahm/Walter*, Arzthaftungsrecht, [6]2018, Rn. 84, 115.
[479] *Katzenmeier*, NJW 2013, 817, 818; *ders.*, MedR 2012, 576, 579.
[480] *Katzenmeier*, MedR 2012, 576, 579.

Rechtsanwendung – zu sehr in den Mittelpunkt gerückt; damit werden gleichsam die Anforderungen an die Standardabweichung erhöht.[481] „Die Behandlung erfolgt gerade nicht zwingend nach den allgemein anerkannten Standards, sondern allenfalls unter Berücksichtigung derselben."[482]

Auch *G. Müller* hält die Formulierung aus diesem Grund für bedenklich und jedenfalls für verkürzt. In § 630a Abs. 2 Hs. 1 BGB fehle das Wort „grundsätzlich".[483] „[N]icht die Vereinbarung [ist] das Wesentliche, sondern der Standard."[484] Der Fortschritt könne ansonsten unter Umständen behindert werden, gegebenenfalls existiere schließlich auch einmal überhaupt kein Standard. Es drohe daher im Ergebnis eine sachlich nicht gerechtfertigte Haftungsverschärfung.[485]

Taupitz hingegen teilt diese tiefgreifenden Bedenken nicht. Der Standard sei zwar in der Tat lediglich Ausgangspunkt rechtlicher Bewertung, was im Wortlaut vernachlässigt werde.[486] Letztlich ergebe sich eine „Vereinbarung" im weiteren Sinne jedoch bereits konkludent aus „dem – durch Aufklärung des Patienten untermauerten – Angebot des Arztes zur Durchführung einer vom Standard abweichenden medizinischen Maßnahme einerseits und der Einwilligung des Patienten andererseits."[487] Daher beinhalte diese gesetzliche Regelung letztlich keine wesentlichen Änderungen, insbesondere keinen Eingriff in die Therapiefreiheit. Innerhalb der Bandbreite des Standards dürfe der Arzt unter Berücksichtigung des Selbstbestimmungsrechts des Patienten selbstverständlich weiterhin die Methode seiner Wahl anwenden. Vertretbare Standardabweichungen auf der Basis der Methodenfreiheit (einen Behandlungsfehler ausschließend; kompensiert unter Umständen im Bereich der Aufklärungsmängel) erkennt *Taupitz* insofern nicht an. Will der Arzt vom Standard abweichen, erfordere dies vielmehr stets eine besondere Rücksprache mit dem Patienten, was § 630a Abs. 2 Hs. 2 BGB nur betone. Der Begriff „Vereinbarung" müsse dabei nicht allzu streng verstanden werden.

Auch *Spickhoff* stellt im Ausgangspunkt auf den Fall ab, dass der Patient in eine standardgemäße Behandlung schlicht nicht einwilligt, woraufhin dann auch die Behandlungspflicht des Arztes inhaltlich angepasst werden müsse. Bei der Annahme konkludenter Vereinbarungen sei aber große Zurückhaltung geboten.[488]

---

[481] Vgl. insofern *Katzenmeier*, MedR 2018, 367, 373, Fn. 86.
[482] *Katzenmeier*, NJW 2013, 817, 818; s. auch *ders.*, MedR 2012, 576, 579; des Weiteren zum Ganzen *Katzenmeier*, in: BeckOK-BGB, ⁵⁰2019, § 630a Rn. 189; *ders.*, in: *Laufs/Katzenmeier/Lipp*, Arztrecht, ⁷2015, Kap. X Rn. 90.
[483] *G. Müller*, in: FS *E. Lorenz*, 2014, S. 667, 673; im Anschluss daran etwa *Spickhoff*, in: *Spickhoff*, Medizinrecht, ³2018, § 630a BGB Rn. 37; vgl. auch die Formulierung in BT-Drs. 17/10488, S. 19, freilich erneut nur bezogen auf abw. Vereinbarungen.
[484] *G. Müller*, in: *E. Lorenz*, KF 2013: Patientenrechte und Arzthaftung, 2014, S. 132.
[485] *G. Müller*, in: FS *E. Lorenz*, 2014, S. 667, 673.
[486] *Taupitz*, GesR 2015, 65, 68.
[487] *Taupitz*, GesR 2015, 65, 69 f.; s. auch *ders.*, in: *E. Lorenz*, KF 2013: Patientenrechte und Arzthaftung, 2014, S. 128 f.; *Frahm/Walter*, Arzthaftungsrecht, ⁶2018, Rn. 116; zumindest hilfsweise *Voigt*, in: NK-BGB, ³2016, § 630a Rn. 47, 49 (dort auch: ggf. widersprüchliches Verhalten des Patienten, § 242 BGB); ebenso Vereinbarung und Einwilligung vermischend *Neelmeier*, NJW 2015, 374; dazu krit. *Schumacher*, Alternativmedizin, 2017, S. 104 f.
[488] Vgl. auch *Katzenmeier*, in: BeckOK-BGB, ⁵⁰2019, § 630a Rn. 191; *Frahm/Walter*, Arzthaftungsrecht, ⁶2018, Rn. 78; zu weit deshalb *Spickhoff*, VersR 2013, 267, 269: still-

Das Erfordernis einer vertraglichen Vereinbarung mache mithin eine flexible Handhabung von Standardabweichungen im Sinne der bisherigen Rechtsprechung unmöglich und zwinge stattdessen zu einer Vermischung von vertraglicher Vereinbarung und Einwilligung. Diese sind rechtlich jedoch strikt zu trennen, obgleich sie tatsächlich zusammenfallen können.[489] Im Ergebnis erweise sich die Vorschrift daher als wenig gelungen.[490]

Frahm/Walter halten es für offen, ob bei Neuland- und Außenseitermethoden nunmehr stets eine Vereinbarung der Standardabweichung erforderlich ist, im Sinne des Patientenwillens aber durchaus für eine mögliche rechtspolitische Entscheidung.[491] Jedenfalls bei fehlendem Standard, aber auch bei austherapierten Patienten könne eine Vereinbarung nach Sinn und Zweck der Norm entbehrlich sein. Schlussendlich darf erneut nicht vergessen werden, dass der Standard selbst abhängig vom konkreten Einzelfall ist,[492] was die Bedeutung einer Standardabweichung, um dem Einzelfall gerecht zu werden, sowie die Auswirkungen der Festlegung auf den Standard (mit der Ausnahme abweichender Vereinbarungen) für die ärztliche Therapiefreiheit relativiert.[493]

Mit einer weiten Auslegung der „Vereinbarung" im Sinne von § 630a Abs. 2 Hs. 2 BGB lassen sich die Widersprüche im Ergebnis zwar zu Gunsten der Methodenwahlfreiheit auflösen, allerdings wird dadurch die Wortlautgrenze stark strapaziert sowie der Unterschied zwischen den Rechtsinstituten Vertrag und Einwilligung zusehends verwischt. Ebenso wenig kann aber wie aufgezeigt im Hinblick auf Standardabweichung immer eine vertragliche Vereinbarung *stricto sensu* zwischen Arzt und Patient vorausgesetzt werden – im Übrigen auch nicht unter dem Gesichtspunkt der Patientenautonomie. Denn „das Selbstbestimmungsrecht des Patienten ist durch die gesteigerten Anforderungen an die Aufklärung bei Standardabweichung hinreichend geschützt; das zusätzliche Erfordernis der vertraglichen Vereinbarung lässt sich [vor dem Hintergrund der ärztlichen Therapiefreiheit] dann kaum mehr rechtfertigen."[494]

Vorzugswürdig erscheint deshalb ein offeneres Verständnis bereits des § 630a Abs. 2 Hs. 1 BGB (im Sinne einer weiten Auslegung der „allgemein anerkannten

---

schweigende Individualvereinbarung einer Standardabweichung, sofern dem Patienten die fehlende Qualifikation des aufgesuchten (nichtärztlichen) Behandelnden bewusst ist.

[489] Dazu in diesem Kontext *Schumacher*, Alternativmedizin, 2017, S. 103 f. m. w. N.; etwa *Frahm/Walter*, Arzthaftungsrecht, [6]2018, Rn. 116, Fn. 215; *Katzenmeier*, in: BeckOK-BGB, [50]2019, § 630a Rn. 191 u. § 630d Rn. 7; allg. *ders.*, in: NK-BGB, [3]2016, § 823 Rn. 110; entspr. zu Widerruf der Einwilligung und Kündigung des Vertrags *Wagner*, in: MüKo-BGB, [7]2016, § 630a Rn. 47.

[490] S. insg. *Spickhoff*, in: *Spickhoff*, Medizinrecht, [3]2018, § 630a BGB Rn. 41; *Deutsch/Spickhoff*, Medizinrecht, [7]2014, Rn. 334; *Spickhoff*, VersR 2013, 267, 271 f.

[491] *Frahm/Walter*, Arzthaftungsrecht, [6]2018, Rn. 116, Fn. 212; dazu *Schumacher*, Alternativmedizin, 2017, S. 107; zum Erfordernis einer vertraglichen Vereinbarung zur Standardabweichung bereits *Uhlenbruck/Laufs*, in: *Laufs/Uhlenbruck*, Handbuch des Arztrechts, [3]2002, § 44 Rn. 9.

[492] S. o. I. vor 1.

[493] Vgl. *Frahm/Walter*, Arzthaftungsrecht, [6]2018, Rn. 115; s. auch *Mansel*, in: *Jauernig*, [17]2018, § 630a Rn. 17; *Schumacher*, Alternativmedizin, 2017, S. 107.

[494] *Schumacher*, Alternativmedizin, 2017, S. 107.

fachlichen Standards" – wiederum im Lichte der ärztlichen Therapiefreiheit). Vertragsrechtlich ist ein Behandlungsfehler ebenfalls erst bei einer nicht mehr vertretbaren Standardabweichung[495] anzunehmen.[496] Soweit die Parteien „etwas anderes" als den Standard vereinbart haben, ist die auf diese Weise konkretisierte Leistung freilich unabhängig von der ärztlichen Therapiefreiheit zu erbringen.[497] „Der Gehalt des Abs. 2 erschöpft sich teleologisch darin, die nach der restriktiven Definition des Hs. 1 standardgemäße Behandlung stets für sorgfaltsgemäß iSd § 276 Abs. 2 zu erklären, während damit über die Erfüllungstauglichkeit dieser Behandlung mit Blick auf das konkrete Leistungsversprechen (Abs. 1) ebenso wenig gesagt ist wie über die Sorgfaltsgemäßheit abweichender Behandlungsarten."[498] Für diesen Ansatz spricht nicht zuletzt die Begründung zum PatRG. Auch wenn dies im Wortlaut des § 630a Abs. 2 BGB nicht ohne Weiteres zum Ausdruck kommt, wollte der Gesetzgeber die Methodenwahlfreiheit im Rahmen des Behandlungsfehlerbegriffs nicht antasten. „Ein Abweichen des Behandelnden vom gültigen Standard [führt] nicht notwendig zu einem Behandlungsfehler. [...] [D]em Behandelnden soll sowohl beim diagnostischen Verfahren als auch im Therapiebereich ein ausreichender Beurteilungs- und Entscheidungsspielraum verbleiben, in dessen Rahmen er zur pflichtgemäßen Ausübung seines Ermessens verpflichtet ist."[499]

4. Anforderungen an die Behandlungsdurchführung

Im Hinblick auf die Durchführung der vom Arzt – gemeinsam mit seinem Patienten – ausgewählten Behandlung ist jede Unterschreitung des (Durchführungs-) Standards ein Behandlungsfehler. Handelt es sich (ausgehend von der Methodenwahl) um eine Standardabweichung, gilt dabei ein besonderer (da gesteigerter), vom allgemeinen Behandlungsstandard, welcher bei Einhaltung des Auswahlstandards anwendbar wäre, zu unterscheidender Durchführungsstandard (als „Standard der Standardabweichung"). Es existieren namentlich „Standards" für das medizinische Forschungs-[500] und Versuchshandeln.[501] Auch Neulandbehandlungen folgen einem „Erprobungsstandard".[502] Ebenso sehen Außenseitermethoden einen eigenen „Standard" vor. Gleiches gilt für den Bereich der Alternativmedizin.[503]

---

[495] S. o. a. bb.
[496] So insb. *Voigt*, in: NK-BGB, ³2016, § 630a Rn. 16, 31, 34, 39, 46 f., 49; ähnlich *Schumacher*, Alternativmedizin, 2017, S. 108.
[497] Vgl. *Voigt*, in: NK-BGB, ³2016, § 630a Rn. 17.
[498] *Voigt*, in: NK-BGB, ³2016, § 630a Rn. 49, Fn. 122.
[499] BT-Drs. 17/10488, S. 20; dazu *Schumacher*, Alternativmedizin, 2017, S. 105 f.
[500] Dazu *Spickhoff*, in: FS *Ahrens*, 2016, S. 653, 664 f.; *ders.*, MedR 2015, 845, 849.
[501] S. insg. *Hart*, MedR 1998, 8, 9, 14; *ders.*, MedR 2016, 669, 673 f.; ausf. *ders.*, MedR 2015, 766, 767 ff.; bereits *ders.*, MedR 1994, 94 ff.; auch *ders.*, in: *Hart*, Ärztliche Leitlinien, 2000, S. 137, 142; überdies *Deutsch*, NJW 1976, 2289, 2293.
[502] Vgl. *Hart*, MedR 2016, 669, 671; s. auch *ders.*, in: *Hart*, Ärztliche Leitlinien im Medizin- und Gesundheitsrecht, 2005, S. 23, 58.
[503] *Schumacher*, Alternativmedizin, 2017, S. 71, i. S. e. „Binnenanerkennung"; S. 99 f., zum „therapieinternen Standard"; ebenso zum Standard in der Homöopathie *Müller/*

Eine „vertretbare Standardunterschreitung" gibt es insofern nicht. Anders als bei der Methodenwahl gibt der Durchführungsstandard der gewählten Behandlungsmethode stets und ohne weiteren Spielraum den einzuhaltenden Rahmen vor.[504] Etwas anderes mag allenfalls gelten, soweit Patient und Arzt nach § 630a Abs. 2 Hs. 2 BGB ausdrücklich und einvernehmlich eine Standardunterschreitung vereinbaren. Die Regelung dieser Konstellation war zwar nicht Ziel des Gesetzgebers, sie ist aber gleichwohl vom weiten Wortlaut der Norm erfasst.

Allerdings sind die Vertragsparteien niemals gänzlich frei, Haftungsbeschränkungen zu vereinbaren, worüber der offene Wortlaut gegebenenfalls hinwegtäuscht.[505] Dies wurde bereits im Gesetzgebungsverfahren kritisiert,[506] aber letzten Endes unter Verweis auf die Anwendbarkeit der allgemeinen Vorschriften zu den Grenzen vertraglicher Haftungsbeschränkungen nicht weiter verfolgt.[507] Diese gebieten Haftungsbegrenzungen oder gar -ausschlüssen wirkungsvoll Einhalt.[508] Bei der Vereinbarung einer Standardabweichung stellen sie daher ebenfalls die äußeren Grenzlinien dar.[509]

5. Behelfsmaßstab bei fehlendem Standard: Der „vorsichtige Arzt"

Das Bestehen eines (Auswahl- oder Durchführungs-)Standards kann im Übrigen keine unabdingbare Voraussetzung für die Haftung des Arztes sein. Existiert (noch) kein Standard, ist die Frage nach dem Vorliegen eines Behandlungsfehlers daher anhand der konkreten Behandlungssituation nach den gegebenen Möglichkeiten eines Eingriffs unter möglichster Schonung der körperlichen Integrität des Patienten zu entscheiden.[510] Nach der Rechtsprechung ist im Zweifel der erhöhte Haftungsmaßstab eines „vorsichtigen Arztes" einzuhalten[511] – als Standard im

---

Raschke, NJW 2013, 428, 430 f.; übermäßig krit. demggü. *Gaßner/Strömer*, VersR 2014, 299, 304 f. unter Vermischung von Behandlungsauswahl und -durchführung, s. o. 1.
[504] *Müller/Raschke*, NJW 2013, 428, 430 f.; *Vogeler*, MedR 2008, 697, 702.
[505] *Spickhoff*, in: *Spickhoff*, Medizinrecht, ³2018, § 630a BGB Rn. 41; *Deutsch/Spickhoff*, Medizinrecht, ⁷2014, Rn. 334; *Spickhoff*, VersR 2013, 267, 271 f.; *Neelmeier*, NJW 2015, 374, 375; s. auch *Voigt*, in: NK-BGB, ³2016, § 630a Rn. 48; *Schumacher*, Alternativmedizin, 2017, S. 108 f. (allerdings auch hier für eine Vertretbarkeitskontrolle der Methodenwahlfreiheit).
[506] Stellungnahme des Bundesrates, BT-Drs. 17/10488, S. 37.
[507] Gegenäußerung der Bundesregierung, BT-Drs. 17/10488, S. 52.
[508] Namentlich die §§ 138 BGB, 228 StGB u. § 309 Nr. 7a BGB; dazu *Katzenmeier*, in: BeckOK-BGB, ⁵⁰2019, § 630a Rn. 191; *Deutsch/Spickhoff*, Medizinrecht, ⁷2014, Rn. 159; *Nußstein*, VersR 2018, 1361 ff. (auch zur Anfechtung durch den Patienten); *Neelmeier*, NJW 2015, 374, 376 f.; *Hauck*, NJW 2013, 3334, 3336; s. auch BGH NJW 2017, 2685 = MedR 2018, 43, 44; *Taupitz*, GesR 2015, 65, 70: ggf. kann der Patient nach §§ 627, 630b BGB einseitig kündigen; näher *Voigt*, IGeL, 2013, S. 29 f., 191 f.
[509] Vgl. auch *Schumacher*, Alternativmedizin, 2017, S. 85 f., Fn. 218.
[510] Vgl. *Katzenmeier*, in: *Laufs/Katzenmeier/Lipp*, Arztrecht, ⁷2015, Kap. X Rn. 9; *Schreiber*, in: *Nagel/Fuchs*, Leitlinien und Standards im Gesundheitswesen, 1997, S. 167, 169 f.
[511] BGHZ 172, 254, 259 = NJW 2007, 2774, 2775 = MedR 2008, 87, 88 m. Anm. *Spickhoff*; dazu *Vogeler*, MedR 2008, 697, 706 f.; *G. Müller*, in: FS *Hirsch*, 2008, S. 413, 417 f.; *v. Pentz*, MedR 2011, 222; zudem *Geiß/Greiner*, Arzthaftpflichtrecht, ⁷2014, Rn. B 2; *Frahm/Walter*, Arzthaftungsrecht, ⁶2018, Rn. 84; s. auch die Gesetzesbegründung zu

weitesten Sinne.⁵¹² Dieser entspricht im Wesentlichen den dargelegten strengen Anforderungen an die Abwägung bei der Methodenwahl im Falle der vertretbaren Standardabweichung.⁵¹³ Bei der Auswahl und Durchführung einer Behandlung außerhalb des medizinischen Standards dient er insofern letztlich stets – also auch dann, wenn ein gewisser „Standard der Standardabweichung" existiert⁵¹⁴ – als äußerster Kontrollmaßstab.⁵¹⁵

III. Einzelaspekte im Kontext von Standard und medizinischem Fortschritt

In Bezug auf die Abgrenzung zwischen einer Behandlung innerhalb und außerhalb des Standards wirft sodann vor allem dessen stetige Entwicklung weitere Probleme auf. Zu untersuchen ist dabei, wie (schnell) Standardbegriff und Standardbestimmung auf den medizinischen Fortschritt reagieren sowie ob (und weshalb) es sich im Einzelfall noch um eine Standardabweichung oder schon den Standard handelt. Hierfür soll zunächst kurz die mitunter auch im haftungsrechtlichen Kontext anzutreffende Unterscheidung eines Basisstandards und eines dynamischen Standards bewertet werden (1.).

Weitere Fragen schließen sich an: Wie wirkt es sich haftungsrechtlich aus, wenn der Arzt eine (Neuland-)Methode anwendet, die zum Zeitpunkt der Behandlung noch nicht dem Medizinischen Standard entspricht, diese aber nachträglich Standard wird (2.)? Gilt für den Spezialisten am Puls der Zeit ein höherer Standard (3.)? Und was folgt für den Standard aus der unterschiedlich raschen Ausbreitung von Forschungsresultaten in der Praxis (4.)? Ebendiesen Einzelaspekten soll im Folgenden nachgegangen werden.

1. Keine Unterscheidung von Basisstandard und dynamischem Standard

Teilweise wird (unter Berufung auf den medizinischen Standardbegriff *Carstensens*)⁵¹⁶ im Haftungsrecht begrifflich zwischen einem Basisstandard der allgemein anerkannten Verfahren und einem darüber hinausgehenden dynamischen Standard (ursprünglich und zumindest etwas genauer: dynamischer Teil des Standards), also Methoden, die im Rahmen des medizinischen Fortschritts bereits eine gewisse

---

§ 630a Abs. 2 BGB, BT-Drs. 17/10488, S. 19: „Soweit sich in einem Bereich noch kein Standard entwickelt hat, ist in Anknüpfung an die Rechtsprechung die Sorgfalt eines vorsichtig Behandelnden einzuhalten."
⁵¹² So *Taupitz*, GesR 2015, 65, 67.
⁵¹³ S. o. 3. a. bb.
⁵¹⁴ S. o. 4.
⁵¹⁵ *Schumacher*, Alternativmedizin, 2017, S. 100 f.; *Frahm/Walter*, Arzthaftungsrecht, ⁶2018, Rn. 116; *Geiß/Greiner*, Arzthaftpflichtrecht, ⁷2014, Rn. B 37; *Laufs/Kern*, in: *Laufs/Kern*, Handbuch des Arztrechts, ⁴2010, § 97 Rn. 42; *Spickhoff*, in: *Spickhoff*, Medizinrecht, ³2018, § 630a BGB Rn. 42; *Voigt*, IGeL, 2013, S. 78 f.; *Müller/Raschke*, NJW 2013, 428, 430 f.
⁵¹⁶ Vgl. 2. Kap. B. I.

Anerkennung gefunden haben, differenziert.[517] Eine solche Segmentierung des Standards ist abzulehnen. Der zivilrechtliche Standard an sich ist zwar in der Tat dynamisch,[518] es gibt aber innerhalb des Standards keinen dynamischen Teil, der von einer etwaigen Basis klar zu trennen wäre. Die Übergänge sind vielmehr fließend; die Unterscheidung ist damit (jedenfalls rechtlich) irrelevant. Im Haftungsfall ist schlicht der jeweils maßgebliche Medizinische Standard zu bestimmen. Auch ein „Basisstandard" kann sich im Übrigen verändern und weiterentwickeln, ist also dynamisch. Dem dynamischen Charakter des Standards und seinem Zeitbezug fügt die Differenzierung mithin nichts hinzu, verschleiert diese vielmehr. Unklar bleibt zudem, ob der „dynamische Teil des Standards" im Ergebnis wirklich Teil des Standards ist (mit entsprechenden Haftungsfolgen bei seiner Verfehlung) – oder ob er nicht doch selbst eine Standardabweichung beinhalten kann.

2. Korrektur zeitlicher Standarddifferenzierungen auf Zurechnungsebene: Nachträgliche Einbeziehung des Fortschritts zu Gunsten des Arztes

Der Arzt, der seiner Zeit nachweislich voraus war, darf im Ergebnis unstreitig nicht wegen fehlerhafter Behandlung sanktioniert werden. Eine andere Lösung wäre angesichts des medizinischen Fortschritts nicht vermittelbar. Spätere Entwicklungen können daher zu Gunsten des Arztes berücksichtigt werden, soweit sein früheres Verhalten nachträglich durch Übereinstimmung mit einem neueren Standard legitimiert wird.[519]

Rechtsdogmatisch entfällt dabei aber keineswegs die Pflichtverletzung selbst (der Behandlungsfehler im Sinne einer Verfehlung des im Zeitpunkt der Behandlung geltenden Standards[520]) sondern – im Rahmen der objektiven Zurechnung (auf Ebene des Schutzzwecks der Norm) – der Pflichtwidrigkeitszusammenhang zwischen der Pflichtverletzung und dem Verletzungserfolg. Denn es ist davon auszugehen, dass der Erfolg bei „rechtmäßigem" (also aus damaliger Sicht standardgemäßem, aber inzwischen als überholt geltendem) Alternativverhalten ebenfalls – genauer erst recht – eingetreten wäre. Ansonsten hätte sich der Standard nicht entsprechend weiterentwickelt.

Das Recht nimmt damit die Entscheidung der Medizin über die zukünftige Entwicklung des Medizinischen Standards nicht vorweg, der damalige Standard

---

[517] So *Kullmann*, VersR 1997, 529 (freilich noch zum medizinischen Standardbegriff); (für das Haftungsrecht sodann) *Kreße*, MedR 2007, 393, 394 f.; *Arnade*, Kostendruck und Standard, 2010, S. 175; *Voigt*, IGeL, 2013, S. 55 ff.; *Schumacher*, Alternativmedizin, 2017, S. 64 ff.; s. auch *Katzenmeier*, in: *Laufs/Katzenmeier/Lipp*, Arztrecht, [7]2015, Kap. X Rn. 12; *ders.*, in: FS *G. Müller*, 2009, S. 237, 239 f., 242. Der Basisstandard wird häufig auch mit einem „Mindeststandard" gleichgesetzt; zur Kritik an diesem Begriff s. u. 4.
[518] Dazu 3. Kap. A. I. 2. b.
[519] S. etwa *Wagner*, in: MüKo-BGB, [7]2016, § 630a Rn. 116; *Frahm/Walter*, Arzthaftungsrecht, [6]2018, Rn. 80; *Geiß/Greiner*, Arzthaftpflichtrecht, [7]2014, Rn. B 9; *Laufs/Kern*, in: *Laufs/Kern*, Handbuch des Arztrechts, [4]2010, § 97 Rn. 13; *Groß*, Ärztlicher Standard, 1997, S. 4.
[520] Handelt es sich um eine vertretbare Standardabweichung, s. o. II. 3. a. bb., scheidet indes bereits aus diesem Grund eine Behandlungsfehlerhaftung aus.

ändert sich dadurch nachträglich gerade nicht. Letzten Endes kommt es weniger auf den späteren Standard an sich an als auf eine (aus diesem mit hinreichender Sicherheit ableitbare) alternative Kausalkette, die die Verantwortlichkeit des Arztes (aus dem Blickwinkel der Behandlungsfehlerhaftung) insgesamt in Frage stellt. Es handelt sich also im Ergebnis keinesfalls um eine zeitliche Sonderdifferenzierung im Kontext von Standardbegriff und Standardbestimmung, sondern um eine Zurechnungsfrage.

Über die unter Umständen mit einer (noch) nicht standardgemäßen Behandlung einhergehende Missachtung des auf die Wahl der Standardbehandlung gerichteten Selbstbestimmungsrechts des Patienten hilft dieser Einwand allerdings wiederum nicht hinweg.[521] Der Arzt, der seinen Patienten im Vorfeld der Behandlung nicht darüber aufklärt, dass diese (noch) nicht Standard ist, haftet diesem deshalb nach allgemeinen Regeln jedenfalls aufgrund fehlerhafter Aufklärung.[522]

3. Gegen eine Berücksichtigung besonders fortschrittlicher Kenntnisse, Fähigkeiten und Mittel zu Lasten des Arztes („situative Aufstufungen")

a) Traditionelle Auffassung

Es ist in Rechtsprechung[523] und Literatur[524] weitgehend anerkannt, dass der besonders qualifizierte oder ausgerüstete Arzt verpflichtet ist, vorhandene Fähigkeiten, Kenntnisse und Mittel, die den Standard übertreffen, zum Wohle des Patienten einzusetzen. Es komme in diesem Fall automatisch zu einer Steigerung der Behandlungsanforderungen, für den Spezialisten gelte also letztlich ein eigener erhöhter Medizinischer Standard.[525] Allgemein-zivilrechtlich wird dies (im Kontext der Bestimmung der verkehrserforderlichen Sorgfalt nach § 276 Abs. 2 BGB) damit begründet, dass die Handlungsfreiheit des Schädigers in einer solchen Konstellation nicht schützenswert sei, vielmehr überwiege eindeutig das Anliegen

---

[521] Vgl. BGH NJW 2003, 1862, 1863 = MedR 2003, 685 f.; dazu *Geiß/Greiner*, Arzthaftpflichtrecht, [7]2014, Rn. B 9.
[522] S. o. II. 3. b.
[523] BGH NJW 1987, 1479 m. Anm. *Deutsch* = MedR 1987, 231 = JZ 1987, 877 m. Anm. *Giesen*.
[524] *Frahm/Walter*, Arzthaftungsrecht, [6]2018, Rn. 86, 88; *Pauge/Offenloch*, Arzthaftungsrecht, [14]2018, Rn. 187; *Geiß/Greiner*, Arzthaftpflichtrecht, [7]2014, Rn. B 4; *Deutsch/Spickhoff*, Medizinrecht, [7]2014, Rn. 371; *Laufs/Kern*, in: *Laufs/Kern*, Handbuch des Arztrechts, [4]2010, § 97 Rn. 31; *Walter*, Spezialisierung und Sorgfaltsstandard, 2004, S. 90 ff.; *Taupitz*, GesR 2015, 65, 68; *ders.*, AcP 211 (2011), 352, 359; *ders.*, in: *Möllers*, Geltung und Faktizität von Standards, 2009, S. 63, 73; *Spickhoff*, in: *Lilie/Bernat/Rosenau*, Standardisierung in der Medizin als Rechtsproblem, 2009, S. 119, 132; *Kifmann/Rosenau*, in: *Möllers*, Standardisierung durch Markt und Recht, 2008, S. 49, 64; *Deutsch*, in: GS *Helm*, 2001, S. 685; *Rumler-Detzel*, VersR 1998, 546, 548; *Groß*, Ärztlicher Standard, 1997, S. 7; *Kullmann*, VersR 1997, 529, 531; *Steffen*, MedR 1993, 338.
[525] Vgl. *Uhlenbruck/Laufs*, in: *Laufs/Uhlenbruck*, Handbuch des Arztrechts, [3]2002, § 44 Rn. 3: „besonderer Standard".

des Rechtsgüterschutzes.⁵²⁶ Der Verkehr vertraue darauf, dass ein Spezialist seine besonderen Fähigkeiten, Kenntnisse und Mittel⁵²⁷ auch anwendet. Die Objektivierung des Sorgfaltsstandards diene nur dem Schutz des Verkehrs und des Geschädigten, nicht aber des Schädigers und wirke sich daher nie zu dessen Gunsten aus. Es werden insofern nur Mindestanforderungen, eine Untergrenze festgelegt.⁵²⁸ Auch § 630a Abs. 2 BGB habe daran nichts geändert.⁵²⁹

b) Kritische Stellungnahme

Diese Argumentation stößt jedoch jedenfalls im Kontext der ärztlichen Behandlungsfehlerhaftung an ihre Grenzen. Wie (und von wem) soll hier überhaupt beurteilt werden, ob es sich um „besondere", also verglichen mit dem jeweiligen Verkehrskreis um überdurchschnittliche – anders gesagt den Standard übersteigende – Fähigkeiten, Kenntnisse und Mittel handelt – zumal dieser Standard häufig selbst schon schwer genug zu bestimmen ist? Wenn Spezialisten bereits neue Erkenntnisse hervorgebracht haben, warum sind diese dann noch nicht für alle Ärzte Standard? Letzteres wird entweder daran liegen, dass die fraglichen Erkenntnisse keineswegs eindeutig besser sind als der zu ersetzende bisherige Standard, welchen es erst einmal zu erschüttern gilt, oder daran, dass es (mit Grund) zumeist schlicht eine gewisse Zeit dauert, bis sich im Rahmen des medizinischen Fortschritts eine Einzelauffassung als neuer, verbesserter Standard etabliert. In jedem Fall kann es angesichts der verbleibenden fachlichen Unsicherheiten nicht Auf-

---

⁵²⁶ *Spickhoff*, in: *Spickhoff*, Medizinrecht, ³2018, § 276 BGB Rn. 16; *Deutsch*, Allgemeines Haftungsrecht, ²1996, Rn. 397; *ders.*, Fahrlässigkeit und erforderliche Sorgfalt, ²1995, S. 128, 143, 477; *ders.*, in: FS *Keller*, 1989, S. 105, 111 f.; *ders.*, NJW 1976, 2289, 2293: „Das Verschuldensprinzip gibt dem Arzt einen Freiraum dadurch, daß er nicht haftbar ist, wenn er sich wie ein normaler Fachkollege verhält. Wer jedoch überdurchschnittliche Kenntnisse oder Befähigungen aufweist, darf sich nicht hinter dem normalen Kollegen verschanzen. Er bedarf des Freiraums nicht."; *ders.*, JZ 1997, 1030, 1033: „Die Haftung für den Einsatz höherer persönlicher Fähigkeiten bildet also eine Ausnahme, welche die Regel der Haftung für den Standard bekräftigt."
⁵²⁷ Etwa tatsächlich verfügbare verbesserte technische Gerätschaften; dazu BGH NJW 1988, 2949, 2950 = MedR 1988, 311, 312; NJW 1989, 2321, 2322 = MedR 1989, 322, 324; aus der Lit. *Frahm/Walter*, Arzthaftungsrecht, ⁶2018, Rn. 83, 88; *Geiß/Greiner*, Arzthaftpflichtrecht, ⁷2014, Rn. B 8; *Deutsch/Spickhoff*, Medizinrecht, ⁷2014, Rn. 376; *Uhlenbruck/Laufs*, in: *Laufs/Uhlenbruck*, Handbuch des Arztrechts, ³2002, § 55 Rn. 1 f.; *Kleinewefers*, VersR 1992, 1425, 1426 f.
⁵²⁸ *Katzenmeier*, in: NK-BGB, ³2016, § 823 Rn. 121; *Wagner*, in: MüKo-BGB, ⁷2017, § 823 Rn. 40 (u. ⁷2016, § 630a Rn. 101); *Frahm/Walter*, Arzthaftungsrecht, ⁶2018, Rn. 86.
⁵²⁹ Die Regelung sei (u. a., vgl. 3. Kap. B. II.) in Bezug auf besondere Fähigkeiten und Kenntnisse des Behandelnden lückenhaft; die allg. Grundsätze zu § 276 Abs. 2 BGB – dort auch nicht ausdr. geregelt – gelten insofern fort, § 630a Abs. 2 Hs. 1 BGB sei als Untergrenze auszulegen, eine Vereinbarung i. S. v. § 630a Abs. 2 Hs. 2 BGB nicht immer anzunehmen und auch keineswegs stets erforderlich; s. insg. *Spickhoff*, in: *Spickhoff*, Medizinrecht, ³2018, § 630a BGB Rn. 43; *Deutsch/Spickhoff*, Medizinrecht, ⁷2014, Rn. 332; *Spickhoff*, VersR 2013, 267, 272; *ders.*, MedR 2015, 845, 848 f.; auch *Katzenmeier*, in: BeckOK-BGB, ⁵⁰2019, § 630a Rn. 190; *Frahm/Walter*, Arzthaftungsrecht, ⁶2018, Rn. 86; *Taupitz*, GesR 2015, 65, 70; missverständlich BT-Drs. 17/10488, S. 19, zu Spezialkenntnissen.

gabe des Rechts sein, in diesem Prozess der Standardentwicklung Stellung zu beziehen und den Einsatz besonderer Fähigkeiten – also im Ergebnis einen individuell abweichenden Standard – zu fordern, bevor die Medizin selbst entschieden hat, dass diese den Standard wirklich übertreffen.

Sobald dies geschieht, werden die vormals besonderen Fähigkeiten freilich ohnehin zum allseits zu befolgenden Standard, womit sich die Problematik (für die Zukunft) quasi von selbst erledigt. Aber auch die (auf vergangene Vorgänge zurückblickende) gerichtliche Feststellung, dass der Arzt im Zeitpunkt der Behandlung über besondere, weil den Standard übersteigende Fähigkeiten, Kenntnisse und Mittel verfügte, die er zu Gunsten seines Patienten hätte einsetzen müssen, kann vor diesem Hintergrund letztlich nur dann verlässlich möglich sein, falls diese nachträglich tatsächlich zum Medizinischen Standard geworden sind. Berücksichtigt ein Gericht dies, begibt es sich jedoch mit einer anderen zentralen Grundwertung in Widerspruch. Es handelt sich dann um eine unzulässige *ex-post-*Betrachtung zum Nachteil des Arztes.[530]

Eine solche kann hier auch nicht deshalb ausnahmsweise gestattet werden, weil der Arzt, der die Behandlung, die später einmal Standard werden sollte, frühzeitig kannte und für überlegen hielt, aus diesem Grund weniger schutzwürdig wäre. Denn selbst ein ausgewiesener Experte kann sich im Vorfeld niemals sicher sein, dass eine innovative Behandlung wirklich einmal den Status des Standards erreicht. Er kann insofern lediglich um die Nachteile der Standardbehandlung und die entsprechenden Vorteile seiner Behandlung wissen und von dieser überzeugt sein. Rechtlich darf er daher, wenn er sich angesichts verbliebener Unsicherheiten – sonst wäre seine Behandlung wie beschrieben bereits als Standard anerkannt[531] – an den aus seiner Sicht veralteten Standard hält, jedenfalls nicht wegen eines Behandlungsfehlers belangt werden.

Ein Behandlungsfehler ist umgekehrt dann anzunehmen, wenn der Arzt die neue Methode anwendet, ohne sich in einer die Vertretbarkeit dieser Standardabweichung begründenden Weise[532] auch mit der Standardbehandlung auseinanderzusetzen.[533] Aus rechtlicher Perspektive ist wie dargelegt dem Grunde nach jede Behandlung, die nicht dem Medizinischen Standard (zum Zeitpunkt der Behandlung) entspricht, zunächst einmal – von Fragen der Vertretbarkeit abgesehen – gleich fehlerhaft. Dies gilt insbesondere auch dann, wenn es sich (möglicherweise) bereits um die nächsthöhere Entwicklungsstufe dieses Standards handelt.[534] Der Standard hat für den Patienten insofern auch eine gewisse Schutzfunktion vor übereifrigem und vorschnellem Einsatz neuer Behandlungsmethoden. Insbeson-

---

[530] Vgl. 3. Kap. A. I. 2. b.
[531] Eine korrekte Standardbestimmung ist hier insofern erneut von zentraler Bedeutung.
[532] S. o. II. 3. a. bb.
[533] Freilich kann dann wiederum die Standardentwicklung – i. R. d. Zurechnung, nicht des Standards – zu Gunsten des Arztes berücksichtigt werden, wenn die fragliche Behandlung nachträglich zum Standard wird, s. o. 2.
[534] Aus diesem Grund ist i. Ü. die Bezeichnung eines Behandlungsfehlers als Standardunterschreitung zumindest ungenau, vgl. II. 1.

re abstraktes[535] ärztliches Sonderwissen kann daher bei der Standardbestimmung nicht berücksichtigt werden, indem über die notwendigen fachlichen Differenzierungen[536] hinaus zusätzlich zwischen einem „Allgemeinstandard" und davon abweichenden „Spezialstandard" unterschieden wird.

Letzten Endes ist die Lösung dieser Problematik erneut nicht auf Ebene der Behandlungsfehlerhaftung, sondern der Haftung für Aufklärungsmängel zu suchen.[537] Denn der Arzt kann sich trotz alledem keineswegs einfach auf den Standard zurückziehen, wenn er als Spezialist über Sonderwissen verfügt, nach dem dieser fragwürdig und eine andere Behandlung vorzugswürdig erscheint. Hierüber hat er den Patienten vielmehr aufzuklären und gemeinsam mit diesem zu entscheiden, ob im Interesse des Patienten vom Standard auf vertretbare Weise abgewichen werden soll. Klärt er nicht auf und behandelt standardgemäß, haftet er zwar nicht wegen Behandlungs-, aber womöglich wegen Aufklärungsfehlers.

Anders gesagt: Der Spezialist hat besondere Fähigkeiten, Kenntnisse und Mittel nicht einzusetzen, weil der Patient von ihm insofern einen anderen Standard erwarten kann, sondern wenn er eine entsprechende Standardabweichung mit ihm (vertraglich, § 630a Abs. 2 Hs. 2 BGB) vereinbart hat.[538] Er darf mithin (deliktsrechtlich gesprochen) ohne die Einwilligung des entsprechend aufgeklärten Patienten weder hinter dem Standard zurückbleiben noch über diesen hinausgehen – auch wenn der Standard im Rahmen des medizinischen Fortschritts durchaus übertroffen und auf diesem Wege kontinuierlich weiterentwickelt werden soll.[539]

c) Weitere Konstellationen

Nicht anders als die Abweichung vom Standard aufgrund von Sonderwissen (Spezialist wegen anderer neuerer Behandlung) ist es zu beurteilen, wenn der Arzt innerhalb des Standards über besondere Fähigkeiten, Kenntnisse oder Mittel verfügt („Standard-Spezialist").[540] Der Standard könnte hier zwar dahingehend konkretisiert werden, dass der Arzt die entsprechenden Sonderfertigkeiten angesichts einer individuell angehobenen Untergrenze (als im „Allgemeinstandard" enthaltener „Spezialstandard") auch einzusetzen hat. Dies ist jedoch zunächst für den (der obigen Konstellation letztlich sehr ähnlichen) Fall abzulehnen, dass der

---

[535] Verfügt der Arzt hingegen über Sonderwissen in Bezug auf den konkreten Patienten (etwa weil er bisher nicht standardgem. vorgegangen ist), so hat er dies in der Tat nach allg. Regeln (dazu 3. Kap. A. I. 2. c.) zu berücksichtigen und den Patienten davon ausgehend standardgem. weiterzubehandeln, vgl. BGHZ 188, 29, 34 = NJW 2011, 1672 = JZ 2011, 795, 796 m. Anm. *Katzenmeier* = MedR 2011, 645, 647 m. Anm. *Schmidt-Recla* u. *Voigt*; s. auch *Wagner*, in: MüKo-BGB, [7]2016, § 630a Rn. 101; *Pauge/Offenloch*, Arzthaftungsrecht, [14]2018, Rn. 188; *Geiß/Greiner*, Arzthaftpflichtrecht, [7]2014, Rn. B 4.
[536] Dazu 3. Kap. A. I. 2. a.
[537] Vgl. insofern II. b.
[538] Vgl. *Voigt*, in: NK-BGB, [3]2016, § 630a Rn. 17.
[539] Vgl. *Katzenmeier*, in: BeckOK-BGB, [50]2019, § 630a Rn. 158; ders., in: Laufs/Katzenmeier/Lipp, Arztrecht, [7]2015, Kap. X Rn. 12: „augenblickliche Mindeststandards"; s. auch *Schreiber*, in: Nagel/Fuchs, Leitlinien und Standards im Gesundheitswesen, 1997, S. 167, 169.
[540] Die Grenzen sind wiederum fließend.

Spezialist frühzeitig um die Überlegenheit einer von mehreren standardgemäßen Behandlungsvarianten weiß. Auch insoweit ist keine rechtliche Einmischung in offene medizinische Fachfragen statthaft, bevor die Medizin selbst über das Ausscheiden der anderen Behandlungsmöglichkeiten aus dem Standard entschieden hat. Eine *ex-post*-Betrachtung ist wiederum unzulässig.

Ging es bislang vorrangig um Auswahlfragen, gilt sodann aber auch kein besonderer Standard für den Arzt, der – aufgrund großer Erfahrung, herausragenden Talents oder besonderer Ressourcen – eine bestimmte Standardbehandlung besser durchführen kann als andere.[541] Derartige Aspekte sind für die haftungsrechtliche Standardbestimmung ohne Relevanz. Qualitätsunterschiede innerhalb ein und derselben Standardbehandlung sind rechtlich nicht greifbar. Es ist medizinisch zu entscheiden, ob der Standard diese aushält oder eine der in Betracht kommenden Ausführungsvarianten doch nicht von ihm umfasst ist, wobei die nachträgliche Feststellung eines Ausscheidens erneut nicht weiterhilft.

Für die Haftung kommt es allein darauf an, ob der zum Zeitpunkt der Behandlung maßgebliche Durchführungsstandard (in welcher Qualität auch immer) eingehalten wurde oder nicht. Jedenfalls dürfte es kaum nachweisbar sein, dass eine Schädigung gerade darauf beruht, dass der Patient zwar prinzipiell standardgemäß behandelt wurde, aber der jeweilige Arzt etwaige Sonderfertigkeiten nicht abgerufen und damit den speziell für ihn geltenden Standard letzten Endes doch nicht gewahrt hat. Es mag dem Patienten zu Gute kommen, einen besonders erfahrenen, talentierten oder ausgerüsteten Behandelnden aufzusuchen (oder mit einem solchen konfrontiert zu werden), umgekehrt kann dem Arzt aber seine Expertise nicht über den Umweg des Haftungsrechts zum Nachteil gereichen.

4. Keine situativen Abstufungen vom fortschrittlichen „Optimal-" bis zum „Mindeststandard" konkret erreichbarer medizinischer Möglichkeiten

a) Traditionelle Auffassung

Nach verbreiteter Ansicht können die allgemeinen Grenzen des Systems gesundheitlicher Versorgung als situative Differenzierungen auf Behandlungsseite bei der Bestimmung des haftungsrechtlichen Standards Berücksichtigung finden.[542] Die sich daraus ergebenden Risiken eigneten sich ebenso wenig wie das Krankheitsrisiko zur haftungsrechtlichen Abwälzung auf den Arzt.[543] Das Recht dürfe sich diesbezüglich der medizinischen Wirklichkeit nicht verschließen, sei insofern an die praktischen Möglichkeiten im Behandlungsalltag gebunden.[544] Personelle und sachliche Möglichkeiten haben demnach einen gewissen Einfluss auf den Stan-

---

[541] Zu Auswahl- und Durchführungsstandard s. o. II. 1.
[542] Vgl. bereits 3. Kap. A. I. 2. c.
[543] *Pauge/Offenloch*, Arzthaftungsrecht, [14]2018, Rn. 170; *Steffen*, in: FS *Geiß*, 2000, S. 487, 493; *ders.*, MedR 1993, 338.
[544] *Katzenmeier*, in: *Laufs/Katzenmeier/Lipp*, Arztrecht, [7]2015, Kap. X Rn. 18; *Groß*, Ärztlicher Standard, 1997, S. 4 f.; s. auch *Boemke*, NJW 2010, 1562, 1563 f.

dard.[545] Bei aller Objektivität (sowie Normativität) könne doch keine einheitliche, hohe Messlatte angelegt werden.[546] Dies würde zu einer unhaltbaren Nivellierung innerfachlicher Unterschiede führen.[547] Bei der Bestimmung des im Einzelfall vorauszusetzenden Standards sei deshalb nicht generell auf das Optimale (medizinisch Machbare), sondern auf das unter den konkreten Gegebenheiten vor Ort faktisch Erreichbare (Bestmögliche) abzustellen,[548] müsse es (medizinisch wie rechtlich) situationsorientiert gewisse Abstufungen geben.[549]

Tragendes Argument ist, der medizinische Fortschritt halte unterschiedlich schnell Einzug und verbreite sich ungleichmäßig, was zwangsläufig zu Qualitätsunterschieden (als „immanente Vollzugsdefizite")[550] bei der Behandlung von Patienten führe. Konkret seien daher etwa angesichts der Behandlungsbedingungen in der jeweiligen Versorgungsstufe an ein Krankenhaus der Allgemeinversorgung (als maßgebliche Behandlungseinheit) geringere Anforderungen zu stellen als an eine Stätte der Maximalversorgung (wie eine Spezial- oder Universitätsklinik),[551] an die Praxis eines Allgemeinmediziners geringere als an die eines spezialisierten Facharztes.[552] Allerdings dürfe dabei ein gewisser ausreichender[553] Mindeststandard als unverzichtbare Basisschwelle nicht unterschritten werden, eine modernen medizinischen Anforderungen genügende Grundausstattung müsse stets vorhan-

---

[545] BGHZ 102, 17, 24 f. = NJW 1988, 763, 765 = JZ 1988, 411, 413 m. Anm. *Giesen* = MedR 1988, 91, 93; s. auch *Frahm/Walter*, Arzthaftungsrecht, [6]2018, Rn. 87.
[546] *Pauge/Offenloch*, Arzthaftungsrecht, [14]2018, Rn. 171, 173; *Groß*, Ärztlicher Standard, 1997, S. 5.
[547] *Taupitz*, AcP 211 (2011), 352, 369; *ders.*, in: *Möllers*, Geltung und Faktizität von Standards, 2009, S. 63, 89 f.; *ders.*, in: AG RAe im MedR e. V., Dokumentation und Leitlinienkonkurrenz, 2007, S. 101, 110.
[548] BGH NJW 1994, 1596, 1597 f. = MedR 1994, 363, 365; s. auch *Frahm/Walter*, Arzthaftungsrecht, [6]2018, Rn. 88; *Pauge/Offenloch*, Arzthaftungsrecht, [14]2018, Rn. 171, 176; *Brüggemeier*, Haftungsrecht, 2006, § 6 D II 1, S. 472 f.; *Steffen*, in: FS *Geiß*, 2000, S. 487, 496; *Schwalm*, in: FS *Bockelmann*, 1979, S. 539, 544.
[549] Vgl. *Steffen*, MedR 1995, 190.
[550] So *Pauge/Offenloch*, Arzthaftungsrecht, [14]2018, Rn. 180.
[551] BGH NJW 1989, 2321, 2322 = MedR 1989, 322, 323; NJW 1994, 1596, 1597 f. = MedR 1994, 363, 365; *Pauge/Offenloch*, Arzthaftungsrecht, [14]2018, Rn. 176; *Geiß/Greiner*, Arzthaftpflichtrecht, [7]2014, Rn. B 6; *Damm*, NJW 1989, 737, 739, 743 f.; *Laufs*, in: *Nagel/Fuchs*, Soziale Gerechtigkeit im Gesundheitswesen, 1993, S. 290, 294; *Steffen*, MedR 1993, 338; *ders.*, in: FS *Geiß*, 2000, S. 487, 496; *Franzki*, MedR 1994, 171, 174; *Ulsenheimer*, MedR 1995, 438; *Rumler-Detzel*, VersR 1998, 546, 547; *Kreße*, MedR 2007, 393, 395; medizinisch *Buchborn*, MedR 1993, 328 u. 331; *Kühlein/Forster*, in: *Kunz et al.*, Lehrbuch EbM, [2]2007, S. 39, 42 ff.
[552] Insofern überschneiden sich die fachliche und situative Differenzierung durchaus, vgl. die vermischte Darstellung bei *Ulsenheimer*, MedR 1992, 127, 128 f.; *Laufs/Kern*, in: *Laufs/Kern*, Handbuch des Arztrechts, [4]2010, § 97 Rn. 17; *Carstensen*, Langenbecks Arch Chir 364 (1984), 299, 300 f., unterscheidet in diesem Zusammenhang zwischen den Standards der Sachkunde und der Ausstattung.
[553] So insb. BGH NJW 1994, 1596, 1597 f. = MedR 1994, 363, 365; dazu *Laufs/Kern*, in: *Laufs/Kern*, Handbuch des Arztrechts, [4]2010, § 97 Rn. 11, 17; s. auch *G. Müller*, in: FS *E. Lorenz*, 2004, S. 475, 480; *dies.*, MedR 2009, 309, 310; *dies.*, in: FS *Hirsch*, 2008, S. 413, 416; *Stöhr*, ebd., S. 431, 432; *ders.*, MedR 2010, 214, 215 f.

den sein.⁵⁵⁴ Gegebenenfalls liege dann bereits ein Übernahmeverschulden vor;⁵⁵⁵ im Übrigen seien etwaige Defizite möglichst durch Vorsorgemaßnahmen sowie auf Ebene der Patientenaufklärung⁵⁵⁶ zu neutralisieren und zudem organisatorisch aufzufangen.⁵⁵⁷

So stellen etwa auch *Frahm/Walter* fest: „Eine flächendecke und gleichmäßige Ausstattung aller Kliniken entsprechend dem jeweiligen Höchststand ärztlicher Möglichkeiten ist [...] nicht möglich und auch in der Sache nicht nötig. Angezeigt ist vielmehr eine effiziente und vernünftige Verteilung der Ressourcen entspre-

---

⁵⁵⁴ BGHZ 102, 17, 24 f. = NJW 1988, 763, 765 = JZ 1988, 411, 413 m. Anm. *Giesen* = MedR 1988, 91, 93; dazu *Katzenmeier*, in: *Laufs/Katzenmeier/Lipp*, Arztrecht, ⁷2015, Kap. X Rn. 19; *Frahm/Walter*, Arzthaftungsrecht, ⁶2018, Rn. 87 f.; *Pauge/Offenloch*, Arzthaftungsrecht, ¹⁴2018, Rn. 176; *Geiß/Greiner*, Arzthaftpflichtrecht, ⁷2014, Rn. B 6; *Deutsch/Spickhoff*, Medizinrecht, ⁷2014, Rn. 376; *Arnade*, Kostendruck und Standard, 2010, S. 186; *Groß*, Ärztlicher Standard, 1997, S. 5; *Damm*, NJW 1989, 737, 739; *Kullmann*, VersR 1997, 529, 530 f.; *Bergmann*, VersR 1996, 810, 812; *Steffen*, MedR 1993, 338; *ders.*, Langenbecks Arch Chir 364 (1984), 287, 289.
⁵⁵⁵ Dazu 3. Kap. A. I. 1.
⁵⁵⁶ In Frage steht insofern eine Pflicht des Arztes zur (unaufgeforderten) Aufklärung des Patienten über andernorts bestehende, bessere Behandlungsmöglichkeiten, also letztlich über die Qualität der medizinischen Versorgung. Die Rspr. ist diesbzgl. – nicht zuletzt vor dem Hintergrund eines drohenden Medizintourismus und der Gefahren für das Arzt-Patient-Verhältnis – zurückhaltend, jedenfalls soweit die Behandlung vor Ort den jeweiligen (Mindest-)Standard wahrt, vgl. nur BGHZ 102, 17, 23 ff. = NJW 1988, 763, 764 f. = JZ 1988, 411, 412 ff. m. Anm. *Giesen* = MedR 1988, 91, 92 ff.; dazu *Greiner*, in: *Spickhoff*, Medizinrecht, ³2018, §§ 823 ff. BGB Rn. 216 f.; *Deutsch/Spickhoff*, Medizinrecht, ⁷2014, Rn. 453; *Frahm/Walter*, Arzthaftungsrecht, ⁶2018, Rn. 205; *Pauge/Offenloch*, Arzthaftungsrecht, ¹⁴2018, Rn. 410 ff.; *Wagner*, in: MüKo-BGB, ⁷2016, § 630a Rn. 112 f.; *Katzenmeier*, in: BeckOK-BGB, ⁵⁰2019, § 630e Rn. 30 f.; *ders.*, in: *Laufs/Katzenmeier/Lipp*, Arztrecht, ⁷2015, Kap. V Rn. 37 u. Kap. X Rn. 19 m. w. N.; bereits *ders.*, MedR 1997, 498 f.; s. auch *Laufs*, in: *Laufs/Kern*, Handbuch des Arztrechts, ⁴2010, § 60 Rn. 6 f.; *Laufs/Kern*, ebd., § 97 Rn. 28; *Scherer*, Stationäre Krankenhausbehandlung im Spannungsverhältnis zwischen Ökonomisierung und Haftungsrecht, 2007, S. 159, 254 ff.; *Brüggemeier*, Haftungsrecht, 2006, § 6 D III 2 a, S. 496; *Steffen*, MedR 1993, 338; *Franzki*, MedR 1994, 171, 174; *G. Müller*, in: FS *E. Lorenz*, 2004, S. 475, 482; *dies.*, MedR 2009, 309, 310; *Frahm*, ZMGR 2010, 138, 139 f.; krit. ggü. der Rspr. angesichts des Selbstbestimmungsrechts des Patienten *Rumler-Detzel*, VersR 1998, 546, 547 f.; *Heilmann*, NJW 1990, 1513, 1516, 1518; *Pflüger*, MedR 2000, 6 ff. („Qualitätsaufklärung"); für eine entspr. Aufklärungspflicht insb. *Hart*, MedR 1996, 60, 69 (sonst unzulässige ökonomische Einschränkung der Aufklärungspflicht); *ders.*, in: *Hart*, Ärztliche Leitlinien, 2000, S. 137, 152 f.; *ders.*, MedR 2013, 159, 161 f.; ausf. *ders.*, MedR 1999, 47 ff. („Organisationsaufklärung"); ebenso *Damm*, NJW 1989, 737, 739, 744; *ders.*, JZ 1998, 926, 930; *Laufs*, Der ärztliche Heilauftrag aus juristischer Sicht, 1989, S. 45; *ders.*, in: *Nagel/Fuchs*, Soziale Gerechtigkeit im Gesundheitswesen, 1993, S. 290, 295; überdies *Francke/Hart*, Charta der Patientenrechte, 1999, S. 114 ff., 181 ff.; *Taupitz*, in: *Dietrich/Imhoff/Kliemt*, Standardisierung in der Medizin, 2004, S. 263, 289.
⁵⁵⁷ Vgl. *Geiß/Greiner*, Arzthaftpflichtrecht, ⁷2014, Rn. B 7; *Pauge/Offenloch*, Arzthaftungsrecht, ¹⁴2018, Rn. 180; *Steffen*, MedR 1993, 338; *ders.*, in: FS *Geiß*, 2000, S. 487, 496; *Rumler-Detzel*, VersR 1998, 546, 547; *G. Müller*, in: FS *E. Lorenz*, 2004, S. 475, 480; *dies.*, in: FS *Hirsch*, 2008, S. 413, 416.

chend den unterschiedlichen Aufgabenstellungen an eine moderne Gesundheitsversorgung. Die Zuweisung der konkreten Behandlungsaufgabe im Einzelfall in diesem Netz unterschiedlicher ärztlicher Versorgungseinrichtungen an die dem Schwierigkeitsgrad der jeweiligen Aufgabe entsprechende und ihr gewachsene Klinik oder Arztpraxis hat im vertrauensvollen Zusammenwirken zwischen dem besonnenen Patienten und dem beratenden Arzt, der um die qualitativen Unterschiede in den Behandlungskonzepten weiß, zu erfolgen."[558]

Zusammengefasst setzt diese in Bezug auf situative Abstufungen vorherrschende Vorstellung im Ausgangspunkt voraus, dass das jeweilige Behandlungskonzept der höchsten Versorgungsstufe nach medizinisch-fachlichen Kriterien (bereits) Standard und damit grundsätzlich für alle Versorgungsstufen maßgeblich ist.[559] Jedoch könne sich dieser Standard in einer niedrigeren Versorgungsstufe angesichts der verfügbaren medizinischen Möglichkeiten als praktisch nicht erreichbarer Optimalstandard erweisen, weshalb dort dann lediglich eine herabgesetzte Standarduntergrenze einzuhalten sei (mit dem Optimalstandard als theoretischer Obergrenze). Diese könne freilich nicht beliebig, sondern nur bis zu einem gewissen Mindeststandard abgesenkt werden.

b) Kritische Stellungnahme

In den vergangenen Jahrzehnten wurde diese Auffassung in der Literatur bei der Darlegung des haftungsrechtlichen Standardbegriffs regelmäßig unkritisch aufgegriffen, ohne sie weiter zu hinterfragen. Einzig *Hart* hat sich in den letzten Jahren wiederholt offen gegen derartige übermäßige situative Standarddifferenzierungen ausgesprochen und betont, dass „der medizinische Standard heute allgemein zu prästieren [ist] und davon […] grundsätzlich nicht abgewichen werden [darf] und schon gar nicht […] aus organisatorischen, finanziellen oder personellen Gründen."[560] Aufzugeben sei daher namentlich der „Begriff des Mindeststandards als ‚unverzichtbare Basisschwelle' und die Standarddifferenzierung zwischen verschiedenen Kliniktypen." Die „Überlegungen führen zu einer Standard-

---

[558] *Frahm/Walter*, Arzthaftungsrecht, [6]2018, Rn. 88.
[559] Im Unterschied zur zuvor bereits verneinten Frage nach der Berücksichtigung besonderer Fähigkeiten, Kenntnisse und Mittel; in jenem Fall liegt der Standard dem Grunde nach zunächst einmal (jedenfalls teilweise) niedriger, nach abzulehnender h. M. gelte dann aber ausnahmsweise ein erhöhter (oder auf seinen oberen Teil reduzierter) Standard, s. o. 3.
[560] *Hart*, NJW 2016, 222: es bestehe insofern ein „arzthaftungsrechtlich-dogmatischer Klärungs- und Präzisierungsbedarf, nicht nur zur Beseitigung einer Sprachverwirrung"; s. auch *ders.*, MedR 2015, 1, 4 f.: „Medizinisch und rechtlich gibt es den Standard einer Behandlung und der Standard kann ggf. auch einen Handlungskorridor oder verschiedene Optionen des ärztlichen Handelns einräumen, aber es existiert nicht ein Mindest- und/oder Höchststandard"; bereits *ders.*, GesR 2011, 447, 448: „Die Abstufungen des Standards scheinen die Diskussion um Behandlungsfehler und Spannungsverhältnis eher zu verschleiern als zu erhellen: Man sollte endlich die Konsequenz der Anerkennung des Standards als Maß der Pflichtverletzung ziehen und Differenzierungen nach Minimum/Maximum, Versorgungsstätten, Verkehrskreisen und persönlichen Befähigungen über Bord werfen. Den bestehenden Standard […] hat jeder Behandelnde zu prästieren; die Verfehlung ist der Behandlungsfehler."

Bandbreite, die haftungsrechtlich nur schwer zu operationalisieren ist."[561] Für die Rechtsprechung, die gelegentlich noch unreflektiert auf die einschlägigen Formulierungen zurückgreift, hat die Unterscheidung im Übrigen keinerlei praktische Relevanz erlangt. Dies verwundert kaum, lassen sich die zu Grunde liegenden Probleme doch widerspruchsfrei im Wege der korrekten Bestimmung des Behandlungsstandards zwischen Medizin und Recht sowie des transparenten Umgangs mit Standardabweichungen im Arzt-Patient-Verhältnis auch ohne fragwürdige situative Abstufungen vom „Optimal-" bis hin zum „Mindeststandard" lösen.

Zwar mag es zutreffend sein, dass es personell und sachlich besser oder schlechter ausgestattete Behandlungseinheiten und Versorgungsstätten gibt, in denen Medizin ungleichmäßig voranschreitet.[562] Dies allein kann jedoch noch keinen Einfluss auf den haftungsrechtlichen Standard haben. Dieser entspricht weder zwangsläufig dem einen noch dem anderen Behandlungsniveau, er bestimmt sich schlicht nach anderen, grundsätzlich medizinisch-fachlichen Kriterien und gerade nicht anhand der situativen Rahmenbedingungen. Im Haftungsrecht ist eine Behandlung entweder Medizinischer Standard oder nicht. Einen Mindest- oder Optimalstandard – oder auch einen „Goldstandard"[563] (wie in der Medizin) – kann es jedenfalls rechtlich nicht geben. Der Standard ist insofern vielmehr ein einheitlicher.[564] Schon begrifflich bezieht er sich nicht auf ein (niedriges) Minimum, sondern auf den (höheren) Normalzustand.[565]

Die herrschende Auffassung geht davon aus, dass Verkehrserwartung und Vertrauensschutz derartige Einzelfalldifferenzierungen des Medizinischen Standards in der konkreten Behandlungssituation gebieten.[566] Tatsächlich können solche Überlegungen jedoch nicht ohne Weiteres in den Erwartungshorizont des Patienten an den von ihm aufgesuchten Arzt einbezogen werden,[567] da die genauen Unterschiede zwischen den Versorgungsstufen dem Patienten regelmäßig nicht

---

[561] So bereits *Hart*, MedR 1996, 60, 69 (zu dieser bereichs-, besser: organisationsbezogenen rechtlichen Differenzierung des medizinischen Standards).
[562] So bereits BGHZ 102, 17, 24 f. = NJW 1988, 763, 764 f. = JZ 1988, 411, 413 m. Anm. *Giesen* = MedR 1988, 91, 93; dies sei i. Ü. (auch für den Patienten) letztlich mehr oder weniger selbstverständlich.
[563] Vgl. 2. Kap. A. Rechtlich ist die Abgrenzung des „Goldstandards" vom „einfachen Normalstandard" schon im Ausgangspunkt äußerst schwierig; für sich genommen ist dieser Begriff wenig aussagekräftig, bestimmbar wird er erst aufgrund der zusätzlichen ungewissen, dahinter verborgenen Kriterien; krit. ggü. der Klassifikation und Unterscheidung etwa auch *Schreiber*, in: *Nagel/Fuchs*, Leitlinien und Standards im Gesundheitswesen, 1997, S. 167, 170.
[564] Vgl. *Deutsch*, in: GS *Helm*, 2001, S. 685; s. auch *Deutsch/Spickhoff*, Medizinrecht, [7]2014, Rn. 359; *Spickhoff*, in: *Lilie/Bernat/Rosenau*, Standardisierung in der Medizin als Rechtsproblem, 2009, S. 119, 132 f.: Differenzierung nur in Notfällen (vgl. 3. Kap. A. I. 2. c.) zutreffend; Standard einhalten oder Patient überweisen; keine „Glorifizierung" von Universitätskliniken.
[565] So bereits *Deutsch*, JZ 1997, 1030, 1031.
[566] Vgl. *Groß*, Ärztlicher Standard, 1997, S. 5; im Ansatz auch BGHZ 102, 17, 24 = NJW 1988, 763, 764 f. = JZ 1988, 411, 413 m. Anm. *Giesen* = MedR 1988, 91, 93.
[567] So aber *Frahm/Walter*, Arzthaftungsrecht, [6]2018, Rn. 87: keine fiktive ideale Behandlungsseite, sondern bestimmte Situation und bestimmte Klinik-/Praxiskategorie.

bekannt und für diesen auch nicht im Einzelnen erkennbar sind. Dies ist erst nach entsprechender Information durch den Arzt der Fall, also letztlich eine Frage von Aufklärung und Einwilligung.[568]

Anders sind demgegenüber die fachlichen Standarddifferenzierungen zu beurteilen,[569] da diese nicht unmittelbar an die Person des Behandelnden und dessen Situation, sondern an die für die jeweilige Behandlungsaufgabe relevanten medizinischen Inhalte selbst anknüpfen. Historisch-organisatorisch bedingt wird der Standard innerhalb der jeweiligen Fachrichtung bestimmt. Diesbezüglich besteht in der Patientenschaft eine entsprechende Verkehrserwartung.[570] Bei Aufgabenüberschneidungen zwischen den Fachgebieten können sich zwar unter Umständen Widersprüche ergeben, das Recht darf dann die medizinischen Meinungsstreitigkeiten aber gerade nicht entscheiden.[571]

§ 630a Abs. 2 BGB erwähnt den Situationsbezug des Standards vor diesem Hintergrund im Übrigen zu Recht nicht.[572] Es sind diesbezüglich vielmehr abweichende Vereinbarungen möglich und nötig.[573] Die Ausrichtung des Standards an der konkreten Situation des Patienten ist letztlich selbstverständlich, Umstände aus der Sphäre des Behandelnden hingegen spielen – über die fachlichen (und zeitlichen) Differenzierungen hinaus – angesichts der Objektivität und Normativität des Standards keine Rolle.

c) Praktische Auswirkungen

Praktisch bedeutet dies zum einen: Wurde die besondere Behandlung, die ein Spezialist oder eine Spezialklinik bietet, zutreffend als Standard bestimmt, so genügt die dahinter zurückbleibende Behandlung bei einem einfachen Arzt oder in einem einfachen Krankenhaus nach allgemeinen Regeln nicht diesen (Mindest-)Anforderungen, worüber der Patient entsprechend aufzuklären ist. Individuelle oder örtliche „Unkenntnisse" und „Unfähigkeiten"[574] entlasten den Behandelnden insofern nicht. Jeder (Fach-)Arzt muss sich dem Standard gemäß fortbilden (können) – nicht mehr und nicht weniger. Hinsichtlich sachlicher und personeller Mittel gilt: Fehlende standardgemäße Ausstattung muss (als Teil einer ordnungsgemäßen Organisation) angeschafft und im Übrigen auch fehlendes Personal eingestellt werden.

Die damit verbundene Pflichtenverlagerung auf Ebene der (Organisation und) Aufklärung bedeutet indes nicht, dass der Behandlungsstandard an den Orten, die nicht mit der Spitze mithalten können – gegebenenfalls auch wollen oder sollen –, deshalb ein niedrigerer wäre. Vielmehr wird der Standard dort mit Behandlungsübernahme grundsätzlich verfehlt (Übernahmeverschulden). Der Haftung entgeht der aufgesuchte Arzt dann nur durch die Information des Patienten über die besse-

---

[568] Dazu sogleich c.
[569] Näher 3. Kap. A. I. 2. a.
[570] Dies betonen *Frahm/Walter*, Arzthaftungsrecht, [6]2018, Rn. 85.
[571] Vgl. II. 3. a. cc.
[572] Vgl. bereits 3. Kap. B. II.
[573] S. o. II. 3. c.
[574] Zum umgekehrten Fall s. o. 3.

re (weil im Gegensatz zur Behandlung vor Ort standardgemäße) Behandlung andernorts. Die Behandlung wird sodann entweder abgelehnt und der Patient überwiesen und verlegt oder dieser stimmt der Standardabweichung vor Ort zu.

Insoweit kann der Arzt folglich bei der Gewährleistung des Behandlungsstandards in der Praxis durchaus „auf Lücke setzen", weil unmittelbar keine Haftung droht. Anderes gilt freilich, soweit die (Information und) Weiterverweisung einmal nicht möglich ist – in der Regel wegen besonderer Dringlichkeit in Notfällen – oder der Arzt die Behandlung aus sonstigen Gründen nicht verweigern, aufschieben oder abbrechen kann.[575] Für diesen Fall muss der Arzt gewappnet sein, die Behandlung zu übernehmen und dabei auch den jeweiligen Standard zu gewährleisten. Dadurch ergibt sich im Ergebnis zumindest ein faktischer Mindeststandard, der aber den haftungsrechtlichen Standardbegriff an sich nicht verändert.

Ist hingegen andererseits die (hergebrachte) Behandlung, die der einfache Arzt oder das einfache Krankenhaus zu erbringen in der Lage ist, (noch) Standard,[576] so wird dieser haftungsrechtlich auch von der (fortschrittlichen Optimal-)Behandlung bei einem Spezialisten oder in einer Spezialklinik verfehlt, worüber der Patient ebenso aufzuklären (und gegebenenfalls doch auf das Standardverfahren zurückzugreifen) ist. Das Recht orientiert sich zur Entscheidung der Haftungsfrage im Wesentlichen am Standard. Da es grundsätzlich auf den Standard zum Zeitpunkt der Behandlung ankommt, spielt es keine Rolle, ob eine andere Behandlungsmethode, die zu diesem Zeitpunkt noch nicht Standard ist, möglicherweise bereits besser, weil fortschrittlicher ist.

Das Recht kann und darf die zukünftige Entwicklung des Standards insofern nicht bewerten. Fortschrittsfragen vermag es nur in einer unzulässigen *ex-post*-Betrachtung mit der nötigen Sicherheit zu beantworten.[577] Solange eine neue Behandlung noch nicht Medizinischer Standard ist, könnte es sich grundsätzlich auch um einen Rückschritt handeln, der sich lediglich noch nicht als solcher offenbart hat. Freilich kann eine entsprechende Standardentwicklung später zu Gunsten des Behandelnden Berücksichtigung finden und so der Vorwurf der Ursächlichkeit des Behandlungsfehlers (nicht aber der eines Behandlungsfehlers an sich – und erst recht nicht der eines für die Schädigung ursächlichen Aufklärungsmangels) entkräftet werden.[578]

Erstreckt sich – so die dritte und letzte Möglichkeit – der korrekt bestimmte Standard medizinisch auf mehrere Behandlungsmöglichkeiten, dann keineswegs deshalb, weil am einen Ende des Korridors eine ausreichende Grundversorgung, am anderen der Optimalstandard steht,[579] sondern weil in der Medizin (nach deren fachlichen Inhalten) der Standard insoweit umstritten ist und ein eindeutiger Standard noch nicht gebildet wurde. Es geht dann nicht darum Grenzen der Unterausstattung, sondern Kriterien der Normalausstattung zu bestimmen – ebenso wie

---

[575] Vgl. insg. *Schreiber*, Langenbecks Arch Chir 364 (1984), 295, 297.
[576] Zur Gefahr einer „Überstandardisierung" durch spezialisierte Sachverständige s. *Schreiber*, Langenbecks Arch Chir 364 (1984), 295, 298.
[577] Vgl. 3. Kap. A. I. 2. b.
[578] S. o. 2.
[579] So aber etwa *Kern*, MedR 2004, 300, 301; *Frahm*, GesR 2005, 529, 530; *Stöhr*, in: FS *Hirsch*, 2008, S. 431, 432; *ders.*, MedR 2010, 214, 215 f.; *Taupitz*, GesR 2015, 65, 70.

statt zwischen Normal- und Spezialausstattung zwischen unterschiedlichen Normalausstattungen zu differenzieren ist.[580] Auch wenn es aus medizinischer Sicht innerhalb des Standards mehrere Behandlungsmöglichkeiten gibt, von denen eine als Mindest- und eine andere als Optimalstandard bezeichnet wird, muss es stets einen fachlichen Grund geben, weshalb eine Variante trotzdem noch Standard ist und von der anderen nicht verdrängt wurde. Allein an personellen und sachlichen Versorgungsgrenzen darf dies jedenfalls nicht liegen.

In der Regel wird der Fortschritt noch nicht sicher genug, die Überlegenheit der neuen Methode in der Relation von Nutzen und Risiken noch nicht abschließend geklärt sein, sodass alle ihr bereits zwingend folgen müssten. Den verbleibenden inhaltlichen Streit zwischen den Behandlungsmethoden muss dann aber die Medizin und nicht das Recht entscheiden.[581] Auch innerhalb des Standards lässt sich rechtlich nicht beurteilen, welche Behandlungsmethode besser und fortschrittlicher ist. Dies ist letztlich erst dann sicher feststellbar, wenn nachträglich eine von ihnen aus dem Standard herausfällt. Dabei handelt es sich jedoch wiederum um eine bei der Standardbestimmung unzulässige *ex-post*-Betrachtung. Rechtlich kann es folglich in diesem Sinne keinen Mindest- und Optimalstandard geben; die Unterscheidung ist schlicht nicht haftungsrelevant. Da für das Recht letztlich alle umfassten Methoden gleichrangiger Medizinischer Standard sind, ist die Unterscheidung eines Mindest- und Optimalstandards nicht haltbar. Sie impliziert bereits eine Stellungnahme zu Gunsten einer bestimmten Methode.

d) Fazit und Ausblick

Im Ergebnis ist festzuhalten: Unterschiede zwischen den Versorgungsstufen, die sich (jedenfalls auf den ersten Blick) aufgrund unterschiedlicher personeller und sachlicher Möglichkeiten ergeben, mögen zwar in der ärztlichen Praxis durchaus feststellbar sein, sind zivilrechtlich jedoch nur hinzunehmen (und damit für den haftungsrechtlichen Standard relevant), soweit sie zugleich Ausdruck medizinisch-fachlicher Unsicherheiten im Rahmen des Fortschreitens der Medizin sind, in die das Recht dann gerade nicht – auch nicht durch die Bewertung als Mindest- oder Optimalstandard – klärend eingreifen darf. Das Recht kann keine medizinisch-fachlichen Fragen beantworten und daher auch den Fortschritt in der Medizin nicht materiell-inhaltlich bewerten.

Dies wäre nur formell möglich, wenn der Standard sich nachträglich entsprechend entwickelt. Rechtlich ist allerdings nur der Standard im Zeitpunkt der Behandlung entscheidend. Bestehen solche medizinisch-fachlichen Unsicherheiten nicht, ist der vermeintliche Mindeststandard tatsächlich gar kein Standard mehr und darf insbesondere nicht aus Gründen schlechterer Ausstattung weiterhin geduldet werden. Es gilt dann jeweils der vermeintliche Optimalstandard. Die Bezeichnung der Methoden als Mindest- oder Optimalstandard ist in diesem Fall erst recht fehlerhaft.

---

[580] *Damm*, NJW 1989, 737, 739; zust. *Francke/Hart*, Charta der Patientenrechte, 1999, S. 45.
[581] Vgl. II. 3. a. cc.

Die systemimmanenten Versorgungsgrenzen, die nach abzulehnender Ansicht eine Absenkung des Medizinischen Standards nach sich ziehen, können dabei zum einen auf die begrenzte Verfügbarkeit natürlicher Ressourcen (nicht zuletzt des Menschen selbst, seiner Kenntnisse und Fähigkeiten) zurückzuführen sein. Zum anderen dürfte dabei aber auch die Begrenztheit und ungleiche Verteilung finanzieller Ressourcen als Grundursache eine wesentliche Rolle spielen.

Letzten Endes soll über die Situationsabhängigkeit des Standards auch die finanzielle Situation des Arztes oder Krankenhauses in die Standardbestimmung einbezogen werden – ebenso wie die des Patienten und seiner Krankenversicherung, welche sich auf die des Arztes und Krankenhauses auswirkt. Es wird noch näher zu untersuchen sein, welchen Einfluss gesundheitsökonomische Finanzierbarkeits-, Kosten- und Wirtschaftlichkeitserwägungen[582] tatsächlich auf den haftungsrechtlichen Standard nehmen können.[583] Die bisherigen Ausführungen richten sich insofern ausdrücklich nur gegen situative Standarddifferenzierungen auf Behandlungsseite und nicht dagegen, dass ökonomische Aspekte dabei überhaupt (und vor allem für alle Versorgungsstufen einheitlich!) Berücksichtigung finden können.

---

[582] Vgl. insofern *Frahm/Walter*, Arzthaftungsrecht, [6]2018, Rn. 78, 83, 88; *Pauge/Offenloch*, Arzthaftungsrecht, [14]2018, Rn. 170; *Geiß/Greiner*, Arzthaftpflichtrecht, [7]2014, Rn. B 6 f.; *Uhlenbruck/Laufs*, in: *Laufs/Uhlenbruck*, Handbuch des Arztrechts, [3]2002, § 55 Rn. 2 (u. § 44 Rn. 6); *Hahn*, GesR 2010, 286, 287 ff.; *Stöhr*, MedR 2010, 214, 215 f.; *ders.*, in: FS *Hirsch*, 2008, S. 431, 432; *Kifmann/Rosenau*, in: *Möllers*, Standardisierung durch Markt und Recht, 2008, S. 49, 70; *Kreße*, MedR 2007, 393, 395; *Kern*, MedR 2004, 300, 302 (Gemengelage – und deshalb i. Ü. zutreffend kein regelbestimmendes Beispiel für die im 4. Teil erörterte Fragestellung, s. auch Fn. 583); *Dressler*, in: FS *Geiß*, 2000, S. 379, 387; *Steffen*, ebd., S. 487, 492 ff.; *ders.*, MedR 1995, 190 u. 1993, 338; *ders.*, ZVersWiss 1993, 13, 26; *Rumler-Detzel*, VersR 1998, 546, 547 ff.; *Francke/Hart*, Charta der Patientenrechte, 1999, S. 46; *Hart*, MedR 1996, 60, 68 f.; *Kleinewefers*, VersR 1992, 1425, 1427; *Damm*, NJW 1989, 737, 740, 743 f.; *ders.*, JZ 1998, 926, 930; im Ansatz auch BGHZ 102, 17, 24 = NJW 1988, 763, 764 f. = JZ 1988, 411, 413 m. Anm. *Giesen* = MedR 1988, 91, 93.

[583] Darauf wird noch vertieft im 4. Teil eingegangen (*de lege lata* in 7. Kap. A. II. 2.; *de lege ferenda* im 8. Kap. B. II.).

4. Teil: Verwerfungen und Perspektiven

Kapitel 7: Gegenüberstellung von zivil- und sozialrechtlichem Standard

Nachdem in den vorherigen Teilen die Standards von Medizin, Zivil- und Sozialrecht, ihre jeweiligen Standardbegriffe und Wege zur Standardbestimmung, weitgehend unabhängig voneinander dargestellt wurden, sollen die dort erzielten Ergebnisse nunmehr miteinander verglichen, insbesondere zivil- und sozialrechtlicher Standard gegenübergestellt und dabei Verwerfungen zwischen den Standards nachgegangen werden, um an- und abschließend Perspektiven zu ihrer Harmonisierung aufzeigen und bewerten zu können. Dafür soll zunächst zusammenfassend dargelegt werden, wie sich die einzelnen Standardbegriffe zueinander verhalten.

In diesem Zusammenhang ist bisher noch offengeblieben, wie genau jeweils Qualitäts- und Wirtschaftlichkeitsaspekte in den Standards Berücksichtigung finden (A.). Vor dem Hintergrund ökonomischer Einflüsse könnten bereits auf Begriffsebene Divergenzen zwischen den Standards zu Tage treten. Bislang liegen die einschlägigen Probleme allerdings auf Ebene der Standardbestimmung (C.). Eine separat zu erörternde (begriffliche) Sonderkonstellation stellen, gleichsam bei rechtsgebietsübergreifender Betrachtung, die Fälle grundrechtsorientierter Auslegung des GKV-Standards dar (B.).

A. „Kostendruck und Standard" – Die Standardbegriffe zwischen Qualität und Wirtschaftlichkeit

Die Begrenztheit der verfügbaren Ressourcen, Verknappung finanzieller Mittel und der Kostenanstieg im deutschen Gesundheitswesen[1] sind drängende Herausforderungen für Gesundheitspolitik und -wissenschaft.[2] Vor allem qualitative Studien legen es nahe, dass in der Praxis bereits heute an vielen Stellen – für alle Beteiligten belastende – ärztliche Allokationsentscheidungen getroffen und den Patienten medizinisch nützliche Leistungen aus Kostengründen vorenthalten werden.[3] Als Ursachen des zunehmenden Kostendrucks gelten der medizinische Fortschritt (unter Erweiterung des medizinisch Möglichen und damit einhergehen-

---

[1] Nach Angaben des Statistischen Bundesamtes (unter www.destatis.de, Rubrik Gesundheit) betrugen die Gesundheitsausgaben in Deutschland erstmalig im Jahr 2012 über 300 Mrd. Euro (2017 bereits 375 Mrd. Euro, also 4.500 Euro je Einwohner, Tendenz steigend; dies entspricht – insoweit relativ stabil bleibend – 11,5 % des BIP; 2016 wurde in der GKV die Grenze von 200 Mrd. Euro überschritten).

[2] Statt vieler *Huster*, in: DS 60 Jahre BSG, 2015, Bd. 2, S. 223; zu Knappheit und Verteilungsgerechtigkeit im Gesundheitswesen *ders.*, DVBl. 2010, 1069; außerdem *Kingreen*, VVDStRL 70 (2011), 152 u. *Lege*, ebd., 112; bereits *Fuchs*, MedR 1993, 323; interdisziplinäre Beiträge in *Nagel/Fuchs*, Soziale Gerechtigkeit im Gesundheitswesen, 1993.

[3] Empirische Befunde zum Umgang mit Mittelknappheit und begrenzten Ressourcen im Krankenhaus bei *Strech/Marckmann*, in: Marckmann, Kostensensible Leitlinien, 2015, S. 1; bereits *Strech et al.*, Ethik Med 2008, 94; *Huster et al.*, MedR 2007, 703, 704 ff.; s. auch *Boldt/Schöllhorn*, DÄBl. 2008, A-995; *Kern/Beske/Lescow*, DÄBl. 1999, A-113.

der Erhöhung der Gesundheitsausgaben),[4] ein geändertes Krankheitsverständnis[5] sowie nicht zuletzt der demographische Wandel der Gesellschaft (verbunden mit einer Bedarfssteigerung, aber auch Einnahmensenkung).[6] Insgesamt drohen daher die Ausgaben in der GKV ihre Einnahmen zu übertreffen.[7]

Schon die Ausgangsthese der Ressourcenknappheit im Gesundheitsbereich wird dabei indes keineswegs allseits geteilt. Zumindest handelte es sich lange um ein politisches Tabuthema. Nicht einmal der Kostenanstieg an sich ist unbestritten.[8] Finanzielle Grenzen sind auf diesem Gebiet nun einmal regelmäßig kein vorgegebener, menschlichem Einfluss entzogener Naturzustand, sondern notwendige Folge der Wertentscheidung, wie viel eine Gesellschaft für den Gesundheitssektor, speziell im Verhältnis zu anderen Bereichen, auszugeben bereit ist und wie diese Mittel im Einzelnen zu gewichten sind.[9] Die Existenz ökonomischer Begrenzungen ist deshalb im Folgenden jedenfalls für die Betrachtung ihrer möglichen Auswirkungen auf den Standard zu unterstellen.

Der Medizinische Standard und seine rechtlichen Ausprägungen können sich dem wachsenden Kostendruck im solidarisch finanzierten (§ 3 SGB V)[10] und am Grundsatz der Beitragssatzstabilität (§ 71 SGB V) orientierten GKV-System nicht vollends verschließen. Vielmehr korrelieren „Kostendruck und Standard".[11] Ange-

---

[4] Dazu etwa bereits *Krämer*, MedR 1996, 1; *Oberender*, in: FS *Gitter*, 1995, S. 701 ff.; *Ulsenheimer*, MedR 1995, 438; *Fuchs*, MedR 1993, 323; *Laufs*, in: *Nagel/Fuchs*, Soziale Gerechtigkeit im Gesundheitswesen, 1993, S. 290; *ders.*, Der ärztliche Heilauftrag aus juristischer Sicht, 1989, S. 48 f.; *ders.*, in: *Eser/Just/Koch*, Perspektiven des Medizinrechts, 2004, S. 23, 32; s. auch *Heyers*, MedR 2016, 857 f. Medizinischer Fortschritt kann und soll aber auch zu wirtschaftlicheren Behandlungen führen, vgl. *Hart*, MedR 1996, 60, 67.
[5] Vgl. *Isensee*, in: GS *Heinze*, 2005, S. 417, 418; s. auch *Miranowicz*, MedR 2018, 131, 132 f.; *Gerber-Grote*, in: *Lauterbach/Stock/Brunner*, Gesundheitsökonomie, ³2013, S. 25 ff.; bereits *Laufs*, in: FS *Weitnauer*, 1980, S. 363, 365 ff.; allg. *ders.*, in: *Laufs/Kern*, Handbuch des Arztrechts, ⁴2010, § 1 Rn. 17 ff., insg. § 2 Rn. 5 f.
[6] Zu den Hintergründen *Katzenmeier*, in: *Laufs/Katzenmeier/Lipp*, Arztrecht, ⁷2015, Kap. X Rn. 22 m. w. N.; *Laufs*, ebd., Kap. I Rn. 34; *Arnade*, Kostendruck und Standard, 2010, S. 9 ff.; *Kopetsch*, Zur Rationierung medizinischer Leistungen im Rahmen der GKV, 2001, S. 30 ff.; *Ulsenheimer*, MedR 2015, 757, 759; *Oduncu*, MedR 2012, 359 f.; *Marckmann*, in: *Kick/Taupitz*, Gesundheitswesen zwischen Wirtschaftlichkeit und Menschlichkeit, 2005, S. 179 ff.; *Uhlenbruck*, MedR 1995, 427 ff.
[7] Vgl. *Kemmler*, NZS 2014, 521; s. auch *Wenner*, GesR 2009, 169 f.
[8] S. etwa *Lichey/Schilling/Jonitz*, DÄBl. 2017, A-1176: „Die Mär der Kostenexplosion"; differenziert bereits die Darstellung bei *Rixen*, Sozialrecht als öffentliches Wirtschaftsrecht, 2005, S. 106 ff. m. w. N.
[9] Vgl. *Marckmann*, Bundesgesundheitsbl. 2008, 887, 890 f.; *ders.*, in: *Kick/Taupitz*, Gesundheitswesen zwischen Wirtschaftlichkeit und Menschlichkeit, 2005, S. 179, 184 ff.; *Kingreen*, in: *Kingreen/Laux*, Gesundheit und Medizin im interdisziplinären Diskurs, 2008, S. 147, 149 ff.; *Huster et al.*, MedR 2007, 703; zudem *Huster*, VSSR 2011, 183, 185 f.; *Welti*, MedR 2010, 379 f.; auch *Steffen*, in: FS *Geiß*, 2000, S. 487; *Laufs*, Der ärztliche Heilauftrag aus juristischer Sicht, 1989, S. 46; *ders.*, MedR 1986, 163, 167.
[10] Einzelheiten zur Finanzierung der GKV sodann in den §§ 220 ff. SGB V.
[11] Unter dieser Überschrift zur Thematik bereits *Katzenmeier*, Arzthaftung, 2002, S. 285 ff.; *ders.*, in: *Laufs/Katzenmeier/Lipp*, Arztrecht, ⁷2015, Kap. X Rn. 21 ff.; *ders.*, in: FS *G. Müller*, 2009, S. 237 ff.; *Laufs*, in: *Nagel/Fuchs*, Soziale Gerechtigkeit im Gesundheits-

sichts der drohenden Diskrepanz zwischen Machbarem und Finanzierbarem[12] ist gerade im Kontext des Standards ein angemessener Ausgleich zu finden zwischen der Gewährleistung von Behandlungsqualität und der Wirtschaftlichkeit von Gesundheitsleistungen, um trotz vielfältiger faktischer Zwänge weiterhin flächendeckend eine hochwertige Krankenversorgung und gleichzeitig akzeptable Rahmenbedingungen für die ärztliche Berufsausübung sicherzustellen.[13] Eine asynchrone Integration ökonomischer Erwägungen durch die unterschiedlichen Disziplinen (Medizin, I.; Sozial- und Zivilrecht, II.) könnte zu folgenreichen Brüchen zwischen den Standardbegriffen führen.

I. „Ökonomisierung" der Medizin

1. Verdeckte Standardsenkung aufgrund von Kostenaspekten

In der Medizin wird die Idee, die Behandlung eines Patienten von finanziellen Erwägungen abhängig zu machen, traditionell schon im Ansatz äußerst kritisch betrachtet. Der Arzt sei vielmehr so weit wie möglich von ökonomischen Überlegungen fernzuhalten.[14] Grundsätzlich dürfe es auch keine Rolle spielen, ob eine Behandlung für den Einzelnen oder die Solidargemeinschaft „zu teuer" ist und der Behandelnde deshalb in letzter Konsequenz keine kostendeckende Gegenleistung erhält (oder gar nur keinen Gewinn erzielt). Entsprechende faktische Tendenzen aufgrund betriebswirtschaftlicher Einflüsse nicht zuletzt im zusehends unternehmerisch strukturierten Krankenhaussektor werden mit dem negativ besetzten Schlagwort „Ökonomisierung"[15] versehen und als „ökonomische Überformung"

---

wesen, 1993, S. 290 ff.; monographisch *Arnade*, Kostendruck und Standard, 2010; s. auch *Schmitz-Luhn*, Priorisierung in der Medizin, 2015, S. 150 ff.; *ders.*, in: FS *Dahm*, 2017, S. 437, 444 ff.

[12] Vgl. *Groß*, Ärztlicher Standard, 1997, S. 11; s. auch *Ulsenheimer/Berg*, in: *Berg/Ulsenheimer*, Patientensicherheit, Arzthaftung, Praxis- und Krankenhausorganisation, 2006, S. 259: Zielkonflikt zwischen medizinischen Möglichkeiten und ökonomischen Grenzen.

[13] S. dazu auch *Frahm/Jansen/Katzenmeier/Kienzle/Kingreen/Lungstras/Saeger/Schmitz-Luhn/Woopen*, MedR 2018, 447, 455.

[14] So bereits *Buchborn*, MedR 1993, 328, 332; dort auch: „Qualität und Wirtschaftlichkeit einer Behandlung verhalten sich zwar komplementär, aber nicht notwendig symmetrisch zueinander."

[15] Eine solche lässt sich vor allem empirisch nachweisen, vgl. etwa die qualitative Studie von *Naegler/Wehkamp*, Medizin zwischen Patientenwohl und Ökonomisierung, Krankenhausärzte und Geschäftsführer im Interview, 2018 (m. Rez. *Jansen*, MedR 2018, 638); s. auch *Wehkamp/Naegler*, DÄBl. Int. 2017, 797 (dazu *Köbberling*, DÄBl. Int. 2017, 795); *dies.*, in: *Bonacker/Geiger*, Menschenrechte und Medizin, 2016, S. 283; ähnlich *Vogd et al.*, DÄBl. 2017, A-1972 (Befragung von Führungskräften im Krankenhaus); *Weyersberg/Roth/Woopen*, DÄBl. 2018, A-382 (Auswirkungen auf vulnerable Patientengruppen am Beispiel der Pädiatrie); allg. zu Ursachen und Folgen *Unschuld*, DÄBl. 2017, A-2264; *Marckmann/Maschmann*, DÄBl. 2017, A-2028 f.; *Dohmen/Fiedler*, DÄBl. 2015, A-364; *Thielscher*, DÄBl. 2018, A-1946. Teilweise ist (noch negativer) die Rede von „Ökonomismus" i. S. e. Primats wirtschaftlicher Überlegungen, vgl. *v. Salis-Soglio*, DÄBl. 2016, A-816, A-817 f. Rechtliche Betrachtung bei *Hart*, MedR 1996, 60; *Scherer*, Stationäre

der Medizin, welche die ärztliche Fürsorge zur marktförmigen Dienstleistung transformiert,[16] von der Ärzteschaft auf der Basis ihres eigenen Berufsethos[17] ebenso energisch wie pauschal zurückgewiesen – gleichzeitig aber in der Praxis vom einzelnen Arzt mit einer gewissen Resignation zur Kenntnis genommen. Hier scheint eine differenziertere Herangehensweise angebracht:

Es kann durchaus Aufgabe eines Arztes sein, die Interessen seiner Patienten im Rahmen der verfügbaren Ressourcen zu vertreten; Konflikte entstehen jedoch, wenn er dafür unmittelbar oder mittelbar entlohnt wird.[18] Sodann ist zunächst nichts dagegen einzuwenden – vielmehr liegt es logisch nahe –, dass ein Arzt, der die Wahl zwischen mehreren qualitativ gleichwertigen (da jeweils standardgemäßen) Behandlungen hat, sich für die finanziell am wenigsten aufwändige entscheidet,[19] um dadurch den medizinischen Standard möglichst kostengünstig zu erbringen, ohne mit ihm in Widerspruch zu treten.[20] Eine derartige Effizienzsteigerung der Versorgung ohne Einbußen im medizinischen Qualitätsniveau wird auf Systemebene auch als Rationalisierung bezeichnet.[21] Ein vergleichbarer medizinische Effekt wird mit geringeren Mitteln oder ein größerer Effekt mit vergleichbaren Mitteln erzielt. Es handelt sich nach allgemeiner Auffassung um die primär gebotene Strategie im Umgang mit Mittelknappheit.

Hingegen bedarf das Wirtschaftlichkeitsdenken in der Medizin weiterer Rechtfertigung sowie genauerer Begründung, wenn eine Qualitätsverringerung zur Kostenminimierung in Frage steht, der Arzt also medizinisch notwendige Leistungen nicht erbringen will, weil diese sich finanziell nicht rechnen. Auf Systemebene ist in diesem Fall die Rede von Rationierung im Sinne echter Leistungsbegrenzungen,[22] gleichbedeutend mit einer ökonomisch bedingten Senkung des medizinischen Standards.[23] Dies gilt im Übrigen auch, wenn die Medizin aus Kostengrün-

---

Krankenhausbehandlung im Spannungsverhältnis zwischen Ökonomisierung und Haftungsrecht, 2007, S. 35 ff.; s. auch *Huster*, VSSR 2011, 183; *Ulsenheimer*, MedR 2015, 757, 759; *Frehse*, in: FS *Dahm*, 2017, S. 155; *Miranowicz*, MedR 2018, 131, 134.

[16] So *Maio*, DÄBl. 2012, A-804; s. auch *ders.*, Lehrbuch der Ethik in der Medizin, ²2017, S. 404 f.; *G. Rogler*, in: *Kingreen/Laux*, Gesundheit und Medizin im interdisziplinären Diskurs, 2008, S. 69.

[17] Vgl. *Bergdolt*, DÄBl. 2018, A-924, A-926.

[18] Vgl. *Buchborn*, MedR 1993, 328, 331 f.

[19] Schon schwieriger wird es, wenn der Patient die teurere Behandlung ausdr. wünscht.

[20] *Laufs/Kern*, in: *Laufs/Kern*, Handbuch des Arztrechts, ⁴2010, § 102 Rn. 4; *Kern*, MedR 2004, 300, 302; *Kifmann/Rosenau*, in: *Möllers*, Standardisierung durch Markt und Recht, 2008, S. 49, 72.

[21] Vgl. etwa *Marckmann*, Bundesgesundheitsbl. 2008, 887, 890; *Fuchs/Nagel/Raspe*, DÄBl. 2009, A-554; *Hoppe*, MedR 2011, 216, 218; s. auch *Katzenmeier*, in: *Laufs/Katzenmeier/Lipp*, Arztrecht, ⁷2015, Kap. X Rn. 23; *Huster*, VSSR 2011, 183, 194; *Kingreen*, in: *Kingreen/Laux*, Gesundheit und Medizin im interdisziplinären Diskurs, 2008, S. 147, 151 f.

[22] Zur str. Definition des Begriffs *Marckmann*, Bundesgesundheitsbl. 2008, 887, 891; *Fuchs/Nagel/Raspe*, DÄBl. 2009, A-554 ff.; *Rixen*, in: *Fischer/Meyer*, Gesundheit und Wirtschaftswachstum, 2010, S. 51 ff.; *Arnade*, Kostendruck und Standard, 2010, S. 38 ff.

[23] Vgl. *Laufs/Kern*, in: *Laufs/Kern*, Handbuch des Arztrechts, ⁴2010, § 102 Rn. 5; *Kern*, MedR 2004, 300, 302: Verknappung der ärztlichen Leistung im Standardniveau; s. auch

A. Die Standardbegriffe zwischen Qualität und Wirtschaftlichkeit 273

den ihr eigenes Fortschreiten verweigert.[24] Der Verzicht auf effektive Leistungen ist dabei (nicht nur) ethisch zweifelhaft;[25] grundsätzlich muss die Effektivität einer Behandlung entscheidendes Kriterium sein.[26]

Kritisch ist eine solche Standardmodifizierung vor allem dann zu beurteilen, wenn sie verdeckt erfolgt und Einschränkungen medizinisch begründeter Leistungen aufgrund entsprechender finanzieller Anreize lediglich im Einzelfall durch den behandelnden Arzt, womöglich nicht einmal unter Beteiligung seines Patienten und losgelöst von ausdrücklichen, allgemeingültigen Vorgaben, vorgenommen werden (sogenannte implizite Rationierung).[27] Es besteht die Gefahr, dass „eine ärztliche Internalisierung des Wirtschaftlichkeitsgebots schleichend zu einer ökonomischen Beeinflussung des originär medizinischen Standards führen kann".[28] Es

---

Kifmann/Rosenau, in: *Möllers*, Standardisierung durch Markt und Recht, 2008, S. 49, 72; *Seewald*, in: *Seewald/Schoefer*, Zum Wert unserer Gesundheit, 2008, S. 29, 30 ff.

[24] Vgl. etwa *J. Schroeder-Printzen*, in: AG RAe im MedR e. V., Standard-Chaos?, 2015, S. 25, 37 zu den entspr. Fehlanreizen im GKV-System: „Auf Grundlage des SGB V wird […] definiert, welche Kosten die Krankenkassen zu Lasten der Solidargemeinschaft zu zahlen haben. Durch die Finanzierung der Behandlungskosten findet jedoch mittelbar ein nicht unerheblicher Einfluss auf die Entwicklung […] [medizinischer] Standards statt. Wenn der Leistungserbringer im Regelfall keinerlei Vergütung erhalten würde […], so findet damit mittelbar ein Einfluss auf die Standards [in der Medizin] statt. Dies gilt weniger für die Frage der bisher bestehenden Standards, sondern auf der Ebene von neu zu entwickelnden Standards."; in diese Richtung auch *Steffen*, in: FS *Geiß*, 2000, S. 487, 490, 492 f.; *Laufs/Kern*, in: *Laufs/Kern*, Handbuch des Arztrechts, ⁴2010, § 102 Rn. 12.

[25] Vgl. i. Ü. auch *Laufs/Kern*, in: *Laufs/Kern*, Handbuch des Arztrechts, ⁴2010, § 102 Rn. 5 ff.; *Kern*, MedR 2004, 300, 302: Rationierung in jedem Fall (medizinisch wie rechtlich) nur bei natürlich angelegter, nicht künstlich hervorgerufener/gesteigerter Ressourcenknappheit zulässig.

[26] *Richter*, Ethik Med 1997, 3, 11 f.; s. auch *Katzenmeier*, in: *Laufs/Katzenmeier/Lipp*, Arztrecht, ⁷2015, Kap. X Rn. 23 f.

[27] Krit. etwa *Katzenmeier*, in: *Laufs/Katzenmeier/Lipp*, Arztrecht, ⁷2015, Kap. X Rn. 28; *Laufs*, in: *Laufs/Kern*, Handbuch des Arztrechts, ⁴2010, § 2 Rn. 8; *Kemmler*, NZS 2014, 521, 522 ff.; *Schirmer/Fuchs*, in: *Katzenmeier/Bergdolt*, Das Bild des Arztes im 21. Jahrhundert, 2009, S. 121, 122 ff.; *Kifmann/Rosenau*, in: *Möllers*, Standardisierung durch Markt und Recht, 2008, S. 49, 72; *Leist*, in: *Dietrich/Imhoff/Kliemt*, Standardisierung in der Medizin, 2004, S. 6 ff.; *Francke*, GesR 2003, 97, 98; *Kopetsch*, Zur Rationierung medizinischer Leistungen im Rahmen der GKV, 2001, S. 76 ff.; s. auch den Beschl. des 111. DÄT („Ulmer-Papier"), DÄBl. 2008, A-1189, A-1194 f.; *Hoppe*, MedR 2011, 216, 218; aus ethischer Sicht *Maio*, Lehrbuch der Ethik in der Medizin, ²2017, S. 401; *Marckmann*, Bundesgesundheitsbl. 2008, 887, 891 ff.; *ders.*, in: *Kick/Taupitz*, Gesundheitswesen zwischen Wirtschaftlichkeit und Menschlichkeit, 2005, S. 179, 190 ff. Zu impliziter Rationierung als Rechtsproblem *Huster et al.*, MedR 2007, 703 f.; *Huster*, DVBl. 2010, 1069, 1071 f.; übermäßig krit. ggü. der Bezeichnung dabei *Neumann*, NZS 2005, 617, 618 (unter unzutreffender Vermischung von impliziter Rationierung und Rationalisierung).

[28] *Taupitz*, in: *Möllers*, Geltung und Faktizität von Standards, 2009, S. 63, 75; s. auch bereits *Hart*, MedR 1996, 60, 70: „schleichende ökonomische Infiltration"; ebenso *Laufs*, in: FS *Jayme*, 2004, S. 1501, 1509; *ders.*, in: *Eser/Just/Koch*, Perspektiven des Medizinrechts, 2004, S. 23, 31 f.; *ders.*, in: FS *Deutsch*, 1999, S. 625, 628 f.; *Kern*, MedR 2004, 300, 303; *ders.*, GesR 2002, 5, 9; *Laufs/Kern*, in: *Laufs/Kern*, Handbuch des Arzt-

droht eine intransparente Vermischung ökonomischer Interessen sowie medizinischer Ziele. „Wenn auf diese Weise Aspekte ökonomischer und medizinischer Provenienz ununterscheidbar ineinander verschlingen, prägt letztlich eine ökonomisch beeinflusste Praxis den Standard, ohne dass die fachfremde Ökonomisierung im weiteren Verlauf noch erkennbar wäre."[29]

2. Künstliche Standarderhöhung durch entsprechende Kostenanreize – „wirtschaftliche Indikation"

Unter dem Stichwort „Ökonomisierung der Medizin" wird auch das – verglichen mit der zuvor geschilderten Konstellation – umgekehrte Phänomen der sogenannten „wirtschaftlichen Indikation" diskutiert.[30] Finanzielle Anreize im Gesundheitswesen,[31] die die ärztliche Indikationsstellung[32] beeinflussen, können zu zweckentfremdeten (weil erlösorientierten) Entscheidungen und damit im Ergebnis zu medizinisch unnötigen Behandlungen führen. Die Kritik richtet sich in der Praxis vor allem gegen die pauschalierten Abrechnungsverfahren im Bereich der Krankenhausbehandlung (anhand diagnosebezogener Fallgruppen, *Diagnosis*

---

rechts, [4]2010, § 102 Rn. 9; und auch *G. Müller*, in: FS *Hirsch*, 2008, S. 413, 422 sieht die Gefahr einer schleichenden, für den Richter nicht erkennbaren Reduzierung des Standards.

[29] *Taupitz*, in: *Möllers*, Geltung und Faktizität von Standards, 2009, S. 63, 75 f.: Im modernen, GKV-dominierten Gesundheitssystem sei die Infiltration mehr als eine nur theoretische Gefahr.

[30] Dazu aus der rechtswissenschaftlichen Lit. *Hart*, MedR 2014, 207 m. w. N. („Mengendynamik ohne entsprechende Nutzensteigerung"); *Ulsenheimer*, MedR 2015, 757, 759; *Miranowicz*, MedR 2018, 131, 134; zu ökonomischen Fehlanreizen als Einflussfaktoren bei der ärztlichen Indikationsstellung *Grams*, GesR 2015, 321, 322 f.; *Gaßner/Strömer*, SGb 2011, 421, 424, 428 (im Kontext des medizinischen Fortschritts); *Frahm/Walter*, Arzthaftungsrecht, [6]2018, Rn. 77 (u. 78, Fn. 26); in diese Richtung bereits *Laufs*, Der ärztliche Heilauftrag aus juristischer Sicht, 1989, S. 47 f.; *ders.*, in: *Nagel/Fuchs*, Soziale Gerechtigkeit im Gesundheitswesen, 1993, S. 290, 292 f.; s. zudem die einschlägigen Beiträge in *Dörries/Lipp*, Medizinische Indikation, 2015; auch die dort im Anhang (S. 267) abgedruckte Stellungnahme der BÄK „Medizinische Indikationsstellung und Ökonomisierung" vom 20.02.2015 sowie (S. 256) die Stellungnahme der Zentralen Ethikkommission bei der BÄK „Ärztliches Handeln zwischen Berufsethos und Ökonomisierung, Das Beispiel der Verträge mit leitenden Klinikärztinnen und -ärzten" vom 20.09.2013 (DÄBl. 2013, A-1752); des Weiteren das Thesenpapier der Nationalen Akademie der Wissenschaften Leopoldina „Zum Verhältnis von Medizin und Ökonomie im deutschen Gesundheitssystem", 2016, abrufbar unter www.leopoldina.org; überdies *Raspe*, MedR 2016, 248 (Indikation zwischen Individuum und Kollektiv); bereits *Leidner*, DÄBl. 2009, A-1456 („Was sich nicht rechnet, findet nicht statt"); s. auch die Stellungnahme der AWMF zu „Medizin und Ökonomie – Maßnahmen für eine wissenschaftlich begründete, patientenzentrierte und ressourcenbewusste Versorgung", 2018, abrufbar unter www.awmf.org.

[31] Ethische Bewertung etwa durch *Manzeschke*, in: *Marckmann*, Praxisbuch Ethik in der Medizin, 2015, S. 223 ff.

[32] Zum Verhältnis von Indikation und Standard 6. Kap. D. II. 2.

A. Die Standardbegriffe zwischen Qualität und Wirtschaftlichkeit   275

Related Groups, DRG)³³ sowie die leistungsbezogene Vergütung von Klinikärzten (auf der Basis von Zielvereinbarungen).

Unkontrolliertes Streben nach Gewinnmaximierung kann zu einer „Qualitätssteigerung" (im wertungsfreien Sinne allgemeiner Beschaffenheit)³⁴ in der Krankenversorgung führen, die mit keinerlei gesundheitlichen Mehrwert für den Patienten korrespondiert, vielmehr zusätzliche Belastungen und ungerechtfertigte Risiken in sich birgt. Wird der Arzt durch entsprechende Kostenanreize zur Abweichung vom Behandlungsstandard (nach „oben") veranlasst und besinnt die Medizin sich nicht der Notwendigkeit ihres Eingreifens, könnte der Standard letztlich ökonomisch fremdbestimmt,³⁵ dadurch überformt und kraft des in der Praxis Üblichen – in der Folge nicht mehr ohne Weiteres nachvollziehbar – künstlich erhöht werden.

Für die vorliegende Ausarbeitung ist dieses Problem nur am Rande von Bedeutung, zumal es sich in erster Linie um strukturelle Systemfehler handelt, die nicht zur Regel werden sollten. Es lässt jedoch bereits erkennen, dass Kostendämpfung in der Medizin vor allem (rationalisierend) bei der Übermaßbehandlung³⁶ anzusetzen hat, welche nicht zuletzt durch eine konsequente Standardbestimmung einzudämmen ist.³⁷ Solange in manchen Bereichen eine medizinische Überversorgung besteht, die gewiss in der Praxis nicht immer leicht zu identifizieren ist, sind (rationierende) Einschränkungen aufgrund begrenzter Ressourcen an anderer Stelle nur schwer zu rechtfertigen.³⁸

---

³³ Vgl. § 17b KHG; s. bereits 5. Kap. Fn. 152; *Scherer*, Stationäre Krankenhausbehandlung im Spannungsverhältnis zwischen Ökonomisierung und Haftungsrecht, 2007, S. 109 ff.; aus einer ökonomischen Perspektive *Lüngen*, in: *Lauterbach/Lüngen/Schrappe*, Gesundheitsökonomie, Management und EbM, ³2010, S. 134, 143 ff.; auch *Kuntz/Pick*, ebd., S. 235, 237 ff.; *Schrappe*, ebd., S. 356 ff.
³⁴ Vgl. 4. Kap. C. I. 1.
³⁵ *Laufs/Kern*, in: *Laufs/Kern*, Handbuch des Arztrechts, ⁴2010, § 102 Rn. 9: „normative Kraft des Faktischen" (in Anlehnung an *Jellinek*); ebenso *Kern*, MedR 2004, 300, 303; *ders.*, GesR 2002, 5, 9: Der Interessenkonflikt zwischen medizinischem Standard und knappen Ressourcen werde beseitigt, indem er schon in die Standardbestimmung einbezogen wird.
³⁶ Zu weiteren Gründen einer Überversorgung *Hasenfuß et al.*, DÄBl. 2016, A-600, A-601.
³⁷ Vgl. dazu *Buchborn*, MedR 1993, 328, 332, den Beitrag der Ausbildung von Standards in der Medizin zur Kostendämpfung angesichts der mit einer Defensivmedizin (als Folge einer Standardisierung) einhergehenden Kosten letztlich aber dennoch anzweifelnd; dort (S. 328) i. Ü.: „Standardisierung in der Gesundheitsökonomie bedeutet betriebswirtschaftliche Rationalisierung mit der möglichen Folge auch der Rationierung von Leistungen"; aus dieser Sicht ausf. die einschlägigen Beiträge in *Dietrich/Imhoff/Kliemt*, Standardisierung in der Medizin, 2004; s. auch *Nagel*, in: *Nagel/Fuchs*, Leitlinien und Standards im Gesundheitswesen, 1997, S. 230.
³⁸ Näher zu Fragen der medizinischen Überversorgung im Kontext von Haftungs- und Sozialrecht *Schmitz-Luhn*, Priorisierung in der Medizin, 2015, S. 172 ff.

II. Wirtschaftlichkeit und Recht

1. Finanzielle Grenzen des sozialrechtlichen Standards – zum Verhältnis zwischen Qualitäts- und Wirtschaftlichkeitsgebot

Im Sozialrecht ist an der Seite des Qualitätsgebots nach § 2 Abs. 1 S. 3 SGB V in § 12 Abs. 1 SGB V ausdrücklich ein Wirtschaftlichkeitsgebot verankert. Dieses trägt der Ressourcenknappheit im Gesundheitswesen *de lege lata* Rechnung. Im Übrigen wird (neben der EbM) auch explizit auf gesundheitsökonomische Bewertungsmethoden Bezug genommen.[39] Nachdem die Anforderungen des Qualitäts- und des Wirtschaftlichkeitsgebots insofern bereits separat beschrieben wurden,[40] bleibt nunmehr zu klären, wie sich Qualität und Wirtschaftlichkeit im Einzelnen zueinander verhalten, wie genau sich also aus diesen beiden Elementen der sozialrechtliche Standard zusammenfügt.

Dabei ist zunächst erneut festzuhalten, dass die allgemeinen Qualitäts- und Wirksamkeitsanforderungen zwar nach dem Gesetzeswortlaut neben dem Wirtschaftlichkeitsgebot stehen,[41] dieses inhaltlich aber an vielen Stellen präzisieren.[42] Tatsächlich richtet sich die Beurteilung einer Behandlungsmaßnahme als zweckmäßig, ausreichend und notwendig im Sinne von § 12 Abs. 1 SGB V gerade nach dem allgemein anerkannten Stand der medizinischen Erkenntnisse im Sinne von § 2 Abs. 1 S. 3 SGB V.[43] Eignung, Ausreichen und Notwendigkeit[44] einer Behand-

---

[39] Vgl. 5. Kap. B. III. 3.

[40] Ausf. 4. Kap. C.

[41] § 70 Abs. 1 S. 2 SGB V verlangt, dass die Versorgung in der fachlich gebotenen Qualität *sowie* wirtschaftlich erbracht wird. § 139a SGB V verweist auf das Institut für Qualität *und* Wirtschaftlichkeit im Gesundheitswesen. Dies lässt sich freilich umgekehrt auch i. S. e. Parallelität von Qualität und Wirtschaftlichkeit verstehen, vgl. *Huster*, VSSR 2013, 327, 332; *ders.*, in: DS 60 Jahre BSG, 2015, Bd. 2, S. 223, 236.

[42] Vgl. *Axer*, in: *Eichenhofer/v. Koppenfels-Spies/Wenner*, SGB V, ³2018, § 2 Rn. 4; *Kluth*, MedR 2005, 65, 67.

[43] Vgl. *v. Langsdorff*, in: *Sodan*, Handbuch des Krankenversicherungsrechts, ³2018, § 9 Rn. 12; *Roters*, in: KassKomm, ¹⁰²2018, § 12 SGB V Rn. 25; s. bereits 4. Kap C. II. 1.-3.

[44] A. A. *Scholz*, in: *Becker/Kingreen*, SGB V, ⁶2018, § 12 Rn. 8; *Ulmer*, in: *Eichenhofer/v. Koppenfels-Spies/Wenner*, SGB V, ³2018, § 12 Rn. 1; *Trenk-Hinterberger*, in: *Spickhoff*, Medizinrecht, ³2018, § 12 SGB V Rn. 6; *Greiner/Benedix*, SGb 2013, 1, 5; *G. Schroeder-Printzen*, MedR 1993, 339; ähnlich auch *Welti*, GesR 2006, 1, 8; *Fastabend*, NZS 2002, 299, 302. Nach dieser abw. Auffassung ist unter mehreren ausreichenden und zweckmäßigen Leistungen nur die kostengünstigste (genauer die mit der besten Kosten-Nutzen-Relation) notwendig. Dieses Verständnis ist jedoch zu eng und lässt der Wirtschaftlichkeit i. e. S. nichts mehr übrig. Richtigerweise geht es zunächst einmal um eine rein medizinische Notwendigkeit. Dabei hat es freilich häufig günstige Kostenfolgen, wenn sich eine aufwändigere (und damit regelmäßig teurere) Behandlung medizinisch als nicht notwendig erweist. Insofern folgt die Vergleichsbetrachtung zumindest indirekt ökonomischen Prämissen, vgl. *Francke*, in: FS *Laufs*, 2006, S. 795, 806 ff. *Francke/Hart*, MedR 2008, 2, 21 f., sehen in der Entscheidung über die (medizinische) Notwendigkeit einer Behandlung daher jedenfalls eine „gesundheitspolitische Bewertung".

lung beziehen sich im Wesentlichen auf Qualitätsaspekte[45] und sind allein nach medizinischen Kriterien zu beurteilen.[46] Unter systematischen Gesichtspunkten ist das Qualitätsgebot demnach vorrangig[47] und das Wirtschaftlichkeitsgebot ein „Sekundärprinzip",[48] welches innerhalb des Standards zum Tragen kommt.[49] Denn erst wenn dessen Einhaltung feststeht, kann sich überhaupt die Frage stellen, inwieweit im Hinblick auf das Wirtschaftlichkeitsgebot Abstriche vorzunehmen sind[50] – welche gewiss nie die Wirksamkeit an sich in Frage stellen dürfen.[51]

Die Titulierung als Wirtschaftlichkeitsgebot ist potentiell missverständlich,[52] zumindest aber verkürzt und von bedenklicher Außenwirkung, vermittelt sie doch den Eindruck, es gehe vornehmlich um finanzielle Fragen. Anders als sein Name nahelegt erhebt das Wirtschaftlichkeitsgebot keineswegs die Finanzierbarkeit im Sinne einer Leistungsobergrenze zur Grundmaxime des Leistungsanspruchs, sondern will die GKV als Vollversicherung durch eine medizinische Untergrenze erhalten.[53] Kostentragung in der GKV ist nicht durch pauschale Höchstsummen begrenzt.[54] Den Versicherten wird unabhängig von ökonomischen Überlegungen eine ausreichende Behandlung garantiert.[55] Das Merkmal des Ausreichenden verhindert also eine Rationierung, wohingegen das Maß des Notwendigen eine erste (medizinische) Rationalisierung ermöglicht.[56]

Erst die Wirtschaftlichkeit im engeren Sinne ist sodann Einfallstor für eindeutig ökonomische Überlegungen.[57] Sie wird der Bezeichnung als Wirtschaftlichkeitsgebot dadurch gerecht, dass bei der Abwägung der Vor- und Nachteile von Leistungen ihre Kosten einbezogen werden. Die Wirtschaftlichkeit im engeren Sinne als Kernelement eines „echten" Wirtschaftlichkeitsgebots spielt dabei jedoch wie dargelegt überhaupt nur dann eine Rolle, wenn die Wahrung des Qualitätsgebots in jedem Fall bereits gesichert ist, also mehrere Leistungen in qualitativer Hinsicht in Betracht kommen. Und selbst in diesem Fall können die Kosten noch vom Nutzen der Leistung, von Qualitätsaspekten aufgewogen werden. Mit-

---

[45] Vgl. *v. Langsdorff*, in: *Sodan*, Handbuch des Krankenversicherungsrechts, ³2018, § 9 Rn. 2; s. auch *Huster*, VSSR 2013, 327, 333; *ders.*, in: DS 60 Jahre BSG, 2015, Bd. 2, S. 223, 231 f.
[46] So zur Krankenhausbehandlung BSGE 118, 155, 161 f. = MedR 2015, 894, 896 f. m. Anm. *Frigger*; differenziert *Francke*, in: *Hart*, Ärztliche Leitlinien im Medizin- und Gesundheitsrecht, 2005, S. 171, 193 f.
[47] *Engelmann*, MedR 2006, 245, 246; *Francke*, in: *Hart*, Ärztliche Leitlinien im Medizin- und Gesundheitsrecht, 2005, S. 171, 193; s. auch *Axer*, in: *Eichenhofer/v. Koppenfels-Spies/Wenner*, SGB V, ³2018, § 2 Rn. 5.
[48] *Hart*, MedR 1996, 60, 67.
[49] *Kreße*, MedR 2007, 393, 397.
[50] *Engelmann*, MedR 2006, 245, 246; s. auch *Fastabend*, NZS 2002, 299, 302.
[51] *Welti*, in: *Kunz et al.*, Lehrbuch EbM, ²2007, S. 401, 402.
[52] S. auch *Isensee*, in: GS *Heinze*, 2005, S. 417, 421: „Das Prinzip der Wirtschaftlichkeit ist mehrdeutig" (Ambivalenz).
[53] *Roters*, in: KassKomm, ¹⁰²2018, § 12 SGB V Rn. 24.
[54] Dies betont etwa auch *Wenner*, GesR 2009, 169, 174.
[55] *Greiner/Benedix*, SGb 2013, 1, 4.
[56] Vgl. *Greiner/Benedix*, SGb 2013, 1, 4; zu den Begrifflichkeiten s. o. I. 1.
[57] *v. Langsdorff*, in: *Sodan*, Handbuch des Krankenversicherungsrechts, ³2018, § 9 Rn. 2.

hin ist auch die Wirtschaftlichkeit im engeren Sinne in hohem Maße vom Qualitätsgebot des § 2 Abs. 1 S. 3 SGB V geprägt.[58]

Im Übrigen ist das einzig kostenbezogene Element der Wirtschaftlichkeitsprüfung insofern wenig spektakulär, als es bereits einem allgemeinen Gebot der Vernunft[59] („*Ratio*nalisierung") entspricht, bei gleichwertigen Alternativen nicht die teurere zu wählen. Leicht fällt die Abwägungsentscheidung im Rahmen der Wirtschaftlichkeit im engeren Sinne daher auch, wenn es um mehrere gleich zweckmäßige, unterschiedlich kostenintensive Leistungen geht (oder umgekehrt – freilich bietet bereits die Bestimmung der Vergleichbarkeit einen gewissen Spielraum). Problematisch ist der Vergleich hingegen, wenn es Kosten und Nutzen zu gewichten gilt, weil etwa die teurere Leistung zugleich einen Wirksamkeitsvorteil (Zusatznutzen) mit sich bringt, diesem folglich ein Geldwert beizumessen ist.[60] Dieser mag dann gegebenenfalls außer Verhältnis zum Mehrerfolg stehen,[61] wobei aufgrund der Bedeutung der in Frage stehenden Rechtsgüter tendenziell ein grobes, extremes Missverhältnis erforderlich ist.[62] Höhere Kosten sind in der Regel gerechtfertigt, wenn eine Leistung besonders wirksam ist.

Rationalisierung (nicht Rationierung)[63] ist zentraler Grundgedanke des Wirtschaftlichkeitsgebots.[64] Mit der Bewertung von Qualität und Wirtschaftlichkeit „wird das Ziel verfolgt, beide auf ein optimales Niveau zu heben, Leistungsumfang und Leistungserbringung zu rationalisieren. Leistungen werden aus der Versorgung gedrängt, die dem medizinischen Standard nicht entsprechen oder die eine ungenügende Kosteneffektivität aufweisen. Die Grenze zwischen Rationalisierung und Rationierung verläuft entlang dem medizinischen Standard. Rationierung begrenzt die Geltung des medizinischen Standards und schließt medizinisch standardgemäße, im Einzelfall indizierte Leistungen – in der Regel aus Wirt-

---

[58] Vgl. insg. 4. Kap. C. II. 4.
[59] Vgl. *Kluth*, MedR 2005, 65, 67.
[60] *Roters*, in: KassKomm, [10]2018, § 12 SGB V Rn. 42; s. auch *Greiner/Benedix*, SGb 2013, 1, 5; *Noftz*, in: *Hauck/Noftz*, SGB V, 2000, § 12 Rn. 23: eine Problematik der Quantifizierung von Qualitätsfragen.
[61] Vgl. *Rolfs*, Das Versicherungsprinzip im Sozialversicherungsrecht, 2000, S. 407; *ders.*, in: FS 50 Jahre BSG, 2004, S. 475, 485.
[62] *Greiner/Benedix*, SGb 2013, 1, 5; *Welti*, GesR 2006, 1, 8; s. auch *Huster*, DVBl. 2010, 1069, 1072; krit. *ders.*, in: DS 60 Jahre BSG, 2015, Bd. 2, S. 223, 233 ff.; *ders.*, VSSR 2013, 327, 335 f., weil damit letztlich doch eine Rationierung verbunden sei, die jedenfalls klar als solche gekennzeichnet werden müsse; ähnlich *Kingreen*, VVDStRL 70 (2011), 152, 168 f.; *Kemmler*, NZS 2014, 521, 528 f.
[63] Gar vom „Wirtschaftlichkeitsgebot als Rationierungsverbot" spricht *Rixen*, Sozialrecht als öffentliches Wirtschaftsrecht, 2005, S. 164 ff.
[64] Vgl. *Roters*, in: KassKomm, [10]2018, § 12 SGB V Rn. 24; *Scholz*, in: *Becker/Kingreen*, SGB V, [6]2018, § 2 Rn. 16 u. § 12 Rn. 6; *Noftz*, in: *Hauck/Noftz*, SGB V, 2015, § 2 Rn. 44 u. 2000, § 12 Rn. 16; *Kemmler*, NZS 2014, 521, 528; *Greiner/Benedix*, SGb 2013, 1; *Francke*, in: *Hart*, Ärztliche Leitlinien im Medizin- und Gesundheitsrecht, 2005, S. 171, 186; s. auch *Nebendahl*, in: *Spickhoff*, Medizinrecht, [3]2018, § 2 SGB V Rn. 18; *Seewald*, in: *Seewald/Schoefer*, Zum Wert unserer Gesundheit, 2008, S. 29, 32 ff.; *Isensee*, in: GS *Heinze*, 2005, S. 417, 421; *Steffen*, MedR 1995, 190; differenziert *Huster*, VSSR 2013, 327, 332 ff.; *ders.*, in: DS 60 Jahre BSG, 2015, Bd. 2, S. 223, 231 ff.

schaftlichkeitserwägungen – aus. Sind zu den ausgeschlossenen Leistungen medizinisch gleichwertige oder bessere Behandlungsalternativen verfügbar, liegt womöglich Rationalisierung, nicht jedoch Rationierung vor."[65]

Wird eine Leistung den medizinischen Qualitätsanforderungen gerecht, erfüllt sie allerdings zwangsläufig auch die Grundvoraussetzungen einer gesundheitsökonomischen Betrachtung. Eine Leistung kann überhaupt nur wirtschaftlich sein, wenn der allgemein anerkannte Stand der medizinischen Erkenntnisse beachtet wird. Unzweckmäßige, mangelhafte und unwirksame Leistungen sind stets unwirtschaftlich.[66] Sozialrechtliche Wirtschaftlichkeit ist mithin vereinfacht als medizinische Sinnhaftigkeit zu begreifen. Ressourcen sollen nicht ohne Sinn verschwendet werden – nicht mehr, nicht weniger.

Es ist namentlich schon aus medizinischer Sicht sinnlos, unwirksame (und daher nicht zweckmäßige oder nicht ausreichende) Behandlungen durchzuführen oder übermäßig zu behandeln (und damit das Maß des Notwendigen zu überschreiten), obwohl eine weniger aufwändige Behandlung ebenso wirksam wäre. § 12 Abs. 1 SGB V verlangt demnach, vorhandene effektive Ressourcen auch möglichst effizient einzusetzen, indem medizinisch weder zu wenig noch zu viel getan, verhältnismäßig[67] vorgegangen wird. „Medizinische und ökonomische Gesichtspunkte können [...] durchaus übereinstimmen, und innerhalb des Korridors medizinischer Vertretbarkeit entspricht es durchaus der lex artis, auf sie Rücksicht zu nehmen, weil auch die Medizin dem Verhältnismäßigkeitsprinzip verpflichtet ist."[68]

Insofern erscheint es konsequent, dass das Wirtschaftlichkeitsgebot mit einer Prüfung der Zweckmäßigkeit und damit der Wirksamkeit beginnt, welche Kernelement auch des Qualitätsgebots ist, und nicht allein an Wirtschaftlichkeit im engeren Sinne anknüpft. Denn Qualität ist Grundvoraussetzung von Wirtschaftlichkeit; zwischen Qualitäts- und Wirtschaftlichkeitsgebot bestehen erhebliche Überschneidungen, sie stehen in einem untrennbaren Zusammenhang.[69] So ist die Wirtschaftlichkeit im Übrigen gleichsam Gegenstand der Qualitätssicherung im Sinne des SGB V.[70] Mittels der allgemeinen Qualitätssicherung soll letztlich verhindert werden, dass der GKV durch qualitativ schlechte Leistungen unnötige Mehrkosten entstehen.[71] Qualitätssicherung ist folglich ebenfalls ein Instrument zur Steigerung der Wirtschaftlichkeit.[72]

---

[65] *Francke*, in: FS *Laufs*, 2006, S. 795; entspr. bereits *ders.*, GesR 2003, 97, 98; s. auch *Francke/Hart*, MedR 2008, 2, 23 f.
[66] BSGE 64, 255, 257 = NJW 1989, 2349; *Axer*, in: *Eichenhofer/v. Koppenfels-Spies/Wenner*, SGB V, ³2018, § 2 Rn. 5; s. auch *Noftz*, in: *Hauck/Noftz*, SGB V, 2015, § 2 Rn. 39 u. 2000, § 12 Rn. 9.
[67] Zu den Parallelen zum Verhältnismäßigkeitsprinzip bereits 4. Kap. C. II. 4.
[68] *Taupitz*, in: *Möllers*, Geltung und Faktizität von Standards, 2009, S. 63, 90.
[69] Vgl. *Engelmann*, MedR 2006, 245, 246.
[70] Aus dieser Perspektive *Weidenbach*, in: *Sodan*, Handbuch des Krankenversicherungsrechts, ³2018, § 29 Rn. 1 ff.; dazu allg. bereits 4. Kap. C. I. 1.
[71] *Vossen*, in: *Krauskopf*, ⁹¹2016, § 135a SGB V Rn. 2.
[72] Aus dieser Perspektive auch *Katzenmeier*, in: *Laufs/Katzenmeier/Lipp*, Arztrecht, ⁷2015, Kap. X Rn. 65 ff.; *G. Schneider*, NZS 1997, 267 ff.; *Ulsenheimer*, MedR 1995, 438, 441 f.;

Bei der Frage nach der Wirtschaftlichkeit im weiteren Sinne, im Sinne des Wirtschaftlichkeitsgebots insgesamt, geht es in erster Linie um die Wirksamkeit einer Leistung im Hinblick auf das Behandlungsziel (§ 2 Abs. 1 S. 3 SGB V), erst dann unter Umständen um ihre Kosten im Rahmen der Wirtschaftlichkeit im engeren Sinne, normativ verortet im Unterkriterium „wirtschaftlich" in § 12 Abs. 1 SGB V. Wirtschaftlichkeit im Sinne des Gesetzes bedeutet demnach, das vorgegebene Behandlungsziel mit minimalem Aufwand zu erreichen (Minimalprinzip).[73] Das Ziel selbst bleibt davon jedoch unberührt, ist stets unverändert anzustreben und wird insbesondere nicht wegen hoher Kosten herabgesetzt (so aber im Falle einer Wirtschaftlichkeit verstanden als Maximalprinzip: bestmögliches Ergebnis bei definierten Kosten).[74]

Aus diesem Grund greift schließlich die Wirtschaftlichkeit im engeren Sinne nur ein, wenn mehrere Behandlungsalternativen zur Verfügung stehen. „Was wirkungsvoller heilt, kann grundsätzlich nicht mit einer schlechter wirksamen Therapie verglichen werden. Der Kostenvergleich gilt der gleichen Stufe der Zielerreichung, denn nur dort hat das Wirtschaftlichkeitsgebot als Regel eine dem Leistungsanspruch gleichgeordnete Geltung."[75] „Gleichwertigkeit als Auslöser der Einbeziehung von Wirtschaftlichkeitsüberlegungen bedeutet demzufolge die gleich hohe und gleich sichere Wirkung auf das Hauptziel. Notwendigkeit und Wirtschaftlichkeit [im engeren Sinne] treten so gesehen als kontrollierendes Paar auf."[76] Auf das (Haupt-)Ziel wirkt sich das Wirtschaftlichkeitsgebot wenn überhaupt nur in sehr engen Grenzen aus – eine zu stark erhöhten Kosten geringfügig (womöglich nur im Hinblick auf ein Nebenziel) verbesserte Therapie kann gegebenenfalls ausgeschlossen werden.[77] „Der Zweck einer Heilbehandlung bestimmt ihre Kosten, nicht umgekehrt. Das Maximalprinzip könnte allenfalls ergänzend angewandt werden, wenn zwei kostenidentische Leistungen qualitative Unterschiede aufweisen."[78]

Im Ergebnis ist das zusammen mit dem Qualitätsgebot des § 2 Abs. 1 S. 3 SGB V den sozialrechtlichen Standard bestimmende Wirtschaftlichkeitsgebot nach § 12 Abs. 1 SGB V weniger durch ökonomische denn (wie das Qualitätsgebot selbst) durch medizinische Einflüsse geprägt. Das SGB V kann vor diesem Hintergrund nicht auf seine Bedeutung als Kostendämpfungsgesetz reduziert

---

für eine eindeutigere Trennung von (evidenzbasierter) Qualitätssicherung und Wirtschaftlichkeitsaspekten und damit einen offeneren und transparenteren Umgang mit Kostenerwägungen (auch) im Sozialrecht hingegen *Huster*, VSSR 2013, 327, 338 ff.; *ders.*, in: DS 60 Jahre BSG, 2015, Bd. 2, S. 223, 238 ff.; s. auch *ders.*, VSSR 2011, 183, 193.

[73] Vgl. bereits 4. Kap. C. II. 4.; dazu *Welti*, GesR 2006, 1, 8; *Greiner/Benedix*, SGb 2013, 1, 2; *Kemmler*, NZS 2014, 521, 528; s. auch *Francke*, in: FS *Laufs*, 2006, S. 795, 809; *Roters*, NZS 2010, 612, 617; im Ausganspunkt ebenfalls *Huster*, VSSR 2013, 327, 333; *ders.*, in: DS 60 Jahre BSG, 2015, Bd. 2, S. 223, 232.

[74] *Welti*, GesR 2006, 1, 8; *Greiner/Benedix*, SGb 2013, 1, 2; *Kemmler*, NZS 2014, 521, 528; auch *Francke*, in: FS *Laufs*, 2006, S. 795, 809 f.; *Roters*, NZS 2010, 612, 617.

[75] *Welti*, GesR 2006, 1, 8.

[76] *Roters*, NZS 2010, 612, 617.

[77] *Welti*, GesR 2006, 1, 8; *Roters*, NZS 2010, 612, 617; *Greiner/Benedix*, SGb 2013, 1, 5.

[78] *Greiner/Benedix*, SGb 2013, 1, 2.

werden; der sozialrechtliche Standard gestaltet sich alles in allem deutlich komplexer.[79] Deshalb erweist sich im Übrigen auch die teilweise in der Literatur anzutreffende Unterscheidung zwischen einem sozialrechtlichen Standard, der über das Qualitätsgebot an den medizinischen Standard anknüpft, sowie einem „Standard der Versorgung", in den zusätzlich das Wirtschaftlichkeitsgebot einfließt,[80] weder als durchführbar noch als zielführend.[81] Das Wirtschaftlichkeitsgebot engt den Standard nicht ein, sondern bildet im Kern eine Entscheidungsregel für gleichwertige Behandlungsalternativen.

De lege ferenda erscheint die GKV zwar durchaus offen für eine stärkere Prägung durch Kostenaspekte.[82] Eine Rationierung im Gesundheitswesen bedarf aber in jedem Fall einer hinreichenden gesetzlichen Grundlage (Wesentlichkeitsvorbehalt),[83] wie sie das Wirtschaftlichkeitsgebot für sich genommen (noch) nicht bietet. So kann namentlich der G-BA auf dieser Basis keine rationierenden Richtlinienentscheidungen treffen.[84] Gegenwärtig ist das Wirtschaftlichkeitsgebot angesichts der Bezugnahme seiner Kriterien auf den allgemein anerkannten Stand der medizinischen Erkenntnisse in erster Linie ein verstecktes zusätzliches Qualitätsgebot. Der sozialrechtliche Standard wird nicht nur über das Qualitätsgebot selbst, sondern auch das Wirtschaftlichkeitsgebot im Wesentlichen von qualitativen Anforderungen bestimmt. Insofern verwundert seine Bezeichnung als „Qualitätsstandard"[85] nicht.

Dieser Qualitätsstandard wird durch die im Rahmen der Wirtschaftlichkeit (im engeren Sinne) ins Spiel gebrachten Kostenaspekte niemals modifiziert, allenfalls konkretisiert. Soweit mehrere Leistungen dem Qualitätsstandard entsprechen, also zweckmäßig, ausreichend und notwendig sind, kann die im engeren Sinne wirtschaftlichste Leistung anhand ihrer vergleichsweise geringen Kosten als dem sozialrechtlichen Standard entsprechend ausgewählt werden, wenn in qualitativer Hinsicht der Nutzen nicht eindeutig für eine andere Leistung spricht. In keinem Fall bewirkt das Wirtschaftlichkeitsgebot eine Herabsetzung dieses Standards.[86] Die Wirtschaftlichkeit im engeren Sinne verdichtet den Qualitätsstandard zum

---

[79] *Buchner*, in: *Lilie/Bernat/Rosenau*, Standardisierung in der Medizin als Rechtsproblem, 2009, S. 63.

[80] So etwa *Ihle*, Ärztliche Leitlinien, Standards und Sozialrecht, 2007, S. 65; *Schmitz-Luhn*, Priorisierung in der Medizin, 2015, S. 150; *Katzenmeier/Schmitz-Luhn*, in: *Wohlgemuth/ Freitag*, Priorisierung in der Medizin, 2009, S. 167, 168.

[81] Die Unterscheidung fußt letztlich auf Eindrücken aus der Praxis vor dem Hintergrund faktisch fehlerhafter sozialrechtlicher Standardbestimmung, s. u. C.

[82] Auf verfassungsrechtliche Grenzen (s. 1. Kap. B.) soll hier nicht eingegangen werden.

[83] *Huster*, in: DS 60 Jahre BSG, 2015, Bd. 2, S. 223, 233 ff.; ders., VSSR 2013, 327, 334 ff.; ders., DVBl. 2010, 1069, 1072; *Kemmler*, NZS 2014, 521, 522 ff.; *Kingreen*, in: *Kingreen/Laux*, Gesundheit und Medizin im interdisziplinären Diskurs, 2008, S. 147, 158 ff.; *Francke/Hart*, MedR 2008, 2, 23 f.; *Welti*, GesR 2006, 1, 3; *Isensee*, in: GS *Heinze*, 2005, S. 417, 427 f.; *Neumann*, NZS 2005, 617, 618; *Francke*, GesR 2003, 97, 100; s. auch *Axer*, in: *Eichenhofer/v. Koppenfels-Spies/Wenner*, SGB V, ^{3}2018, § 2 Rn. 5.

[84] Differenziert *Ihle*, Ärztliche Leitlinien, Standards und Sozialrecht, 2007, S. 66 f.

[85] Vgl. schon 4. Kap. B. I.; dazu etwa auch *Kifmann/Rosenau*, in: *Möllers*, Standardisierung durch Markt und Recht, 2008, S. 49, 52 ff.

[86] *Kullmann*, VersR 1997, 529, 532.

sozialrechtlichen Standard, der gewiss immer noch Qualitätsstandard ist, wird schließlich aus mehreren den qualitativen Anforderungen genügenden Leistungen diejenige mit der besten Kosten-Nutzen-Relation ermittelt.

Prägt materiell demnach das Qualitätsgebot den Standardbegriff, steht formell bei der Standardbestimmung nichtsdestotrotz das Wirtschaftlichkeitsgebot im Vordergrund. Erst dadurch, dass dessen Kriterien auf die Wirksamkeit nach allgemein anerkanntem Stand der medizinischen Erkenntnisse aufbauen, erlangt das sonst wenig greifbare Qualitätsgebot echte praktische Relevanz. § 12 Abs. 1 SGB V nimmt die allgemeinen Vorgaben des § 2 Abs. 1 S. 3 SGB V in sich auf und integriert auf diese Weise das qualitative Grundprogramm der GKV in die Leistungsvoraussetzungen. § 12 Abs. 1 SGB V bietet die rechtsdogmatische Grundlage für die systematische Verknüpfung von Qualität, Wirksamkeit und Wirtschaftlichkeit.[87] Die Wirtschaftlichkeit im weiteren Sinne dient der Optimierung, Harmonisierung und Synthese des GKV-Gesamtsystems als Begriffsgeflecht diverser in innerem Zusammenhang stehender Einzelaspekte.[88] Durch § 2 Abs. 1 S. 1, Abs. 4 SGB V ist das Wirtschaftlichkeitsgebot auch in den allgemeinen Vorschriften verankert, was seine Stellung als Grundprinzip der GKV untermauert.[89]

Das Wirtschaftlichkeitsgebot betrifft dabei sowohl die abstrakte Ausgestaltung der Leistungserbringung als auch die Leistungsbeschaffung im konkreten Einzelfall.[90] Aus der systematischen Stellung des § 12 SGB V am Anfang des Leistungsrechts ergibt sich, dass die Wirtschaftlichkeit einer Leistung Tatbestandsmerkmal eines jeden Leistungsanspruchs ist,[91] was durch die Wiederholung einzelner Elemente in den besonderen Vorschriften (etwa § 28 Abs. 1 S. 1 SGB V) verstärkt wird. Zugleich ist das Wirtschaftlichkeitsgebot seinerseits an das besondere Leistungsrecht gekoppelt. Es ist abhängig von den an anderer Stelle vorgegebenen in wirtschaftlicher Weise zu verwirklichenden Zielen, namentlich den in § 27 Abs. 1 S. 1 SGB V genannten Zielen der Krankenbehandlung.[92] Ebenso bestehen Wechselwirkungen mit dem Leistungserbringungsrecht. Die Kriterien des Wirtschaftlichkeitsgebots werden verschiedentlich aufgegriffen (etwa in den §§ 70 Abs. 1, 72 Abs. 2 SGB V), sodass die allgemeinen Prinzipien dorthin ausstrahlen können[93] und umgekehrt auch durch das Leistungserbringungsrecht beeinflusst werden.

Friktionen zwischen Leistungs- und Leistungserbringungsrecht bestehen in Bezug auf das Wirtschaftlichkeitsgebot nicht.[94] Bereits aus § 12 Abs. 1 S. 2 SGB V folgt, dass die Leistungserbringer an das Wirtschaftlichkeitsgebot

---

[87] *Noftz*, in: *Hauck/Noftz*, SGB V, 2000, § 12 Rn. 7.
[88] *Noftz*, in: *Hauck/Noftz*, SGB V, 2000, § 12 Rn. 12.
[89] Vgl. *Scholz*, in: *Becker/Kingreen*, SGB V, [6]2018, § 12 Rn. 1; *Noftz*, in: *Hauck/Noftz*, SGB V, 2018, § 2 Rn. 3 u. 2000, § 12 Rn. 6.
[90] *Axer*, in: *Eichenhofer/v. Koppenfels-Spies/Wenner*, SGB V, [3]2018, § 2 Rn. 3; vgl. insofern 5. Kap. A. I.
[91] *Roters*, in: KassKomm, [10]2018, § 12 SGB V Rn. 3; *Noftz*, in: *Hauck/Noftz*, SGB V, 2000, § 12 Rn. 2.
[92] *v. Langsdorff*, in: *Sodan*, Handbuch des Krankenversicherungsrechts, [3]2018, § 9 Rn. 2.
[93] Vgl. *Noftz*, in: *Hauck/Noftz*, SGB V, 2000, § 12 Rn. 2 f.
[94] *Roters*, in: KassKomm, [10]2018, § 12 SGB V Rn. 14.

gebunden sind⁹⁵ und ein einheitlicher Wirtschaftlichkeitsbegriff besteht.⁹⁶ Das (Qualitäts- und) Wirtschaftlichkeitsgebot gilt nach Gesetzeswortlaut und -systematik für alle Bereiche des SGB V und damit gleichsam für das Leistungserbringungsrecht.⁹⁷ Dies weist ebenfalls auf einen einheitlichen Standardbegriff im (Konkretisierungs-)Verhältnis von Leistungs- und Leistungserbringungsrecht hin.⁹⁸ In jedem Fall ist die Komplexität des Wirtschaftlichkeitsgebots in medizinischer, ökonomischer sowie rechtlicher Hinsicht wesentlicher Grund für die Komplexität der sozialrechtlichen Standardbestimmung insgesamt.⁹⁹

2. Berücksichtigung ökonomischer Erwägungen im Haftungsrecht

Erschließt sich somit die Bedeutung des sozialrechtlichen Wirtschaftlichkeitsgebots angesichts seiner Verschränkung mit dem – letztlich doch weitgehend maßgeblichen – Qualitätsgebot erst auf den zweiten Blick, lässt sich demgegenüber die bisherige Haltung des Zivilrechts (wie die der Medizin)¹⁰⁰ in Bezug auf die Berücksichtigung ökonomischer Erwägungen im eigenen Standard eindeutiger festmachen. Denn mit den normativen Grundwerten des Haftungsrechts ist ein finanziell orientierter Standardbegriff nach gegenwärtiger Rechtslage nicht ohne Weiteres vereinbar.

Grundlegend folgt aus der (in allgemein-zivilrechtlicher Verkehrspflicht-/Fahrlässigkeitsdogmatik angelegten)¹⁰¹ Normativität des haftungsrechtlichen Standards, dass dieser an eine gewisse Erwartungshaltung geknüpft ist (Gedanke des Vertrauensschutzes) sowie präventive Ziele verfolgt (Schadensvermeidung durch Verhaltenssteuerung).¹⁰² Die Zivilgerichte messen dementsprechend ökonomischen Gesichtspunkten bei der Standardbestimmung bis heute kaum Bedeutung zu.¹⁰³ Ebenso wird im Schrifttum postuliert, die haftungsrechtlichen Maßstäbe des Rechtsgüterschutzes, welche die höchstrichterliche Rechtsprechung im Interesse der Patienten aufgestellt und konkretisiert habe, dürften nicht aus Gründen der Wirtschaftlichkeit herabgesetzt werden.¹⁰⁴

---

⁹⁵ *Roters*, in: KassKomm, ¹⁰²2018, § 12 SGB V Rn. 16.
⁹⁶ S. auch *Roters*, in: KassKomm, ¹⁰²2018, § 12 SGB V Rn. 56; *Scholz*, in: *Becker/Kingreen*, SGB V, ⁶2018, § 12 Rn. 1.
⁹⁷ BSGE 116, 138, 142 f.; 118, 155, 159 f. = MedR 2015, 894, 895 f. m. Anm. *Frigger*.
⁹⁸ Vgl. insofern 5. Kap. A. II.
⁹⁹ Vgl. *Welti*, GesR 2006, 1, 8.
¹⁰⁰ S. o. I. 1.
¹⁰¹ Näher 3. Kap. A. II.
¹⁰² Dazu 3. Kap. A. I. 1.
¹⁰³ Zusammenfassung der (durchweg älteren) Rspr. bei *Katzenmeier*, in: *Laufs/Katzenmeier/Lipp*, Arztrecht, ⁷2015, Kap. X Rn. 33; *ders.*, in: FS *G. Müller*, 2009, S. 237, 245 – jeweils bezugnehmend auf BGH NJW 1954, 290; 1983, 2080; VersR 1975, 43; s. auch *Laufs/Kern*, in: *Laufs/Kern*, Handbuch des Arztrechts, ⁴2010, § 102 Rn. 3; *Schmitz-Luhn*, Priorisierung in der Medizin, 2015, S. 154; *Scherer*, Stationäre Krankenhausbehandlung im Spannungsverhältnis zwischen Ökonomisierung und Haftungsrecht, 2007, S. 174 ff.; *G. Müller*, in: FS *Hirsch*, 2008, S. 413, 420; *Ulsenheimer*, MedR 1995, 438, 439 f.
¹⁰⁴ *Uhlenbruck*, MedR 1995, 427, 434 f.; *Hart*, MedR 1996, 60, 70; s. auch *Dressler*, in: FS *Geiß*, 2000, S. 379, 386 ff.; *ders.*, in: *Hart*, Ärztliche Leitlinien, 2000, S. 161, 164; *Ulsen-*

Schon im Ausgangspunkt geht es im Zivilrecht – anders als im Sozialrecht[105] – weniger um Fragen abstrakt-genereller Ressourcenverteilung als um die konkret-individuelle Rechtsbeziehung von Arzt und Patient.[106] Allenfalls in engen Grenzen ist vor diesem Hintergrund eine Einbeziehung von Wirtschaftlichkeitsüberlegungen in das Zivilrecht überhaupt vorstellbar. Mit der Ausrichtung an der Verkehrserwartung korrespondiert insofern das Erfordernis der prinzipiellen Erfüllbarkeit von Berufspflichten.[107] Recht und Richter haben die Ärzteschaft vor einer (zum Teil selbst geweckten) übertriebenen Erwartungshaltung an die Medizin mit entsprechenden Haftungsfolgen zu schützen, welcher diese praktisch gar nicht mehr gerecht werden kann.[108]

Rechtsdogmatisches Einfallstor ist diesbezüglich im Bereich der Verkehrspflichten die Möglichkeit und Zumutbarkeit[109] der zur Vermeidung der Gefahrrealisierung zu treffenden Vorkehrungen, in § 276 Abs. 2 BGB die in der Erforderlichkeit (der im Verkehr einzuhaltenden Sorgfalt; namentlich Erkennbarkeit und Vermeidbarkeit) angelegte Abwägung[110] – insbesondere mit den geschützten Rechtsgütern. Hier sind im Übrigen auch die situativen Standarddifferenzierungen anzusiedeln,[111] Abstufungen nach den – nicht zuletzt finanziell bedingten – Gegebenheiten der Behandlungsseite sind aber aus den genannten Gründen weitgehend abzulehnen.[112]

Das Zivilrecht kann wie dargelegt nach geltendem Recht der Medizin grundsätzlich nicht – auch nicht unter Wirtschaftlichkeitsaspekten – weniger abverlangen, als aus medizinischer Sicht Standard ärztlicher Behandlung ist (was letztlich einer Rationierung entspräche), sondern allenfalls den Korridor dieses Standards konkretisieren (im Sinne von Rationalisierung).[113] Der medizinische Standard wird zivilrechtlich rezipiert und gefiltert, aber prinzipiell nicht modifiziert oder gar

---

heimer/Berg, in: *Berg/Ulsenheimer*, Patientensicherheit, Arzthaftung, Praxis- und Krankenhausorganisation, 2006, S. 259, 261; *Ulsenheimer*, MedR 2015, 757, 761 f.: absoluter Vorrang von Sicherheit und Schutz des Patienten; dazu zudem *Katzenmeier*, in: *Laufs/Katzenmeier/Lipp*, Arztrecht, ⁷2015, Kap. X Rn. 35; *ders.*, in: FS *G. Müller*, 2009, S. 237, 247; *Schmitz-Luhn*, Priorisierung in der Medizin, 2015, S. 155.

[105] Vgl. 5. Kap. A. I.
[106] Dazu 6. Kap. D. I. vor 1.
[107] Näher insb. 3. Kap. III. 2. d. dd.
[108] In diese Richtung etwa bereits *Franzki*, MedR 1994, 171, 178; *Laufs*, in: *Nagel/Fuchs*, Soziale Gerechtigkeit im Gesundheitswesen, 1993, S. 290, 293.
[109] Vgl. *Wagner*, in: MüKo-BGB, ⁷2016, § 630a Rn. 111 („Wirtschaftliche Erwägungen sind in die zivilrechtlichen Sorgfaltsstandards somit von vornherein eingebaut und brauchen nicht erst von außen an sie herangetragen werden."); *Hart*, JURA 2000, 64; *ders.*, in: *Hart*, Ärztliche Leitlinien, 2000, S. 137, 143 f.; *Kuhlen*, in: *Dietrich/Imhoff/Kliemt*, Standardisierung in der Medizin, 2004, S. 11, 14 ff.; krit. aber *Scherer*, Stationäre Krankenhausbehandlung im Spannungsverhältnis zwischen Ökonomisierung und Haftungsrecht, 2007, S. 198 ff.
[110] Dazu 3. Kap. A. II.; insg. auch *Deutsch*, VersR 1998, 261, 263 f.
[111] Näher 3. Kap. A. I. 2. c.
[112] Ausf. 6. Kap. D. III. 4.
[113] Zu den Begrifflichkeiten s. o. I. 1.

kreiert.[114] „Der haftungsrechtliche Behandlungsstandard [...] ist daher nach dem medizinisch Gebotenen und Notwendigen definiert, nicht hingegen an einer primären Kostenbetrachtung ausgerichtet."[115] „Der Standard stellt die Behandlungs*qualität* fest, *nicht* die *Wirtschaftlichkeit* oder Effizienz einer Behandlung in der Gesundheitsversorgung. [...] [D]ie professionelle Qualitätsaussage [ist] zu trennen von einer multidisziplinären [...] Effizienzaussage."[116]

Auch das sozialrechtliche Wirtschaftlichkeitsgebot modifiziert sodann den aus dem medizinischen Standard abgeleiteten ärztlichen Sorgfaltsmaßstab nicht, dieser hat vielmehr Vorrang vor dem Wirtschaftlichkeitsgebot, bildet dessen Grenze.[117] „[H]aftungsrechtlich wird der Arzt immer verpflichtet, die größtmögliche Sorgfalt walten zu lassen und beste Vorkehrungen zum Schutz und zur Heilung des Patienten zu treffen. [...] Weder die Verknappung der Ressourcen noch das Wirtschaftlichkeitsgebot [können] dazu führen [...], ohne Haftungsrisiko den zivilrechtlich unabdingbaren ärztlichen Standard zu unterschreiten."[118] „Kein Arzt darf sich daher aus Gründen der Wirtschaftlichkeit über [...] die Standards seiner Disziplin hinwegsetzen."[119] Im Ergebnis bleibt es folglich dabei, dass der zivilrechtliche Standard sich dem Grunde nach an medizinischen Maßstäben orientiert und der Medizin aktuell (noch) keine eigenen ökonomisch motivierten Grenzen zieht.[120]

III. Zwischenergebnis: Konvergenz der Standardbegriffe angesichts der Anknüpfung des Rechts an die Medizin – zusammenfassende Definition

Sowohl Haftungs- als auch Sozialrecht bauen auf einem rein medizinischen Vorverständnis von „Standard" auf,[121] ohne dabei in ökonomischer Hinsicht Abstriche vom gebotenen Behandlungsniveau zuzulassen. Alle drei Standardbegriffe (Medizin, Sozialrecht, Zivilrecht) stimmen im Ergebnis also grundsätzlich überein.[122]

---

[114] S. 6. Kap. A. III.
[115] *Dressler*, in: FS *Geiß*, 2000, S. 379, 381.
[116] *Hart*, in: *Hart*, Ärztliche Leitlinien im Medizin- und Gesundheitsrecht, 2005, S. 85, 89 (u. 23, 32; Hervorhebungen im Original); *ders.*, in: *Hart*, Klinische Leitlinien und Recht, 2005, S. 81, 89.
[117] Dazu *Katzenmeier*, in: *Laufs/Katzenmeier/Lipp*, Arztrecht, [7]2015, Kap. X Rn. 35; vgl. im Ausgangspunkt auch *Laufs*, in: *Nagel/Fuchs*, Soziale Gerechtigkeit im Gesundheitswesen, 1993, S. 290, 295; vor dem Hintergrund der Privatautonomie und des Selbstbestimmungsrechts des Patienten *Voigt*, in: NK-BGB, [3]2016, § 630a Rn. 32.
[118] *Uhlenbruck/Laufs*, in: *Laufs/Uhlenbruck*, Handbuch des Arztrechts, [3]2002, § 44 Rn. 7.
[119] *Laufs/Kern*, in: *Laufs/Kern*, Handbuch des Arztrechts, [4]2010, § 102 Rn. 7.
[120] Vgl. bereits *Hart*, MedR 1996, 60, 68 f.; *Kern*, MedR 2004, 300, 301; *Laufs/Kern*, in: *Laufs/Kern*, Handbuch des Arztrechts, [4]2010, § 102 Rn. 2.
[121] Vgl. *Buchner*, in: *Lilie/Bernat/Rosenau*, Standardisierung in der Medizin als Rechtsproblem, 2009, S. 63, 64; bereits *Hart*, MedR 1998, 8; *Ulsenheimer*, MedR 1995, 438, 440.
[122] So zutreffend schon *Kullmann*, VersR 1997, 529, 532; auch *Schmitz-Luhn*, Priorisierung in der Medizin, 2015, S. 150; *Arnade*, Kostendruck und Standard, 2010, S. 201 ff.; *Katzenmeier*, in: FS *G. Müller*, 2009, S. 237, 239 ff.; *Welti*, in: *Kunz et al.*, Lehrbuch EbM, [2]2007, S. 401 f.; differenziert *Ihle*, Ärztliche Leitlinien, Standards und Sozialrecht, 2007, S. 64 f.

Sie setzen letztlich dieselben Begriffselemente voraus, wenn auch Bezeichnung und Schwerpunktsetzung zum Teil voneinander abweichen, fügen die einzelnen Standardbegriffe sich schließlich in ein fachspezifisches Gesamtkonzept ein.

Sie rekurrieren jeweils (wie *Carstensen*)[123] auf die wissenschaftliche Erkenntnis und ärztliche Erfahrung, ergänzt um das Erfordernis allgemeiner Anerkennung (so in der Medizin *Buchborn*,[124] aber auch § 2 Abs. 1 S. 3 SGB V[125] sowie § 630a Abs. 2 BGB)[126] oder professioneller Akzeptanz (*Hart*),[127] folgen dabei zugleich dem medizinischen Fortschritt und orientieren sich am Patienten, dessen Wohl ohnehin im Zentrum jeder Standardbestimmung steht. Gleichsam als pointierte (und damit notwendigerweise ihrerseits verkürzte) Zusammenfassung der Ergebnisse der vorherigen Kapitel lässt sich daraus zur disziplinübergreifenden Definition des „Medizinischen Standards" der folgende universelle Standardbegriff synthetisieren:

Der Medizinische Standard ist der jeweilige allgemein anerkannte fachliche Stand der wissenschaftlichen Erkenntnis und praktischen Erfahrung (unter Berücksichtigung des medizinischen Fortschritts), welcher zur Erreichung des ärztlichen – am Patienten ausgerichteten – Behandlungsziels erforderlich ist.

Von den Grundlagen des Standardbegriffs her sind in Bezug auf Qualitäts- und Wirtschaftlichkeitsaspekte zunächst keine relevanten Divergenzen zwischen dem Haftungs- und Sozialrecht feststellbar.[128] Die Qualität ärztlicher Leistungen wird durch das Wirtschaftlichkeitsgebot nicht eingeschränkt.[129] Eine Behandlung, die zwar medizinischer und damit haftungsrechtlicher, aber aufgrund des Wirtschaftlichkeitsgebots nicht sozialrechtlicher Standard ist, kann es nach den allgemeinen Regeln nur geben, soweit eine medizinisch gleichwertige Maßnahme zur Verfügung steht, die als solche dann aber im Zivil- und Sozialrecht übereinstimmend als Standard anerkannt wird.[130] Es ist kein Grund ersichtlich, weshalb hier in der Praxis eine andere als diese allseits als Standard akzeptierte, ebenso gute wie günstige Leistung erbracht werden sollte.

Die in § 12 Abs. 1 SGB V (vermeintlich) besonders hervorgehobene Ausrichtung des Sozialrechts an der Finanzierbarkeit der Gesundheitsversorgung bereitet mithin in Theorie und Praxis keine Schwierigkeiten. Anders als Rationierung ist Rationalisierung (also auch das Wirtschaftlichkeitsgebot aktueller Prägung) haftungsrechtlich unbedenklich.[131] Der Arzt befindet sich derzeit (noch) nicht in

---

[123] 2. Kap. B. I.
[124] 2. Kap. B. II.
[125] 4. Kap. C. I. 2.
[126] 3. Kap. B. II.; (zu) krit. ggü. dieser Parallele *Voigt*, in: NK-BGB, ³2016, § 630a Rn. 49.
[127] 6. Kap. B. II. 1.
[128] S. auch *Francke/Hart*, Charta der Patientenrechte, 1999, S. 29.
[129] *Ulsenheimer*, MedR 1995, 438, 440.
[130] S. o. II.
[131] Vgl. *Steffen*, MedR 1995, 190; *ders.*, in: FS *Geiß*, 2000, S. 487, 496; *Kern*, MedR 2004, 300, 302; *Buchner*, in: *Lilie/Bernat/Rosenau*, Standardisierung in der Medizin als Rechtsproblem, 2009, S. 63, 74; *Hahn*, GesR 2010, 286, 290; s. auch *Pauge/Offenloch*, Arzt-

einer „Zwickmühle" zwischen zivilrechtlich Erforderlichem und Wirtschaftlichem im Sinne der GKV,[132] es besteht daher gegenwärtig kein entsprechender Harmonisierungsbedarf.[133]

In Zukunft könnten jedoch genau an dieser Stelle – mit weitreichenden Folgen für alle Leistungen – Brüche zwischen den Standardbegriffen zu Tage treten, die eine vertiefte Auseinandersetzung mit dem Verhältnis der Teilrechtsgebiete zueinander erfordern (IV.). Von beginnenden, für sich genommen noch weitgehend folgenlosen Divergenzen zeugen diesbezüglich erste punktuelle Ausschlüsse medizinisch standardgemäßer Leistungen aus dem GKV-Katalog (V.).

IV. Ausblick: Potentielle Spannungen zwischen Haftungs- und Sozialrecht – auf dem Weg in ein ärztliches „Haftungs- oder Vergütungsdilemma"?

Es stellt sich die Frage, ob Krankenhausträger und Ärzte die hohen Standards medizinischer Versorgung in Zukunft wie gewohnt zu halten vermögen oder ob Maßnahmen der Kostendämpfung zu Begrenzungen des ärztlichen Heilauftrags führen (müssen) – auch mit haftungsrechtlichen Konsequenzen.[134] Angenommen (und vieles spricht angesichts der eingangs geschilderten Entwicklungen dafür),[135] dass sich der Kostendruck im Gesundheitswesen für alle Beteiligten spürbar weiter verschärfen wird, jedoch keine zusätzlichen Gelder mehr zur Verfügung gestellt und keine Effizienzsteigerungen bei der Ausgestaltung des Gesundheitssystems vorgenommen werden können: Das Sozialrecht wird sich letzten Endes gezwungen sehen, den GKV-Standard (verglichen mit seinem medizinischen und haftungsrechtlichen Pendant) insgesamt in Richtung kostengünstigerer Behandlungen anzupassen oder jedenfalls nicht mehr vollständig dem kostenträchtigen medizinischen Fortschritt anzugleichen. Dabei geht es vorrangig nicht darum, einzelnen Patienten eine bestimmte Behandlung aus Kostengründen vorzuenthalten, sondern begrenzte Ressourcen gerecht zu verteilen.

---

haftungsrecht, [14]2018, Rn. 172; *Ulsenheimer*, MedR 1995, 438, 440; *Hart*, MedR 1996, 60, 70; *Dressler*, in: FS *Geiß*, 2000, S. 379, 387 f.; *ders.*, in: *Hart*, Ärztliche Leitlinien, 2000, S. 161, 164 f.; *Stöhr*, in: FS *Hirsch*, 2008, S. 431, 440; *ders.*, MedR 2010, 214 ff.

[132] *Katzenmeier*, in: FS *G. Müller*, 2009, S. 237, 240 f.; *Arnade*, Kostendruck und Standard, 2010, S. 202 f.; *Frahm/Jansen/Katzenmeier/Kienzle/Kingreen/Lungstras/Saeger/Schmitz-Luhn/Woopen*, MedR 2018, 447, 453; *Scherer*, Stationäre Krankenhausbehandlung im Spannungsverhältnis zwischen Ökonomisierung und Haftungsrecht, 2007, S. 209 ff.; *Diederichsen*, in: *Hart*, Klinische Leitlinien und Recht, 2005, S. 105, 110 f.; *Ulsenheimer*, MedR 1995, 438, 440.

[133] *Kreße*, MedR 2007, 393, 400; s. auch *Kifmann/Rosenau*, in: *Möllers*, Standardisierung durch Markt und Recht, 2008, S. 49, 66 f.; *Kohte*, in: *Lilie/Bernat/Rosenau*, Standardisierung in der Medizin als Rechtsproblem, 2009, S. 79, 97.

[134] *Katzenmeier*, in: *Laufs/Katzenmeier/Lipp*, Arztrecht, [7]2015, Kap. X Rn. 21; *ders.*, in: FS *G. Müller*, 2009, S. 237; *G. Müller*, in: FS *Hirsch*, 2008, S. 413; *Kreße*, MedR 2007, 393, 395.

[135] S. o. vor I.

Dafür müsste der Standardbegriff des SGB V dahingehend modifiziert werden, dass dem Wirtschaftlichkeitsgebot zukünftig eine andere, stärkere Bedeutung zukommt[136] – nicht länger im Sinne bloßer Rationalisierung,[137] sondern expliziter Rationierung. Die Verteilung begrenzter Ressourcen auf der überindividuellen Systemebene unter ausdrücklicher Implementierung von Rationierung erscheint insofern jedenfalls nach (in dieser Form gar nicht ohne Weiteres, erst recht nicht einfach und zeitnah möglicher)[138] Ausschöpfung aller Rationalisierungspotentiale[139] unumgänglich.[140]

Angesichts möglicher weiterer wirtschaftlicher Beschränkungen kann die Sicherstellung des Medizinischen Standards in der GKV nicht allein Aufgabe der Leistungserbringer sein, sondern fordert immer mehr die Entscheidungsträger im Gesundheitswesen und in der Gesundheitspolitik.[141] In diesem Sinne sind in jüngerer Zeit insbesondere auch die Forderungen nach einer Priorisierung medizinischer

---

[136] Vgl. insofern auch *Katzenmeier*, in: *Laufs/Katzenmeier/Lipp*, Arztrecht, [7]2015, Kap. X Rn. 31; *Laufs/Kern*, in: *Laufs/Kern*, Handbuch des Arztrechts, [4]2010, § 102 Rn. 1; *Kingreen*, VVDStRL 70 (2011), 152, 168 (u. 161; zur Möglichkeit einer Rationierung über den Krankheitsbegriff auf S. 162 f.; s. auch *Huster*, in: DS 60 Jahre BSG, 2015, Bd. 2, S. 223, 229 ff.; *Kemmler*, NZS 2014, 521, 524; bereits *Uhlenbruck*, MedR 1995, 427, 431 f.).

[137] S. o. II. 1.

[138] S. nur *Marckmann*, Bundesgesundheitsbl. 2008, 887, 890; *Huster*, in: DS 60 Jahre BSG, 2015, Bd. 2, S. 223, 226 f.

[139] Insb. im Kontext der Überversorgung, s. o. I. 2. Zu einer rationalisierenden Verlagerung von medizinischen Maßnahmen ins Ausland als Antwort auf die Ressourcenknappheit *Reisewitz*, Rechtsfragen des Medizintourismus, 2015, S. 21 f.; für die PKV entspr. *ders.*, MedR 2014, 557.

[140] *Katzenmeier*, in: *Laufs/Katzenmeier/Lipp*, Arztrecht, [7]2015, Kap. X Rn. 24; *Arnade*, Kostendruck und Standard, 2010, S. 37 f.; *Kemmler*, NZS 2014, 521 f.; *Furmaniak/Brunner*, in: *Lauterbach/Stock/Brunner*, Gesundheitsökonomie, [3]2013, S. 13, 18 ff.; *Oduncu*, MedR 2012, 359; *Lauterbach*, in: *Lauterbach/Lüngen/Schrappe*, Gesundheitsökonomie, Management und EbM, [3]2010, S. 3 f.; *Huster*, DVBl. 2010, 1069, 1070 f.; *ders.*, in: *Rauprich/Marckmann/Vollmann*, Gleichheit und Gerechtigkeit in der modernen Medizin, 2005, S. 187 f.; *Buchner*, in: *Lilie/Bernat/Rosenau*, Standardisierung in der Medizin als Rechtsproblem, 2009, S. 63, 75; *Kingreen*, in: *Kingreen/Laux*, Gesundheit und Medizin im interdisziplinären Diskurs, 2008, S. 147, 152; *Kifmann/Rosenau*, in: *Möllers*, Standardisierung durch Markt und Recht, 2008, S. 49, 71; *Marckmann*, in: *Kick/Taupitz*, Gesundheitswesen zwischen Wirtschaftlichkeit und Menschlichkeit, 2005, S. 179, 186 ff.; *Neumann*, NZS 2005, 617, 618; *Arnold*, in: *Dietrich/Imhoff/Kliemt*, Standardisierung in der Medizin, 2004, S. 1 f.; *Laufs*, in: FS *Jayme*, 2004, S. 1501, 1510; *Hart*, MedR 2002, 321, 322; ebenso der Beschl. des 111. DÄT („Ulmer-Papier"), DÄBl. 2008, A-1189, A-1194 f.; bereits *Oberender*, in: FS *Gitter*, 1995, S. 701; *Uhlenbruck*, MedR 1995, 427, 429 f.; *Krämer*, MedR 1996, 1 (demggü. krit. *Bossmann*, MedR 1996, 456); international *Smith*, DÄBl. 1998, A-2453; s. auch die Beiträge in ZVersWiss 2004, Heft 4; ein ausf. Rationierungskonzept präsentiert etwa *Kopetsch*, Zur Rationierung medizinischer Leistungen im Rahmen der GKV, 2001, S. 71 ff., 146 ff.

[141] *Katzenmeier*, in: *Laufs/Katzenmeier/Lipp*, Arztrecht, [7]2015, Kap. X Rn. 40; *ders.*, in: FS *G. Müller*, 2009, S. 237, 251 f.; *ders.*, MedR 2011, 201, 204 f.; s. auch den Beschl. des 111. DÄT („Ulmer-Papier"), DÄBl. 2008, A-1189, A-1195.

A. Die Standardbegriffe zwischen Qualität und Wirtschaftlichkeit 289

Leistungen zu verstehen.[142] Gemeint ist damit „die ausdrückliche Feststellung einer Vorrangigkeit bestimmter Indikationen, Patientengruppen und Verfahren vor anderen."[143] Im Kern geht es um eine Aufstellung abstrakter Rangkriterien für medizinische Belange zur Vorbereitung von Allokationsentscheidungen – mit Rationierung als möglicher Folge.[144]

Auch das Haftungsrecht wird sich infolge der sozialrechtlichen Entwicklung verstärkt mit den Auswirkungen eines reduzierten GKV-Leistungsumfangs auseinanderzusetzen haben.[145] Ein Wirtschaftlichkeitsgebot, das den Standard des Sozialrechts für ökonomische Einflüsse öffnet, verursacht Brüche mit dem (grundsätzlich rein medizinisch vorgeprägten)[146] Zivilrecht, sobald die haftungsrechtlichen Mindestanforderungen an die Behandlung die Obergrenzen für eine Kostentragung durch die GKV übersteigen, letztere also nicht mehr innerhalb des zivilrechtlich eröffneten Handlungskorridors des Arztes liegen. Zwischen Haftungs- und Sozialrecht besteht ein latentes Spannungsverhältnis,[147] namentlich

---

[142] Dazu *Katzenmeier*, in: *Laufs/Katzenmeier/Lipp*, Arztrecht, [7]2015, Kap. X Rn. 27, 30; *ders.*, MedR 2011, 201, 214; *Voigt*, IGeL, 2013, S. 86; monographisch *Schmitz-Luhn*, Priorisierung in der Medizin, 2015; *ders.*, in: FS *Dahm*, 2017, S. 437; zum Stand der entspr. interdisziplinären Debatte die Beiträge in *Schmitz-Luhn/Bohmeier*, Priorisierung in der Medizin, 2013 (insb. zu möglichen Priorisierungskriterien); auch *Oduncu*, MedR 2012, 359; *Hoppe*, MedR 2011, 216, 219; aus der medizinischen Lit. etwa *Preusker*, DÄBl. 2007, A-930; *Fuchs/Nagel/Raspe*, DÄBl. 2009, A-554, A-555 ff.; *Diederich et al.*, DÄBl. 2009, A-654; *Raspe/Meyer*, DÄBl. 2009, A-1036; *Fuchs*, Bundesgesundheitsbl. 2010, 435; *ders.*, DÄBl. 2011, A-1356; *Raspe/Schulze*, DÄBl. 2013, A-1091; zudem die Beiträge in Bundesgesundheitsbl. 2010, Heft 9; aus der Ärzteschaft bereits die Stellungnahmen der ZEKO-BÄK zu Prioritäten in der medizinischen Versorgung im System der GKV: Müssen und können wir uns entscheiden?, DÄBl. 2000, A-1017, sowie zur Priorisierung medizinischer Leistungen im System der GKV, DÄBl. 2007, A-2750; rechtliche Bewertung des Konzepts überdies durch *Heyers*, MedR 2016, 857; *Welti*, MedR 2010, 379; *Wenner*, GesR 2009, 169; *Dannecker et al.*, DÄBl. 2009, A-2007; *Neumann*, NZS 2005, 617.
[143] So ZEKO-BÄK, DÄBl. 2000, A-1017.
[144] Ausf. zur Terminologie *Schmitz-Luhn*, Priorisierung in der Medizin, 2015, S. 7 ff. m. w. N.; auch Priorisierung hat explizit zu erfolgen, d. h. es sind gewisse Anforderungen an Verfahren und Öffentlichkeit zu stellen; näher dort auf S. 135 ff.; S. 181 ff. zu den (begrenzten) Harmonisierungs- und Folgewirkungen von Priorisierung im Kontext von „Kostendruck und Standard".
[145] Vgl. *Steffen*, in: FS *Geiß*, 2000, S. 487; *Stöhr*, MedR 2010, 214; s. auch *Huster*, VSSR 2011, 183, 192; *G. Müller*, in: FS *Hirsch*, 2008, S. 413, 420; *Franzki*, MedR 1994, 171.
[146] S. o. II. 2.
[147] Vgl. dazu *Katzenmeier*, in: *Laufs/Katzenmeier/Lipp*, Arztrecht, [7]2015, Kap. X Rn. 32; *ders.*, in: FS *G. Müller*, 2009, S. 237, 239, 249; s. auch *Schmitz-Luhn*, Priorisierung in der Medizin, 2015, S. 147 ff.; *Laufs/Kern*, in: *Laufs/Kern*, Handbuch des Arztrechts, [4]2010, § 102 Rn. 2; *Laufs*, ebd., § 1 Rn. 2 u. § 2 Rn. 9; *ders.*, in: *Berg/Ulsenheimer*, Patientensicherheit, Arzthaftung, Praxis- und Krankenhausorganisation, 2006, S. 253, 256; *Kifmann/Rosenau*, in: *Möllers*, Standardisierung durch Markt und Recht, 2008, S. 49, 67; zudem die Beiträge in AG RAe im MedR e. V., Die ärztliche Behandlung im Spannungsfeld zwischen kassenärztlicher Verantwortung und zivilrechtlicher Haftung, 1993; in diese Richtung außerdem *Ulsenheimer*, MedR 1995, 438; *Bergmann*, in: AG RAe im MedR e. V., Die Budgetierung des Gesundheitswesens, 1997, S. 45; *Laum*, DÄBl. 2001, A-3176 f. u. 2012, A-2176 f.; *Schimmelpfeng-Schütte*, MedR 2002, 286, 290; *Hart*, MedR 2002, 321, 324 ff.;

angelegt im Gesetzesbegriff der verkehrserforderlichen Sorgfalt in § 276 Abs. 2 BGB (nunmehr ergänzt durch § 630a Abs. 2 BGB), der eine Grenze markiert, welche nicht unterschritten werden darf, sowie dem gesetzlichen Wirtschaftlichkeitsgebot des § 12 Abs. 1 SGB V (seinerseits in Ergänzung des Qualitätsgebots, § 2 Abs. 1 S. 3 SGB V), welches die damit korrespondierende Obergrenze bildet.

Die Spannungen treten in dem Augenblick offen zu Tage, in welchem Wirtschaftlichkeit rationierend wirkt.[148] Soweit sich das Haftungsrecht demnach weiterhin am medizinisch Möglichen orientiert und damit tendenziell das Optimale fordert, während der GKV-Leistungskatalog nicht entsprechend ausgeweitet oder gar eingegrenzt wird, droht ein Auseinanderdriften beider Teilrechtsgebiete.[149] Der Widerstreit zwischen Machbarkeit und Finanzierbarkeit, welcher im Ausgangspunkt zwischen Medizin und Ökonomie entsteht, äußert sich daher zumindest potentiell auch in divergierenden Standards des Haftungs- und Sozialrechts.[150]

Mit einem Auseinanderdriften würde im Übrigen zugleich der Übergang des Gesundheitssystems vom (noch weitgehend) einheitlichen Solidaritätsprinzip zur bereits vielbeschworenen, bislang aber auf Standardebene nicht zum Ausdruck kommenden[151] „Zwei-Klassen-Medizin" von gesetzlich und privat Krankenversicherten (oder Selbstzahlern) offenbar, in deren Rahmen nur letzteren der medizinische und zivilrechtliche Standard ohne Einschränkungen geboten werden

---

ders., VSSR 2002, 265, 277, 290 f., 293 f.; *ders.*, in: *Hart*, Ärztliche Leitlinien im Medizin- und Gesundheitsrecht, 2005, S. 23, 75; *Kern*, GesR 2002, 5; *ders.*, MedR 2004, 300; *Diederichsen*, in: *Hart*, Klinische Leitlinien und Recht, 2005, S. 105, 112; *Schirmer/Fuchs*, in: *Katzenmeier/Bergdolt*, Das Bild des Arztes im 21. Jahrhundert, 2009, S. 121, 127 ff.; *Hahn*, GesR 2010, 286, 289 f.; *Gaßner/Strömer*, MedR 2012, 159; überdies *Steffen*, in: FS *Geiß*, 2000, S. 487, freilich i. S. e. Gleichklangs auf der Basis einer harmonisierenden Auslegung (auch des Sozialrechts) *de lege lata*, vgl. dort S. 494 ff. (dazu *Hahn*, GesR 2010, 286, 290 ff.; weitergehend *Deutsch*, VersR 1998, 261, 264 f.), und keiner Harmonisierung *de lege ferenda*; es könne mühelos die Kongruenz gewahrt werden, s. *Steffen*, MedR 1995, 190; ebenso *Stöhr*, in: FS *Hirsch*, 2008, S. 431 ff., insb. 440; *ders.*, MedR 2010, 214 ff.; ausdr. *Neumann*, NZS 2005, 617, 618, 621 f.: „Dasjenige, was im Sinne des Haftungsrechts erforderlich sei, könne auch als wirtschaftlich aufgefasst werden. Umgekehrt könnten die durch das Wirtschaftlichkeitsgebot geschützten Interessen bei der Auslegung des Haftungsrechts berücksichtigt werden."; relativierend des Weiteren auch *Buchner*, in: *Lilie/Bernat/Rosenau*, Standardisierung in der Medizin als Rechtsproblem, 2009, S. 63, 75 f.; ausf. Zusammenfassung der Debatte um das Bestehen eines (akuten) Spannungsverhältnisses bei *Arnade*, Kostendruck und Standard, 2010, S. 193 ff. m. w. N.; s. ebenfalls *Ihle*, Ärztliche Leitlinien, Standards und Sozialrecht, 2007, S. 67 ff.

[148] Vgl. *Scherer*, Stationäre Krankenhausbehandlung im Spannungsverhältnis zwischen Ökonomisierung und Haftungsrecht, 2007, S. 214.

[149] *Katzenmeier*, in: *Laufs/Katzenmeier/Lipp*, Arztrecht, [7]2015, Kap. X Rn. 32; *ders.*, in: FS *G. Müller*, 2009, S. 237, 239, 249; *Arnade*, Kostendruck und Standard, 2010, S. 209 f.; vgl. den Beschl. des 111. DÄT („Ulmer-Papier"), DÄBl. 2008, A-1189, A-1195; *Hoppe*, MedR 2011, 216, 219; *Woopen*, MedR 2011, 232, 235; *Kramer*, MedR 1993, 345; s. auch *Pauge/Offenloch*, Arzthaftungsrecht, [14]2018, Rn. 170; *Francke/Hart*, Charta der Patientenrechte, 1999, S. 29.

[150] S. dazu auch *Frahm/Jansen/Katzenmeier/Kienzle/Kingreen/Lungstras/Saeger/Schmitz-Luhn/Woopen*, MedR 2018, 447, 452 f.

[151] Vgl. *Gaßner/Strömer*, MedR 2012, 159, 161 f.

könnte. Dieser mögliche Konflikt zwischen Privat- und Sozialversicherung – so viel sei anlässlich der Gegenüberstellung von Haftungs- und GKV-Standard am Rande angedeutet – ließe sich dann freilich nur noch durch eine grundlegende Systemänderung korrigieren.

Soweit künftig ein Wandel auf allgemeiner Begriffsebene eintritt, das Wirtschaftlichkeitsgebot angesichts wachsender ökonomischen Zwänge im Solidarsystem verstärkt (und verändert) in den Mittelpunkt rückt und so im Ergebnis den sozialrechtlichen vom haftungsrechtlichen Standard trennt, sieht sich der (Vertrags-)Arzt angesichts seiner Doppelrolle[152] als Schuldner und Leistungserbringer bei der Behandlung von GKV-Patienten gegebenenfalls mit folgender Konfliktlage konfrontiert: Zivilrechtlich ist er einem bestimmten medizinischen Standard verpflichtet. Damit korrespondiert ein Anspruch des Patienten auf Behandlung. In seiner Rolle als „Leistungsausformer" ist der Arzt hingegen an den abweichenden sozialrechtlichen Standard gebunden. Unter Umständen ist hier überhaupt keine Leistung vorgesehen. Eine andere Leistung kann der Versicherte (von seiner Krankenkasse) nicht einfordern. Danach richtet sich auch die Kostentragung in der GKV, also die Vergütung des Arztes (oder Krankenhausträgers).

Letztlich hat sich der Arzt zu entscheiden. Erfüllt er seine zivilrechtliche Behandlungspflicht, erhält er dafür im GKV-System keine angemessene Gegenleistung. (Für den vertragsärztlichen Bereich[153] bedeutet dies genauer gesagt: es geht kein Punktwert im Sinne des EBM[154] in die unter Leistungserbringern zu verteilende Gesamtvergütung ein;[155] eine bezifferbare, bestimmten Leistungen zuordenbare Gegenleistung im zivilrechtlichen Sinne gibt es im Rahmen der GKV nicht; der Vertragsarzt hat keinen individuellen Anspruch auf angemessene Vergütung jeder einzelnen Leistung,[156] sondern auf leistungsgerechte Teilhabe an der

---

[152] Vgl. *Schmitz-Luhn*, Priorisierung in der Medizin, 2015, S. 155; allg. bereits *Laufs*, in: FS *Jayme*, 2004, S. 1501 f. („zwei Welten, die in einem Spannungsverhältnis stehen"); zu neuen Rollenanforderungen an den Vertragsarzt, insb. als „Resteverwalter" und „Zuteiler" begrenzter Behandlungsressourcen *Wenner*, GesR 2009, 505; s. auch *Fastabend*, NZS 2002, 299, 303 f.: Vertragsarzt als „Unternehmer"; *Rixen*, Sozialrecht als öffentliches Wirtschaftsrecht, 2005, S. 67 ff.: Leistungserbringer als „allokierender gatekeeper".
[153] In diesen Kapiteln wird die Harmonisierung der Standards des Haftungs- und Sozialrechts weitgehend am Beispiel der vertragsärztlichen Versorgung diskutiert. Dieselben Fragen stellen sich aber grds. auch im Bereich der Krankenhausbehandlung, deren Besonderheiten speziell im Hinblick auf die Abrechnung jedoch die Problemdarstellung unnötig verkomplizieren würden; dazu im Ansatz etwa *Gaßner/Strömer*, MedR 2012, 159, 168.
[154] Dazu 5. Kap. B. I.
[155] In der vertragsärztlichen Versorgung erfolgt zunächst die Zahlung einer Gesamtvergütung durch die Krankenkassen an die Kassenärztlichen Vereinigungen (§ 85 SGB V; daneben § 87a SGB V), sodann eine Honorarverteilung durch die Kassenärztlichen Vereinigungen an die einzelnen Vertragsärzte nach dem Verteilungsmaßstab des § 87b SGB V; ausf. zur allg. Honorargestaltung im Vertragsarztrecht etwa *Hess*, in: *Schnapp/Wigge*, Handbuch des Vertragsarztrechts, ³2017, § 15; s. auch *Amoulong*, Die Honorarverteilung im Vertragsarztrecht, 2017.
[156] Insb. enthält der Sicherstellungsauftrag des § 72 Abs. 2 SGB V („Die vertragsärztliche Versorgung ist [...] so zu regeln, daß [...] die ärztlichen Leistungen angemessen vergütet werden.") kein subjektives Recht des Vertragsarztes; s. auch BSGE 75, 187 = NJW 1995,

Gesamtvergütung).[157] Entschließt der Arzt sich deshalb, den Patienten gar nicht zu behandeln und/oder eine Leistung nach sozialrechtlichem Standard zu erbringen – zumal er diese abrechnen kann –, verfehlt er dadurch notwendigerweise den zivilrechtlichen Standard, begeht also einen vertraglich wie deliktisch haftungsbegründenden Behandlungsfehler[158] und ist, soweit dem Patienten dadurch ein Schaden entsteht, diesem zum Ersatz verpflichtet.[159]

Bei einem Auseinanderfallen sozial- und haftungsrechtlicher Vorgaben muss der Arzt mithin eine Seite unweigerlich enttäuschen und hat persönlich die (in erster Linie finanziellen) Konsequenzen zu tragen. Der behandelnde Arzt steckt also unter Umständen in einem erheblichen Dilemma[160] und sieht sich zwischen Haftungs- und Vergütungsfragen gefangen. Ein den sozialrechtlichen Standard veränderndes Wirtschaftlichkeitsgebot wirkt insofern zivilrechtlich jedenfalls als ein gewisser Eingriff in das ärztliche Behandlungsermessen.[161] Es kann den Arzt vor die Frage stellen, ob er die vertraglich wie deliktisch begründete höchstmögliche Sorgfalt und beste Vorkehrungen mit ihrem erhöhten Aufwand anwenden darf und soll.[162] Ist die Finanzierung des medizinischen Standards durch die Krankenkassen nicht mehr gesichert, wird zu beantworten sein, ob die Rechtsordnung den Arzt zivilrechtlich verpflichten kann, Maßnahmen zu treffen, die er möglicherweise nicht liquidieren kann.[163]

3075; dazu etwa *Engelhard*, in: *Hauck/Noftz*, SGB V, 2017, § 87 Rn. 77 ff.; *Nebendahl*, in: *Spickhoff*, Medizinrecht, ³2018, § 72 SGB V Rn. 5; *Wenner*, Vertragsarztrecht nach der Gesundheitsreform, 2008, § 21 Rn. 64 ff. Von einem Anspruch der Vertragsärzte auf kostendeckende Einzelleistungsvergütung ausgehend indes *Ruppel*, Der Anspruch der Vertragsärzte auf kostendeckende Einzelleistungsvergütung, 2018; *ders.*, VSSAR 2019, 63.
[157] Einführung in das vertragsärztliche Vergütungssystem bei *Bohmeier/Schmitz-Luhn/Streng*, MedR 2011, 704 ff. m. w. N.; Kurzdarstellung bei *Voigt*, in: NK-BGB, ³2016, Vor § 630a Rn. 21.
[158] Zu den Haftungsgrundlagen ausf. 3. Kap.
[159] Vgl. insg. *G. Müller*, in: FS *E. Lorenz*, 2004, S. 475, 495; *dies.*, MedR 2009, 309, 312.
[160] *Schmitz-Luhn*, Priorisierung in der Medizin, 2015, S. 152 f.; *Laufs/Kern*, in: *Laufs/Kern*, Handbuch des Arztrechts, ⁴2010, § 102 Rn. 10; *Frahm/Jansen/Katzenmeier/Kienzle/Kingreen/Lungstras/Saeger/Schmitz-Luhn/Woopen*, MedR 2018, 447, 453; *Kreße*, MedR 2007, 393, 397; bereits *Kramer*, MedR 1993, 345; *Steffen*, MedR 1995, 190, 191; *Ulsenheimer*, MedR 1995, 438, 439.
[161] *Deutsch/Spickhoff*, Medizinrecht, ⁷2014, Rn. 376; s. auch *Laufs/Kern*, in: *Laufs/Kern*, Handbuch des Arztrechts, ⁴2010, § 102 Rn. 2; *Steffen*, in: FS *Geiß*, 2000, S. 487, 491: faktische Behandlungsgrenzen; *Schimmelpfeng-Schütte*, MedR 2002, 286, 289; *Welti*, GesR 2006, 1 ff.: verfassungsrechtlich ein mittelbarer Eingriff in die ärztliche Therapiefreiheit; aus dieser Sicht auch *Dahm*, in: HK-AKM, 2001, Nr. 5090 (Therapiefreiheit) Rn. 9, 12, 16; dazu aber *Gaßner/Strömer*, SGb 2011, 421, 428: Grenzen der Therapiefreiheit werden nicht durch die sozialrechtliche Abrechnungsbefugnis, sondern durch das Haftungsrecht gesteckt.
[162] *Katzenmeier*, in: *Laufs/Katzenmeier/Lipp*, Arztrecht, ⁷2015, Kap. X Rn. 31; *ders.*, in: FS *G. Müller*, 2009, S. 237, 239; *Laufs/Kern*, in: *Laufs/Kern*, Handbuch des Arztrechts, ⁴2010, § 102 Rn. 1; *Laufs*, in: *Nagel/Fuchs*, Soziale Gerechtigkeit im Gesundheitswesen, 1993, S. 290, 295; *ders.*, Der ärztliche Heilauftrag aus juristischer Sicht, 1989, S. 46; s. auch *Ulsenheimer*, MedR 1995, 438.
[163] *Katzenmeier*, in: *Laufs/Katzenmeier/Lipp*, Arztrecht, ⁷2015, Kap. X Rn. 32; *ders.*, in: FS *G. Müller*, 2009, S. 237, 249; s. auch *Hahn*, GesR 2010, 286, 291.

A. Die Standardbegriffe zwischen Qualität und Wirtschaftlichkeit 293

Auch § 76 Abs. 4 SGB V löst diese Probleme nicht.[164] Denn die Standards von Haftungs- und Sozialrecht werden dadurch nicht verknüpft. Der Norm kann nach zutreffender Auffassung allenfalls die Aussage entnommen werden, dass sich die sozialrechtlichen Pflichten des Arztes nach Zivilrecht richten, wenn das SGB V nichts anderes bestimmt; es wird also lediglich eine Pflicht aufgestellt, innerhalb des GKV-Leistungsprogramms den medizinischen Standard so weit wie möglich zu verwirklichen.[165]

Verbreitet wird angemerkt, unterschiedliche Standards des Haftungs- und Sozialrechts würden in letzter Konsequenz die Widerspruchsfreiheit der Rechtsordnung in Frage stellen und damit bereits aus verfassungsrechtlichen Erwägungen der Harmonisierung bedürfen.[166] Aus dem Rechtsstaatsprinzip (Art. 20 Abs. 3 GG) folgt das Gebot der inhaltlichen Klarheit von Rechtsnormen und damit auch der Rechtsordnung insgesamt, welche insbesondere keine sich widersprechenden Verhaltensbefehle enthalten darf.[167] Noch haben die ökonomisch bedingten Unterschiede der Standards wie dargelegt die Grenze zum Widerspruch der Rechtsordnung in keinem Fall überschritten.[168] Weil es jedoch selbst bei einem weiteren Auseinanderdriften der Teilrechtsgebiete dem Arzt keineswegs verboten wäre, Leistungen zu erbringen, deren Kosten nicht von der GKV übernommen werden (oder umgekehrt geboten, allein abrechnungsfähige Leistungen zu erbringen),[169] kann im Ergebnis von einer verfassungsrechtlich relevanten Pflichtenkollision zwischen Zivil- und Sozialrecht ohnehin keine Rede sein.[170]

Angesichts der prognostizierten einfach-rechtlichen Spannungen erscheint es nichtsdestotrotz unumgänglich, sich bereits heute – auch wenn die rechtlichen Standardbegriffe dem Grunde nach beide an die Medizin anknüpfen und daher noch weitgehend konvergieren – mit der Problematik zu befassen und zu ermitteln, welche Folgen die möglichen ökonomisch bedingten Divergenzen zwischen

---

[164] Zur Wirkung dieser Vorschrift auch 3. Kap. Fn. 369; außerdem *Steffen*, in: FS *Geiß*, 2000, S. 487, 491 f. Laut *Scholz*, in: *Becker/Kingreen*, SGB V, [6]2018, § 12 Rn. 6, führe die Pflicht zur Leistungserbringung in fachlich gebotener Qualität (§ 135a Abs. 1 S. 2 SGB V) zur Einheit der Rechtsordnung.
[165] *Gaßner/Strömer*, MedR 2012, 159, 162; s. auch *Schmitz-Luhn*, Priorisierung in der Medizin, 2015, S. 156; ähnlich *Taupitz*, in: *Dietrich/Imhoff/Kliemt*, Standardisierung in der Medizin, 2004, S. 263, 285.
[166] Vgl. die Darstellung bei *Scherer*, Stationäre Krankenhausbehandlung im Spannungsverhältnis zwischen Ökonomisierung und Haftungsrecht, 2007, S. 166 ff.; ebenso im Ausgangspunkt *J. Prütting*, MedR 2018, 291; s. auch *Laufs*, in: FS *Deutsch*, 1999, S. 625, 628; *Frahm/Jansen/Katzenmeier/Kienzle/Kingreen/Lungstras/Saeger/Schmitz-Luhn/Woopen*, MedR 2018, 447, 453.
[167] S. etwa BVerfGE 98, 265, 301 = NJW 1999, 841, 843 = MedR 1999, 119, 121; teils sogar weiter verstanden i. S. e. Gebots der Einheit der Rechtsordnung (Systemgerechtigkeit); zur verfassungsrechtlichen Diskussion *Grzeszick*, in: *Maunz/Dürig*, GG, [48]2006, Art. 20 GG Rn. VII 51, 56 f. m. w. N., i. E.: „Ein solcher Grundsatz ist aber als präskriptiver Rechtsgrundsatz dem geltenden Verfassungsrecht nicht zu entnehmen. Er ist wohl auch nicht erforderlich"; dazu auch monographisch *Felix*, Einheit der Rechtsordnung, 1998.
[168] S. o. III.; vgl. auch *Deutsch/Spickhoff*, Medizinrecht, [7]2014, Rn. 376.
[169] *Gaßner/Strömer*, SGb 2011, 421, 423.
[170] Vgl. *Gaßner/Strömer*, MedR 2012, 159, 163.

den Standards in Zukunft nach sich ziehen könnten. Sodann sind Lösungsansätze und Vermeidungsstrategien ausführlich zu untersuchen. Fraglich ist, ob und (wenn ja) wie auf ihre negativen Auswirkungen zu reagieren ist oder diese sogar proaktiv verhindert werden könnten.

Die Harmonisierung der Standards von Zivil- und Sozialrecht im Kontext von „Kostendruck und Standard" ist Kernthema des nächsten und zugleich letzten Kapitels dieser Arbeit. Sie ist dabei aber keinesfalls nur Zukunftsaufgabe im Hinblick auf latente, potentielle Spannungen zwischen den Standardbegriffen der Teilrechtsgebiete, sondern aufgrund einzelner bestehender Begriffsdivergenzen (A.V. und B.) sowie manifester Divergenzen in der Standardbestimmung (C.) durchaus bereits eine aktuelle Herausforderung.

V. Exkurs: Erste Divergenzen aufgrund einzelner Bereichsausnahmen im GKV-Leistungskatalog

Abseits des weitgehend harmonischen Zusammenspiels von Qualitäts- und Wirtschaftlichkeitsgebot, die den Medizinischen Standard im Sozialrecht begrifflich prägen, finden in der GKV aus Gründen der Finanzierbarkeit bereits gewisse Einschnitte in den sozialrechtlichen Standard im Sinne expliziter Rationierung statt.[171] Mit dem Wirtschaftlichkeitsgebot in seiner gegenwärtig rein rationalisierenden Ausprägung hängen diese zumindest nicht direkt zusammen. Den sozialrechtlichen Standardbegriff verändern die ökonomischen Erwägungen bisher jedenfalls nicht grundlegend, mithin im Rahmen der generellen Voraussetzungen der §§ 2 Abs. 1 S. 3 und 12 Abs. 1 SGB V, welche für alle GKV-Leistungen (sowie deren Erbringung) Geltung beanspruchen.

Keine Einschnitte in den sozialrechtlichen Standard, werden sie auch faktisch als solche wahrgenommen, beinhalten dabei die quantitativen Begrenzungen des Leistungserbringungsrechts, welche erst auf Rechtsfolgenseite zur Finanzierbarkeit der Gesundheitsversorgung beitragen. Die qualitative Frage, ob eine Behandlungsmethode sozialrechtlicher Standard ist und welche Grenzen bereits bei dessen tatbestandlicher Bestimmung gezogen werden müssen, ist von dieser Thematik zu trennen. Allzu häufig kommt es diesbezüglich zu Missverständnissen und Verwechslungen.

Zwar ist die verdeckte, implizite Rationierung medizinischer Leistungen[172] (und damit die Abwälzung der Allokation auf Ärzte) mögliche Folge derartiger Budgetierungen.[173] Am sozialrechtlichen, geschweige denn haftungsrechtlichen

---

[171] Vgl. etwa *Kemmler*, NZS 2014, 521, 522; *Kingreen*, VVDStRL 70 (2011), 152, 160 f.; *Wenner*, GesR 2009, 169, 170, 174 ff.; *Welti*, GesR 2006, 1, 3; *Isensee*, in: GS *Heinze*, 2005, S. 417, 422 f.; s. auch *Arnade*, Kostendruck und Standard, 2010, S. 46 ff.
[172] S. o. I. 1.
[173] S. (auch zum Folgenden) *Dannecker et al.*, DÄBl. 2009, A-2007; *Isensee*, in: GS *Heinze*, 2005, S. 417, 423 ff.; *Heinze*, MedR 1996, 252, 255 f.; relativierend *Neumann*, NZS 2005, 617, 619: Budgetierungen sind (noch) keine Rationierungen; differenziert *Wenner*, GesR 2009, 169, 170 f.; offen *Fastabend*, NZS 2002, 299, 304; aus ökonomischer

Standard ändert sich dadurch jedoch nichts.[174] Namentlich die komplexen Vergütungsregeln im vertragsärztlichen Bereich[175] sind nicht Teil der Standardsetzung und haben keinerlei Einfluss auf den Standardbegriff, denn sie modifizieren nicht materiell den Leistungskatalog der GKV, sondern dienen formell der Mengensteuerung.[176]

Ärzte sind gegenüber ihren Patienten insbesondere nicht berechtigt, die Erbringung von Leistungen (etwa zum Ende eines Quartals) mit der Begründung zu verweigern, dass diese nicht mehr wie zu Beginn des Abrechnungszeitraums vergütet werden.[177] Das BSG[178] „hat in diesem Sinne wiederholt entschieden, daß dem Zuschnitt der vertragsärztlichen Vergütung insgesamt eine ‚Mischkalkulation' zugrunde liegt. Dies bedeutet, daß es durchaus Leistungen geben kann, bei denen selbst für eine kostengünstig organisierte Praxis kein Gewinn zu erzielen ist. Entscheidend ist nämlich, daß der Vertragsarzt insgesamt Anspruch auf eine leistungsgerechte Teilhabe an der Gesamtvergütung hat, der in aller Regel dazu führt, daß das aus der vertragsärztlichen Tätigkeit erzielbare Einkommen Ärzten hinreichenden Anlaß zur Mitwirkung an der vertragsärztlichen Versorgung bietet". Erst recht kann dies deshalb keine Auswirkungen auf den Haftungsmaßstab haben.[179] „Weder das Haftungsrecht noch das Sozialrecht erkennen Budgetüberschreitungen als Begründung für Standardeinschränkungen an. Es gibt keine Inkongruenz."[180]

In bestimmten Randbereichen werden jedoch einzelne Leistungen unabhängig davon, ob sie den allgemeinen Anforderungen entsprechen, im Sinne einer – auch finanziell motivierten und damit indirekt doch wieder dem Wirtschaftlichkeitsziel dienenden – Begrenzung des GKV-Katalogs von diesem ausdrücklich ausgenommen[181] (und der Eigenverantwortung der Versicherten nach § 2 Abs. 1 S. 1 SGB V

Perspektive *Kopetsch*, Zur Rationierung medizinischer Leistungen im Rahmen der GKV, 2001, S. 141 ff.

[174] Vgl. insofern *Arnade*, Kostendruck und Standard, 2010, S. 48 f., 209; *Scherer*, Stationäre Krankenhausbehandlung im Spannungsverhältnis zwischen Ökonomisierung und Haftungsrecht, 2007, S. 77 ff., 234 ff.; *Wagner*, in: MüKo-BGB, [7]2016, § 630a Rn. 115; *Buchner*, in: *Lilie/Bernat/Rosenau*, Standardisierung in der Medizin als Rechtsproblem, 2009, S. 63, 73; *Welti*, GesR 2006, 1, 8; *Preißler*, MedR 2002, 84; *Kullmann*, VersR 1997, 529, 532.

[175] S. o. IV.

[176] S. dazu auch *Frahm/Jansen/Katzenmeier/Kienzle/Kingreen/Lungstras/Saeger/Schmitz-Luhn/Woopen*, MedR 2018, 447, 451.

[177] In der Praxis wird dieses Phänomen gleichwohl beobachtet, s. etwa die Studie von *Himmel/Schneider*, Ambulatory Care at the End of a Billing Period, 2017, abrufbar unter www.hche.de.

[178] Vgl. nur BSGE 88, 126 m. w. N.

[179] *Steffen*, MedR 1995, 190, 191; s. auch *Spickhoff*, in: *Spickhoff*, Medizinrecht, [3]2018, § 630a BGB Rn. 45; *Hart*, in: *Hart*, Ärztliche Leitlinien, 2000, S. 137, 154; *ders.*, MedR 1999, 47, 49; *ders.*, MedR 1996, 60, 71: Harmonisierung nur i. S. d. Haftungsrechts.

[180] *Hart*, MedR 2002, 321, 325.

[181] Vgl. *Huster*, DVBl. 2010, 1069, 1072.

zugerechnet).[182] Davon betroffen sind zum Teil auch medizinisch standardgemäße Leistungen, die nach allgemeinen Regeln zugleich sozialrechtlicher Standard sein müssten.[183]

Besonders deutlich wird dies an den besonderen Beschränkungen der Versorgung mit Arznei-, Heil- und Hilfsmitteln (§§ 31 ff. SGB V), nicht zuletzt den Ausschlüssen in § 34 SGB V,[184] den Grenzen der zahnärztlichen und kieferorthopädischen Behandlung (§§ 28 Abs. 2, 29 SGB V) sowie der (lediglich, aber immerhin noch anteilig bezuschussten) Versorgung mit medizinisch notwendigem Zahnersatz gemäß § 55 SGB V.[185] Hier wird in einigen wenigen Ausnahmefällen der sozialrechtliche Standardbegriff im Hinblick auf gewisse im Vorfeld genau festgelegte Leistungen oder Leistungsgruppen modifiziert.

In den genannten Versorgungsbereichen sind mithin Divergenzen zwischen sozial- und zivilrechtlichem Standard dem Grunde nach schon an der Tagesordnung. Diese verursachen jedoch bislang in der Praxis offenbar keine nennenswerten Spannungen,[186] weder auf Vergütungs- noch auf Haftungsebene.[187] Insbesondere hatten die Zivilgerichte diesbezüglich noch nicht über einen Konfliktfall zu entscheiden.[188] Dies liegt zum einen daran, dass mit den in Frage stehenden Leistungen, bei denen mit den Einsparungen begonnen wurde, keine Kerntätigkeiten ärztlicher Behandlung zur Heilung ernster und akuter gesundheitlicher Probleme betroffen sind, bei deren Ausbleiben der Patient gewichtige zusätzliche Schädigungen erleiden kann, sondern Maßnahmen mit geringem medizinischen Nutzen[189] zur Linderung (mehr oder weniger belastender) körperlicher Beschwerden. Dem Arzt, der diese – obgleich medizinisch geboten – unterlässt, droht daher im Ergebnis regelmäßig keine Haftung.

Zum anderen können speziell im Arzneimittelbereich die betroffenen medizinisch empfohlenen, aber sozialrechtlich nicht finanzierten Leistungen vom Patienten in aller Regel ohne hohe Kosten privat zugekauft werden.[190] (Ein Einsparpotential ergibt sich erst aus der Summe der ansonsten massenhaft zu finanzieren-

---

[182] *Scholz*, in: *Becker/Kingreen*, SGB V, ⁶2018, § 2 Rn. 2; *Axer*, in: *Eichenhofer/v. Koppenfels-Spies/Wenner*, SGB V, ³2018, § 2 Rn. 8; *Kemmler*, NZS 2014, 521, 524 ff.; *Kingreen*, VVDStRL 70 (2011), 152, 163 ff.; *Buchner*, in: *Lilie/Bernat/Rosenau*, Standardisierung in der Medizin als Rechtsproblem, 2009, S. 63, 72 f.; *Kreße*, MedR 2007, 393, 398; *Welti*, GesR 2006, 1, 3; *Neumann*, NZS 2005, 617, 618; krit. *Wenner*, GesR 2009, 169, 174.
[183] S. auch *Francke*, GesR 2003, 97 f.; *Hahn*, GesR 2010, 286, 290; *Gaßner/Strömer*, MedR 2012, 159, 162, 169.
[184] Zur Verfassungsmäßigkeit etwa des ausdr. Ausschlusses nicht verschreibungspflichtiger Arzneimittel aus dem Leistungskatalog der GKV s. dabei BVerfG NJW 2013, 1220; monographisch zu § 34 SGB V *Dettling*, Der Ausschluss von Arzneimitteln in der GKV, 2017.
[185] Zu Standardbeschränkungen im zahnärztlichen Bereich s. *v. Ziegner*, VSSR 2003, 191.
[186] Vgl. auch *Buchner*, in: *Lilie/Bernat/Rosenau*, Standardisierung in der Medizin als Rechtsproblem, 2009, S. 63, 73.
[187] Zu den denkbaren Konfliktsituationen s. o. IV.
[188] Vgl. *Hart*, MedR 2002, 321, 322; s. auch *G. Müller*, in: FS *E. Lorenz*, 2004, S. 475, 495; *dies.*, in: FS *Hirsch*, 2008, S. 413, 420; *dies.*, MedR 2009, 309, 312; hierzu und zum Folgenden zudem *Schmitz-Luhn*, Priorisierung in der Medizin, 2015, S. 153 f., Fn. 30.
[189] So *Neumann*, NZS 2005, 617, 618.
[190] Dazu noch 8. Kap. A.

den Einzelleistungen.) Aber auch im Hinblick auf kostenintensivere Leistungen wie Sehhilfen oder vor allem den Zahnersatz ist die (teilweise) Eigenfinanzierung mittlerweile gesellschaftlich weitgehend akzeptiert,[191] zumal hier meist mehrere unterschiedlich teure Ausführungsvarianten zur Verfügung stehen und sich zudem ein privater Zusatzversicherungsmarkt etabliert hat, dessen Angebote die Versorgung durch die GKV wirksam ergänzen.

Hinzu kommt, dass die Verantwortlichkeit des Arztes im Hinblick auf von Dritten zu erbringende Leistungen wie im Falle von Arznei-, Heil- und Hilfsmitteln (anders als bei unmittelbaren ärztlichen Diensten wie körperlichen Untersuchungen oder operativen Eingriffen) grundsätzlich mit ihrer Verschreibung oder Verordnung durch Ausstellung eines entsprechenden (entweder Privat- oder Kassen-)Rezepts endet, der Patient sich diese dann eigenständig an anderer Stelle zu beschaffen hat und dem Arzt selbst daher ohnehin keine Gegenleistung entgeht, wenn die GKV die Leistung nicht finanziert (eine entsprechende Beratung wird er abrechnen können).[192]

Die Konfliktlage wird sich allerdings verschärfen, je näher die einzelnen Einschnitte dem Kernbereich ärztlicher Behandlung kommen,[193] dem diese Arbeit vorrangig gewidmet ist. Erst recht entwickeln sich Spannungen, wenn eine Rationierung nicht nur punktuell und am Rande, sondern – wie im vorherigen Abschnitt vorausblickend beschrieben[194] – innerhalb der Grundvoraussetzungen der Versorgung selbst etabliert wird und damit prinzipiell jede Leistung der GKV betreffen und von ihrem Standard ausnehmen kann.

B. Sonderfall: Grundrechtsorientierte Auslegung des GKV-Standards

Eine unter umgekehrten Vorzeichen stehende Konstellation, in welcher zivil- und sozialrechtlicher Standard begrifflich divergieren können, sind die vielbeachteten „Nikolaus-Fälle" (im Anschluss an die Rechtsprechung des BVerfG).[195] Der GKV-Standard kann demnach unter gewissen Voraussetzungen auf der Basis eines grundrechtsorientiert verfassungskonform ausgelegten Standardbegriffs abweichend vom medizinisch (sowie damit zugleich haftungsrechtlich) gebotenen Behandlungsniveau bestimmt werden. Dabei kommt es zu keiner Beschränkung, etwa aus ökonomischen Gründen, sondern vielmehr zu einer Erweiterung des GKV-Leistungskatalogs.[196]

Wenn in einer derartigen Konstellation (lebensbedrohliche, regelmäßig tödliche oder zumindest wertungsmäßig vergleichbare Erkrankung) eine allgemein anerkannte, dem medizinischen Standard entsprechende Leistung nicht zur Verfü-

---

[191] *Gaßner/Strömer*, MedR 2012, 159, 169.
[192] Vgl. *Kreße*, MedR 2007, 393, 398.
[193] Vgl. insofern *Huster*, DVBl. 2010, 1069, 1072.
[194] S. o. IV.
[195] Ausf. dazu 5. Kap. C. IV.
[196] Vgl. *Hahn*, GesR 2010, 286, 291 (u. 292 f.): entgegengesetzter Fall eines höheren sozialrechtlichen Standards.

gung steht, kann nach § 2 Abs. 1a S. 1 SGB V eine von § 2 Abs. 1 S. 3 SGB V abweichende Leistung beansprucht werden. Es gilt also ausnahmsweise ein anderer GKV-Standardbegriff (nach dem es genügt, wenn eine nicht ganz entfernt liegende Aussicht auf Heilung oder auf eine spürbare positive Einwirkung auf den Krankheitsverlauf besteht).[197] Die mit einer „Nikolaus-Behandlung" verbundenen, potentiell immens hohen Kosten spielen dabei im Übrigen keine Rolle,[198] denn innerhalb des umdefinierten sozialrechtlichen „Nikolaus-Standards" stehen alternativlose Leistungen in Frage, welche als solche stets dem Wirtschaftlichkeitsgebot in seiner aktuellen Ausgestaltung genügen.[199]

Der haftungsrechtliche Standard wird dadurch sodann keineswegs automatisch mit verändert,[200] dieser knüpft vielmehr weiterhin an den rein medizinischen Standard an.[201] Grundrechten kommt im Privatrecht – anders als im öffentlichen GKV-Recht (Art. 20 Abs. 3 GG) – nur mittelbare Drittwirkung zu.[202] Diese wird nicht ausreichen, über Generalklauseln wie §§ 276 Abs. 2, 630a Abs. 2 BGB auch den zivilrechtlichen Standardbegriff zu beeinflussen, welcher überdies keine überzogenen Erwartungen an die Medizin formulieren darf. In dieser Sonderkonstellation stimmt der sozialrechtliche Standard also explizit nicht mit dem (bislang nicht bestimmbaren, gegebenenfalls sogar überhaupt nicht vorhandenen) medizinischen/ haftungsrechtlichen Standard überein.

Jede Modifizierung im Rahmen der sozialrechtlichen Rezeption des medizinischen Standards – geschieht sie auch, um dem Patienten eine letzte Heilungschance nicht zu verwehren – stellt allerdings eine Standardverfehlung im maßgeblichen medizinischen Sinne und damit zugleich im Sinne des Haftungsrechts dar, das den medizinischen Standard ohne diese Veränderung rezipiert. Zivilrechtlich ist eine Nikolaus-Behandlung demnach grundsätzlich (abgesehen von Fragen der Vertretbarkeit)[203] als ein haftungsbegründender Behandlungsfehler zu beurteilen.[204] Dies gilt zumindest so lange, wie sich in der Medizin kein entsprechender Standard herausgebildet hat, womit dann aber auch der Nikolaus-Standard selbst und die Divergenzen zwischen Haftungs- und Sozialrecht hinfällig werden.

---

[197] A. A. (wenn auch i. E. ohne Auswirkungen) *Katzenmeier/Schmitz-Luhn*, in: *Wohlgemuth/Freitag*, Priorisierung in der Medizin, 2009, S. 167, 171 f.: auch der sozialrechtliche Standard werde nicht verändert, vielmehr die GKV-Leistungspflicht in bestimmten Fällen, in denen eine medizinisch standardgem. Behandlung nicht zur Verfügung steht, erweitert.
[198] Vgl. *Katzenmeier*, in: *Laufs/Katzenmeier/Lipp*, Arztrecht, [7]2015, Kap. X Rn. 34; *ders.*, in: FS *G. Müller*, 2009, S. 237, 246; *Arnade*, Kostendruck und Standard, 2010, S. 83 f., 97 f.; krit. auch *Huster*, VSSR 2013, 327, 339 f.; *Huster*, in: DS 60 Jahre BSG, 2015, Bd. 2, S. 223, 240 f.
[199] S. o. A. II. 1.
[200] Ebenso *Katzenmeier*, in: *Laufs/Katzenmeier/Lipp*, Arztrecht, [7]2015, Kap. X Rn. 34; *ders.*, in: FS *G. Müller*, 2009, S. 237, 246; *Schmitz-Luhn*, Priorisierung in der Medizin, 2015, S. 169 ff.; *Katzenmeier/Schmitz-Luhn*, in: *Wohlgemuth/Freitag*, Priorisierung in der Medizin, 2009, S. 167, 169 ff.
[201] S. o. A. II. 2.
[202] Grundlegend BVerfGE 7, 198 = NJW 1958, 257; aus der Lit. etwa die Monographie von *Canaris*, Grundrechte und Privatrecht, 1999; *ders.*, AcP 184 (1984), 201.
[203] Dazu 6. Kap. D. II. 3. a.
[204] Vgl. 6. Kap. D. II. 1.

Harmonisierungsbedürftige Spannungen zwischen den Teilrechtsgebieten[205] ergeben sich in diesem speziellen Divergenzfall dennoch nicht, ist eine Haftung des nach sozialrechtlichem Nikolaus-Standard behandelnden Arztes schließlich zumindest dann ausgeschlossen, wenn der Patient zivilrechtlich über die Standardabweichung aufgeklärt wird und kraft seines Selbstbestimmungsrechts in die – dann gleichsam von der Therapiefreiheit des Arztes gedeckte – Behandlung einwilligt (zugleich Vereinbarung im Sinne von § 630a Abs. 2 Hs. 2 BGB).[206] Diese Einwilligung wird zudem regelmäßig bereits in der Geltendmachung des sozialrechtlichen Leistungsanspruchs durch den lebensbedrohlich erkrankten Patienten zu sehen sein, jedenfalls soweit dieser zuvor über den abweichenden, da nicht bestehenden medizinischen (und haftungsrechtlichen) Standard informiert wurde. Die Auswahlentscheidung für eine Nikolaus-Behandlung, die regelmäßig im Interesse und auf Drängen des Patienten erfolgt, ist insofern letztlich kein relevanter Anknüpfungspunkt ärztlicher Haftung.

Bei der Durchführung der Nikolaus-Behandlung, welche zivilrechtlich in die Kategorie eines Heilversuchs, einer Neuland- oder Außenseitermethode fällt, ist als eigenständiger Haftungsmaßstab im Übrigen die Sorgfalt eines vorsichtigen Arztes einzuhalten.[207] Entscheidet sich der Arzt demgegenüber, dem zivilrechtlichen Standard zu folgen, den Patienten also mangels medizinischen Standards nicht zu behandeln, stellt sich – anders als in den sogleich umfassend zu untersuchenden problematischeren Divergenzfällen – darüber hinaus auch nicht die (enorm spannungsgeladene) Vergütungsfrage. Im Folgenden bleiben die Nikolaus-Fälle dementsprechend weitgehend außen vor.

C. Divergenzen in der Standardbestimmung

I. Harmonisierungsbedarf

Über den Standardbegriff wirkt die Medizin bei der Standardbestimmung in erheblichem Maße in das Recht hinein. Zwischen den einzelnen Teilrechtsgebieten bestehen hingegen keinerlei Wechselwirkungen (etwa hat ein Verstoß gegen die Richtlinien des G-BA keinerlei Haftungsfolgen).[208] Zivil- und Sozialrecht koexistieren für gewöhnlich in „Parallelwelten" und werden durch die ihnen jeweils eigenen Rechtsregime und die Zuständigkeit verschiedener Akteure, nicht zuletzt unterschiedlicher Gerichtsbarkeiten geprägt.[209] Dabei ist der sozialrechtliche Standard überdies stärker normativ verdichtet[210] als der (normativ ausgerichtete)[211] haftungsrechtliche Standard.

---

[205] Vgl. oben A. IV.
[206] Dazu auch 6. Kap. D. II. 3. b. u. c.
[207] Dazu wiederum 6. Kap. D. II. 4. u. 5.
[208] Vgl. 6. Kap. B. II. 3. b. cc.
[209] In diese Richtung auch *Schmitz-Luhn*, Priorisierung in der Medizin, 2015, S. 154 f., zu den verschiedenen systemischen Gegebenheiten.
[210] Vgl. insofern insg. das 4. u. 5. Kap.

Den Teilrechtsgebieten liegen zudem abweichende Perspektiven zu Grunde. Geht es im Haftungsrecht bei der Bestimmung des Medizinischen Standards vornehmlich um die nachträgliche Kontrolle eines konkreten Behandlungsgeschehens (mithin eine „Standardermittlung" – freilich aus der Sicht *ex ante*),[212] so werden im Sozialrecht in erster Linie im Vorfeld abstrakte Versorgungsentscheidungen für die künftige Leistungserbringung getroffen („Standardsetzung").[213] Überspitzt gesprochen gilt: Das Sozialrecht blickt in die Zukunft, das Haftungsrecht in die Vergangenheit.[214] Dies ändert gewiss nichts daran, dass der sozialrechtliche Standardbegriff über das Leistungsrecht auch am einzelnen Versicherten orientiert ist. Der Arzt trifft individuelle Behandlungsentscheidungen und rechnet diese dann innerhalb der GKV ab.

Der Perspektivwechsel zwischen Haftung und Kostentragung kann Divergenzen und Spannungen hervorrufen. Aus den grundlegend „unterschiedlichen Regelungsgegenständen und Zielrichtungen ergibt sich die Möglichkeit einer Disharmonie [...] bereits aus der Natur der Sache."[215] Die „Zweck- und Standarddifferenz macht Beurteilungsabweichungen wahrscheinlich und Harmonisierungsbedürfnisse und -strategien [...] erforderlich."[216] Sprachlich klingt „Standard" nach einer allgemeingültigen Bewertung,[217] was im Haftungsrecht, wo die medizinisch-ärztliche Vertretbarkeit einer bestimmten Maßnahme im Vordergrund steht,[218] Fehlverständnisse und fehlerhafte Standardbestimmungen provoziert. Insofern passt der Terminus im Grunde weniger zu dem Bereich, dem er entstammt,[219] als zu dem, der schon begrifflich mit ihm fremdelt.[220]

Sind in der Praxis mithin heute gewisse Divergenzen und daraus resultierende Spannungen zwischen haftungs- und sozialrechtlichem Standard festzustellen, liegen diese keineswegs – und anders als unter Verweis auf den vermeintlich divergierenden Umgang mit ökonomischen Erwägungen häufig geltend gemacht – in unterschiedlichen Standardbegriffen begründet, sondern in den Unterschieden der Standardbestimmung, also bei der rechtlichen Rezeption des medizinischen Standards. Inkongruente Standards sind gegenwärtig in erster Linie ein Rezep-

---

[211] Näher 3. Kap. A. I. 1.
[212] Vgl. insofern insg. das 3. u. 6. Kap.
[213] Dazu 5. Kap. A. I.; s. insg. *Frahm/Jansen/Katzenmeier/Kienzle/Kingreen/Lungstras/Saeger/Schmitz-Luhn/Woopen*, MedR 2018, 447, 452 f.; *Hart*, VSSR 2002, 265, 278 f. (zu Leitlinien); *ders.*, MedR 2002, 321: Haftungsrecht entscheide retrospektiv über Einzelfälle nach sachverständiger Beratung, gewähre reaktiv Ausgleich bei fehlerhaftem ärztlichen Handeln und lege prospektiv wie präventiv Verhaltenspflichten fest, die zukünftige Fehler vermeiden sollen; Sozialrecht sei demggü. allg., präventives, durch Institutionen konkretisiertes Zulassungsrecht für Leistungen und lege die abstrakten Bedingungen für die individuelle Behandlung von GKV-Patienten fest; zu den unterschiedlichen Perspektiven von Zivil- und Sozialrecht auch *J. Prütting*, MedR 2018, 291, 292 ff.; *ders.*, RW 2018, 289 ff.
[214] *Deutsch*, VersR 1998, 261, 264.
[215] *Gaßner/Strömer*, MedR 2014, 159, 163.
[216] *Hart*, MedR 2002, 321.
[217] Vgl. 1. Kap. A.
[218] Näher 6. Kap. D. II. 3. a.
[219] Dazu 3. Kap. vor A.
[220] Dazu 4. Kap. vor A.

tionsproblem. Denn obwohl das Haftungs- und Sozialrecht sich dem Grunde nach darüber einig sind, was als Medizinischer Standard gelten soll (Standardbegriff),[221] ermitteln sie diesen oder setzen diesen ausgehend von ihrer gemeinsamen – medizinisch und nicht ökonomisch orientierten – Basis doch auf verschiedenen Wegen fest (Standardbestimmung).

Das Spannungsverhältnis von Haftungs- und Sozialrecht ist insofern aktuell auf Ebene der Standardbestimmung zu verorten (also der Ebene der Qualität, nicht der Wirtschaftlichkeit).[222] Die Relation von wissenschaftlicher Erkenntnis, ärztlicher Erfahrung und Akzeptanz in der Profession als prägende Standardelemente wird im Recht der GKV durch besondere Kriterien und Verfahren genau definiert.[223] Demgegenüber nimmt das Zivilrecht lediglich allgemein auf die drei Standardelemente Bezug, ohne Kriterien und Verfahren detailliert festzulegen.[224] Zur Vermeidung oder Auflösung von Divergenzen ist hier vor allem ein rechtsgebietsübergreifendes Bekenntnis zu den Methoden einer – korrekt verstandenen – EbM, nicht zuletzt ein einheitlicher Umgang mit fehlender oder unsicherer Evidenz gefragt.

Die Maßstäbe des GKV-Rechts (insbesondere die EbM) können zwar grundsätzlich auch für die haftungsrechtliche Standardbestimmung herangezogen werden. Beide Standards sollten daher prinzipiell übereinstimmen. In der Praxis (Standardermittlung durch den Arzt, nachvollzogen durch den medizinischen Sachverständigen) muss dies allerdings nicht zwangsläufig gewährleistet sein, zumal dies rechtlich weder gefordert noch kontrolliert wird. Hier besteht ein Nachhol-, Abstimmungs- und Harmonisierungsbedarf.[225] Bei alledem ist „[d]ie Wahrscheinlichkeit des Auftretens von Inkongruenzen zwischen Haftungsrecht und Sozialrecht [nichtsdestotrotz] gering; dort wo standardbezogene Inkongruenzen auftreten könnten, sind sie praktisch kaum vorhanden."[226]

Unterschiedliche Standards wegen Divergenzen in der Standardbestimmung sind – anders als divergierende Standardbegriffe – vor allem rechtlich wenig greifbar, da sie erst in der Rechtsanwendung entstehen und es sich um mittelbare Folgen allgemeiner Unterschiede zwischen den Teilrechtsgebieten handelt. Dennoch können sie erhebliche praktische Auswirkungen haben. Das Recht, welches an die entsprechende Lebenswirklichkeit anknüpft, benötigt Antworten auch auf faktische Fragen, selbst wenn diese sich nach dem normativen Grundverständnis so gar nicht stellen dürften (im Sinne einer – zu minimierenden – Diskrepanz zwischen Sein und Sollen).

Die Spannungen zwischen Haftungs- und Sozialrecht sind derzeit weniger rechtlicher Natur als tatsächlicher Art.[227] Es ist nicht immer sichergestellt, dass der

---

[221] S. o. A. III.
[222] Zum Folgenden *Hart*, ZMGR 2010, 256, 257 f.
[223] S. 5. Kap. B.
[224] S. 6. Kap. B. II.
[225] S. insg. *Hart*, ZMGR 2010, 256, 257 f.
[226] *Hart*, MedR 2002, 321, 326.
[227] *Katzenmeier*, in: FS *G. Müller*, 2009, S. 237, 241; auch *Arnade*, Kostendruck und Standard, 2010, S. 203, 207: kein rechtlich angelegter Konflikt, aber faktische Spannungen mit rechtlich relevanter Dimension.

Standardbegriff sich auch im Bestimmungsergebnis niederschlägt. So kann es beispielsweise dazu kommen, dass der Arzt bei der konkreten Behandlung eines Patienten (oder der medizinische Sachverständige vor Gericht), einen anderen Standard ermittelt, als ihn der G-BA für diese Behandlung im Rahmen der vertragsärztlichen Versorgung der Versicherten nach § 135 SGB V abstrakt in Richtlinien – also in einem deutlich komplexeren, stärker reglementierten und damit insgesamt trägeren sowie überdies zu einem ganz anderen Zeitpunkt durchgeführten Verfahren[228] – für den Bereich der GKV verbindlich festgesetzt hat.[229] Entsprechende Divergenzen können sich daneben im Falle der Krankenhausbehandlung ergeben, wenn in Richtlinien eine Leistung nach § 137c SGB V von der Versorgung ausgeschlossen wurde, welche in Medizin und Zivilrecht trotzdem im Einzelfall als einschlägige Standardbehandlung zu gelten hat.[230]

Medizinische Qualitätsstandards und qualitätssichernde Vorgaben (§§ 135 ff. SGB V) können insofern durchaus voneinander abweichen.[231] Wenn Haftungs- und Sozialrecht auf Ebene der Standardbestimmung zu unterschiedlichen Rezeptionsergebnissen gelangen, also entweder die eine oder die andere Seite – oder beide auf verschiedene Weise – vom auf Begriffsebene maßgeblichen medizinischen Standard abweicht, führt dies in der Praxis dazu, dass der Arzt eine andere Behandlung im Rahmen der GKV abrechnen darf, als sie der Patient zivilrechtlich für sich in Anspruch nehmen kann und umgekehrt. Folgt der Arzt dem Zivilrecht, erhält er dafür grundsätzlich keine Vergütung, folgt er dem Sozialrecht, haftet er dem Patienten unter Umständen sogar wegen eines Behandlungsfehlers.[232]

Dies gilt im Übrigen auch für die vermeintliche Sonderkonstellation eines den haftungsrechtlichen („Mindest-" oder „Minimal"-)Standard zumindest auf den ersten Blick „übertreffenden" sozialrechtlichen („Höchst-" oder „Maximal-") Standards.[233] Meist wird in diesem Zusammenhang nur der Fall eines den sozial-

---

[228] Vgl. dazu 5. Kap. B. III. 1.
[229] Vgl. insofern die Beispiele bei *Katzenmeier*, in: FS *G. Müller*, 2009, S. 237, 243 ff.; *Arnade*, Kostendruck und Standard, 2010, S. 204 ff.; *Voigt*, IGeL, 2013, S. 84 ff.; s. auch *Francke/Hart*, Charta der Patientenrechte, 1999, S. 29; *Hart*, ZMGR 2010, 256, 258; *ders.*, MedR 2002, 321 f., 325; *Gaßner/Strömer*, MedR 2012, 159, 162, 164; *Hahn*, GesR 2010, 286, 290; *Kreße*, MedR 2007, 393, 399; *Schimmelpfeng-Schütte*, MedR 2002, 286, 289 f.; *Dahm*, in: HK-AKM, 2001, Nr. 5090 (Therapiefreiheit) Rn. 14 f.
[230] Dazu *Scherer*, Stationäre Krankenhausbehandlung im Spannungsverhältnis zwischen Ökonomisierung und Haftungsrecht, 2007, S. 216 ff. (i. E. für einen „Vorrang des Sozialrechts"); *Hart*, in: *Hart*, Ärztliche Leitlinien, 2000, S. 137, 149 f. (begrenzte Bindung, Kontrollvorbehalt). Auch wenn kein Ausschluss ausgesprochen wurde, hat sich bei der Krankenhausbehandlung der sozialrechtliche stets nach dem medizinischen Standard zu richten; s. insg. 5. Kap. B. III. 2. Die Krankenhausbehandlung ist keineswegs *per se* ein Divergenzfall mit dem Haftungsrecht.
[231] *Kern*, GesR 2002, 5; *Laufs/Kern*, in: *Laufs/Kern*, Handbuch des Arztrechts, ⁴2010, § 102 Rn. 10.
[232] Vgl. oben A. IV.
[233] So i. E. auch in den Fällen grundrechtsorientierter Auslegung, freilich bereits aufgrund eines verfassungsrechtlich modifizierten sozialrechtlichen Standardbegriffs, s. o. B.

rechtlichen Standard „übersteigenden" haftungsrechtlichen Standards diskutiert.[234] „Höher" oder „tiefer" sind jedoch im Kontext des Medizinischen Standards keine rechtlich relevanten Kategorien. Sowohl für die Kostentragung in der GKV als auch für die zivilrechtliche Verhaltensbewertung kommt es allein auf die Unterscheidung von Standard und Nicht-Standard an.[235]

Das Haftungsrecht differenziert nicht danach, ob sein Standard unterschritten oder übertroffen wird. Entscheidend ist vielmehr, ob es sich um eine dem (medizinischen und damit) haftungsrechtlichen Standard entsprechende oder von ihm in irgendeiner Form abweichende Behandlung handelt. Auch die Übermaßbehandlung (als Abweichung nach oben) ist eine Standardverfehlung und damit ein Behandlungsfehler. Ein rechtlicher Standard kann den medizinischen Standard denklogisch nicht übertreffen, da die Bestimmungshoheit über diesen Standard gerade bei der Medizin liegt. Den Standard fortentwickeln und „verbessern" kann nur die Medizin selbst. Auch medizinisch gibt es aber nichts „besseres" als eine Behandlung nach dem Standard. Es mag lediglich (neue) Behandlungsmethoden mit potentiell höheren Heilungschancen und/oder geringeren Risiken geben, die jedoch nicht hinreichend geklärt sind, weshalb die entsprechende Behandlung (noch) nicht medizinischer Standard ist.

II. Harmonisierungsmöglichkeiten

Spannungen zwischen den Standards des Haftungs- und Sozialrechts manifestieren sich wie dargelegt im konkret-individuellen Behandlungsfall und dort vor allem in der Person des behandelnden Arztes.[236] Dabei ist es freilich keineswegs ausgeschlossen, dass der Standard in einem Divergenzfall von einer Seite oder beiden fehlerhaft – also einem falschen, von dem der (Evidenzbasierten) Medizin abweichenden, beispielsweise einem übermäßig ökonomisch ausgerichteten und damit implizit rationierenden Begriffsverständnis folgend – bestimmt wurde. Vielmehr besteht wegen der festgestellten Konvergenz der Standardbegriffe[237] als Ausgangspunkt jeder Standardbestimmung umgekehrt eine gewisse Vermutung für einen solchen „Fehlerfall".

Dieser muss sodann in erster Linie mit den eigenen Mitteln und rechtsstaatlichen Mechanismen des jeweiligen Teilrechtsgebiets korrigiert werden. Dies setzt allerdings grundlegend voraus, dass die Divergenz rechtzeitig und an der richtigen Stelle offenbar wird. Für eine angemessene Auseinandersetzung nach geltendem Recht ist insofern zunächst zu klären, welcher der beiden rechtlichen Standards vom maßgeblichen medizinischen Standard und damit auch von seinem rechtlichen Pendant abweicht.

Stammt das Problem aus der Sphäre des Haftungsrechts (entspricht der ermittelte zivilrechtliche Standard also nicht dem medizinischen/sozialrechtlichen

---

[234] So i. E. auch in den Fällen von „Kostendruck und Standard", freilich bereits aufgrund eines ökonomisch orientierten sozialrechtlichen Standardbegriffs, s. o. A. IV.
[235] Vgl. dazu und zum Folgenden insg. schon 6. Kap. D. II. 1. u. III. 3.
[236] S. o. A. IV.
[237] S. o. A. III.

304   7. Kap.: Gegenüberstellung von zivil- und sozialrechtlichem Standard

Standard),[238] sind Korrekturen durchaus kurzfristig und verhältnismäßig unkompliziert möglich. So kann etwa im Rahmen eines zivilgerichtlichen Verfahrens die nächsthöhere Tatsacheninstanz – gegebenenfalls überwacht durch die Revisionsinstanz – durch eine gründliche(re) Erhebung sowie Würdigung des Sachverständigenbeweises in Bezug auf die Behandlungsfehlerfrage den für den jeweiligen Haftungsfall ermittelten zivilrechtlichen Standard richtig- und so die Konvergenz wiederherstellen.[239]

Handelt es sich demgegenüber um einen sozialrechtlichen Fehlerfall (entspricht also der sozialrechtliche nicht dem medizinischen/haftungsrechtlichen Standard),[240] kann dies verschiedene Ursachen haben. Liegt der Fehler auf konkret-individueller Ebene (fehlerhafte Umsetzung des Leistungskatalogs), mangelt es im Recht der GKV weitgehend an wirkungsvollen Mechanismen, die gewährleisten, dass ein abstrakt-generell festgesetzter Standard in der Praxis über den Leistungserbringer tatsächlich auch beim Versicherten ankommt.[241] Wird der GKV-Standard vor Ort nicht eingehalten, bleiben die daraus resultierenden Divergenzen gewiss ohnehin nicht selten unbemerkt.

Ist der Fehler hingegen auf abstrakt-genereller Ebene zu verorten (fehlerhafte Festsetzung des Leistungskatalogs), lassen sich Spannungen mit dem Zivilrecht im Wege des üblichen Standardsetzungsverfahrens[242] in der GKV zumindest für die Zukunft auflösen. Der sozialrechtliche Standard kann hier entweder von Anfang an falsch gesetzt oder aber – und dies ist in der Praxis häufiger der Fall – nicht rechtzeitig verändert worden und daher im Nachhinein fehlerhaft geworden sein. Denn eine Korrektur des Standards erfolgt im Recht der GKV nicht unbedingt zeitnah. In der vertragsärztlichen Versorgung führt das tendenziell innovationsfeindliche Verbot mit Erlaubnisvorbehalt potentiell zu Verzögerungen bei der Weiterentwicklung des GKV-Standards[243] und wirkt damit als sozialrechtliche Schranke des medizinischen Fortschritts.[244]

Die Konfliktgefahr zwischen Zivil- und Sozialrecht ist insofern vor allem im Innovationsbereich zu verorten.[245] Die Dynamik des medizinischen Standardbegriffs spiegelt sich in der Standardbestimmung in der GKV unter Umständen nicht wider.[246] Ein einmal festgesetzter Standard mag medizinisch und haftungs-

---

[238] Mögliche „Fehlerquellen" sind dabei alle an der Standardermittlung beteiligten Akteure, also namentlich behandelnder Arzt, Gutachter und Richter. S. etwa zu möglichen Fehlern im Kontext der Unterscheidung von Pflichtwidrigkeit und Verschulden 3. Kap. A. III. 2. d. cc. u. dd.
[239] Dazu allg. 6. Kap. A. IV.
[240] Fehlerquellen: G-BA, Leistungserbringer, Krankenkassen und Gerichte.
[241] Ggf. greift § 13 Abs. 3, 3a SGB V korrigierend ein; dazu etwa *Hauck*, SGb 2014, 8, 16.
[242] Dazu allg. 5. Kap. B.
[243] Vgl. *Ullrich*, Finanzierungslücken bei medizinischen Innovationen?, 2013, S. 129. Die Fristen (und Sanktionen) in §§ 135 Abs. 1 S. 4 ff., 87 Abs. 5b SGB V wirken dem nur bedingt entgegen.
[244] *Gaßner/Strömer*, SGb 2011, 421 f.
[245] *Hart*, MedR 1996, 60, 70.
[246] Vgl. *J. Schroeder-Printzen*, in: AG RAe im MedR e. V., Standard-Chaos?, 2015, S. 25, 28; ähnlich *Arnade*, Kostendruck und Standard, 2010, S. 201 f., 203 ff.; *Katzenmeier*, in: FS *G. Müller*, 2009, S. 237, 239 f., 241 ff.

rechtlich schon wieder überholt, sozialrechtlich aber noch nicht entsprechend aktualisiert worden sein. Im Ergebnis sieht sich das Recht der GKV (entgegen § 2 Abs. 1 S. 3 SGB V) gegebenenfalls vom medizinischen Fortschritt – und damit letztlich dem medizinischen Standard – abgekoppelt, den es im Rahmen der §§ 135 ff. SGB V gerade integrieren soll.[247]

Dabei stößt die sozialrechtliche Standardsetzung indes notwendigerweise an gewisse systemimmanente Grenzen.[248] Denn „[z]u große Liberalität bei der Implementierung eines nicht oder unzureichend geprüften medizinischen Fortschritts in der GKV verkürzt den Weg zur Rationierung."[249] Die Komplexität der einschlägigen Regelungen ist schließlich ihrerseits dem sozialrechtlichen Kernanliegen einer Versorgung der Versicherten mit der bestmöglichen medizinischen Behandlung (im Sinne der EbM) – und Schutz vor allem anderen – geschuldet.[250] Aus diesem Grund wird der medizinische Fortschritt nur in restriktiver Weise berücksichtigt und seine ungeprüfte Anwendung insbesondere im vertragsärztlichen Bereich als eine Gefahr für die Leistungsgrundsätze (und damit die Gesundheit der Versicherten) eingestuft.[251]

Für den jeweiligen Einzelfall, in dem sich die Frage der Kostentragung stellt, ändert die nachträgliche Anpassung des sozialrechtlichen Standards ohnehin nichts mehr. Hier hilft dem betroffenen Versicherten – als Ausnahmefall der normalen sozialrechtlichen Standardsetzung – nur die Einstufung der fehlerhaften Standardbestimmung als ein Systemversagen im Sinne der Rechtsprechung des BSG weiter,[252] um doch noch eine Leistungserbringung im Rahmen der GKV in unmittelbarer Anwendung allgemeiner Regeln des Leistungsrechts zu ermöglichen. Dies ist freilich eine hohe Hürde.

Angesichts der vorhandenen Korrekturmechanismen hält sich das Phänomen divergierender Standards, die aufgrund von Unterschieden in der Standardbestimmung voneinander abweichen, im Ergebnis in Grenzen und ist rechtlich in diesen engen Grenzen auch durchaus hinzunehmen. Es ist insbesondere nicht im Wege einer Angleichung des haftungsrechtlichen oder medizinischen an den

---

[247] Vgl. insofern *Hart*, MedR 1996, 60, 67; zudem *Gaßner/Strömer*, MedR 2012, 159, 163 f.; zu Innovationshemmnissen in der GKV *Schimmelpfeng-Schütte*, in: *Fischer/Meyer*, Gesundheit und Wirtschaftswachstum, 2010, S. 63; anders das Fazit bei *Fischer*, ebd., S. 97 (Gesundheitsrecht als „Motor des medizinischen Fortschritts"); relativierend unter dem Gesichtspunkt der Qualitätssicherung und Fortschrittskontrolle auch *Buchner*, in: *Lilie/Bernat/Rosenau*, Standardisierung in der Medizin als Rechtsproblem, 2009, S. 63, 68 ff.; ausf. aus dieser Perspektive zudem monographisch *Gottwald*, Die rechtliche Regulierung medizinischer Innovationen in der GKV, 2016; zur Dynamik des medizinischen Wissens und zu den damit verbundenen institutionellen Anforderungen *Hess*, GesR 2012, 591.
[248] Vgl. auch *Scholz*, in: *Becker/Kingreen*, SGB V, ⁶2018, § 12 Rn. 6.
[249] *Gaßner/Strömer*, SGb 2011, 421, 429.
[250] Vgl. *Gaßner/Strömer*, SGb 2011, 421, 428 f.
[251] *Welti*, in: *Kunz et al.*, Lehrbuch EbM, ²2007, S. 401, 404; zum Ganzen auch *Frahm/Jansen/Katzenmeier/Kienzle/Kingreen/Lungstras/Saeger/Schmitz-Luhn/Woopen*, MedR 2018, 447, 452.
[252] Näher 5. Kap. C. II.; dazu *Kreße*, MedR 2007, 393, 399; s. auch *Gaßner/Strömer*, MedR 2012, 159, 165.

sozialrechtlichen Standard zu korrigieren.[253] Gewisse Divergenzen sind an dieser Stelle wegen der unterschiedlichen Perspektiven von Zivil- und Sozialrecht[254] letzten Endes nicht zu vermeiden. Mangels vollkommen identischer Akteure und Instrumente, Kriterien und Verfahren ist es unausweichlich, dass die Teilrechtsgebiete in (bei alledem seltenen) Einzelfällen zu verschiedenen Bestimmungsresultaten gelangen.

Dass Zivil- und Sozialrecht ausgehend von dem gleichen Standardbegriff bei der Standardbestimmung unterschiedliche Ergebnisse erzielen, ließe sich ohnedies nur dadurch vollständig ausschließen, dass entweder der GKV-Standard unmittelbar in das Haftungsrecht[255] oder umgekehrt der zivilrechtliche Standard in das Recht der GKV übernommen würde. Damit würde die rechtliche Rezeption des medizinischen Standards gänzlich gleich- und so als potentielle Fehlerquelle ausgeschaltet. Dem stehen aber grundlegend die verschiedenen Ziele und Funktionen der Teilrechtsgebiete, die wie dargelegt gerade in den Divergenzen der Standardbestimmung zum Ausdruck kommen, entgegen. Es ist nicht ersichtlich, weshalb jeweils dem einen oder dem anderen Bestimmungsweg der Vorzug gebühren sollte. Keiner der Standards ist für sich genommen über jeden rechtlichen Zweifel erhaben und kann daher dem anderen Teilrechtsgebiet „aufgedrängt" werden.[256]

Stattdessen wird auch zukünftig jeweils innerhalb des Haftungs- und Sozialrechts vorbeugend besonderer Wert auf eine konsequente Standardbestimmung zu legen sein, sodass es gar nicht erst zu fehlerhaften Rezeptionsergebnissen und daraus resultierenden Spannungen zwischen den Teilrechtsgebieten kommt. Jeder Divergenzfall ist zunächst einmal kritisch zu hinterfragen. In erster Linie gilt es, die disziplinspezifischen Fehlerursachen zu identifizieren und die entsprechenden Korrekturen einzuleiten.

Der Austausch zwischen den Teilrechtsgebieten und ihren Fachvertretern in „Standard-Fragen" kann dabei im Übrigen zu einer Fehleridentifikation und Verbesserung der Standardbestimmung insgesamt beitragen, bevor sich Divergenzen verfestigen. Einer darüberhinausgehenden Harmonisierung bedarf es in dieser Konstellation nicht. Deutlich komplexer fällt diesbezüglich die entsprechende Beurteilung im Kontext der (Zukunfts-)Problematik von „Kostendruck und Standard" aus, welcher deshalb nunmehr ein eigenes Kapitel gewidmet werden soll.

---

[253] Vgl. *Voigt*, IGeL, 2013, S. 86; *Gaßner/Strömer*, MedR 2012, 159 (Angleichung der Standards weder juristisch nötig noch tatsächlich möglich), 164, i. E. für eine Harmonisierung durch Aufklärung über zeitliche Verzögerungen bei der Kostentragung in der GKV (s. 8. Kap. A.); dazu auch *Hart*, MedR 1999, 47, 49; *ders.*, in: *Hart*, Ärztliche Leitlinien, 2000, S. 137, 149, 154; *ders.*, VSSR 2002, 265, 295: „Entwicklungslücke" des Sozialrechts dürfe haftungsrechtlich nicht zu Lasten des Patienten gehen.
[254] S. o. I.
[255] So aber etwa *Rixen*, Sozialrecht als öffentliches Wirtschaftsrecht, 2005, S. 198 f., zur „Sozialrechtsakzessorietät der Privatrechtlichen Haftungsmaßstäbe"; auch *Roters*, SGb 2015, 413, 421; *Dahm*, in: HK-AKM, 2001, Nr. 5090 (Therapiefreiheit) Rn. 16.
[256] So würde etwa das Haftungsrecht, falls es die sozialrechtlichen Richtlinien auch für seine Standardbestimmung als verbindlich anerkennt, durch etwaige verfassungsrechtlich-legitimatorische Defizite des G-BA (dazu 5. Kap. B. II.) „infiziert", *Frahm/Jansen/Katzenmeier/Kienzle/Kingreen/Lungstras/Saeger/Schmitz-Luhn/Woopen*, MedR 2018, 447, 454.

Kapitel 8: Harmonisierung der Standards des Zivil- und Sozialrechts im Falle ökonomisch bedingter Divergenzen

Für den Fall, dass der GKV-Standard (anders als sein privatrechtliches Pendant) in Zukunft aus finanziellen Erwägungen nicht mehr mit der Medizin Schritt halten kann, sind Wege zur Harmonisierung der Teilrechtsgebiete zu entwickeln, die dem dargelegten Spannungsverhältnis zwischen Haftungs- und Sozialrecht, namentlich dem ärztlichen Haftungs- oder Vergütungsdilemma,[1] erfolgreich entgegenwirken oder vorbeugen und dabei keine überwiegenden nachteiligen Nebenwirkungen mit sich bringen. Die verschiedenen Harmonisierungsmöglichkeiten sollen dafür in diesem Kapitel von Grund auf systematisiert und umfassend analysiert werden. Die Harmonisierung der gesetzlichen Haftpflichtregeln und Erstattungsgrenzen erscheint weiterhin wenig geklärt und wird in der Literatur kontrovers beurteilt.[2] Der Gesetzgeber nimmt bislang keinerlei Rücksicht auf mögliche Divergenzen, die Begründung zum PatRG erwähnt das Problem nicht einmal.[3] Die Zivilgerichte waren mit der Thematik allenfalls im Ansatz befasst, ohne jedoch näher darauf einzugehen.[4]

---

[1] Näher 7. Kap. A. IV.

[2] *Laufs/Kern*, in: *Laufs/Kern*, Handbuch des Arztrechts, ⁴2010, § 102 Rn. 2; zusammenfassende Darstellungen möglicher Lösungsansätze bei *Schmitz-Luhn*, Priorisierung in der Medizin, 2015, S. 161 ff.; *Arnade*, Kostendruck und Standard, 2010, S. 211 ff.; *Rabe*, Ärzte zwischen Heilauftrag und Kostendruck, 2009, S. 145 ff.; *Scherer*, Stationäre Krankenhausbehandlung im Spannungsverhältnis zwischen Ökonomisierung und Haftungsrecht, 2007, S. 187 ff.; auch *Frahm/Jansen/Katzenmeier/Kienzle/Kingreen/Lungstras/Saeger/Schmitz-Luhn/Woopen*, MedR 2018, 447, 453 ff.; *Gaßner/Strömer*, MedR 2012, 159, 162 f.; *Hahn*, GesR 2010, 286, 290 ff.

[3] *Katzenmeier*, in: *Laufs/Katzenmeier/Lipp*, Arztrecht, ⁷2015, Kap. X Rn. 32; ders., in: *E. Lorenz*, KF 2013: Patientenrechte und Arzthaftung, 2014, S. 75; *Frahm/Walter*, Arzthaftungsrecht, ⁶2018, Rn. 78; krit. auch *Hart*, GesR 2012, 385, 388.

[4] Vgl. *Katzenmeier*, in: *Laufs/Katzenmeier/Lipp*, Arztrecht, ⁷2015, Kap. X Rn. 33; ders., in: FS *G. Müller*, 2009, S. 237, 245; *Laufs*, in: *Nagel/Fuchs*, Soziale Gerechtigkeit im Gesundheitswesen, 1993, S. 290, 295 f.; ders., Der ärztliche Heilauftrag aus juristischer Sicht, 1989, S. 46 f. Nach Auskunft der langjährigen Vorsitzenden Richterin des VI. Zivilsenats „hatte der BGH bisher keinen Anlass, zum Spannungsverhältnis zwischen Wirtschaftlichkeitsgebot und Haftungsregeln […] Stellung zu nehmen", s. *G. Müller*, in: FS *E. Lorenz*, 2004, S. 475, 495; dies., MedR 2009, 309, 312; vgl. auch *Steffen*, in: FS *Geiß*, 2000, S. 487, 490 ff.: bisher keine erkennbare Reaktion der Rspr., aber dennoch aktuelle Frage. Problembewusstsein zeigt *G. Müller*, in: FS *Hirsch*, 2008, S. 413; ebenso bereits ihre Vorgänger im Amte: *Steffen*, MedR 1993, 338 u. 1995, 190 f.; ders., in: FS *Geiß*, 2000, S. 487; *Groß*, Ärztlicher Standard, 1997, S. 11; s. auch die Stellungnahmen der Senatsmitglieder *Dressler*, in: FS *Geiß*, 2000, S. 379, 386 ff.; ders., in: *Hart*, Ärztliche Leitlinien, 2000, S. 161, 165 f.; *Diederichsen*, in: *Hart*, Klinische Leitlinien und Recht, 2005, S. 105, 109 ff.; *Stöhr*, in: FS *Hirsch*, 2008, S. 431; ders., MedR 2010, 214.

Auf der Basis geltenden Rechts wird der Ausweg aus dem Dilemma verbreitet erst auf Ebene der ärztlichen Aufklärung gesucht (im Folgenden informationsbezogene Harmonisierung,[5] A.). Nicht zuletzt im Rahmen einer Forschungsarbeit zu Begriff und Bestimmung ärztlicher Behandlungsstandards muss aber perspektivisch auch bereits ein Ansetzen beim Standardbegriff selbst in Betracht gezogen werden (im Sinne einer standardbezogenen Harmonisierung,[6] B.). Anschließend soll zudem ein Ausblick auf sonstige weder informations- noch standardbezogene Harmonisierungsmöglichkeiten (C.) gewährt werden, gefolgt von einem abschließenden, sämtliche der vorgestellten Strategien in einer Gesamtbetrachtung zusammenfassend bewertenden Fazit (D.).

A. Lösung nach geltendem Recht: Informationsbezogene Harmonisierung

Folgt der Arzt in seinem Haftungs- oder Vergütungsdilemma[7] dem medizinischen Standard – wodurch er zugleich den Anforderungen des Zivilrechts genügt und damit eine Haftung vermeidet – und werden deshalb die Kosten nicht von der Krankenkasse getragen, ist daran aus der Perspektive des Sozialrechts zunächst nichts auszusetzen. Entscheidet sich die GKV bewusst dafür, Einsparungen am eigenen Standard vorzunehmen, bedeutet dies keineswegs, dass andere medizinisch sinnvolle und daher vormals auch sozialrechtlich standardgemäße Behandlungen überhaupt nicht mehr durchgeführt werden dürfen, sondern nur nicht mehr im Rahmen des GKV-Systems.

Für den Arzt bleibt es trotzdem bei der zumindest unbefriedigenden Ausgangslage, im Rahmen eines privatrechtlichen Gegenseitigkeitsverhältnisses für seine Leistung keine angemessene Gegenleistung zu erhalten. Ist ein Behandlungsvertrag zustande gekommen, so wird nach der Vorschrift des § 630a Abs. 1 BGB der Behandelnde zur Leistung der versprochenen Behandlung (im Sinne von Abs. 2),[8] der Patient zur Gewährung der vereinbarten Vergütung verpflichtet – gewiss nur soweit nicht ein Dritter zur Zahlung verpflichtet ist. Letzteres trifft insbesondere auf die große Gruppe gesetzlich Versicherter zu,[9] die prinzipiell

---

[5] Dazu *Arnade*, Kostendruck und Standard, 2010, S. 215 ff.; *Schmitz-Luhn*, Priorisierung in der Medizin, 2015, S. 162.
[6] Vgl. insg. die Terminologie bei *Hart*, MedR 2002, 321, 324 f.; dort wird freilich außer Betracht gelassen, dass die informationsbezogene auch unabhängig von einer standardbezogenen Harmonisierung wirken kann (dazu sogleich A., s. auch B. IV. u. Fn. 43); der standardbezogene Ansatz übernehme die sozialrechtliche Wertung, lasse aber Raum für eine haftungsrechtliche Missbrauchskontrolle (s. u. B. II.), während der informationsbezogene Ansatz letztere durch die Eröffnung von Entscheidungsräumen ersetze (vgl. insofern B. I.).
[7] Dazu 7. Kap. A. IV.
[8] Dazu 3. Kap. B. II.
[9] Vgl. insofern BT-Drs. 17/10488, S. 18 f.; dazu auch *Katzenmeier*, in: BeckOK-BGB, [50]2019, § 630a Rn. 136 ff.; *Voigt*, in: NK-BGB, [3]2016, § 630a Rn. 21 f. (krit. 24); *Wagner*, in: MüKo-BGB, [7]2016, § 630a Rn. 50 ff.; differenzierter Überblick über Entgeltfragen der medizinischen Behandlung bei *Katzenmeier/Voigt*, in: FS *Meincke*, 2015, S. 175.

davon ausgehen dürfen, den Arzt – jedenfalls soweit es um GKV-Leistungen geht – nicht aus eigener Tasche bezahlen zu müssen.

Anderes gilt nur, soweit der Arzt sich mit seinem Patienten explizit darüber einig wird, dass dieser für seine Behandlung aus privaten Mitteln aufkommt. Ist eine derartige Entgeltvereinbarung zwischen Arzt und Patient jedoch aus tatsächlichen Gründen nicht möglich (etwa bei der Behandlung eines Bewusstlosen)[10] oder lehnt der Patient sie ab, gewinnt zivilrechtlich die Frage entscheidende Bedeutung, unter welchen Voraussetzungen dennoch ein Vergütungsanspruch (etwa nach §§ 612 Abs. 1, 630b BGB)[11] entsteht oder aber eine – ökonomisch motivierte – ärztliche Behandlungsverweigerung zulässig ist. Letzteres hängt davon ab, wann die entsprechende Behandlungspflicht eingreift (genauer Zeitpunkt von Behandlungsübernahme und/oder Vertragsschluss) und ob und wie der Arzt sich von der entstandenen Pflicht einseitig wieder lösen kann.[12] Heimlich darf die Behandlungsverweigerung in jedem Fall nicht erfolgen. Sozialrechtlich ist zudem die Verpflichtung des Vertragsarztes zur Teilnahme an der Versorgung gemäß § 95 Abs. 3 S. 1 SGB V (in Anbetracht des Sicherstellungsauftrags nach § 75 Abs. 1 S. 1 SGB V) und dessen nähere Ausgestaltung etwa in § 13 Abs. 7 S. 3 BMV-Ä (Behandlungsablehnung nur in begründeten Fällen) zu beachten.

Handelt es sich um einen dringenden (Not-)Fall, droht der Patient also, bei weiterem Abwarten zusätzlich Schaden an Leib und Leben zu nehmen, wird der Arzt aus Sicht des Haftungsrechts aus gutem Grund nicht davon absehen dürfen, den Patienten unverzüglich auch ohne dessen Stellungnahme zur Finanzierungsfrage (und damit letzten Endes womöglich ohne Vergütung) nach medizinischem und zivilrechtlichem Standard zu behandeln.[13] Allerdings erscheint es kaum vorstellbar, dass das Sozialrecht in echten Notsituationen, in denen die Behandlung keinerlei Aufschub duldet, aus Kostengründen überhaupt eine notwendige Behandlung verweigert. Hier werden sich Einschränkungen zuletzt auswirken; die Versorgung in essentiellen gesundheitlichen Notlagen ist und bleibt Kernaufgabe der GKV. Gerade in dieser Konstellation, in der der behandelnde Arzt keinerlei

---

[10] Dazu *Gaßner/Strömer*, MedR 2012, 159, 167 f.: Es gelten hier die Grds. der mutmaßlichen Einwilligung (sowie ggf. die Regeln einer Geschäftsführung ohne Auftrag); im Zweifel sei der medizinische und haftungsrechtliche Standard einzuhalten.
[11] Dazu sogleich.
[12] Zum Ganzen *Schmitz-Luhn*, Priorisierung in der Medizin, 2015, S. 156 ff.; *Bohmeier/Schmitz-Luhn/Streng*, MedR 2011, 704 ff.; *Kreße*, MedR 2007, 393, 396 f. – jeweils m. w. N.; aus dem Blickwinkel der Vertragsauflösung (Kündigung nach §§ 627 Abs. 1, 630b BGB) durch den Arzt *Voigt*, IGeL, 2013, S. 198 ff. (allg. zudem S. 27 ff.; *ders.*, in: NK-BGB, ³2016, § 630b Rn. 9); restriktiv *Steffen*, MedR 1995, 190, 191; *ders.*, FS *Geiß*, 2000, S. 487, 498; *Gaßner/Strömer*, MedR 2012, 159, 165 f.; s. auch *Uhlenbruck/Laufs*, in: *Laufs/Uhlenbruck*, Handbuch des Arztrechts, ³2002, § 41 Rn. 5 ff. u. § 46 Rn. 7 ff.; überdies *Schiller/Steinhilper*, MedR 2001, 29, zu Spannungen zwischen vertrags- und privatärztlicher Tätigkeit.
[13] Vgl. insofern § 630c Abs. 4 BGB; dazu BT-Drs. 17/10488, S. 22; in diese Richtung *Deutsch/Spickhoff*, Medizinrecht, ⁷2014, Rn. 376; im Kontext von § 627 Abs. 2 BGB *Voigt*, IGeL, 2013, S. 199; *Kreße*, MedR 2007, 393, 396; s. auch *Laufs*, in: *Nagel/Fuchs*, Soziale Gerechtigkeit im Gesundheitswesen, 1993, S. 290, 293 f.

Reaktionsspielraum hätte, wird es daher gar nicht erst zu relevanten Divergenzen zwischen den Standards der Teilrechtsgebiete kommen.

Verbleibt demgegenüber genügend Zeit, dem Patienten die Wahl zu lassen zwischen der GKV-finanzierten Behandlung nach sozialrechtlichem Standard, wobei auch einmal gar keine Behandlung vorgesehen sein mag, und der privat zu zahlenden Behandlung nach medizinischem/haftungsrechtlichem Standard, muss, sofern der Patient sich für die GKV- oder Nicht-Leistung entscheidet, eine Behandlungsfehlerhaftung nach allgemeinen Regeln ausscheiden (Einwilligung in eine vertretbare Standardabweichung).[14] Vertragsrechtlich wird (gegebenenfalls vertragsändernd) eine „andere" Vereinbarung im Sinne von § 630a Abs. 2 Hs. 2 BGB geschlossen.[15] Gewiss hat der Arzt dann den Durchführungsstandard dieser Standardabweichung[16] einzuhalten.[17]

Entscheidet sich der Patient aber dafür, es bei der Pflicht des Arztes zur Wahrung des zivilrechtlichen/medizinischen Standards zu belassen, so wird damit zugleich ein privatärztlicher Vergütungsanspruch begründet – und zwar selbst dann, wenn der Patient die Bezahlung ausdrücklich verweigert und dennoch auf Behandlung besteht,[18] denn darin wäre ein widersprüchliches Verhalten (§ 242 BGB) zu sehen. Ansonsten gilt eine Vergütung jedenfalls als stillschweigend vereinbart, §§ 612 Abs. 1, 630b BGB.[19] Der behandelnde Arzt läuft mithin zivilrechtlich keinesfalls durchweg Gefahr, in der Konfliktsituation zwischen Zivil- und Sozialrecht entweder Schadensersatz leisten zu müssen oder für seine Tätigkeit nicht entlohnt zu werden.[20] Entfällt die GKV-Kostentragung, kann er sich in aller Regel im Dialog mit dem Patienten des Haftungsrisikos entledigen, einen privatärztlichen Vergütungsanspruch verschaffen oder die Leistung ablehnen. Behandelt er ohne Absprachen, hat er den Standard zu wahren.

Sowohl die Einwilligung in eine Standardverfehlung in Form der GKV- oder Nicht-Leistung als auch umgekehrt die Zustimmung zur privatärztlichen Behandlung ist allerdings zivilrechtlich nur dann wirksam, wenn der Patient zuvor vom Arzt (zur Schaffung einer validen Entscheidungsgrundlage) angemessen aufgeklärt und informiert wurde.[21] Die Harmonisierung der Teilrechtsgebiete erfolgt

---

[14] S. 6. Kap. D. II. 3.
[15] In diese Richtung bereits *Kramer*, MedR 1993, 345: „Der Haftungsmaßstab wird sich an der zwischen Patient und Arzt zu treffenden Vereinbarung über die Art und den Umfang der Behandlung orientieren müssen. Hiermit werden verstärkte Informations- und Aufklärungspflichten des Arztes und ein Zwang des Patienten, sich für die eine oder andere Behandlungsmethode zu entscheiden, verbunden sein."
[16] Vgl. 6. Kap. D. II. 4.
[17] Vgl. insofern *Gaßner/Strömer*, MedR 2012, 159, 166.
[18] So auch *Voigt*, IGeL, 2013, S. 196 ff.; anders *Hahn*, GesR 2010, 286, 292 mangels Konsens; s. auch *Gaßner/Strömer*, MedR 2012, 159, 167: der Arzt könne daher die gesamte Behandlung ablehnen; für *Kreße*, MedR 2007, 393, 400, liegt jedenfalls ein Grund zur außerordentlichen Kündigung durch den Arzt vor.
[19] Dazu *Voigt*, IGeL, 2013, S. 30 ff.; *ders.*, in: NK-BGB, ^{3}2016, § 630b Rn. 4.
[20] Vgl. insofern das Fazit bei *Gaßner/Strömer*, MedR 2012, 159, 169.
[21] Näher zum Folgenden *Katzenmeier*, in: *Laufs/Katzenmeier/Lipp*, Arztrecht, ^{7}2015, Kap. V Rn. 21 ff. u. Kap. X Rn. 106 ff. m. w. N.; *ders.*, in: *Wiesemann/Simon*, Patienten-

insofern nach geltendem Recht zum einen durch Verlagerung der haftungsrechtlichen Problematik auf wirtschaftliche Informations(neben)pflichten,[22] welche ursprünglich auf der Annahme eines Wissensvorsprungs des in die GKV eingebundenen (Vertrags-)Arztes in Kostenfragen fußen und nunmehr ausdrücklich in § 630c Abs. 3 S. 1 BGB Niederschlag gefunden haben.[23] Weiß der Behandelnde demnach, dass eine vollständige Übernahme der Behandlungskosten durch einen Dritten nicht gesichert ist – etwa wenn haftungs- und sozialrechtlicher Standard divergieren – oder ergeben sich nach den Umständen hierfür hinreichende Anhaltspunkte, muss er den Patienten vor Beginn der Behandlung über die voraussichtlichen Kosten der Behandlung in Textform informieren.

Zum anderen besteht eine dogmatisch strikt zu trennende, wenn auch inhaltlich weitgehend identische[24] ärztliche (Hauptleistungs-)Pflicht zur medizinischen Selbstbestimmungsaufklärung nach § 630e Abs. 1 S. 3 BGB – auch und gerade über nicht von der GKV finanzierte, aber wirkungsvollere oder schonendere Behandlungsalternativen[25] – mit der für den Patienten günstigeren[26] Beweislast-

---

autonomie, 2013, S. 91, 95 f.; *ders.*, NJW 2013, 817, 819; *ders.*, Bundesgesundheitsbl. 2012, 1093, 1094 f.

[22] S. auch *J. Schroeder-Printzen*, in: AG RAe im MedR e. V., Standard-Chaos?, 2015, S. 25, 30, 31, 38 (zukünftig von besonderer Bedeutung); vgl. dazu berufsrechtlich außerdem § 12 Abs. 4 MBO-Ä, sozialrechtlich § 73 Abs. 5 S. 3 SGB V.

[23] Dazu zunächst die Gesetzesbegründung in BT-Drs. 17/10488, S. 11, (20,) 21, (40,) 53 f.; aus der Lit. *Katzenmeier*, in: BeckOK-BGB, ^{50}2019, § 630c Rn. 16 ff.; *Voigt*, in: NK-BGB, ^{3}2016, § 630c Rn. 17 ff.; *Frahm/Walter*, Arzthaftungsrecht, ^{6}2018, Rn. 33a – jeweils m. w. N.; ausf. zu Einordnung und Herleitung, Tatbestand und Rechtsfolgen auch *Voigt*, IGeL, 2013, S. 108, 155 ff.; zudem *ders.*, in: FS *Dahm*, 2017, S. 503, 511; *J. Prütting*, MedR 2018, 291, 294 ff.; bereits *Arnade*, Kostendruck und Standard, 2010, S. 167; *Scherer*, Stationäre Krankenhausbehandlung im Spannungsverhältnis zwischen Ökonomisierung und Haftungsrecht, 2007, S. 160 f.; *Schelling*, MedR 2004, 422, 423 ff. (wirtschaftliche Aufklärung i. e. S.); *G. Müller*, in: FS *E. Lorenz*, 2004, S. 475, 495; *Steffen*, in: FS *Geiß*, 2000, S. 487, 501; *Pflüger*, MedR 2000, 6, 8 f.; *Francke/Hart*, Charta der Patientenrechte, 1999, S. 114 ff., 189 ff.

[24] Verhältnis von § 630e BGB zu § 630c BGB: unglückliche Doppelung zumindest teilweise identischer Pflichten; s. *Katzenmeier*, NJW 2013, 817, 818; *Spickhoff*, ZRP 2012, 65, 67; auch *Deutsch/Spickhoff*, Medizinrecht, ^{7}2014, Rn. 548 f.; relativierend *Frahm/Walter*, Arzthaftungsrecht, ^{6}2018, Rn. 117.

[25] Vgl. insofern bereits 6. Kap. D. II. 3. b.; dazu etwa *Frahm/Walter*, Arzthaftungsrecht, ^{6}2018, Rn. 204; *Voigt*, IGeL, 2013, S. 119 ff.; *Hauck*, NJW 2013, 3334, 3339 f.; *Hart*, MedR 2013, 159, 162 („Leistungsaufklärung"); zum alten Recht *Arnade*, Kostendruck und Standard, 2010, S. 166, 215, 222, unter Betonung des Selbstbestimmungsrechts des Patienten; ebenso *Gaßner/Strömer*, MedR 2012, 159, 164 ff.; *Frahm*, ZMGR 2010, 138, 139; *ders.*, GesR 2005, 529; *Stöhr*, MedR 2010, 214, 217; *ders.*, in: FS *Hirsch*, 2008, S. 431, 441; *Hahn*, GesR 2010, 286, 292; *Diederichsen*, in: *Hart*, Klinische Leitlinien und Recht, 2005, S. 105, 111 f.; *G. Müller*, in: FS *E. Lorenz*, 2004, S. 475, 496; *Schelling*, MedR 2004, 422, 427 ff. (wirtschaftliche Aufklärung i. w. S.); *Hart*, MedR 2002, 321, 326; *ders.*, in: *Hart*, Ärztliche Leitlinien, 2000, S. 137, 154 f.; *ders.*, MedR 1999, 47, 49 f. (ergänzend seien auch eigenständige sozialrechtliche Aufklärungspflichten einzuführen); *Rumler-Detzel*, VersR 1998, 546, 549 (unbedingt zu bejahen, wenn es zu Rationierung kommt); *Michalski*, VersR 1997, 137, 139 f., 142 ff.; krit. hingegen *Steffen*, in: FS *Geiß*,

verteilung nach § 630h Abs. 2 S. 1 BGB.[27] Im Falle der Verletzung einer dieser Pflichten steht jeweils eine entsprechende Haftung im Raume (als gegebenenfalls aufrechenbare Schadensersatzforderung).[28]

Diese (streng genommen also aufklärungs- und) informationsbezogene Harmonisierungslösung[29] liegt im Sinne des Patienten durchaus nahe, gestattet sie diesem schließlich eine eigenverantwortliche Entscheidung über die Privatfinanzierung von Nicht-GKV-Leistungen.[30] Zugleich eröffnet sie dem Arzt jedoch großzügige Möglichkeiten der Haftungsfreizeichnung unter Überwälzung der

---

2000, S. 487, 501 f.; *Pflüger*, MedR 2000, 6, 9; s. auch *Pauge/Offenloch*, Arzthaftungsrecht, [14]2018, Rn. 413: keine Aufklärungspflicht, allenfalls Aufklärungsrecht.

[26] Anders als die Aufklärungspflichtverletzung hat den Verstoß gegen § 630c Abs. 3 S. 1 BGB der Patient nachzuweisen, vgl. nur *Voigt*, in: NK-BGB, [3]2016, § 630c Rn. 34.

[27] Dazu *Frahm/Walter*, Arzthaftungsrecht, [6]2018, Rn. 227; *Katzenmeier*, in: BeckOK-BGB, [50]2019, § 630h Rn. 28 ff.; *ders.*, in: *Laufs/Katzenmeier/Lipp*, Arztrecht, [7]2015, Kap. XI Rn. 147 ff. m. w. N. Im Deliktsrecht wiederum teilt die Aufklärung als Grundlage der Einwilligung beweisrechtlich deren Charakter als Rechtfertigungsgrund, s. *Laufs*, in: *Laufs/Kern*, Handbuch des Arztrechts, [4]2010, § 59 Rn. 3; *Laufs/Kern*, ebd., § 107 Rn. 17 ff.

[28] *Katzenmeier*, in: *Laufs/Katzenmeier/Lipp*, Arztrecht, [7]2015, Kap. V Rn. 25 u. Kap. X Rn. 110.

[29] In diese Richtung bereits *Laufs*, Der ärztliche Heilauftrag aus juristischer Sicht, 1989, S. 47 (im Zweifel sollte der Arzt den Patienten an der schwierigen Wirtschaftlichkeitsabwägung teilnehmen lassen); ebenso *ders.*, in: *Nagel/Fuchs*, Soziale Gerechtigkeit im Gesundheitswesen, 1993, S. 290, 293 f., 296; *ders.*, in: *Laufs/Kern*, Handbuch des Arztrechts, [4]2010, § 61 Rn. 17; *ders.*, in: *Laufs/Katzenmeier/Lipp*, Arztrecht, [7]2015, Kap. I Rn. 36; *Laufs/Kern*, in: *Laufs/Kern*, Handbuch des Arztrechts, [4]2010, § 102 Rn. 8; s. auch *Damm*, NJW 1989, 737, 740, 744 (der Ort für Wirtschaftlichkeitsgesichtspunkte im Arzthaftungsrecht liege im Aufklärungs-, nicht im Behandlungsfehlerbereich); *Kleinewefers*, VersR 1992, 1425, 1426; *Kramer*, MedR 1993, 345; *Dressler*, in: FS *Geiß*, 2000, S. 379, 388; *Dahm*, in: HK-AKM, 2001, Nr. 5090 (Therapiefreiheit) Rn. 9, 16; *Hart*, VSSR 2002, 265, 294; *Taupitz*, in: *Dietrich/Imhoff/Kliemt*, Standardisierung in der Medizin, 2004, S. 263, 289; *Kern*, MedR 2004, 300, 302 f.; *Brüggemeier*, Haftungsrecht, 2006, § 6 D III 2 a, S. 496 f.; *ders.*, Deliktsrecht, 1986, Rn. 708 ff.; *Ihle*, Ärztliche Leitlinien, Standards und Sozialrecht, 2007, S. 69; *Kreße*, MedR 2007, 393, 400; *G. Müller*, in: FS *Hirsch*, 2008, S. 413, 419; *Schirmer/Fuchs*, in: *Katzenmeier/Bergdolt*, Das Bild des Arztes im 21. Jahrhundert, 2009, S. 121, 124 f.; *Müller/Raschke*, NJW 2013, 428, 432; *Hauck*, SGb 2014, 8, 16; *Frahm/Jansen/Katzenmeier/Kienzle/Kingreen/Lungstras/Saeger/Schmitz-Luhn/Woopen*, MedR 2018, 447, 456; *Frahm/Walter*, Arzthaftungsrecht, [6]2018, Rn. 78; *Wagner*, in: MüKo-BGB, [7]2016, § 630a Rn. 115; *Scholz*, in: *Becker/Kingreen*, SGB V, [6]2018, § 12 Rn. 6; krit. *Franzki*, MedR 1994, 171, 174 („Patiententourismus" aus wirtschaftlichen Gründen); restriktiv *Laum*, DÄBl. 2012, A-2176, A-2177 u. 2001, A-3176, A-3179 f.; *Steffen*, MedR 1993, 338 u. 1995, 190, 191: „Selbstbestimmungsaufklärung ist nicht dazu da, über die Einwilligung des Patienten den Qualitätsstandard für die konkrete Behandlung herabzusetzen."; näher *ders.*, in: FS *Geiß*, 2000, S. 487, 501 f. m. w. N. (anders im Falle von Rationierung); ebenfalls *Hart*, MedR 1996, 60, 69: wenn Standardsenkung, dann Aufklärung, s. u. B. IV., aber keine Standardsenkung durch Aufklärung; versöhnlich *ders.*, MedR 1999, 47, 50: „darum geht es auch nicht" – sondern um die Achtung des Selbstbestimmungsrechts.

[30] Vgl. auch *Woopen*, MedR 2011, 232, 235.

Verteilungsverantwortung im Gesundheitswesen auf den Patienten.[31] Im Übrigen hat ein privatärztlicher Zahlungsanspruch (gerade bei teuren neuartigen Behandlungen und soweit der Patient keine entsprechende Zusatzversicherung[32] abgeschlossen hat) für den Arzt nicht zwingend dieselbe praktische Werthaltigkeit wie ein Anspruch auf Vergütung innerhalb des GKV-Systems, dessen Durchsetzbarkeit angesichts des geordneten öffentlich-rechtlichen Abrechnungsverfahrens sowie der Solvenz der körperschaftlich organisierten Krankenkassen als Zahlungsschuldner in aller Regel unproblematisch gegeben ist.[33]

Werden Diskrepanzen zwischen den Teilrechtsgebieten allein durch eine zivilrechtliche Aufklärungspflicht relativiert, so wird das auflösungsbedürftige Spannungsverhältnis letztlich in die Arzt-Patient-Beziehung abgeschoben. Eine Überspannung von Informationspflichten kann insofern zu einer Unterwanderung und Abwertung des gesamten Arzt-Patient-Verhältnisses in eine bloße Geschäftsbeziehung führen. Das vertrauensvolle Bündnis von Arzt und Patient[34] leidet bei abverlangter Diskussion über die Vergütung[35] – erst recht wenn die Nichtbehandlung eine „Drohkulisse" bildet.

Freilich darf das Kostenbewusstsein des mündigen Patienten sowie sein Selbstbestimmungsrecht im Hinblick auf mögliche (zumal „bessere") Behandlungsalternativen umgekehrt auch nicht einfach grundlos ignoriert werden.[36] Unter Achtung dieser Aspekte wird das Vertrauen innerhalb der Arzt-Patient-Beziehung vielmehr gerade weiter gestärkt.[37] „Patientenselbstbestimmung zielt auf Angebotsinformation und Angebotstransparenz und ermöglicht [rationale] Wahlentscheidungen."[38] Gleichzeitig dürfen ökonomische Entscheidungen nicht allein dem

---

[31] *Taupitz*, in: *Dietrich/Imhoff/Kliemt*, Standardisierung in der Medizin, 2004, S. 263, 290.
[32] Zu einer „Harmonisierung" auf diesem Wege *Voigt*, IGeL, 2013, S. 200; s. auch *Schimmelpfeng-Schütte*, MedR 2002, 286, 292.
[33] Vgl. *Schmitz-Luhn*, Priorisierung in der Medizin, 2015, S. 160 f. *Kreße*, MedR 2007, 393, 400, geht davon aus, dass der Arzt bei erklärter Zahlungsunfähigkeit des Patienten ohne Weiteres zur zivilrechtlich standardgem. Behandlung verpflichtet bleibt; abl. *Hahn*, GesR 2010, 286, 292; *Gaßner/Strömer*, MedR 2012, 159, 167.
[34] Näher zum besonderen Charakter der Arzt-Patient-Beziehung *Katzenmeier*, Arzthaftung, 2002, S. 5 ff. (s. auch auf S. 17 ff. zum Einfluss der Einbindung in das GKV-System); *Laufs*, in: *Laufs/Katzenmeier/Lipp*, Arztrecht, [7]2015, Kap. I Rn. 14 ff., 47 (u. 39).
[35] *Schmitz-Luhn*, Priorisierung in der Medizin, 2015, S. 161; *Voigt*, IGeL, 2013, S. 199; *Arnade*, Kostendruck und Standard, 2010, S. 221; s. auch *Pauge/Offenloch*, Arzthaftungsrecht, [14]2018, Rn. 389; *Steffen*, in: FS *Geiß*, 2000, S. 487, 502; zudem *Woopen*, MedR 2011, 232, 235; in diese Richtung der Beschl. des 111. DÄT („Ulmer-Papier"), DÄBl. 2008, A-1189, A-1195.
[36] S. insg. auch *Frahm/Jansen/Katzenmeier/Kienzle/Kingreen/Lungstras/Saeger/Schmitz-Luhn/Woopen*, MedR 2018, 447, 456.
[37] *G. Rogler*, in: *Kingreen/Laux*, Gesundheit und Medizin im interdisziplinären Diskurs, 2008, S. 69, 76 ff.; *Stöhr*, in: FS *Hirsch*, 2008, S. 431, 441; *ders.*, MedR 2010, 214, 217, angesichts des modernen Leitbilds eines mündigen Patienten (i. S. v. SDM, dazu 2. Kap. E. III. 2.; vgl. auch BT-Drs. 17/10488, S. 9); ggf. könne allerdings ein strengerer Maßstab an das Vorliegen einer echten Behandlungsalternative angelegt werden.
[38] *Francke/Hart*, Charta der Patientenrechte, 1999, S. 112.

Arzt aufgebürdet werden; dem Haftungsrecht kommt insofern bei der Aufstellung von Informations- und Aufklärungspflichten eine ausgleichende Funktion zu.[39]

Die Pflicht, Kostenfragen mit dem Patienten zu erörtern, gewinnt in dem Maße an Bedeutung, in dem sozialpolitische Entscheidungen zu Einschnitten in den Leistungskatalog der Krankenkassen führen.[40] Einer wirtschaftlichen Aufklärung und Information sind dabei stets Grenzen aufzuzeigen, um zu verhindern, dass der Arzt immer mehr in die ihm wesensfremde Rolle eines Sachwalters fremder Vermögensinteressen gedrängt wird[41] und das Bild des Arztes sich zugleich immer weiter weg vom Heiler und Helfer des Kranken hin zum Dienstleister (oder „Gesundheitsmanager") des Patienten als seinem Kunden wandelt.[42]

Eine ausschließlich informationsbezogene Harmonisierung ist vor diesem Hintergrund jedenfalls keine zufriedenstellende Lösung für die Problematik von „Kostendruck und Standard". Die Spannungen zwischen den Teilrechtsgebieten werden durch diesen Ansatz keineswegs von Grund auf beseitigt, Divergenzen der Standards vielmehr überbrückt und – de lege lata – mittels zusätzlicher Anforderungen an die Aufklärung an anderer Stelle ausgeglichen („Kompensation durch Information").[43]

---

[39] *Woopen*, MedR 2011, 232, 235.
[40] Vgl. *Michalski*, VersR 1997, 137; s. auch *Schelling*, MedR 2004, 422.
[41] *Katzenmeier*, in: *Laufs/Katzenmeier/Lipp*, Arztrecht, ⁷2015, Kap. V Rn. 22 u. Kap. X Rn. 107; *Laufs*, in: *Laufs/Kern*, Handbuch des Arztrechts, ⁴2010, § 61 Rn. 17.
[42] Vgl. allg. zu dieser Entwicklung die einschlägigen Beiträge in *Katzenmeier/Bergdolt*, Das Bild des Arztes im 21. Jahrhundert, 2009; daneben etwa auch *Laufs*, in: *Laufs/Katzenmeier/Lipp*, Arztrecht, ⁷2015, Kap. I Rn. 1; *ders.*, in: *Laufs/Kern*, Handbuch des Arztrechts, ⁴2010, § 1 Rn. 1; *ders.*, in: FS *Jayme*, 2004, S. 1501, 1504 ff.
[43] So etwa auch *Frahm/Jansen/Katzenmeier/Kienzle/Kingreen/Lungstras/Saeger/Schmitz-Luhn/Woopen*, MedR 2018, 447, 456; zumeist ist diesbzgl. allerdings die Rede von der Kompensation einer haftungsrechtlichen Standardabsenkung, s. u. B. IV., nicht der Divergenzen zwischen Zivil- und Sozialrecht selbst; s. etwa *Schmitz-Luhn*, Priorisierung in der Medizin, 2015, S. 162 f.; *Arnade*, Kostendruck und Standard, 2010, S. 220 ff.; zudem *Scherer*, Stationäre Krankenhausbehandlung im Spannungsverhältnis zwischen Ökonomisierung und Haftungsrecht, 2007, S. 224 ff.; *Damm*, JZ 1998, 926, 930: reduzierte Behandlungsstandards könnten durch intensivierte Aufklärungsstandards (und damit gesteigerte Entscheidungslasten des Patienten) flankiert werden; *Hart*, MedR 1996, 60, 69: im Falle einer Relativierung des haftungsrechtlichen Standardbegriffs durch Wirtschaftlichkeitsüberlegungen ist eine Kompensation durch erhöhte Anforderungen an die Selbstbestimmungsaufklärung erforderlich (arzthaftungsrechtliches Kompensationsverhältnis zwischen Behandlungs- und Aufklärungsfehler); *ders.*, MedR 1999, 47, 50; *ders.*, in: *Hart*, Ärztliche Leitlinien, 2000, S. 137, 155. *Arnade*, Kostendruck und Standard, 2010, S. 215 f., weist insofern zutreffend auf Differenzierungen innerhalb des informationsbezogenen Lösungsansatzes in Bezug auf den Gegenstand der Kompensation hin; der Gedanke einer Kompensation relativierter Standards durch wirtschaftliche Aufklärung findet sich des Weiteren bei *Ulsenheimer/Berg*, in: *Berg/Ulsenheimer*, Patientensicherheit, Arzthaftung, Praxis- und Krankenhausorganisation, 2006, S. 259, 262; *Neumann*, NZS 2005, 617, 618, 622; *Taupitz*, in: *Dietrich/Imhoff/Kliemt*, Standardisierung in der Medizin, 2004, S. 263, 289; *Pflüger*, MedR 2000, 6, 8; *Steffen*, in: FS *Geiß*, 2000, S. 487, 501 f.; *ders.*, MedR 1993, 338.

B. Weiterführender Ansatz: Standardbezogene Harmonisierung

Weitaus tiefgreifender stellen sich die Wirkungen einer standardbezogenen Harmonisierung dar, durch welche die unterschiedlichen Standardbegriffe *de lege ferenda* einander wieder angenähert würden. Das ärztliche Haftungs- oder Vergütungsdilemma ließe sich insofern erst recht durch Veränderungen in Bezug auf den Standard selbst entschärfen. Denklogisch bestehen dabei zwei mögliche Extreme: Entweder der sozialrechtliche wird dem haftungsrechtlichen Standard oder der haftungsrechtliche dem sozialrechtlichen Standard angeglichen.

Sollte sich das Sozialrecht angesichts begrenzter Ressourcen im Gesundheitswesen[44] zu Einschnitten in seinen Standard gezwungen sehen, da effizienzsteigernde Systemmodifikationen an anderer Stelle nicht länger zum Ziel führen, ist perspektivisch nicht damit zu rechnen, dass sich diese Situation grundlegend wieder ändern wird. Sie wird sich vielmehr weiter verschärfen.[45] Eine erneute Angleichung des GKV-Standards an das Niveau des medizinischen/haftungsrechtlichen Standards unter Erhöhung der Mittel und Zurückdrängung ökonomischer Einflüsse erscheint illusorisch.[46] Dieser Lösungsansatz (standardbezogene Harmonisierung mittels systemmodifizierender[47] Harmonisierung), der sicherlich im Interesse aller Beteiligten und Betroffenen wäre, bleibt daher an dieser Stelle nur ein theoretisches Gedankenspiel.[48] (Gleiches gilt für jedes Entgegenkommen des Sozialrechts im Sinne eines Mittelwegs.)

Stattdessen stellt sich zur Harmonisierung der Anforderungen notgedrungen die Frage, inwieweit der Haftungsgrund umgekehrt dem Sozialrecht angeglichen werden könnte (standardbezogene Harmonisierung in Form von haftungsmodifizierender[49] Harmonisierung). Grundlegend fraglich ist dabei im Übrigen, ob es medizinisch oder haftungsrechtlich überhaupt unterschiedliche Standards für privat und gesetzlich Versicherte geben darf – mit der Folge der weiteren Verfestigung einer „Zwei-Klassen-Medizin".[50]

Innerhalb einer standardbezogenen Harmonisierung ergeben sich sodann (abgesehen von der generell abzulehnenden unmittelbaren Übernahme des GKV-

---

[44] Vgl. 7. Kap. A. vor I.
[45] Vgl. bereits 7. Kap. A. IV.
[46] Vgl. insofern auch *Marckmann*, Bundesgesundheitsbl. 2008, 887, 890 f.
[47] Unter dieser Bezeichnung *Schmitz-Luhn*, Priorisierung in der Medizin, 2015, S. 162 f.
[48] S. dazu auch *Frahm/Jansen/Katzenmeier/Kienzle/Kingreen/Lungstras/Saeger/Schmitz-Luhn/Woopen*, MedR 2018, 447, 453.
[49] So *Schmitz-Luhn*, Priorisierung in der Medizin, 2015, S. 162 f.
[50] S. bereits 7. Kap. A. IV.; dazu *Schmitz-Luhn*, Priorisierung in der Medizin, 2015, S. 164; *Voigt*, IGeL, 2013, S. 85 f.; *Arnade*, Kostendruck und Standard, 2010, S. 222 f.; von einem Gleichklang geht grds. *Steffen*, in: FS *Geiß*, 2000, S. 487, 490 f., 494, 498 f., aus: „fatal, wenn das Haftungsrecht durch höhere Qualitätsanforderungen an die Behandlung von Privatpatienten zu einem Ressourcenverzehr beitragen würde, der auf Kosten der Kassenpatienten ginge"; s. auch *Deutsch*, VersR 1998, 261, 264; *Diederichsen*, in: *Hart*, Klinische Leitlinien und Recht, 2005, S. 105, 110; *Hahn*, GesR 2010, 286, 291; *Frahm/Walter*, Arzthaftungsrecht, ⁶2018, Rn. 78.

Standards)⁵¹ wiederum im Wesentlichen zwei Lösungsalternativen: Einerseits könnte das Haftungsrecht ökonomische Erwägungen in seinen eigenen Standardbegriff integrieren und dadurch im Ergebnis ebenfalls vom medizinischen Standard abgekoppelt werden (II.), andererseits könnte jedoch auch die Medizin selbst für Kostenaspekte geöffnet werden (III.). Letzterenfalls würde dann auf Ebene der Standardbestimmung über den Vorgang der rechtlichen Rezeption indirekt zugleich auf das Zivilrecht eingewirkt, womit schlussendlich gar alle drei Standards zusammengeführt werden könnten.

I. Exkurs: Haftungsgrundbezogene Harmonisierung ohne Standardbezug

Streng genommen kann dabei eine Modifikation des Haftungsmaßstabs nicht nur durch die ökonomisch motivierte Abkopplung des zivilrechtlichen Standards (als Haftungsmaßstab) vom medizinischen Standard, sondern auch die Abkopplung des Haftungsmaßstabs vom medizinischen (und damit grundsätzlich zugleich zivilrechtlichen) Standard erreicht werden.⁵² Entweder wird der haftungsrechtliche Standard zwecks Angleichung an das Sozialrecht durch Wirtschaftlichkeitserwägungen relativiert oder es wird dem Arzt zumindest gestattet, den an sich unveränderten haftungsrechtlichen Standard aus Kostengründen (im Sinne einer finanziell vertretbaren Standardabweichung) zu verfehlen, ohne einen haftungsbegründenden Behandlungsfehler zu begehen.⁵³

Ein derartiger „erweiterter Entscheidungsfreiraum" ähnelte letztlich dem ärztlichen Handlungskorridor, welcher schon heute durch die Therapiefreiheit begründet wird,⁵⁴ sich freilich wie geschildert in Gänze nur im Zusammenspiel mit dem Selbstbestimmungsrecht des Patienten erklären lässt (daher auch dort bereits „Kompensation durch Aufklärung").⁵⁵ Im vorliegenden Kontext verweist dies

---

⁵¹ Dazu bereits in anderem Kontext 7. Kap. C. II.
⁵² S. die Aufzählung der Harmonisierungsmöglichkeiten bei *Katzenmeier*, in: *Laufs/Katzenmeier/Lipp*, Arztrecht, ⁷2015, Kap. X Rn. 38; *ders.*, in: FS *G. Müller*, 2009, S. 237, 250; auch die insoweit vermischte Darstellung bei *Schmitz-Luhn*, Priorisierung in der Medizin, 2015, S. 165 f.; zudem *Arnade*, Kostendruck und Standard, 2010, S. 218 ff., der schon begrifflich nicht zwischen medizinischem und haftungsrechtlichem Standard differenziert und daher notwendigerweise keine Abkopplung des einen vom anderen kennt.
⁵³ Vgl. insofern etwa *Hart*, VSSR 2002, 265, 294: „Kommt es allerdings aufgrund gesetzgeberischer Entscheidung zu Rationierung, [...] dann wird das Haftungsrecht diesen Systementscheidungen dadurch Rechnung tragen müssen, dass es einen Behandlungs*fehler* ausschließt, obwohl der [haftungsrechtliche] Standard durch die Anordnung zur Rationierung nicht verändert wird." (Hervorhebung im Original).
⁵⁴ Dazu 6. Kap. D. II. 3. a.; von einer Berücksichtigung der Wirtschaftlichkeitsgebote i. R. d. ärztlichen Ermessens spricht etwa *Laufs*, Der ärztliche Heilauftrag aus juristischer Sicht, 1989, S. 47; *ders.*, in: *Nagel/Fuchs*, Soziale Gerechtigkeit im Gesundheitswesen, 1993, S. 290, 296; *ders.*, in: *Laufs/Kern*, Handbuch des Arztrechts, ⁴2010, § 61 Rn. 17; *Laufs/Kern*, ebd., § 102 Rn. 7; *Laufs*, in: *Laufs/Katzenmeier/Lipp*, Arztrecht, ⁷2015, Kap. I Rn. 36.
⁵⁵ S. 6. Kap. D. II. 3. b.

wiederum auf Fragen der informationsbezogenen Harmonisierung,[56] welche eine entsprechende Aufklärung und Einwilligung des Patienten in die Standardabweichung voraussetzt. Zu Ende gedacht könnte dieser Ansatz im Übrigen sogar dazu beitragen, dem angesichts der Standardfixierung des Haftungsrechts gegenwärtig in der Pflichtwidrigkeit aufgehenden Verschulden[57] erneut eigenständige Bedeutung einzuräumen, wenn denn der gewährte Freiraum, vom Standard abzuweichen, als Verschuldenselement aufgefasst wird.[58]

Praktisch bestehen zwischen einer gleichsam standard- wie haftungsgrundbezogenen und der haftungsgrund-, aber nicht standardbezogenen Harmonisierung keine Unterschiede. Die Differenzierung ist theoretischer Natur und soll daher im Folgenden nicht vertieft werden, zumal sie die ohnehin schon hochkomplexe Problematik nur weiter verkompliziert. Im Ergebnis handelt es sich vor allem um eine Frage der Darstellung und Bezeichnung des Konzepts, von der freilich eine gewisse Signalwirkung ausgehen kann („Der haftungsrechtliche Standard bleibt grundsätzlich unangetastet, aber …").

II. Ökonomisch motivierte Abkopplung des zivilrechtlichen Standards vom medizinischen Standard

In der Literatur wird verbreitet diskutiert, der Ressourcenknappheit arzthaftungsrechtlich bei der Bestimmung des Behandlungsstandards – im Sinne der Abkopplung des zivilrechtlichen vom medizinischen Standard[59] und damit Absenkung des Sorgfaltsmaßstabs auf das Niveau des SGB V[60] – Rechnung zu tragen.[61] System-

---

[56] S. o. A.; vgl. insofern auch IV.
[57] Ausf. 3. Kap. A. III.
[58] So insb. *Groß*, Ärztlicher Standard, 1997, S. 11: Es sei zu erwägen, „ob bei der individuellen Verletzung von Sorgfaltspflichten, die nach diesen Standards zu fordern sind, im Rahmen der Verschuldensprüfung nicht – über den Gesichtspunkt der Gruppenfahrlässigkeit hinaus – subjektive Befindlichkeiten des behandelnden Arztes oder des Krankenhausträgers verstärkt in Betracht zu ziehen sind, und zwar unter erweiterter Anerkennung ärztlicher Entscheidungsfreiräume für Diagnostik und Therapie."; dazu krit. *Arnade*, Kostendruck und Standard, 2010, S. 213 f.; *Scherer*, Stationäre Krankenhausbehandlung im Spannungsverhältnis zwischen Ökonomisierung und Haftungsrecht, 2007, S. 191 f.; *Katzenmeier*, Arzthaftung, 2002, S. 293 f.: dies stehe im Gegensatz zum allg. „Trend einer immer weitergehenden Abstrahierung, Entindividualisierung, Objektivierung und ethischen Neutralisierung der Verschuldenshaftung"; s. aber auch *Dressler*, in: *Hart*, Ärztliche Leitlinien, 2000, S. 161, 166; *Uhlenbruck*, MedR 1995, 427, 435 f.; *Laufs/Kern*, in: *Laufs/Kern*, Handbuch des Arztrechts, [4]2010, § 102 Rn. 10: drohende judikative Modifikation/Preisgabe des Standardbegriffs unter dem Vorzeichen des Verschuldensprinzips.
[59] So *Schmitz-Luhn*, Priorisierung in der Medizin, 2015, S. 165 f.
[60] So etwa *Arnade*, Kostendruck und Standard, 2010, S. 218 ff.; ebenfalls *Scherer*, Stationäre Krankenhausbehandlung im Spannungsverhältnis zwischen Ökonomisierung und Haftungsrecht, 2007, S. 192 ff.; *Kifmann/Rosenau*, in: *Möllers*, Standardisierung durch Markt und Recht, 2008, S. 49, 67 ff.; dazu auch *Frahm/Jansen/Katzenmeier/Kienzle/ Kingreen/Lungstras/Saeger/Schmitz-Luhn/Woopen*, MedR 2018, 447, 454 f.

bedingte überindividuelle Defizite könnten bei der Formulierung der berechtigten Verkehrserwartung Berücksichtigung finden.[62] Dem Arzt dürfe haftungsrechtlich nichts abverlangt werden, was gesellschaftlich nicht mehr erwartet wird.[63] Der Vertragsarzt könne auch zivilrechtlich nicht verpflichtet werden, Leistungen außerhalb des GKV-Katalogs zu erbringen.[64] Im Falle eines „gesetzlichen Leistungsausschlusses kann und darf das Haftungsrecht keinen anderen Standard fordern als das SGB V".[65]

Das Haftungsrecht könne keinen höheren Standard verlangen als das Sozialrecht;[66] der Haftungsrichter dürfe nichts fordern, was der Sozialrichter versagen muss.[67] Als Systementscheidung unter Gesetzesvorbehalt[68] sei explizite Rationierung nicht einfach auf Ebene des Zivilrechts zu korrigieren.[69] Zu verzeichnen ist mithin insgesamt eine wachsende Tendenz zur Nachgiebigkeit des Haftungsgegenüber dem Sozialrecht.[70] Zunehmend reift die Erkenntnis, dass der Sorgfaltsmaßstab allgemeine Grenzen im System der Krankenversorgung, selbst wenn es Grenzen der Finanzierbarkeit und Wirtschaftlichkeit sind, nicht vollends vernachlässigen kann.[71] Für die praktische Umsetzung im Arzthaftungsprozess bedeutete dies, dass der ärztliche Gutachter zunächst den medizinischen Standard ermitteln, der Richter diesen dann (ökonomisch-sachverständig beraten) unter ökonomischen Gesichtspunkten prüfen sowie gegebenenfalls modifizieren würde (gestufte Standardbestimmung).[72]

---

[61] S. i. Ü. auch die Forderung nach Anpassung des Haftungsrechts im Beschl. des 111. DÄT („Ulmer-Papier"), DÄBl. 2008, A-1189, A-1195; entspr. bereits ohne Weiteres *Neumann*, NZS 2005, 617, 618, 621 f.
[62] *Katzenmeier*, in: *E. Lorenz*, KF 2013: Patientenrechte und Arzthaftung, 2014, S. 120 f.
[63] *Schmitz-Luhn*, Priorisierung in der Medizin, 2015, S. 165.
[64] *Huster*, VSSR 2011, 183, 192 f.
[65] *Hart*, MedR 1999, 47, 50; *ders.*, in: *Hart*, Ärztliche Leitlinien, 2000, S. 137, 155.
[66] *Steffen*, in: FS *Geiß*, 2000, S. 487, 493.
[67] *Franzki*, MedR 1994, 171.
[68] Vgl. 7. Kap. A. II. 1.
[69] *Hart*, MedR 2002, 321, 326; *ders.*, in: *Hart*, Ärztliche Leitlinien, 2000, S. 137, 148; s. auch *Schirmer/Fuchs*, in: *Katzenmeier/Bergdolt*, Das Bild des Arztes im 21. Jahrhundert, 2009, S. 121, 124.
[70] *Hahn*, GesR 2010, 286, 291.
[71] *Katzenmeier*, in: *Laufs/Katzenmeier/Lipp*, Arztrecht, ⁷2015, Kap. X Rn. 36; *ders.*, in: FS *G. Müller*, 2009, S. 237, 248, 249 f.; *Wagner*, in: MüKo-BGB, ⁷2016, § 630a Rn. 111; *Uhlenbruck/Laufs*, in: *Laufs/Uhlenbruck*, Handbuch des Arztrechts, ³2002, § 44 Rn. 7 (i. E. abl.); s. auch *Spickhoff*, in: *Spickhoff*, Medizinrecht, ³2018, § 630a BGB Rn. 45; *Schmitz-Luhn*, Priorisierung in der Medizin, 2015, S. 155, 161 f.; *G. Müller*, in: FS *Hirsch*, 2008, S. 413, 420 (freilich i. E. nicht i. S. e. Abschwächung des Sorgfaltsmaßstabs); *Laufs*, in: *Berg/Ulsenheimer*, Patientensicherheit, Arzthaftung, Praxis- und Krankenhausorganisation, 2006, S. 253, 257 ("[W]enn auf der untersten Ebene der Allokation die Mittel fehlen, müssen sich Standards absenken und damit auch die mit ihnen verbundene Haftung."); *Dahm*, in: HK-AKM, 2001, Nr. 5090 (Therapiefreiheit) Rn. 9; *Damm*, JZ 1998, 926, 930.
[72] Vgl. auch *Frahm/Jansen/Katzenmeier/Kienzle/Kingreen/Lungstras/Saeger/Schmitz-Luhn/Woopen*, MedR 2018, 447, 454.

Von zeitloser Aktualität sind in diesem Kontext die Stellungnahmen *Steffens*:[73] „Ärztlicher Auftrag und zivilrechtlicher Haftungsmaßstab werden bestimmt und begrenzt nicht nur durch die Befindlichkeit des Patienten, sondern auch durch die Befindlichkeit der Gesellschaft, in die Arzt und Patient eingebunden sind. Beide hängen auch ab von den verfügbaren Ressourcen und davon, wieviel und mit welchen Präferenzen die Gesellschaft für ihre medizinische Versorgung auszugeben bereit ist. Allgemeine Grenzen der Finanzierbarkeit unter dem Postulat der Beitragsstabilität ebenso wie allgemeine Grenzen der Ressourcen werden, wo sie die ärztliche Behandlungsaufgabe beschränken, auch an den zivilrechtlichen Haftungsmaßstab weitergegeben. Sie eignen sich ebensowenig wie das Krankheitsrisiko zur Abwälzung von dem Patienten auf den Arzt."[74] Der Standard sei insofern nicht das Ergebnis einer bloßen Subsumtion unter eine medizinische Norm, sondern gewähre einen Beurteilungsspielraum mit entsprechender Bandbreite.[75]

Zumindest als Begründungshilfe können in diesem Zusammenhang die Erkenntnisse der ökonomischen Analyse des Haftungsrechts dienen.[76] Diese Lehre basiert auf der Annahme, dass es ein bestimmtes Ausmaß an Schäden gibt, die hinzunehmen einen Gewinn an gesamtgesellschaftlicher Wohlfahrt bedeutet, soweit die Kosten zu ihrer Verhinderung höher sind als die der verhüteten Schäden selbst.[77] Diesem Erklärungsmodell sind aber im Arzthaftungsrecht enge Grenzen gesetzt.[78] Denn Arzthaftung ist in besonderem Maße von Personenschäden geprägt

---

[73] Dabei besteht freilich die Gefahr, diese aus heutiger Sicht überzuinterpretieren, s. Fn. 79.
[74] *Steffen*, MedR 1995, 190; s. auch *ders.*, MedR 1993, 338; *ders.*, in: FS *Geiß*, 2000, S. 487, 492 ff.; zust. etwa *Stöhr*, MedR 2010, 214, 215 f.; *ders.*, in: FS *Hirsch*, 2008, S. 431, 432; *G. Müller*, ebd., S. 413, 420 (freilich nicht i. S. e. Einschränkung des Standards); *Ulsenheimer/Berg*, in: *Berg/Ulsenheimer*, Patientensicherheit, Arzthaftung, Praxis- und Krankenhausorganisation, 2006, S. 259 ff.; *Diederichsen*, in: *Hart*, Klinische Leitlinien und Recht, 2005, S. 105, 109 f.; *Taupitz*, in: *Dietrich/Imhoff/Kliemt*, Standardisierung in der Medizin, 2004, S. 263, 286; *Laum*, DÄBl. 2001, A-3176, A-3178 f.; *Rumler-Detzel*, VersR 1998, 546, 548 f.; *Franzki*, MedR 1994, 171, 178.
[75] *Diederichsen*, in: *Hart*, Klinische Leitlinien und Recht, 2005, S. 105, 110.
[76] Näher *Schäfer/Ott*, Lehrbuch der ökonomischen Analyse des Zivilrechts, ^{5}2012, S. 145 ff., insb. 181 ff.; *Kötz/Wagner*, Deliktsrecht, ^{13}2016, Rn. 60 ff.; *Wagner*, in: MüKo-BGB, ^{7}2017, Vor § 823 Rn. 51 ff.; *ders.*, in: FS *Canaris*, 2017, S. 281; *Taupitz*, AcP 196 (1996), 114 ff., 155 ff.; *Kötz*, ZVersWiss 1993, 57, 59 ff.; einen effizienzorientierten Fahrlässigkeitsbegriff vertritt *Eidenmüller*, Effizienz als Rechtsprinzip, ^{3}2005, S. 400 ff., 454 ff.; allg. zu ökonomischen Analysen im außerwirtschaftlichen Bereich, insb. im (Medizin- und Gesundheits-)Recht, *Hart*, MedR 1996, 60; speziell in medizinischen Zusammenhängen auch *Taupitz*, in: *Kick/Taupitz*, Gesundheitswesen zwischen Wirtschaftlichkeit und Menschlichkeit, 2005, S. 21 ff.
[77] Grundlegend für einen ökonomischen Fahrlässigkeitsbegriff (im Common Law) ist die nach dem amerikanischen Richter und Rechtsgelehrten *Learned Hand* benannte Formel, welche dieser im Fall United States v. Carroll Towing Co., 159 F.2d 169 (2d Cir. 1947) aufgestellt hat; näher *Posner*, A Theory of Negligence, Journal of Legal Studies 1972, Vol. 1, No. 1, S. 29 ff.; ausf. zuletzt *ders.*, Economic Analysis of Law, ^{9}2014, Kap. 6 (Tort Law); dazu *Brüggemeier*, Haftungsrecht, 2006, § 2 B II 1 c, S. 63 ff.
[78] S. insg. *Katzenmeier*, in: *Laufs/Katzenmeier/Lipp*, Arztrecht, ^{7}2015, Kap. X Rn. 39; *ders.*, in: FS *G. Müller*, 2009, S. 237, 250 f.; krit. etwa *Schmitz-Luhn*, Priorisierung in der Medizin, 2015, S. 165 f.; *Deutsch*, VersR 1998, 261, 263: rechtspolitisch nachvollziehbar,

und an den höchstpersönlichen Rechtsgütern Leben, Körper und Gesundheit ausgerichtet, die als solche schwer (und nicht zuletzt in verfassungsrechtlicher Hinsicht heikel) in Geld zu messen sind.

Im Ergebnis besteht (wiederum im Anschluss an *Steffen*) weitgehend Einigkeit darüber, dass die „Beachtung des Wirtschaftlichkeitsgebots [...] im Haftungsrecht nur legitim [ist], wo der Einfluß auf die medizinische Indikation die gesundheitliche Rehabilitation des betroffenen Patienten nicht grundsätzlich in Frage stellt und solange eine Mindestgrenze für die personellen und sächlichen Behandlungsbedingungen nicht unterschritten wird, die sich an der gesundheitlichen Integrität als einem dem Kosten-Nutzen-Vergleich nur begrenzt zugänglichen Gut, aber auch der aktuell erreichten Qualitätshöhe der Medizin ausrichtet."[79] Die Grenzen der Sparsamkeit verlaufen dort, wo sich die Gefahren für den Patienten erhöhen[80] – und zwar in unvertretbarem Maße. Der behandelnde Arzt hat in diesem Sinne im Haftungsprozess zur Rechtfertigung eines herabgesetzten Standards darzulegen, dass eine Leistungseinschränkung trotz Ausschöpfung aller Rationalisierungspotentiale vor dem Hintergrund von Rationierungsentscheidungen in der GKV unvermeidbar war.[81] In jedem Fall bleibt es mithin auch in diesem Kontext bei dem Erfordernis einer rechtlichen „Grenzkontrolle".[82]

---

rechtsdogmatisch zweifelhaft; *Taupitz*, in: *Dietrich/Imhoff/Kliemt*, Standardisierung in der Medizin, 2004, S. 263, 275 f.: „Die Ökonomie steht [...] nicht *über* dem Recht, sondern erhält ihren Wirkungsbereich *im* Recht erst kraft autonomer Entscheidung *des* Rechts" (Hervorhebungen im Original).

[79] *Steffen*, MedR 1993, 338; s. auch *ders.*, MedR 1995, 190; *ders.*, in: FS *Geiß*, 2000, S. 487, 497 f., der allerdings diese Toleranzgrenze (i. S. e. gewissen Eigenständigkeit des Haftungsmaßstabs auch ggü. dem medizinischen Standard) bereits zwischen Rationalisierung und Rationierung zieht (dasselbe gelte für das Sozialrecht); ebenso *Diederichsen*, in: *Hart*, Klinische Leitlinien und Recht, 2005, S. 105, 110 f.; *Stöhr*, in: FS *Hirsch*, 2008, S. 431, 440; *ders.*, MedR 2010, 214, 216 f. Im Falle unumgänglicher expliziter Rationierung (als vorliegend untersuchter einzig echter Inkongruenzbereich, s. 7. Kap. A. IV.) läuft damit die postulierte Untergrenze aber faktisch leer, vgl. *Hart*, MedR 2002, 321, 325 f., Fn. 54; ebenfalls krit. *Kern*, GesR 2002, 5, 7 f.; *Hahn*, GesR 2010, 286, 291 f. Zum Mindeststandard allg. auch *Groß*, Ärztlicher Standard, 1997, S. 11; *Taupitz*, in: *Dietrich/Imhoff/Kliemt*, Standardisierung in der Medizin, 2004, S. 263, 286; *Ulsenheimer/Berg*, in: *Berg/Ulsenheimer*, Patientensicherheit, Arzthaftung, Praxis- und Krankenhausorganisation, 2006, S. 259, 261 f. (Behandlung dürfe i. E. nicht riskanter werden als Nicht-Behandlung); *Schmitz-Luhn*, Priorisierung in der Medizin, 2015, S. 165.

[80] Vgl. *Katzenmeier*, in: *Laufs/Katzenmeier/Lipp*, Arztrecht, [7]2015, Kap. X Rn. 39; *ders.*, in: FS *G. Müller*, 2009, S. 237, 250 f.; *Laufs*, in: *Nagel/Fuchs*, Soziale Gerechtigkeit im Gesundheitswesen, 1993, S. 290, 296; *Uhlenbruck/Laufs*, in: *Laufs/Uhlenbruck*, Handbuch des Arztrechts, [3]2002, § 44 Rn. 7; s. auch *Pauge/Offenloch*, Arzthaftungsrecht, [14]2018, Rn. 172; *Ulsenheimer*, MedR 1995, 438, 441; *G. Müller*, in: FS *E. Lorenz*, 2004, S. 475, 480; *dies.*, in: FS *Hirsch*, 2008, S. 413, 420; *Stöhr*, MedR 2010, 214 ff., unter Betonung des Patientenschutzes.

[81] *Franzki*, MedR 1994, 171, 178; *Rumler-Detzel*, VersR 1998, 546, 549; *Taupitz*, in: *Dietrich/Imhoff/Kliemt*, Standardisierung in der Medizin, 2004, S. 263, 287; *Ulsenheimer/Berg*, in: *Berg/Ulsenheimer*, Patientensicherheit, Arzthaftung, Praxis- und Krankenhausorganisation, 2006, S. 259, 261; s. auch *Katzenmeier*, in: *Laufs/Katzenmeier/Lipp*, Arzt-

B. Weiterführender Ansatz: Standardbezogene Harmonisierung

Von Bedeutung erscheint eine Öffnung der Zivilgerichte gegenüber ökonomischen Überlegungen vor allem deshalb, weil ihre Rechtsprechung die Ärzte zu einem tendenziell übermäßigen, den Patienten unnötig belastenden Einsatz verfügbarer Verfahren veranlasst und damit ihrerseits zur Ressourcenverknappung beiträgt.[83] Die Verrechtlichung[84] und Ökonomisierung der Medizin schaukeln sich insofern gegenseitig zu einer Defensivmedizin[85] hoch, deren zusätzliche Kosten die Mittel nur weiter begrenzen.[86] Eine restriktive(re) Handhabung der Haftung unter Einbeziehung ökonomischer Erwägungen in den Standardbegriff[87] ist daher Voraussetzungen dafür, dass Ärzte sparsam mit den finanziellen Mitteln umgehen und der Kostenanstieg im Gesundheitswesen insgesamt gebremst werden kann.[88]

Treffend hat in diesem Zusammenhang *Steffen* festgestellt: „Eine Vernachlässigung des Wirtschaftlichkeitsgebots überfordert die Haftung, belastet den Schädiger mit dem Lebensrisiko des Geschädigten und schlägt letztlich doch wieder auf diesen als den Verbraucher zurück: bei der Arzthaftung etwa in durch die Versicherungsprämien aufgeblähten Arzthonoraren und in defensiver Medizin."[89] Umgekehrt gilt aber auch: „Seine Überwertung führt zur Herabminderung der ärztlichen Sorgfalt und schlägt im Gewand von als Krankheitsfolgen ausgewiesenen iatrogenen Risiken ebenfalls in Form von Soziallasten auf die Gemeinschaft zurück."[90]

Im Ergebnis bleibt festzuhalten: „Das Arzthaftungsrecht kann auf den wachsenden Kostendruck durch eine Relativierung der Standards und Modifikation bestehender hoher oder höchster Sorgfaltsanforderungen reagieren, es hat aber weiter seine Schutzfunktion gegenüber allzu rigiden Einschnitten in der Ausstat-

---

recht, [7]2015, Kap. X Rn. 39; *ders.*, in: FS *G. Müller*, 2009, S. 237, 250 f.; *Schmitz-Luhn*, Priorisierung in der Medizin, 2015, S. 166.
[82] Vgl. bereits 6. Kap. A. III.
[83] *Uhlenbruck*, MedR 1995, 427, 435 f.; *Ulsenheimer*, MedR 1995, 438, 439; s. auch *Arnade*, Kostendruck und Standard, 2010, S. 13 f.; dagegen (gerade angesichts des Standards) aber *Groß*, Ärztlicher Standard, 1997, S. 1.
[84] Dazu 6. Kap. A. II.
[85] Allg. zur Gefahr einer entspr. Defensivmedizin *Katzenmeier*, Arzthaftung, 2002, S. 38 f.; auch *Ulsenheimer*, Ausgreifende Arzthaftpflichtjudikatur und Defensivmedizin, 1997.
[86] Vgl. *Ulsenheimer*, MedR 2015, 757, 760 f.: „unheilvoller circulus vitiosus"; s. auch *Miranowicz*, MedR 2018, 131, 135; ebenso *Kifmann/Rosenau*, in: *Möllers*, Standardisierung durch Markt und Recht, 2008, S. 49, 55 f.
[87] Allg. zu judikativen Modifikationen des Standardbegriffs *Steffen*, ZVersWiss 1993, 13, 21 f.: „Es ist auch keineswegs so, daß wir durch neue Standards die Pflichten immer höher schrauben. Im Gegenteil setzen wir, auch hier in durch die Rücksicht auf die Rechtssicherheit gebotenen behutsamen Schritten, durchaus den Standard dort herab, wo uns die Anforderungen früherer Richtergenerationen zu streng erscheinen [...]. Jedenfalls setzen wir heute die Standards verstärkt zur Haftungsbegrenzung ein."
[88] S. insg. *Katzenmeier*, in: Laufs/Katzenmeier/Lipp, Arztrecht, [7]2015, Kap. X Rn. 38; *ders.*, in: FS *G. Müller*, 2009, S. 237, 250; s. auch *Oberender*, in: FS *Gitter*, 1995, S. 701, 711.
[89] *Steffen*, ZVersWiss 1993, 13, 26; s. auch *ders.*, MedR 1995, 190.
[90] *Steffen*, MedR 1993, 338; s. auch *ders.*, MedR 1995, 190.

tung der Gesundheitseinrichtungen wahrzunehmen."[91] Die Frage wird vor allem sein, inwieweit sich die in dieser Schutzfunktion begründet liegende haftungsrechtliche Untergrenze von ihrem verfassungsrechtlichen Pendant,[92] das auch das Sozialrecht bindet, unterscheidet,[93] ob die Problematik divergierender Standards von Haftungs- und Sozialrecht folglich auf diesem Wege überhaupt gelöst werden kann oder angesichts divergierender, für sich genommen unverhandelbarer Untergrenzen ein harmonisierungsfeindlicher Konfliktbereich in jedem Fall fortbesteht.

Ein bewusster Umgang des Zivilrechts mit der Frage nach der Wirtschaftlichkeit einer Behandlung unter Ergänzung eines im Standardbegriff angelegten „ökonomischen Kontrollfilters" für die Rezeption des medizinischen Standards im Wege der Standardermittlung kann zu einer Auflösung der Spannungen mit dem Sozialrecht beitragen. Das Haftungsrecht hat aber stets seiner Rolle als Garant des medizinischen Standards gerecht zu werden.[94] Angesichts der Objektivität und Normativität des zivilrechtlichen Standards bei nur geringfügigen Differenzierungsmöglichkeiten[95] können die faktischen Gegebenheiten im Haftungsrecht nur sehr begrenzt (und wenn dann nur auf abstrakter Ebene) eine Rolle spielen. Deshalb erscheint es letztlich vorzugswürdig,[96] zu einer Harmonisierung bereits auf Ebene der Medizin anzusetzen, diese also im Arzthaftungsprozess nicht dem Richter, sondern dem Gutachter zu überlassen.

In diesem Sinne darf zum Abschluss überleitend erneut *Steffen* zitiert werden: „Das Zivilrecht kann mit seinem auf die Individualbehandlung zwischen Patient und Arzt und die Dispositionsmaxime des Parteienprozesses ausgerichteten Instrumentarium die Gesamtbefindlichkeit der ärztlichen Versorgung und die durch sie gezogenen generellen Grenzen für die medizinischen Standards allerdings nicht von sich aus zuverlässig erfassen. Zu allererst ist es Aufgabe der Medizin, ihr Fortschreiten mit diesen Grenzen abzustimmen und dort, wo sie diese nicht überwinden kann, die Standards, insbesondere die ihnen zugrundeliegenden ethischen Prinzipien, sowie die Verfahren für ein medizinisch vertretbares Zuteilen von Rationierungslasten auf den je betroffenen einzelnen Patienten zu entwickeln. […] Solange nicht der die Ausgabenspirale ankurbelnde medizinische Fortschritt den Zwang zur Abstimmung mit den Grenzen der Ressourcen akzeptiert und in seine Handlungsmaxime mit aufgenommen hat und solange nicht für jede diag-

---

[91] *Katzenmeier*, in: *Laufs/Katzenmeier/Lipp*, Arztrecht, 7,2015, Kap. X Rn. 40; *ders.*, in: FS G. *Müller*, 2009, S. 237, 251; s. auch *Uhlenbruck*, MedR 1995, 427, 435 f.; *Ulsenheimer*, MedR 1995, 438, 439 ff.: ausgehend von bloßer Rationalisierung sei deshalb keine Senkung des zivilrechtlichen Standards erforderlich; für den hier diskutierten Fall unausweichlicher Rationierung wird indes wiederum keine echte Perspektive aufgezeigt; zur Schutzfunktion des Rechts und der Rspr. vgl. zudem das Fazit von *G. Müller*, in: FS *Hirsch*, 2008, S. 413, 421 f.
[92] Dazu schon 1. Kap. B.
[93] Vgl. *Deutsch*, VersR 1998, 261, 265: Diese gelte jedenfalls als absolute Grenze. Haftungsrechtlichen Mindeststandard und verfassungsrechtliche Wertungen i. E. (nicht ohne Grund) gleichsetzend *Arnade*, Kostendruck und Standard, 2010, S. 220.
[94] S. auch *Gaßner/Strömer*, MedR 2012, 159, 169.
[95] Näher 3. Kap. A. I. 1.
[96] Zumindest aus Sicht des Juristen; der betroffene Mediziner mag dies wiederum anders sehen (dazu sogleich III.).

nostische und therapeutische Betreuung das Bewußtsein von ihrem Ressourcenverzehr zur Selbstverständlichkeit geworden ist, kann auch das Recht solche Begrenzungen des Versorgungsauftrags nicht umsetzen. Auch insoweit muß es dem Sachverstand, aber auch den Sachverständnissen der Medizin von ihrer gesellschaftlichen Verantwortung die Federführung überlassen."[97]

III. Offen kostenbewusste medizinische Standardbildung

Vor dem Hintergrund der Schwierigkeiten, welche die Integration von Wirtschaftlichkeitsaspekten in das Zivilrecht zwecks Angleichung des haftungsrechtlichen an den sozialrechtlichen Standard bereitet, bleibt letztlich zu erwägen, ob es nicht anstelle der aus den genannten Gründen bedenklichen Abkopplung vom medizinischen Standard[98] doch möglich wäre, die Harmonisierung der Teilrechtsgebiete bereits innerhalb des medizinischen Standards einzuleiten – und damit über dessen zivilrechtliche Rezeption indirekt das Haftungsrecht zu beeinflussen.[99] Die Etablierung eines entsprechenden Kostenbewusstseins in der Medizin, ihrem Standardbegriff und ihrer Standardbildung, müsste sich dabei gewiss von der bisherigen viel gescholtenen „Ökonomisierung" der Medizin[100] eindeutig unterscheiden. Insbesondere hat sie nicht länger im Verborgenen, sondern transparent und damit (gerade rechtlich)[101] nachvollziehbar und vorhersehbar zu erfolgen.[102] Dies erfordert vor allem eine verstärkte Kooperation zwischen Medizinern und Juristen.[103]

---

[97] *Steffen*, MedR 1995, 190 f.; auch *Deutsch*, VersR 1998, 261, 265; weiterführend *Steffen*, ZVersWiss 1993, 13, 26: „Für den Richter wächst das Problem, das[s] die ZPO nicht darauf angelegt ist, solchen generellen Grenzen der Ressourcen und den Möglichkeiten ihrer gerechten Verteilung im Streitfall nachzugehen. Und die Abhängigkeit der haftungsrechtlichen Zuordnung von dem Urteil des Sachverständigen, der vom Richter ebenfalls stärker auf eine wirtschaftliche Sicht eingestellt werden muß, werden weiter zunehmen."; zu letzterem ebenfalls *Ulsenheimer/Berg*, in: *Berg/Ulsenheimer*, Patientensicherheit, Arzthaftung, Praxis- und Krankenhausorganisation, 2006, S. 259, 266.
[98] S. insg. II.
[99] Zu diesem Ansatz auch *Schmitz-Luhn*, Priorisierung in der Medizin, 2015, S. 163 ff.; *Frahm/Jansen/Katzenmeier/Kienzle/Kingreen/Lungstras/Saeger/Schmitz-Luhn/Woopen*, MedR 2018, 447, 455 f.; s. bereits *Hart*, MedR 1996, 60, 70: Internalisierung des Wirtschaftlichkeitsgebots bei der Genese medizinischer Standards.
[100] Dazu 7. Kap. A. I.
[101] Vgl. *Hart*, MedR 1996, 60, 70 f.: Trennung und Transparenz; s. auch *Kern*, MedR 2004, 300, 303; *ders.*, GesR 2002, 5, 9: sonst würde zugleich dem Haftungsrecht seine Kontrollfunktion genommen; als Garant des medizinischen Standards müsste es dann notwendig versagen und könnte lediglich noch das Einhalten des medizinisch-wirtschaftlichen Standards überprüfen.
[102] Vgl. nur *Frahm/Jansen/Katzenmeier/Kienzle/Kingreen/Lungstras/Saeger/Schmitz-Luhn/Woopen*, MedR 2018, 447, 455; für einen offenen und transparenten Diskurs insofern auch Deutscher Ethikrat, Nutzen und Kosten im Gesundheitswesen, 2011, S. 9 f.
[103] Vgl. *G. Müller*, in: FS *Hirsch*, 2008, S. 413, 422: „Bundesgenossen zur Aufrechterhaltung des Standards".

Die Gesundheitsökonomie ist, unter besonderer Beachtung der Medizinethik, in das Zusammenspiel von Medizin und Recht bei der Standardbestimmung dergestalt einzubinden,[104] dass der – zwar weiterhin aus der ärztlichen Profession heraus, aber nunmehr offen kostenbewusst gebildete – medizinische Standard im Rahmen seiner kontrollierten Rezeption die zivilrechtlichen Filter passieren kann,[105] wie dies angesichts der normativen Grundwerte des Haftungsrechts bislang nur dem rein medizinischen (und keineswegs einem verdeckt „ökonomisierten") Standard gestattet wird. Hierfür hat die Medizin bei der Ermittlung des einschlägigen Facharztstandards[106] auch vorzugeben, welches Verhalten von einem gewissenhaften, aufmerksamen Arzt aus der beruflichen Sicht seines Fachbereichs *aus Kostengründen nicht länger* erwartet werden kann.[107]

1. Grundlagen

a) Gesundheitsökonomische Überlegungen

Die Konfrontation der Medizin mit Kostenaspekten hat mit der Gesundheitsökonomie eine eigene Unterdisziplin hervorgebracht, deren Gewicht in den letzten Jahrzehnten kontinuierlich gewachsen ist. Eine Integration von Fragen der Qualität und Finanzierbarkeit der Gesundheitsversorgung ist ihr immanent, sie stellt diese auf ein wissenschaftliches Fundament.[108] Gesundheitsökonomische Überlegungen tragen als zusätzliche Entscheidungsgrundlage zur Optimierung der Ressourcenallokation bei.[109]

Der Begriff „Standard" findet dabei allerdings im Sinne eines Maßstabs medizinischen Handelns keine Verwendung. Allenfalls ist von Standards in einem technischen Sinne im Hinblick auf die Verfahren gesundheitsökonomischer Evaluation[110] die Rede. Im Zusammenhang mit der Bestimmung der Anforderungen

---

[104] Vgl. insofern *Taupitz*, in: *Dietrich/Imhoff/Kliemt*, Standardisierung in der Medizin, 2004, S. 263, 274 f.; auch *Kifmann/Rosenau*, in: *Möllers*, Standardisierung durch Markt und Recht, 2008, S. 49, 54 ff.
[105] Vgl. dazu 6. Kap. A. III.
[106] Zu dessen aktueller Ausgestaltung 3. Kap. A. I.
[107] S. dazu auch *Frahm/Jansen/Katzenmeier/Kienzle/Kingreen/Lungstras/Saeger/Schmitz-Luhn/Woopen*, MedR 2018, 447, 455; *Schmitz-Luhn*, Priorisierung in der Medizin, 2015, S. 164: jedoch zweifelhaft, ob sich eine solche Überzeugung in der Ärzteschaft überhaupt durchsetzen würde und ob sie besonders weitreichend wäre.
[108] Vgl. insofern etwa auch die Definition von Gesundheitsökonomie bei *Furmaniak/Brunner*, in: *Lauterbach/Stock/Brunner*, Gesundheitsökonomie, ³2013, S. 13, 22 f.; zu Annahmen und Zielen der Gesundheitsökonomie *Lüngen*, ebd., S. 37 ff.
[109] *Katzenmeier*, in: *Laufs/Katzenmeier/Lipp*, Arztrecht, ⁷2015, Kap. X Rn. 23; bereits *Richter*, Ethik Med 1997, 3, 11; *Oberender*, in: FS Gitter, 1995, S. 701, 708 ff.; auch *Hart*, MedR 1996, 60: Untersuchungs- und Begründungsinstrument.
[110] Hierzu ausf. *Breyer/Zweifel/Kifmann*, Gesundheitsökonomik, ⁶2013, S. 19 ff.; *Fleßa/Greiner*, Grundlagen der Gesundheitsökonomie, ³2013, S. 171 ff.; zudem die Beiträge in *Schöffski/Graf v. der Schulenburg*, Gesundheitsökonomische Evaluationen, ⁴2012, Teil A sowie in *Lauterbach/Stock/Brunner*, Gesundheitsökonomie, ³2013, Teil 4; s. auch *Büscher/Gerber*, in: *Lauterbach/Lüngen/Schrappe*, Gesundheitsökonomie, Management und

an die ärztliche Heilbehandlung (also eines „gesundheitsökonomischen Standardbegriffs") geht es in der Gesundheitsökonomie vorrangig um die Ermittlung und Steigerung der Effizienz bestimmter Methoden anhand von Kosten-Nutzen-Analysen.

Hinzuweisen ist an dieser Stelle auf ein weit verbreitetes Missverständnis, das letztlich der Skepsis gegenüber jedweder Form ökonomischer Einflussnahme in der Medizin[111] zu Grunde liegt und sich durch entsprechende Auswüchse in der Praxis bestätigt sieht. Grundlage jeden wirtschaftlichen Denkens und Handelns – und damit auch gesundheitsökonomisches Leitprinzip – ist es, die Kosten nicht isoliert zu betrachten (und schlicht zu minimieren), sondern sie mit dem (zu maximierenden Patienten-)Nutzen abzugleichen.[112] Vor diesem Hintergrund sind des Weiteren auch „Ökonomie" und „Ökonomisierung" begrifflich strikt zu trennen. „Ökonomie beschreibt den wirtschaftswissenschaftlich reflektierten Umgang mit knappen Gütern zugunsten eines vorab gesteckten ‚höheren' Ziels. [...] Ökonomisierung beschreibt dagegen einen Prozess, in dem ökonomisches Handeln entweder Selbstzweck ist oder lediglich als Mittel kompromissloser Profitmaximierung herangezogen wird."[113]

b) Medizinethische Wertvorstellungen

Eine gewisse „Ökonomisierung der Medizin" mag hingenommen werden, soweit im Gegenzug auch eine „Medizinisierung der Ökonomie" erfolgt und im Ergebnis ein offener Austausch zwischen den Disziplinen und beteiligten Fachvertretern stattfindet.[114] Um einer exzessiven Einflussnahme der Ökonomie auf die Medizin Einhalt zu gebieten, ist dabei die Formulierung und Einhaltung bestimmter ethischer Grundwerte ärztlichen Handelns unentbehrlich.[115] Die Ökonomie hat der Medizin zu dienen, nicht umgekehrt; die Grenze verläuft dort, „wo die Medizin ökonomisches Denken nicht nur instrumentell in die Behandlung von kranken Menschen integriert, sondern das Diktat der Gewinnmaximierung zum identitätsstiftenden Moment erhebt."[116]

EbM, ³2010, S. 63 ff. sowie 466 ff.; *Leidl*, in: *Kunz et al.*, Lehrbuch EbM, ²2007, S. 203 ff.; zu ökonomischer Evaluation als Entscheidungshilfe bei der Etablierung und Sicherung eines medizinischen Standards hingen *Wasem*, in: *Nagel/Fuchs*, Leitlinien und Standards im Gesundheitswesen, 1997, S. 133 ff.
[111] S. zur Kritik am ökonomischen Ansatz im Gesundheitswesen etwa *Lüngen*, in: *Lauterbach/Stock/Brunner*, Gesundheitsökonomie, ³2013, S. 37, 44 ff.
[112] *Mühlbacher*, DÄBl. 2017, A-1584.
[113] *Enke/Woopen*, XX 2013, 280, 282.
[114] *Wehkamp/Naegler*, in: *Bonacker/Geiger*, Menschenrechte und Medizin, 2016, S. 283, 288.
[115] Vgl. insofern etwa den Klinik-Codex „Medizin vor Ökonomie" der DGIM, DÄBl. 2017, A-2340; dazu *Schumm-Draeger et al.*, DÄBl. 2017, A-2338; s. auch (zur Bedeutung eines zeitgem. ärztlichen Eids) *Wils*, MedR 2018, 860 ff.; *ders.*, DÄBl. 2017, A-359, A-361 f. in Anknüpfung an *Albrecht*, Ärzte: Zeit für einen neuen Eid, DIE ZEIT Nr. 46/2015 vom 18.11.2015; *v. Salis-Soglio*, DÄBl. 2016, A-816, A-817 f. (Rückbesinnung auf ein gemeinsames medizinisches Ethos).
[116] *Maio*, Lehrbuch der Ethik in der Medizin, ²2017, S. 402 f.

Vor diesem Hintergrund ist das Ineinandergreifen von Gesundheitsökonomie und Medizinethik insgesamt zu stärken. Es handelt sich keineswegs um einander ausschließende Gegensätze, vielmehr ist das Eingehen auf wirtschaftliche Zwänge zugleich konstitutive ethische Verpflichtung.[117] Werden ethische Vorgaben zu einem integralen Bestandteil eines medizinischen „Wertemanagements", wird dadurch dem einzelnen Arzt ein vertretbarer Umgang mit finanziellem Druck ermöglicht.[118] Medizin und Ökonomie sind in der ärztlichen Praxis mithin eng miteinander verbunden.[119]

Auch in der Medizinethik[120] stellt sich im Kontext eines Medizinischen Behandlungsstandards die Frage nach der Leistungsfähigkeit des Gesundheitswesens sowie der Erforderlichkeit, aber auch Vertretbarkeit finanziell bedingter Qualitätseinbußen. Der Blick wandert also zunächst – ganz im Sinne eines utilitaristischen Ansatzes[121] – vom einzelnen Patienten zum Wohl der Allgemeinheit.[122] Sozialethisch sind bei Entscheidungen über die Verteilung von und den Zugang zu begrenzten Ressourcen Kriterien der (Solidarität, Gleichheit und Verteilungs-) Gerechtigkeit[123] zu berücksichtigen, welche im Einzelfall eine Versorgung mit Gesundheitsleistungen unterhalb des medizinisch Optimalen rechtfertigen.[124]

Dies ist gleichsam Ausdruck der medizinethisch gebotenen Orientierung an Willen und Wohl des Patienten,[125] denn Patientenorientierung und Versorgungs-

---

[117] Näher *Maio*, Lehrbuch der Ethik in der Medizin, ²2017, S. 401 f.; s. auch *Frahm/Jansen/Katzenmeier/Kienzle/Kingreen/Lungstras/Saeger/Schmitz-Luhn/Woopen*, MedR 2018, 447, 448 f., 455 (genuin ethisches Gebot, mit begrenzten Mitteln verantwortungsvoll umzugehen); zudem *Huster*, VSSR 2011, 183, 184 f.; *Hart*, MedR 1996, 60, 61.
[118] *Marckmann/Maschmann*, DÄBl. 2017, A-2028: „Ethische Mangelverwaltung"; ein Stufenmodell sowie einen praktischen Algorithmus für kostenbewusste ärztliche Behandlungsentscheidungen präsentieren insofern bereits *Marckmann/in der Schmitten*, Ethik Med 2011, 303; s. auch *dies.*, in: *Marckmann*, Praxisbuch Ethik in der Medizin, 2015, S. 191 ff.
[119] So schon *Richter*, Ethik Med 1997, 3, 5 ff.; ausf. zu Verbindendem und Trennendem im Spannungsverhältnis von Medizin und Ökonomie *Maio*, Lehrbuch der Ethik in der Medizin, ²2017, S. 395 ff.
[120] Dazu bereits 2. Kap. E. I.
[121] *Gerber-Grote/Lauterbach*, in: *Lauterbach/Stock/Brunner*, Gesundheitsökonomie, ³2013, S. 57 ff.; *Lauterbach*, in: *Lauterbach/Lüngen/Schrappe*, Gesundheitsökonomie, Management und EbM, ³2010, S. 3 ff.; *Maio*, Lehrbuch der Ethik in der Medizin, ²2017, S. 41 ff.
[122] *Katzenmeier*, in: *Laufs/Katzenmeier/Lipp*, Arztrecht, ⁷2015, Kap. X Rn. 23; bereits *Richter*, Ethik Med 1997, 3, 11.
[123] Vgl. *Taupitz*, in: *Dietrich/Imhoff/Kliemt*, Standardisierung in der Medizin, 2004, S. 263, 283; näher dazu insb. *Marckmann*, Bundesgesundheitsbl. 2008, 887 ff.; im Kontext der Rationierungsdebatte die Beiträge in Ethik Med 2001, Heft 1-2; s. auch *v. Engelhardt*, DÄBl. 2019, A-358; im gesundheitsökonomischen Zusammenhang *Damm/Graf v. der Schulenburg*, in: *Schöffski/Graf v. der Schulenburg*, Gesundheitsökonomische Evaluationen, ⁴2012, S. 501 ff.; *Gerber-Grote/Lüngen/Lauterbach*, in: *Lauterbach/Stock/Brunner*, Gesundheitsökonomie, ³2013, S. 63 ff.
[124] S. insg. *Woopen*, MedR 2011, 232, 235; ausf. Deutscher Ethikrat, Nutzen und Kosten im Gesundheitswesen, 2011.
[125] Vgl. aus dieser Perspektive Deutscher Ethikrat, Patientenwohl als ethischer Maßstab für das Krankenhaus, 2016, S. 54 ff.; zu Gefährdungen des Patientenwohls durch die Ökonomisierung der Medizin auf S. 63 f., 69 ff., 115 ff.; zudem *Wils*, DÄBl. 2017, A-359 f. (me-

effizienz schließen sich keineswegs aus.[126] Patienten sind durchaus in der Lage, kostenbewusste Behandlungsentscheidungen zu treffen. Zum Teil wird deshalb gefordert, Patientenpräferenzen sogar verstärkt in die gesundheitsökonomischen Evaluationen einzubeziehen.[127]

2. Wissenschaftsmethodische Gesamtkonzepte

a) Evidence (und Value) based Health Care (EbHC, VbHC)

Mittlerweile haben die beschriebenen theoretischen Erwägungen in der Praxis Eingang in spezielle wissenschaftsmethodische Gesamtkonzepte gefunden. So wird zum einen wegen der Besonderheiten evidenzbasierter Systementscheidungen (insbesondere im Sozialrecht),[128] die auch gesundheitsökonomische Aspekte einbeziehen, neben einer klassischen, auf die Behandlung des einzelnen Patienten bezogenen EbM[129] bereits von „Evidenzbasierter Gesundheitsversorgung" (*Evidence based Health Care*, EbHC) gesprochen.[130] Allerdings ist die EbM an sich grundsätzlich kostenindifferent;[131] ihre Prinzipien lassen sich für sich genommen nicht für eine effizientere Gestaltung des Gesundheitswesens im Sinne von EbHC nutzen.[132]

EbM sieht sich zwar umgekehrt der Kritik ausgesetzt, es handle sich bei ihrer Implementierung letzten Endes um eine gesundheitspolitische Maßnahme zur Kostenreduktion.[133] Von manchen Ärzten wird sie als „Trojanisches Pferd einer Kostensenkungsdynamik" gefürchtet.[134] Dem hat jedoch bereits *Sackett* zutreffend entgegnet: „Manche fürchten auch, daß die EbM von Einkäufern von Gesundheitsleistungen und von Managern ‚gekidnappt' wird, um die Kosten der Krankenversorgung zu reduzieren. Das wäre nicht nur ein Mißbrauch des Konzeptes,

---

dizinethisch erforderliches Primat des Patientenwohls), im Anschluss an *Albrecht*, Ärzte: Zeit für einen neuen Eid, DIE ZEIT Nr. 46/2015 vom 18.11.2015; s. auch *Enke/Woopen*, XX 2013, 280; berufsrechtlich dürfen Ärzte insofern gem. § 2 Abs. 2 S. 3 MBO-Ä nicht das Interesse Dritter über das Wohl der Patienten stellen (s. auch Abs. 1 u. Abs. 4).
[126] S. auch *Marckmann/Maschmann*, DÄBl. 2017, A-2028, A-2030.
[127] So *Mühlbacher*, DÄBl. 2017, A-1584; s. o. a. Ein großes Problem im Hinblick auf eine entspr. Patientenbeteiligung in Wirtschaftlichkeitsfragen auf dem Gebiet der GKV ist freilich das dort geltende Naturalleistungsprinzip, vgl. *Kluth*, MedR 2005, 65, 67; s. auch C. II. Patienten haben aufgrund dessen regelmäßig keine Kenntnis von den Behandlungskosten.
[128] Vgl. 5. Kap. B. III. 3.
[129] Dazu allg. 2. Kap. C.; haftungsrechtlich 6. Kap. B. II. 2. b.
[130] Dazu aus der medizinischen Lit. *Raspe*, in: *Kunz et al.*, Lehrbuch EbM, ²2007, S. 15 (in Abgrenzung zur evidenzbasierten klinischen Medizin), sowie *Antes*, Der Internist 1998, 899, 906, unter Bezugnahme auf *Gray*, Evidence-based Healthcare, inzwischen ³2008; s. auch *Schrappe/Lüngen*, in: *Lauterbach/Lüngen/Schrappe*, Gesundheitsökonomie, Management und EbM, ³2010, S. 26 ff.; *Busse/Gibis*, in: *Kunz et al.*, Lehrbuch EbM, ²2007, S. 61 ff.; zudem *Gibis et al.*, ebd., S. 375, 378 ff.
[131] *Stallberg*, PharmR 2010, 5, 7 f.; s. auch *Gaßner/Strömer*, SGb 2011, 421, 422.
[132] *Huster*, VSSR 2013, 327, 337 f.; *ders.*, in: DS 60 Jahre BSG, 2015, Bd. 2, S. 223, 238.
[133] Diesen Kritikpunkt nennen (und entkräften) i. Ü. bereits *Sackett et al.*, BMJ 312 (1996), 71; dazu auch *Raspe*, in: *Kunz et al.*, Lehrbuch EbM, ²2007, S. 15, 22.
[134] So ein von *Baethge*, DÄBl. 2014, A-1636, A-1640, aufgezählter Kritikpunkt an EbM.

sondern auch ein fundamentales Mißverständnis der finanziellen Konsequenzen: Ärzte, die EbM praktizieren, werden die effektivsten Verfahren identifizieren und anwenden, um die Lebensqualität und -dauer der Patienten zu maximieren; das könnte zu einer Erhöhung statt einer Reduktion der Kosten führen."[135] Speziell RCTs höchster Evidenzstufe sind häufig immens teuer und schwer finanzierbar.[136]

Parallel zu EbHC existiert im Übrigen eine wirtschaftlich orientierte Fortentwicklung der VbM[137] im Sinne einer „Wertbasierten Gesundheitsversorgung" (*Value based Health Care*, VbHC),[138] für die „Wert" nicht zuletzt im Sinne von „Geldwert" zu verstehen ist.[139]

b) Health Technology Assessment (HTA)

Als disziplinübergreifender, vor allem aber gesundheitsökonomisch geprägter Ansatz zur systematischen wissenschaftlichen Bewertung gesundheitsrelevanter Maßnahmen gewinnt zum anderen das sogenannte *Health Technology Assessment* (HTA) stetig an Bedeutung.[140] „Unter HTA wird die umfassende Bewertung und Evaluation neuer oder auf dem Markt befindlicher Technologien [...] gesundheitlicher Versorgung hinsichtlich ihrer medizinischen, physikalischen, biologischen, sozialen und finanziellen Wirkungen im Rahmen einer strukturierten Analyse verstanden. Seine Aufgabe ist die Bereitstellung und Verteilung von wissenschaftlich fundierten Informationen für Kommunikations- und Entscheidungsprozesse auf verschiedenen Ebenen und bei verschiedenen Institutionen des Medizin- und Gesundheitssystems."[141]

Hierfür wird einerseits die Wirksamkeit einer Behandlung wissenschaftlich aufbereitet, in erster Linie wiederum nach den Methoden der EbM, diese andererseits aber auch im Rahmen einer gesundheitsökonomischen Betrachtung in Relation zu entstehenden Kosten gesetzt. Ebenso werden soziale, rechtliche und ethische Implikationen berücksichtigt.[142] Die entsprechenden Ergebnisse werden

---

[135] *Sackett et al.*, BMJ 312 (1996), 71, 72; aus dem Englischen ins Deutsche übersetzt von *Perleth*, MMW 139 (1997), 644, 645; s. auch *Kienle et al.*, DÄBl. 2003, A-2142, A-2146; *Antes*, Der Internist 1998, 899, 906.
[136] *Kienle et al.*, DÄBl. 2003, A-2142, A-2143; *Baethge*, DÄBl. 2014, A-1636, A-1640.
[137] Dazu bereits 2. Kap. E. III. 1.
[138] *Gray*, BMJ 356 (2017), j437; *ders.*, in: BMC Medicine 2016, 176; s. dazu auch *Albrecht*, Gesundheit: Was braucht der Patient?, DIE ZEIT Nr. 30/2016 vom 14.07.2016.
[139] S. auch monographisch *Brown/Brown/Sharma*, Evidence-Based to Value-Based Medicine, 2005; dort auf S. 5: VbM „also allows integration of the value given by an intervention with the resources expended for that intervention."
[140] Dazu monographisch *Widrig*, Health Technology Assessment, 2015 (Schweiz); ausf. die Beiträge in *Perleth et al.*, Health Technology Assessment, ²2014; s. auch *Greiner*, in: *Schöffski/Graf v. der Schulenburg*, Gesundheitsökonomische Evaluationen, ⁴2012, S. 457 ff.; *Rüther/Dauben*, in: *Lauterbach/Lüngen/Schrappe*, Gesundheitsökonomie, Management und EbM, ³2010, S. 528 ff.; i. Ü. bereits die Beiträge in Bundesgesundheitsbl. 2006, Heft 3 sowie 2001, Heft 9.
[141] *Hart*, MedR 2001, 1 m. w. N.
[142] S. insg. *Hart*, MedR 2001, 1 f., auch zum Verhältnis von HTA und EbM: bei EbM gehe es „um eine Verwertung von wissenschaftlicher Evidenz für individuelle klinische Ent-

als HTA-Berichte veröffentlicht.[143] Die Entwicklung von HTA wird hierzulande durch das zuständige Deutsche Institut für Medizinische Dokumentation und Information (DIMDI) und die bei diesem angesiedelte Deutsche Agentur für HTA (DAHTA) vorangetrieben.[144]

Als ganzheitliches Rezeptionskonzept vermag HTA (bei entsprechender Implementierung)[145] potentiell wertvolle Beiträge zur Standardbestimmung zu leisten. Die Feststellung des Medizinischen Standards ist Ausgangs-, Vergleichs- und Endpunkt jeder HTA-Bewertung.[146] Das Sozialrecht knüpft im Übrigen bereits an HTA-Ergebnisse an;[147] haftungsrechtlich sind allgemeine Aussagen aus HTA-Berichten hingegen zunächst auf individuelle Sachverhalte zu übertragen.[148]

3. Anwendungsbeispiele

a) choosing wisely

Als Beispiel einer für ökonomische Fragestellungen empfänglichen Medizin kann in diesem Kontext namentlich die Initiative „Klug entscheiden" der Deutschen Gesellschaft für Innere Medizin (DGIM) angeführt werden,[149] welche an entsprechende internationale *„choosing-wisely"*-Programme anknüpft.[150] Die Initiative wendet sich in erster Linie gegen Über-, aber explizit auch gegen Unterversorgung im Gesundheitswesen.[151] Überversorgung meint dabei, dass eine Maßnahme, die wissenschaftlich nachweislich nicht nutzbringend ist, zu häufig durchgeführt wird. Unterversorgung liegt demgegenüber vor, wenn eine Maßnahme, deren Nutzen wissenschaftlich belegt ist, zu häufig unterlassen wird.

Im Rahmen von „Klug entscheiden" erstellen Fachgesellschaften für ihren jeweiligen Fachbereich Listen mit (grundsätzlich je fünf) Negativ- und Positiv-

---

scheidungen über Behandlungen, bei HTA [...] um Empfehlungen auf Systemebene"; schwierig werde insofern allerdings die klare Abgrenzung von HTA und EbHC, s. o. a.
[143] Zur krit. Bewertung *Perleth/Lühmann*, in: *Kunz et al.*, Lehrbuch EbM, ²2007, S. 191.
[144] Weitere Informationen (auch zu HTA allg.) unter www.dimdi.de/dynamic/de/weitere-fachdienste/health-technology-assessment.
[145] Zur Rezeption von HTA in rechtliche Regulierungsansätze *Hart*, MedR 2001, 1, 2 ff.; *ders.*, MedR 2004, 469; zu (Versorgungs-)Leitlinien als HTA-Instrument *ders.*, VSSR 2002, 265, 278 ff.; *ders.*, KritV 2005, 154, 165 ff.; *ders.*, in: *Hart*, Klinische Leitlinien und Recht, 2005, S. 81, 90 ff.; *ders.*, in: *Hart*, Ärztliche Leitlinien im Medizin- und Gesundheitsrecht, 2005, S. 85, 90 ff. (u. 23, 36 f.).
[146] Vgl. *Hart*, MedR 2004, 469, 472.
[147] Zur Zusammenarbeit von G-BA und IQWiG als HTA *Hart*, MedR 2004, 469, 476 f.
[148] Vgl. *Hart*, MedR 2001, 1, 4 f.
[149] Zum Folgenden insg. *Hasenfuß et al.*, DÄBl. 2016, A-600; *dies.*, Der Internist 2016, 521 (dazu *Hasenfuß et al.*, Der Internist 2016, 519); *Fölsch et al.*, Der Internist 2017, 527 (dazu *Hasenfuß et al.*, Der Internist 2017, 525); s. die entspr. AWMF-Initiative „Gemeinsam Klug Entscheiden" (Informationen unter www.awmf.org/medizin-versorgung/gemeinsam-klug-entscheiden).
[150] Insb. aus den USA, vgl. www.choosingwisely.org.
[151] Zu deren praktischer Bedeutung (sowie Gründen und Folgen) s. die Auswertung einer Mitgliederbefragung bei der DGIM durch *Fölsch et al.*, DÄBl. 2016, A-604; auch hier wurde die Überversorgung als größtes Problem ausgemacht.

empfehlungen hinsichtlich überflüssiger und gebotener Leistungen („Klugentscheiden-Empfehlungen", KEE). KEE sollen die Indikationsstellung unterstützen – mit dem Ziel, die Indikationsqualität in der medizinischen Versorgung zu verbessern, nicht zuletzt das Phänomen wirtschaftlicher Indikation[152] zu bekämpfen. Sie wollen sensibilisieren und den Fokus vom medizinisch Möglichen auf das tatsächlich Sinnvolle verschieben. KEE sind zwar nicht unmittelbar ökonomisch motiviert, können sich jedoch in der Praxis kostensparend auswirken; sie bleiben ausdrücklich unvollständig und ersetzen daher weder die Leitlinien noch die konkret-individuelle Behandlungsentscheidung.

b) Kostensensible Leitlinien (KSLL)

Ein weiterer Vorschlag zur Förderung eines transparenten Umgangs der Medizin mit den sie unmittelbar betreffenden Wirtschaftlichkeitsfragen besteht darin, Kostenerwägungen offen bei Erstellung und Entwicklung medizinischer Leitlinien einzubeziehen. Das Konzept (standardbezogener Harmonisierung in Form von leitlinienbasierter[153] Harmonisierung) hat in den letzten Jahren unter dem Titel „Kostensensible Leitlinien" (KSLL) auch hierzulande[154] einige Beachtung gefunden.[155] Die AWMF geht mittlerweile davon aus, dass ihre Leitlinien „auch ökonomische Aspekte berücksichtigen [sollen]"[156] – freilich ohne diesen bedeutenden Gedanken näher auszuführen.

Ausgangspunkt der Überlegungen zu KSLL ist wiederum[157] die Prämisse, dass sich angesichts des medizinischen Fortschritts und demographischen Wandels die Finanzsituation im Gesundheitswesen weiter verschärfen wird (im Sinne einer zunehmenden Diskrepanz zwischen dem medizinisch Machbaren und solidarisch

---

[152] Vgl. 7. Kap. A. I. 2.
[153] Aus dieser Perspektive *Schmitz-Luhn*, Priorisierung in der Medizin, 2015, S. 162, 167 f.; ähnlich bereits *Hart*, MedR 2002, 321, 326; *Ulsenheimer/Berg*, in: *Berg/Ulsenheimer*, Patientensicherheit, Arzthaftung, Praxis- und Krankenhausorganisation, 2006, S. 259, 264; *Arnade*, Kostendruck und Standard, 2010, S. 217 f.; überdies *Frahm/Jansen/Katzenmeier/ Kienzle/Kingreen/Lungstras/Saeger/Schmitz-Luhn/Woopen*, MedR 2018, 447, 455.
[154] Zu „*cost-conscious guidelines*" in Großbritannien etwa bereits *Eccles/Mason*, HTA 2001, Vol. 5, No. 16; aus Nordamerika zur Rationierung durch Leitlinien *Landry/Sibbald/ Gilbart*, in: *Dietrich/Imhoff/Kliemt*, Standardisierung in der Medizin, 2004, S. 218 ff.
[155] Vgl. insb. die Beiträge in *Marckmann*, Kostensensible Leitlinien, 2015 (m. Rez. *Jansen*, MedR 2016, 92). Das auf den Arbeiten des interdisziplinären Forschungsverbunds „Allokation" basierende Sammelwerk zeigt Möglichkeiten und Grenzen einer expliziten Leistungssteuerung durch KSLL anhand konkreter Beispiele aus zwei Praxisbereichen auf, für die jeweils exemplarische KSLL entwickelt wurden (mit Erläuterungen zur Methodik ihrer Erstellung, S. 65 ff.; S. 83 ff., auch allg. aus gesundheitsökonomischer Sicht, S. 55 ff., und Kurzfassungen der erarbeiteten KSLL samt Einführung in das Grundkonzept und für Laien verständlicher Versionen, S. 105 ff.). Zu KSLL bereits *Marckmann*, in: *Dietrich/Imhoff/ Kliemt*, Standardisierung in der Medizin, 2004, S. 237 ff.; *Dietrich*, ebd., S. 17 ff.
[156] S. www.awmf.org/leitlinien; in diese Richtung bereits AWMF/ÄZQ, Leitlinien-Glossar, 2007, (u. a.) S. 151; BÄK/KBV, DÄBl. 1997, A-2154 f.; dazu auch *Taupitz*, in: *Möllers*, Geltung und Faktizität von Standards, 2009, S. 63, 76; *Wienke*, MedR 1998, 172, 173.
[157] S. bereits 7. Kap. A. IV.

Finanzierbaren).[158] Leistungseinschränkungen seien damit trotz aller Rationalisierungsbemühungen letztlich unvermeidbar. Um vor diesem Hintergrund angemessen, also in einer medizinisch rationalen, ökonomisch sinnvollen und ethisch wie rechtlich vertretbaren Art und Weise mit begrenzt verfügbaren Ressourcen und knapper werdenden Mitteln umzugehen,[159] sei deshalb eine evidenzbasierte Leistungssteuerung für eine effiziente und gerechte Gesundheitsversorgung von zentraler Bedeutung.

Gegenüber bloßen impliziten Leistungsbeschränkungen, in deren Folge der einzelne Arzt (und sein Patient) ohne besondere Vorgaben im individuellen Behandlungsfall über Zugang zu und Verteilung von Gesundheitsleistungen entscheidet, bestehen gewichtige Bedenken.[160] Anzustreben – allerdings weitaus schwerer umzusetzen – seien vielmehr explizite Allokationsentscheidungen außerhalb der individuellen Arzt-Patient-Beziehung durch den Ausschluss von Leistungen oder die Einschränkung von Indikationen anhand ausdrücklich festgelegter, regelförmig vorgegebener Verfahren und Kriterien unter transparenter, konsistenter Integration von Kostenaspekten.[161]

Als entsprechende Steuerungsinstrumente könnten KSLL in diesem Sinne der Orientierung ärztlichen Handelns unter Kostendruck dienen. Ziel und Zweck von KSLL ist es dabei keineswegs, das Leistungsniveau zur Kostenersparnis generell abzusenken, sondern es geht darum, unausweichliche Leistungsbegrenzungen im Rahmen strukturierter Kosten-Nutzen-Abwägungen so differenziert umzusetzen, dass den Patienten allein diejenigen Maßnahmen vorenthalten werden, welche ihnen bei hohen Kosten lediglich einen geringen Zusatznutzen bieten.[162] Patientengruppen mit größerem medizinischem Nutzengewinn könnten demgegenüber (angesichts entsprechender Kosteneffektivität) weiter von den jeweiligen Maßnahmen profitieren. Darüber hinaus scheinen freilich auch weitere konzeptuelle Ausgestaltungen von KSLL denkbar.

KSLL werden in der Medizin gewiss ihrerseits durchaus kritisch betrachtet.[163] Auch die Einschätzungen von Entscheidungsträgern und Interessenvertretern im Gesundheitswesen[164] sowie Patienten[165] zu KSLL fallen ambivalent aus. Im Hinblick auf die Implementierung von KSLL im Recht der GKV (als Instrumente

---

[158] Zum Problemhintergrund in diesem Kontext *Marckmann*, in: *Marckmann*, Kostensensible Leitlinien, 2015, S. 31, 32 ff.
[159] Allg. Zusammenfassung möglicher Handlungsoptionen durch *Marckmann*, in: *Marckmann*, Kostensensible Leitlinien, 2015, S. 31, 34 ff.
[160] Vgl. schon 7. Kap. A. I. 1.
[161] Ausf. zum Ganzen *Marckmann*, in: *Marckmann*, Kostensensible Leitlinien, 2015, S. 31, 39 ff.; allg. bereits *ders.*, Bundesgesundheitsbl. 2008, 887, 891 ff.; vgl. auch *Laufs/Kern*, in: *Laufs/Kern*, Handbuch des Arztrechts, ⁴2010, § 102 Rn. 9.
[162] Vgl. nur *Marckmann*, in: *Marckmann*, Kostensensible Leitlinien, 2015, S. 31, 50 f.
[163] *Gandjour*, DÄBl. 2014, A-2108: „Doch wenn in Leitlinien ökonomische Aspekte berücksichtigt werden, ohne den ethischen Werten der Bevölkerung oder der Versichertengemeinschaft Beachtung zu schenken, können diese mehr gesellschaftlichen Schaden als Nutzen anrichten."; s. auch *ders.*, in: *Dietrich/Imhoff/Kliemt*, Standardisierung in der Medizin, 2004, S. 33 ff.
[164] *Reimann/Strech/Marckmann*, in: *Marckmann*, Kostensensible Leitlinien, 2015, S. 157.
[165] *Reimann/Marckmann*, in: *Marckmann*, Kostensensible Leitlinien, 2015, S. 181.

expliziter Rationierung und Priorisierung)¹⁶⁶ bestehen zumindest gewisse Bedenken;¹⁶⁷ ihre haftungsrechtliche Rezeption ist ebenfalls fraglich.¹⁶⁸ An all diesen Stellschrauben müsste in Zukunft gedreht werden, um eine Harmonisierung der Behandlungsstandards per KSLL herbeizuführen – immer vor dem Hintergrund, dass Leitlinien allgemein nur Entscheidungshilfen mit Empfehlungscharakter beinhalten, medizinisch wie rechtlich für den jeweiligen Einzelfall grundsätzlich nicht verbindlich sind und stets der kritischen Überprüfung in der konkreten Behandlungssituation durch den behandelnden Arzt bedürfen.¹⁶⁹ Daher ist die standardbezogene Harmonisierungswirkung von KSLL immanent begrenzt.¹⁷⁰ Im Übrigen könnten sie aber im Rahmen einer informationsbezogenen Harmonisierung nutzbar gemacht werden,¹⁷¹ soweit in ihnen der medizinische Standard durch Kostenaspekte lediglich informatorisch ergänzt, nicht mit diesen vermischt wird.

4. Zwischenergebnis

Eine offene und transparente „Kostensensibilisierung" der Medizin vermag ökonomisch bedingten Spannungen zwischen Haftungs- und Sozialrecht aufgrund divergierender Standardbegriffe¹⁷² wirksam entgegenzutreten oder sogar vorzu-

---

[166] Aus letzterer Perspektive auch *Marckmann/Strech*, in: *Diederich et al.*, Priorisierte Medizin, 2011, S. 75.

[167] Differenziert *Huster/Held*, in: *Marckmann*, Kostensensible Leitlinien, 2015, S. 123; krit. *Hauck*, SGb 2010, 193; ders., in: *Marckmann*, Kostensensible Leitlinien, 2015, S. 137.

[168] Vgl. etwa *Taupitz*, AcP 211 (2011), 352, 370 f.; ders., in: AG RAe im MedR e. V., Dokumentation und Leitlinienkonkurrenz, 2007, S. 101, 110 f.; ders., in: *Möllers*, Geltung und Faktizität von Standards, 2009, S. 63, 76 („Die Medizin sollte sich nicht freiwillig in das Prokrustesbett des Sozialsystems legen. Auch das zivilrechtliche Vertrags- und Deliktsrecht sollte ein sozialrechtlich vorgegebenes Zurückbleiben hinter dem medizinischen Standard nur unter der Voraussetzung einer entsprechenden Aufklärung des Patienten erlauben."), 90 f. (Forderung nach Trennung und Transparenz); dazu aber der offenere gesundheitsökonomische Kommentar von *Kifmann*, ebd., S. 107 ff.; krit. wiederum *Hart*, MedR 1998, 8, 12 (Fn. 32), 14; ders., in: *Hart*, Ärztliche Leitlinien, 2000, S. 137, 146 f.; ders., VSSR 2002, 265, 275; ders., in: *Hart*, Klinische Leitlinien und Recht, 2005, S. 81, 97; ders., in: *Hart*, Ärztliche Leitlinien im Medizin- und Gesundheitsrecht, 2005, S. 85, 102 (u. 23, 71 f.); ders., in: HK-AKM, ³⁵2011, Nr. 530 (Ärztliche Leitlinien) Rn. 34: Leitlinie haftungsrechtlich unbrauchbar, wenn Qualität und Wirtschaftlichkeit intransparent vermischt werden (Trennungsgebot); das Haftungsrecht will selbst über etwaige Berücksichtigung von Wirtschaftlichkeitsaspekten unter dem Gesichtspunkt der Zumutbarkeit entscheiden; s. auch *Frahm*, GesR 2005, 529, 532; *Walter*, GesR 2003, 165, 169; *Laum*, DÄBl. 2001, A-3176, A-3180; *Dressler*, in: FS *Geiß*, 2000, S. 379, 386 ff.; ders., in: *Hart*, Ärztliche Leitlinien, 2000, S. 161, 164, diesbzgl. erneut (s. o. Fn. 79) zwischen rationalisierenden und rationierenden Leitlinien (letzteres unzulässig) unterscheidend.

[169] Dazu 2. Kap. D. sowie 6. Kap. B. II. 3. b. bb.

[170] Näher dazu *Frahm/Jansen/Katzenmeier/Kienzle/Kingreen/Lungstras/Saeger/Schmitz-Luhn/Woopen*, MedR 2018, 447, 455 f.

[171] In diese Richtung auch *Frahm/Jansen/Katzenmeier/Kienzle/Kingreen/Lungstras/Saeger/Schmitz-Luhn/Woopen*, MedR 2018, 447, 455, Fn. 97; *Diederichsen*, in: *Hart*, Klinische Leitlinien und Recht, 2005, S. 105, 108.

[172] Vgl. 7. Kap. A. IV.

beugen. Denn soweit der medizinische Standard sich den finanziellen Gegebenheiten des Gesundheitssystems nicht verschließt und selbst vernünftig mit den verfügbaren Ressourcen haushaltet, kommt das Recht bei dessen Rezeption gar nicht erst in die Verlegenheit, eigene Wirtschaftlichkeitsregeln als normative Kontrollfilter aufstellen zu müssen, die dann von Rechtsgebiet zu Rechtsgebiet je nach dessen Schutzrichtung unterschiedlich ausfallen und damit die Harmonisierungsfrage überhaupt heraufbeschwören könnten.

Es wurde anhand bestimmter Beispiele aufgezeigt, wie auf der Grundlage gesundheitsökonomischer und medizinethischer Konzepte ein verantwortungsbewusstes Wirtschaftlichkeitsdenken innerhalb der Medizin etabliert werden kann, ohne diese dabei (wie oft befürchtet)[173] ökonomisch fremd zu bestimmen, zu „überformen" oder zu „infiltrieren". Auf diesem Wege würde die Kernkompetenz für die Standardbestimmung bei der hierfür originär zuständigen Medizin verbleiben, ohne dass eine übermäßige rechtliche Einflussnahme notwendig wäre. Der fachlich genuin zuständige, gegebenenfalls ökonomisch (sowie ethisch) beratene Arzt könnte auf diesem Wege seinen Standard von innen heraus der Behandlungsrealität anpassen und der Jurist, in der Praxis der Haftungsrichter, müsste diesen notwendigen Schritt nicht von außen durch einen fachfremden Eingriff in den medizinischen Standard erzwingen. Freilich darf der Jurist es sich auch hier nicht nehmen lassen, eine absolute Untergrenze zu ziehen.[174]

Der einzelne Arzt, der bei der Erbringung von Leistungen im Rahmen der GKV solidarisch aufgebrachte Ressourcen verbraucht, trägt nicht nur eine persönliche Verantwortung gegenüber dem jeweiligen Patienten, sondern auch eine gesamtgesellschaftliche gegenüber der Versichertengemeinschaft.[175] Zwischen diesen Verantwortungsebenen besteht dabei ein untrennbarer Zusammenhang. Allerdings ist der Arzt, wenn er im Einzelfall vor Ort über die medizinische Behandlung eines Patienten entscheidet, mit der Abwägung der verschiedenen Interessen regelmäßig überfordert[176] und kann die Systemwirkungen seines eigenen Handelns kaum überblicken. In einem Gesundheitssystem, in dem eine Begrenzung finanzieller Ressourcen einhergeht mit strengeren Leistungsanforderungen, erhöhten Haftungsrisiken und gesteigerten Erwartungen der Patienten an die Medizin, wird es für den Behandelnden zusehends schwieriger, den individuellen und kollektiven Heilauftrag in gleichem Maße sachgerecht zu erfüllen.[177]

---

[173] S. 7. Kap. A. I.
[174] So schon unter II.
[175] Vgl. insofern § 1 Abs. 1 S. 1 MBO-Ä; s. auch *Katzenmeier*, in: *Laufs/Katzenmeier/Lipp*, Arztrecht, [7]2015, Kap. X Rn. 29; jeweils den Vorrang des Individualinteresses betonend *Laufs*, ebd., Kap. I Rn. 18, 36; *Laufs/Kern*, in: *Laufs/Kern*, Handbuch des Arztrechts, [4]2010, § 102 Rn. 7; *Laufs*, ebd., § 2 Rn. 7 f. u. § 6 Rn. 19; bereits *ders.*, MedR 1986, 163, 167; *ders.*, Der ärztliche Heilauftrag aus juristischer Sicht, 1989, S. 46 f.; *ders.*, in: FS Geiger, 1989, S. 228, 230 f.; *ders.*, in: FS *Deutsch*, 1999, S. 625; *ders.*, in: *Nagel/Fuchs*, Soziale Gerechtigkeit im Gesundheitswesen, 1993, S. 290, 291 (u. 296), unter Verweis auf den Grds. der Verhältnismäßigkeit.
[176] Vgl. *Katzenmeier*, in: *Laufs/Katzenmeier/Lipp*, Arztrecht, [7]2015, Kap. X Rn. 26.
[177] *Katzenmeier*, in: *Laufs/Katzenmeier/Lipp*, Arztrecht, [7]2015, Kap. X Rn. 31; *ders.*, in: FS G. Müller, 2009, S. 237, 238 f.

Vor diesem Hintergrund ist es zumindest fraglich, ob das Haftungsrecht die Bürde der Anpassung des Standards an faktische Grenzen, wie sie das Sozialrecht abstrakt-generell vornimmt, im Ergebnis wirklich dem Arzt im konkret-individuellen Behandlungsfall auferlegen[178] und ihn so immer weiter in die Rolle eines „Funktionärs der austeilenden Gerechtigkeit" (verbunden mit grundlegenden Veränderungen im Charakter der Arzt-Patient-Beziehung)[179] drängen kann.[180] Allgemein wird gefordert, unumgängliche ökonomische Einschränkungen auf möglichst hoher (gesundheitspolitischer) Ebene umzusetzen.[181] Dies muss auch für eine Reaktion der Medizin oder des Zivilrechts auf Leistungskürzungen in der GKV zwecks Angleichung der Standards gelten.

Letzten Endes wird daher offen bleiben müssen, ob die Medizin tatsächlich der richtige Ansatzpunkt für eine Harmonisierung der rechtlichen Standardbegriffe wäre – oder ob die mit einer „Kostensensibilisierung" der Medizin in Verbindung gebrachten Nachteile ihre Vorteile nicht doch überwiegen. In jedem Fall fühlt sich der Mediziner mit ihr nicht wohler als etwa der Jurist mit einer „ökonomischen Analyse des Arzthaftungsrechts".[182] Vielmehr herrscht in der Ärzteschaft weiterhin eine Gemengelage vor aus (echter fachlicher) Überforderung und (teils unangebrachter) Skepsis gegenüber einer „Ökonomisierung" der Medizin.[183] Sie schwankt zwischen dem Wunsch nach Verantwortungsentlastung und der Sorge um ihre Entscheidungsautonomie.[184]

Deshalb wird jedenfalls die praktische Umsetzung eines solchen Lösungsansatzes auf erheblichen Widerstand stoßen. Der Widerspruch zwischen den Teilrechtsgebieten lässt sich auf diesem Wege nur begrenzt und insoweit auflösen, als die Medizin dem sozialrechtlichen Standard überhaupt zu folgen bereit ist. Nimmt das Zivilrecht für sich in Anspruch, Garant des medizinischen Standards zu sein, gilt dies erst recht für die Medizin – wobei letztere freilich zugleich selbst darüber entscheidet, was überhaupt medizinischer Standard sein kann. Im ungünstigsten Fall werden dann in der Medizin zwei Standards (oder ein dualistischer Standard) herausgebildet – teils allein am medizinisch Machbaren, teils auch am finanziell Möglichen orientiert – was nicht zur (Rechts-)Klarheit beiträgt und Folgeprobleme verursacht.

---

[178] Vgl. *Hart*, in: *Hart*, Ärztliche Leitlinien, 2000, S. 137, 155; *ders.*, MedR 1999, 47, 50: darf nicht sein.
[179] Dazu bereits A. sowie sogleich IV.
[180] *Laufs*, in: *Nagel/Fuchs*, Soziale Gerechtigkeit im Gesundheitswesen, 1993, S. 290, 297; auch *ders.*, in: *Eser/Just/Koch*, Perspektiven des Medizinrechts, 2004, S. 23, 24 f.
[181] Dazu *Schmitz-Luhn*, Priorisierung in der Medizin, 2015, S. 17 u. *passim*; *Katzenmeier*, in: *Laufs/Katzenmeier/Lipp*, Arztrecht, [7]2015, Kap. X Rn. 26, 28 m. w. N.; vgl. etwa *Richter*, Ethik Med 1997, 3, 11 f.; *Oberender*, in: FS *Gitter*, 1995, S. 701, 707; *Steffen*, MedR 1995, 190; *Laufs*, in: *Nagel/Fuchs*, Soziale Gerechtigkeit im Gesundheitswesen, 1993, S. 290, 291; *ders.*, in: FS *Deutsch*, 1999, S. 625, 628; *ders.*, in: *Eser/Just/Koch*, Perspektiven des Medizinrechts, 2004, S. 23, 33; *ders.*, in: *Laufs/Kern*, Handbuch des Arztrechts, [4]2010, § 2 Rn. 9; s. auch *Huster*, VSSR 2011, 183, 195.
[182] S. o. II.
[183] Vgl. 7. Kap. A. I.
[184] Vgl. *Huster et al.*, MedR 2007, 703, 706; *Huster*, VSSR 2011, 183, 196.

Weder Medizin noch Haftungsrecht „wollen" verständlicherweise ihren Standard ändern – und ganz sicher nicht aus Kostengründen. Dies gilt gewiss ebenso für das Sozialrecht. Die Frage wird sein, ob sie alle diesbezüglich in Zukunft überhaupt noch eine Wahl haben werden. Einen von Wirtschaftlichkeitserwägungen gänzlich befreiten Medizinischen Standard kann es womöglich nicht länger geben. Für das Recht der GKV werden Politik und Gesetzgeber Rationierungsentscheidungen treffen müssen; spätestens dann wird sich auch das Zivilrecht mit den sich innerrechtlich manifestierenden Spannungen und die Medizin mit den divergierenden von rechtlicher Seite an sie herangetragenen Anforderungen auseinanderzusetzen haben. Alle vorgestellten Harmonisierungsmöglichkeiten haben dabei ihre Stärken und Schwächen, die zudem der Jurist anders beurteilen wird als der Mediziner und umgekehrt. Es gibt bezüglich der standardbezogenen Harmonisierung von Zivil- und Sozialrecht kein nebenwirkungsfreies „Allheilmittel".

IV. Kompensation durch Aufklärung

Im Übrigen wirft eine standardbezogene Harmonisierung ganz ähnliche Folgefragen im Hinblick auf die wirtschaftliche Aufklärung auf, wie sie sich bereits bei der informationsbezogenen Harmonisierung divergierender Standards stellen.[185] Denn auch wenn der Arzt zivilrechtlich nicht mehr verpflichtet wäre, einen vom sozialrechtlichen Standard abweichenden medizinischen Standard zu erbringen, wenn Haftungsrecht oder Medizin ihren Standard schließlich ebenfalls ökonomisch modifiziert hätten, so könnte er dem Patienten unter ausschließlich medizinischen, ökonomisch unbeeinflussten Gesichtspunkten doch eine der Eigenfinanzierung unterliegende Behandlung als privatärztliche Ergänzungsleistung (Individuelle Gesundheitsleistung, IGeL)[186] anbieten.

Er müsste dies zwar nicht mehr, um seinem Dilemma zu entgehen; es liegt jedoch nahe, dem Patienten eine aussichtsreiche Heilungschance nicht zu verschweigen – nicht zuletzt weil der Arzt dadurch zusätzliche Einnahmen generieren könnte. In eine Standardabweichung mit dem (berechtigten) Ziel, das ursprüngliche Standardniveau durch eine privatärztliche Behandlung wiederherzustellen, könnte der entsprechend aufgeklärte Patient dann selbstbestimmt einwilligen. Es bestünde wohl sogar eine Aufklärungspflicht über aus ökonomischen Gründen nicht (mehr) standardgemäße, obschon medizinisch effektivere Behandlungsalternativen,[187] bei deren Verletzung wiederum eine Aufklärungsfehlerhaftung droht.

Damit wären freilich zugleich erneut die bereits beschriebenen negativen Auswirkungen für den Charakter des Arzt-Patient-Verhältnisses verbunden, welches in eine bloße Geschäftsbeziehung auszuarten droht.[188] Es handelt sich insofern letztlich um keine spezifische Schwäche des Informationsansatzes,

---

[185] S. o. A., insb. Fn. 43; vgl. auch *Schmitz-Luhn*, Priorisierung in der Medizin, 2015, S. 166 f.
[186] Dazu monographisch *Voigt*, IGeL, 2013; zu den wesentlichen Rechtsfragen im Zusammenhang mit privaten Zusatzleistungen auch *ders.*, in: FS *Dahm*, 2017, S. 503.
[187] S. auch *Huster*, VSSR 2011, 183, 193.
[188] S. o. A.

sondern um ein Parallelproblem des ärztlichen Haftungs- oder Vergütungsdilemmas innerhalb der Thematik von „Kostendruck und Standard", welches sich unabhängig von einer Harmonisierung des Zivil- und Sozialrechts auch im Rahmen der Standardlösung ergibt.

Anders als im Falle der informationsbezogenen Harmonisierung ist die wirtschaftliche Aufklärung und Information bei der standardbezogenen Harmonisierung allerdings nicht Kernelement des Lösungskonzepts (welches sich der Arzt zu seinen Zwecken zu Nutze macht, um vom Patienten aus der Haftung entlassen zu werden oder eine Vergütung zu erhalten), sondern bloße mittelbare Folge und scheint hier daher eher hinzunehmen – zumal die entsprechende Pflicht dem Grunde nach nicht den (finanziellen) Interessen des Arztes zu dienen bestimmt ist, sondern in erster Linie zum Schutz des Patienten besteht.

C. Ausblick: Harmonisierung außerhalb von Information und Standard

Neben der informations- oder standardbezogenen Harmonisierung, welche sich jeweils auf beiden Ebenen des ärztlichen Haftungs- oder Vergütungsdilemmas[189] (kompensierend oder eliminierend) auswirken, kommen zwei weitere Lösungsansätze in Betracht, um die Spannungen zwischen den Teilrechtsgebieten entweder einseitig haftungs- oder vergütungsbezogen zu harmonisieren. Dabei sei allerdings angemerkt, dass damit – wie bei einer informationsbezogenen Harmonisierung – lediglich (aber immerhin) die Symptome der Problematik von „Kostendruck und Standard" in der ärztlichen Praxis, nicht hingegen – wie bei standardbezogenem Vorgehen – deren Ursachen, also die Standarddivergenzen im Zivil- und Sozialrecht selbst bekämpft würden.

I. Vergütungsbezogene Harmonisierung: Gedanke der Mischkalkulation

Die verschiedentlich befürchtete[190] Entwertung der Arzt-Patient-Beziehung aufgrund ökonomischer Einflussnahme könnte gänzlich vermieden werden, sofern der Arzt dem (unangetasteten) medizinischen sowie haftungsrechtlichen Standard ohne finanzielle Bedenken Folge leisten könnte. Vom Arzt zu verlangen, von sich aus den Patienten fern und damit das Arzt-Patient-Verhältnis frei von Fragen der Finanzierung ärztlicher Behandlung zu halten, setzt insofern voraus, dass grundsätzlich eine angemessene Gegenleistung[191] gewährleistet ist und deshalb schon im Ausgangspunkt kein Anreiz zu einer (gleichsam haftungsentlastend wirkenden) wirtschaftlichen Aufklärung und Information besteht. Damit würde im Übrigen

---

[189] Dazu 7. Kap. A. IV.
[190] S. o. A. sowie B. IV.
[191] Von einem Recht des Arztes auf eine angemessene Gegenleistung (i. R. d. dem anderen Teil noch Zumutbaren) spricht auch *Laufs*, in: *Laufs/Katzenmeier/Lipp*, Arztrecht, 7 2015, Kap. I Rn. 38.

zugleich das grundlegende Spannungsverhältnis zwischen Zivil- und Sozialrecht selbst entschärft.

In diesem Sinne ließe sich eine Harmonisierung der Teilrechtsgebiete (oder vielmehr eine Klarstellung des fehlenden Harmonisierungsbedarfs) auch unter Rückbesinnung auf eine die (vertrags-)ärztlichen GKV-Einnahmen bilanzierende Gesamtbetrachtung auf Vergütungsebene erreichen. Der Arzt erhält für die Tätigkeit im GKV-System ein in gewissem Maße pauschaliertes, gedeckeltes Entgelt.[192] In erweiternder Anknüpfung an den Gesichtspunkt der Mischkalkulation[193] mag es daher hinzunehmen – und keineswegs *per se* als zwingend zu behebender Systembruch zu beurteilen – sein, dass im Rahmen der GKV einzelnen ärztlichen Leistungen keine Gegenleistung (im weiteren Sinne) gegenübersteht.[194] Ein angemessener Ausgleich kann vielmehr auch dadurch erfolgen, dass das ärztliche Honorar insgesamt leistungsgerecht bemessen ist.

Im Falle divergierender Behandlungsstandards könnten also Leistungen nach zivilrechtlichem Standard, die nicht dem sozialrechtlichen Standard entsprechen, quasi mittelbar vergütet werden – und zwar bereits innerhalb der GKV, nicht erst privat durch den Patienten. Grundvoraussetzung wäre allerdings eine bewusste, gegebenenfalls konkludent mit der ökonomisch bedingten Abkopplung des sozialrechtlichen Standards vom medizinischen Standard zu treffende Entscheidung des (Sozial-)Gesetzgebers für diese Form der Honorarberechnung auch in Divergenzfällen, wie sie im SGB V aktuell nicht ohne Weiteres zum Ausdruck kommt. Der Gedanke der Mischkalkulation erfasst bislang lediglich die (ungleich gewichtete) Leistungserbringung innerhalb des GKV-Katalogs.

Ist von einer angemessenen Gesamtvergütung auszugehen, sollte sich der Arzt ohne zu zögern dem (unveränderten) medizinischen Standard verpflichtet sehen und das Zivilrecht ihm diesen auch (unverändert) abverlangen. Der Aufklärung und Information des Patienten über die jeweilige Entgeltzusammensetzung bedarf es sodann nicht. Finanzielle Konflikte aus ärztlichem Gewinnstreben würden so nicht in der Arzt-Patient-Beziehung ausgetragen und dem Patienten aufgebürdet.

Wird aber die ärztliche Gesamtvergütung den erbrachten Leistungen auch in der Summe nicht gerecht und kann dem Arzt daher auch im Einzelfall eine Behandlung nach medizinischem Standard nicht zugemutet werden, bleibt es letztlich dabei, dass dem gleichsam zur Existenzsicherung nach (ökonomisch beeinflusstem) sozialrechtlichem Standard behandelnden Arzt eine Haftung aus Behandlungsfehler droht, wenn dem Patienten auf diesem Wege ein Schaden entsteht. Auf dieser Seite des ärztlichen Dilemmas wiederum würde eine haftungsfolgenbezogene Harmonisierung ansetzen.[195]

---

[192] S. auch *Deutsch/Spickhoff*, Medizinrecht, [7]2014, Rn. 376.
[193] Vgl. 7. Kap. A. V. zu den Mengenbegrenzungen nach geltendem Recht.
[194] In diese Richtung auch *Frahm/Jansen/Katzenmeier/Kienzle/Kingreen/Lungstras/Saeger/Schmitz-Luhn/Woopen*, MedR 2018, 447, 456.
[195] S. u. II.

II. Haftungsfolgenbezogene Harmonisierung: GKV-Entschädigungsfonds

Bislang wurde erwogen, das Haftungs- oder Vergütungsdilemma des Arztes insgesamt (informationsbezogen)[196] auszugleichen, es (standardbezogen)[197] von Grund auf und in Gänze zu beseitigen oder, wie zuletzt diskutiert,[198] (gesamtbetrachtend) die Vergütungsproblematik einseitig zu entschärfen und einer Behandlung nach medizinischem und zivilrechtlichem Standard den Weg zu ebnen (sowie das Arzt-Patient-Verhältnis umfassend zu entlasten). Das Bild vervollständigt abschließend ein perspektivischer Lösungsansatz, der es dem Arzt unter alleiniger Ausschaltung der Haftungsproblematik (haftungsersetzend) ermöglichen würde, eine Behandlung nach sozialrechtlichem Standard zu erbringen. Dass der Arzt in Orientierung am GKV-Standard zivilrechtlich einen haftungsbegründenden Behandlungsfehler begeht, wäre leichter hinzunehmen, wenn ihn selbst die Haftungsfolge (Schadensersatzpflicht) gar nicht träfe.

Im Sinne einer Zukunftsvision (für die Zukunftsproblematik von „Kostendruck und Standard") wäre es diesbezüglich zumindest denkbar, das Haftungsrisiko des Arztes auf die GKV zu verlagern. Zu dem Zweck könnte ein solidarisch finanzierter Patientenentschädigungsfonds eingerichtet werden – als ein haftungsergänzender Härtefallfonds für den Fall, dass einem gesetzlich Versicherten aufgrund der Systementscheidung, dass die Kosten einer bestimmten Behandlung nicht länger von der GKV getragen werden, tatsächlich ein Schaden entsteht. Ist eine Körper- oder Gesundheitsverletzung gerade darauf zurückzuführen, dass der vom Arzt abrechenbare und deshalb eingehaltene sozialrechtliche Standard aus ökonomischen Gründen vom medizinisch und damit auch haftungsrechtlich gebotenen Standard abgekoppelt wurde, könnte dem hierfür grundsätzlich beweisbelasteten Patienten dann aus diesem GKV-Fonds eine gewisse (gegebenenfalls gedeckelte) Entschädigung gewährt werden.

Der Arzt wiederum würde von einem – gesetzlich zu regelnden – Haftungsausschluss profitieren, dessen Eingreifen er freilich im Arzthaftungsprozess selbst (mit jedenfalls faktischer Präjudizialität für das Entschädigungsgesuch des Patienten) nachzuweisen hätte, indem er darlegt, dass er sich aufgrund der divergierenden Standards in einem Entscheidungskonflikt zwischen den an ihn gestellten Anforderungen befand. Die haftungsrechtlichen Unsicherheiten würden insofern zwar nicht vollständig aus der Welt geschafft, aber immerhin erheblich minimiert.

Konkret könnte ein solcher Fonds aus Mitteln der Krankenkassen finanziert werden. Diese kommen schließlich, soweit der sozialrechtliche Standard unverändert dem medizinischen folgt, auch für die Behandlungsleistung auf. Zwar ist eine Haftung der Krankenkassen für das Fehlverhalten ihrer Leistungserbringer grundsätzlich[199] abzulehnen – entsprechende Vorschläge in der Literatur[200] haben sich

---

[196] S. o. A.
[197] S. o. B.
[198] S. o. I.
[199] Vgl. in diesem Zusammenhang auch § 76 Abs. 4 SGB V (dazu 7. Kap. A. IV. sowie 3. Kap. Fn. 369); anderes gilt nur, wenn die Leistungen in Eigeneinrichtungen der Krankenkassen (§ 140 SGB V) erbracht werden.

nie durchgesetzt. Durch einen GKV-Entschädigungsfonds[201] allein für den hier diskutierten Spezialfall könnte jedoch die rechtspolitische Abwägung, was sich die Gesellschaft ihr Gesundheitssystem Kosten lassen möchte, an einen zusätzlichen Faktor rückgekoppelt und damit um eine wichtige Verantwortungsebene erweitert werden. Bei jeder ökonomisch bedingten Modifizierung des sozialrechtlichen Standards müsste nunmehr explizit berücksichtigt werden, ob die damit verbundene unmittelbare Einsparung wirklich das mittelbare Haftungsrisiko aufgrund potentiell dadurch entstehender Schäden überwiegt.

Unter Umständen ließe sich im Zuge einer derartigen grundlegenden Modifikation des zivilrechtlichen Haftungssystems, welche sich nahtlos in die nach wie vor aktuelle Grundsatzdebatte über Begrenzungen, Ersetzungen und Ergänzungen der Arzthaftung einfügt,[202] zugleich auch die wirtschaftliche Aufklärung und Information (hinsichtlich der Möglichkeit, das ursprüngliche Standardniveau im Wege privatärztlicher Behandlung und Vergütung zu erreichen), an die Krankenkassen delegieren[203] – gleichsam als Beratungsaufgabe im Sinne von § 1 S. 4 SGB V sowie allgemein §§ 13 ff. SGB I –,[204] um Kostenaspekte aus dem Arzt-Patient-Verhältnis herauszuhalten. Dies stößt allerdings an praktische Grenzen, zumal der Patient aufgrund des Naturalleistungsprinzips[205] in der Regel (abgesehen von Fällen zweifelhafter Kostentragung) nicht unmittelbar mit der Krankenkasse, sondern seinem Arzt als Leistungserbringer interagiert. Für die Erörterung von Finanzierungsfragen im Vorfeld die Krankenkasse einzuschalten, würde den Behandlungsprozess nur unnötig verkomplizieren. Primärer Ansprechpartner des Patienten wird insofern immer der behandelnde Arzt bleiben.

---

[200] So (nicht zuletzt vor dem Hintergrund des Naturalleistungsprinzips) etwa *M. Mohr*, Die Haftung der Krankenkassen und Vertragsärzte für Behandlungsfehler, 2007; *Rabe*, Ärzte zwischen Heilauftrag und Kostendruck, 2009, S. 153 ff.; vgl. dazu *Sodan*, Freie Berufe als Leistungserbringer im Recht der GKV, 1997, S. 165 ff.

[201] In diese Richtung bereits *Rabe*, Ärzte zwischen Heilauftrag und Kostendruck, 2009, S. 167; dazu *Arnade*, Kostendruck und Standard, 2010, S. 214.

[202] Jede noch weitreichendere systemmodifizierende Entscheidung des Gesetzgebers, die sich nicht nur auf den Ausgleich divergierender Standards beschränkt, sondern die Arzthaftung insg. betrifft (bis hin zur vollständigen Haftungsersetzung), würde daher erst recht zur Entspannung beitragen; ausf. u. krit. zur entspr. Debatte Katzenmeier, in: *Laufs/Katzenmeier/Lipp*, Arztrecht, [7]2015, Kap. X Rn. 122 ff.; *ders.*, Arzthaftung, 2002, S. 214 ff.; *ders.*, VersR 2014, 405 u. 2007, 137; allg.-monographisch *Knetsch*, Haftungsrecht und Entschädigungsfonds, 2012; s. auch *Püster*, Entwicklungen der Arzthaftpflichtversicherung, 2013, S. 205 ff.; *Schmitz-Luhn*, Priorisierung in der Medizin, 2015, S. 185 ff.

[203] In diese Richtung *Schmitz-Luhn*, Priorisierung in der Medizin, 2015, S. 158, Fn. 48 u. S. 167, Fn. 74: sozialrechtlich originär bei den Krankenkassen zu verortende Obliegenheit.

[204] Dazu allg. *Francke/Hart*, Charta der Patientenrechte, 1999, S. 193 ff. m. w. N.

[205] Für die Einführung des Kostenerstattungsprinzips in der GKV, um auch insoweit mehr Transparenz und damit Eigenverantwortung des mündigen Patienten zu bewirken, etwa *Schimmelpfeng-Schütte*, MedR 2002, 286, 291 f.; vgl. auch Fn. 127; dies würde aber ebenfalls nur zu einem nachträglichen Abrechnungskontakt mit der Krankenkasse führen (anders ggf. bei Kostenvoranschlägen, welche jedoch allein bei aufwändigeren, aufschiebbaren Behandlungen sinnvoll erscheinen).

D. Fazit

Im Zusammenhang mit dem latenten Spannungsverhältnis zwischen Haftungs- und Sozialrecht, welches vor dem Hintergrund des steigenden Kostendrucks im Gesundheitswesen zunehmend im Mittelpunkt der Standardharmonisierungsdebatte steht,[206] bieten sich im Ausgangspunkt mehrere Lösungsansätze an, um zukünftig im Falle ökonomisch bedingter Unterschiede zwischen den Standards der Teilrechtsgebiete dem daraus resultierenden ärztlichen Haftungs- oder Vergütungsdilemma, in dem sich die Problemstellung in der Praxis manifestiert, entgegenzuwirken. Das geltende Recht hält eine informationsbezogene Harmonisierung parat, welche die Konfliktsituation im Wege der wirtschaftlichen Aufklärung des Patienten sowie dessen haftungsbefreiender Einwilligung in die GKV- oder Nicht-Behandlung – oder aber Zustimmung zur privatärztlichen Behandlung und Vergütung – kompensiert.[207] Dieser Ansatz hat allerdings bedenkliche Nebenwirkungen für das partnerschaftliche Vertrauensverhältnis von Arzt und Patient, welches dadurch in die Nähe einer Geschäftsbeziehung gerückt wird.

Um Standarddivergenzen bei der Wurzel zu packen, scheint ohnedies eine standardbezogene Harmonisierung unumgänglich.[208] Entweder das Zivilrecht oder die Medizin müssten sich hierfür – wie im Fall der Fälle auch das Sozialrecht, an welches es sich anzugleichen gilt – den faktischen finanziellen Zwängen beugen und ökonomische Erwägungen in ihre Standardbegriffe integrieren. Beides erscheint trotz aller Hürden und Widerstände prinzipiell möglich. Unter den Fachvertretern beider Seiten bestehen gewiss nichtsdestotrotz erhebliche – teils berechtigte, teils unberechtigte – Vorbehalte. Speziell aus der präventiv-schützenden Sicht des Haftungsrechts wäre freilich ein ökonomisch beeinflusster Medizinischer Standard umso eher zu akzeptieren (und trotz entsprechender Kontrollfilter zu rezipieren), je offener in der Medizin selbst mit Fragen der Wirtschaftlichkeit und Finanzierbarkeit ärztlicher Behandlung umgegangen wird.

Anstelle einer ganzheitlichen Lösung könnten Spannungen zwischen Zivil- und Sozialrecht des Weiteren auch einseitig, entweder vergütungs- oder haftungsfolgenbezogen, harmonisiert werden.[209] Soweit der Gedanke der Mischkalkulation in der GKV auch die ökonomisch motivierten Divergenzen zum Zivilrecht umfasst und eine angemessene Gesamtvergütung gewährleistet ist, wäre der Arzt insofern nicht dazu berechtigt, sich anlässlich einzelner Behandlungen auf das Fehlen einer bestimmbaren Gegenleistung zu berufen. Perspektivisch bestünde zudem für den Gesetzgeber die Möglichkeit, mit der Einführung eines die ärztliche Individualhaftung ersetzenden Patientenentschädigungsfonds das Haftungsrisiko, welches mit einer Behandlung nach sozialrechtlichem, aber nicht medizinischem Standard einhergeht, zu kollektivieren, damit zugleich einen zusätzlichen Abwägungsfaktor für die Entscheidung über Einsparungen im sozialrechtlichen

---

[206] Vgl. 7. Kap. A. IV.
[207] S. o. A.
[208] S. o. B.
[209] S. o. C.

Standardniveau zu schaffen und im Ergebnis den verantwortungsvollen Umgang mit solidarisch aufgebrachten Ressourcen in der GKV weiter zu stärken.

Welcher Harmonisierungsmöglichkeit dabei schlussendlich der Vorzug gebührt, kann an dieser Stelle nicht abschließend entschieden werden. Alle dargelegten Lösungsansätze wären dem Grunde nach geeignet, in künftigen Divergenzfällen eine gewisse Harmonisierungswirkung zu erzielen. Eine standardbezogene, also an Kern und Ursprung des Divergenzproblems orientierte, nicht bloß seine Auswirkungen in der Praxis abschwächende Harmonisierung unter Angleichung des zivilrechtlichen, idealerweise sogar des medizinischen an den sozialrechtlichen Standard wäre sicher die wirkungsvollste, aber auch die am schwierigsten zu implementierende Möglichkeit.

Die abstrakte Herausforderung wird darin bestehen, sowohl den faktischen Gegebenheiten als auch normativen Ansprüchen gerecht zu werden. Die konkrete Umsetzung einer Harmonisierung wird letztlich in hohem Maße von Wissen und Willen der beteiligten Akteure (aus Medizin, Recht, Politik, Patientenschaft) bei Eintritt der Konfliktsituation abhängen, insbesondere von ihrer Einschätzung und Gewichtung des entsprechenden Harmonisierungsbedarfs im Vergleich mit Aufwand und Nebenwirkungen der einzelnen Reaktionsmöglichkeiten. Insofern wird es mit steigendem Kostendruck tendenziell zu einer gestuften Harmonisierung in Kombination oder Abwechslung mehrerer oder gar aller der vorgestellten Lösungsansätze kommen.

Zunächst wird abzuwarten sein, wie groß und akut der Harmonisierungsbedarf ausgehend von einer bilanzierenden Gesamtbetrachtung des Arzthonorars tatsächlich ausfällt. Mit dem Argument insgesamt leistungsgerechter Entlohnung lässt sich vom Arzt zivilrechtlich weiterhin eine Behandlung nach medizinischem Standard verlangen, obwohl der GKV-Standard bereits ein anderer ist. Spätestens in dem Moment, in dem die Vergütung auch in Summe nicht mehr ohne Weiteres angemessen erscheint, wird allerdings die emotional aufgeladene Grundsatzfrage zu beantworten sein, wie viele Debatten über Kostenaspekte die Arzt-Patient-Beziehung verträgt und inwieweit der Arzt sein Haftungs- oder Vergütungsdilemma auf den Patienten abschieben darf.

Sobald hier Grenzen abgesteckt und schließlich überschritten sind, wird zu klären sein, ob und wie Medizin oder Zivilrecht von einem transparenten Umgang mit Wirtschaftlichkeitserwägungen in ihren Standardbegriffen überzeugt werden können – nicht dazu gezwungen, denn dies würde nur zusätzliche Fehlerfälle in der Standardbestimmung provozieren – oder ob es am Ende nicht einfacher wäre, mit einer haftungsersetzenden Fondslösung gänzlich neue Wege zu beschreiten. Auch dieser Ansatz mag allerdings irgendwann nicht mehr finanzierbar sein, woraufhin dann wiederum im Rahmen eines anderen Harmonisierungswegs Zugeständnisse zu machen sind, also entweder das Fehlen einer Gegenleistung im jeweiligen Einzelfall, die Beeinträchtigung des Arzt-Patient-Verhältnisses oder die ökonomische Beeinflussung des medizinischen oder zivilrechtlichen Standards doch in höherem Maße hinzunehmen wären.

Alles in allem erfordert die Harmonisierung im Kontext von „Kostendruck und Standard" mithin eine äußerst komplexe Gesamtabwägung von Harmonisierungsbedarf und Harmonisierungsmöglichkeiten. Deren konkreter Ausgang für den Fall, dass der sozialrechtliche Standard vom medizinischen und haftungsrechtlichen Standard abweicht, kann heute noch nicht pauschal vorhergesehen werden. Im Rahmen der geschilderten theoretischen Überlegungen wird sich in der Praxis ein konsensfähiger Harmonisierungsweg herauskristallisieren – *idealiter* nicht nur als „kleinster gemeinsamer Nenner".

Dabei wird nicht zuletzt der interdisziplinäre Austausch der betroffenen Fachrichtungen (Medizin, Zivil- und Sozialrecht, Ökonomie, Ethik), welchem sich auch die vorliegende Arbeit verpflichtet sieht, von entscheidender Bedeutung sein, um zu verhindern, dass die Zuständigkeit für die Problemlösung schlicht hin und her geschoben wird, dadurch Gesamtzusammenhänge aus dem Blick geraten und im Ergebnis aufgrund fehlender Kompromissbereitschaft in einer Gemengelage zwischen normativen Anforderungen und faktischen Bedürfnissen gar keine Harmonisierung erfolgt – zu Lasten des Arztes, des Patienten und der gesamten Gesellschaft.

5. Teil: Schlussbetrachtung

Kapitel 9: Zusammenfassung der Ergebnisse

A. Terminologische Grundlagen

Der Medizinische Standard ist maßgebend für die Bestimmung der Anforderungen an das medizinische Behandlungsgeschehen. Der Begriff ist außerordentlich facettenreich, ihm werden unterschiedliche Bedeutungsgehalte zugewiesen. Die medizinische Wissenschaft und Praxis ist eingebettet in ein System anderer (Teil-) Disziplinen – Medizin- und Gesundheitsrecht, Gesundheitsökonomie, Medizinethik etc. –, die sich ebenfalls mit der ärztlichen Heilbehandlung am Menschen befassen, dabei wechselseitig beeinflussen, allerdings in ihren Schlussfolgerungen nicht immer übereinstimmen.[1]

Abhängig von seinen Grundlagen und Funktionen im jeweiligen Fachbereich – jedoch losgelöst von der Bezeichnung als solcher – existieren folglich mehrere Ausprägungen des Medizinischen Standards („Standardbegriffe"). Zur Ausfüllung der Standardbegriffe ist zwar im Grundsatz auf medizinische Inhalte zurückzugreifen, diese werden jedoch im Rahmen einer interdisziplinär angelegten sowie disziplinspezifisch ausgestalteten Rezeption oder Transformation nach gewissen materiellen Kriterien und formellen Verfahren mehr oder weniger stark selektiert und modifiziert („Standardbestimmung"). Beim Umgang mit dem Terminus des Standards ist vor diesem Hintergrund Vorsicht geboten. Der (rein) *medizinische* Standard als einschlägige Rezeptionsbasis sowie der *Medizinische* Standard als entsprechendes Rezeptionsergebnis, insofern etwa auch haftungs- oder sozialrechtlicher Standard genannt, sind jeweils auseinanderzuhalten.

B. Begriff und Bildung von Standards in der Medizin

Der Medizinische Standard steht im Zentrum aller medizin- und gesundheitsrechtlichen Überlegungen. Der Medizin selbst ist der Begriff freilich eher fremd. Er ist hier jedenfalls nicht eindeutig definiert. Es handelt sich vorrangig um eine juristische Kategorie – angesichts der Komplexität und Dynamik ärztlichen Wissens nicht selten sogar um ein (notwendiges) Konstrukt. Gewiss hat sich die Medizin den Begriff mittlerweile zu eigen gemacht. Dabei besteht eine negative Konnotation (Standard als allgemeine, den Arzt bindende Norm; wegen der Vielfalt der Handlungsoptionen daher gegebenenfalls besser „Standards" im Plural). Nichtsdestotrotz müssen die Antworten der Medizin auf die ihr ureigene Frage nach „guter ärztlicher Behandlung" (im Sinne eines medizinischen Standardbegriffs) Ausgangspunkt jeder Standardbestimmung sein. Standardbildung erfolgt stets aus der Medizin heraus.[2]

---

[1] Dazu und zum Folgenden 1. Kap. A.

[2] S. insg. 2. Kap. A.

© Springer-Verlag GmbH Deutschland, ein Teil von Springer Nature 2019
C. Jansen, *Der Medizinische Standard*, Kölner Schriften zum
Medizinrecht 25, https://doi.org/10.1007/978-3-662-59997-6_9

Die gängigsten Begriffsbestimmungen aus der Ärzteschaft – wenn auch ihrerseits in rechtswissenschaftlichem bis gesundheitspolitischem Kontext aufgestellt – wurden von *Buchborn* und *Carstensen* formuliert. Nach *Carstensen* setzt sich der Standard in der Medizin im Wesentlichen aus den beiden Teilelementen wissenschaftlicher Erkenntnis und ärztlicher Erfahrung zusammen.[3] Deren Verhältnis zueinander bestimmt sich heute nach den Kriterien der Evidenzbasierten Medizin (EbM).[4] *Buchborns* Beschreibung des ärztlichen Standards enthält zusätzlich das Element der allgemeinen Anerkennung,[5] welches den materiellen Gehalt des Standardbegriffs um einen formellen Weg zur Standardbestimmung ergänzt. Hier knüpft die moderne Medizin durch Orientierung an auf entsprechender Basis erstellten Leitlinien an.[6] Des Weiteren ist der medizinische Standard ausgerichtet am Behandlungsziel und bedarf der Erprobung und Bewährung in der ärztlichen Praxis. Der Standard wandelt sich mit dem medizinischen Fortschritt und ist abhängig von den Besonderheiten des konkret-individuellen Einzelfalls.

Das ärztliche Eingehen auf den Patienten selbst, seine Wünsche und Werte, wurde von *Buchborn* und vor allem *Carstensen* in ihren „Standard-Definitionen" um 1990 noch nicht als erwähnenswert, letzten Endes wohl vorschnell als selbstverständlich angesehen. Dieser Punkt nimmt seither in Standardbegriff und -bestimmung jedoch eine immer zentralere Rolle ein.[7] Ausgehend von grundlegenden medizinethischen Erwägungen haben auch die EbM sowie darauf aufbauende neuere Entwicklungen die Wichtigkeit der expliziten Einbeziehung von Patientenwohl und -präferenzen in das Konzept des medizinischen Behandlungsstandards erkannt.

C. Sozialrechtlicher Standardbegriff

Im Recht der Gesetzlichen Krankenversicherung (GKV) fungiert der Medizinische Standard als einheitlicher Maßstab der zu gewährenden einzelnen Leistungen sowie der sicherzustellenden Versorgung insgesamt. Das SGB V setzt insofern einen sozialrechtlichen Standard zwar notwendigerweise voraus, bezeichnet diesen aber (außer in der nachträglich eingefügten Ausnahmeregelung des § 2 Abs. 1a S. 1 SGB V) nicht ausdrücklich als solchen. Vor allem wird keine Definition eines GKV-Standards vorgenommen. Gleichwohl hat das Sozialrecht aber einen eigenen Standardbegriff, stellt mithin gewisse Anforderungen an Art, Inhalt und Umfang einer ärztlichen Behandlung, damit diese zu Lasten des Solidarsystems erbracht werden darf.

Der sozialrechtliche Standardbegriff ergibt sich aus dem Ineinandergreifen verschiedener Normen/Normenkomplexe des SGB V.[8] Im Ausgangspunkt steht das Qualitätsgebot gemäß § 2 Abs. 1 S. 3 SGB V, welches einen wissenschaftlich

---

[3] 2. Kap. B. I.
[4] 2. Kap. C.
[5] 2. Kap. B. II.
[6] 2. Kap. D.
[7] 2. Kap. E.
[8] Erster Überblick im 4. Kap. unter B.

begründeten Wirksamkeitsnachweis fordert, diesen an den allgemein anerkannten Stand der medizinischen Erkenntnisse (unter Berücksichtigung des medizinischen Fortschritts) koppelt und damit letztlich an den außerrechtlichen Begriff des medizinischen Standards anknüpft.[9] Echte Bedeutung für den Anspruch des Versicherten erlangt diese allgemeine Vorgabe allerdings erst dadurch, dass im Leistungsrecht die Voraussetzungen des Wirtschaftlichkeitsgebots nach § 12 Abs. 1 S. 1 SGB V (zweckmäßig, ausreichend, notwendig, wirtschaftlich), denen alle GKV-Leistungen zu entsprechen haben, ihrerseits auf die Wirksamkeitsanforderungen zurückgreifen.[10] Qualitäts- und Wirtschaftlichkeitsgebot werden sodann auch im Leistungserbringungsrecht noch verschiedentlich aufgegriffen (etwa grundlegend in §§ 70 Abs. 1, 72 Abs. 2 SGB V). Sie ziehen sich wie ein roter Faden durch das gesamte SGB V und sind begriffsprägendes Leitmotiv eines sozialrechtlichen Standards.

D. Sozialrechtliche Standardsetzung

Die Ausgestaltung der Gesundheitsversorgung erfolgt im GKV-System regelmäßig aus einem abstrakt-generellen Leistungskatalog heraus, nicht erst anlässlich eines konkret-individuellen Behandlungsfalls.[11] Dennoch kommt (vor dem Hintergrund des Naturalleistungsprinzips) dem Leistungserbringer, welcher im Einzelfall über die Behandlung eines Patienten entscheidet, weiterhin eine Schlüsselstellung zu.

Leistungsrecht und allgemeine Vorschriften werden durch das Leistungserbringungsrecht – einschließlich der untergesetzlichen Rechtsetzung im Zuge der Gemeinsamen Selbstverwaltung von Krankenkassen und Leistungserbringern – im Sinne des heute vorherrschenden Rechtskonkretisierungskonzepts ergänzt und präzisiert.[12] Auf diesem Wege wird die sozialrechtliche Standardsetzung prozeduralisiert und kollektiviert. Dies betrifft insbesondere die Zuständigkeiten bestimmter Akteure, die ihnen zur Verfügung stehenden Instrumente, die maßgeblichen Kriterien sowie einzuhaltenden Verfahren.

In der vertragsärztlichen Versorgung werden Art, Inhalt und Umfang der erbringbaren Leistungen – also der sozialrechtliche Standard – durch Auflistung im Einheitlichen Bewertungsmaßstab (EBM) nach § 87 SGB V festgesetzt.[13] Bei neuen Untersuchungs- und Behandlungsmethoden ist zunächst eine Empfehlung durch den Gemeinsamen Bundesausschuss (G-BA, § 91 SGB V) in Richtlinien (§ 92 SGB V) erforderlich.[14] § 135 SGB V beinhaltet insofern ein Verbot mit Erlaubnisvorbehalt.[15] Im Gegensatz dazu besteht für die Krankenhausbehandlung

---

[9] Näher 4. Kap. C. I.
[10] Dazu 4. Kap. C. II.
[11] 5. Kap. A. I.
[12] 5. Kap. A. II.
[13] 5. Kap. B. I.
[14] 5. Kap. B. II.
[15] 5. Kap. B. III. 1.

eine Erlaubnis mit Verbotsvorbehalt, § 137c SGB V.[16] Der G-BA ist damit das wichtigste Gremium der Standardsetzung in der GKV, seine Richtlinien sind zentraler Mechanismus der Rechtskonkretisierung.

Die inhaltliche Bewertung neuer Untersuchungs- und Behandlungsmethoden erfolgt nach einheitlichen wissenschaftsmethodischen Grundsätzen. Der G-BA ermittelt für seine standardsetzenden Richtlinienentscheidungen den allgemein anerkannten Stand medizinischer Erkenntnisse auf der Grundlage der EbM. Diese explizite sozialrechtliche Festlegung, der sich Gesetz und Gerichte angeschlossen haben, wirkt für den Bereich der GKV in hohem Maße standardprägend.[17] In bestimmten Konstellationen wird allerdings ausnahmsweise von den Grundsätzen sozialrechtlicher Standardsetzung, teils auch von der inhaltlichen Ausgestaltung des sozialrechtlichen Standardbegriffs abgewichen, um den Besonderheiten des Einzelfalls gerecht zu werden.[18]

E. Zivilrechtlicher Standardbegriff

Der Medizinische Standard ist Dreh- und Angelpunkt der deliktischen wie vertraglichen Arzthaftung für behandlungsbezogenes Fehlverhalten (in der Regel nach § 823 Abs. 1 und § 280 Abs. 1 S. 1 BGB). Ihm kommt die einheitliche Funktion zu, die ärztliche Pflichtwidrigkeit zu präzisieren. Das Denken in Standards ist mittlerweile eine etablierte juristische Methode zur Konkretisierung des Zivilrechts unter Einbeziehung außerrechtlichen Fachwissens. Der Standard dient der Ausfüllung unbestimmter Rechtsbegriffe, namentlich Behandlungsfehler und Fahrlässigkeit,[19] bleibt dabei aber seinerseits eine mit fachlichen Inhalten zu füllende Generalklausel.

In diesem Sinne umschreibt der BGH den Begriff (oder genauer: die Funktion) des Medizinischen Standards – in diesem Zusammenhang häufig auch „Facharztstandard" – in ständiger Rechtsprechung wie folgt: „Der Standard gibt Auskunft darüber, welches Verhalten von einem gewissenhaften und aufmerksamen Arzt in der konkreten Behandlungssituation aus der berufsfachlichen Sicht seines Fachbereichs im Zeitpunkt der Behandlung erwartet werden kann." Darin kommen grundlegend die Objektivität und Normativität des Standards, aber auch bereits Differenzierungen in fachlicher, zeitlicher und situativer Hinsicht zum Ausdruck.[20]

Die Pflichtwidrigkeit, also die Verletzung ärztlicher Berufs- oder Verkehrspflichten, ist in der Verhaltensunrechtskonzeption des modernen deliktischen Arzthaftungsrechts der zentrale Haftungsgrund.[21] Sie stimmt insofern mit der Rechtswidrigkeit, angesichts des objektivierten Fahrlässigkeitsbegriffs des § 276 Abs. 2 BGB, welcher ebenfalls auf den Standard verweist, aber auch mit dem

---

[16] 5. Kap. B. III. 2.
[17] 5. Kap. B. III. 3.
[18] 5. Kap. C. I.-IV., namentlich zu besonderen Therapierichtungen, Seltenheitsfällen, Systemversagen sowie grundrechtsorientierter Auslegung bei lebensbedrohlichen Krankheiten.
[19] 3. Kap. A. II.
[20] 3. Kap. A. I.
[21] 3. Kap. A. III. 1.

Verschulden (als Sorgfaltswidrigkeit) überein. Im Falle der Standardverfehlung liegen sowohl ein ärztlicher Behandlungsfehler als auch medizinische Fahrlässigkeit vor. Die vermeintlich doppelte Bezugnahme des Zivilrechts auf den Standard ist also richtigerweise nur eine einfache.

Damit einher geht zwar eine gewisse Einschränkung des dem BGB-Deliktsrecht zu Grunde liegenden Verschuldensprinzips, jedoch keine Abkehr von diesem, nimmt schließlich der Standardbegriff die wesentliche Grundwertungen in sich auf. Die deliktische Verschuldenshaftung des Arztes ist eine Haftung für Pflichtwidrigkeit.[22] In letzter Konsequenz kann daher von einer haftungsrelevanten Körperverletzung überhaupt nur im Falle der Standardverfehlung die Rede sein.[23] Dieses Haftungskonzept löst diverse dogmatische Begründungsschwierigkeiten, entspricht gängiger Praxis und hat die Vorzüge der Einfachheit und Klarheit für sich, lässt sich damit schließlich der Haftungsgrund auf drei Elemente eines einzigen Unrechtstatbestands zurückführen: Rechtsgutsverletzung, Pflichtwidrigkeit sowie objektive Zurechnung.

Der Standardbegriff des Behandlungsvertragsrechts ist sodann kein anderer als der des Deliktsrechts, beide laufen (nicht nur insoweit) gleich. Der Standard erfüllt zudem hier wie dort dieselbe Funktion, dient mithin auch vertragsrechtlich als Maßstab der verhaltens- und daher standardbezogen zu bestimmenden ärztlichen Pflichtverletzung, des Behandlungsfehlers – identisch mit der in § 276 Abs. 1 S. 1 BGB vorausgesetzten Fahrlässigkeit.[24] Dem (gemäß § 280 Abs. 1 S. 2 BGB ohnehin vermuteten) Vertretenmüssen kommt keine eigenständige Bedeutung zu.[25]

§ 630a Abs. 2 BGB nimmt seit 2013 ausdrücklich auf die „zum Zeitpunkt der Behandlung bestehenden, allgemein anerkannten fachlichen Standards" (im Plural) Bezug. Erklärtes Ziel des PatRG war, das bisherige Richterrecht (nicht nur in diesem Punkt) zu kodifizieren. Änderungen oder Neuerungen gehen demnach mit der oberflächlichen, ungenauen und damit letztlich überflüssigen Formulierung des Gesetzes nicht einher. Der offene Wortlaut ist im Sinne der bisherigen Begriffsbestimmung auszulegen.[26]

Vor dem Hintergrund einer generellen Strukturgleichheit der beiden Haftungsregime, welche insbesondere in der Parallelität der Pflichtengefüge unter Fixierung auf den Standard zum Ausdruck kommt, wird heute tendenziell nur noch im Ansatz zwischen vertraglicher und deliktischer Anspruchsgrundlage differenziert, ansonsten allgemein auf die Grundsätze der Behandlungsfehlerhaftung (für Standardverfehlungen) abgestellt. In den Mittelpunkt rückt also ein das gesamte Arzthaftungsrecht durchziehender (und sich zusehends verselbständigender) Gedanke ärztlicher Berufsverantwortung – im Sinne einer Einstandspflicht für den fachlichen Standard des Berufskreises.[27]

---

[22] 3. Kap. A. III. 2.
[23] 3. Kap. A. III. 3.
[24] 3. Kap. B. I. 1.
[25] 3. Kap. B. I. 2.
[26] 3. Kap. B. II.
[27] Vgl. 3. Kap. C.

F. Zivilrechtliche Standardermittlung

Der Standard ist die zentrale Schnittstelle von Medizin und Recht im Hinblick auf den Lebenssachverhalt ärztlicher Behandlung. Bei der zivilrechtlichen Standardbestimmung wirken beide eng zusammen. Zur Ausfüllung seines (rechtlich vorgeprägten) Standardbegriffs ist das Haftungsrecht weitgehend von medizinisch-fachlichen Inhalten abhängig.[28] Der medizinisch gebildete Standard wird ermittelt und in das Recht übernommen. Eine gewisse rechtlich unbefriedigende Unbestimmtheit des Standards ist angesichts der Gefahren einer übermäßigen Verrechtlichung der Medizin hinzunehmen.[29]

Dies ändert freilich nichts an der Notwendigkeit rechtlicher Spielregeln zur Standardermittlung, um die in Frage stehende Schadensersatzpflicht des behandelnden Arztes stets abschließend und verbindlich beurteilen zu können.[30] Das Recht hat der Medizin daher – nicht zuletzt zum Schutz der Patienten – in einer Art Grenzkontrolle einen gewissen Rahmen vorzugeben. Es erfolgt eine normative Filterung. Die Rede ist auch von kontrollierter Rezeption oder Transformation. Das Recht behält die Definitionshoheit über seinen Standard, die Inhaltshoheit liegt hingegen bei der Medizin.

Der komplexe Kompetenzkonflikt zwischen Medizin und Recht spiegelt sich im Arzthaftungsprozess in der Rollenverteilung von Gutachter und Richter wider.[31] Die Frage nach einer Standardverfehlung lässt sich vor Gericht ohne sachverständige Beratung (§§ 402 ff. ZPO) regelmäßig nicht beantworten. Die Unbestimmtheit des Standards ist gutachterlich auszufüllen. Dem Richter obliegt die verantwortliche Beweiserhebung und -würdigung. Er beurteilt, ob der ermittelte medizinische Standard den begrifflichen Anforderungen des Rechts genügt, kann den Standard folglich zwar nicht eigenständig bilden, jedoch die Ermittlungen des Sachverständigen kanalisieren.

Die Grundwerte des zivilrechtlichen Standardbegriffs (Facharztstandard) setzen der Übernahme medizinischer Standards ins Recht erste Grenzen und ermöglichen eine grobe Vorfilterung.[32] Des Weiteren wird an die Definition des Standards in der Medizin nach *Carstensen* angeknüpft und diese für die Zwecke des Haftungsrechts präzisiert. So setzt sich der Standard nach *Hart* aus insgesamt drei Elementen (wissenschaftliche Erkenntnis, praktische Erfahrung sowie professionelle Akzeptanz) als maßgebliche Bestimmungskriterien zusammen.[33] Die Kernelemente Erkenntnis und Erfahrung sind Gegenstand einer zunehmenden Verwissenschaftlichung. Insofern ist auch haftungsrechtlich die Methodik der EbM von zentraler Bedeutung.[34] Das Zusatzelement der Akzeptanz kommt demgegenüber in der weiteren Verschriftlichung der Medizin zum Ausdruck, deren

---

[28] 6. Kap. A. I.
[29] 6. Kap. A. II.
[30] 6. Kap. A. III.
[31] 6. Kap. A. IV.
[32] 6. Kap. B. I.
[33] 6. Kap. B. II. 1.
[34] 6. Kap. B. II. 2.

Standardquellen (insbesondere Leitlinien) zwar nicht *per se* rechtsverbindlich, aber doch für die zivilrechtliche Standardbestimmung von Bedeutung sind.[35]

Angesichts der verbleibenden Schranken und Schwächen zivilrechtlicher Standardbestimmung stellt sich des Weiteren die Frage nach dem Umgang mit unbestimmten Behandlungsstandards – und damit nach alternativen Konzepten zu deren haftungsrechtlicher Kompensation. In Betracht kommt etwa eine Stärkung der Organisationshaftung zwecks Verlagerung der Standardbestimmung in rechtliche Kategorien[36] oder auch eine Entwertung der Standardbestimmung zu Gunsten einer selbstbestimmten Patientenentscheidung unter Erweiterung rechtlicher Aufklärungspflichten.[37]

Vielfältige Folgefragen werfen überdies Standardentwicklung und Standardabweichung auf. Der Medizinische Standard des Zivilrechts ist keine abstrakt-generelle Norm, sondern wird konkret-individuell bestimmt. Eine vermeintliche Einzelfallabweichung stellt mithin nicht selten vielmehr den Standard dar.[38] Dies ist gleichsam wesentlicher Grund der notwendigen Unbestimmtheit des haftungsrechtlichen Standardbegriffs. Denn den Standard zu bestimmen bedeutet nicht, ärztliche Behandlungen zu standardisieren, also nach einer Vereinheitlichung oder gar Normung zu streben. Damit im Einklang steht eine fortschreitende Tendenz zur Individualisierung in der modernen Medizin.

Terminologisch ist klarzustellen, dass ein Behandlungsfehler im Ausgangspunkt als Standardverfehlung zu definieren ist. Die Verwendung der Begriffe „Standardunterschreitung" oder „Standardabweichung" ist in diesem Kontext vor dem Hintergrund der denkbaren Fallgruppen zumindest ungenau.[39] Der jeweilige Standard ist im Übrigen sowohl bei der Auswahl als auch bei der Durchführung einer Behandlung zu beachten. Im Hinblick auf die Methodenwahl ist der Behandlungsfehlerbegriff dabei zunächst im Lichte der ärztlichen Therapiefreiheit interpretatorisch zu erweitern. Eine Haftung wird erst begründet, wenn die Standardabweichung medizinisch unvertretbar war. Kompensiert wird dies wiederum auf Ebene der Patientenautonomie durch erhöhte Anforderungen an die Aufklärung. § 630a Abs. 2 BGB ist entsprechend auszulegen.[40] Die Durchführung der Behandlung richtet sich sodann nach dem Standard der von Arzt und Patient gewählten Behandlungsmethode, der prinzipiell nicht unterschritten werden darf.[41] Behelfsmaßstab bei fehlendem Standard ist hier der „vorsichtige Arzt".[42]

Der Medizinische Standard ist für sich genommen dynamisch und folgt dem fachlichen Fortschritt. Eine Unterscheidung von Basisstandard und dynamischem Standard ist deshalb zivilrechtlich nicht zielführend.[43] Veränderungen des Standards können zu Gunsten des Arztes Berücksichtigung finden, soweit sie sein

---

[35] 6. Kap. B. II. 3.
[36] 6. Kap. C. I.
[37] 6. Kap. C. II.
[38] 6. Kap. D. I.
[39] 6. Kap. D. II. 1.
[40] Vgl. zum Ganzen 6. Kap. D. II. 3.
[41] 6. Kap. D. II. 4.
[42] 6. Kap. D. II. 5.
[43] 6. Kap. D. III. 1.

Verhalten nachträglich legitimieren. Dadurch ändert sich allerdings nicht der maßgebliche Standard selbst, sondern die Zurechnung zum Verletzungserfolg wird unterbrochen.[44] Darüber hinaus ist eine Einbeziehung besonderer Kenntnisse, Fähigkeiten und Mittel zu Lasten des Arztes („situative Aufstufungen")[45] ebenso abzulehnen wie situative Abstufungen vom „Optimal-" bis „Mindeststandard" konkret erreichbarer medizinischer Möglichkeiten.[46] Diese sind im Ergebnis nicht mit dem Grundkonzept eines Standards kompatibel.

G. Gegenüberstellung

Ein Vergleich von Medizin, Zivil- und Sozialrecht ergibt, dass ihre Standardbegriffe im Wesentlichen übereinstimmen. Sie setzen konvergierende Begriffselemente voraus, wenn auch Bezeichnung und Schwerpunktsetzung zum Teil abweichen, fügen die Standardbegriffe sich schließlich in ein fachspezifisches Gesamtkonzept ein. Dies gilt auch und gerade für den Umgang mit dem Spannungsfeld zwischen medizinischer Leistungsqualität und Wirtschaftlichkeit der Gesundheitsversorgung, welches häufig unter der Überschrift „Kostendruck und Standard" diskutiert wird. Begrenztheit der verfügbaren Ressourcen, Verknappung finanzieller Mittel und Kostenanstieg im Gesundheitswesen sind drängende Herausforderungen für Wissenschaft und Praxis.

Die Medizin sieht ihre eigene „Ökonomisierung" dabei zunächst kritisch,[47] vor allem wenn diese mit einer Rationierung, also Standardsenkung aus Kostengründen einhergeht. Rationalisierungen innerhalb des Standards sind demgegenüber unverzichtbar. Haftungs- wie Sozialrecht bauen sodann *de lege lata* auf ein rein medizinisches Vorverständnis auf, ohne in finanzieller Hinsicht Abstriche im gebotenen Behandlungsniveau zuzulassen. So ist im Sozialrecht das Wirtschaftlichkeitsgebot im Verhältnis zum Qualitätsgebot nur von nachrangiger Bedeutung. Es ist ein Rationalisierungs- und (noch) kein Rationierungsgebot.[48] Für das Haftungsrecht steht seinerseits der Rechtsgüterschutz im Vordergrund, der nicht aus ökonomischen Erwägungen herabgesetzt werden darf. Mit seinen normativen und präventiven Grundwerten wäre ein zugleich finanziell orientierter Standardbegriff schon im Ansatz kaum vereinbar. Im Gegensatz zu Rationierung ist Rationalisierung haftungsrechtlich unbedenklich.[49]

Die Konvergenz der Standardbegriffe unter Anknüpfung des Rechts an die Medizin gestattet im Ergebnis folgende disziplinübergreifende Definition: Der Medizinische Standard ist der jeweilige allgemein anerkannte fachliche Stand der wissenschaftlichen Erkenntnis und praktischen Erfahrung (unter Berücksichtigung

---

[44] 6. Kap. D. III. 2.
[45] 6. Kap. D. III. 3.
[46] 6. Kap. D. III. 4.
[47] 7. Kap. A. I. 1.
[48] 7. Kap. A. II. 1.
[49] 7. Kap. A. II. 2.

des medizinischen Fortschritts), welcher zur Erreichung des ärztlichen – am Patienten ausgerichteten – Behandlungsziels erforderlich ist.[50]

H. Verwerfungen

Sind vom Standardbegriff her gegenwärtig in Bezug auf Qualitäts- und Wirtschaftlichkeitsaspekte noch keine Divergenzen zwischen Haftungs- und Sozialrecht feststellbar, so könnten in Zukunft doch potentiell genau an dieser Stelle Brüche zu Tage treten. Wenn der Kostendruck im Gesundheitswesen sich weiter verschärft, Rationalisierungspotentiale ausgeschöpft sind und das Wirtschaftlichkeits- sich zu einem Rationierungsgebot entwickelt, hat dies unweigerlich Folgen für das Haftungsrecht.

Zwischen Haftungs- und Sozialrecht besteht ein latentes Spannungsverhältnis, angelegt im zivilrechtlich Erforderlichen sowie Wirtschaftlichen im Sinne der GKV. Sobald die haftungsrechtlichen Mindestanforderungen die Obergrenzen für die Kostentragung durch die GKV übersteigen, letztere nicht mehr innerhalb des zivilrechtlich eröffneten Handlungskorridors des Arztes liegen, steckt dieser in einem erheblichen Dilemma, da er sich im Ergebnis zwischen Haftung und Vergütung entscheiden muss.[51]

Von beginnenden, an sich jedoch weitgehend folgenlosen Divergenzen zeugen abseits des sozialrechtlichen Standardbegriffs erste punktuelle ökonomisch bedingte Ausschlüsse medizinisch standardgemäßer Leistungen aus dem GKV-Katalog.[52] Eine Sonderkonstellation stellen im Übrigen die sozialrechtlichen „Nikolaus-Fälle" dar, in denen der GKV-Standard unter gewissen Voraussetzungen auf der Basis eines grundrechtsorientiert ausgelegten Standardbegriffs einen (nicht vorhandenen) medizinischen und haftungsrechtlichen Standard umgekehrt sogar übertreffen kann.[53]

Ein echter Bedarf nach Harmonisierung der Standards des Zivil- und Sozialrechts ergibt sich aktuell in erster Linie aus den Rezeptionsproblemen fehlerhafter, da trotz grundsätzlich kongruenter Standardbegriffe vom medizinisch maßgeblichen Standard abweichender rechtlicher Standardbestimmung.[54] Gerade im Sozialrecht besteht hier angesichts der eingeschränkten Dynamik der abstrakt-generellen Standardsetzungsverfahren in der GKV ein nicht unerhebliches Fehlerpotential, das sich freilich mit den vorhandenen nachträglichen Korrekturmechanismen – und vor allem vorbeugend im Wege einer gründlichen, konsequenten und damit fehlerfreien Standardbestimmung – weitgehend bewältigen lässt. Die vollständige Eliminierung der Standardbestimmung als mögliche Fehlerquelle mittels einer unmittelbaren Übernahme des Standards des einen in das andere Teilrechtsgebiet erweist sich in Anbetracht der jeweiligen disziplinspezifischen Teleologie jeden-

---

[50] 7. Kap. A. III.
[51] 7. Kap. A. IV.
[52] 7. Kap. A. V.
[53] 7. Kap. B.
[54] 7. Kap. C. I.

falls als keine sinnvolle Harmonisierungsidee. Gewisse Divergenzen sind vor diesem Hintergrund vielmehr unvermeidlich.[55]

I. Perspektiven

In Bezug auf potentielle ökonomisch bedingte Divergenzen auf Begriffsebene kommen mehrere Möglichkeiten in Betracht, um dem latenten Spannungsverhältnis zwischen Haftungs- und Sozialrecht, welches traditionell im Mittelpunkt der Standardharmonisierungsdebatte steht, sowie dem daraus resultierenden Haftungs- oder Vergütungsdilemma des Arztes (gegebenenfalls proaktiv) entgegenzutreten. Das geltende Recht sieht insofern eine informationsbezogene Harmonisierung vor. Die Konfliktsituation kann mittels wirtschaftlicher Aufklärung des Patienten und dessen haftungsbefreiender Einwilligung in die GKV-/Nicht-Behandlung – oder aber Zustimmung zu privatärztlicher Behandlung/Vergütung – kompensiert werden. Dieser Ansatz hat jedoch bedenkliche Nebenwirkungen für das partnerschaftliche Vertrauensverhältnis von Arzt und Patient, welches dadurch in die Nähe einer bloßen Geschäftsbeziehung gerückt wird.[56]

Um die Standarddivergenzen bei ihrer Wurzel zu packen, ist eine standardbezogene Harmonisierung *de lege ferenda* unumgänglich. Entweder Zivilrecht[57] oder Medizin[58] müssten dafür ökonomische Aspekte offen in ihre Standardbegriffe integrieren. Beides erscheint nicht völlig ausgeschlossen, es bestehen diesbezüglich aber jeweils erhebliche Vorbehalte. Gerade aus präventiv-schützender Sicht des Haftungsrechts ist ein ökonomisch beeinflusster Medizinischer Standard umso leichter zu akzeptieren (und trotz Kontrollfilter zu rezipieren), je transparenter die Medizin selbst mit Fragen der Wirtschaftlichkeit und Finanzierbarkeit ärztlicher Behandlung umgeht. Zivilrechtlich wäre freilich eine standardbezogene Lösung ebenfalls auf Ebene der Aufklärung zu kompensieren (mit entsprechenden Nebenwirkungen).[59]

Anstelle einer ganzheitlichen Harmonisierung könnten Spannungen zwischen Zivil- und Sozialrecht auch außerhalb von Information und Standard und nur auf einer Seite des Dilemmas, also entweder vergütungs- oder haftungs*folgen*bezogen, gelöst werden. Soweit zum einen der Gedanke der Mischkalkulation in der GKV zugleich ökonomisch motivierte Divergenzen zum Zivilrecht abdeckt und dabei eine angemessene Gesamtvergütung gewährleistet ist, wäre ein Arzt nicht berechtigt, sich anlässlich einzelner Behandlungen auf das Fehlen einer bestimmbaren Gegenleistung zu berufen.[60]

---

[55] 7. Kap. C. II.
[56] S. insg. 8. Kap. A.
[57] 8. Kap. B. II. zur ökonomisch motivierten Abkopplung des zivilrechtlichen vom medizinischen Standard; zur haftungs*grund*bezogenen Harmonisierung ohne Standardbezug B. I.
[58] Ausf. 8. Kap. B. III. zu einer offen kostenbewussten medizinischen Standardbildung vor dem Hintergrund aktueller Entwicklungen in Gesundheitsökonomie und Medizinethik.
[59] 8. Kap. B. IV.
[60] 8. Kap. C. I.

Perspektivisch bestünde zum anderen für den Gesetzgeber die Möglichkeit, mit der Einführung eines die Individualhaftung ersetzenden Patientenentschädigungsfonds das Haftungsrisiko, welches für den Arzt mit einer Behandlung nach sozialrechtlichem, aber nicht medizinischem Standard einhergeht, zu kollektivieren, damit gleichsam einen zusätzlichen Abwägungsfaktor für die Entscheidung über Einsparungen im sozialrechtlichen Standardniveau zu schaffen und im Ergebnis den verantwortungsvollen Umgang mit solidarisch aufgebrachten Ressourcen in der GKV insgesamt zu stärken.[61]

All diese Ansätze sind prinzipiell geeignet, in Divergenzfällen einen Harmonisierungseffekt – jeweils mit gewissen Nebenwirkungen – zu erzielen. Die standardbezogene, an Kern und Ursprung des Spannungsverhältnisses orientierte, nicht nur die praktischen Auswirkungen abschwächende Harmonisierung unter Angleichung des zivilrechtlichen, idealerweise sogar des medizinischen an den sozialrechtlichen Standard ist dabei die wirkungsvollste, aber zugleich am schwierigsten zu implementierende Möglichkeit. Mit steigendem Kostendruck wird es daher tendenziell zu einer gestuften Harmonisierung in Kombination oder Abwechslung mehrerer oder sogar aller Lösungen kommen.[62]

J. Ende

Der schillernde Maßstab des Medizinischen Standards läuft angesichts einer allgemeinen Tendenz zur undifferenzierten Begriffsverwendung Gefahr, trotz seiner Stellung als Schlussstein im System von Medizin- und Gesundheitsrecht zu einer bloßen Worthülse zu verkommen, deren jeweilige Grundlagen, Bedeutungen und Funktionen durch das Zusammenspiel von Medizin und Recht mehr verschleiert denn erhellt werden. Einzig ein aufgeschlossener interdisziplinärer Austausch vermag insofern das „Standard-Chaos"[63] zu ordnen, welches sowohl Ärzten als auch Juristen ihre Tätigkeit erschwert und damit im Ergebnis vor allem eine Bedrohung für die Patienten darstellt.

Zugleich wird in der Debatte um „Kostendruck und Standard" an den Grundfesten des Gesundheitssystems gerüttelt; entscheidende gesundheitspolitische Weichen müssen gestellt werden. Die Beantwortung der Frage, welche Anforderungen in Zeiten knapper Ressourcen an die Qualität einer medizinischen Behandlung sowie der Gesundheitsversorgung insgesamt zu stellen sind, wird ob ihrer gesamtgesellschaftlichen Relevanz zunehmend im Zentrum des öffentlichen Interesses stehen. Dabei setzt die äußerst komplexe Gesamtabwägung von Harmonisierungsbedarf und -möglichkeiten wiederum in erster Linie eine entgegenkommende interdisziplinäre Verständigung voraus.

---

[61] 8. Kap. C. II.
[62] Prognosen im 8. Kap. unter D.
[63] So der gleichnamige Band der AG RAe im MedR e. V., Standard-Chaos?, 2015.

Literaturverzeichnis

Achterfeld, Claudia: Aufgabenverteilung im Gesundheitswesen, Rechtliche Rahmenbedingungen der Delegation ärztlicher Leistungen, Berlin/Heidelberg 2014 (zit.: *Achterfeld*, Aufgabenverteilung im Gesundheitswesen, 2014).

Amoulong, Monique: Die Honorarverteilung im Vertragsarztrecht, Insbesondere zum Grundsatz der Honorarverteilungsgerechtigkeit, Berlin 2017 (zit.: *Amoulong*, Die Honorarverteilung im Vertragsarztrecht, 2017).

Anderson, Philip W.: More is different, in: Science 177 (1972), 393–396.

Antes, Gerd:
- Evidence-Based Medicine, in: Der Internist 1998, 899–908.
- Big Data und Personalisierte Medizin, Goldene Zukunft oder leere Versprechungen?, in: DÄBl. 2016, A-712–A-713.

AG RAe im MedR e. V. (Hrsg.):
- Die ärztliche Behandlung im Spannungsfeld zwischen kassenärztlicher Verantwortung und zivilrechtlicher Haftung, Berlin/Heidelberg 1993.
- Standard-Chaos?, Der Sachverständige im Dickicht zwischen Jurisprudenz und Medizin, Berlin/Heidelberg 2015 (zit.: AG RAe im MedR e. V., Standard-Chaos?, 2015).

Arnade, Johannes: Kostendruck und Standard, Zu den Auswirkungen finanzieller Zwänge auf den Standard sozialversicherungsrechtlicher Leistungen und den haftungsrechtlichen Behandlungsstandard, Berlin/Heidelberg 2010 (zit.: *Arnade*, Kostendruck und Standard, 2010).

Augsberg, Ino: Evidence-based Law im Sozial- und Gesundheitsrecht?, Chancen und Grenzen eines epistemologischen Modells, in: Wissensgenerierung und -verarbeitung im Gesundheits- und Sozialrecht, hrsg. v. *Benedikt Buchner, Karl-Heinz Ladeur*, Tübingen 2016, S. 73–87 (zit.: *I. Augsberg*, in: *Buchner/Ladeur*, Wissensgenerierung und -verarbeitung, 2016).

Augsberg, Steffen: Kooperative Wissensgenerierung im Gesundheitsrecht, Zum Umgang der Sozialgerichte mit Evidenzbasierter Medizin, in: GesR 2012, 595–601.

Axer, Peter:
- Normsetzung der Exekutive in der Sozialversicherung, Ein Beitrag zu den Voraussetzungen und Grenzen untergesetzlicher Normsetzung im Staat des Grundgesetzes, Tübingen 2000 (zit.: *Axer*, Normsetzung der Exekutive in der Sozialversicherung, 2000).
- Gemeinsame Selbstverwaltung, in: Festschrift 50 Jahre Bundessozialgericht, hrsg. v. *Matthias von Wulffen, Otto Ernst Krasney*, Köln 2004, S. 339–361 (zit.: *Axer*, in: FS 50 Jahre BSG, 2004).

- Aktuelle Rechtsfragen der Methodenbewertung, Zugleich zur Neuregelung des § 137h SGB V und des § 137c Abs. 3 SGB V durch das GKV-VSG sowie zum Methodenbegriff, in: GesR 2015, 641–650.
- Etatisierung der sozialen und gemeinsamen Selbstverwaltung?, Zugleich zum Grundsatz der maßvollen Ausübung der Rechtsaufsicht nach dem GKV-Selbstverwaltungsstärkungsgesetz, in: NZS 2017, 601–608.

Bach, Peter/Moser, Hans (Begr.): Private Krankenversicherung, hrsg. v. *Jan Wilmes*, 5. Auflage, München 2015 (zit.: *Bearbeiter*, in: *Bach/Moser*, PKV, ⁵2015).

Baethge, Christopher: Evidenzbasierte Medizin, In der Versorgung angekommen, aber noch nicht heimisch, in: DÄBl. 2014, A-1636–A-1640.

Bar, Christian von:
- Verkehrspflichten, Köln/Berlin/Bonn/München 1980.
- Entwicklungen und Entwicklungstendenzen im Recht der Verkehrs-(sicherungs)pflichten, in: JuS 1988, 169–174.

Bäune, Stefan/Dahm, Franz-Josef: Auswirkungen der Schuldrechtsreform auf den ärztlichen Bereich, in: MedR 2004, 645–655.

Beauchamp, Tom L./Childress, James F.: Principles of Biomedical Ethics, 7. Auflage, New York 2013.

Becker, Maximilian: Die Erfolgsgeeignetheit in der vertraglichen Arzthaftung, Zugleich ein Beitrag zur Grenze der Therapiefreiheit, in: MedR 2014, 475–482.

Becker, Ulrich/Kingreen, Thorsten (Hrsg.): SGB V, Gesetzliche Krankenversicherung, Kommentar, 6. Auflage, München 2018 (zit.: *Bearbeiter*, in: *Becker/Kingreen*, SGB V, ⁶2018).

Beck'scher Online-Kommentar BGB, hrsg. v. *Heinz Georg Bamberger, Herbert Roth, Wolfgang Hau, Roman Poseck*, 50. Edition (Stand: 01.05.2019), München 2019 (zit.: *Bearbeiter*, in: BeckOK-BGB, ⁵⁰2019).

Bender, Albrecht W.: Der Standard in der klinischen Transfusionsmedizin, in: MedR 2002, 487–491.

Benicke, Christoph/Hellwig, Jan F.: Das System der Schadensersatzhaftung wegen Leistungspflichtverletzung, in: NJW 2014, 1697–1702.

Bergdolt, Klaus: Medizinethik, Weit mehr als pure ratio, in: DÄBl. 2018, A-924–A-927.

Bergmann, Karl Otto:
- Die Organisation des Krankenhauses unter haftungsrechtlichen Gesichtspunkten, in: VersR 1996, 810–817.
- Begrenzt die Leistungspflicht der Krankenhausversicherungen die Leistungspflicht des Arztes?, in: Die Budgetierung des Gesundheitswesens, Wo bleibt

der medizinische Standard?, hrsg. v. AG RAe im MedR e. V., Berlin/Heidelberg 1997, S. 45–53 (zit.: *Bergmann*, in: AG RAe im MedR e. V., Die Budgetierung des Gesundheitswesens, 1997).

- Leitlinien und Haftung, in: Leitlinien, Richtlinien und Gesetz, Wieviel Reglementierung verträgt das Arzt-Patienten-Verhältnis, hrsg. v. AG RAe im MedR e. V., Berlin/Heidelberg 2003, S. 65–79 (zit.: *Bergmann*, in: AG RAe im MedR e. V., Leitlinien, Richtlinien und Gesetz, 2003).

- Telemedizin und das neue E-Health-Gesetz – Überlegungen aus arzthaftungsrechtlicher Perspektive, in: MedR 2016, 497–502.

- Vier Jahre Patientenrechtegesetz – Fragen, Kontroversen, Perspektiven, in: VersR 2017, 661–666.

Bernzen, Matthias: Das Grundrecht auf Gesundheit – Ausblick auf einen latenten Standard, in: Festschrift für *Franz-Josef Dahm*, hrsg. v. *Christian Katzenmeier, Rudolf Ratzel*, Berlin/Heidelberg 2017, S. 49–64 (zit.: *Bernzen*, in: FS *Dahm*, 2017).

Betsch, Tilmann: Subjektive Repräsentation von Leitlinienempfehlungen und Nebenwirkungsrisiken, in: DÄBl. Int. 2013, 661–662.

Bodenburg, Reinhard: Der Ärztliche Kunstfehler als Funktionsbegriff zivilrechtlicher Dogmatik, Göttingen 1983 (zit.: *Bodenburg*, Kunstfehler, 1983).

Boemke, Burkhard: Facharztstandard bei fachübergreifendem Bereitschaftsdienst, in: NJW 2010, 1562–1567.

Boerner, Dietmar: Normenverträge im Gesundheitswesen, München 2003.

Boetius, Jan: Notwendige Heilbehandlung und Bedingungsanpassung in der privaten Krankenversicherung, in: VersR 2008, 1431–1441.

Bohmeier, André/Schmitz-Luhn, Björn/Streng, Anne Franziska: Ökonomisch motivierte Behandlungsverweigerung in der GKV – Divergenzen zwischen Sozial-, Zivil- und Strafrecht, in: MedR 2011, 704–712.

Boldt, Joachim/Schöllhorn, Thilo: Intensivmedizinische Versorgung, Rationierung ist längst Realität, in: DÄBl. 2008, A-995–A-997.

Bolsinger, Markus P.: Dogmatik der Arzthaftung, Baden-Baden 1999.

Bossmann, Alfred: Rationierung medizinischer Leistungen, in: MedR 1996, 456–458.

Brennecke, Philipp: Ärztliche Geschäftsführung ohne Auftrag, Berlin/Heidelberg 2010.

Breyer, Friedrich/Zweifel, Peter/Kifmann, Mathias: Gesundheitsökonomik, 6. Auflage, Berlin/Heidelberg 2013.

Brown, Melissa M./Brown, Gary C./Sharma, Sanjay: Evidence-Based to Value-Based Medicine, Chicago 2005.

Brudermüller, Gerd: Gilt die Beweislastumkehr in § 280 Abs. 1 S. 2 BGB insbesondere bei der Arzthaftung uneingeschränkt?, in: Festschrift für *Peter Derleder*, hrsg. v. *Wolf-Rüdiger Bub, Rolf Knieper, Rainer Metz, Gerd Winter*, Baden-Baden 2005, S. 3–26 (zit.: *Brudermüller*, in: FS *Derleder*, 2005).

Brüggemeier, Gert:
– Gesellschaftliche Schadensverteilung und Deliktsrecht, in: AcP 182 (1982), 385–452.
– Deliktsrecht, Baden-Baden 1986.
– Judizielle Schutzpolitik de lege lata – Zur Restrukturierung des BGB-Deliktsrechts, in: JZ 1986, 969–979.
– Prinzipien des Haftungsrechts, Baden-Baden 1999.
– Fahrlässigkeitshaftung, in: Liber Amicorum *Eike Schmidt*, hrsg. v. *Gert Brüggemeier*, Heidelberg 2005, S. 33–71 (zit.: *Brüggemeier*, in: FS *Schmidt*, 2005).
– Haftungsrecht: Struktur, Prinzipien, Schutzbereich, Berlin/Heidelberg/New York 2006 (zit.: *Brüggemeier*, Haftungsrecht, 2006).

Buchborn, Eberhard:
– Zur Verrechtlichung der Medizin – Vom ärztlichen Heilauftrag zum zivilrechtlichen Behandlungsvertrag –, in: MedR 1984, 126–129.
– Ärztliches Ermessen, in: MedR 1987, 221–224.
– Der Ärztliche Standard, in: DÄBl. 1993, A-1992–A-1996.
– Ärztlicher Standard, Begriff – Entwicklung – Anwendung, in: MedR 1993, 328–333.

Buchner, Benedikt:
– Die Abhängigkeit des haftungsrechtlichen vom sozialrechtlichen Standard, in: Standardisierung in der Medizin als Rechtsproblem, hrsg. v. *Hans Lilie, Erwin Bernat, Henning Rosenau*, Baden-Baden 2009, S. 63–77.
– Die Darstellung des Standards aus rechtswissenschaftlicher Sicht, in: Standard-Chaos?, Der Sachverständige im Dickicht zwischen Jurisprudenz und Medizin, hrsg. v. AG RAe im MedR e. V., Berlin/Heidelberg 2015, S. 1–9 (zit.: *Buchner*, in: AG RAe im MedR e. V., Standard-Chaos?, 2015).
– Wissen und Standard – Herausforderungen für Wissensgenerierung und -verarbeitung bei der medizinischen Standardfestlegung, in: Wissensgenerierung und -verarbeitung im Gesundheits- und Sozialrecht, hrsg. v. *Benedikt Buchner, Karl-Heinz Ladeur*, Tübingen 2016, S. 63–71 (zit.: *Buchner*, in: *Buchner/Ladeur*, Wissensgenerierung und -verarbeitung, 2016).

Buchner, Benedikt/Ladeur, Karl-Heinz (Hrsg.): Wissensgenerierung und -verarbeitung im Gesundheits- und Sozialrecht, Tübingen 2016 (zit.: *Buchner/ Ladeur*, Wissensgenerierung und -verarbeitung, 2016).

Buchner, Benedikt/Schmacke, Norbert: Standardfestlegung unter Dissens, in: GesR 2010, 169–175.

Canaris, Claus-Wilhelm:
- Schutzgesetze – Verkehrspflichten – Schutzpflichten, in: Festschrift für *Karl Larenz*, hrsg. v. *Claus-Wilhelm Canaris*, München 1983, S. 27-109 (zit.: *Canaris*, in: FS *Larenz*, 1983).
- Grundrechte und Privatrecht, in: AcP 184 (1984), 201–246.
- Grundrechte und Privatrecht – eine Zwischenbilanz –, Berlin/New York 1999 (zit.: *Canaris*, Grundrechte und Privatrecht, 1999).
- Die Reform des Rechts der Leistungsstörungen, in: JZ 2001, 499–524.
- Grundstrukturen des deutschen Deliktsrechts, in: VersR 2005, 577–584.

Carstensen, Gert:
- Fortschritt und Standard in der Chirurgie, in: Langenbecks Arch Chir 364 (1984), 299–301.
- Vom Heilversuch zum Standard, in: DÄBl. 1989, A-2431–A-2433.
- Die Bildung von Standards in der Medizin, in: Die Budgetierung des Gesundheitswesens, Wo bleibt der medizinische Standard?, hrsg. v. AG RAe im MedR e. V., Berlin/Heidelberg 1997, S. 11–16 (zit.: *Carstensen*, in: AG RAe im MedR e. V., Die Budgetierung des Gesundheitswesens, 1997).

Clemens, Thomas: Leitlinien und Sozialrecht – Rezeption von Leitlinien durch Rechtssetzung und Rechtsprechung –, in: Klinische Leitlinien und Recht, hrsg. v. *Dieter Hart*, Baden-Baden 2005, S. 147–162 (zit.: *Clemens*, in: *Hart*, Klinische Leitlinien und Recht, 2005).

Damm, Reinhard:
- Medizintechnik und Arzthaftung, Behandlungsfehler und Aufklärungspflicht bei medizintechnischen Behandlungsalternativen, in: NJW 1989, 737–744.
- Entwicklungstendenzen der Expertenhaftung, Vermögensschutz und Drittschutz auf dem Markt für sachkundige Informationen, in: JZ 1991, 373–385.
- Persönlichkeitsschutz und medizintechnische Entwicklung, Auf dem Weg in die persönlichkeitsrechtliche Moderne, in: JZ 1998, 926–938.
- Beratungsrecht und Beratungshandeln in der Medizin – Rechtsentwicklung, Norm- und Standardbildung, in: MedR 2006, 1–20.
- Wie wirkt „Nichtrecht"?, Genesis und Geltung privater Regeln am Beispiel medizinischer Professionsnormen, in: ZfRSoz 2009, 3–22.
- Medizinrechtliche Grundprinzipien im Kontext von Pflege und Demenz, in: MedR 2010, 451–463.
- Personalisierte Medizin und Patientenrechte – Medizinische Optionen und medizinrechtliche Bewertung, in: MedR 2011, 7–17.

Damm, Reinhard/Schulte in den Bäumen, Tobias: Indikation und informed consent – Indikatoren eines Gestaltwandels von Medizin und Medizinrecht –, in: KritV 2005, 101–136.

Dannecker, Gerhard/Huster, Stefan/Katzenmeier, Christian/Bohmeier, André/ Schmitz-Luhn, Björn/Streng, Anne Franziska: Priorisierung, Notwendiger rechtlicher Gestaltungsspielraum, in: DÄBl. 2009, A-2007–A-2010.

Deister, Sören: Das Potential einer erforderlichen Behandlungsalternative als zentrale Voraussetzung der Anwendbarkeit von Methoden im Krankenhaus, Zugleich zum Regelungsgehalt von § 137c Abs. 3 SGB V, in: NZS 2016, 328–337.

Dettling, Dorothea: Der Ausschluss von Arzneimitteln in der gesetzlichen Krankenversicherung, Zu Inhalt und Reichweite des § 34 SGB V, Berlin 2017 (zit.: *Dettling*, Der Ausschluss von Arzneimitteln in der GKV, 2017).

Deutsch, Erwin:

– System und Aufbau der Schadenshaftung im Deliktsrecht, in: Festschrift für *Friedrich Weber*, hrsg. v. *Erhard Bökelmann, Günther Jahr, Wolfram Henckel*, Berlin/New York 1975, S. 125–134 (zit.: *Deutsch*, in: FS *Weber*, 1975).

– Medizinische Fahrlässigkeiten, in: NJW 1976, 2289–2293.

– Typen des Arztverschuldens, in: VersR 1977, 101–105.

– Rechtswidrigkeitszusammenhang, Gefahrerhöhung und Sorgfaltsausgleichung bei der Arzthaftung, in: Festschrift für *Ernst von Caemmerer*, hrsg. v. *Hans Claudius Ficker, Detlef König, Karl F. Kreuzer, Hans G. Leser, Wolfgang Frhr. Marschall von Bieberstein, Peter Schlechtriem*, Tübingen 1978, S. 329–342 (zit.: *Deutsch*, in: FS *v. Caemmerer*, 1978).

– Tendenzen des modernen Arztrechts, in: VersR 1982, 305–307.

– Die Haftung von Arzt und Krankenhaus in der Bundesrepublik Deutschland, Eine Bestandsaufnahme der Rechtsprechung, in: Festschrift für *Walther Weißauer*, hrsg. v. *Georg Heberer, Hans-Wolfgang Opderbecke, Wolfgang Spann*, Berlin/Heidelberg 1986, S. 12–22 (zit.: *Deutsch*, in: FS *Weißauer*, 1986).

– Die Fahrlässigkeit als Außerachtlassung der äußeren und inneren Sorgfalt, in: JZ 1988, 993–996.

– Der grobe Behandlungsfehler, Dogmatik und Rechtsfolgen, in: VersR 1988, 1–4.

– Der Begriff der Fahrlässigkeit im Obligationenrecht, in: Festschrift für *Max Keller*, hrsg. v. *Peter Forstmoser, Hans Giger, Anton Heini, Walter R. Schluep*, Zürich 1989, S. 105–115 (zit.: *Deutsch*, in: FS *Keller*, 1989).

– Fahrlässigkeitstheorie und Behandlungsfehler, in: NJW 1993, 1506–1510.

– Fahrlässigkeit und erforderliche Sorgfalt, 2. Auflage, Köln/Berlin/Bonn/ München 1995.

– Allgemeines Haftungsrecht, 2. Auflage, Köln/Berlin/Bonn/München 1996.

– Haftungserhebliche Standards, JZ 1997, 1030–1033.

– Ressourcenbeschränkung und Haftungsmaßstab im Medizinrecht, in: VersR 1998, 261–265.

- Zurechnungszusammenhang, Rechtswidrigkeit und Verschulden, in: Festschrift für *Dieter Medicus*, hrsg. v. *Volker Beuthien, Maximilian Fuchs, Herbert Roth, Gottfried Schiemann, Andreas Wacke*, Köln/Berlin/Bonn/ München 1999, S. 77–89 (zit.: *Deutsch*, in: FS *Medicus*, 1999).
- Die Verpflichtungen des medizinischen Gutachters, in: Gedächtnisschrift für *Johann Georg Helm*, hrsg. v. *Karl Albrecht Schachtschneider, Henning Piper, Michael Hübsch*, Berlin 2001, S. 685–696 (zit.: *Deutsch*, in: GS *Helm*, 2001).
- Die Fahrlässigkeit im neuen Schuldrecht, in: AcP 202 (2002), 889–911.
- Die Medizinhaftung nach dem neuen Schuldrecht und dem neuen Schadensrecht, in: JZ 2002, 588–593.
- Das Rätsel des deutschen Schuldrechts, § 280 Abs. 1 BGB, Lösungen und Vorschläge, in: Festschrift für *Helmut Koziol*, hrsg. v. *Peter Apathy, Raimund Bollenberger, Peter Bydlinski, Gert Iro, Ernst Karner, Martin Karollus*, Wien 2010, S. 553–564 (zit.: *Deutsch*, in: FS *Koziol*, 2010).
- Sonderwege zur Arzthaftung, in: NJW 2012, 2009–2013.
- Sorgfalt und Übernahmeverschulden, Zur Notwendigkeit der Beteiligung eines Anästhesisten bei gering gefährlichen medizinischen Eingriffen, in: VersR 2012, 1193–1197.
- Die Methodenlehre des Medizinrechts, in: MedR 2013, 708–714.
- Die Sorgfalt als Rechtsbegriff, in: Festschrift für *Egon Lorenz*, hrsg. v. *Manfred Wandt, Peter Reiff, Dirk Looschelders, Walter Bayer*, Karlsruhe 2014, S. 575–587 (zit.: *Deutsch*, in: FS *E. Lorenz*, 2014).
- Vorsatz und Fahrlässigkeit in § 276 BGB – ihre Beziehung zueinander, in: Liber Amicorum *Wolfram Henckel*, hrsg. v. *Joachim Münch*, Tübingen 2015, S. 41–54 (zit.: *Deutsch*, in: FS *Henckel*, 2015).

Deutsch, Erwin/Spickhoff, Andreas: Medizinrecht, Arztrecht, Arzneimittelrecht, Medizinprodukterecht und Transfusionsrecht, 7. Auflage, Berlin/Heidelberg 2014 (zit.: *Deutsch/Spickhoff*, Medizinrecht, ^{7}2014).

Deutscher Ethikrat (Hrsg.):
- Nutzen und Kosten im Gesundheitswesen – Zur normativen Funktion ihrer Bewertung, Stellungnahme, Berlin 2011 (zit.: Deutscher Ethikrat, Nutzen und Kosten im Gesundheitswesen, 2011).
- Patientenwohl als ethischer Maßstab für das Krankenhaus, Stellungnahme, Berlin 2016.
- Big Data und Gesundheit – Datensouveränität als informationelle Freiheitsgestaltung, Stellungnahme, Berlin 2017 (zit.: Deutscher Ethikrat, Big Data und Gesundheit, 2017).

Diederich, Adele/Winkelhage, Jeanette/Schnoor, Maike/Schreier, Margit: Priorisierung, Öffentlicher Diskurs erforderlich, in: DÄBl. 2009, A-654–A-656.

Diederichsen, Angela:
- Zur Bedeutung ärztlicher Leitlinien für die Haftung aus einem Behandlungs-

verhältnis, in: Klinische Leitlinien und Recht, hrsg. v. *Dieter Hart*, Baden-Baden 2005, S. 105–112 (zit.: *Diederichsen*, in: *Hart*, Klinische Leitlinien und Recht, 2005).

- Aktuelle Rechtsprechung des BGH zum Arzthaftungsrecht, Schwerpunkt: Notfall und Intensivmedizin, in: GesR 2011, 257–265.

Dieterich, Anja: Arzt-Patient-Beziehung im Wandel, Eigenverantwortlich, informiert, anspruchsvoll, in: DÄBl. 2007, A-2489–A-2491.

Dietrich, Frank/Imhoff, Michael/Kliemt, Hartmut (Hrsg.): Standardisierung in der Medizin, Qualitätssicherung oder Rationierung?, Stuttgart 2004 (zit.: *Bearbeiter*, in: *Dietrich/Imhoff/Kliemt*, Standardisierung in der Medizin, 2004).

Dörries, Andrea/Lipp, Volker (Hrsg.): Medizinische Indikation, Ärztliche, ethische und rechtliche Perspektiven, Grundlagen und Praxis, Stuttgart 2015 (zit.: *Dörries/Lipp*, Medizinische Indikation, 2015).

Dohmen, Arndt/Fiedler, Manfred: Ökonomisierung im Gesundheitswesen, Betriebswirtschaftlicher Erfolg als Unternehmensziel, in: DÄBl. 2015, A-364–A-366.

Donabedian, Avedis: Evaluating the quality of medical care, in: The Milbank Memorial Fund Quarterly 1966 (Vol. 44, No. 3, Pt. 2), S. 166–203; Nachdruck: The Milbank Quarterly 2005 (Vol. 83, No. 4), S. 691–729.

Donner-Banzhoff, Norbert: Arzt und Patient, Archäologie einer Beziehung, in: DÄBl. 2012, A-2078–A-2082.

Dressler, Wolf-Dieter:

- Ärztliche Leitlinien und Arzthaftung, in: Festschrift für *Karlmann Geiß*, hrsg. v. *Hans Erich Brandner, Horst Hagen, Rolf Stürner*, Köln/Berlin/Bonn/München 2000, S. 379–388 (zit.: *Dressler*, in: FS *Geiß*, 2000).
- Die Bedeutung von ärztlichen Leitlinien im Rechtsstreit, in: Ärztliche Leitlinien, Empirie und Recht professioneller Normsetzung, hrsg. v. *Dieter Hart*, Baden-Baden 2000, S. 161–169 (zit.: *Dressler*, in: *Hart*, Ärztliche Leitlinien, 2000).

Duden, Deutsches Universalwörterbuch, hrsg. v. der Dudenredaktion, 8. Auflage, Berlin/Mannheim/Zürich 2015.

Dumbs, Alfred/Dumbs, Mathias: Arzthaftung auf der Grundlage von Statistiken, in: ZVersWiss 2017, 227–249.

Dumbs, Mathias:

- Zum medizinischen Standard des Operierens im fachgebietsübergreifenden Operationsteam, in: GesR 2013, 70–78.
- Kriterien zur Feststellung des medizinischen Standards bei konkurrierenden Behandlungsmethoden, in: GesR 2014, 513–521.

Du Prel, Jean-Baptist/Röhrig, Bernd/Blettner, Maria: Kritisches Lesen wissenschaftlicher Artikel, Teil 1 der Serie zur Bewertung wissenschaftlicher Publikationen, DÄBl. Int. 2009, 100–105.

Eberbach, Wolfram H.:
- Die Verbesserung des Menschen – Tatsächliche und rechtliche Aspekte der wunscherfüllenden Medizin –, in: MedR 2008, 325–336.
- Juristische Aspekte einer individualisierten Medizin, in: MedR 2011, 757–770.

Ebsen, Ingwer:
- Ressourcenknappheit im Gesundheitswesen – verfassungsrechtliche Implikationen, in: Die Budgetierung des Gesundheitswesens, Wo bleibt der medizinische Standard?, hrsg. v. AG RAe im MedR e. V., Berlin/Heidelberg 1997, S. 109–126 (zit.: *Ebsen*, in: AG RAe im MedR e. V., Die Budgetierung des Gesundheitswesens, 1997).
- Patientenpartizipation in der gemeinsamen Selbstverwaltung der GKV, Ein Irrweg oder ein Desiderat?, in: MedR 2006, 528–532.
- Brauchen die Richtlinien des Gemeinsamen Bundesausschusses eine neue rechtliche Fundierung?, in: MedR 2018, 931–938.

Eccles, M./Mason, J.: How to develop cost-conscious guidelines, in: HTA 2001, Vol. 5, No. 16.

Eckart, Wolfgang U.: Geschichte der Medizin, Fakten, Konzepte, Haltungen, 6. Auflage, Heidelberg 2009 (zit.: *Eckart*, Geschichte der Medizin, ^{6}2009).

Edenfeld, Stefan: Grenzen der Verkehrssicherungspflicht, in: VersR 2002, 272–278.

Egger, Matthes: Medizinische Notwendigkeit in der privaten Krankheitskostenversicherung – ein Repetitorium, in: VersR 2011, 705–714.

Eichler, Martin/Pokora, Roman/Schwentner, Lukas/Blettner, Maria: Evidenzbasierte Medizin, Möglichkeiten und Grenzen, in: DÄBl. 2015, A-2190–A-2192.

Eichenhofer, Eberhard/Koppenfels-Spies, Katharina von/Wenner, Ulrich (Hrsg.): SGB V, Gesetzliche Krankenversicherung, Kommentar, 3. Auflage, Köln 2018 (zit.: *Bearbeiter*, in: *Eichenhofer/v. Koppenfels-Spies/Wenner*, SGB V, ^{3}2018).

Eichenhofer, Eberhard: Krankheit und Behandlungsbedürftigkeit im Recht der gesetzlichen Krankenversicherung, in: SGb 1994, 501–505.

Eidenmüller, Horst: Effizienz als Rechtsprinzip, Möglichkeiten und Grenzen der ökonomischen Analyse des Rechts, 3. Auflage, Tübingen 2005 (zit.: *Eidenmüller*, Effizienz als Rechtsprinzip, ^{3}2005).

Enderlein, Wolfgang: Der Begriff „allgemein anerkannter Stand der medizinischen Erkenntnisse" im SGB V, in: VSSR 1992, 123–147.

Engelhard, Wolfgang: Rechtsschutz gegen Methodenentscheidungen des Gemeinsamen Bewertungsausschusses nach § 135 Abs. 1 Satz 1 SGB V, in: SGb 2006, 132–139.

Engelhardt, Dietrich von: Allokation im Gesundheitswesen, Gesellschaft setzt den Rahmen, in: DÄBl. 2019, A-356–A-363.

Engelmann, Klaus:
- Das Rechtskonkretisierungskonzept des SGB V und seine dogmatische Einordnung durch das Bundessozialgericht, in: Ärztliche Leitlinien, Empirie und Recht professioneller Normsetzung, hrsg. v. *Dieter Hart*, Baden-Baden 2000, S. 199–219 (zit.: *Engelmann*, in: *Hart*, Ärztliche Leitlinien, 2000).
- Die Kontrolle medizinischer Standards durch die Sozialgerichtsbarkeit, Zur Anerkennung neuer Untersuchungs- und Behandlungsmethoden und zur Stellung des IQWiG, in: MedR 2006, 245–259.

Enke, Christian/Woopen, Christiane: Patientenwohl und knappe Ressourcen, Ein unlösbarer Konflikt?, in: XX 2013, 280–286.

Erdmann, Pia/Fischer, Tobias/Raths, Susan/Fleßa, Steffen/Langanke, Martin: Systemmedizin, Herausforderungen eines aktuellen Ansatzes, in: DÄBl. 2015, A-1330–A-1334.

Ertl, Kilian:
- Der allgemein anerkannte Stand der medizinischen Erkenntnisse – Ein Maßstab zwischen faktischer Anerkennung und evidenzbasierter Methodenbewertung –, in: NZS 2016, 889–896.
- Die Nutzenbewertung nach dem SGB V – offen für Big Data und real world evidence?, in: VSSR 2017, 369–400.
- Die Bewertung von medizinischen Methoden in der deutschen Rechtsordnung, Eine vergleichende Untersuchung anhand des sozial- und privatrechtlichen Krankenversicherungsrechts und des Einkommensteuerrechts, Münster 2018 (zit.: *Ertl*, Die Bewertung von medizinischen Methoden in der deutschen Rechtsordnung, 2018).

Esser, Josef:
- Die Zweispurigkeit unseres Haftpflichtrechts, in: JZ 1953, 129–134.
- Grundsatz und Norm, Tübingen 1956.

Evans, Imogen/Thornton, Hazel/Chalmers, Iain/Glasziou, Paul: Wo ist der Beweis?, Plädoyer für eine evidenzbasierte Medizin, Bern 2013 (zit.: *Evans et al.*, Wo ist der Beweis?, 2013).

Evidence-Based Medicine Working Group: Evidence-Based Medicine, A New Approach to Teaching the Practice of Medicine, in: JAMA 268 (1992), 2420–2425.

Fabarius, Maria-Elisabeth: Äußere und innere Sorgfalt, Köln/Berlin/Bonn/München 1991.

Faller, Hermann: Patientenorientierte Kommunikation in der Arzt-Patient-Beziehung, in: Bundesgesundheitsbl. 2012, 1106–1112.

Fastabend, Katrin: Der Begriff der notwendigen Krankenbehandlung im SGB V, in: NZS 2002, 299–307.

Feifel, Eckart: Fachübergreifende Organisation und fachübergreifender Bereitschaftsdienst – haftungsrechtliche Aspekte, in: GesR 2003, 259–264.

Felix, Dagmar:
- Einheit der Rechtsordnung, Zur verfassungsrechtlichen Relevanz einer juristischen Argumentationsfigur, Tübingen 1998 (zit.: *Felix*, Einheit der Rechtsordnung, 1998).
- Innovative Medizin im ambulanten und stationären Bereich, „Bekannte Akteure – Neue Fragen", in: MedR 2011, 67–71.
- Die Krankenhausbehandlung im Spannungsfeld von Therapiefreiheit und Wirtschaftlichkeitsgebot – Wie weit reicht die Prüfungskompetenz des MDK im Rahmen von § 275 Abs. 1 Nr. 1 SGB V? –, in: NZS 2012, 1–9.
- Innovation im Krankenhaus – wer entscheidet?, in: MedR 2014, 283–290.
- Methodenbewertung im Krankenhaus, Zur Ergänzung von § 137c SGB V durch das GKV-Versorgungsstärkungsgesetz, in: MedR 2016, 93–103.
- Die „Krankenhausbehandlung" im Sinne von § 137c SGB V, Zugleich eine kritische Anmerkung zur Dichotomie der Bewertung neuer Untersuchungs- und Behandlungsmethoden im SGB V, in: MedR 2017, 517–526.
- Der Vergütungsanspruch des Krankenhauses gegen die Krankenkassen aufgrund Krankenhausbehandlung (Teil I), Dogmatische Grundlagen und rechtliche Probleme, in: SGb 2017, 181–188.
- Der Vergütungsanspruch des Krankenhauses gegen die Krankenkassen aufgrund Krankenhausbehandlung (Teil II), Dogmatische Grundlagen und rechtliche Probleme, in: SGb 2017, 259–267.
- Die Vereinbarung von NUB-Entgelten nach § 6 Abs. 2 KHEntgG im Regelungsgeflecht von SGB V und Krankenhausfinanzierungsrecht, in: MedR 2018, 466–472.

Felix, Dagmar/Deister, Sören: Innovative Medizin im Krankenhaus – erfordert das Versorgungsstrukturgesetz eine grundlegende Neubewertung?, in: NZS 2013, 81–88.

Fischer, Matthias G.: Medizinische Innovationen im Leistungsspektrum der Gesetzlichen Krankenversicherung, in: Gesundheit und Wirtschaftswachstum, Recht, Ökonomie und Ethik als Innovationsmotoren für die Medizin, hrsg. v. *Matthias G. Fischer, Stephan Meyer*, Berlin/Heidelberg 2010, S. 97–118 (zit.: *Fischer*, in: *Fischer/Meyer*, Gesundheit und Wirtschaftswachstum, 2010).

Fleßa, Steffen/Greiner, Wolfgang: Grundlagen der Gesundheitsökonomie, Eine Einführung in das wirtschaftliche Denken im Gesundheitswesen, 3. Auflage,

Berlin/Heidelberg 2013 (zit.: *Fleßa/Greiner*, Grundlagen der Gesundheitsökonomie, ³2013).

Fölsch, Ulrich R./Faulbaum, Frank/Hasenfuß, Gerd: Mitgliederbefragung zu „Klug entscheiden", Wie Internisten das Problem von Über- und Unterversorgung werten, in: DÄBl. 2016, A-604–A-606.

Fölsch, Ulrich R./Hallek, Michael/Raupach, Tobias/Hasenfuß, Gerd: Resonanz und Weiterentwicklung der Initiative Klug entscheiden, in: Der Internist 2017, 527–531.

Frahm, Wolfgang:
– Einschränkung der Therapiefreiheit durch das Haftungsrecht, in: GesR 2005, 529–533.
– Die ärztliche Aufklärungspflicht über Behandlungsalternativen, in: ZMGR 2010, 138–142.
– Der Sachverständigenbeweis im Arzthaftungsprozess, Fehler und Fehlervermeidung, in: MedR 2019, 117–125.

Frahm, Wolfgang/Walter, Alexander: Arzthaftungsrecht, 6. Auflage, Karlsruhe 2018.

Frahm, Wolfgang/Jansen, Christoph/Katzenmeier, Christian/Kienzle, Hans-Friedrich/Kingreen, Thorsten/Lungstras, Anne Barbara/Saeger, Hans-Detlev/Schmitz-Luhn, Björn/Woopen, Christiane: Medizin und Standard – Verwerfungen und Perspektiven, Ergebnisse einer interdisziplinären Expertengruppe, in: MedR 2018, 447–457.

Francke, Robert:
– Leitlinien ärztlichen Handelns und Sozialrecht, in: Ärztliche Leitlinien, Empirie und Recht professioneller Normsetzung, hrsg. v. *Dieter Hart*, Baden-Baden 2000, S. 171–198 (zit.: *Francke*, in: *Hart*, Ärztliche Leitlinien, 2000).
– Sozialrechtliche Rezeption ärztlicher Leitlinien, Standardisierung von Untersuchungs- und Behandlungsmethoden in der gesetzlichen Krankenversicherung, in: SGb 2000, 159–165.
– Begrenzung der Leistungen der gesetzlichen Krankenversicherung – Grund- und Wahlleistungen, Rationierung, Priorisierung, in: GesR 2003, 97–101.
– Leitlinien und Sozialrecht, in: Klinische Leitlinien und Recht, hrsg. v. *Dieter Hart*, Baden-Baden 2005, S. 123–145 (zit.: *Francke*, in: *Hart*, Klinische Leitlinien und Recht, 2005).
– Die Bewertung von Untersuchungs- und Behandlungsmethoden sowie Arzneimitteln nach dem SGB V – Rechtliche Bindung und gerichtliche Kontrolle, in: Festschrift für *Adolf Laufs*, hrsg. v. *Bernd-Rüdiger Kern, Elmar Wadle, Klaus-Peter Schroeder, Christian Katzenmeier*, Berlin/Heidelberg 2006, S. 795–815 (zit.: *Francke*, in: FS *Laufs*, 2006).

Francke, Robert/Hart, Dieter:
– Ärztliche Verantwortung und Patienteninformation, Stuttgart 1987.

- Charta der Patientenrechte, Baden-Baden 1999.
- Ein Rechtekonflikt zwischen Therapiefreiheit und Leitlinien?, in: Klinische Leitlinien und Recht, hrsg. v. *Dieter Hart*, Baden-Baden 2005, S. 187–197 (zit.: *Francke/Hart*, in: *Hart*, Klinische Leitlinien und Recht, 2005).
- Bewertungskriterien und -methoden nach dem SGB V, in: MedR 2008, 2–24.

Francke, Robert/Regenbogen, Daniela: Die ärztliche Betreuung der schwangeren Frau nach den Vorgaben der Mutterschafts-Richtlinien des Bundesausschusses der Ärzte und Krankenkassen, in: MedR 2002, 174–179.

Franzki, Harald: Von der Verantwortung des Richters für die Medizin – Entwicklungen und Fehlentwicklungen der Rechtsprechung zur Arzthaftung, in: MedR 1994, 171–179.

Frehse, Hermann: Die Ökonomisierung der Medizin, Was darf ein Menschenleben kosten?, in: Festschrift für *Franz-Josef Dahm*, hrsg. v. *Christian Katzenmeier, Rudolf Ratzel*, Berlin/Heidelberg 2017, S. 155–185 (zit.: *Frehse*, in: FS *Dahm*, 2017).

Frosch, Dominick L./Härter, Martin/Simon, Daniela/Mulley Jr., Albert G.: Variation und Verteilungsgerechtigkeit, Patientenpräferenzen berücksichtigen, in: DÄBl. 2010, A-2100–A-2104.

Fuchs, Christoph:
- Kostendämpfung und ärztlicher Standard – Verantwortlichkeit und Prinzipien der Ressourcenverteilung, in: MedR 1993, 323–327.
- Demografischer Wandel und Notwendigkeit der Priorisierung im Gesundheitswesen, Positionsbestimmung der Ärzteschaft, in: Bundesgesundheitsbl. 2010, 435–440.
- Prioritäten setzen, Gerechte Leistungsverteilung muss offen diskutiert werden, in: DÄBl. 2011, A-1356–A-1359.

Fuchs, Christoph/Nagel, Eckhard/Raspe, Heiner: Rationalisierung, Rationierung und Priorisierung – was ist gemeint?, in: DÄBl. 2009, A-554–A-557.

Gandjour, Afschin: Leitlinien und Gesundheitsökonomie, Das Rad erst einmal zurückdrehen, in: DÄBl. 2014, A-2108–A-2110.

Gassner, Ulrich: Götterdämmerung des Gemeinsamen Bundesausschusses?, in: NZS 2016, 121–127.

Gaßner, Maximilian/Strömer, Jens M.:
- Der medizinische Fortschritt im Recht der Gesetzlichen Krankenversicherung – Potenzial und praktische Probleme, in: SGb 2011, 421–429.
- Die Arzthaftung bei der Behandlung gesetzlich krankenversicherter Patienten, in: MedR 2012, 159–169.
- Im Dickicht der Standards verfangen – Haftungsrechtliche Sorgfaltspflichten in der Pflege, in: MedR 2012, 487–495.
- Das Aufklärungsdilemma bei der Placebobehandlung – Homöopathie als prag-

matischer Ausweg?, in: VersR 2014, 299–309.

– Mobile Health Applications – haftungsrechtlicher Standard und das Laissez-faire des Gesetzgebers, in: VersR 2015, 1219–1228.

Geiß, Karlmann/Greiner, Hans-Peter: Arzthaftpflichtrecht, 7. Auflage, München 2014.

Gehrlein, Markus: Wechselwirkungen zwischen Behandlungsfehler und Aufklärungsmangel bei der ärztlichen Berufshaftung, in: GesR 2016, 129–135.

Giesen, Dieter: Arzthaftungsrecht, 4. Auflage 1995.

Gigerenzer, Gerd: Bauchentscheidungen, Die Intelligenz des Unbewussten und die Macht der Intuition, München 2007 (zit.: *Gigerenzer*, Bauchentscheidungen, 2007).

Gödicke, Patrick: Aufgabe der Deliktshaftung für Behandlungsfehler?, in: MedR 2008, 405–408.

Gottwald, Sina: Die rechtliche Regulierung medizinischer Innovationen in der Gesetzlichen Krankenversicherung, Baden-Baden 2016 (zit.: *Gottwald*, Die rechtliche Regulierung medizinischer Innovationen in der GKV, 2016).

Grams, Hartmut A.: Zur gerichtlichen Feststellung des geschuldeten Behandlungsstandards im Arzthaftungsprozess, Anforderungen nach § 630a BGB und § 404a ZPO, in: GesR 2015, 321–331.

Greiner, Stefan/Benedix, Mathias: Struktur und Systematik des Wirtschaftlichkeitsgebotes im SGB V, in: SGb 2013, 1–6.

Greenhalgh, Trisha/Howick, Jeremy/Maskrey, Neal: Evidence based medicine, a movement in crisis?, in: BMJ 348 (2014), g3725.

Grigoleit, Hans-Christoph: Leistungspflichten und Schutzpflichten, in: Festschrift für *Claus-Wilhelm Canaris*, hrsg. v. *Andreas Heldrich, Jürgen Prölss, Ingo Koller*, Bd. I, München 2007, S. 275–306 (zit.: *Grigoleit*, in: FS *Canaris*, 2007, Bd. I).

Groß, Werner: Ärztlicher Standard – Sorgfaltspflichten, Befundsicherung, Dokumentation und Beweislast, Karlsruhe 1997 (zit.: *Groß*, Ärztlicher Standard, 1997).

Grouven, Ulrich/Siering, Ulrich/Bender, Ralf/Vervölgyi, Volker/Lange, Stefan: Seltene Erkrankungen, Randomisierte kontrollierte Studien auch hier der Goldstandard, in: DÄBl. 2015, A-326–A-328.

Guyatt, Gordon H.: Evidence-based medicine, in: ACP J Club 114 (1991), A-16.

Härter, Martin/Buchholz, Angela/Nicolai, Jennifer/Reuter, Katrin/Komarahadi, Fely/Kriston, Levente/Kallinowski, Birgit/Eich, Wolfgang/Bieber, Christiane: Partizipative Entscheidungsfindung und Anwendung von Entscheidungshilfen, Eine Cluster-randomisierte Studie zur Wirksamkeit eines Trainings in der Onkologie, in: DÄBl. Int. 2015, 672–679.

Hahn, Erik: Einfluss der Rechtsprechung auf die Ressourcenentscheidungen und Prioritätensetzung in der Medizin – Ein Beitrag zur Verteilungsdebatte, in: GesR 2010, 286–295.

Hager, Günter: Zum Begriff der Rechtswidrigkeit im Zivilrecht, in: Festschrift für *Ernst Wolf*, hrsg. v. *Dietrich Bickel, Walther Hadding, Volker Jahnke, Gerhard Lüke*, Köln/Berlin/Bonn/München 1985, S. 133–142 (zit.: *Hager*, in: FS *Wolf*, 1985).

Harney, Anke/Huster, Stefan/Recktenwald, Britta:
- Das Recht der Qualitätssicherung im SGB V – rechtliche Grundlagen und Systematisierung – Teil 1, in: MedR 2014, 273–282.
- Das Recht der Qualitätssicherung im SGB V – rechtliche Grundlagen und Systematisierung – Teil 2, in: MedR 2014, 365–372.

Hart, Dieter:
- Heilversuch, Entwicklung therapeutischer Strategien, klinische Prüfung und Humanexperiment, Grundsätze ihrer arzneimittel-, arzthaftungs- und berufsrechtlichen Beurteilung, in: MedR 1994, 94–105.
- Rechtliche Grenzen der „Ökonomisierung", Arzneimittel-, sozial- und haftungsrechtliche Aspekte der Pharmaökonomie, in: MedR 1996, 60–71.
- Autonomiesicherung im Arzthaftungsrecht, Ein Beitrag zur Entkoppelung von ärztlicher Aufklärungspflicht und Körperverletzung, in: Festschrift für *Helmut Heinrichs*, hrsg. v. *Andreas Heldrich, Peter Schlechtriem, Eike Schmidt*, München 1998, S. 291–318 (zit.: *Hart*, in: FS *Heinrichs*, 1998).
- Ärztliche Leitlinien – Definitionen, Funktionen, rechtliche Bewertungen, Gleichzeitig ein Beitrag zum medizinischen und rechtlichen Standardbegriff, in: MedR 1998, 8–16.
- „Organisationsaufklärung", Zum Verhältnis von Standardbehandlung, Organisationspflichten und ärztlicher Aufklärung, in: MedR 1999, 47–50.
- Ärztliche Leitlinien und Haftungsrecht, in: Ärztliche Leitlinien, Empirie und Recht professioneller Normsetzung, hrsg. v. *Dieter Hart*, Baden-Baden 2000, S. 137–159 (zit.: *Hart*, in: *Hart*, Ärztliche Leitlinien, 2000).
- Grundlagen des Arzthaftungsrechts, Leistungs- und Haftungsschuldner, in: JURA 2000, 14–19.
- Grundlagen des Arzthaftungsrechts, Pflichtengefüge, in: JURA 2000, 64–70.
- Evidenz-basierte Medizin und Gesundheitsrecht, Überlegungen zu rechtlichen Konsequenzen der Verwissenschaftlichung der Medizin, in: MedR 2000, 1–5.
- Health Technology Assessment (HTA) und gesundheitsrechtliche Regulierung, in: MedR 2001, 1–8.
- Spannungen zwischen dem Haftungs-, Arzneimittel- und Sozialrecht, in: MedR 2002, 321–326.
- Qualitätssicherung durch Leitlinien, in: VSSR 2002, 265–297.
- Arzneimittelinformation zwischen Sicherheits- und Arzthaftungsrecht, Fach-

und Gebrauchsinformation, ärztliche Aufklärung und Pflichtverletzung, in: MedR 2003, 603–609.
- Der regulatorische Rahmen der Nutzenbewertung, Vom Arzneimittelrecht zum HTA-Recht, in: MedR 2004, 469–481.
- (als Hrsg.:) Ärztliche Leitlinien im Medizin- und Gesundheitsrecht, Recht und Empirie professioneller Normbildung, Baden-Baden 2005 (zit.: *Bearbeiter*, in: *Hart*, Ärztliche Leitlinien im Medizin- und Gesundheitsrecht, 2005).
- Leitlinien und Haftungsrecht – Inkorporation, Rezeption und Wissensbasis in Wissenschaft und Praxis, in: Klinische Leitlinien und Recht, hrsg. v. *Dieter Hart*, Baden-Baden 2005, S. 81–103 (zit.: *Hart*, in: *Hart*, Klinische Leitlinien und Recht, 2005).
- Vom Standard zur Leitlinie, Bewertungszusammenhänge im Medizin- und Gesundheitsrecht – Leitlinie und Standard, EbM und HTA, Pflicht und Zweckmäßigkeit –, in: KritV 2005, 154–176.
- Die Erwartungen an die Rechtsprechung – aktueller Handlungsbedarf aus Sicht der Versicherten, in: ZMGR 2010, 256–262.
- Leitlinien und Haftung, Grundlagen – ein Update 2011, in: GesR 2011, 387–390.
- Patientensicherheit, Fehlermanagement, Arzthaftungsrecht – zugleich ein Beitrag zur rechtlichen Bedeutung von Empfehlungen, in: MedR 2012, 1–15.
- Ein Patientenrechtegesetz ohne Eigenschaften, Über den Mangel an legislativer Eigenständigkeit, in: GesR 2012, 385–388.
- Patientensicherheit nach dem Patientenrechtegesetz, in: MedR 2013, 159–165.
- „Wirtschaftliche Indikation" – zur haftungsrechtlichen Relevanz von Interessenkonflikten aufgrund von vertraglichen Zielvorgaben und Leistungskomponenten bei der Krankenhausbehandlung, in: MedR 2014, 207–313.
- Kongruenz und Kontinuität in der Entwicklung von Medizin und Medizinrecht, Evidenzbasierte Medizin, gemeinsame Entscheidungsfindung, Sicherheit, in: MedR 2015, 1–11.
- Heilversuch und klinische Prüfung, Kongruenz und Differenz, in: MedR 2015, 766–775.
- Haftungsrecht und Standardbildung in der modernen Medizin, e:med und Probleme der Definition des Standards, Eine Skizze, in: MedR 2016, 669–675.
- Patientensicherheit im Medizin- und Gesundheitsrecht, Entwicklungen seit 2011, in: MedR 2019, 509–518.

Hase, Friedhelm:
- Verfassungsrechtliche Bewertung der Normsetzung durch den Gemeinsamen Bundesausschuss, in: MedR 2005, 391–397.
- Ärztliche Leitlinien und „medizinischer Standard", Überlegungen zur Berücksichtigung medizinischen Wissens im Privatrecht, in: GesR 2012, 601–604.
- Sozialrecht und die Integration gesellschaftlichen Wissens, in: Denkschrift 60 Jahre BSG, hrsg. v. *Peter Masuch, Wolfgang Spellbrink, Ulrich Becker,*

Stephan Leibfried, Berlin 2014, Bd. 1, S. 423–436 (zit.: *Hase*, in: DS 60 Jahre BSG, 2014, Bd. 1).
- Die Komplexität des Wissens und die Legitimation rechtlicher Normsetzung, gesetzliche Entscheidung und untergesetzliche Regelbildung in der gesundheitlichen Versorgung, in: Wissensgenerierung und -verarbeitung im Gesundheits- und Sozialrecht, hrsg. v. *Benedikt Buchner, Karl-Heinz Ladeur*, Tübingen 2016, S. 125–135 (zit.: *Hase*, in: *Buchner/Ladeur*, Wissensgenerierung und -verarbeitung, 2016).
- Die Legitimität der untergesetzlichen Regelbildung in der GKV, Zum Verfassungsstreit über die Normsetzung des G-BA, in: MedR 2018, 1–12.

Hasenfuß, Gerd/Märker-Hermann, Elisabeth/Hallek, Michael/Fölsch, Ulrich R.:
- Klug entscheiden in der Inneren Medizin, in: Der Internist 2016, 521–526.
- Initiative „Klug entscheiden", Gegen Unter- und Überversorgung, in: DÄBl. 2016, A-600–A-602.

Hasenfuß, Gerd/Märker-Hermann, Elisabeth/Hallek, Michael/Sieber, Cornel C.: Klug entscheiden, Allem voran die Indikationsqualität, in: Der Internist 2016, 519–520.

Hasenfuß, Gerd/Märker-Hermann, Elisabeth/Hallek, Michael/Sieber, Cornel C./ Fölsch, Ulrich R.: Klug entscheiden – evidenzbasiert, in: Der Internist 2017, 525–526.

Hauck, Ernst:
- Medizinischer Fortschritt im Dreieck IQWiG, GBA und Fachgesellschaften, Wann wird eine innovative Therapie zur notwendigen medizinischen Maßnahme?, Rechtsgrundlagen und Rechtsprechung, in: NZS 2007, 461–468.
- Kostensensible Leitlinien als Rationierungsinstrumente in der GKV?, in: SGb 2010, 193–200.
- Rechtsgrundlagen der medizinischen Indikationsstellung, in: NJW 2013, 3334–3340.
- Medizinische Innovationen im Krankenhaus, Aktuelle Rechtsfragen aus der Sicht der Rechtsprechung, in: GesR 2014, 257–266.
- Die Bedeutung der Patientenautonomie für Leistungen der gesetzlichen Krankenversicherung (GKV), in: SGb 2014, 8–18.
- Kostensensible Leitlinien als Rationierungsinstrumente in der GKV?, Eine Beurteilung aus sozialrechtlicher Sicht, in: Kostensensible Leitlinien, Evidenzbasierte Leistungssteuerung für eine effiziente und gerechte Gesundheitsversorgung, hrsg. v. *Georg Marckmann*, Berlin 2015, S. 137–155 (zit.: *Hauck*, in: *Marckmann*, Kostensensible Leitlinien, 2015).
- Qualität der Krankenhausversorgung für Versicherte der gesetzlichen Krankenversicherung, in: Festschrift für *Wolfhard Kohte*, hrsg. v. *Ulrich Faber, Kerstin Feldhoff, Katja Nebe, Kristina Schmidt, Ursula Waßer*, Baden-Baden 2016, S. 577–594 (zit.: *Hauck*, in: FS *Kohte*, 2016).

- Erkrankungsrisiko als Krankheit im Sinne der gesetzlichen Krankenversicherung?, in: NJW 2016, 2695–2700.

Hauck, Karl/Noftz, Wolfgang (Hrsg.): Sozialgesetzbuch (SGB) V, Gesetzliche Krankenversicherung, Berlin, Ergänzungslieferung April 2019 (zit.: *Bearbeiter*, in: *Hauck/Noftz*, SGB V).

Hauser, Katarina/Koerfer, Armin/Kuhr, Kathrin/Albus, Christian/Herzig, Stefan/ Matthes, Jan: Endpunktrelevante Effekte durch partizipative Entscheidungsfindung, Ein systematisches Review, in: DÄBl. Int. 2015, 665–671.

Haynes, Brian R./Devereaux, Philip J./Guyatt, Gordon H.:
- Clinical expertise in the era of evidence-based medicine and patient choice, in: ACP J Club 136 (2002), A-11–A-14.
- Physicians' and patients' choices in evidence based practice, Evidence does not make decisions, people do, in: BMJ 324 (2002), 1350.

Heidelberger Kommentar Arztrecht Krankenhausrecht Medizinrecht (HK-AKM), hrsg. v. *Hans-Jürgen Rieger, Franz-Josef Dahm, Christian Katzenmeier, Gernot Steinhilper, Martin H. Stellpflug*, Heidelberg, 77. Ergänzungslieferung, April 2019 (zit.: *Bearbeiter*, in: HK-AKM).

Heidelk, Stefanie:
- Gesundheitsverletzung und Gesundheitsschaden, Ärztliche Verantwortung im Kontext des § 280 Abs. 1 BGB, Berlin 2005 (zit.: *Heidelk*, Gesundheitsverletzung und Gesundheitsschaden, 2005).
- Der „Gesundheitsverletzungstatbestand" in der Arzthaftung – Ein Tatbestand ohne Konturen –, in: KritV 2005, 137–153.

Heilmann, Joachim: Der Stand der deliktischen Arzthaftung, in: NJW 1990, 1513–1520.

Heinrich, Dirk: Heilkunst oder Leitlinienmedizin, Verantwortung braucht die Freiheit, in: DÄBl. 2007, A-3312–A-3313.

Heinze, Meinhard: Die rechtlichen Rahmenbedingungen der ärztlichen Heilbehandlung, in: MedR 1996, 252–257.

Hess, Rainer:
- Leitlinien aus Sicht des Gemeinsamen Bundesausschusses, in: Klinische Leitlinien und Recht, hrsg. v. *Dieter Hart*, Baden-Baden 2005, S. 199–213 (zit.: *Hess*, in: *Hart*, Klinische Leitlinien und Recht, 2005).
- Darstellung der Aufgaben des Gemeinsamen Bundesausschusses, in: MedR 2005, 385–389.
- Die Dynamik des medizinischen Wissens und die Anforderungen an die Institutionen des Gesundheitsversorgungssystems, in: GesR 2012, 591–595.
- Die rechtliche Einordnung der Transplantationsrichtlinien der Bundesärztekammer, in: Festschrift für *Franz-Josef Dahm*, hrsg. v. *Christian Katzenmeier,*

Rudolf Ratzel, Berlin/Heidelberg 2017, S. 231–241 (zit.: *Hess*, in: FS *Dahm*, 2017).

Heyers, Johannes:

- Risikomanagementsysteme im Krankenhaus, Standards und Patientenrechte, in: MedR 2016, 23–31.
- Möglichkeiten und Grenzen einer Ökonomisierung des Sozialrechts am Beispiel der Priorisierung in der Gesetzlichen Krankenversicherung, in: MedR 2016, 857–866.
- Effiziente Prüfung und Bestimmung des Leistungsumfangs der Krankenversicherung vor Beginn medizinischer Diagnostik und Therapie, in: VersR 2016, 421–428.

Hirte, Heribert: Berufshaftung, Ein Beitrag zur Entwicklung eines einheitlichen Haftungsmodells für Dienstleistungen, München 1996 (zit.: *Hirte*, Berufshaftung, 1996).

Holzner, Thomas: Der Gemeinsame Bundesausschuss und die demokratische Legitimation, Anmerkungen zur Problematik demokratischer Legitimation gruppenpluraler Gremien am Beispiel des G-BA, in: SGb 2015, 247–253.

Hoppe, Jörg-Dietrich: Recht und Medizin, Herausforderungen für den Berufsstand, in: MedR 2011, 216–221.

Hübner, Ulrich: Die Berufshaftung – ein zumutbares Berufsrisiko?, in: NJW 1989, 5–11.

Huster, Stefan:

- Grundversorgung und soziale Gerechtigkeit im Gesundheitswesen, in: Gleichheit und Gerechtigkeit in der modernen Medizin, hrsg. v. *Oliver Rauprich, Georg Marckmann, Jochen Vollmann*, Paderborn 2005, S. 187–211.
- Knappheit und Verteilungsgerechtigkeit im Gesundheitswesen, in: DVBl. 2010, 1069–1077.
- Krankenhausrecht und SGB V – Medizinische Innovationen im stationären Sektor, in: GesR 2010, 337–344.
- Der Vertragsarzt zwischen Heilauftrag und wirtschaftlichem Interesse, in: VSSR 2011, 183–196.
- Qualitätssicherung als staatliche Aufgabe – Zum Verhältnis von Qualität und Wirtschaftlichkeit im Recht der gesetzlichen Krankenversicherung, in: VSSR 2013, 327–340.
- Gesundheit aus rechtswissenschaftlicher Sicht, Mittelknappheit als Herausforderung von Gesundheitspolitik und Rechtswissenschaft, in: Denkschrift 60 Jahre BSG, hrsg. v. *Peter Masuch, Wolfgang Spellbrink, Ulrich Becker, Stephan Leibfried*, Berlin 2015, Bd. 2, S. 223–245 (zit.: *Huster*, in: DS 60 Jahre BSG, 2015, Bd. 2).
- Die Bedeutung des Krankheitsbegriffs für das Krankenversicherungsrecht, in: Krankheit und Recht, Ethische und juristische Perspektiven, hrsg. v. *Susanne*

Beck, Berlin/Heidelberg 2017, S. 41–51 (zit.: *Huster*, in: *Beck*, Krankheit und Recht, 2017).

Huster, Stefan/Gottwald, Sina: Rechtliche Implikationen der personalisierten Medizin, Welche juristischen Herausforderungen und Probleme müssen bewältigt werden?, in: GesR 2012, 449–456.

Huster, Stefan/Held, Christian: Leistungssteuerung mit Kostensensiblen Leitlinien, rechtliche Implikationen, in: Kostensensible Leitlinien, Evidenzbasierte Leistungssteuerung für eine effiziente und gerechte Gesundheitsversorgung, hrsg. v. *Georg Marckmann*, Berlin 2015, S. 123–136 (zit.: *Huster/Held*, in: Marckmann, Kostensensible Leitlinien, 2015).

Huster, Stefan/Strech, Daniel/Marckmann, Georg/Freyer, Daniela/Börchers, Kirsten/Neumann, Anja/Wasem, Jürgen/Held, Christian: Implizite Rationierung als Rechtsproblem, Ergebnisse einer qualitativen Interviewstudie zur Situation in deutschen Krankenhäusern, in: MedR 2007, 703–706.

Igloffstein, Tobias: Regelwerke für die humanmedizinische Individualbehandlung, Eine Untersuchung der zivil-, straf- und berufsrechtlichen Bedeutung medizinischer Richt- und Leitlinien, Baden-Baden 2003 (zit.: *Igloffstein*, Regelwerke für die humanmedizinische Individualbehandlung, 2003).

Ihle, Judith:
– Ärztliche Leitlinien, Standards und Sozialrecht, Baden-Baden 2007.
– Medizinische Leitlinien und juristische Entscheidung?, in: GesR 2011, 394–397.

Isensee, Josef: Verwaltung des Mangels im Gesundheitswesen – verfassungsrechtliche Maßstäbe der Kontingentierung, in: Gedächtnisschrift für *Meinhard Heinze*, hrsg. v. *Alfred Söllner, Wolfgang Gitter, Raimund Waltermann, Richard Giesen, Oliver Ricken*, München 2005, S. 417–435 (zit.: *Isensee*, in: GS *Heinze*, 2005).

Jauernig, Othmar (Begr.): Bürgerliches Gesetzbuch, Kommentar, hrsg. v. *Rolf Stürner*, 17. Auflage, München 2018 (zit.: *Bearbeiter*, in: *Jauernig*, BGB, ¹⁷2018).

Joussen, Jacob: § 2 Abs. 1a SGB V – Die Umsetzung des Nikolausbeschlusses des BVerfG, in: SGb 2012, 625–630.

Kasseler Kommentar Sozialversicherungsrecht, hrsg. v. *Anne Körner, Stephan Leitherer, Bernd Mutschler, Christian Rolfs*, München, 103. Ergänzungslieferung, März 2019 (zit.: *Bearbeiter*, in: KassKomm).

Kabisch, Maria/Ruckes, Christian/Seibert-Grafe, Monika/Blettner, Maria: Randomisierte kontrollierte Studien, Teil 17 der Serie zur Bewertung wissenschaftlicher Publikationen, in: DÄBl. Int. 2011, 663–668.

Karbach, Ute/Schubert, Ingrid/Hagemeister, Jens/Ernstmann, Nicole/Pfaff, Holger/Höpp, Hans-Wilhelm: Ärztliches Leitlinienwissen und die Leitliniennähe hausärztlicher Therapien, Eine explorative Studie am Beispiel kardiovaskulärer Erkrankungen, in: DÄBl. Int. 2011, 61–69.

Katzenmeier, Christian:
- Vertragliche und deliktische Haftung in ihrem Zusammenspiel, dargestellt am Problem der „weiterfressenden Mängel", Berlin 1994 (zit.: *Katzenmeier*, Vertragliche und deliktische Haftung in ihrem Zusammenspiel, 1994).
- Qualität im Gesundheitswesen, Patienteninformation – Patientenschutz – Verfahrensqualität, in: MedR 1997, 498–503.
- Arzthaftung, Tübingen 2002.
- Alternative Therapierichtungen im Recht der gesetzlichen und der privaten Krankenversicherung, in: NVersZ 2002, 537–540.
- Schuldrechtsmodernisierung und Schadensersatzrechtsänderung – Umbruch in der Arzthaftung, in: VersR 2002, 1066–1074.
- Zur neueren dogmengeschichtlichen Entwicklung der Deliktsrechtstatbestände, in: AcP 203 (2003), 79–118.
- Verschärfung der Berufshaftung durch Beweisrecht – Der grobe Behandlungsfehler, in: Humaniora: Medizin – Recht – Geschichte, Festschrift für *Adolf Laufs*, hrsg. v. *Bernd-Rüdiger Kern, Elmar Wadle, Klaus-Peter Schroeder, Christian Katzenmeier*, Berlin/Heidelberg 2006, S. 909–929 (zit.: *Katzenmeier*, in: FS *Laufs*, 2006).
- „Heilbehandlungsrisikoversicherung" – Ersetzung der Arzthaftung durch Versicherungsschutz? –, in: VersR 2007, 137–143.
- Verrechtlichung der Medizin, in: Das Bild des Arztes im 21. Jahrhundert, hrsg. v. *Christian Katzenmeier, Klaus Bergdolt*, Berlin/Heidelberg 2009, S. 45–59 (zit.: *Katzenmeier*, in: *Katzenmeier/Bergdolt*, Das Bild des Arztes im 21. Jahrhundert, 2009).
- Kostendruck und Standard medizinischer Versorgung – Wirtschaftlichkeitspostulat versus Sorgfaltsgebot? – Zum Spannungsverhältnis zwischen Sozialrecht und Zivilrecht, in: Neminem laedere, Aspekte des Haftungsrechts, Festschrift für *Gerda Müller*, hrsg. v. *Hans-Peter Greiner, Norbert Gross, Kay Nehm, Andreas Spickhoff*, Köln/Berlin/Bonn/München 2009, S. 237–252 (zit.: *Katzenmeier*, in: FS *G. Müller*, 2009).
- Priorisierung, Notwendiger rechtlicher Gestaltungsspielraum, in: DÄBl. 2009, A-2007–A-2010.
- Patientenrechtegesetz, Kodifizierung ohne Zugewinn, Über den Glauben an die bewusstseinsprägende Kraft und die verhaltenslenkende Wirkung von Rechtsnormen, DÄBl. 2011, A-1885–A-1886.
- Arzthaftpflicht in der Krise – Entwicklungen, Perspektiven, Alternativen, in: MedR 2011, 201–216.
- Sicherung der Versorgungsqualität in Zeiten knapper Ressourcen – Was plant der Gesetzgeber?, in: ZMGR 2011, 263–267.
- Patientenautonomie und Patientenrechte, in: Bundesgesundheitsbl. 2012,

1093–1099.
- Die Rahmenbedingungen der Patientenautonomie, Eine kritische Betrachtung des Patientenrechtegesetz-Regierungsentwurfs, in: MedR 2012, 576–583.
- Patientenrechtegesetz auf dem Prüfstand, Transparenz, Versorgungsqualität, Rechtsdurchsetzung im Gesundheitswesen, in: SGb 2012, 125–129.
- Ärztliche Aufklärung, in: Patientenautonomie, Theoretische Grundlagen, Praktische Anwendungen, hrsg. v. *Claudia Wiesemann, Alfred Simon*, Münster 2013, S. 91–105 (zit.: *Katzenmeier*, in: *Wiesemann/Simon*, Patientenautonomie, 2013).
- Der Behandlungsvertrag – Neuer Vertragstypus im BGB, in: NJW 2013, 817–823.
- Leitlinien und Multimorbidität, Rechtsfragen der medizinischen Versorgung in einer alternden Gesellschaft, in: Festschrift für *Lothar Jaeger*, hrsg. v. *Christian Huber, Dominique Jaeger, Jan Luckey*, Köln 2014, S. 59–69 (zit.: *Katzenmeier*, in: FS *Jaeger*, 2014).
- Patientenentschädigungsfonds – Rechtspolitische Forderungen und rechtsdogmatische Erwägungen, in: VersR 2014, 405–412.
- Beweislast, Dogmatik im Dienste von Gerechtigkeit, Rechtssicherheit und Rechtsentwicklung, in: Festschrift für *Hanns Prütting*, hrsg. v. *Moritz Brinkmann, Daniel Oliver Effer-Uhe, Barbara Völzmann-Stickelbrock, Sabine Wesser, Stephan Weth*, Köln/Berlin/Bonn/München 2018, S. 361–376 (zit.: *Katzenmeier*, in: FS *Prütting*, 2018).
- Rechtsfragen der Placebobehandlung, in: MedR 2018, 367–373.
- Big Data, E-Health, M-Health, KI und Robotik in der Medizin, Digitalisierung des Gesundheitswesens – Herausforderung des Rechts, in: MedR 2019, 259–271.
- Haftungsrechtliche Grenzen ärztlicher Fernbehandlung, in: NJW 2019, 1769–1774.

Katzenmeier, Christian/Bergdolt, Klaus (Hrsg.): Das Bild des Arztes im 21. Jahrhundert, Berlin/Heidelberg 2009.

Katzenmeier, Christian/Jansen, Christoph:
- Beweismass, Beweislast und Haftung für den Verlust von Heilungschancen – Kausalitätsfragen im Arzthaftungsprozess in der Schweiz und in Deutschland, in: Festschrift für *Thomas Sutter-Somm*, hrsg. v. *Roland Fankhauser, Corinne Widmer Lüchinger, Rafael Klingler, Benedikt Seiler*, Zürich/Basel/Genf 2016, S. 285–301 (zit.: *Katzenmeier/Jansen*, in: FS *Sutter-Somm*, 2016).
- GKV-Unterstützung bei Behandlungsfehlerverdacht, Berlin/Heidelberg 2018.

Katzenmeier, Christian/Schmitz-Luhn, Björn: Folgen des „Nikolaus-Beschlusses" für das Arzthaftungsrecht, in: Priorisierung in der Medizin, Interdisziplinäre Forschungsansätze, hrsg. v. *Walter A. Wohlgemuth, Michael H. Freitag*, Berlin 2009, S. 167–173 (zit.: *Katzenmeier/Schmitz-Luhn*, in: *Wohlgemuth/Freitag*, Priorisierung in der Medizin, 2009).

Katzenmeier, Christian/Schrag-Slavu, Stefania: Rechtsfragen des Einsatzes der Telemedizin im Rettungsdienst, Eine Untersuchung am Beispiel des Forschungsprojektes Med-on-@ix, Berlin/Heidelberg 2010 (zit.: *Katzenmeier/ Schrag-Slavu*, Rechtsfragen des Einsatzes der Telemedizin im Rettungsdienst, 2010).

Katzenmeier, Christian/Voigt, Tobias: Entgeltfragen der medizinischen Behandlung, in: Festschrift für *Jens Peter Meincke*, hrsg. v. *Karlheinz Muscheler, Reinhard Zimmermann*, München 2015, S. 175–184 (zit.: *Katzenmeier/Voigt*, in: FS *Meincke*, 2015).

Keil, Miriam: Rechtsfragen der individualisierten Medizin, Berlin/Heidelberg 2015.

Kemmler, Iris: Rechtliche Vorgaben für die Rationierung medizinischer Leistungen im System der gesetzlichen Krankenversicherung, in: NZS 2014, 521–530.

Kern, Axel Olaf/Beske, Fritz/Lescow, Hanna: Auswertung einer Leserumfrage, Leistungseinschränkung oder Rationierung im Gesundheitswesen?, in: DÄBl. 1999, A-113–A-117.

Kern, Bernd-Rüdiger:
– Haftungsrechtliche Aspekte bei Abweichung von medizinischen Qualitätsstandards und qualitätssichernden Vorgaben in der gesetzlichen Krankenversicherung, in: GesR 2002, 5–9.
– Das Spannungsverhältnis von Haftungsrecht und Kassenarztrecht, in: MedR 2004, 300–303.

Kienle, Gunver Sophia: Evidenzbasierte Medizin und ärztliche Therapiefreiheit, Vom Durchschnitt zum Individuum, in: DÄBl. 2008, A-1381–A-1384.

Kienle, Gunver Sophia/Karutz, Markus/Matthes, Harald/Matthiessen, Peter/ Petersen, Peter/Kiene, Helmut: Evidenzbasierte Medizin, Konkurs der ärztlichen Urteilskraft?, in: DÄBl. 2003, A-2142–A-2146.

Kienzle, Hans-Friedrich:
– Leitlinien als Behandlungsvorschrift – Einschränkung der Therapiefreiheit?, in: Dokumentation und Leitlinienkonkurrenz – die Verschriftlichung der Medizin, hrsg. v. AG RAe im MedR e. V., Berlin/Heidelberg 2007, S. 85–99 (zit.: *Kienzle*, in: AG RAe im MedR e. V., Dokumentation und Leitlinienkonkurrenz, 2007).
– Standardchaos in der Prozesswirklichkeit – Aus Sicht des Gerichtssachverständigen, Ist Objektivität möglich?, in: Standard-Chaos?, Der Sachverständige im Dickicht zwischen Jurisprudenz und Medizin, hrsg. v. AG RAe im MedR e. V., Berlin/Heidelberg 2015, S. 39–49 (zit.: *Kienzle*, in: AG RAe im MedR e. V., Standard-Chaos?, 2015).

Kifmann, Mathias: Leitlinien und Wirtschaftlichkeit, in: Geltung und Faktizität von Standards, hrsg. v. *Thomas M. J. Möllers*, Baden-Baden 2009, S. 107–116 (zit.: *Kifmann*, in: *Möllers*, Geltung und Faktizität von Standards, 2009).

Kifmann, Mathias/Rosenau, Henning: Qualitätsstandards für medizinische Behandlungen, in: Standardisierung durch Markt und Recht, hrsg. v. *Thomas M. J. Möllers*, Baden-Baden 2008, S. 49–72.

Kingreen, Thorsten:
- Gerichtliche Kontrolle von Kriterien und Verfahren im Gesundheitsrecht, in: MedR 2007, 457–464.
- Legitimation und Partizipation im Gesundheitswesen – Verfassungsrechtliche Kritik und Reform des Gemeinsamen Bundesausschusses –, in: NZS 2007, 113–121.
- Gesundheit ohne Gesetzgeber? Verfassungsrechtliche Vorgaben für Verteilungsentscheidungen im Gesundheitswesen, in: Gesundheit und Medizin im interdisziplinären Diskurs, hrsg. v. *Thorsten Kingreen, Bernhard Laux*, Berlin/Heidelberg 2008, S. 147–178.
- Medizinrecht und Gesundheitsrecht, in: Festschrift für *Erwin Deutsch*, hrsg. v. *Hans-Jürgen Ahrens, Christian von Bar, Gerfried Fischer, Andreas Spickhoff, Jochen Taupitz*, Berlin/Heidelberg 2009, S. 283–296 (zit.: *Kingreen*, in: FS *Deutsch*, 2009).
- Systemstabilisierung durch ein lernendes System, Die Gemeinsame Selbstverwaltung in der gesetzlichen Krankenversicherung und das Bundessozialgericht, in: ZMGR 2010, 216–227.
- Knappheit und Verteilungsgerechtigkeit im Gesundheitswesen, in: VVDStRL 70 (2011), S. 152–194.
- Der Gemeinsame Bundesausschuss vor dem BVerfG, Das Tor liegt in der Luft!, in: MedR 2017, 8–14.

Kleinewefers, Herbert: Zur zivilrechtlichen Haftung des Arztes – Ärztliche Verantwortung, Grundfragen und Beispiele –, in: VersR 1992, 1425–1431.

Klemperer, David:
- Arzt-Patient-Beziehung, Entscheidung über Therapie muss gemeinsam getroffen werden, in: DÄBl. 2003, A-753–A-755.
- Interessenkonflikte – Gefahr für das ärztliche Urteilsvermögen, in: DÄBl. 2008, A-2098–A-2100.
- Patientenbeteiligung zur Verbesserung der Versorgungsqualität, in: DÄBl. Int. 2015, 663–664.

Kluth, Winfried:
- Ärztliche Berufsfreiheit unter Wirtschaftlichkeitsvorbehalt?, Eine Analyse der Auswirkungen des Gesundheitsmodernisierungsgesetzes auf die ärztliche Berufsfreiheit und die wirtschaftliche Risikoverteilung im Gesundheitswesen, in: MedR 2005, 65–71.

– Der Gemeinsame Bundesausschuss (G-BA) nach § 91 SGB V aus der Perspektive des Verfassungsrechts, Aufgaben, Funktionen und Legitimation, Berlin 2015 (zit.: *Kluth*, Der G-BA aus der Perspektive des Verfassungsrechts, 2015).
– Die Berücksichtigung der Versicherteninteressen bei den Entscheidungen des Gemeinsamen Bundesausschusses, Zugleich ein Beitrag zur demokratischen Legitimation des G-BA, in: GesR 2015, 513–518.
– Der Gemeinsame Bundesausschuss (GBA) aus der Perspektive des Verfassungsrechts, in: GesR 2017, 205–211.

Knetsch, Jonas: Haftungsrecht und Entschädigungsfonds, Eine Untersuchung zum deutschen und französischen Recht, Tübingen 2012 (zit.: *Knetsch*, Haftungsrecht und Entschädigungsfonds, 2012).

Koch, Klaus/Lange, Stefan/Sawicki, Peter: Institut für Qualität und Wirtschaftlichkeit im Gesundheitswesen, Der evidenzbasierten Medizin verpflichtet, in: DÄBl. 2008, A-2039–A-2042.

Köbberling, Johannes: Ökonomischer Druck im Krankenhaus, Unvereinbare Einschätzungen von Ärzten und Geschäftsführern, in: DÄBl. Int. 2017, 795–796.

Kötz, Hein: Die ökonomische Analyse des Rechts, in: ZVersWiss 1993, 57–70.

Kötz, Hein/Wagner, Gerhard: Deliktsrecht, 13. Auflage, München 2016.

Kohte, Wolfhard: Standards im Medizinrecht – Abhängigkeit des haftungsrechtlichen vom sozialrechtlichen Standard, in: Standardisierung in der Medizin als Rechtsproblem, hrsg. v. *Hans Lilie, Erwin Bernat, Henning Rosenau*, Baden-Baden 2009, S. 79–102.

Kopetsch, Thomas: Zur Rationierung medizinischer Leistungen im Rahmen der Gesetzlichen Krankenversicherung, Baden-Baden 2001 (zit.: *Kopetsch*, Zur Rationierung medizinischer Leistungen im Rahmen der GKV, 2001).

Kopp, Ina B.:
– Von Leitlinien zur Qualitätssicherung, in: Bundesgesundheitsbl. 2011, 160–165.
– Wissensgewinnung und Leitlinien – die Sicht der Medizin, in: GesR 2011, 385–387.
– Interessenkonflikte – ein Dauerthema, in: DÄBl. Int. 2013, 573–574.

Kopp, Ina B./Encke, Albrecht/Hartig, Sabine/Müller, Wolfgang/Lorenz, Wilfried: Zur Empirie hochwertiger Leitlinien im System der Arbeitsgemeinschaft Wissenschaftlicher Medizinischer Fachgesellschaften (AWMF), Gibt es sie und wie viele?, in: Klinische Leitlinien und Recht, hrsg. v. *Dieter Hart*, Baden-Baden 2005, S. 41–61 (zit.: *Kopp et al.*, in: *Hart*, Klinische Leitlinien und Recht, 2005).

Kopp, Ina B./Encke, Albrecht/Lorenz, Wilfried: Leitlinien als Instrument der Qualitätssicherung in der Medizin, Das Leitlinienprogramm der Arbeitsgemeinschaft Wissenschaftlicher Medizinischer Fachgesellschaften (AWMF), in: Bundesgesundheitsbl. 2002, 223–233.

Kramer, Hans-Jürgen: Ärztlicher Standard unter den Gesichtspunkten Ressourcenverteilung, Wirtschaftlichkeitsgebot und Haftung, in: MedR 1993, 345–346.

Krämer, Walter: Medizin muß rationiert werden, in: MedR 1996, 1–5.

Krasney, Otto Ernst:
- Leistungsverteilung im Gesundheitswesen, Persönliche Betreuung – persönliche Mitwirkung, in: SGb 2003, 609–613.
- Kritik an und Vertrauen in die Rechtsprechung, in: SGb 2018, 261–266.

Krauskopf, Dieter (Begr.): Soziale Krankenversicherung, Pflegeversicherung, hrsg. v. *Regine Wagner, Stefan Knittel*, München, 102. Ergänzungslieferung, Februar 2019 (zit.: *Bearbeiter*, in: *Krauskopf*).

Kreße, Bernhard: Ärztliche Behandlungsfehler durch wirtschaftlich motiviertes Unterlassen, in: MedR 2007, 393–400.

Kreuzer, Karl F.: Prinzipien des deutschen außervertraglichen Haftungsrechts, in: Festschrift für *Werner Lorenz*, hrsg. v. *Bernhard Pfister, Michael R. Will*, Tübingen 1991, S. 123–141 (zit.: *Kreuzer*, in: FS *W. Lorenz*, 1991).

Kriele, Martin: „Stand der medizinischen Wissenschaft" als Rechtsbegriff, in: NJW 1976, 355–358.

Kröning, Jürgen: Die Bedeutung des Kunstfehlers für die Haftung des Arztes nach § 823 Abs. 1 BGB, Göttingen 1974 (zit.: *Kröning*, Kunstfehler, 1974).

Krones, Tanja/Richter, Gerd: Ärztliche Verantwortung, das Arzt-Patient-Verhältnis, in: Bundesgesundheitsbl. 2008, 818–826.

Kubella, Kathrin: Patientenrechtegesetz, Berlin/Heidelberg 2011.

Kullmann, Hans Josef: Übereinstimmungen und Unterschiede im medizinischen, haftungsrechtlichen und sozialversicherungsrechtlichen Begriff des medizinischen Standards, in: VersR 1997, 529–532.

Kunz, Regina/Ollenschläger, Günter/Raspe, Heiner/Jonitz, Günther/Donner-Banzhoff, Norbert (Hrsg.): Lehrbuch Evidenzbasierte Medizin in Klinik und Praxis, 2. Auflage, Köln 2007 (zit.: *Bearbeiter*, in: *Kunz et al.*, Lehrbuch EbM, ²2007).

Ladeur, Karl-Heinz:
- Wissenserzeugung im und durch Recht – und das Problem der „evidenzbasierten Medizin", in: GesR 2011, 455–459.
- Wissenserzeugung im Sozialrecht und der Aufstieg von „Big Data", in: Wissensgenerierung und -verarbeitung im Gesundheits- und Sozialrecht, hrsg.

v. *Benedikt Buchner, Karl-Heinz Ladeur*, Tübingen 2016, S. 89–105 (zit.: *Ladeur*, in: *Buchner/Ladeur*, Wissensgenerierung und -verarbeitung, 2016).
- Regulierung des Gesundheitswesens unter den Bedingungen der „datenbasierten Medizin", in: MedR 2016, 650–654.

Laing, Judith M./McHale, Jean V. (Hrsg.): Principles of Medical Law, 4. Auflage, Oxford 2017.

Lang, Britta/Sänger, Sylvia: Evidenzbasierte Medizin für den Bürger, in: Bundesgesundheitsbl. 2005, 679–684.

Lange, Stefan/Sauerland, Stefan/Lauterberg, Jörg/Windeler, Jürgen:
- Vielfalt und wissenschaftlicher Wert randomisierter Studien, Teil 24 der Serie zur Bewertung wissenschaftlicher Publikationen, in: DÄBl. Int. 2017, 635–640.
- Klinische Studien und Equipoise, Ethische Vorbehalte werden zu oft bemüht, in: DÄBl. 2018, A-70–A-74.

Langer, Thomas/Conrad, Susann/Fishman, Liat/Gerken, Martin/Schwarz, Sabine/ Wiekert, Beate/Ollenschläger, Günter/Weinbrenner, Susanne: Interessenkonflikte bei Autoren medizinischer Leitlinien, Eine Analyse der Leitlinien deutscher Fachgesellschaften 2009–2011, in: DÄBl. Int. 2012, 836–842.

Langheid, Theo/Grote, Joachim: Bedingungsanpassung und Rechtsprechungswechsel, in: VersR 2003, 1469–1475.

Larenz, Karl/Canaris, Claus-Wilhelm: Lehrbuch des Schuldrechts, Bd. II, Halbbd. 2, BT, 13. Auflage, München 1994 (zit.: *Larenz/Canaris*, Schuldrecht II/2 BT, [13]1994).

Larenz, Karl: Rechtswidrigkeit und Handlungsbegriff im Zivilrecht, in: Festschrift für *Hans Dölle*, hrsg. v. *Ernst von Caemmerer, Arthur Nikisch, Konrad Zweigert*, Tübingen 1963, Bd. 2, S. 169–200 (zit.: *Larenz*, in: FS *Dölle*, 1963, Bd. 2).

Laufs, Adolf:
- Medizin und Recht im Zeichen des technischen Fortschritts, Aufgaben und Antworten aus Sicht des Juristen, Heidelberg 1971 (zit.: *Laufs*, Medizin und Recht im Zeichen des technischen Fortschritts, 1971).
- Die klinische Forschung am Menschen nach deutschem Recht, in: VersR 1978, 385–392.
- Grundlagen des Arztrechts, in: Festschrift für *Herrmann Weitnauer*, hrsg. v. *Horst Ehmann*, Berlin 1980, S. 363–385 (zit.: *Laufs*, in: FS *Weitnauer*, 1980).
- Berufsfreiheit und Persönlichkeitsschutz im Arztrecht, Heidelberg 1982.
- Arzt und Recht im Wandel der Zeit, in: MedR 1986, 163–170.
- Der ärztliche Heilauftrag aus juristischer Sicht, Heidelberg 1989.
- Zum Wandel des ärztlichen Berufsrechts, in: Festschrift für *Willi Geiger*, hrsg. v. *Hans Joachim Faller, Paul Kirchhof, Ernst Tröger*, Tübingen 1989, S. 228–

239 (zit.: *Laufs*, in: FS *Geiger*, 1989).

- Standards, Kostendruck und Haftpflichtrecht, in: Soziale Gerechtigkeit im Gesundheitswesen, Ökonomische, ethische, rechtliche Fragen am Beispiel der Transplantationsmedizin, hrsg. v. *Eckhard Nagel, Christoph Fuchs*, Berlin/Heidelberg 1993, S. 290–297 (zit.: *Laufs*, in: *Nagel/Fuchs*, Soziale Gerechtigkeit im Gesundheitswesen, 1993).
- Deliktische Haftung ohne Verschulden?, in: Festschrift für *Joachim Gernhuber*, hrsg. v. *Hermann Lange, Knut Wolfgang Nörr, Harm Peter Westermann*, Tübingen 1993, S. 245–258 (zit.: *Laufs*, in: FS *Gernhuber*, 1993).
- Unglück und Unrecht, Ausbau oder Preisgabe des Haftungssystems?, Heidelberg 1994 (zit.: *Laufs*, Unglück und Unrecht, 1994).
- Delikt und Gefährdung, Von der Schadenszurechnung zur Schadensverteilung, Kritische Darstellung der Grundlinien in Lehre und Spruchpraxis, in: Die Entwicklung der Arzthaftung, hrsg. v. *Adolf Laufs, Christian Dierks, Albrecht Wienke, Toni Graf-Baumann, Günther Hirsch*, Berlin/Heidelberg 1997, S. 1–15 (zit.: *Laufs*, in: *Laufs et al.*, Die Entwicklung der Arzthaftung, 1997).
- Zur Freiheit des Arztberufs, in: Festschrift für *Erwin Deutsch*, hrsg. v. *Hans-Jürgen Ahrens, Christian von Bar, Gerfried Fischer, Andreas Spickhoff, Jochen Taupitz*, Köln 1999, S. 625–633 (zit.: *Laufs*, in: FS *Deutsch*, 1999).
- Zur Entwicklung des Medizinrechts – Rückblick und Bestandsaufnahme, in: Perspektiven des Medizinrechts, hrsg. v. *Albin Eser, Hansjörg Just, Hans-Georg Koch*, Baden-Baden 2004, S. 23–36.
- Zur Entwicklung des Arztberufes im Spiegel des Rechts, in: Festschrift für *Erik Jayme*, hrsg. v. *Heinz-Peter Mansel*, München 2004, S. 1501–1512 (zit.: *Laufs*, in: FS *Jayme*, 2004).
- Zur haftungsrechtlichen Relevanz medizinischer Leitlinien (Thesen), in: Patientensicherheit, Arzthaftung, Praxis- und Krankenhausorganisation, hrsg. v. *Dietrich Berg, Klaus Ulsenheimer*, Berlin/Heidelberg 2006, S. 253–258.

Laufs, Adolf/Katzenmeier, Christian/Lipp, Volker: Arztrecht, 7. Auflage, München 2015 (zit.: *Bearbeiter*, in: *Laufs/Katzenmeier/Lipp*, Arztrecht, [7]2015).

Laufs, Adolf/Kern, Bernd Rüdiger (Hrsg.): Handbuch des Arztrechts, 4. Auflage, München 2010 (zit.: *Bearbeiter*, in: *Laufs/Kern*, Handbuch des Arztrechts, [4]2010).

Laufs, Adolf/Uhlenbruck, Wilhelm (Begr.): Handbuch des Arztrechts, 3. Auflage, München 2002 (zit.: *Bearbeiter*, in: *Laufs/Uhlenbruck*, Handbuch des Arztrechts, [3]2002).

Laum, Heinz-Dieter:

- Gesetzliche Krankenversicherung, Spannungen zwischen Arzthaftung und Leistungsgrenzen, in: DÄBl. 2001, A-3176–A-3180.
- Gesetzliche Krankenversicherung, Arzthaftungsrecht und Leistungsgrenzen, in: DÄBl. 2012, A-2176–A-2177.

Lauterbach, Karl W./Lüngen, Markus/Schrappe, Matthias (Hrsg.): Gesundheitsökonomie, Management und Evidence-based Medicine, Handbuch für Praxis, Politik und Studium, 3. Auflage, Stuttgart 2010 (zit.: *Bearbeiter*, in: *Lauterbach/Lüngen/Schrappe*, Gesundheitsökonomie, Management und EbM, ³2010).

Lauterbach, Karl W./Stock, Stephanie/Brunner, Helmut (Hrsg.): Gesundheitsökonomie, Lehrbuch für Mediziner und andere Gesundheitsberufe, 3. Auflage, Bern 2013 (zit.: *Bearbeiter*, in: *Lauterbach/Stock/Brunner*, Gesundheitsökonomie, ³2013).

Lege, Joachim: Knappheit und Verteilungsgerechtigkeit im Gesundheitswesen, in: VVDStRL 70 (2011), S. 112–151.

Leiß, Ottmar: Evidenzbasierte Medizin, Kein l'art pour l'art, sondern zum Nutzen der Patienten, in: DÄBl. 2015, A-130–A-132.

Leidner, Ottmar: Wettbewerb im Gesundheitswesen, Was sich nicht rechnet, findet nicht statt, in: DÄBl. 2009, A-1456–A-1460.

Lelgemann, Monika/Lang, Britta/Kunz, Regina/Antes, Gerd: Leitlinien, Was haben Ärzte und Patienten davon, in: Bundesgesundheitsbl. 2005, 215–220.

Lempert, Thomas/Brevern, Michael von: Regulierung von Interessenkonflikten, Die Fachgesellschaften sind am Zug, in: DÄBl. 2015, A-84–A-86.

Lenz, Matthias/Buhse, Susanne/Kasper, Jürgen/Kupfer, Ramona/Richter, Tanja/Mühlhauser, Ingrid: Entscheidungshilfen für Patienten, in: DÄBl. Int. 2012, 401–408.

Lichey, Jürgen/Schilling, Wolfgang/Jonitz, Günter: Ökonomie und Ethos im Gesundheitswesen, Die Mär der Kostenexplosion, in: DÄBl. 2017, A-1176–A-1182.

Lieb, Klaus/Klemperer, David/Ludwig, Wolf-Dieter (Hrsg.): Interessenkonflikte in der Medizin, Hintergründe und Lösungsmöglichkeiten, Berlin/Heidelberg 2011 (zit.: *Lieb/Klemperer/Ludwig*, Interessenkonflikte in der Medizin, 2011).

Lieb, Klaus/Klemperer, David/Koch, Klaus/Baethge, Christopher/Ollenschläger, Günter/Ludwig, Wolf-Dieter: Mit Transparenz Vertrauen stärken, in: DÄBl. 2011, A-256–A-260.

Lipp, Volker: Die medizinische Indikation – ein „Kernstück ärztlicher Legitimation"?, in: MedR 2015, 762–766.

Loh, Andreas/Simon, Daniela/Kriston, Levente/Härter, Martin: Patientenbeteiligung bei medizinischen Entscheidungen, Effekte der Partizipativen Entscheidungsfindung aus systematischen Reviews, in: DÄBl. 2007, A-1483–A-1488.

Looschelders, Dirk:
– Pflichtverletzung als Prüfstein der Privatrechtsdogmatik, in: Festschrift für *Claus-Wilhelm Canaris*, hrsg. v. *Hans Christoph Grigoleit, Jens Petersen*,

Berlin/Boston 2017, S. 403–423 (zit.: *Looschelders*, in: FS *Canaris*, 2017).
- Schuldrecht AT, 16. Auflage, München 2018.
- Schuldrecht BT, 14. Auflage, München 2019.

Lorenz, Egon (Hrsg.): Karlsruher Forum 2013: Patientenrechte und Arzthaftung, Karlsruhe 2014 (zit.: *Bearbeiter*, in: *E. Lorenz*, KF 2013: Patientenrechte und Arzthaftung, 2014).

Lorenz, Stefan:
- Schuldrechtsreform 2002: Problemschwerpunkte drei Jahre danach, in: NJW 2005, 1889–1896.
- Fünf Jahre „neues" Schuldrecht im Spiegel der Rechtsprechung, in: NJW 2007, 1–8.
- Grundwissen – Zivilrecht: Was ist eine Pflichtverletzung (§ 280 I BGB)?, in: JuS 2007, 213–215.
- Grundwissen – Zivilrecht: Vertretenmüssen (§ 276 BGB), in: JuS 2007, 611–613.

Maassen, Bernhard M./Uwer, Dirk: Verfahrensrechtliche Fragen zum Methodenpapier des Instituts für Qualität und Wirtschaftlichkeit im Gesundheitswesen vom 1. März 2005, in: MedR 2006, 32–39.

Maio, Giovanni:
- Ärztliche Hilfe als Geschäftsmodell?, Eine Kritik der ökonomischen Überformung der Medizin, in: DÄBl. 2012, A-804–A-807.
- Mittelpunkt Mensch, Lehrbuch der Ethik in der Medizin, 2. Auflage, Stuttgart 2017 (zit.: *Maio*, Lehrbuch der Ethik in der Medizin, ²2017).

Marburger, Peter:
- Die Regeln der Technik im Recht, Köln/Berlin/Bonn/München 1979.
- Die haftungs- und versicherungsrechtliche Bedeutung technischer Regeln, in: VersR 1983, 597–608.

Marckmann, Georg:
- Rationalisierung und Rationierung, Allokation im Gesundheitswesen zwischen Effizienz und Gerechtigkeit, in: Gesundheitswesen zwischen Wirtschaftlichkeit und Menschlichkeit, hrsg. v. *Hermes Andreas Kick, Jochen Taupitz*, Münster 2005, S. 179–199.
- Gesundheit und Gerechtigkeit, in: Bundesgesundheitsbl. 2008, 887–894.
- (als Hrsg.) Praxisbuch Ethik in der Medizin, Berlin 2015 (zit.: *Bearbeiter*, in: *Marckmann*, Praxisbuch Ethik in der Medizin, 2015).
- (als Hrsg.) Kostensensible Leitlinien, Evidenzbasierte Leistungssteuerung für eine effiziente und gerechte Gesundheitsversorgung, Berlin 2015 (zit.: *Marckmann*, Kostensensible Leitlinien, 2015).
- Kostensensible Leitlinien als Instrumente einer expliziten Leistungssteuerung im Gesundheitswesen, ethische Grundlagen, in: Kostensensible Leitlinien,

Evidenzbasierte Leistungssteuerung für eine effiziente und gerechte Gesundheitsversorgung, hrsg. v. *Georg Marckmann*, Berlin 2015, S. 31–53 (zit.: *Marckmann*, in: *Marckmann*, Kostensensible Leitlinien, 2015).

Marckmann, Georg/Maschmann, Jens: Ökonomisierung, Ethische Mangelverwaltung, in: DÄBl. 2017, A-2028–A-2032.

Marckmann, Georg/Schmitten, Jürgen in der: Wie können Ärzte ethisch vertretbar Kostenerwägungen in ihren Behandlungsentscheidungen berücksichtigen?, Ein Stufenmodell, in: Ethik Med 2011, 303–314.

Marckmann, Georg/Strech, Daniel: Kostensensible Leitlinien als Priorisierungsinstrument, in: Priorisierte Medizin, Ausweg oder Sackgasse der Gesundheitsgesellschaft?, hrsg. v. *Adele Diederich, Christoph Koch, Ralph Kray, Rainer Sibbel*, Wiesbaden 2011, S. 75–98 (zit.: *Marckmann/Strech*, in: *Diederich et al.*, Priorisierte Medizin, 2011).

Marlow, Sven/Spuhl, Udo: Aktuelles aus Rechtsprechung und VVG-Reform zum Begriff der medizinischen Notwendigkeit in der Privaten Krankenversicherung, in: VersR 2006, 1334–1339.

Masuch, Peter/Wiegand, Britta: Der Gemeinsame Bundesausschuss als Institution der gemeinsamen Selbstverwaltung, in: Festschrift für *Wolfhard Kohte*, hrsg. v. *Ulrich Faber, Kerstin Feldhoff, Katja Nebe, Kristina Schmidt, Ursula Waßer*, Baden-Baden 2016, S. 595–616 (zit.: *Masuch/Wiegand*, in: FS *Kohte*, 2016).

Maunz, Theodor/Dürig, Günter (Begr.): Grundgesetz, Kommentar, hrsg. v. *Roman Herzog, Rupert Scholz, Matthias Herdegen, Hans H. Klein*, München, 86. Ergänzungslieferung, Januar 2019 (zit.: *Bearbeiter*, in: *Maunz/Dürig*, GG).

Meder, Stephan: Schuld, Zufall, Risiko, Untersuchungen struktureller Probleme privatrechtlicher Zurechnung, Frankfurt am Main 1993 (zit.: *Meder*, Schuld, Zufall, Risiko, 1993).

Meyer, Stephan: Die Programmierung ärztlichen Handelns – Evidenz, Richtlinien und Leitlinien als Rechtsproblem, in: Gesundheit und Wirtschaftswachstum, Recht, Ökonomie und Ethik als Innovationsmotoren für die Medizin, hrsg. v. *Matthias G. Fischer, Stephan Meyer*, Berlin/Heidelberg 2010, S. 75–93 (zit.: *Meyer*, in: *Fischer/Meyer*, Gesundheit und Wirtschaftswachstum, 2010).

Mengel, Constanze: Sozialrechtliche Rezeption ärztlicher Leitlinien, Baden-Baden 2004.

Mertens, Hans-Joachim:
- Berufshaftung, Haftungsprobleme alter Professionen, in: VersR 1974, 509–520.
- Verkehrspflichten und Deliktsrecht, Gedanken zu einer Dogmatik der Verkehrspflichtverletzung, in: VersR 1980, 397–408.

Michaelis, Jörg/Raspe, Heiner (Hrsg.): Die Evidenz-basierte Medizin im Licht der Fakultäten, Basel 2001.

Michalski, Lutz:
- Verfassungsrechtliche Schranken einer Rationierung im vertragsärztlichen Versorgungssystem, in: VersR 1996, 265–271.
- (Zahn-)Ärztliche Aufklärungspflicht über die Ersatzfähigkeit von Heilbehandlungskosten, in: VersR 1997, 137–145.

Miranowicz, Elisa: Die Entwicklung des Arzt-Patienten-Verhältnisses und seine Bedeutung für die Patientenautonomie, in: MedR 2018, 131–136.

Mohr, Jochen: Rechtswidrigkeit und Verschulden im Deliktsrecht, in: JURA 2013, 567–579.

Mohr, Marcus: Die Haftung der Krankenkassen und Vertragsärzte für Behandlungsfehler, Zur Ablösung eines vermeintlichen Axioms des Vertragsarztrechts durch ein öffentlich-rechtliches Haftungsregime, Münster 2007 (zit.: *M. Mohr*, Die Haftung der Krankenkassen und Vertragsärzte für Behandlungsfehler, 2007).

Mommertz, Max: Einflüsse und Auswirkungen der Evidenzbasierten Medizin auf das Medizinrecht, Frankfurt am Main 2015 (zit.: *Mommertz*, Einflüsse und Auswirkungen der EbM auf das Medizinrecht, 2015).

Muche-Borowski, Cathleen/Nothacker, Monika/Kopp, Ina B.: Leitlinienimplementierung, Wie schließen wir die Lücke zwischen Evidenz und Anwender?, in: Bundesgesundheitsbl. 2015, 32–37.

Mühlbacher, Axel: Ökonomisierung, Ohne Patientenpräferenzen kein sinnvoller Wettbewerb, in: DÄBl. 2017, A-1584–A-1590.

Mühlhauser, Ingrid/Meyer, Gabriele: Evidenzbasierte Medizin, Klarstellung und Perspektiven, in: DÄBl. 2016, A-486–A-488.

Mühlhauser, Ingrid/Steckelberg, Anke: Evidenzbasierte Patienteninformation, Wünsche der Betroffenen, in: DÄBl. 2009, A-2554–A-2556.

Müller, Gerda:
- Beweislast und Beweisführung im Arzthaftungsprozess, in: NJW 1997, 3049–3056.
- Arzthaftung und Sachverständigenbeweis, in: MedR 2001, 487–494.
- Macht und Grenzen ärztlichen Handelns, in: Festschrift für *Egon Lorenz*, hrsg. v. *Manfred Wandt, Peter Reiff, Dirk Looschelders, Walter Bayer*, Karlsruhe 2004, S. 475–500 (zit.: *G. Müller*, in: FS *E. Lorenz*, 2004).
- Arzthaftung in Zeiten knapper Kassen, in: Festschrift für *Günther Hirsch*, hrsg. v. *Gerda Müller, Eilert Osterloh, Torsten Stein*, München 2008, S. 413–422 (zit.: *G. Müller*, in: FS *Hirsch*, 2008).
- Ärztliche Kompetenz und Patientenautonomie, in: MedR 2009, 309–313.

– Arzthaftung auf dem Prüfstand, in: Festschrift für *Egon Lorenz*, hrsg. v. *Manfred Wandt, Peter Reiff, Dirk Looschelders, Walter Bayer*, Karlsruhe 2014, S. 667–687 (zit.: *G. Müller*, in: FS *E. Lorenz*, 2014).

Müller, Sebastian/Raschke, Andreas: Homöopathie durch Ärzte und die Einhaltung des medizinischen Standards, in: NJW 2013, 428–432.

Müller-Foell, Martina: Die Bedeutung technischer Normen für die Konkretisierung von Rechtsvorschriften, Heidelberg 1987 (zit.: *Müller-Foell*, Bedeutung technischer Normen, 1987).

Münchener Kommentar zum Bürgerlichen Gesetzbuch, hrsg. v. *Franz Jürgen Säcker, Roland Rixecker, Hartmut Oetker, Bettina Limperg*, Bd. 2 (Schuldrecht AT, §§ 241–432 BGB), 7. Auflage, München 2016; Bd. 4 (Schuldrecht BT II, §§ 535–630h BGB), 7. Auflage, München 2016; Bd. 6 (Schuldrecht BT IV, §§ 705–853 BGB), 7. Auflage, München 2017 (zit.: *Bearbeiter*, in: MüKo-BGB).

Münkler, Laura: Kosten-Nutzen-Bewertungen in der gesetzlichen Krankenversicherung, Eine Perspektive zur Ausgestaltung des krankenversicherungsrechtlichen Wirtschaftlichkeitsgebots?, Berlin 2015 (zit.: *Münkler*, Kosten-Nutzen-Bewertungen in der GKV, 2015).

Münzberg, Wolfgang: Verhalten und Erfolg als Grundlagen der Rechtswidrigkeit und Haftung, Frankfurt am Main 1966 (zit.: *Münzberg*, Verhalten und Erfolg, 1966).

Naegler, Heinz/Wehkamp, Karl-Heinz: Medizin zwischen Patientenwohl und Ökonomisierung, Krankenhausärzte und Geschäftsführer im Interview, Berlin 2018.

Nagel, Eckhard/Freitag, Michael: Möglichkeiten und Grenzen der Standardisierung in der Medizin, in: Vielfalt und Einheit, Wirtschaftliche und rechtliche Rahmenbedingungen von Standardbildung, hrsg. v. *Thomas M. J. Möllers*, Baden-Baden 2008, S. 209–229 (zit.: *Nagel/Freitag*, in: *Möllers*, Vielfalt und Einheit, 2008).

Nagel, Eckhard/Fuchs, Christoph (Hrsg.):
– Soziale Gerechtigkeit im Gesundheitswesen, Ökonomische, ethische, rechtliche Fragen am Beispiel der Transplantationsmedizin, Berlin/Heidelberg 1993 (zit.: *Nagel/Fuchs*, Soziale Gerechtigkeit im Gesundheitswesen, 1993).
– Leitlinien und Standards im Gesundheitswesen, Fortschritt in sozialer Verantwortung oder Ende der ärztlichen Therapiefreiheit?, Köln 1997 (zit.: *Bearbeiter*, in: *Nagel/Fuchs*, Leitlinien und Standards im Gesundheitswesen, 1997).

Nast, Alexander/Sporbeck, Birte/Jacobs, Anna/Erdmann, Ricardo/Roll, Stephanie/ Sauerland, Uli/Rosumeck, Stefanie: Wahrnehmung der Verbindlichkeit von Leitlinienempfehlungen, Eine Umfrage zu häufigen Formulierungen, in: DÄBl. Int. 2013, 663–668.

Neelmeier, Tim: Einvernehmliche Unterschreitung medizinischer Behandlungsstandards, in: NJW 2015, 374–377.

Neumann, Volker:
- Der Anspruch auf Krankenbehandlung – ein Rahmenrecht?, in: SGb 1998, 609–614.
- Anspruch auf Krankenbehandlung nach Maßgabe der Richtlinien des Bundesausschusses?, in: NZS 2001, 515–519.
- Prioritätensetzung und Rationierung in der gesetzlichen Krankenversicherung, in: NZS 2005, 617–623.
- Das medizinische Existenzminimum, in: NZS 2006, 393–397.
- Gerichtliche Kontrolle von Allokationsentscheidungen der Krankenkasse, in: SGb 2006, 2–8.

Nicklisch, Fritz:
- Wechselwirkungen zwischen Technologie und Recht, Zur kontrollierten Rezeption wissenschaftlich-technischer Standards durch die Rechtsordnung, in: NJW 1982, 2633–2644.
- Funktion und Bedeutung technischer Standards in der Rechtsordnung, in: BB 1983, 261–269.

Nimis, Jens: Der Anspruch des Patienten auf neue Untersuchungs- und Behandlungsmethoden in der gesetzlichen Krankenversicherung, Baden-Baden 2012 (zit.: *Nimis*, Der Anspruch des Patienten auf neue Untersuchungs- und Behandlungsmethoden in der GKV, 2012).

Nipperdey, Hans Carl: Rechtswidrigkeit, Sozialadäquanz, Fahrlässigkeit, Schuld im Zivilrecht, in: NJW 1957, 1777–1782.

Niroomand, Feraydoon: Evidenzbasierte Medizin, Das Individuum bleibt auf der Strecke, in: DÄBl. 2004, A-1870–A-1874.

NomosKommentar BGB, Schuldrecht, Bd. 2/1 (§§ 241–610) u. Bd. 2/2 (§§ 611–853), hrsg. v. *Barbara Dauner-Lieb, Werner Langen*, 3. Auflage, Baden-Baden 2016 (zit.: *Bearbeiter*, in: NK-BGB, ^{3}2016).

Nußstein, Karl: Ärztliche Behandlung außerhalb des Standards – Anfechtung, Aufklärung und Einwilligung, in: VersR 2018, 1361–1365.

Oberender, Peter: Rationieren auch in der Medizin?, in: Festschrift für *Wolfgang Gitter*, hrsg. v. *Meinhard Heinze, Jochem Schmitt*, Wiesbaden 1995, S. 701–713 (zit.: *Oberender*, in: FS *Gitter*, 1995).

Odersky, Walter: Die Berufshaftung – ein zumutbares Berufsrisiko?, Zum Dialog zwischen Rechtsprechung und Rechtswissenschaft, in: NJW 1989, 1–5.

Oduncu, Fuat S.: Verteilungsgerechtigkeit, Rationierung und Priorisierung – das Gesundheitswesen im Spannungsfeld zwischen Medizin, Ökonomie, Ethik und Recht, in: MedR 2012, 359–367.

Ollenschläger, Günter:
- Evidenzbasierte Leitlinien – Risiken und Chancen, in: Leitlinien, Richtlinien und Gesetz, Wieviel Reglementierung verträgt das Arzt-Patienten-Verhältnis, hrsg. v. AG RAe im MedR e. V., Berlin/Heidelberg 2003, S. 47–64 (zit.: *Ollenschläger*, in: AG RAe im MedR e. V., Leitlinien, Richtlinien und Gesetz, 2003).
- Standardbestimmung durch Leitlinien?, in: Standard-Chaos?, Der Sachverständige im Dickicht zwischen Jurisprudenz und Medizin, hrsg. v. AG RAe im MedR e. V., Berlin/Heidelberg 2015, S. 17–24 (zit.: *Ollenschläger*, in: AG RAe im MedR e. V., Standard-Chaos?, 2015).

Ollenschläger, Günter/Kirchner, Hanna/Sänger, Sylvia/Thomeczek, Christian/Jonitz, Günther/Gramsch, Eberhard: Qualität und Akzeptanz medizinischer Leitlinien in Deutschland – Bestandsaufnahme Mai 2004, in: Klinische Leitlinien und Recht, hrsg. v. *Dieter Hart*, Baden-Baden 2005, S. 17–39 (zit.: *Ollenschläger et al.*, in: *Hart*, Klinische Leitlinien und Recht, 2005).

Ollenschläger, Günter/Kopp, Ina B./Lelgemann, Monika/Sänger, Sylvia/Klakow-Franck, Regina/Gibis, Bernhard/Gramsch, Eberhard/Jonitz, Günther: Das Programm für Nationale VersorgungsLeitlinien von BÄK, AWMF und KBV, Ziele, Inhalte, Patientenbeteiligung, in: Bundesgesundheitsbl. 2007, 368–376.

Olzen, Dirk/Kaya, Eylem: Der Behandlungsvertrag, §§ 630a–h BGB, in: JURA 2013, 661–671.

Olzen, Dirk/Metzmacher, Angela: Erste Überlegungen zum Referentenentwurf für ein Patientenrechtegesetz, in: JR 2012, 271–278.

Olzen, Dirk/Uzunovic, Haris: Der Behandlungsvertrag im BGB – Ein Vergleich des Referenten- und des Regierungsentwurfes für ein Gesetz zur Stärkung der Patientenrechte, in: JR 2012, 447–451.

Orlowski, Ulrich: § 137h und § 137c SGB V im Kontext der Methodenbewertung und -erprobung, in: GesR 2017, 1–4.

Pauge, Burkhard/Offenloch, Thomas: Arzthaftungsrecht, 14. Auflage, Köln 2018.

Pelz, Franz Joseph: Verschulden – Realität oder Fiktion, Die ärztliche Haftung in der Rechtsprechung, in: Die Entwicklung der Arzthaftung, hrsg. v. *Adolf Laufs, Christian Dierks, Albrecht Wienke, Toni Graf-Baumann, Günther Hirsch*, Berlin/Heidelberg 1997, S. 41–57 (zit.: *Pelz*, in: *Laufs et al.*, Die Entwicklung der Arzthaftung, 1997).

Penner, Andreas:
- Wunsch und Wirklichkeit, Rechtliche und fachliche Grenzen des Vergleiches der Ergebnisqualität von Krankenhäusern (Teil I), in: SGb 2014, 529–537.
- Wunsch und Wirklichkeit, Rechtliche und fachliche Grenzen des Vergleiches der Ergebnisqualität von Krankenhäusern (Teil II), in: SGb 2014, 597–606.

Pentz, Vera von:
- Tendenzen der neueren höchstrichterlichen Rechtsprechung zur Arzthaftung, in: MedR 2011, 222–226.
- Entwicklungen der neueren höchstrichterlichen Rechtsprechung zur Arzthaftung, in: MedR 2016, 16–23.

Perleth, Matthias/Zentner, Annette/Busse, Reinhard/Gerhardus, Ansgar/Gibis, Bernhard/Lühmann, Dagmar (Hrsg.): Health Technology Assessment, Konzepte, Methoden, Praxis für Wissenschaft und Entscheidungsfindung, 2. Auflage, Berlin 2014 (zit.: *Perleth et al.*, Health Technology Assessment, ²2014).

Pflüger, Frank: Patientenaufklärung über Behandlungsqualität und Versorgungsstrukturen – Erweiterte Haftungsrisiken für Arzt und Krankenhaus, in: MedR 2000, 6–9.

Pitschas, Rainer:
- Empirie und Recht professioneller Normsetzung, Perspektiven der Transformation medizinischer Normsetzung in rechtliche Verbindlichkeit, in: Ärztliche Leitlinien, Empirie und Recht professioneller Normsetzung, hrsg. v. *Dieter Hart*, Baden-Baden 2000, S. 239–259 (zit.: *Pitschas*, in: *Hart*, Ärztliche Leitlinien, 2000).
- Information der Leistungserbringer und Patienten im rechtlichen Handlungsrahmen von G-BA und IQWiG, Voraussetzungen und Haftung, in: MedR 2008, 34–41.

Posner, Richard A.:
- A Theory of Negligence, in: Journal of Legal Studies 1972, Vol. 1, No. 1, S. 29–96.
- Economic Analysis of Law, 9. Auflage, New York 2014.

Preißler, Reinhold: Auswirkungen der Budgetregelungen auf den Leistungsanspruch der Versicherten, in: MedR 2002, 84–88.

Preusker, Uwe K.: Skandinavische Gesundheitssysteme, Priorisierung statt verdeckter Rationierung, in: DÄBl. 2007, A-930–A-936.

Prölss, Jürgen/Martin, Anton (Hrsg.): Versicherungsvertragsgesetz, 30. Auflage, München 2018 (zit.: *Bearbeiter*, in: *Prölss/Martin*, VVG, ³⁰2018).

Prütting, Hanns: Die Beweislast im Arzthaftungsprozess und das künftige Patientenrechtegesetz, in: Festschrift für *Helmut Rüßmann*, hrsg. v. *Jürgen Stamm*, Saarbrücken 2013, S. 609–619 (zit.: *Prütting*, in: FS *Rüßmann*, 2013).

Prütting, Hanns/Gehrlein, Markus (Hrsg.): Zivilprozessordnung, Kommentar, 11. Auflage, Köln 2019 (zit.: *Bearbeiter*, in: *Prütting/Gehrlein*, ZPO, ¹¹2019).

Prütting, Jens:
- Das zivilrechtliche Arztrecht im Spiegel fachübergreifender Betrachtung – Wirtschaftliche Aufklärung und sozialversicherungsrechtliche Zuzahlungs-

verpflichtung, in: MedR 2018, 291–299.

– Rechtsgebietsübergreifende Normenkollisionen, Spannungen zwischen Arzthaftungs- und Sozialversicherungsrecht – Sozialversicherungsrechtliche Qualitätsvorgaben als Haftungsmaßstab?, in: RW 2018, 289–331.

Püster, Dominique: Entwicklungen der Arzthaftpflichtversicherung, Berlin/Heidelberg 2013.

Puhl, Wolfhart/Dierks, Christian: Der Einfluß der Zivilgerichtsbarkeit auf die Qualität medizinischer Versorgung, in: Festschrift für *Karlmann Geiß*, hrsg. v. *Hans Erich Brandner, Horst Hagen, Rolf Stürner*, Köln/Berlin/Bonn/München 2000, S. 477–486 (zit.: *Puhl/Dierks*, in: FS *Geiß*, 2000).

Raab, Thomas: Die Bedeutung der Verkehrspflichten und ihre systematische Stellung im Deliktsrecht, in: JuS 2002, 1041–1048.

Rabe, Annette: Ärzte zwischen Heilauftrag und Kostendruck, Haftungsfragen bei Unterlassung ärztlicher Behandlung aufgrund Wirtschaftlichkeitserwägungen, Karlsruhe 2009 (zit.: *Rabe*, Ärzte zwischen Heilauftrag und Kostendruck, 2009).

Raspe, Heiner:

– Leitlinien als professioneller Normsetzungsprozeß, in: Ärztliche Leitlinien, Empirie und Recht professioneller Normsetzung, hrsg. v. *Dieter Hart*, Baden-Baden 2000, S. 119–124 (zit.: *Raspe*, in: *Hart*, Ärztliche Leitlinien, 2000).

– Von der Evidenz zur Empfehlung – Zum Verhältnis von wissenschaftlicher Erkenntnis und Erfahrung, in: Klinische Leitlinien und Recht, hrsg. v. *Dieter Hart*, Baden-Baden 2005, S. 63–70 (zit.: *Raspe*, in: *Hart*, Klinische Leitlinien und Recht, 2005).

– Der „allgemein anerkannte Stand der medizinischen Erkenntnisse" – das Konzept der Evidence-Based Medicine, in: GesR 2011, 449–454.

– Von der Erfahrung zur Evidenz, Zum Wandel der Wissensgrundlagen in der Medizin, in: GesR 2012, 584–591.

– Die „Evidenz"-Basis professioneller und rechtlicher Normierung medizinischen Handelns, in: GesR 2013, 206–211.

– Indikationsstellung in der klinischen Medizin: Dem Individuum und/oder dem Patientenkollektiv verpflichtet?, in: MedR 2016, 248–250.

Raspe, Heiner/Meyer, Thorsten: Priorisierung, Vom schwedischen Vorbild lernen, in: DÄBl. 2009, A-1036–A-1039.

Raspe, Heiner/Schulze, Jan: Medizinische Versorgung, Ärztlich unterstützte Priorisierung ist notwendig und hilfreich, in: DÄBl. 2013, A-1091–A-1096.

Ratajczak, Thomas: Die soziokulturelle Dimension des Behandlungsstandards, in: Globalisierung der Medizin, Der Einbruch der Kulturen in das deutsche Gesundheitswesen, hrsg. v. AG RAe im MedR e. V., Berlin/Heidelberg 2005,

S. 55–65 (zit.: *Ratajczak*, in: AG RAe im MedR e. V., Globalisierung der Medizin, 2005).

Rehborn, Martin:
- Leitlinien und Haftung – die Sicht der Praxis, in: GesR 2011, 391–393.
- Das Patientenrechtegesetz, in: MDR 2013, 257–272.

Rehmann, Wolfgang A./Vergho, Quirin: Das auffällige Missverhältnis i. S. d. § 192 Abs. 2 VVG – Wiederbelebung eines vernachlässigten Mittels zur Kostendämpfung in der privaten Krankenversicherung, in: VersR 2015, 159–165.

Reimann, Svantje/Marckmann, Georg: Kostensensible Leitlinien, Einschätzungen von Patienten, in: Kostensensible Leitlinien, Evidenzbasierte Leistungssteuerung für eine effiziente und gerechte Gesundheitsversorgung, hrsg. v. *Georg Marckmann*, Berlin 2015, S. 181–199 (zit.: *Reimann/Marckmann*, in: *Marckmann*, Kostensensible Leitlinien, 2015).

Reimann, Svantje/Strech, Daniel/Marckmann, Georg: Kostensensible Leitlinien, Einschätzungen von Entscheidungsträgern und Interessenvertretern im deutschen Gesundheitswesen, in: Kostensensible Leitlinien, Evidenzbasierte Leistungssteuerung für eine effiziente und gerechte Gesundheitsversorgung, hrsg. v. *Georg Marckmann*, Berlin 2015, S. 157–179 (zit.: *Reimann/Strech/Marckmann*, in: *Marckmann*, Kostensensible Leitlinien, 2015).

Reisewitz, Julian:
- Auslandsbehandlungen als Möglichkeit der kostendämpfenden Tarifgestaltung in der privaten Krankenversicherung, in: MedR 2014, 557–562.
- Rechtsfragen des Medizintourismus, Internationale Zuständigkeit und anwendbares Recht bei Klagen des im Ausland behandelten Patienten wegen eines Behandlungs- oder Aufklärungsfehlers, Berlin/Heidelberg 2015 (zit.: *Reisewitz*, Rechtsfragen des Medizintourismus, 2015).

Ressing, Meike/Blettner, Maria/Klug, Stefanie J.: Systematische Übersichtsarbeiten und Metaanalysen, Teil 6 der Serie zur Bewertung wissenschaftlicher Publikationen, in: DÄBl. Int. 2009, 456–463.

Reuter, Benjamin/Weinrich, Christoph: Der Gestaltungsspielraum des Bewertungsausschusses, in: MedR 2013, 584–588.

Richter, Gerd: Ethische Probleme der Pharmaökonomie an einem Beispiel aus der Onkologie, in: Ethik Med 1997, 3–14.

Riehm, Thomas: Pflichtverletzung und Vertretenmüssen, Zur Dogmatik der §§ 280 ff. BGB, in: Festschrift für *Claus-Wilhelm Canaris*, hrsg. v. *Andreas Heldrich, Jürgen Prölss, Ingo Koller*, Bd. I, München 2007, S. 1079–1103 (zit.: *Riehm*, in: FS *Canaris*, 2007, Bd. I).

Rixen, Stephan:
- Sozialrecht als öffentliches Wirtschaftsrecht am Beispiel des Leistungs-

erbringerrechts der gesetzlichen Krankenversicherung, Tübingen 2005 (zit.: *Rixen*, Sozialrecht als öffentliches Wirtschaftsrecht, 2005).

– Verhältnis von IQWiG und G-BA, Vertrauen oder Kontrolle? – Insbesondere zur Bindungswirkung der Empfehlungen des IQWiG, in: MedR 2008, 24–30.

– Rationierungen im Leistungsrecht, in: Gesundheit und Wirtschaftswachstum, Recht, Ökonomie und Ethik als Innovationsmotoren für die Medizin, hrsg. v. *Matthias G. Fischer, Stephan Meyer*, Berlin/Heidelberg 2010, S. 51–61 (zit.: *Rixen*, in: *Fischer/Meyer*, Gesundheit und Wirtschaftswachstum, 2010).

– Evidenzbasierte Medizin in der Sozialgerichtsbarkeit um jeden Preis?, in: SGb 2013, 140–146.

– Die Überprüfung von Hilfsmitteln durch den Gemeinsamen Bundesausschuss, Am Beispiel der Überprüfung von CPM-Schienen, in: SGb 2018, 253–260.

Röhrig, Bernd/du Prel, Jean-Baptist/Blettner, Maria: Studiendesign in der medizinischen Forschung, Teil 2 der Serie zur Bewertung wissenschaftlicher Publikationen, in: DÄBl. Int. 2009, 184–189.

Röhrig, Bernd/du Prel, Jean-Baptist/Wachtlin, Daniel/Blettner, Maria: Studientypen in der medizinischen Forschung, Teil 3 der Serie zur Bewertung wissenschaftlicher Publikationen, in: DÄBl. Int. 2009, 262–268.

Rogler, Gerhard: Der Arzt als Dienstleister – der Patient als Kunde, Im ethischen Konfliktfeld zwischen Patientenautonomie und evidenzbasierter Medizin, in: Gesundheit und Medizin im interdisziplinären Diskurs, hrsg. v. *Thorsten Kingreen, Bernhard Laux*, Berlin/Heidelberg 2008, S. 69–87.

Rogler, Jens: Die Wiederentdeckung des Übermaßverbots in der privaten Krankenversicherung – § 192 Abs. 2 VVG, in: VersR 2009, 573–584.

Rohde, Ernst-R.: Der medizinische Sachverständige und der Standard der medizinischen Wissenschaft, in: NJW 1988, 2285–2286.

Röthel, Anne: Normkonkretisierung im Privatrecht, Tübingen 2004.

Rolfs, Christian:

– Das Versicherungsprinzip im Sozialversicherungsrecht, München 2000.

– Neue Untersuchungs- und Behandlungsmethoden, in: Festschrift 50 Jahre Bundessozialgericht, hrsg. v. *Matthias von Wulffen, Otto Ernst Krasney*, Köln 2004, S. 475–496 (zit.: *Rolfs*, in: FS 50 Jahre BSG, 2004).

Rompf, Thomas: Der Bundesmantelvertrag als Herzstück untergesetzlicher Normsetzung im Vertragsarztrecht, in: Festschrift für *Franz-Josef Dahm*, hrsg. v. *Christian Katzenmeier, Rudolf Ratzel*, Berlin/Heidelberg 2017, S. 401–412 (zit.: *Rompf*, in: FS *Dahm*, 2017).

Rosenau, Henning: Die Setzung von Standards in der Transplantation, Aufgabe und Legitimation der Bundesärztekammer, in: Festschrift für *Erwin Deutsch*, hrsg. v. *Hans-Jürgen Ahrens, Christian von Bar, Gerfried Fischer, Andreas*

Spickhoff, Jochen Taupitz, Berlin/Heidelberg 2009, S. 435–453 (zit.: *Rosenau*, in: FS *Deutsch*, 2009).

Rosenberg, Leo/Schwab, Karl Heinz/Gottwald, Peter: Zivilprozessrecht, 18. Auflage, München 2018.

Rosenberger, Rainer:
- Zur Bedeutung ärztlicher Leitlinien für den Haftungsprozess, in: Klinische Leitlinien und Recht, hrsg. v. *Dieter Hart*, Baden-Baden 2005, S. 113–121 (zit.: *Rosenberger*, in: *Hart*, Klinische Leitlinien und Recht, 2005).
- Ohne des Sachverständigen ist der Richter faktisch hilflos, in: DÄBl. 2011, A-1624–A-1626.

Roters, Dominik:
- Die gebotene Kontrolldichte bei der gerichtlichen Prüfung der Richtlinien des Bundesausschusses der Ärzte und Krankenkassen, Frankfurt am Main 2003 (zit.: *Roters*, Kontrolldichte, 2003).
- Die Bewertung medizinischer Methoden nach der Verfahrensordnung des G-BA, in: NZS 2007, 176–184.
- Der (Zusatz-)Nutzen-Begriff im SGB V, in: NZS 2010, 612–619.
- Wie viel Evidenzbasierung braucht die Qualitätssicherung?, Zugleich ein Beitrag zu den Begründungspflichten untergesetzlicher Normgebung, in: GesR 2012, 604–610.
- Die Richtlinie des Gemeinsamen Bundesausschusses zur Ambulanten Spezialfachärztlichen Versorgung nach § 116b SGB V, in: GesR 2014, 456–462.
- Wissensgenerierung und -verwertung nach § 2 Abs. 1 S. 3 SGB V, in: SGb 2015, 413–422.
- Wissensgenerierung und -verwertung nach § 2 Abs. 1 S. 3 SGB V, in: Wissensgenerierung und -verarbeitung im Gesundheits- und Sozialrecht, hrsg. v. *Benedikt Buchner, Karl-Heinz Ladeur*, Tübingen 2016, S. 31–53 (zit.: *Roters*, in: *Buchner/Ladeur*, Wissensgenerierung und -verarbeitung, 2016).
- Placebo als GKV-Leistung? – zugleich ein Beitrag zum Methodenbegriff nach § 135 SGB V, in: MedR 2018, 373–379.

Rübsamen, Katrin: Rechtliche Rahmenbedingungen für mobileHealth, in: MedR 2015, 485–491.

Rumler-Detzel, Pia:
- Therapiefreiheit und Berufshaftpflicht des Arztes, in: VersR 1989, 1008–1010.
- Budgetierung – Rationalisierung – Rationierung – Einflüsse auf die medizinische Leistungsfähigkeit oder Senkung des medizinischen Standards? –, in: VersR 1998, 546–551.

Rummer, Anne/Scheibler, Fülöp: Patientenrechte, Informierte Entscheidung als patientenrelevanter Endpunkt, in: DÄBl. 2015, A-322–A-324.

Ruppel, Thomas:
- Der Anspruch der Vertragsärzte auf kostendeckende Einzelleistungsvergütung, Baden-Baden 2018.
- Der Anspruch der Vertragsärzte auf kostendeckende Einzelleistungsvergütung – Behandlungspflichten aus Indienstnahmen und Inhalts- und Schrankenbestimmungen, in: VSSAR 2019, 63–84.

Sackett, David L./Richardson, W. Scott/Rosenberg, William M. C./Haynes, R. Brian: Evidenzbasierte Medizin, EBM-Umsetzung und -Vermittlung, deutsche Ausgabe: *Regina Kunz, Lutz Fritsche*, München/Bern/Wien/New York 1999 (zit.: *Sackett et al.*, EbM, 1999).

Sackett, David L./Rosenberg, William M. C./Gray, J. A. Muir/Haynes, R. Brian/Richardson, W. Scott: Evidence based medicine, What it is and what it isn't, in: BMJ 312 (1996), 71–72; aus dem Englischen ins Deutsche übersetzt von *Matthias Perleth*, in: MMW 139 (1997), 644–645.

Salis-Soglio, Georg von: Medizinischer Ethos, Brauchen wir ein neues Arztbild?, in: DÄBl. 2016, A-816–A-820.

Sawicki, Peter:
- Evidenzbasierte Medizin, Keine „Zwangsjacke" für den Arzt, in: DÄBl. 2005, A-888–A-892.
- Aufgaben und Arbeit des Institutes für Qualität und Wirtschaftlichkeit im Gesundheitswesen, in: MedR 2005, 389–391.

Schapp, Jan:
- Probleme der Reform des Leistungsstörungsrechts, in: JZ 1993, 637–642.
- Empfiehlt sich die „Pflichtverletzung" als Generaltatbestand des Leistungsstörungsrechts?, in: JZ 2001, 583–589.

Schäfer, Hans-Bernd/Ott, Claus: Lehrbuch der ökonomischen Analyse des Zivilrechts, 5. Auflage, Berlin/Heidelberg 2012.

Schärtl, Christoph: Die Beweislastverteilung im Arzthaftungsprozess, in: NJW 2014, 3601–3605.

Scheler, Fritz: Von der Unabhängigkeit des Arztes und über die Arzt-Patient-Beziehung, in: Festschrift für *Erwin Deutsch*, hrsg. v. *Hans-Jürgen Ahrens, Christian von Bar, Gerfried Fischer, Andreas Spickhoff, Jochen Taupitz*, Köln 1999, S. 739–755 (zit.: *Scheler*, in: FS *Deutsch*, 1999).

Schelling, Philip: Die Pflicht des Arztes zur wirtschaftlichen Aufklärung im Lichte zunehmender ökonomischer Zwänge im Gesundheitswesen, in: MedR 2004, 422–429.

Scherer, Ingo: Stationäre Krankenhausbehandlung im Spannungsverhältnis zwischen Ökonomisierung und Haftungsrecht, Marburg 2007.

Schewe, Dieter: Die Beschwörung des „Wirtschaftlichen" im neuen SGB V – ein Vergleich der 65 Nennungen des „Wirtschaftlichen" und 35 ähnlicher Begriffe, in: SGb 1989, 410–416.

Schiemann, Gottfried: Wandlungen der Berufshaftung, in: Festschrift für *Joachim Gernhuber*, hrsg. v. *Hermann Lange, Knut Wolfgang Nörr, Harm Peter Westermann*, Tübingen 1993, S. 387–406 (zit.: *Schiemann*, in: FS *Gernhuber*, 1993).

Schiller, Herbert/Steinhilper, Gernot: Zum Spannungsverhältnis Vertragsarzt/ Privatarzt – Darf ein Vertragsarzt Leistungen bei einem Kassenpatienten ablehnen, sie aber zugleich privatärztlich anbieten?, in: MedR 2001, 29–33.

Schimmelpfeng-Schütte, Ruth:
- Der Arzt im Spannungsfeld der Inkompatibilität der Rechtssysteme, in: MedR 2002, 286–292.
- Innovationshemmnisse in der sozialgerichtlichen Praxis, in: Gesundheit und Wirtschaftswachstum, Recht, Ökonomie und Ethik als Innovationsmotoren für die Medizin, hrsg. v. *Matthias G. Fischer, Stephan Meyer*, Berlin/Heidelberg 2010, S. 63–73 (zit.: *Schimmelpfeng-Schütte*, in: *Fischer/Meyer*, Gesundheit und Wirtschaftswachstum, 2010).

Schirmer, Horst Dieter/Fuchs, Christoph: Rationierung, ihre kritischen Wirkungen für die ärztliche Berufsausübung und die Schutzfunktion der ärztlichen Selbstverwaltung – Einige rechtliche und medizinethische Anmerkungen, in: Das Bild des Arztes im 21. Jahrhundert, hrsg. v. *Christian Katzenmeier, Klaus Bergdolt*, Berlin/Heidelberg 2009, S. 121–146 (zit.: *Schirmer/Fuchs*, in: *Katzenmeier/Bergdolt*, Das Bild des Arztes im 21. Jahrhundert, 2009).

Schlegel, Rainer: Gerichtliche Kontrolle von Kriterien und Verfahren, in: MedR 2008, 30–34.

Schmid, Hugo: Die Grenzen der Therapiefreiheit, in: NJW 1986, 2339–2343.

Schmidt, Eike:
- Fahrlässigkeit und Rechtfertigung im Bürgerlichen Recht, München 1966.
- Ermittlungsprobleme im Arzthaftungsprozess, in: KritV 2005, 177–194.
- Der ärztliche Behandlungsfehler im Spannungsfeld zwischen medizinischem Versagen und juristischer Problembearbeitung, zu den unerlässlichen rechtsdogmatischen Vorgaben für eine verlässliche Konfliktbearbeitung, in: MedR 2007, 693–702.
- Replik auf *Gödicke*, Aufgabe der Deliktshaftung für Behandlungsfehler?, in: MedR 2008, 408–410.

Schmidt, Eike/Brüggemeier, Gert: Grundkurs Zivilrecht, 7. Auflage, Neuwied 2006 (zit.: *Schmidt/Brüggemeier*, GK Zivilrecht, ^{7}2006).

Schmitz-Luhn, Björn:
- Priorisierung in der Medizin, Erfahrungen und Perspektiven, Berlin/Heidel-

berg 2015 (zit.: *Schmitz-Luhn*, Priorisierung in der Medizin, 2015).

– Explikation im Gesundheitswesen – Priorisierung, Rationierung, Kostendruck und Standard, Herausforderungen und Möglichkeiten solidarischer Gesundheitsversorgung, in: Festschrift für *Franz-Josef Dahm*, hrsg. v. *Christian Katzenmeier, Rudolf Ratzel*, Berlin/Heidelberg 2017, S. 437–449 (zit.: *Schmitz-Luhn*, in: FS *Dahm*, 2017).

Schmitz-Luhn, Björn/Bohmeier, André (Hrsg.): Priorisierung in der Medizin, Kriterien im Dialog, Berlin/Heidelberg 2013 (zit.: *Schmitz-Luhn/Bohmeier*, Priorisierung in der Medizin, 2013).

Schnapp, Friedrich E.: Untergesetzliche Rechtsquellen im Vertragsarztrecht am Beispiel der Richtlinien, in: Festschrift 50 Jahre Bundessozialgericht, hrsg. v. *Matthias von Wulffen, Otto Ernst Krasney*, Köln 2004, S. 497–515 (zit.: *Schnapp*, in: FS 50 Jahre BSG, 2004).

Schnapp, Friedrich E./Wigge, Peter: Handbuch des Vertragsarztrechts, Das gesamte Kassenarztrecht, 3. Auflage, München 2017 (zit.: *Bearbeiter*, in: *Schnapp/Wigge*, Handbuch des Vertragsarztrechts, ³2017).

Schneider, Günther: Rechtliche Grundlagen der Qualitätssicherung in der vertragsärztlichen Versorgung, in: NZS 1997, 267–271.

Schneider, Rolf: Standardveränderung in den letzten 10 Jahren – aus Sicht des Mediziners am Beispiel der Neurologie, in: Standard-Chaos?, Der Sachverständige im Dickicht zwischen Jurisprudenz und Medizin, hrsg. v. AG RAe im MedR e. V., Berlin/Heidelberg 2015, S. 11–15 (zit.: *R. Schneider*, in: AG RAe im MedR e. V., Standard-Chaos?, 2015).

Schöffski, Oliver/Graf von der Schulenburg, J.-Matthias (Hrsg.): Gesundheitsökonomische Evaluationen, 4. Auflage, Berlin/Heidelberg 2012 (zit.: *Bearbeiter*, in: *Schöffski/Graf v. der Schulenburg*, Gesundheitsökonomische Evaluationen, ⁴2012).

Schöne-Seifert, Bettina/Friedrich, Daniel R./Harney, Anke/Huster, Stefan/Raspe, Heiner: „Medizinische Notwendigkeit", Herausforderungen eines unscharfen Begriffs, in: Ethik Med 2018, 325–341.

Schott, Gisela/Dünnweber, Claudia/Mühlbauer, Bernd/Niebling, Wilhelm/Pachl, Henry/Ludwig, Wolf-Dieter: Besteht ein Einfluss pharmazeutischer Unternehmen auf Leitlinien?, Zwei Beispiele aus Deutschland, in: DÄBl. Int. 2013, 575–583.

Schott, Gisela/Lempert, Thomas: Medizinische Leitlinien, Unabhängigkeit ist unverzichtbar, in: DÄBl. 2018, A-230–A-232.

Schott, Gisela/Lieb, Klaus/König, Jochem/Mühlbauer, Bernd/Niebling, Wilhelm/Pachl, Henry/Schmutz, Stephan/Ludwig, Wolf-Dieter: Deklaration und Umgang mit Interessenkonflikten in deutschen Leitlinien, Eine Untersuchung von S1-Leitlinien deutscher Fachgesellschaften der Jahre 2010 bis 2013, in: DÄBl. Int. 2015, 445–451.

Schramm, Stephan: Der Schutzbereich der Norm im Arzthaftungsrecht, Karlsruhe 1992.

Schreiber, Hans-Ludwig:
- Rechtliche Maßstäbe des medizinischen Standards, in: Langenbecks Arch Chir 364 (1984), 295–298.
- Notwendigkeit und Grenzen rechtlicher Kontrolle der Medizin, in: Göttinger Universitätsreden, Bd. 71, Göttingen 1984, S. 29–49 (zit.: *Schreiber*, Notwendigkeit und Grenzen rechtlicher Kontrolle der Medizin, 1984).

Schroeder-Printzen, Günther: Kostendämpfung und ärztlicher Standard – Wirtschaftlichkeitsprüfung im Vertragsarztrecht, in: MedR 1993, 339–341.

Schroeder-Printzen, Jörn: Veränderung des medizinischen Standards durch das SGB V, in: Standard-Chaos?, Der Sachverständige im Dickicht zwischen Jurisprudenz und Medizin, hrsg. v. AG RAe im MedR e. V., Berlin/Heidelberg 2015, S. 25–38 (zit.: *J. Schroeder-Printzen*, in: AG RAe im MedR e. V., Standard-Chaos?, 2015).

Schulze, Reiner/Ebers, Martin: Streitfragen im neuen Schuldrecht, in: JuS 2004, 265–272.

Schumacher, Katrin: Alternativmedizin, Arzthaftungsrechtliche, arzneimittelrechtliche und sozialrechtliche Grenzen ärztlicher Therapiefreiheit, Berlin/Heidelberg 2017 (zit.: *Schumacher*, Alternativmedizin, 2017).

Schumm-Draeger, Petra-Maria/Kapitza, Thomas/Mann, Klaus/Fölsch, Ulrich/Müller-Wieland, Dirk: Ökonomisierung in der Medizin, Rückhalt für ärztliches Handeln, in: DÄBl. 2017, A-2338–A-2340.

Schwalm, Georg: Zum Begriff und Beweis des ärztlichen Kunstfehlers, in: Festschrift für *Paul Bockelmann*, hrsg. v. *Arthur Kaufmann*, München 1979, S. 539–556 (zit.: *Schwalm*, in: FS *Bockelmann*, 1979).

Schwerdtfeger, Gunther:
- Leistungsansprüche der Versicherten im Rechtskonkretisierungskonzept des SGB V (Teil 1), in: NZS 1998, 49–53.
- Leistungsansprüche der Versicherten im Rechtskonkretisierungskonzept des SGB V (Teil 2), in: NZS 1998, 97–103.

Seewald, Otfried:
- Rationierung/Rationalisierung – die Rechtsfragen, in: Zum Wert unserer Gesundheit, Der Arzt zwischen Rationierung und Rationalisierung, hrsg. v. *Otfried Seewald, Hartmut Schoefer*, Baden-Baden 2008, S. 29–58 (zit.: *Seewald*, in: *Seewald/Schoefer*, Zum Wert unserer Gesundheit, 2008).
- Auf der Suche nach der Selbstverwaltung im Gemeinsamen Bundesausschuss, in: VSSR 2017, 323–367.
- Zur Konkretisierung des Leistungsgeschehens – Gemeinsamer Bundesausschuss oder Gesundheitsministerium? (Teil I), in: SGb 2018, 71–80.

- Zur Konkretisierung des Leistungsgeschehens – Gemeinsamer Bundesausschuss oder Gesundheitsministerium? (Teil II), in: SGb 2018, 147–152.

Seibel, Mark: Abgrenzung der „allgemein anerkannten Regeln der Technik" vom „Stand der Technik", in: NJW 2013, 3000–3004.

Seiler, Christoph M./Knaebel, Hanns-Peter/Wente, Moritz N./Rothmund, Matthias/Büchler, Markus W.: Plädoyer für mehr evidenzbasierte Chirurgie, in: DÄBl. 2004, A-338–A-344.

Semlitsch, Thomas/Blank, Wolfgang A./Kopp, Ina B./Siering, Ulrich/Siebenhofer, Andrea: Bewertung von Leitlinien, Ein Überblick über die wichtigsten Qualitätsaspekte, in: DÄBl. Int. 2015, 471–478.

Simon, Daniela/Härter, Martin: Grundlagen der Partizipativen Entscheidungsfindung und Umsetzungsmöglichkeiten im Rahmen der Selbsthilfe, in: Bundesgesundheitsbl. 2009, 86–91.

Smith, Richard: Plädoyer für eine offene Rationierungsdebatte, in: DÄBl. 1998, A-2453–A-2458.

Sodan, Helge:
- Freie Berufe als Leistungserbringer im Recht der gesetzlichen Krankenversicherung, Ein verfassungs- und verwaltungsrechtlicher Beitrag zum Umbau des Sozialstaates, Tübingen 1997 (zit.: *Sodan*, Freie Berufe als Leistungserbringer im Recht der GKV, 1997).
- (als Hrsg.:) Handbuch des Krankenversicherungsrechts, 3. Auflage, München 2018 (zit.: *Bearbeiter*, in: *Sodan*, Handbuch des Krankenversicherungsrechts, ³2018).

Sodan, Helge/Hadank, Bernhard: Unzureichende Betroffenenpartizipation als Legitimationsdefizit des Gemeinsamen Bundesausschusses, in: NZS 2018, 804–809.

Spickhoff, Andreas:
- Das System der Arzthaftung im reformierten Schuldrecht, in: NJW 2002, 2530–2537.
- Legitimation und Standardbildung durch Berufsrecht und Private Governance, in: Standardisierung in der Medizin als Rechtsproblem, hrsg. v. *Hans Lilie, Erwin Bernat, Henning Rosenau*, Baden-Baden 2009, S. 119–136.
- Patientenrechte und Gesetzgebung, Rechtspolitische Anmerkungen zum geplanten Patientenrechtegesetz, in: ZRP 2012, 65–69.
- Patientenrechte und Patientenpflichten – Die medizinische Behandlung als kodifizierter Vertragstypus, in: VersR 2013, 267–282.
- Die Arzthaftung im neuen bürgerlich-rechtlichen Normenumfeld, in: MedR 2015, 845–855.
- Auswirkungen des Patientenrechtegesetzes auf die medizinische Forschung, in: Festschrift für *Hans-Jürgen Ahrens*, hrsg. v. *Wolfgang Büscher, Willi Erd-*

mann, Andreas Fuchs, Volker Michael Jänich, Michael Loschelder, Mary-Rose McGuire, Köln 2016, S. 653–670 (zit.: *Spickhoff*, in FS *Ahrens*, 2016).

- Die Grundstruktur der deliktischen Verschuldenshaftung, in: JuS 2016, 865–872.

- Privatrechtsdogmatik und Deliktsrecht, Das Deliktsrecht in der Konkurrenz zum Vertragsrecht im Spiegel von Kollisionsrecht und Gerichtsständen, in: Festschrift für *Claus-Wilhelm Canaris*, hrsg. v. *Hans Christoph Grigoleit, Jens Petersen*, Berlin/Boston 2017, S. 547–567 (zit.: *Spickhoff*, in: FS *Canaris*, 2017).

- (als Hrsg.:) Medizinrecht, 3. Auflage, München 2018 (zit.: *Bearbeiter*, in: *Spickhoff*, Medizinrecht, ³2018).

Spindler, Gerald/Rieckers, Oliver: Die Auswirkungen der Schuld- und Schadensrechtsreform auf die Arzthaftung, in: JuS 2004, 272–278.

Stallberg, Christian:

- Evidenz-basierte Medizin als Rechtsbegriff – Funktion, Inhalt und Grenzen, in: PharmR 2010, 5–12.

- Die Erbringung neuer Untersuchungs- und Behandlungsmethoden im stationären Bereich nach dem GKV-Versorgungsstärkungsgesetz – Auswirkungen des sektorspezifischen Qualitätsgebots des § 137c Abs. 3 SGB V, in: NZS 2017, 332–339.

Stathopoulos, Michael: Bemerkungen zum Verhältnis zwischen Fahrlässigkeit und Rechtswidrigkeit im Zivilrecht, in: Festschrift für *Karl Larenz*, hrsg. v. *Claus-Wilhelm Canaris*, München 1983, S. 631–647 (zit.: *Stathopoulos*, in: FS *Larenz*, 1983).

Steege, Reinhard: Die Konkretisierung des Krankenbehandlungsanspruchs im Sachleistungssystem der gesetzlichen Krankenversicherung, in: Festschrift 50 Jahre Bundessozialgericht, hrsg. v. *Matthias von Wulffen, Otto Ernst Krasney*, Köln 2004, S. 517–532 (zit.: *Steege*, in: FS 50 Jahre BSG, 2004).

Steffen, Erich:

- Verkehrspflichten im Spannungsfeld von Bestandsschutz und Handlungsfreiheit, in: VersR 1980, 409–412.

- Die Sorgfaltspflichten des Chirurgen in der Rechtsprechung des Bundesgerichtshofs, in: Langenbecks Arch Chir 364 (1984), 287–291.

- Kostendämpfung und ärztlicher Standard – Anforderungen des Haftungsrechts, in: MedR 1993, 338.

- Haftung im Wandel, in: ZVersWiss 1993, 13–37.

- Einfluß verminderter Ressourcen und von Finanzierungsgrenzen aus dem Gesundheitsstrukturgesetz auf die Arzthaftung, in: MedR 1995, 190–191.

- Der sogenannte Facharztstatus aus der Sicht der Rechtsprechung des BGH, in: MedR 1995, 360–361.

- Die haftungsrechtliche Bedeutung der Qualitätssicherung in der Kranken-

versorgung, in: Festschrift für *Erwin Deutsch*, hrsg. v. *Hans-Jürgen Ahrens, Christian von Bar, Gerfried Fischer, Andreas Spickhoff, Jochen Taupitz*, Köln 1999, S. 799–813 (zit.: *Steffen*, in: FS *Deutsch*, 1999).
- Die Arzthaftung im Spannungsfeld zu den Anspruchsbegrenzungen des Sozialrechts für den Kassenpatienten, in: Festschrift für *Karlmann Geiß*, hrsg. v. *Hans Erich Brandner, Horst Hagen, Rolf Stürner*, Köln/Berlin/Bonn/München 2000, S. 487–502 (zit.: *Steffen*, in: FS *Geiß*, 2000).
- Einige Überlegungen zur Haftung für Arztfehler in der Telemedizin, in: Festschrift für *Hans Stoll*, hrsg. v. *Gerhard Hohloch, Rainer Frank, Peter Schlechtriem*, Tübingen 2001, S. 71–89 (zit.: *Steffen*, in: FS *Stoll*, 2001).
- Einige Gedanken zur Arzthaftung unter einer evidenz-basierten Medizin, in: Festschrift für *Erwin Deutsch*, hrsg. v. *Hans-Jürgen Ahrens, Christian von Bar, Gerfried Fischer, Andreas Spickhoff, Jochen Taupitz*, Berlin/Heidelberg 2009, S. 615–633 (zit.: *Steffen*, in: FS *Deutsch*, 2009).

Stellpflug, Martin H.: Arzthaftung bei der Verwendung telemedizinischer Anwendungen, in: GesR 2019, 76–81.

Stöhr, Karlheinz:
- Leitlinien, Richtlinien und ärztliche Haftung, in: Festschrift für *Günther Hirsch*, hrsg. v. *Gerda Müller, Eilert Osterloh, Torsten Stein*, München 2008, S. 431–441 (zit.: *Stöhr*, in: FS *Hirsch*, 2008).
- Sozialrechtliche Vorgaben zur Wirtschaftlichkeit und Qualitätssicherung bei der Verordnung von Arzneimitteln und zivilrechtliche Haftung des Arztes bei der Arzneimittelbehandlung, in: MedR 2010, 214–217.

Stoll, Hans: Notizen zur Neuordnung des Rechts der Leistungsstörungen, in: JZ 2001, 589–597.

Strache, Karl-Heinz: Das Denken in Standards, Berlin 1966.

Strech, Daniel/Marckmann, Georg: Umgang mit begrenzten Mitteln in deutschen Kliniken, empirische Befunde, in: Kostensensible Leitlinien, Evidenzbasierte Leistungssteuerung für eine effiziente und gerechte Gesundheitsversorgung, hrsg. v. *Georg Marckmann*, Berlin 2015, S. 1–29 (zit.: *Strech/Marckmann*, in: *Marckmann*, Kostensensible Leitlinien, 2015).

Strech, Daniel/Börchers, Kirstin/Freyer, Daniela/Neumann, Anja/Wasem, Jürgen/Marckmann, Georg: Ärztliches Handeln bei Mittelknappheit, Ergebnisse einer qualitativen Interviewstudie, in: Ethik Med 2008, 94–109.

Tag, Brigitte: Internationale Medizin – Nationale Standardbildung?, Möglichkeiten und Grenzen eines globalen Medizinrechts, in: Standardisierung in der Medizin als Rechtsproblem, hrsg. v. *Hans Lilie, Erwin Bernat, Henning Rosenau*, Baden-Baden 2009, S. 163–176.

Taupitz, Jochen:
- Rechtliche Bindungen des Arztes, Erscheinungsweisen, Funktionen, Sanktionen, in: NJW 1986, 2851–2861.

- Ökonomische Analyse und Haftungsrecht – Eine Zwischenbilanz, in: AcP 196 (1996), 114–167.
- Richtlinien in der Transplantationsmedizin, in: NJW 2003, 1145–1150.
- Ökonomische Organisation im Gesundheitswesen als Gebot der Rechtsordnung, in: Gesundheitswesen zwischen Wirtschaftlichkeit und Menschlichkeit, hrsg. v. *Hermes Andreas Kick, Jochen Taupitz*, Münster 2005, S. 21–35.
- Ist der medizinische Standard global?, in: Globalisierung der Medizin, Der Einbruch der Kulturen in das deutsche Gesundheitswesen, hrsg. v. AG RAe im MedR e. V., Berlin/Heidelberg 2005, S. 67–75 (zit.: *Taupitz*, in: AG RAe im MedR e. V., Globalisierung der Medizin, 2005).
- Verbindlichkeit unterschiedlicher Leitlinien, in: Dokumentation und Leitlinienkonkurrenz – die Verschriftlichung der Medizin, hrsg. v. AG RAe im MedR e. V., Berlin/Heidelberg 2007, S. 101–126 (zit.: *Taupitz*, in: AG RAe im MedR e. V., Dokumentation und Leitlinienkonkurrenz, 2007).
- Bindungswirkung von Standards im Gesundheitswesen, in: Geltung und Faktizität von Standards, hrsg. v. *Thomas M. J. Möllers*, Baden-Baden 2009, S. 63–106 (zit.: *Taupitz*, in: *Möllers*, Geltung und Faktizität von Standards, 2009).
- Medizinische Informationstechnologie, leitliniengerechte Medizin und Haftung des Arztes, in: AcP 211 (2011), 352–394.
- Patientenrechtegesetz, Hemmschuh für den medizinischen Fortschritt?, GesR 2015, 65–71.

Taupitz, Jochen/Jones, Emily: Zur Abrechenbarkeit fachfremder Leistungen – am Beispiel der Erbringung von MRTs durch Orthopäden, in: MedR 2002, 497–503.

Teichner, Matthias/Schröder, Birgit: Haftungsfragen im Zusammenhang mit der außerklinischen Notfallbehandlung am Beispiel des „Bereitschaftsarztes", in: GesR 2013, 577–583.

Timmermans, Stefan/Berg, Marc: The Gold Standard, The Challenge of Evidence-Based Medicine and Standardization in Health Care, Philadelphia 2003 (zit.: *Timmermans/Berg*, The Gold Standard, 2003).

Theuerkauf, Klaus: Zivilrechtliche Verbindlichkeit von Expertenstandards in der Pflege, in: MedR 2011, 72–77.

Thielscher, Christian: Ökonomisierung der Medizin, Zur Pathogenese der Ökonomisierung, in: DÄBl. 2018, A-1946–A-1947.

Thole, Larissa: Das Patientenrechtegesetz – Ziele der Politik, in: MedR 2013, 145–149.

Thurn, Peter:
- Das Patientenrechtegesetz – Sicht der Rechtsprechung, in: MedR 2013, 153–157.
- Standardchaos in der Prozesswirklichkeit – aus Sicht des Gerichts, in: Standard-Chaos?, Der Sachverständige im Dickicht zwischen Jurisprudenz

und Medizin, hrsg. v. AG RAe im MedR e. V., Berlin/Heidelberg 2015, S. 51–62 (zit.: *Thurn*, in: AG RAe im MedR e. V., Standard-Chaos?, 2015).

Tomassone, Silvia/Wöffen, Tim: Leitlinienmedizin und ärztliche Therapiefreiheit, in: StudZR 2005, 61–80.

Uhlenbruck, Wilhelm: Rechtliche Grenzen einer Rationierung in der Medizin, in: MedR 1995, 427–437.

Ullrich, Nils: Finanzierungslücken bei medizinischen Innovationen?, Rechtliche Rahmenbedingungen der Finanzierung neuer Untersuchungs- und Behandlungsmethoden sowie innovativer Arzneimittel, Baden-Baden 2013 (zit.: *Ullrich*, Finanzierungslücken bei medizinischen Innovationen?, 2013).

Ulsenheimer, Klaus:
- Zur zivil- und strafrechtlichen Verantwortlichkeit des Arztes unter besonderer Berücksichtigung der neueren Judikatur und ihrer Folgen für eine defensive Medizin, in: MedR 1992, 127–134.
- Qualitätssicherung und risk-management im Spannungsverhältnis zwischen Kostendruck und medizinischem Standard, in: MedR 1995, 438–442.
- Ausgreifende Arzthaftpflichtjudikatur und Defensivmedizin – ein Verhältnis von Ursache und Wirkung, Dortmund 1997 (zit.: *Ulsenheimer*, Ausgreifende Arzthaftpflichtjudikatur und Defensivmedizin, 1997).
- (als Hrsg.:) Arztstrafrecht in der Praxis, 5. Auflage, Heidelberg 2015 (zit.: *Bearbeiter*, in: *Ulsenheimer*, Arztstrafrecht in der Praxis, ^{5}2015).
- Fehlentwicklungen in der Medizin: Verrechtlichung und Ökonomisierung, in: MedR 2015, 757–762.

Ulsenheimer, Klaus/Heinemann, Nicola: Rechtliche Aspekte der Telemedizin – Grenzen der Telemedizin?, in: MedR 1999, 197–203.

Ulsenheimer, Klaus/Berg, Dietrich: Medizinischer Standard und Organisationsverantwortung in Zeiten knapper finanzieller Ressourcen, in: Patientensicherheit, Arzthaftung, Praxis- und Krankenhausorganisation, hrsg. v. *Dietrich Berg, Klaus Ulsenheimer*, Berlin/Heidelberg 2006, S. 259–266.

Unschuld, Paul Ulrich: Ökonomisierung, Das System droht zu entgleisen, in: DÄBl. 2017, A-2264–A-2266.

Velten, Wolfram: Der medizinische Standard im Arzthaftungsprozeß, Ein Beitrag zu Umfang und Grenzen der Darlegungslast von Arzthaftungsklägern bezüglich der Standards medizinischer Heilbehandlung, Baden-Baden 2001 (zit.: *Velten*, Der medizinische Standard im Arzthaftungsprozeß, 2001).

Vogd, Werner/Feißt, Martin/Ostermann, Anne/Molzberger, Kaspar: Führungskräfte im Krankenhaus, Umgang mit ökonomischem Druck, in: DÄBl. 2017, A-1972–A-1974.

Voigt, Tobias:
- Individuelle Gesundheitsleistungen (IGeL) im Rechtsverhältnis von Arzt und

Patient, Berlin/Heidelberg 2013 (zit.: *Voigt*, IGeL, 2013).
- Arztvergütung und private Zusatzleistungen im Zeitenwandel, in: Festschrift für *Franz-Josef Dahm*, hrsg. v. *Christian Katzenmeier, Rudolf Ratzel*, Berlin/ Heidelberg 2017, S. 503–516 (zit.: *Voigt*, in: FS *Dahm*, 2017).

Vogeler, Marcus: Die Haftung des Arztes bei der Anwendung neuartiger und umstrittener Heilmethoden nach der neuen Rechtsprechung des BGH, in: MedR 2008, 697–707.

Waclawiczek, Hans Werner/Boeckl, Oskar (Hrsg.): Standards in der Chirurgie 2000, München/Bern/Wien/New York 2000.

Wagner, Gerhard:
- Schuldrechtsreform und Deliktsrecht, in: Das neue Schuldrecht in der Praxis, hrsg. v. *Barbara Dauner-Lieb, Horst Konzen, Karsten Schmidt*, Köln/Berlin/ Bonn/München 2003, S. 203–223 (zit.: *Wagner*, in: *Dauner-Lieb/Konzen/ Schmidt*, Das neue Schuldrecht in der Praxis, 2003).
- Kodifikation des Arzthaftungsrechts?, Zum Entwurf eines Patientenrechtegesetzes, in: VersR 2012, 789–802.
- Privatrechtsdogmatik und ökonomische Analyse, in: Festschrift für *Claus-Wilhelm Canaris*, hrsg. v. *Hans Christoph Grigoleit, Jens Petersen*, Berlin/ Boston 2017, S. 281–318 (zit.: *Wagner*, in: FS *Canaris*, 2017).

Waldhoff, Christian: Untergesetzliche Normsetzung in einer informationell vernetzten Gesundheitsversorgung, in: MedR 2016, 654–660.

Walter, Alexander:
- Medizinische Leitlinien und Behandlungsfehlerhaftung, in: GesR 2003, 165–171.
- Spezialisierung und Sorgfaltsstandard im Arzt- und Anwaltshaftungsrecht, Bielefeld 2004 (zit.: *Walter*, Spezialisierung und Sorgfaltsstandard, 2004).
- Das Beweisrecht der Behandlungsfehlerhaftung nach dem Patientenrechtegesetz, in: GesR 2013, 129–134.

Wandt, Manfred: Gesetzliche Schuldverhältnisse, 9. Auflage, München 2019.

Weber-Steinhaus, Dietrich: Ärztliche Berufshaftung als Sonderdeliktsrecht, Eigenmacht, Behandlungsfehler, Aufklärungsversäumnisse, Stuttgart 1990 (zit.: *Weber-Steinhaus*, Ärztliche Berufshaftung als Sonderdeliktsrecht, 1990).

Wegscheider, Karl: Klinische Prüfungen, Ein Überblick, in: Bundesgesundheitsbl. 2005, 515–523.

Wehkamp, Karl-Heinz/Naegler, Heinz:
- Ökonomisierung patientenbezogener Entscheidungen im Krankenhaus, Eine qualitative Studie zu den Wahrnehmungen von Ärzten und Geschäftsführern, in: DÄBl. Int. 2017, 797–804.
- Zwischen Medizinethik und Betriebsergebnis, Ökonomisierung patientenbezogener Entscheidungen im Krankenhaus, in: Menschenrechte und Medizin,

Grundfragen der medizinischen Ethik, hrsg. v. *Marco Bonacker, Gunter Geiger*, Opladen/Berlin/Toronto 2016, S. 283–297 (zit.: *Wehkamp/Naegler*, in: *Bonacker/Geiger*, Menschenrechte und Medizin, 2016).

Weinbrenner, Susanne/Ollenschläger, Günter: Leitlinien – Grundlage neuer, zukunftsweisender Versorgungsformen, in: Bundesgesundheitsbl. 2008, 558–564.

Welti, Felix:
- Der sozialrechtliche Rahmen ärztlicher Therapiefreiheit, in: GesR 2006, 1–12.
- Allokation, Rationierung, Priorisierung, Rechtliche Grundlagen, in: MedR 2010, 379–387.

Wendehorst, Christiane: Das Vertragsrecht der Dienstleistungen im deutschen und künftigen europäischen Recht, in: AcP 206 (2006), 205–299.

Wenner, Ulrich:
- Vertragsarztrecht nach der Gesundheitsreform, München 2008.
- Rationierung, Priorisierung, Budgetierung, verfassungsrechtliche Vorgaben für die Begrenzung und Steuerung von Leistungen der Gesundheitsversorgung, in: GesR 2009, 169–181.
- Neue Rollenanforderungen an den Vertragsarzt – Freiberuflicher Unternehmer, Funktionsträger im Gesundheitskonzern, Resteverwalter oder Vollzugsakteur staatlicher Gesundheitspolitik?, in: GesR 2009, 505–518.
- Partizipation von Patientenvertretern an Entscheidungsprozessen im Gesundheitswesen, in: Festschrift für *Wolfhard Kohte*, hrsg. v. *Ulrich Faber, Kerstin Feldhoff, Katja Nebe, Kristina Schmidt, Ursula Waßer*, Baden-Baden 2016, S. 659–675 (zit.: *Wenner*, in: FS *Kohte*, 2016).

Weyersberg, Annic/Roth, Bernd/Woopen, Christiane: Pädiatrie, Folgen der Ökonomisierung, in: DÄBl. 2018, A-382–A-386.

Wichert, Peter von: Evidenzbasierte Medizin (EbM), Begriff entideologisieren, in: DÄBl. 2005, A-1569–A-1570.

Widrig, Daniel: Health Technology Assessment, Berlin/Heidelberg 2015.

Wienke, Albrecht: Leitlinien als Mittel der Qualitätssicherung in der medizinischen Versorgung, in: MedR 1998, 172–174.

Wienke, Albrecht/Kuball, Linda: Facharztstandard versus Normungen in der Medizin, in: MedR 2016, 301–305.

Wiethölter, Rudolf: Der Rechtfertigungsgrund des verkehrsrichtigen Verhaltens, Karlsruhe 1960.

Willich, Stefan N.: Randomisierte Kontrollierte Studien, Pragmatische Ansätze erforderlich, in: DÄBl. 2006, A-2524–A-2529.

Wils, Jean-Pierre:
- Ärztlicher Ethos, „Zeit für einen neuen Eid", in: DÄBl. 2017, A-359–A-362.
- Ein neuer Eid für Ärztinnen und Ärzte – ein nostalgisches Projekt?, in: MedR 2018, 860–865.

Windeler, Jürgen/Antes, Gerd/Behrens, Johann/Donner-Banzhoff, Norbert/Lelgemann, Monika: Randomisierte Kontrollierte Studien, Kritische Evaluation ist ein Wesensmerkmal ärztlichen Handelns, in: DÄBl. 2008, A-565–A-570.

Windeler, Jürgen/Lange, Stefan: Nutzenbewertung medizinischer Leistungen im deutschen Gesundheitswesen – rechtlicher Rahmen, historische und internationale Perspektive, in: Bundesgesundheitsbl. 2015, 220–226.

Windeler, Jürgen/Lauterberg, Jörg/Wieseler, Beate/Sauerland, Stefan/Lange, Stefan: Patientenregister für die Nutzenbewertung, Kein Ersatz für randomisierte Studien, in: DÄBl. 2017, A-783–A-786.

Woopen, Christiane:
- Der Arzt als Heiler und Manager – Zur erforderlichen Integration des scheinbar Unvereinbaren, in: Das Bild des Arztes im 21. Jahrhundert, hrsg. v. *Christian Katzenmeier, Klaus Bergdolt*, Berlin/Heidelberg 2009, S. 181–194 (zit.: *Woopen*, in: *Katzenmeier/Bergdolt*, Das Bild des Arztes im 21. Jahrhundert, 2009).
- Berufsethos als komplementäre Ordnung zum Recht im Bereich der Arzthaftung, in: MedR 2011, 232–235.

Ziegler, Hans Berndt: Leitlinien im Arzthaftungsrecht, in: VersR 2003, 545–549.

Zieglmeier, Christian: Die neuen „Spielregeln" des § 280 I 2 BGB, in: JuS 2007, 701–705.

Ziegner, Catharina von: Standardbeschränkungen in der zahnärztlichen Behandlung durch das Wirtschaftlichkeitsgebot?, in: VSSR 2003, 191–213.

Zimmermann, Christian: Der Gemeinsame Bundesausschuss, Berlin/Heidelberg 2012 (zit.: *Zimmermann*, Der G-BA, 2012).

Zuck, Rüdiger:
- Die Behandlungsmethoden, Arznei- und Heilmitteltherapien der (anerkannten) Besonderen Therapierichtungen, in: NZS 1999, 313–318.
- Der verfassungsrechtliche Rahmen von Evaluation und Pluralismus, in: MedR 2006, 515–519.